本书为清朝吕安世《二十四史演义》文言文的白话本

二十四史通俗演义

孙建国◎编译

黑龙江人民出版社

图书在版编目(CIP)数据

二十四史通俗演义 / 孙建国编译. — 哈尔滨 : 黑龙江人民出版社, 2019. 1(2021.3重印)
ISBN 978-7-207-11620-8

Ⅰ. ①二… Ⅱ. ①孙… Ⅲ. ①中国历史—古代史—纪传体—通俗读物 Ⅳ. ①K204. 1-49

中国版本图书馆 CIP 数据核字(2019)第 019024 号

责任编辑: 朱佳新
封面设计: 欣鲲鹏

二十四史通俗演义
Ershisishi Tongsu Yanyi
孙建国 编译

出版发行 黑龙江人民出版社
地址 哈尔滨市南岗区宣庆小区 1 号楼 (150008)
网址 www. hljrmcbs. com
印 刷 三河市华东印刷有限公司
开 本 880×1230 1/32
印 张 19. 5
字 数 530 千字
版次印次 2019 年 5 月第 1 版 2021 年 3 月第 2 次印刷
书 号 ISBN 978-7-207-11620-8
定 价 58. 00 元

目　录

第一章　五帝明智创新立法(传说时代)

话说太昊伏羲是成纪人。他的母亲华胥氏住在华胥河中的小岛上。华胥,就在今天的陕西蓝田县(今属西安地区)境内。有一天,伏羲的母亲闲着游玩,爬到山上,看见地上有巨人的脚印,她就试着踩踏了那脚印,竟然有种特别的感觉,忽然红色的光芒笼罩住整个身体,就这样她有了身孕。怀胎十六个月,在成纪生下了伏羲(成纪,今在陕西汉中地区。有一说为甘肃天水地区的秦安县)。伏羲身高一丈六尺,脑袋像蛇头。他天生具备美德,人民感激爱戴他,推选他做了君主,他把木德作为当时帝王的受命之符。伏羲把“风”字作为自己的姓氏,在宛丘(即今河南周口地区的淮阳)建立了首都。那时风调雨顺,百姓顺心如意,又有共工、柏皇、朱襄、昊英这些文武大臣各个施展自己的才能,分管境内的各项工作,天下治理得很好。他们教百姓织渔网捕鱼虾来供给民用;又教百姓饲养马、牛、羊、鸡、猪这些家畜来作为肉食,并且作为牺牲用来祭祀鬼神。上古时的百姓,睡觉休息时,呼呼大睡;睡起就安闲自得地活动、做事;饿了就找吃的东西;饱了就把食物扔掉。那时人和禽兽没有什么两样。人们只知母亲是谁,却不知父亲是谁。只有性爱,却不懂礼节。伏羲帝开始制定婚姻嫁娶的法规。凡是男子要娶人家女儿,要先查姓氏,同姓不婚。还要请媒人说合议定,然后用成对的鹿皮作为订婚的礼物。远古时,人们穿衣要用兽皮做,所以居家过日子兽皮是很有用的东西。从此,人们开始知道有父子关系,男女有别,彼此检点了。

这时伏羲帝把天下治理得非常好,“文明”之花露出了萌芽。有一天人们发现黄河里生出了一个怪物,它头像龙,有马一样的身子,还有龙鳞,高八尺五寸,形状类似骆驼,身子左右还长着翅膀,在水面上行走像走平地一样。它的脊背上长着图点,后边六个,前边十四个,左边二十四个,右边三十六个,中间五十个,出现在黄河孟津河段。百姓看清楚了就飞快地报告给伏羲。伏羲听到报告后,立即命令驾车到河边观看,果然看见那兽在水面上行走不会沉没,就感叹地说:“这就是文明的开始啊!”他命令人抬去了一个石桌,和大臣们参拜完,就把它背上的图点用黑炭画在石上,再拿来竹板、木板画在板上。经研究推广形成了“乾”“坤”“艮”“巽”“震”“离”“坎”“兑”八种卦。卦有三爻,因而互相配合重叠变成了六十四卦。这样人们有什么疑难决定不了的事,都通过算卦来决定,以为找到了天地的秘密。从这时他又开始草创文字来代替用绳结记事。当时文字简陋,直到仓颉用六种造字法造字,文字才完美了。因有河图的祥瑞,各类官吏都用“龙”来命名,如:飞龙、潜龙、居龙、降龙等这些名称。又制定了甲历。甲历就是用“甲寅”记载年月的日历,这就是日历的开始。又刻削桐木制作琴,用二十七根绳做弦,命名为“离徽”。又用桑木制瑟,三十六根弦。用这些乐器来沟通神明,感谢赏赐,也用来修身养性。伏羲帝在君位一百一十五年死了,活了一百九十四岁,葬在陈地(今河南省周口地区的商水一带)。戊辰元年,他的妹妹女娲继承了君位。女娲和伏羲同母所生。她出生后很有灵性,面容像擦过粉,白白的牙齿,红红的嘴唇,身高一丈。她曾辅佐哥哥,管着婚姻媒妁、礼节方面的事,使百姓遵守婚姻制度。伏羲很爱她,又很尊敬她。伏羲死后,群臣就推举女娲做君主,称号叫“女皇”。她把“云”字作为姓氏,在中皇山建了都城。

这时镇守冀州方面的诸侯共工氏名叫康回,他长得脸面黑漆色,生着红头发,身高两丈六尺,遍身都是毛。他依靠自己有点小聪明,把自己看作神明,在冀州搞独立,扰乱天下,自以为有水德。他神通广大,善于施展妖法,还能腾云驾雾发大水。他堵塞大小河流,推倒高山,填到低地,发洪水祸害天下,并发出兵马作乱。女娲就命令大臣火神祝融去征讨他。共工被打得大败,就驾着云彩往北逃走。当初盘古开天的时候,凿破了昆仑山,山体的一半连着月亮,名叫不周山,也叫天柱。后来山体渐渐移向北方,并因体重逐渐往下掉。这时共工驾着云彩逃到北方,看见天柱下垂着,挡住了去路,心中大怒,吼叫一声,用尽全力一头碰向不周山,天柱折断了塌了下来,把共工压得粉碎,又把大地砸成了一面坡,海水顺坡上来,大地就缺了一个大角。祝融胜利回朝,把这事向女皇做了汇报,并问该怎么办。女皇也没有什么好办法。这时北方有一队百姓来求见女皇。女皇问他们来有什么事,百姓们说:"自从祝将军征讨康回之后,北方就没了白天,整天都是黑夜,并且阴风凛冽,已不像人间,我们是打着火把摸着路来到这里的,希望女皇赶紧想办法!"女皇听后,立即和群臣一起由百姓们领路,前往不周山查看。只见那里天昏地暗,冷气逼人。举起火把一看,只见西北方天缺了七八处。又因大气外泄,所以冷风吹下来,日月也失去了光芒。女皇考虑了很长时间,于是命令大臣们去别处寻找五色云母石,又命令把五色矾石烧炼成膏状物,并把云母粘成大块备用。女娲原来是女仙,能够腾云驾雾,会念咒语。于是她到云彩上面,把石头补在漏洞处。这事完成了,天空完好了。女娲从天上下到地面,又把已撞坏的不周山截断,分成四段,做成鳌足形,施展神通运到海地,把塌下的大地撑了起来,大地又恢复了原样。只是天体原来像水晶玻璃一样,所以日月照着大地,大地很明亮。可是石头不能透光,所以用石头所补的地方混浊无光。女娲对此很忧虑。那时,钟山上有个神物,长着张人脸,蛇身,而且满身是红色,身体长达千里,两只眼睛有光芒。它睁开眼睛就像太阳和月亮一样明亮,有光照着大地,并且能吐暖气体,吐出后大地就像夏天一般。女娲就施法制住了钟山的神物,让它永远在钟山上,高昂着脑袋来照着北海那一带的诸侯国。它睁开眼睛发出光,就是白天;闭上眼睛就是夜晚。它呼出热气就是夏天,吸入空气就是冬天。它不喝水,也不吃饭,让它按时吐出风雨,这样百姓才得以平安过活。

女娲治理天下一百三十年。接她皇位的是柏皇。柏皇之后又有中央;中央之后又有大庭;大庭之后又有栗陆。栗陆刚愎自用,做了许多损害百姓的事儿,听不进大臣的忠言规劝。百姓开始反叛。

他的大臣东里子进谏言而被他杀害，天下的百姓就更加背离他，栗陆因此灭亡。其后又有混沌、骊连、赫胥、尊卢、昊英、有巢这些人掌管朝政。以前的有巢氏是教百姓在树上用木搭窝，是极其久远的事了。这个有巢氏教百姓用木槿、藜草等编造成茅屋，百姓依靠它来居家过日子。这就是房屋、草庐的开始。后来的朱襄氏直到葛天氏，他们治理天下，不用说什么，而百姓信服；不用教化而政令通行。他们尊重百姓的习俗，百姓生活得很快乐，天下因此太平。阴康氏时，水沟、河流不畅，环境潮湿，造成人的大腿肿胀。阴康氏开始编制舞蹈，叫大家跳舞来活动关节，疾病得到了缓解。无怀氏时，百姓吃的住的都好，自家搞自家的生产就可过活了。此后神农氏出现了。

炎帝就是神农氏，姓姜，名叫石年，他是少典国君的儿子。当初，少典国君娶了有蟜氏的女儿叫“安登”的，她生了两个儿子。大的叫石年，是安登接触到神龙怀胎生下了炎帝，所以炎帝的身体像龙形。他生在烈山的石屋里，成年时身长八尺七寸，凭火德统治天下，所以叫炎帝。他在陈地建了首都，后来又迁都到曲阜。癸未元年开始研究各种杂粮的种植。在他之前，百姓吃的是草木的种子和禽兽的肉。神农氏考虑到野兽毕竟有限，而百姓会越来越多，一旦禽兽吃尽了，百姓就会没法生活下去。草木可以一年生长一次，这样作为食物的东西就会源源不断。他于是挑选了几样植物加以培育。他砍削木头做成翻土的耜和耒，又制作陶器，冶炼金属，做成锄田去草的工具镈和耨。他教百姓种植各种五谷杂粮，因而农业有了一定的发展。他还教百姓种麻织布，从那时起人们有衣服穿了。当时百姓有了疾病还不知针灸、吃药，所以得了重病死的很多。神农氏就亲自研究各种草木，品尝它的药性，分清主次及各种药物的配合。他曾经因此一天多次中毒。经过无数次的研究、尝试，他总结出了药方来给百姓治病。那时也开始了在首都开设药铺，招揽天下的人民，聚集天下的财货，进行商贸活动。人们也各自得到了自已所需要的东西。年终的祭祀活动也是从那时开始的。因为有火的祥瑞，他的官吏都用“火”命名，如：“大火”“鹑火”“西火”“北火”之类。后来,诸侯夙沙氏叛乱,他煮海水做盐,不接受炎帝的命令,他的臣子箕文进行规劝而被杀。由于炎帝道德高尚,全天下的百姓都顺从,夙沙氏统治的百姓杀了夙沙氏,归向了炎帝。在这时,炎帝管辖的区域:南面到达了交趾(今广东、广西一代),向北到达幽都(北边极远处),东面达到旸谷(太阳升起的地方),西边到达三危(今甘肃一带)。炎帝南巡死在了长沙的茶乡(今湖南湘潭一带)。炎帝在君位一百四十年,享年一百六十八岁。

神农氏娶了桑水氏的女儿叫听诙,生了临魁帝,临魁在君位八十年。魁帝又生了承帝,承在君位六十年。承帝又生明帝,明在君位四十九年。明又生了宜帝,宜在君位四十五年。宜生了来帝,来在君位四十八年。来又生了裹帝,裹在君位四十三年。里生了节茎,节茎生了克和戏,都没有做君主。克生了榆罔帝,住在空桑(今河南开封),他的政令很苛刻。他武断跋扈,争强好胜,欺压民众,用残酷的刑罚对待百姓,臣子们大多怨恨他,诸侯也有叛意。他的大臣蚩尤姓姜,是炎帝的后代子孙,好招兵买马,喜欢打仗。蚩尤制作刀、戟和大型弓弩,打算兼并诸侯。榆罔帝控制不住他。后来蚩尤从洋川(在今陕西省汉中地区西乡县)出兵,去攻打榆罔帝。榆罔从空桑退避到涿鹿(在今河北张家口地区)。轩辕向诸侯征集军队,和蚩尤在涿鹿郊外大战。蚩尤施法作大雾,轩辕的战士昏迷,不辨方向,所以轩辕氏这一仗没有取胜。后来,轩辕发明了指南车,辨清了东南西北。于是在中原地区捉住了蚩尤,杀掉了。此后,炎帝榆罔仍然不改以前的坏毛病。轩辕氏德高望重,他指挥军队和炎帝榆罔的军队在阪泉(在涿鹿附近)大战。经过三次战斗,轩辕获胜。榆罔在帝位共五十五年。诸侯推举轩辕氏代替神农氏做了天子,这就是黄帝有熊氏。

当初,神农氏的母亲生了两个儿子,长子就是神农氏,他的弟弟继承少典氏作为诸侯。到了榆罔帝这一代,少典国君的妃子,名叫附宝的,看见一条闪电缠绕着北斗的第一颗星,有了感应而怀孕,二十四个月后,在寿丘(今山东曲阜东)生了黄帝。因住在轩辕丘,号轩辕氏。他姓公孙,因在姬水边长大,所以又把“姬”字作为姓。黄帝一生下来就有灵性，很小的时候就会说话，遇事反应迅速，长大后聪明绝顶。因所分封的国叫“有熊”，所以又号称“有熊氏”。他以土德统治天下，土的颜色黄，所以称为黄帝。其在涿鹿（一说在河南新郑）建立首都，也迁徙过别处。黄帝开始研究制定作战的阵法。根据法律制作了各种刑具，用来维持秩序。建立了军队，设置各种用途的旗帜，有不服从的诸侯就加以讨伐。又劈山开道，忙得热火朝天。当时有云的祥瑞，就用“云”字来命名官吏，如：“青云”“缙云”“白云”“黑云”“黄云”等。黄帝有一天做了个梦，梦见刮大风，把天下的尘垢都吹走了；又梦见有人拿着一张很重的弩，赶着望不到边的羊群。他醒后感叹地说：“风是发号施令的执政者，‘垢’字去掉土旁，只剩下‘后’字，天下难道有姓‘风’，名字叫‘后’的人吗？很重的弩，只有有力量的人才能使用它；能驱赶望不到边的羊群，会是个很会管理百姓的人，天下真会有姓‘力’名字叫‘牧’的人吗？”于是依着这两个线索，在海边找到了一个叫“风后”的人，提拔他做了宰相；在大泽边找到一个叫“力牧”的人，提拔他做了将军。又找了四个能人帮他治理天下：奢龙做春官（为掌管民事和诉讼的官。一说为司空，掌工程建筑），祝融做夏官（掌管军政、军赋。一说为火正，掌火耕），太封做秋官（掌管刑狱），后土做冬官（掌管工程建筑。一说为田正，掌农事）。有一天，黄帝又梦见两条龙捧给他一张图，就斋戒后到黄河边寻求。有一条大鱼逆水游来，鱼身上带着图画文字。黄帝恭敬地接受了，从中得到了五个方面的启发谦恭、顺从、眼之明、耳之聪、思之睿。命令羲和占卜太阳，常仪占卜月亮，鬼臾蓲占卜星辰，车区占卜风。命令大挠探察金木水火土五行的实情。并用北斗七星的第五到第七颗星的运转来计算月份，并制定了闰月。命令仓颉整理创制了文字。仓颉长着四只眼睛，很有德行。当时洛水北岸边有只灵龟，红甲壳，青色的花纹，背着一卷书。仓颉接受了下来，这对他整理文字的工作很有用处，从中受了启发。

当初，从伏羲画八卦以来，有了简单的文字。到这时，用六种方法造字：一是象形，二是指事，三是谐声，四是会意，五是转注，六是假借。天下的文字基本完备了。皇帝又命令宁封担任陶正（掌管制作陶器的官员),赤将担任木正(掌管礼仪)。又制作了杵臼,各种粮食就可以去掉皮吃了;制作了锅和炉灶,百姓开始有稀饭吃了;制作了甑,百姓可以蒸干饭吃了。有了烧煮、烧烤的厨艺,又有了制作甜酒、奶酪的方法。有水的地方开始有了桥梁,人们出门走路有了鞋子,人死了有了棺椁。黄帝又命令挥制作弓,夷牟制作箭,岐伯制作鼓、铙、角、鞞、钲等乐器来显示武道,又命令共鼓制作船和桨用来渡水。制作了大车,以便通行四面八方。开始用金属制作货币来供天下人使用。黄帝和名医岐伯研究医道,写出了《黄帝内经》,对人的延年益寿大有好处。黄帝让元妃即西陵氏的女儿嫘祖教民养蚕。

说起养蚕,有这样一个故事:远古的时候,没有君主、长官。有人群居住的地方,就选取一个人管管事务。四川有个地方有个管事儿的人被临近部落的人抢走了。已过了一年,只是他常乘骑的马还在家里。他的女儿想念父亲,常常吃不下饭。这女孩的母亲安慰她,并对众人说:“有能让她的父亲回来的人,就把这个女孩子嫁给他。”部落的人听说此话,都想方设法要把这个人找回来,却没一个人办得到。马听到这话,兴奋地跳了起来,扯断缰绳跑了。几天后,女孩的父亲竟骑着马回来了。从此以后,那匹马就烦躁不安,嘶鸣不断。女孩的父亲见后,问这是怎么回事。女孩的母亲就把“谁能找回孩子她爸,就把她嫁给谁”的话对他说了。女孩父亲说:“这话是对人说的,不是对牲口说的,哪儿有人嫁给马的道理?只是以后多给它加点好料,好好养着它就是了。”谁知道这马从此以后不肯吃食,每次见着女孩就狠狠地瞪着他,刨着蹶子。女孩的父亲见后很生气,就用箭射死了它,并剥下马皮晒在院子里。有一次,女孩从马皮处经过,马皮突然蹦起来,卷着女孩飞走了。十天后,在一棵大树上找到了马皮。那女孩变成了蚕,吃那树上的叶子,后来又吐丝,变成了茧。于是就把那种树叫桑树。“桑”的读音与“丧”的读音一样。父母十分悔恨,日夜想念女儿。一天,忽然看见女孩驾着那匹马随着流云,身边侍卫的人有几十个,从天上下来。她对父母说:“天帝因为我很孝顺,心中不忘道义,给了我九宫仙嫔的女官职务。以后就永远在天上了,你们就不要再想念我了。”说完就登天飞走了。她的父母不忍心，就年年养蚕，重复着取茧、出蛾、生卵的过程。这样，这事传入帝宫，元妃西陵氏也开始养蚕。一天，她偶然把一些茧放进热水里，抽它们的丝，很是结实，扯也扯不断，就试着织成绢，比苎麻所织的布柔软。披上它可挡寒暑，又可以染成各种颜色。它的茧子又可以煮成丝绵来抵御冬天的寒冷。西陵氏就教民间的妇女们养蚕，用它的丝织布做衣服穿。黄帝把他所管辖的地方分成了上万块，每块方圆上万里，作为诸侯国。又命令各种工匠修建国城，提拔两人做正副监国，看管着万国。又划分田亩，实行井田制，定疆界来杜绝争端。因此百姓都很诚实，见利互让。那时风调雨顺。有一种草长在庭院，见到坏人就倒向他，名叫“屈秩”。凤凰在楼阁筑巢，麒麟在园林游荡。当时天下被治理得很好。黄帝在首山炼出铜，在荆山的南坡铸三座鼎。八月十六日鼎制成，有条龙垂着须子下探，黄帝骑上龙上天，一些大臣和后宫的宫人有七十多人，也骑上了龙。一些小臣骑龙骑不上去，都抓着龙须。当时黄帝的弓挂在龙须上，龙须被扯掉了，弓也掉了下来，这群小臣就抱着弓号啕大哭。后来就把那块地方叫“鼎湖”，弓叫作“乌号”。大臣们在峤山（今陕西延安）埋葬了皇帝的衣服、帽子、弓和剑。当年，黄帝与仙女西王母有来往，一切宫室、衣服、帽子和所使用的东西，都是从仙境学来的，其他制度也是有样学样。黄帝有四个妃子：元妃是西陵氏，二妃是方累氏，三妃为彤鱼氏，第四妃是嫫母。嫡生子十二人，庶子二十五人。少昊金天氏继了君位，他姓己，名挚。当年他的母亲西陵氏嫘祖，一天突然看到一颗大天星像彩虹，拱桥一般地架在华渚，后来生下金天氏。金天氏凭着金德统治天下，所以叫金天氏。他因为能效法太昊（即伏羲氏）的政策，所以叫少昊。首都建在曲阜。当时恰好有凤鸟来到，于是就用鸟的名称来给官员命名。制作了乐曲称作“大渊”。在他晚年的时候，有九个姓黎的诸侯作乱，并能施展妖法来驱使鬼神。天下人都很害怕，于是家家都有做巫祝的人，人们忙着祭祀，希望除去天灾人祸。少昊在君位八十四年死了，他的哥哥昌意的儿子颛顼高阳氏继位，改姓了姬，在帝邱（今河南省濮阳县）建立了首都。当年，昌意娶了蜀山氏的女儿，名叫女枢，她因感应瑶光贯通月亮的祥瑞,在若水边生下颛顼高阳氏。他依着水德统治天下。因最初他的封国名叫“高阳”,所以号称高阳氏。自从少昊衰弱以来,九个黎姓诸侯叛乱,搞乱了民心,百姓和神灵混杂在一起,区分不开。颛顼高阳氏就命令一个叫重的人管上天的事,一个叫黎的人管大地的事,断绝了大地通天神。消灭了九黎之乱,百姓就此才安生了。又制定了年历,开始使用农历,用建寅月作为一年的头一个月。又制作“承云”乐。他在位七十八年去世。帝喾高辛氏继了帝位,名字叫俊,父亲叫蛟极,他的爷爷就是少昊金天氏。因最初被封在“辛”这块地方,所以号称高辛氏。他是靠木德统治天下,崇尚黑色,在亳建立了首都,就是今天的河南省偃师县。高辛氏乐善好施,聪明有远见,明察秋毫。他对人既亲善又有威严,既仁慈又讲信用。他的道德修养能使天下人信服。高辛氏有四个妻子:元妃是有邰氏的女儿名叫姜嫄,她跟着高辛氏帝喾烧柴祭天时,踩着了巨人的脚印,因而怀孕生下了稷;第二妻是陈锋氏的女儿庆都,她有红龙的祥瑞,怀孕十四个月生下尧;第三个妻是有娀氏的女儿简狄,他向媒神求子,又有飞燕的祥瑞,生下了契;第四位妻子是娵訾氏的女儿常仪,她生了儿子挚。帝喾在君位七十年去世,儿子挚继承了帝位。挚荒淫无度,政令苛刻,只在位九年就被诸侯赶下了台。诸侯尊推尧做了天子。

第二章　尧让位给舜，舜让位给禹，全为民众(传说时代)

话说大帝尧，即陶唐氏，是高辛氏的儿子，是挚的亲弟弟。他在丹棱出生，养在母亲家伊侯国，后来又住在祁地，所以又叫伊祁氏，以祁为姓。他在十三岁时，辅佐挚，被封在陶(今山东定陶)这地方，十五岁时又改封在唐地(今山西临汾的古县东北)，所以又号称陶唐氏。十八岁时代替挚做了天子，以火德统治天下，崇尚白色，把平阳的安城作为首都，就是现今的山西省临汾。尧帝很有智慧，生活也很朴素。他住的房屋，房上苫的草从来不修剪，饭菜也很粗糙。甲辰元年，他命令羲和氏制定闰月(即每三年增加一个月)，并定下一年中的四季，让百姓知道什么时候耕种，什么时候收割粮食。当时有一颗蓂荚生在院子中，十五日以前，每天长出一片叶子，十五日以后每天落一片叶子，赶到月小尽(月不足三十日)，有一片叶子却饱满不落，看到它就知道时日。尧帝查看天下，到了华山，华山的一位地方官员祝福他说："请让我向圣人祝福，希望圣人财多，高寿，多儿子。"尧帝说："可别这么说，儿子多了担心的事儿就多；财产多了，预想不到的事也多了；活得年岁太大，就会受屈辱。"地方官员说："每人都有自己的职责，还有什么可担心的？财产多了分给别人，还会有什么事呢？天下治理的得心应手，有方法，天下万物都会繁荣昌盛；天下治理的不如意，就多些时间修养品德。年岁太大就不管闲事儿，哪能受屈辱？"尧帝回去以后就安置了"敢谏鼓"，让天下的人有话敢说。又树立了木牌，使天下人有什么意见可写在上面，来指出他的过失。并制作了乐曲，称为《大章》。尧帝治理天下五十年，只是顺其自然，竟不知治理的如何，百姓是否拥护自己。他就问身边的人，身边的人说"不知道"；又去问议政的官员，议政官员也说

“不知道”;又去问平民百姓,平民也说“不知道”。他微服私访来到一条四通八达的大道上,听到一首童谣:“上天生下我们百姓,万类万物没有不达极限;不懂得也没感觉,正顺从我尧帝意见。”有个老人嘴里含着饭,挺着大肚子,一边指着土地,一边唱道:“太阳出来就劳动,休息在太阳落山,挖井吃水,种田吃饭。”

却说黄帝的后代子孙瞽叟娶了个妻子叫握登,她看见了一条巨大的彩虹,心意有所感触,在姚山生下舜。所以瞽叟姓妫,而舜把“姚”作为姓。舜的母亲死得早,瞽叟又娶一个后妻生下了象。象这个人,为人极其傲慢。瞽叟喜欢后妻所生的儿子,常常想害死舜,舜总是机敏地避开了,又没有失掉做儿子的道理。在年纪二十岁时,他的孝名传遍了天下。他在历山耕地,历山地区的人受他的影响,没有人因地界而打架、诉讼的了;他到雷泽打鱼,雷泽那里的打鱼人,都彼此谦让地盘,互敬互让了;他到黄河边上去做陶工,那里的陶工都变得认真工作,制出的陶器,都质量提高了。他在寿丘制作日常生活用具,在那里住了一年,那里成了村落。住了两年,那里成了小城镇。住了三年,那里成了大城市。尧帝在福泽的南边找到了舜,尧帝问他说:“我想治理天下,应该怎么做?”舜回答说:“做事无遗漏,执行忠信不懈怠,天下自然会治理好。重视自然界的管理,特别是对人的引导作用。”尧帝又问:“你对人的性情怎么看?”舜回答说:“一个人如果有了妻子儿女,对父母的孝情就减弱了;如果一个嗜好的欲望要得到满足,那么对朋友的诚心就会打折扣。遵从道义就吉祥,否则就有灾祸,那是立竿见影的。”当年,尧帝娶了散宜氏的女儿名叫“女皇”,生了九儿两女。长子丹珠品行不端,其他八个儿子虽然没有失德的地方,也没有什么好处,都不够继承帝位的条件。尧帝寻求贤能的人来代替自己,大臣们都推举舜。尧帝也知道舜的品德才能,就把两个女儿娥皇和女英嫁给了他。在舜的影响下,两个女子都有妇德。尧帝很赏识舜,多次用艰难的事情考验舜,他都能胜任。于是尧让舜做相,来辅佐自己。当时高阳氏有德才兼备的子孙八人,天下的人把他们叫“八恺”;高辛氏有德才兼备的子孙八人,天下的人叫他们“八元”,世间的人受到了他们美德所带来的好处。尧没有来得及提拔他们,舜这时提拔任用了他们。帝鸿氏有个品德败坏的后代子孙称为“欢兜”。少昊氏也有个品德败坏的后代子孙叫“穷奇”,就是共工。颛顼氏也有个品德败坏的后代子孙,叫“梼杌”,就是“鲧”。缙云氏也有个不肖的后代子孙,称为饕餮。天下的人把他们叫作“四凶”。尧帝没能处置他们,舜把这四人流放到四方极远的地方。乙卯年,尧帝七十二年,舜代理尧帝的位子主抓朝中大事。舜委派鲧的儿子“禹”治理水患。

自从洪荒以来,水占的地方多,陆地面积很少,大水漫山遍野,非常厉害。当初,尧派羲仲、羲叔、和仲、和叔分别到四方去察看,知道四方的海水比地面低很多,可以泄洪水。于是寻求能够治理洪水的人。朝中的大臣和主管大山的官员推荐鲧去治水。尧帝说:“鲧曾违抗命令,残害族人,不可以使用。”那些人还是极力推荐他,尧帝不得已就命鲧去治水。鲧接受了命令,就修筑城墙来抵挡洪水,召集民众住在里面。大水一来,民众都淹死了。又因荆州有块息壤,息壤就是一块大石头,它直径六尺八寸,上面自然形成城池、山河、人和物的形象,相当奇巧可观。它原来是各个水系的母亲。鲧找了许多地方,才把它找到,挖了出来。鲧只以为挖出水的根源,水患自然消除。哪里知道自从把它挖出后,水来救母,雨下个不停,水越来越大,浩浩荡荡,淹了所有的山,将稍微小点的山头全都淹没了。鲧用这种方法到处治水,劳而无功,一直干了九年,白白地劳民伤财,竟然没能治好一处水患。舜和尧知道鲧害了百姓,就命令祝融在羽山杀死了他。鲧死后,三年不腐烂,用吴地出产的剪刀剖开鲧的腹部,他竟然变成了黄熊,不久又变成了黄龙,跳进羽渊,把息壤偷去了。他不检讨自己的过错,反而怨恨尧和舜把他杀了。他纠集同类巫支祁、天吴、相柳氏等一起发起水来,于是水势越来越大了。尧和舜日夜忧心忡忡,各路诸侯前来告急。舜考虑到鲧既然有灵异现象,又盗去了息壤,助水为害,那么必须要用鲧的后代治水,他自然心悦诚服,息壤又可以拿回来,水灾也可以除掉了。舜见禹勤劳又节俭,每天努力修养自己的品德,还很有智谋,考虑事情也很细密,于是任命禹做司空,把治水的任务交给了他。

一天,禹为父亲治水不成功被杀而悲伤,他努力劳作,烦忧思虑,仰天叹息。不多时他看见天帝交给他一页呼召万灵的书,并且命令他说："凡有鬼怪蛇神的巢穴，可以先用火攻，接着用武器弓箭，如果还不行，可以借助神力。"禹于是命令他的部下狂章、虞馀、黄魔、大费、庚辰、童律作为助手，这些人能呼出和吸入风雨，并能使用神奇灵异之物。又命令应龙作为他们的帮手。应龙是一条有翅膀的龙，它用尾巴划地，不论泥沙还是有岩石的地方，都能划开一条沟，使水进入而流走。禹又上报，请益担任管理火的官员，带领步兵五百人，准备了很多干柴火把，遇到山林、丛木、杂草就全部点着，烧起大火的烟遮住了整个天空，响声震动大地，满山通红。恶鸟怪兽都吓得惊慌失措，四散奔逃了。禹又上奏请羿担任后队的领头人，率领一千弓弩手，凡是遇见逃跑隐藏起来的恶鸟、怪兽，都全部射死，断绝祸根。在当时有一种怪兽叫"猰貐"，形状类似老虎，大得像一间房屋，凶猛无人能够抵抗，被它吃掉的人无数。这时猰貐正从山洞里走出来，被羿发现射瞎了双眼，士兵又一齐放箭射死了它。桑林中，有一处桑树高十九丈，这些桑树中间藏有封狶，身体大得像座小山，身上长的毛像箭一样。它老远看见人，就放出毛，像箭一样射人，射死人之后，还能把毛再收回到身上。人和家畜不小心走到它跟前，都被它吃掉了。这时它也走了出来，被羿射死了。禹在陆地时，乘车走；在水中时，乘船走；在泥地时，乘橇走；上山乘辇。南浔国献给尧两条五色毛龙，一公一母，交给豢龙氏饲养，并赐给禹骑着它们治水患。禹率领五千人从首都开始治水。冀州在北面，北面水患最大的是淮河，淮河有水神叫巫支祁，形状像青猿，身长五丈多。它振动水，水就涌起；碰岸，岸就被碰坏。还有个水神叫天吴，长着老虎的身体，人的脸面，有八个脑袋、八只脚、八条尾巴，青黄色，它就是水伯。它用八张嘴喷水，八只脚振动水，八条尾巴扇动水，水的大浪滔天而来。禹从冀州壶口山干起，治水正治到吕梁山，一天，只见水的波浪突然鼓起来，涌上了山，把治水的人一半卷入水中。这时大禹正在山上监督施工，看到这情景大吃一惊，又恍惚感觉水中有俩怪物鼓起浪来。大禹当即请狂章等天将捉捕妖怪。那个巫支祁与天吴虽说神通广大，哪里能抵抗得住天将？大战了很久，打不过天将，因为兖州水大，两妖逃到兖州去了。

当初，那些妖怪因为尧帝的都城在冀州，害怕尧帝治水，都聚集在冀州作难。大禹把吕梁山和岐山凿开，河水顺流而下。结果水走到龙门山又被挡住，过不去。那座山尽是悬崖峭壁，用人力很难开凿，大禹就请应龙用尾巴把那座山打开一道沟，使河水从沟里流下山去。沟口竟像大门一般，即使鱼鳖也上不去，这就是龙门，在今天的山西河津市。龙门已成，往下又有底柱山在黄河的中游，又把河水堵住了。禹就开凿底柱山让河水通过，又使河水分三条流过，被称作"三门"。禹又治理了汾水、漆水、淇水、清漳河和浊漳河，使它们都流入黄河。冀州的水患治理好了，大禹又因为兖州的河段在黄河的下游，就从兖州治起。巫支祁和天吴两怪，自认为逃得已很远，那里水势又大，很是高兴。没想到坐还没坐暖，那一带的山林又烧起大火来，禽兽又逃的逃，被杀死的被杀死，仍然像冀州一样。二怪大吃一惊，就纠集水怪、龙子、龙孙和虾兵蟹将，专等大禹的兵一到，出其不意，发起大水，鼓起大浪。大禹到了那里差一点儿淹死，连忙请天将捉拿妖怪。这两个妖怪与天兵天将大战了七天七夜最终被打败，巫支祁潜逃到扬州，天吴潜逃到豫州去了。大禹疏通河道，并开凿成九条河道来减轻水势，让它们流到海里。河水流得很平稳。他又领人治理济水、灉水、沮水，使它们不再泛滥。这样，兖州的水患平息了。兖州治理完毕后，又来到青州。当时，在青州地方住着个风伯，吹起大风，鼓起波浪，把百姓的房屋都刮坏了。一天，大禹恍惚看见一个东西在山头吹风，命令羿趴在地上悄悄爬到山后，用箭把他射倒。风带来的灾害从此平息了。当时禹有一条船，破得不能载人，就把它扔在石室里，就是今天山东济南大湖山上的石室。他又治理了潍水、淄水。青州的水患除掉后，又到徐州治理淮水、沂水、济水。治理完毕，又到扬州治水。扬州在长江的下游，水患严重的是北边的莫如河，南边的莫如江。大禹正想治理长江下游，只见众百姓前来报告说："这里的洞庭山里有蛇，身长千尺，不论人还是畜，遇见它没有不被它吞掉的，您必须多加注意。"大禹听说后，就命令伯益、后羿一起严密防范。益派人放火烧山，火到洞庭，长蛇果然奔逃了出来，见人还吃。羿射瞎了它的两眼，蛇没了眼睛疼得乱滚，终于被射死了。那时巫支祁从兖州败逃后，潜回到扬州，潜伏在彭蠡。彭蠡就是今天的鄱阳湖，湖水宽阔并且很深。巫支祁自以为找到了好地方，心想大禹绝不会到这里来，岂不知凉炕还没坐暖，却看见山头着起了大火，吓得他要死，用尽全身最大的力气，鼓起滔天巨浪。大禹一看势头不对，立即召来狂章、虞馀、黄魔、大费、庚辰、童律等天将前去擒拿，另外又派应龙潜入水中协助他们。巫支祁力量用尽，就躲到水中的大漩涡处藏身，被应龙在漩涡里抓到，送到了大禹那里。禹命令处斩，谁知刀、斧、凿子、锯对他都不起作用，杀不死他。狂章等说："这个怪物也有神通，喜水怕火，要是用火烹煮、烧烤，再用醋来浇灌他，就能把他杀死。然而他的同伙太多，恐怕前来报仇，水灾恐怕不一定能平息，倒不如用一根烧红的铁针穿透他的鼻孔，把他锁在深渊里，那么水灾就会永远平息了。"禹就做了一串大铁索，把他锁在了龟山下。现在江苏盱眙县东北三十里，龟山西南上有绝壁，下面有深渊，就是那里。

彭蠡的水患平定后，大禹又开凿硖石山来通淮水（硖石山在今安徽寿县西北）。大禹那时在今天的江苏赣榆县羽渊中，看见一条黄龙鼓浪非常猛，就打算派天将消灭它。天将们说："这是伯鲧，不能动他，可以祈祷一下，灾患就自然平息了。"禹知道这是父亲，就流下泪来，于是写表给他的父亲。鲧看完表后非常高兴，把"息壤"放在岸边就离开了。禹得到息壤，仍把它埋在江陵城南门外。后世如果遇到大旱，把它挖出来，一定会有大水，再埋起来，水就退了。禹又凿穿了宛委山，得到一块赤珪，像太阳；一块碧珪，如月亮。又在石匮山藏书。宛委、石匮这两座山都在今天的浙江绍兴。大禹向越东引流灌水，水势很猛，冲刷下来的沙子堆积得像山崖，这就是"海门"。大禹挖通了丫溪，引水入海。丫溪在今浙江嵊州市。大禹放弃了余粮丢在丫溪山上，如今变成了"禹余粮石"，也因此给那山命了名。这里的事做完后，又到了荆州。过大江时，相柳氏得知大禹要过江，急忙派遣黄龙要弄翻大禹的船。黄龙在水里顶着船，船里的人都吓得要命。大禹仰天叹息说："我受上天的命令，竭尽全力劳作为了千万百姓，活着不负所托，死了就算回家了。你这条龙在我眼里不过是条蜥蜴罢了！"大禹脸不变色心不跳，命令天将保护船只。龙听到后，无精打采地走了。相柳氏占领了长江及九条支流，派罔象掀起九江的水，刮起风沙大雾，又是雷又是闪电，天空灰暗，白天就像夜晚,让人迷路,对面不见人。他掀起的大浪像座山,把所有的山头全都淹没,百姓一半变成了水鬼。相柳氏又派出巴蛇,这条蛇身长三千丈,腰粗五十围,不管是人、马、驼、象,遇见了它就都被它吞吃掉了。禹大怒,知道是相柳氏干的坏事,就让羿(也称大羿)集中兵力,先射瞎巴蛇的双眼,又用乱剑杀了它。蛇死了,尸骨堆积起来成了一座山丘,就是现在的湖南岳阳巴邱山。大禹又紧急派遣天将捕捉相柳氏的党羽,罔象很害怕,急忙潜逃到海里去了。相柳氏偷偷跑到梁州地界。禹平定了九江水,又治理了沱、潜等水。荆州水患平定后,大禹上了岣嵝山(在今湖南衡阳),刻碑来记载这些事,总共七十二字,写的都是蝌蚪文。之后就去了豫州。

大河原来从豫州经过,天吴从兖州顺着黄河偷跑到豫州,潜伏在河底,并不敢兴风作浪,自认为大禹不一定会到这里。谁知道有一天益纵火烧山,后羿猎杀猛禽、野兽,又像从前一般。天吴吓得够呛,没了主意。大禹率领三军挖深沟,疏通了河道。天吴掀起大浪来,三军人马四散奔逃。只见天吴在水面上奔跑,来往如飞。禹赶紧请天将把天吴捉住,要处置他。天将们说:"这个怪物不可杀,必须用四扇铁门,各长八尺,厚度一尺。铁柱子十六根,各长一丈,各重八百斤。做成后,用铁绳串联起来,把天吴捆起来放入,再用锁一锁,让一千士兵呐喊助威,才可以把此怪锁在河底。"大禹按他们说的,命令军人如法铸成了铁门、铁柱、铁绳子、铁锁,装进了天吴,沉入水中。敲锣打鼓、呐喊的声音传到了百里之外。只见阴云密布,怪风刮起,异浪不断拍打着岸边。不一会儿,云散了,浪也平息了。大禹命令停止敲锣打鼓,分配人员疏通河道。仅用十天工夫,大功告成。大禹就在陕州城外(今河南陕县)铸造了一个铁牛,头在黄河南,尾在黄河北,用来镇压河患。又凿通阙塞山(今河南洛阳南的龙门山)来引导伊水进入黄河。在疏导洛河时,有只神龟背着一个有文字的东西从洛河出来,这就是"洛书"。大禹凭着它写成《洪范九畴》,天下的义理,都在"河图""洛书"里了。大禹又疏导瀍水、涧水、荥水和波水,都使它们通向黄河。豫州治理完了,于是又到梁州疏导汉水、沱水、潜水,使它们都通向长江,再向北疏通渭水。相柳氏见大禹又来了,大惊失措,又掀起大浪来阻挡一阵,知道赢不了大禹，竟然逃到雍州昆仑山北面、黄河的源头藏身了。大禹知道这个坏东西不除掉不行，就追到雍州，派出天将追捕。在昆仑山北面抓住了他，杀掉了。他的血很腥臭，血染到的地方不可以种植作物，那块地就废弃了。大禹又从昆仑山南面来到岷山，在那里遇到一个长得很高的人，那人给了大禹一块黑玉圭，圭上有字，大禹恭敬地接受了。接着又疏导、开凿江、河水道。到了白帝城，见到那里都是悬崖峭壁，水道的出口狭窄，就命令工人用火烧。工人们说："这么做恐怕不起作用。"大禹说："岷山周围上千里，只有这一个出水口，如果不让水平稳地流出去，它的祸害怕是比淮河水的祸害还要大。"于是大禹命令应龙帮助他们。第二天开工，崖崩塌的声音就像炸雷一般。这样，从上起自西陵峡，中间到巫峡，下到归峡为止，这三个峡共七百多里，很快疏通了。大禹疏导弱水向西流，又疏导泾水、渭水、漆水、沮水、沣水，都让它们流进黄河。雍州的河是许多河的上游，所以最后才治理它。雍州的水道治理好了，九州的水道就都治理好了。当年大禹奉命治水时，结婚娶涂山氏的女儿才四天，紧接着就出外治理水患，三次路过家门都没回家看看。涂山氏自从丈夫离开他，生了个儿子已经四岁，名字叫启。她听说丈夫治水路过家门，就抱着启出去看丈夫。启哇哇大哭，大禹忙得都没回头看一看。大禹在外十三年，所到之处大受欢迎。水患已经除掉了，人民可以耕种土地获得粮食了。大禹于是根据土地的具体情况，制定田赋，以便向朝廷贡物。他用在岷山所得的那块圭作为礼物，向舜报告治水大获成功。舜非常高兴，佩服禹的功德。后来舜让君位给禹就是因为这个原因。

那时冀州有个仙狐，是原来洪荒时代的东西，神通广大。这只狐狸的亲属众多，天下各处都有。伯益放火烧山，后羿放箭打猎，这类狐狸被杀死了一半多。这只老狐狸非常生气，心生一计，认为大禹能够治水，未必能够治火。于是就派出九只乌鸦精，每只乌鸦叼着一块大玻璃，凭借太阳光映照大地，并和真太阳一齐出现在天空，真的像天上有十个太阳，遍地晒得像着了火。庄稼被晒得干槁，草木也晒得枯焦。百姓开始惊慌，竟然有人被晒死了，房屋也有晒着火的。舜为此事很是忧虑，问大臣们用什么方法可以消灾。后羿上前说："臣看那九个小太阳，总是紧紧跟随着大太阳转行，虽然也有像火一样的光芒，却不太高。那九个太阳边上有飞鸟的形状，等我到高处射他们，看行不行。"舜帝说："如果真能射下来，这真是人民的福气啊！你去射射看吧！"后羿登上了三峻山，远远看见那九个太阳过来，都是每只乌鸦叼着一个太阳。后羿看得清楚，一箭射去，只见掉下一只乌鸦，嘴里叼着块大玻璃，和太阳差不多。后羿见射掉了一个太阳，来了精神头，又接连射出八箭，八个"太阳"都掉在地上。后羿又试着射真太阳，连着射了几箭，太阳一点儿不动，于是他调转马头，回朝廷报告去了。舜帝得到报告后非常高兴，把后羿封到了"穷"那个地方（今山东省德州市南），这就是"有穷"后羿（即前后羿），他的后代子孙世代承袭爵位，这是后话。这天后羿散朝回家，妻子出门迎接他，手里还拿着一丸药，光闪闪的，香气袭人。后羿问她："你手里拿的是什么东西？"妻子回答说："这是长生不死的药。"后羿又问："你哪儿来的这宝物？"妻子说："从你奉差事走后，仙人西王母可怜我孤身一人独宿，就每天晚上到这里来陪伴我，遇到月光明亮的夜晚就召唤丫鬟捣药。我问捣的是什么药，西王母说：'这是长生不死的药，每一百年才能捣成一丸，吃了就会长生不死。'三天前，恰好捣成了一丸，让我先收起来，放在这里，她要去蓬莱探望东王公，大约要半个月后再到这里来取。我今天晚上看见月亮明亮得像白天，就拿出来看一看，玩一会儿。"后羿对她说："你怎么不吃了它？"妻子说："她要来时，我怎么说呢？本想长生，反把命害了。"后羿说："既然叫长生灵药，大概可以隐身，你不吃我就替你吃了，看看有什么变化。"他的妻子听后没吭声。后羿又说："我从前跟着大禹治水，曾到过西王母家，王母答应给我一丸药，这丸一定是，我应该吃了它。"妻子见后羿一定要吃那丸药，于是想："我要是自己吃了这丸药，也许可以避开王母而不死。要是让丈夫吃了，王母问我要时，我是个凡人，必死无疑了。"于是她吞了药丸。她吃了药丸后，就觉身子变得轻飘飘的，像云彩一样，逐渐升起，越升越快，直奔月亮而去。在她刚升起时，后羿紧紧拉住了她的衣服，随着她也飞去了。妻子是嫦娥，后羿却变成了蟾蜍。这是在尧帝八十年，即甲辰年八月十五夜里的事。那时明昕协助大禹治理东方的水患有功，被封在卯地，他曾经和嫦娥相好。他的八代孙明需，在殷商时代居住在中山，练成了仙人的法术，能飞入月宫偷偷地和嫦娥亲热。蟾蜍发现后向天帝告状，天帝紧急追捕他，他就变成了兔子。这是后话不提。

再说舜自从代理尧执政以来，制作了“浑天仪”，并按时到四面八方所封的诸侯国视察。光阴似箭，不觉已有二十八年了。尧帝在阳城游览，忽然得了病，几天就死了。他在位一百年，活了一百一十七岁。舜为了回避自己，树立尧帝的儿子丹朱的威信，把他安置在黄河的南岸，天下的人却不归顺尧帝的儿子，而归顺舜。舜不得已，就在丙戌年正月初一，到了尧帝的祖庙即了天子位，称有虞氏，用土德统治天下，在颜色方面崇尚红色，在蒲坂（今山西永济）建立了首都。舜帝能广泛听取别人的意见，对一些事情都能看得很准确。任命禹做司空，并管理百官；弃做后稷，管农业；契做司徒，掌管教化；皋陶做士，掌管刑狱；垂做共工，管理各种工匠；益做虞，治理山泽；伯夷做秩宗，掌管祭祀、礼仪；夔主管乐事，教导帝王贵族的长子；龙担任纳言，负责传出舜帝的命令，及传进臣民的意见来使舜知道。这就是“九官”。后来舜帝又把尧的儿子丹朱封在丹渊，以便侍奉尧帝庙宇的祭祀。并把丹朱看作自己的宾客，不看作臣子。把退职的老臣奉养在贵族学堂，把年老的普通官吏养在初级学堂，他们的活动和休息都有规矩。尊重有好品德的人和老年人，执行自己的无为而治。弹奏五根弦的琴，唱《南风》这样的诗歌，天下自然得到了治理。歌词说：“南风和煦啊，可以解除我民心中的怨气；南风按季节来到啊，可以增长我民的财富。”又作乐曲《九韶》，于是有凤凰飞来，德星出现，五色云升起。劳动民众你应我和唱道：“彩云灿烂啊，弯曲又绵长，日月光彩明丽啊，一天连着一天放光。”四方的诸侯一齐去见舜帝，叩头说：“如今上天明察，灿烂的星辰布满天空，太阳、月亮光彩明丽都是托您一人的福啊！”舜帝一边唱着，一边说：“日月运行有规律，四季也顺应常道，天下的百姓有诚信。在我看来，说到喜乐事，是上天灵性给的。选出圣贤，人们都会听从他。敲锣打鼓，尽情地跳舞，累了就走开。”舜帝的儿子商均品德不好，舜于是提拔了禹代替自己，禹叩头坚决推辞。舜帝说：“你不要任性。”正月初一一早,禹在尧帝的庙里接受了使命。当年,舜帝流放“三苗”部落的头人到三危地区,他们的臣民不服,聚在一起捣乱,舜帝命令大禹前去整治。禹带兵到了那地方有一个月了,苗民仍然不顺从。益劝禹说:“德,能感动上天,再远的地方也是如此;至诚足以感动神灵,何况‘有苗’呢!”禹对益正直的话很感谢,说道:“我懂了。”他就带领队伍回去了。禹更加修养自己的品德,后来“有苗”归顺了。禹就考察他们的好坏以便分别对待:好人让他们仍然留在故土,品行差的人就把他迁到其他地方。禹代舜治理到十七个年头时,舜到南方的诸侯国去查看,走到苍梧的郊外(在今西安市鄠邑区),忽然染病起不了床了。于是召禹及一些大臣到苍梧,娥皇、女英也去了。舜帝说:“我南巡到此地,突然着了凉,病得很厉害,恐怕再也起不来了。我的儿子商均不学好,大臣们可立禹代替我的位置。”又对禹说:“从前尧帝把重任交给了我,我今天把重任交给你,你努力吧!”又对两个帝后说:“承蒙先帝看得起我,把天下交给了我,又让我娶了你们两个,这个恩德恐怕没有报答之日了。只是我承接帝位以来,不敢偷懒,才得到了今天的天下安宁,这都是依靠你们两个从中帮助。没想到今天一病不起,不能和二位长久相随了。我死后,把天下交给禹,希望两位保重身体。”说完就死了。舜在位五十年,年寿一百一十岁。娥皇、女英非常悲哀,号啕大哭,泪水洒在竹子上,都变成了斑痕,就是今天所说的湘妃竹。禹和大臣们立即举行殡葬礼节,把舜埋在了九嶷山(在今湖南省宁远县南),大臣们随着两位帝后回去了。禹也把帝位让给舜的儿子商均,就像当年舜帝让给尧帝的儿子丹朱一样,诸侯们却归向了禹,于是禹把舜帝的儿子商均安排在了阳城居住。

第三章　夏后氏四百年，共一十七代（夏史）

话说夏禹王姓姒，表字高密，是黄帝的玄孙。黄帝生了昌意，昌意生了颛顼，颛顼生了骆明，骆明生了鲧。鲧娶了有莘氏的女儿叫“志”，就是禹的母亲修己。一天，修己仿佛看到流星接连不断地向高空飞，后来又做了同样的梦而怀孕。于尧帝五十年六月六日，在僰道（今四川汶川）的石纽乡，修己生下了禹。禹十七岁时，舜听说他贤能，提拔他继承父业治水。他在外十三年，水患全部平息。禹敏捷勤劳，在安邑（今山西运城地区的夏县）建了首都，用金德统治天下，崇尚黑色。把尧的儿子丹朱封在唐，舜的儿子商均封在虞。大禹到南方巡视，在涂山和诸侯相会，天下富有，拿玉帛作见面礼的有许多诸侯。禹制定了地方向朝廷贡献土特产品的制度，作乐曲，名叫《大夏》。悬挂钟、鼓、磬、铎、鞀等乐器，等待着四面八方的有才人士。他说：“教导寡人道理的就敲鼓，能使寡人明白道义的敲钟，有事告诉寡人的请摇铎，有忧虑的事告诉寡人的请敲磬，有打官司告状的请摇鞀。”禹吃一顿饭，因有事找他，他得离席多次；洗头、洗澡也不平静，辛勤地为天下操劳。古时有个杜康能造甜美的酒，喝着不醉人。当时的仪狄也能造杜康酒。禹王的女儿让仪狄做酒进献给禹王，禹王喝了觉得很香甜。禹王于是疏远仪狄，拒绝美酒，说：“后代一定会有因酒而亡国的。”大禹任命皋陶、伯益管理国政。他又收集天下的优质铜铸成了九只鼎，来象征九州，每州的地图物产、山川草木、奇禽异兽都记在鼎上。夏、商、周三个朝代相传，到了秦朝灭了周王朝，把九鼎迁到了咸阳，有一只鼎堕入泗水，其他八只被项羽焚烧阿房宫时烧成了灰烬。

一天，禹出门巡视，看见被押送的犯人，就下车询问情况，并掉下眼泪。禹的随从说："一个犯人不走正道，君王干吗为他伤心？"禹王说："尧舜时代的人，都和尧舜同心，所以不犯法。现在我做了君王，百姓各藏自己的私心，因而犯法，我是为此痛心。"禹巡视江南，召集诸侯到会稽相见，防风氏去晚了，大禹杀了他。防风氏长得高大而且胆大，他的一根骨头就装满了一车，他的后代发展成了狄族的一种。禹王死在了会稽，他执掌政权十七年，在王位只十年，活了一百零六岁。古时候天子把整个天下作为家，所以尸体不运回首都，就埋葬在会稽。用苇席包裹装入桐木棺材，坟坑七尺，坛高三尺，有三级土阶，占地一亩。禹死前命益继承王位。三年的丧礼完毕，益把禹的儿子启安置在箕山。诸侯都归附到启一边，启继承了天子位。大禹的妻子涂山氏，生了三个儿子，长子叫启，继承本姓；二子叫宰，姓顾氏；三儿子叫罕，被封为余庆王，即姓余。涂山氏很会教育孩子，三个儿子都很聪明。启命令益辅佐自己，没想到一年益就死了。当时"有扈氏"（在今西安市鄠邑区）不服管教，启让六支军队的主将领兵讨伐，在"甘"这地方大战，六个主将战败。六个主将请求让诸侯也参加作战，启说："我的土地辽阔，民众不少，今天不胜，是我德薄，教化不行，还讨伐他干什么？"于是让六将回去了。启对官吏进行了调整，任用能人。一年后"有扈氏"归附。姒启在王位九年而死，儿子姒太康继承了王位，他的五个兄弟被封在卫地。

太康荒淫无道，不理国事，大权落到"有穷国"的国君后羿（这是后后羿）手中。太康就更加娱乐游逸无度，竟到离洛水很远的地方打猎，一百天还不想回都城，百姓很怨恨他。后羿觉察到百姓有怨言，就想夺太康的王位。他把太康挡在黄河对岸，不准他回都城。太康的五个兄弟侍奉他们的母亲一起在洛水的弯曲处等待太康，五兄弟等太康却等不回来，见后羿作乱，就念叨大禹的戒言，并作五章歌词来抱怨后羿反太康。太康回不了都城，就抛弃了旧都，在夏阳（今陕西韩城）建立新都城。太康在位二十九年，最后死在夏阳。后羿迎接太康的弟弟姒仲康，让他继承了王位。仲康即位后，首先任命允侯掌握六军的兵权，收回了后羿的兵权，让后羿做宰相。当时掌管天文的官吏羲和与后羿是同党,趁发生日食的时候想要谋反。仲康命令允侯讨伐他,以便削弱后羿的势力,消除他的反叛心。所以仲康做王,后羿的反叛一直没有得逞。仲康在王位十三年而死,儿子姒相继承了王位。

相即位后,很软弱,管不住后羿。后羿专权,把相赶到商丘居住,让他投奔同姓诸侯斟灌、斟鄩氏。后羿于是代替夏朝执政,仗着他会射箭,不管百姓的事儿,专好打猎。他抛弃贤臣不用而用寒浞。寒浞讨好后羿的宫人,贿赂后羿身边的人,让后羿沉醉于打猎玩乐的事情中。这样,朝廷内外都成了寒浞的人,后羿却不知改过。有一天打猎回来,徒弟逢蒙等人杀死了后羿,并用他的肉做成肉汤给后羿的儿子喝。后羿的儿子不喝,也被杀死。寒浞自立为王。夏朝的旧臣靡投奔了"有鬲氏"。寒浞和后羿的妻子通奸,生下浇和豷。浇就是奡,他长大后很有力气,能在陆地推着船走。后来寒浞派奡灭掉了斟灌、斟鄩,并把相也杀掉了。相的王后正怀着孕,逃出后改姓了窦,投奔到"有仍国",在有仍国那里生下少康。少康长大后做了有仍国的牧正(掌管畜牧的官)。奡派他的臣子椒去搜寻少康,少康就逃到"有虞国",做了有虞国的庖正(掌管膳食的官)。有虞国国君思把两女嫁给少康为妻,并把"纶"这个地方给了少康,有田地方圆十里,有民众五百人。少康能收买人心,又有智谋,他偷偷联系夏朝旧有臣民,答应封他们官职,打算恢复夏朝。他暗中和夏朝旧臣靡取得了联系,靡从有鬲国召集斟灌、斟鄩二国的流亡民众消灭了寒浞,立了少康为王。少康派他的臣子女艾在淮水涡口处消灭了寒浞的长子奡,派太子季杼在戈地消灭了寒浞的次子豷,回到夏朝旧都即了王位。夏朝重新取得了天下,诸侯都归附它。"后后羿"总共专政八年,寒浞篡位六十年。少康封他的庶子无余到越地,每年在会稽按时到大禹墓去祭祀。无余的国家存在了很久,到汉武帝时才灭亡。少康做王二十二年死了,儿子姒杼继承了王位。杼在位十七年死了,儿子姒槐即了位。槐在位二十六年死了,儿子姒芒即了位。芒在位十八年死了,儿子姒泄即了位。泄在位十六年死了,儿子姒不降即了位。不降在位五十九年死了,弟弟姒扃继承了王位。扃在位二十一年死了，儿子姒廑即了位。廑在位二十一年死了，不降的儿子姒孔甲即了位。

孔甲无道，喜欢鬼神之事，肆意淫乱，夏王朝开始走下坡路了。

孔甲在位三十一年死了，他的儿子姒皋继承了王位。姒皋在位十一年死了，他的儿子姒发继承了王位。

姒发在位十九年死了，儿子姒履癸继承了王位，他就是夏桀。夏桀暴虐，更加荒淫无道。有个叫赵梁的人教唆他。天下人都怨恨他，诸侯也不朝见他。夏桀很有力气，能把弯的铁钩掰直，能拉断铁链子，诸侯有谁不朝见他，他就派军队去攻打谁。在攻打"有施氏"时，"有施氏"献了妹喜给夏桀。夏桀十分宠爱妹喜，妹喜的话他没有不听从的。建造琼宫瑶台，榨尽了百姓的钱财。夏桀把肉堆砌在酒糟堤上，把肉干挂在树林里，酒池大得可以行船，糟堤方圆十里。他常把宫女三千人全部扒去衣服，鼓声一响，让她们都在酒池边撅腚喝酒；又一声鼓响，就让她们到林中吃肉干，必须一脚踩地，一脚踏树。又一声鼓喝酒，又一声鼓倒在堤上吃肉，三千女人忙忙乱乱。桀和妹喜观看，以此来取乐。桀又开凿山陵，接通河水，有劝阻的人就杀掉。挖凿池塘，建造夜宫，张灯结彩，饮酒作乐。还让一些男女在一起裸体交欢，桀和妹喜以此来取乐。还组织了歌舞伎。太史官终古拿着先王所定的规章制度的簿册哭着劝说，夏桀根本不听。于是终古就背离夏桀跑到商汤那里去了。当时商汤是夏朝的一方诸侯之长，有讨伐别人的权力。邻国葛伯，不祭祀天地祖先，汤派人去问他说："为什么不祭祀？"他回答说："缺少用来祭祀的牲畜。"汤派人送去牛羊，葛伯就把牛羊吃了，仍然不祭祀。汤又派人问他说："怎么还不祭祀？"他又回答说："祭器内没有用来祭祀的粮食。"汤派遣都城的民众前去替他们耕种粮食，许多人扶老携幼，前去送食物给耕田者。葛伯率领他的民众去抢食物，如果不给就把人杀死。当时有个小童拿着黄米饭和肉送给耕田的人，葛伯想夺走，小童死也不松手，葛伯就杀了他夺去了。商汤听说后，大怒，就派出军队讨伐葛伯。葛伯那里的百姓非常高兴，就怕商汤的军队不去，他们说："等待我们君主来，我们渴望摆脱困顿。"汤曾经在一次外出中，看见一人在四面张设网，那人嘴里说着："从天上掉下来的，从地下跑出来的，从四面八方来的，都陷入我的网中。"汤说："唉！你这是一网打尽了！"就给他去掉了三面网，只留一面，说："想往左跑往左跑，想往右跑往右跑，想往高飞往高飞，向往下落往下落，不要命的到我网中去。"汉水南边的诸侯听说了这事，都说："汤的品德到家了，他的恩德禽兽都享受到了。"于是投靠汤的有四十多国。夏桀却弄得使自己的宗族人走投无路，使有功的老臣受屈辱。他轻视好官，抛弃了礼仪。关龙逄劝夏桀说："作为国君要谦虚有礼，严肃守信，节约资财，热爱他人，这样天下才能太平，宗庙社稷才能巩固。现在您使用资财像流水，杀人唯恐杀不完，百姓都盼着您早死。人心背离了，上天不保佑，为什么不稍微改变一下自己的做法呢？"夏桀却对他说："我有天下，就像天上有太阳，太阳没了，我才会灭亡呢！"于是把关龙逄押进监狱，后来又杀了他。商汤听说后感叹不已，派人去吊丧。夏桀大怒，把汤囚禁在夏台，随即又放了他。夏桀变得更加暴虐。伊尹辅佐汤率领军队讨伐夏桀，夏桀想调动一些少数民族的部队为他打仗，却一支部队也没到。夏桀后悔地说："我没在夏台把汤杀掉，才到了这种地步。"夏桀战败，逃到了三朡国（在今山东定陶一带）。汤领兵又追到了三朡，捉住他流放到南巢（今安徽巢县）。夏桀在王位五十二年，流放三年后死在亭山（即历山），夏朝就此灭亡，总共十七个王，加上"后后羿"、寒浞统治时期共达四百三十九年。从此商汤代替了夏朝。

第四章　殷汤氏立国三十世六百多年(商史)

话说商王成汤,名字叫“履”,又名叫“天乙”,是黄帝的子孙后代,姓“子”姓。当初“有娀氏”的女儿,帝喾高辛氏(黄帝以后的第四个君主)的第三个妃子名叫简狄,她向媒神求子,正赶上有只紫燕的蛋掉到了地上,简狄知道是祥瑞,就拾起蛋吞了,于是有了身孕生下了“契”。契在唐尧虞舜时做了官当司徒,因教化民众有功,被封在商地。十一代传到主癸,他娶了扶都氏,一天她感应白气穿月而生下汤。汤讨伐完夏桀后,诸侯大会合,汤只把自己看作一方诸侯,他说:“天下是天下人的天下,只有有德的人可以处在王位。”诸侯们都推举汤做王,于是他即了天子位,凭水德统治天下,颜色崇尚白色,国号称为“商”,在亳地建立首都,就是现在的河南省商丘的北面(一说在山东省曹县)。成汤即位后,废除了夏桀时期的虐政,以宽松的政策治理民众。他虚心改过,远近的诸侯民众都归附他。成汤重新订正一年、一月的开始,把农历的十二月一日作为一年的第一天。设立助法,把六百三十六亩的田地划分为九个区,形状像井字。一区七十亩,中间的一区是公田,外边八区各给一家。八家除耕自己的田外,还要分耕公田,这样自己的私田就不再纳税了。国君和卿大夫以及各种官吏的俸禄都按级别取公田的利益,这就是“助法”。伊尹、仲虺做了成汤的宰相。成汤二十一年大旱,伊尹把这一情况向成汤做了汇报,成汤决定开发庄山的金属制成钱币来均衡全天下的粮食,民众因此没发生太大的贫困。后又大旱七年,太史官占卜后说:“应杀人来向天祈祷。”成汤说:“我之所以求雨,是为民众。要用人来祈祷,那就用我吧。”于是他进行了斋戒,剪掉头发和指甲,白车白马,身缠白茅,作为牺牲,在桑林那地方祈祷,祷告说:"不要因为我一个人的不聪明而伤害千万民众的性命。"他以六事询问自己说:"我的执政没有节操吗?我的官吏有失职的行为吗?我的房屋太高大了吗?我在亲友方面徇私情了吗?我接受行贿的财物了吗?我听信谗言了吗?"话还没有说完,大雨竟覆盖了几千里。当年庄稼大丰收,天下的人都很欢乐和睦。为此,商汤令人制作了桑林乐曲名叫《大濩》,并把这事刻在鼎上,以此为警戒。成汤在侯位十七年,在王位十三年,共三十年而死,活了一百岁,埋葬在济水南边的桐宫(今河北省邯郸地区的临漳县)。

太子太丁早死了,由太丁的两个弟弟外丙、仲壬先后执政,没正式称王,时间也不长,只算过渡。太丁的儿子太甲继承了王位后,国事都听伊尹处置安排。太甲靠着有伊尹,做事有些随便,还做了些不好的事,违反了成汤在世时的旧法常规。伊尹多次告诫,他都当耳旁风。伊尹就让太甲到成汤墓地的房子里去居住,让他领悟祖业的艰难,使他彻底醒悟过来。太甲在桐宫住了三年,对自己从前的做法有所醒悟。这时伊尹给他穿上帝王的礼服,把他又接回,恢复了王位。太甲在位三十三年而死,儿子沃丁继位。八年后,伊尹死了,活了一百多岁。沃丁用葬天子的葬礼埋葬了伊尹,并亲自送葬。沃丁任用贤臣咎单为相,一切事情都按伊尹活着的时候的规章制度办事,在位二十九年而死,兄弟雍己继位。雍己在位十二年而死,弟弟太戊继位。太戊即位后,任用伊尹的儿子陟和大臣扈为相,又有巫咸辅佐他。当时有怪样的桑树和谷子一起长在宫室的庭院里,七天就长得很大,太戊害怕了,就向伊陟讨教。伊陟说:"邪不压正,您的政令难道有缺陷吗?"太戊就把先王的政令记在心里,弘扬赡养老年人的礼节,早朝晚退,询问生病的人,吊丧死去的人,三天后怪异植物枯死了,诸侯得知后都去朝见。远方,语言只有经过翻译才能听懂的国家,有七十三国的君臣也都来到,商朝又重新兴旺起来。太戊在位七十五年而死,儿子中丁继位。因当时亳都有黄河决口的灾患,中丁就把首都迁到了嚣地(在今河南荥阳北、敖山南)。中丁在位十三年死了,都城内发生动乱,弟弟外壬即位。外壬在位十五年死了，弟弟河亶甲即位。这时嚣都又有河决口的危害，就又迁首都到相地（在今河南省内黄县东南边）。河亶甲在位九年死了，儿子祖乙即位。这时首都相城又有河患，因此又迁都到耿地（在今河南省温县东），接着又迁到邢地（在今陕西省运城地区河津境内）。祖乙任用巫咸的儿子贤为相，诸侯都归附，商朝又复兴了。祖乙在位十六年（一说为十九年）而死，儿子祖辛即位。祖辛在位十六年而死，兄弟沃甲即位。沃甲在位二十五年（一说二十年）而死，京城发生骚乱后，祖辛的儿子祖丁即位。祖丁在位三十二年死了，京城又发生骚乱，沃甲的儿子南庚即位。南庚在位二十五年（一说二十九年）死了，京城又发生了骚乱，祖丁的儿子阳甲即位。阳甲在位七年死了，兄弟盘庚即位。当时京城邢又有河水冲开堤防的灾患，就又把都城迁到殷都（今河南省安阳），并改国号叫"殷"，也回复了成汤时的整治措施，商朝又开始复兴，诸侯都去朝见天子。盘庚在位二十八年死了，弟弟小辛即位。小辛在位二十一年死了，弟弟小乙即位。小乙在位二十八年死了（一说二十二年），儿子高宗武丁即位。

当初，武丁当太子的时候，小乙想让他知道民间的疾苦，让他生活在民间来了解农业生产的艰难。到了他继承王位，拜甘盘为相。武丁谦逊沉默，苦心研究道义，服丧三年从不说话，政事都由宰相决定。服丧完毕后，也不说话，群臣都劝他说："您不说话，我们无从听命。"武丁说："我做了个梦，梦见天帝赐给我一位好助手，他可以替我说话。"于是就把梦中所见的形象画成图，让人拿着画像到民间各处寻找，找的人见到在傅岩（今山西平陆县东三十五里）郊外打猎的傅说和画中的人一样，于是带着他去见武丁。武丁和他谈论治国之道，谈得非常融洽，就拜他做宰相。从此天下得到了很好的治理，殷商又开始兴旺起来了。这期间，武丁的妻子妇好领兵征讨过不服的羌人部落。武丁在位五十九年死了，儿子祖庚即位。祖庚在位七年死了，兄弟祖甲即位。当初，高宗武丁想废掉祖庚，来让祖甲做太子，祖甲认为不合道理，就逃到民间。等到祖甲即了王位，他知道百姓依靠什么过活，能宽松地对待民众，不敢慢待孤寡老人，国家大治。他在位三十三年死了，儿子廪辛即位。廪辛在位六年死了，弟弟庚丁即位。庚丁在位二十一年死了,儿子武乙即位,迁移首都到了黄河北岸。武乙无道,制作了一个木偶人,把它叫作“天神”,并和它做赌博的游戏。打双陆(为古代博戏,其玩法现已失传),让人替代天神进行。天神不胜,武乙就杀掉代替天神的人,并剥下人皮做成囊,把被杀的人的血盛在里面,高高挂起,用箭射它,让血流下来,名叫“射天”。在位四年的一天,他在黄河、渭河之间打猎时,被暴雷劈死,他的儿子太丁即位。太丁在位三年死了,儿子帝乙即位。帝乙把首都从殷地(今河南安阳)迁到了朝歌(今河南淇县)。帝乙在位三十七年而死,儿子受辛做了商朝的王。

当初,帝乙还有三个儿子,都是一个母亲生的,他们的母亲还是小妾时,生了微子启和仲衍,后来小妾升为王后时才生下受辛。帝乙与王后想立微子启做太子,太史根据“法”和他们争辩说:“有妻子的儿子,不能立妾的儿子。”这才立了受辛为接班人,受辛就是纣王。纣王很有辩论能力,头脑灵活,又很有力气,可以空手和猛兽搏斗。他的智谋足够用来拒谏,说话的能力能够把坏的说成好的,美的说成丑的,他以为天下就是自己的。纣王听说“有苏氏”(诸侯国名,故地在河南省焦作地区的武陟县东边,是己姓国)有个女儿妲己很美,于是派兵攻打“有苏氏”。“有苏氏”不得已把妲己献给了他。纣王宠爱妲己,妲己的话他没有不听的;妲己喜欢的东西纣王就认为是最好的;妲己憎恨的人,纣王就一定要杀了他。妲己也变着法儿让纣王高兴。让师涓作朝歌北鄙的音乐,北里的舞蹈,靡靡的乐音,淫乱无比。铸造鹿台,屋子和门都是用美玉镶嵌的,占地纵横三里,高千尺,干了七年才完工。加重百姓的赋税,来充实鹿台的财物。巨桥仓的粮米装得满满的,各式各样的狗、马等宠物充满了后宫。还在沙丘(在今河北省广宗县境内)大造苑台,作为离宫别馆,池塘里装的是酒,悬挂着的干肉像树林。在那里的男男女女都要脱去衣服,相互追逐着玩,供纣王和妲己看着取乐。宫中设有买卖货物的场所,通宵达旦地饮酒。百姓为此心怀不满,诸侯也有叛离之意。妲己认为惩罚太轻,就加重了刑罚,她让人制作一种熨斗,熨斗里面烧着火,用来熨人的手,贴上当即烧烂。又制作了铜柱,铜柱表面涂上油膏,里面烧着火,把罪人绑在柱上,直到烧烂露骨而后死亡,罪人疼痛号叫的声音,让人不忍听闻。纣王和妲己以此为乐,把它叫作炮烙之刑。纣王诏令天下诸侯都要给他进献美女,九侯给纣王献了一女,貌美无比,皮肉像凝脂一般,纣王也曾亲近过她,只是见她畏畏怯怯,显出害怕的样子,没有什么风情,和妲己相比大不相同。纣王有了一个坏主意,要她光着身子和别的男子交欢,纣王和妲己看着取乐。这个女子不肯这么做,纣王就把她杀了,并把九侯剁成肉酱。鄂侯为这事和纣王争辩,纣王又杀了鄂侯。一天,纣王又抓了一个孕妇,并割开了她的肚子看胎儿是男是女。在一个寒冷的早晨,他们在鹿台上看见一老一少两人蹚水过河,年老的人不觉寒冷,年少的却畏缩着,显出怕冷的样子。纣王就派人把两人抓来,砍断了大腿,查看他们的骨髓哪个满哪个虚。

西伯姬昌听到这些事,大为叹息。崇侯虎向纣王报告说:“西伯姬昌和他的两个儿子姬发、姬旦都是圣人,三个圣人在一起研究事情,君王您还是多防着点儿。”纣王于是就把西伯抓到羑里(故址在今河南省安阳地区的汤阴县北)押了起来,还准备杀了他。西伯说:“我懂得大自然和人的道理,绝不违背它。”于是拿出伏羲氏的八卦,重叠成六十四卦,发挥成爻辞。爻辞流传了下来,用来占卜吉凶。当时西伯姬昌的长子伯邑考在京城做人质,他向纣王进行规劝,纣王就把他杀了做成肉汤,拿给西伯吃。西伯吃了。纣王就说:“谁说西伯是圣人,吃了他儿子的肉汤还不知道。”于是有了赦免姬昌的意思。西伯的臣子闳夭和散宜生得到了“有莘氏”(今山西合阳县东南边)的美女、骊戎部族出产的有花纹的宝马、有熊氏的精美马车和一些其他的稀罕物,托纣王所喜欢的大臣费仲献给了他。纣王看见后非常高兴,指着有莘氏的美女说:“这一个就足够让我放了西伯,何况还有那么多好东西呢!”于是释放了西伯姬昌。西伯被放出后,献出洛水西边的土地,请求除去炮烙的刑罚。纣王答应了,又赐给西伯弓、箭、斧、钺,于是西伯有了征伐的权力。西伯不断修养品德,诸侯大多背叛纣王归附了姬昌。有一天,西伯要出去打猎,占卜的卜辞说:“不是龙,不是螭(无角龙),不是熊,不是人熊,不是虎,不是豹,所得到的是霸王的助手。”出猎后,果然在渭水边遇上了正在垂钓的吕尚。西伯姬昌和他谈论,谈得非常高兴。姬昌说:“按我先君太公的说法,应该有一个圣人到周地来,周地因此而会兴旺,可真是您吗?我太公盼望您很久了!”因此给了吕尚一个称号叫“太公望”。姬昌让吕尚上了车,带他一起回去了,拜他为老师,叫他作“师尚父”。当时西伯正在长江、汉水、汝水一代推行教化,四面八方的诸侯有事都来找他评理。有虞、芮两个小诸侯国君,互相争夺田地,很长时间没有解决,就一起来到周地。进入周境后,看到耕田的人互相谦让农田地界,走路的人互相让路。进入周地的城镇,男女互相有别,头发斑白的人不再扛着东西在路上行走。进入周的朝廷,做士的人谦让着不肯做大夫,做大夫的人谦让着不肯做卿。两个君主感慨地说:“我们所争的事,周人感到羞耻,我们这样的小人,不可以再进君子的门庭,还去做什么?只能得到羞辱罢了。”于是就回去了,也不再为田地的事相争了。汉水南边的诸侯听说了,投奔周的有四十国。西伯讨伐密须国、耆国、邢国、崇国。建造成了丰邑(在今陕西西安鄠邑区),作为都城迁到了那里。西伯又建造灵台,挖灵沼,挖地时挖出一副死人的骨架,西伯说:“把他重新埋葬了吧。”官吏说:“这是无主的尸骨。”西伯说:“有天下的人,就是天下的主人;有一国的人,就是一国的主人;寡人本来就是他的主了。”于是给尸骨重新穿衣戴帽安葬了。天下的人听说后,说:“西伯的恩惠都涉及了枯骨,何况活人呢!”这样,又有三十个国归附了他。要把商朝的整个天下分成三份,西伯已经有了两份。就这样,西伯姬昌还在为商朝服务,一生没有二心。西伯病倒在床上时,五天后发生地动,地动也只是在都城里,四郊没动。官吏请示说:“地动,没动四郊,怕是冲着国君来的,请允许我发动民众增高、增厚城墙,或许可以把灾难移出去。”西伯害怕劳苦民众,没有答应。等到他病重了,对太子姬发说:“不要懒得做善事,时机来了不要疑惑,去掉不合理的事不要保留,这三条是至高无上的道理。”姬发一再拜谢、领教。西伯姬昌死了,年寿九十七岁,儿子姬发继承了西伯爵位。

姬发把太公望作为老师,周公姬旦为辅佐,召公奭、毕公高这类人都在他的身边,继承了父辈留下的事业。当时纣王统治的地区,大山发出鸣响,许多河流也干枯了。黎侯的地盘靠近商朝的都城(今河南省淇县),却不听商王的命令,纣王不知处罚。姬发攻打下了黎国,给商朝廷以很大的震动。纣王的臣子祖伊害怕了,怕波及商都城,就向纣王报告。纣王说:“我是天生的天子命,他能怎样?”姬发在孟津(今河南孟津县)检阅军队之后,渡黄河,船到河中心时,有一条白鱼跳进船里,西伯姬发拾起来,祭祀它。诸侯事先没约定而来到的有八百国,都说:“纣王该讨伐!”姬发说:“我在孟津阅兵,目的就是向纣王示威,就是希望他悔悟,现在不可动他。”于是率领军队回去了。纣王不改过错,反而变本加厉。有个叫梅伯的臣子,本性忠诚正直,多次向纣王进行规劝、争辩。纣王大怒,杀了他并剁成肉酱。有个叫雷开的臣子,本性喜欢阿谀奉承,喜欢说别人坏话,纣王竟赐给他金、玉等宝物和封号,还赏给了他夏邑的田地。纣王的哥哥微子多次劝说纣王,纣王根本不听,他就和太师(高级军事统帅)箕子(纣王同宗的叔叔),少师(天子的秘书)比干(纣王的叔叔)商量对策。后来,微子就抱着祭祀天地、祖先的礼器投奔周武王去了。箕子规劝纣王也不听,有人劝他也离开,箕子说:“知道说了没用而且还要说,就是愚蠢;被杀来彰显君主的罪恶,反让民众说你好,我不忍心这么干。”于是他就假装疯癫,被纣王贬为奴,又把他囚禁起来。后来又放出,箕子就隐藏起来,弹着琴瑟,只有悲伤的份儿了。比干跪在宫门外,向纣王陈述先王创业的艰难,天下得来的不容易,如今国家被弄得已有要灭亡的迹象了。纣王大怒说:“比干自以为是圣人了,我听说圣人的心有七窍,真的吗?”于是杀了比干,剖开胸膛,查看他的心。太师疵、少师彊拿着他们的乐器跑到周地。于是武王姬发通知各路诸侯说:“商王罪孽深重,如今不可不讨伐了。”便向东讨伐商纣。伯夷、叔齐是孤竹君的两个儿子,他们的父亲要咽气时,任命叔齐继承君位。等到父亲死后,叔齐推让伯夷继承君位。伯夷说:“这是父亲的遗命,不可违背!”于是就逃走了。叔齐也不肯坐君位,也逃走了。这时武王讨伐纣王,车上载着西伯姬昌的灵牌,向前进军。伯夷、叔齐拉住武王马缰绳劝说:“父亲死不下葬,反而出兵打仗,能说是孝吗？以臣子的身份杀君主,这能说是忠吗?”武王身边的人要砍了伯夷和叔齐。姜太公说:“这两人是义士,不能杀！把他们拉出去算了。”武王在孟津和诸侯会合。乙卯年(公元前1122年)农历正月初二(武王伐纣的年份有多种说法,这只是其中之一,说法的不同相差几乎达百年),全部军队都渡过了黄河,在牧野(在今河南淇县)摆开阵势。纣王派兵七十万前去抵抗,士兵都无心作战。武王派师尚父姜子牙带领百十来人到纣王军队那里劝说,结果,纣王的先头部队反戈,武器对准了自己的后续部队,自相残杀了一阵。武王看准了战机,带领部队冲了过去,纣王的军队逃跑的逃跑,投降的投降。纣王一看大势已去,就穿上最华美的衣服,登上鹿台,投火而死。武王又斩了妲己。商纣王在位三十三年,商朝就此灭亡,殷商共二十八个王,统治了天下六百四十四年。诸侯推举周武王姬发做了天子。伯夷、叔齐把吃周王朝的粮食视为可耻,就躲藏到首阳山,采摘野豌豆当饭吃。有一天,采摘野豌豆时碰到一个妇女,她说:“你们有道义不吃周朝的粮食,这野豌豆也是周王朝的草木啊!”两人听到这话后就不再吃东西,饿死了。

第五章　西周王朝至平王迁都到洛阳(西周史)

话说周武王姓姬名发,是黄帝的后代子孙。当初,帝喾高辛氏的元妃有邰氏(在今陕西武功县西南,是炎帝之后,姜姓国)的女儿姜嫄,在野外看见有一串巨人的脚印,心里很高兴,就踏着脚印走了过去,心有感触,并有了身孕,过了一整年时间,生了孩子。她和家里人都认为不吉祥,就把孩子扔在狭窄的小巷里。牛、马路过小巷都躲避着地上的孩子,于是他们又把这孩子扔到树林里,正赶上林子里有许多人,就又把他扔到冻冰渠上,又看到有鸟用翅膀覆盖着他,给他避风取暖。姜嫄以为那孩子是神人,就又把他带回家养着。因为一开始想把这孩子扔掉,所以就把他叫作"弃"。弃在很小的时候,站立就像成人的样子。他做游戏喜欢玩种植草木,常种用来织布的大麻和豆类植物。到了成年的时候,喜欢农耕工作。尧提拔他当农师,天下的人在解决吃饭的问题上都得到了他的好处。弃因有功劳被封在邰地(故址在今陕西咸阳地区的武功县境内),号称后稷,姓姬。稷的曾孙公刘搬迁到豳地(在今陕西省旬邑县、彬县一带),又过了九代。他的后代子孙古公亶父为了躲避狄族人的侵扰,离开了豳地迁到岐地(在今陕西省岐山县东北方)。古公亶父有三个儿子,长子叫泰伯,次子叫仲雍,三子叫季历。季历生下姬昌,姬昌品德很好。古公亶父想把他的位子传给季历,由季历再传给姬昌。泰伯知道了这事后,就和仲雍一起逃到了楚地。古公亶父死了,季历即位,这就是王季。王季死后,儿子西伯姬昌即位,这就是周文王。文王娶了有莘氏的女儿叫太妊,她从不嫉妒别人,品德高尚,生了十个儿子。长子叫伯邑考,死得早,次子叫姬发。文王死后,儿子姬发即位,这就是周武王。武王讨伐商朝得到了天下,分封商纣王的儿子武庚做殷侯。武王因为刚刚平定商朝,人心还不是太顺从,就派他弟弟管叔姬鲜,蔡叔姬度去监视武庚,并辅助武庚治理殷国。命令召公释放被囚禁的箕子,命令毕公释放被囚禁的百姓。表彰了商朝已死的老臣商容的功德。命令南宫括、散宜生发散鹿台的财物,打开了钜桥的粮仓,来赈救贫穷、体弱的人。命令闳夭领人为比干的墓聚土筑坟。让商朝的遗臣微子、胶鬲做大臣,这使原来商朝的遗民非常高兴。周武王改了正、朔,把农历的十一月作为一年的头一个月。颜色崇尚红色。他穿着王袍、戴着王冠到祖庙祭祀。追认曾祖父古公亶父为太王,祖父季历为王季,死去的父亲姬昌为文王。制定彻法:一个成年男子承担一百亩土地。彻法和助法大致相同。姬发做武王刚三天,就召集士大夫问他们说:"一个人有了坏念头并没表露出来,带着这一念头去做任何事情,他可以为子孙守住万代的功业吗?"师尚父姜子牙说:"黄帝、颛顼的道理,在丹书里都写着,书上说,谨慎胜过懒惰就吉祥,懒惰胜过谨慎就会遭殃;道义胜过私欲就吉祥,私欲胜过道义就会发生凶事;凡事不尽力就会出差错,不谨慎就不会做好任何事情;犯错就会毁灭自己,谨慎就可永存万代。约束不好的行为,多做好事,可以为子孙后代永远守住的就是这一点。"武王听说后很害怕,把这些作为铭言写在椅子、镜子、门上、窗上等处。武王谦虚地问箕子商朝灭亡的原因,说:"我杀掉纣,是对呢还是不对呢?"箕子不忍谈论这些。武王向箕子询问自然的社会的发展规律,箕子就陈述了他的《洪范》。武王就把箕子封到朝鲜,不再把他看作臣子了。

武王追念古代圣明君臣的功德,把神农的后代封在焦地(故址在今河南省陕县南部),黄帝的后代封在祝国(今山东济南长清区),少昊(上古帝王,因学"太昊",所以叫"少昊",也叫"金天氏")的后代兹舆封在莒国(今山东莒县),尧帝的后代封在蓟国(今北京市西南),舜帝的后代胡公妫满封在陈国(建都城在今河南省淮阳,疆域位于河南省东部),大禹的后代封在杞国(今河南省杞县),祝融的后代封在郲(今山东省邹城市),炎帝的后代文叔封在许国(今河南省许昌，男爵国家，“春秋”时为楚国所灭），仲虺（商汤时的左相）的兄弟雍滑的后代封在薛国（今山东滕州南的薛城）。又分封功臣和同姓的人：姜子牙封在营丘（都城在今山东淄博市临沂区西北），叫作齐国；把周公封在曲阜（今山东省曲阜市），叫作鲁国；又把帮助武王灭商的远支同宗召公姬奭封在北燕（今天津市蓟州区）；武王的兄弟毕公姬高封在毕国（今陕西省咸阳西北）；兄弟叔鲜封在管国（今河南省郑州）；叔度封在蔡国（今河南上蔡、新蔡等地）；封叔振铎在曹国（今山东菏泽地区的定陶、曹县一代，“春秋”时为宋国所灭）；把叔武封在郕国（今河南省濮阳地区范县，一说在山东宁阳）；叔处封在霍国（今山西霍州境内，“春秋”时被晋所灭）；武王弟康叔封在卫国（建都在今河南濮阳，所辖河北省南部，河南省北部）；叔绣封在滕国（今山东省滕州）；虢仲封在西虢国（今陕西省宝鸡市）；虢叔封在东虢国（在今河南荥阳境，一说在修武一带）；封周太王古公亶父的长子泰伯的后代周章在吴国（今江苏无锡，到十八代吴寿梦时，几达江苏全境）；把周太王的次子仲雍的后代封在虞国（今山西省运城地区的平陆县）。共七十一国。兄弟封了十五人，姬姓国四十国。姬姓子孙只要不放荡、不糊涂的都是诸侯，都有封地。分赐宗庙祭祀所用的酒器，也把商朝的器物分给了诸侯。武王的威名远扬，边远的少数民族都拿土特产向周王朝进贡。东北方的肃慎贡的是楛木杆的箭和石质的箭镞，西方的少数民族贡的是高大的獒狗。周武王把都城迁到镐地，这就是镐京（在今陕西西安市西南，沣水东岸）。设立学校，养活年老的人。制作了乐曲叫《大武》。一天，周武王生病，周公姬旦设坛，向太王、王季、文王祷告，要求自己代替武王死。武王第二天病就好了。五年后周武王死了，他在西伯位十三年，在王位七年，活了九十三岁。

当初，在周武王晚年的时候，武王娶了姜子牙的女儿叫邑姜，邑姜的品德很好，生了个儿子叫诵，这时继承了王位，年纪十三岁，这就是周成王。周公姬旦做宰相，于是代替姬诵处理国政。管叔、蔡叔、霍叔放出流言说：“姬旦恐怕要夺年幼的成王的权。”成王也对周公怀有疑心。周公于是辞掉了宰相的职务，到京城以东居住。周公在京东住着却担心武庚一定会反叛,王室的政权必定会动摇,就作了《鸱鸮》诗送给成王。周成王三年的秋天,庄稼成熟还没来得及收割,一天,空中电闪雷鸣,还刮着大风,庄稼都被刮倒了,有的大树还被连根拔起,天下的人非常害怕。周成王和大臣们大为惊恐,打开金縢柜,考察以往古代的事迹来验证这事的吉凶,却看见了周公祷告愿代替武王死的事。成王拿着那书流下了眼泪,于是来到王城郊外迎接周公,周公又做了宰相。天下起了雨,风向反方向刮起,庄稼都直立起来了。毕公、召公命令国人把刮倒的大树都扶起来,用土培好。这一年,庄稼大丰收。奄国(故址在今山东省曲阜东边的奄里)国君薄姑对禄父(即商纣王之子武庚)说:“周武王已经死了,如今成王还幼小,周公又被怀疑,这是上百年才能遇到的大好机会。”他让武庚带头反叛,武庚答应了,就和管叔、蔡叔、霍叔一起反叛。奄国和淮河流域以及徐州(古九州之一:从东边到黄海,从北面到泰山,从南面到淮河,从西面到济水)的少数民族也参加了反叛。周公就作《大诰》,让天下人知道这件事。他奉成王的命令讨伐他们,杀掉了武庚、管叔,把蔡叔流放到郭邻,把霍叔降为平民。命令儿子鲁国侯伯禽讨伐淮河流域及徐地的反叛者,于是都城东面的一大片土地安宁了。周朝廷封纣王的庶兄微子到宋国,宋国可以用商朝时的礼乐。周王朝只把宋国君看成宾客,不把他看成臣子。周成王逐渐长大,可以管理国家大事了,周公就交出权力给了成王。周成王有周公、召公等人辅佐,所以国事没有失策的地方,天下得到了很好的治理。把古时传下的宝鼎放在郏鄏。郏鄏就是洛阳,因为它在全天下的中央,四面八方进贡的人,在路程上都差不多,所以开辟为东都,又叫“成周”。周王朝把向往从前的商朝、不服周王朝统治的民众迁移到成周,让周公特别加以治理。周成王又把蔡叔的儿子蔡仲封到蔡国,把自己的弟弟叔虞封在唐地(在今山西翼城县西),就是后来“春秋”时的晋国。周成王在位三十七年死了,儿子姬钊继承了王位,这就是周康王。成王、康王这段时间,天下太平,没有人犯法,四十多年没有用刑法处置人。周康王在位二十六年死了,儿子姬瑕即位,这就是周昭王。他在位五十一年,周王朝从他开始逐渐衰弱了。

周昭王出去巡视，返回的途中要过汉水，楚国让汉水边上的人用胶粘了一只船供周昭王使用，船到了汉水中央胶被泡开，船散了，昭王和祭公都淹死了。周昭王的儿子姬满即位，这就是周穆王。穆王得到了八匹骏马，造父因为会驾驭车马受到穆王的宠爱。穆王想走遍天下，徐地的少数民族起来反抗，并联合了其他少数民族要攻打周王朝的都城，向西走已经到了黄河边。周穆王怕他们迫近，就让东方的诸侯徐国（在今安徽泗县一带）国君平息这事。徐国国君是子爵，姓嬴，国家方圆五百里，施行仁义政策。徐子得到一张红色的弓和箭，以为是天意，就自称为徐偃王，诸侯先后归顺他的有三十六国。周穆王正在向西巡视，快乐得忘记回去，听说徐子自己私自提升为王，就命令造父驾车赶紧回去，研究攻打徐国。穆王命令楚国去攻打徐国。徐子爱民不会耍手段，也不忍为战争而牺牲民众，就向北要往彭城（今徐州市铜山区），百姓跟随他的有上万人。徐子要死的时候说："我靠礼乐来治理国家，没在武备上用心，所以才弄成这样。"穆王把赵城（在今山西省洪洞县境内）封给了造父，造父的家族由此为赵氏。穆王又命令吕侯用刑谨慎。周穆王在位五十五年死了，活了一百零四岁，儿子共王姬繄扈即位。周共王在位十二年死了，儿子懿王姬囏即位。姬囏在位二十五年死了，共王的弟弟、懿王的叔父、孝王姬辟方即位。当时有个从前商朝的臣子蜚廉，他的儿子恶来的后代名叫非子的，很喜欢马，并很会养马。周孝王任命他主管在千河、渭河之间地带的养马事务，马繁殖很多。孝王就把他封在秦地（今甘肃天水一带），作为附属小国，作为伯翳（助夏禹治水有功）的后代子孙的封地。有一天，天下大雹子，牛马被砸死、冻死的很多，长江、汉水都结了冰。周孝王在位十五年死了，周懿王的儿子周夷王姬燮即位。从他开始，周王要走下殿堂接见来朝见他的诸侯。周夷王在位十六年死了，儿子厉王姬胡即位。周厉王让荣夷公做卿士，专门干着贪财图利的事，天下的人批评厉王。召惠公说："民众的负担已承受不了了！"厉王大怒，在卫国找到了一个专做神鬼事的人，让他监视说厉王坏话的人，抓到后就杀死。天下人没有谁再敢说话了,在路上遇见只是互相用眼睛示意。于是厉王高兴了,告诉召惠公说:"我能制止别人说我坏话了。"召惠公说:"这是阻止人们说话啊!堵塞民众的嘴,比堵塞水道出口还要可怕,河道堵住了跑出水来,一定会淹死许多人,堵住民口也会带来祸害。现在封住了大家的嘴,满足了您的过错,恐怕天下不保啊!"厉王根本听不进去,国人谁也不敢再说他的过错了。厉王的坏事越干越多,越加厉害。天下百姓忍受不了了,就一起去偷袭王宫,厉王就逃到彘地(在今山西霍州东北)。太子姬靖躲藏在召惠公家里,国都的人们包围了召惠公住处,召惠公就让自己的儿子冒充太子,姬靖竟然得以逃脱。周厉王在彘地不敢回去,两个丞相周真公、召惠公因为太子姬靖还年幼,就共同管理国事,这段时间号称"共和"(庚申年公元前841年—癸酉年公元前828年,共十四年)。周厉王在彘地死了,在位五十一年,儿子姬靖继承了王位,这就是周宣王。周真公、召惠公辅佐宣王治理朝政,遵循文王、武王、成王、康王的治国之道,任用申伯、仲山甫、张仲等贤人,顺应天下的人心,天下民众又归顺了,诸侯也心向朝廷。周宣王有一次起床晚了,姜后就摘下佩戴的首饰,表示有罪,并派她的保姆去对宣王说:"妻子没有才能,以致使君王沉浸在声色中,忘记了自己的职责,起床晚了,我有一定的责任,让我请罪。"宣王说:"寡人无德,实在是自己的过错,夫人无罪。"从此以后他就对政事很勤勉,早早上朝,很晚才罢朝,天下被治理得很好。宣王想杀他的臣子杜伯,而杜伯并没有罪过,杜伯的朋友左儒和宣王争辩。宣王听不进左儒的话,还是杀死了杜伯,左儒也随着杜伯死了。周宣王一天出门打猎,看见杜伯、左儒用红色的弓箭射他,正射中心口。以后宣王就有了心疼的病,并且越来越重,最后病死了。周宣王在位四十六年,儿子幽王姬宫涅继承了王位。

当时流传着一首童谣说:"山桑做的弓,荻草做的箭囊,实在要亡周朝。"周宣王禁止天下人买卖这些东西。有一对夫妇不知道这事儿,仍然贩卖它。宣王派人要捉住他们杀掉,他们丢下弓和箭囊逃跑了。在路上有一个被扔掉的女孩,夫妇俩可怜她在漆黑的夜里哭喊,就抱走了她,带着她一起逃到了褒国。褒国人褒姁被周幽王抓进监狱时，那被扔掉的女孩已长大，褒国人把她献给了周幽王，褒妁才被赦免放出。因为那女孩是从褒国被献出，所以这女孩就叫褒姒。褒姒生得两颊像芙蓉花，眉清目秀，齿白唇红。她有沉鱼落雁之容，闭月羞花之貌。周幽王对她宠幸无比，她给幽王生了个儿子叫伯服。褒姒把申后和太子宜臼看成眼中钉，说他们的坏话。幽王废掉了申后和太子，让褒姒做王后，伯服做太子。宜臼出逃到申国（故地在今河南南阳市北边，姜姓诸侯，后来被楚国所灭）。褒姒喜欢听撕裂丝绸的声音，幽王就每天都给她丝绸，让他撕着玩来满足她这种要求。幽王从没见过褒姒的笑脸，因褒姒一笑，笑得非常好看，媚人魂魄。幽王想尽了办法让她一笑，却做不到。先王安置烽火和诸侯约定，如果有敌人来就燃起烽火，诸侯见到就领兵来救援。幽王想让褒姒笑，就想点起烽火试试。烽火燃起后，诸侯全数到来，却没发现有敌情，褒姒一看诸侯受到戏耍就大笑起来。那时幽王想杀了太子宜臼，要求申国把他交出来，申侯（为原太子宜臼的外祖父）不给他，幽王就派兵攻打申国。申侯就和鄫地人唆使西方的少数民族围攻王宫。幽王燃起烽火想召诸侯的军队，却没有一兵一卒来到。于是幽王被杀死在骊山下，在位十一年。这一战杀死了郑桓公，周王室的财宝也全部被收去了。秦襄公奋力抵抗来敌，卫武公姬和、晋文侯姬仇也领兵去救幽王。郑国太子掘突收集完父亲的散兵后，跟随着诸侯从申国迎接太子宜臼回去继承了王位，这就是周平王。周平王因为丰地、镐地临近西方少数民族，就向东把都城迁到洛阳。秦襄公带兵护送平王，平王开始任命秦国为诸侯，并赐给他岐山、丰地，秦国从此开始壮大。平王又把卫侯姬和提升为公爵，又把黄河以北的一些附庸国都赐给了晋侯姬仇，晋国从此也壮大了。西周时代结束了，总共十二个王，共三百五十二年。自从王室迁到东方，天子的权力逐渐削弱，发号施令没人听，一方诸侯的统帅权力却在天子之上。

第六章　齐桓公、晋文公等五霸称尊(东周列国,即“春秋”)

话说周幽王时,郑桓公姬友做着幽王的司徒,很得人心。后来西方少数民族攻打王宫,姬友战死。周平王命令姬友的儿子掘突做司徒,他就是郑武公。郑武公死后,他儿子庄公姬寤生又做了周平王的卿士。周平王想让虢公暗中也掌朝政以便分权,这使郑伯(即庄公)怨恨起了平王。平王不肯承认,说:“没有这回事。”郑伯不信。于是周朝与郑国交换人质:平王的儿子姬狐交给了郑国,郑国公子姬忽交给了周朝。平王死后,后来的周恒王要把朝政交给虢公。郑国听说后,派祭足率领军队抢了周王朝温地的麦子,到了秋天又抢了洛阳郊区的谷子。周王朝和郑国的关系因此变得十分紧张。周恒王免去了郑伯在朝的官职,郑伯从此不再上朝见天子。恒王就派诸侯领兵去攻打郑国,郑伯(即庄公,郑国是伯爵国家)领兵进行抵抗,在濡葛(“春秋”时郑地,在今河南省长葛市)打了一仗。诸侯蔡、卫、陈国都领兵退走了,周王朝的军队被打得大败。郑国的祝聃向周恒王射了一箭,射中了恒王肩膀。祝聃请求郑伯,要领兵追赶周恒王,郑伯说:“君子不想胜过职位高的人,况且他是天子呢!马马虎虎能自救,国家不亡就满足了。”于是派祭足去安慰恒王及其属下。当时郑国兵强、国盛,齐僖公姜禄甫想把自己的女儿文姜嫁给郑国公子姬忽,姬忽谢绝了。有人问他为什么不同意,公子姬忽说:“人人都有配偶,齐国是大国,我不敢高攀。诗里说:‘自己寻求多福。’在我,仅此而已,还求大国干什么?”等到北方的少数民族攻打齐国时,郑国公子姬忽率领军队前去救齐国,获得了胜利,齐侯(僖公)又提起嫁女儿的事,姬忽坚决推辞。齐侯就把文姜嫁给了鲁桓公。文姜长得非常漂亮,是个绝世佳人,古今国色。因为她的知识渊博,通今博古,出口成章,因此叫文姜。她生性轻浮,妖淫成性,鲁桓公对她宠爱有加。等到齐僖公死了,儿子襄公姜诸儿即位,鲁桓公想和文姜到齐国去。申繻说:“女子有家庭,男子有妻室,不要做出出格的事,这就叫作有礼。毁礼必败。”鲁桓公不听,和夫人文姜在泺水的一处地方与齐侯诸儿相会,于是和文姜一起到了齐国国都。文姜进入宫中和齐襄公叙谈饮酒,四只眼睛一对,双方动情,不顾兄妹亲情,竟干出不伦不类的勾当。第二天日上三竿,还相抱没起。有宫人对鲁桓公说了,桓公大骂了文姜一顿,文姜把这事告诉了齐襄公。鲁桓公要告辞,齐襄公用酒招待鲁桓公。桓公喝得大醉,襄公让公子彭生抱桓公上车,扭断了桓公的生殖器,把他杀死在车上。鲁国朝廷立了桓公的儿子鲁庄公即位。齐襄公的政令反复无常,又因鲁国的请求,就杀了彭生,平息了鲁国的怒气。

齐襄公无道,鲍叔牙陪伴襄公的弟弟公子小白投奔到了莒国。襄公在贝邱打猎,追赶一头野猪,野猪突然变成彭生模样。襄公夜里住宿在离宫,他的兄弟无知杀了他。管夷吾(即管仲)、召忽陪伴齐襄公的另一个兄弟公子纠投奔到了鲁国,鲁国接纳了公子纠。齐国的雍廪又杀了无知。小白从莒国先回到齐国继承了君位,做了齐桓公,这是公元前685年的事。公子纠为争君位,派鲁军进犯齐国。齐桓公出兵抵抗鲁国军队,把鲁军打得大败。鲍叔牙派人对鲁国说:“公子纠是我们国君的亲人,我们不便动手,请你们杀了他。管仲是我们国君的仇人,请把他交给我们亲自处置才甘心。”于是鲁国在生窦(今山东菏泽)杀了公子纠,召忽为公子纠而死,管仲不想死请求囚禁。齐桓公想让鲍叔牙做宰相,鲍叔牙推辞说:“臣的才能不如管夷吾(管仲),您如果想治理好国家,非管夷吾不可。”桓公说:“管夷吾射中了寡人的衣带钩,差点射死我。”鲍叔牙说:“那时各个人都为自己的主人卖力,您要是宽恕他,任用他,他也会为您卖力。”于是齐国向鲁国要管仲。鲁庄公为这事向施伯询问,施伯说:“管子是天下有才能的人,他在哪个国家,哪个国家就有作为。您不如杀了他,把尸首交给他们。”庄公要杀管仲,齐国的使者说:“我们国君愿意他活着押回去再杀掉。”于是庄公命人把管仲绑了起来，交给齐国使者带回去了。齐桓公亲自到都城的郊外迎接管仲，解开绑着的绳子，向他询问治国之道，管仲的每句话都说到了桓公的心坎上。于是桓公拜管仲做宰相，并称他为仲父。管仲把全国分为二十一个乡，工商乡六个，不服兵役和劳役。士农乡十五个，可参与国内一切事物，并且听从军令。五家为一轨，轨有负责人叫轨长；十轨为一里，里也有负责人叫司；四里为一连，连有连长；十连为一乡，乡有负责人叫良人；五个乡为一师。桓公管理十一个乡，高子、国子每人各管五乡。不准乡里的人随意迁徙。人小的时候在一起相互交游，彼此都很知根知底，十分熟悉，彼此亲热得足以为对方而死，守卫城池就能牢固不破，作战就会彼此争先恐后。有犯重罪的人可用犀牛铠甲赎罪，犯轻罪的可用珍珠、玉石赎罪，小罪可以用金钱赎罪。恢复开发公家的山、海、盐、铁业，从中取利。设女闾三百处，里面居住漂亮妇女，每天搽脂抹粉，搔首弄姿，以便迷惑各国到齐国的商人、旅客，收取他们的陪夜资费，作为国家开支用度。这样，齐国国富兵强，诸侯都害怕服从。当初，齐桓公出外逃亡时路过谭国（子爵国家，在今山东省济南市东），谭国人对他无礼，桓公于是派军队灭了谭国。齐桓公在北杏（齐国地，在今山东东阿县境内，这是齐桓公以诸侯的身份主持会盟的开始）会集诸侯来平息宋国的战乱，遂国没参加，齐国又灭了遂国（国君为舜的后代，故地在山东宁阳县北）。齐桓公在鄄地（当时属卫国，即今山东省鄄城县）会合诸侯，宋国被降服了。齐国在幽州（在今河北省北部及辽宁省一带）的一个地方与诸侯订立了同盟，陈国、郑国也被降服。齐桓公二十三年时，山戎族（古时北方的一个民族，住在今河北省东部）攻打燕国，齐桓公领兵前去救燕，打山戎。山戎失败，齐桓公的军队一直追击到孤竹（在今河北秦皇岛地区的卢龙县南一带）才往回走。狄族人（古时北方一民族）攻打邢国，管仲请桓公救邢国（为周公第四子的封地，故地在今河北邢台县境内）。齐军到了邢国时，邢国已被打烂，桓公就把邢国人迁到夷仪（在今河北邢台县西）重建新城，邢国人就如同在原来的地方一样，过得很好。狄族人随后灭了卫国。

当初,卫国公子州吁杀了国君卫桓公,自己做了国君。大臣石碏和国内的人一起合伙杀了州吁,让桓公的弟弟宣公继承了君位。卫宣公曾经和自己父亲的妾夷姜要好,生了儿子伋。给伋娶了齐国妻子,因她长得美,宣公就自己留下了,这个女子就是宣姜。因为宣公不再喜欢夷姜了,夷姜就上吊自杀了。宣姜生了公子寿和公子朔。宣姜常和自己的儿子朔一起在宣公面前说伋子的坏话。一天,宣公假装派伋子到齐国去,并暗中派杀手在莘地等待他。寿子事先知道这一消息,告诉了伋子,让他逃到别的国家避难。伋子说:"违背父亲的命令,这样的儿子还有什么用?"他不听寿子的劝说。寿子不忍心,就用酒把伋子灌醉后,用自己的车载着伋子的旌旗向前赶路,希望杀手杀了自己,可以免除哥哥的死。杀手果然把寿子杀了。伋子酒醒后追到那里,看到寿子被杀,说:"这是我的错,他有什么罪?你们杀我吧!"杀手又杀了伋子。卫国人听说了这件事,非常痛心和愤怒。等到卫宣公一死,卫惠公朔即位。公子泄、公子职等人攻打惠公,并把他赶跑了,让宣公的另一个儿子公子黔牟做了国君。宣姜年纪轻轻而守寡,齐国人让宣公的一个妾生的儿子公子顽娶了自己的庶母宣姜,生了齐子、戴公、文公、宋桓公夫人和许穆公夫人。等到卫惠公朔赶走了黔牟,自己又做了国君,后又把君位传给了自己的儿子懿公赤。卫赤特别喜欢鹤,有的鹤还有华美的车子。狄族人攻打卫国,将要开战时,国内将士们都说:"让鹤出战,鹤得到了实惠,我们有什么能力作战!"两国在荥泽边(故址在今河南荥阳市境内)打了一仗,卫国军队战败,懿公被杀,卫国被灭掉了。宋桓公把卫国的百姓带过黄河向南走,拥立了卫戴公,打算安置在曹地,没等走到地方戴公就死了。齐桓公率领诸侯救卫国,让戴公的弟弟卫焰即位,这就是卫文公,在楚邱(今河南滑县)筑城,把百姓迁到了哪里,卫国没灭亡。卫文公鼓励人们务农、和外国通商,劝人们多学习。他任用有才能的人,终于使卫国兴旺了起来。齐国军队和诸侯军队在阳谷会合,谋划讨伐楚国。齐侯率领诸侯军队攻打楚国的同盟国蔡国,蔡国军队被打败,接着就攻入楚国。楚国屈服,和齐侯及诸侯在召陵(故址在今漯河市郾城区东)订立了盟约,齐侯和诸侯于是撤兵回国。

当初，周惠王娶了个陈国的妻子，生下太子姬郑和姬叔带。惠王喜欢叔带，想立他为继承人。齐桓公率领诸侯和太子郑会面，在首止（“春秋”时卫地，在今河南睢县东南）立誓缔约来确定太子未来的君位。周惠王派人召见郑伯说：“我支持你跟随楚国。”郑伯听周惠王这么说很高兴，就从诸侯中走掉。齐桓公就和诸侯一起攻打郑国，围住新城，郑国人服软了。后来周惠王死了，太子姬郑即位，这就是周襄王。齐桓公在葵丘（“春秋”时宋地，在今河南兰考县东）与诸侯会合，周襄王让宰孔赐给诸侯一块祭祀后的肉，对齐桓公说：“您年纪大了，应该慰劳，不要跪拜。”齐桓公回答说：“天子几乎和我面对面，我姜小白怎敢贪天子的命令，免除下拜之礼而有损天子的威严呢？”于是跪下拜谢天子，登上梯阶接受了祭肉。这是齐桓公三十五年夏天的事。

周朝大臣宰孔往回走，路上遇见了晋献公，献公是来参加盟会的。宰孔对晋侯说：“会散了。齐侯不从事道德品行方面的事，却要在远方建立武功，恐怕最终会使他国内造成混乱吧。”晋侯听后就回去了。王子叔带想和西边、北边的少数民族联合起来，攻打他的哥哥周襄王。周襄王得知这事，要杀叔带，叔带逃到齐国。齐侯派管夷吾带兵去打戎族，保卫王室。后来，戎族围住了王城（在今洛阳西部），周襄王再次向齐国求救，齐侯又让诸侯派出军队去攻打戎族，保卫了王室。

齐国的宰相管仲死后，齐桓公就任用易牙、开方、竖刁，从此对外称霸的事业逐渐衰弱。齐桓公贪恋女色，他父亲的姐妹因为美貌不出嫁的有七个人，受他宠爱的小妾六人。等到齐桓公一死，他的五个儿子各拉一帮人抢君位，互相攻击。因此，宫中没人敢把桓公入殓装棺。桓公的尸体在床上放了六十七天，尸体腐烂，蛆虫随着尸水流出门外。易牙和太监貂（即竖刁）趁着桓公生前宠爱他们，这时用所得到的权势杀了许多官吏，让桓公的一个儿子公子姜无亏继承了君位，太子齐孝公姜昭跑到了宋国。当初，齐桓公和管仲把立太子孝公的事委托给了宋襄公，到了这种情况时，宋襄公就和诸侯讨伐齐国,齐国人杀了公子无亏。四个公子的党徒与宋国人作战,宋国的军队打败了他们,让齐孝公继承了君位。宋襄公在曹国南部会盟诸侯,滕子(滕国是子爵国家)婴齐因晚到,被抓了起来。鄫国国君鄫子听说这事后,赶忙去参加会盟,没想到竟然是前去送死。宋襄公让邾国人把鄫子抓起来杀了,作为牺牲用来祭祀睢水的神,以便让东夷族(古代华夏对东方各民族的称呼)归附,因为东夷族人很信睢水神。诸侯都对宋襄公的残暴感到忧虑。后来宋襄公又在鹿上(当时为宋地,故址在今安徽阜阳南境)组织会盟,想借楚国的力量来领导诸侯,楚国答应了。诸侯在盂地(属宋地,故地在今河南睢县)和宋襄公相会,因争盟主,楚成王抓住宋襄公并攻打宋国。后来在薄地(今河南省商丘北)诸侯相会,一致同意释放了宋襄公。

宋襄公因郑国主张让楚国为盟主而怀恨在心,于是发兵讨伐郑国,楚国派兵救援郑国。宋国军队和楚国军队在泓水边(在今商丘市柘城县西北)摆开了战场。宋国军队已摆好了阵势,楚国军队渡泓水还没有过完,司马(武官名,专管兵事)请求宋襄公趁此出击,襄公说:"不行,君子不趁人危急时出手打击人。"楚国军队全部渡过了泓水,还没排成行列,司马官又请求襄公出击,襄公说:"这也不能打。"等到楚国军队摆好了阵势,宋襄公才命令出击,结果宋军被打得大败,襄公被打伤了大腿,门官(守宫门之官,战时在国君左右)被打死了,宋国人都埋怨宋襄公。襄公说:"君子不再伤害已经受伤的人,不抓头发斑白的人,寡人虽说是已灭亡的商朝君王的子孙,不出击不成行列的敌人。"司马子鱼说:"要是怜惜已受伤的敌人,不如一开始就不打他;同情头发斑白的敌人,不如向他投降!看来我们的国君还不知道什么是战争。"这是癸未年(公元前638年)发生的事。宋襄公因伤大腿的缘故,不久就死了,他的儿子宋成公即位。这时周王朝的天子已经不能指挥诸侯了,诸侯都听霸主的号令。齐桓公死后,宋襄公想称霸却没成功,诸侯正愁有苦无处诉说,晋文公重耳出现了。

晋国第十六代君主晋献公并吞了许多小国,国家逐渐强盛起来。献公娶了父亲的小妾齐姜,生下太子申生。他又在戎族部落娶了两女,大戎狐姬生了重耳,小戎生了夷吾。后来,献公攻打骊戎(古部族名,西戎的一支,姬姓),得到了部族首领的女儿骊姬和她的妹妹。骊姬长得如花似玉,娇艳异常,献公非常喜欢她,生了儿子奚齐。骊姬的妹妹生了儿子卓子。骊姬想让自己的儿子继承君位,就贿赂献公宠爱的两个人梁五和东关嬖五,让他们对献公说:“如果让太子主持曲沃(故城在山西闻喜县东北)那地方的事务,让两个公子分别主持蒲地和屈地的事务,那么就可以使晋国有威势,使戎族害怕,并且显示了国君的功劳。”于是献公就让申生到曲沃去住,重耳到蒲城(在今山西省蒲县)去住,夷吾到屈地(故址在今山西石楼县东南)去住。骊姬派人对申生说:“君主梦见了你的母亲齐姜,你一定赶紧祭祀她。”太子申生在曲沃祭祀了齐姜,送了一块祭肉给献公。这时正赶上献公出门打猎不在家,骊姬把祭肉在宫中放了六天。献公回来后,骊姬把泡了毒药的祭肉送给他,献公用它来祭祀地神,不料地面鼓了起来。他觉得肉有毛病,给狗吃,狗死了,给宫中小臣吃,小臣也死了。骊姬哭着说:“太子太狠毒了!”太子申生听说出了这事,就逃到了新城(在今山西曲沃县境内)。献公杀了申生的老师杜原欵。有人劝申生去向献公、骊姬争辩这事,献公一定会弄明白的。申生说:“国君没有骊姬就睡不安稳,吃不下饭,我辩明白了,骊姬必定有罪。国君老了,我又使父亲不快乐,这怎么能算是行孝道?”有人劝他说:“您还是快跑吧!”申生说:“国君以为我有罪,我背着这个坏名声出去,哪个人还愿收留我?”于是申生在新城上吊死了。重耳听说后跑到蒲地,又从那儿逃到翟地(古时北方民族生活的地方)。夷吾先是跑到屈地,接着又逃到梁地(在今陕西韩城南)。晋献公让大臣荀息做了奚齐的辅导老师,一天晋献公在病中对荀息说:“奚齐幼小,又将要失去父亲,您看怎么办?”荀息回答说:“臣会用尽全部力量忠诚、坚定地辅佐他。如果顺利,那么是您的威灵,不成功,我就为奚齐战死!”晋献公死了,里克为申生的死和重耳、夷吾两公子在外逃亡的事,联合其他大臣杀了奚齐。荀息要为奚齐而死,有人对他说:“不如再立卓子,好好地辅佐他。”于是荀息让公子卓继承了君位,安葬了奚齐。里克又杀了卓子,荀息也为卓子死了。后来秦穆公、齐桓公派兵护送公子夷吾回国继承晋侯君位,这就是晋惠公。惠公杀了里克、丕郑和七舆大夫。当初为能回到晋国做君主,夷吾曾答应送给秦国黄河东面的五座城池,回去后却背约不给了。他在秦国的时候,秦穆公的夫人(申生的姐姐)因贾君(献公的妾)在她小的时候看护过自己,就请求夷吾回国后要善待贾君。夷吾回国入宫一看,贾君虽已岁数大了,但姿色未衰,就娶了贾君。贾君流着眼泪顺从了,要求为太子申生改葬,夷吾答应了,重新安葬了申生。晋国闹饥荒,请求秦穆公卖给他米,秦国给了晋国粮食,后来秦国闹饥荒,要求晋国卖给他粮食,晋国却没答应。秦国于是就讨伐晋国,晋惠公和秦穆公在韩地(在今陕西韩城市一带)交锋,秦国获胜,并俘获了晋侯夷吾。秦穆公的夫人姬氏是惠公的姐姐,为惠公被俘的事向秦穆公求情。穆公答应放惠公回去,但要以晋惠公的公子圉为人质。这一年晋国又闹饥荒,秦国又送给他粮食。秦穆公说:“我怨的是晋国的国君,而可怜晋国的民众。”秦穆公把女儿嫁给了公子圉。公子圉后来从秦国逃回晋国。晋惠公死后,儿子姬圉继承了君位,这就是晋怀公,他的妻子还留在秦国,就是怀嬴。

当初,晋国公子重耳从翟地又逃到齐国,齐桓公把同宗人的女儿嫁给了他。重耳在齐国一住五年,没有离去的意思。赵衰与舅犯(重耳的舅舅)密谋准备带重耳离开齐国,不料却被重耳的妻子姜氏的侍女听了去,并把这事告诉了她的主人姜氏。姜氏杀了侍女,并和赵衰等人谋划,把重耳骗上车拉走了。他们到了曹国,曹共公听说重耳的肋骨相连为一体,没有骨缝,就让重耳洗澡,并走到跟前细看。曹共公的大臣僖负羁的妻子对僖负羁说:“我观察了晋公子的随从人员,都是能当宰相的材料,如果他得到了晋国,一定会在诸侯中成为霸主。要是讨伐无礼的国家,曹国恐怕是第一个了。你何不早点做准备,为自己打算一下?”僖负羁就送给重耳好饭好菜,并在盘中放了块璧玉。公子重耳接受了饭菜,返还了璧玉。到了宋国,宋襄公赠给他二十辆马车。到了郑国,郑文公也对他无礼。到了楚国,楚国君主很好地款待了他,并把他护送到秦国。秦穆公送给他五个女子,并把怀嬴又嫁给了他,秦国接纳了重耳。晋怀公姬圉听说后,逃到了高梁(晋地,故城在今山西临汾市东北),重耳派人杀了他。秦文公重耳坐上了君位,这是乙酉年(公元前636年)的事。晋怀公的旧臣吕甥、郤芮要杀害晋文公,太监披把这一消息报告给晋文公,晋文公就在王城秘密会见了秦穆公。穆公诱捕了吕甥和郤芮,并杀了他们。晋侯迎接夫人嬴氏回到晋国,就是侄媳妇怀嬴,因又嫁晋文公为妻,此后又叫文嬴了。周朝王子叔带领兵进攻王宫,周襄王往郑国逃跑,来到汜水边(在今河南省襄城县东北边),秦穆公的军队正等在黄河岸边,打算接纳周襄王。狐偃对晋文公说:“要使诸侯服从,不如先为周天子多做些事情,这样诸侯才会信服,并且是伸张大义的事。”于是晋文公就劝秦穆公回去,自己去把周襄王接到了王城,并在温地(在今河南省温县境内)抓住叔带杀了。晋侯朝见周襄王时,襄王把阳樊、温、原、攒茅(这几个地方都在黄河北岸,今河南省济源、温县一带)的田地送给了晋文公。文公在接收原地(今河南省济源西北)时,原地人不服,文公命令军队围住了原城,命令只留用三天的粮食,如果原地不投降就离去。围了三天,正要撤离时,间谍传出话来说:“原地就要投降了。”军中官吏请求再等一等,文公说:“信用是一个国家的宝贝,是百姓的依赖。如果得到原地却失掉信用,百姓还依靠什么?我们所丢掉的土地和百姓就会更多。”文公的军队撤退到三十里时原地人投降了,表示愿意归附晋文公。

当初,晋文公作为公子出去逃亡的时候,路过卫国、曹国时,这两国国君都曾对他无礼。路过宋国时,宋襄公礼貌地招待了他。宋国因对晋侯好过,所以背离了楚国,接近晋国。楚国的令尹(即宰相)子玉就率领军队攻打宋国,围住了缗地。鲁国也凭借着楚国军队攻打齐国,并打下了谷地(在今山东省平阴县西南)。宋国的公孙固到晋国去告急,晋国大臣先轸说:“报答别人的帮助,救有急难的国家,获得威名,决定霸主的地位,就在今天了!”狐偃说:“曹国刚刚归顺楚国,卫国也刚刚和楚国结亲,如果攻打曹国、卫国,楚国一定会去救他们。这样一来,齐国、宋国就得救了。”于是晋文公在被庐检阅了兵马，组成中、上、下三军，开始攻打卫国、曹国。卫国国君出逃，晋文公就攻打曹国，抓住了曹伯交给了宋国。晋文公命令不许将士进入僖负羁家去烧杀抢掠。楚军子玉请战，晋国的军队、齐国的军队、宋国军队和秦国军队与楚国军队在城濮（“春秋”时卫地，在今河南苑县南）打了一仗，楚军战败。晋文公把楚国的战俘献给了周王，周王以书面形式任命晋文公为诸侯霸主。晋侯把周王安排在黄河以北的践土（在今河南省原阳县西南），诸侯都去朝见。郑国不肯和楚国断绝来往，晋侯、秦伯就领兵围住了郑国。郑国派烛之武连夜去见秦穆公说：“郑国在晋国的东边，秦国在晋国的西边，郑国离你秦国东边边境很远了，您知道得很清楚。您用得着灭亡郑国来使您的邻国晋国增加土地吗？您的邻国土地增加了，您的国家就显得更小了。”秦伯听后非常高兴，觉得有理，就和郑国订立了同盟关系，并派将领杞子、逢孙、杨孙守卫郑国，自己带领其余部队回去了。

等到晋文公死了，他的儿子襄公即位。秦将杞子从郑国派人向秦穆公报告说：“郑国人让我掌管他们北边城门的钥匙，如果偷偷派军队来，郑国就是咱们的了。”秦穆公向蹇叔征求意见，蹇叔说：“用跋山涉水疲劳的军队去偷袭很远的国家，不会成功。”穆公没接受蹇叔的意见，他召去孟明视、西乞术、白乙丙，让他们带领军队出征。蹇叔在送自己儿子白乙丙时说：“晋国用来截击你们军队的地方一定会在崤山（在今河南省渑池至洛宁一带的地方），崤山有两个土包，南边的土包是夏朝君主帝皋的坟墓，北边的十包是周文王用来避风雨的，你一定会死在那里，我到那里收你的尸骨吧！”秦国的军队向东挺进，到了滑国（在今河南省偃师东南），郑国的商人弦高正遇到他们。弦高一面用四张熟牛皮和十二头牛慰劳秦国军队，一面派人赶紧回郑国报告。他对秦军说：“我们国君听说你们要到我国来，冒昧派我前来劳军。”孟明视说：“郑国事先有准备了，我们不如回去吧。”于是他们灭掉了滑国就往回走。晋国的先轸说：“秦穆公不听蹇叔的话，怀着贪念之心，劳师动众，这是上天给我们的机会。机不可失，敌人不可放纵，我们一定要讨伐秦国军队。”于是就发出号令，调动姜姓的戎族参战，在崤山一带把正要回国的秦军打败了，俘获了孟明视、西乞术、白乙丙三将。晋文公之妻文嬴请求晋襄公释放秦军的三个将领回去,说因战败,秦穆公会杀掉他们,于是晋国就放了三人,随后晋襄公又后悔了,追到河边,三人已在船中了。孟明视在船中跪着叩头说:“感谢你们国君的恩惠,不用我们罪臣的血来涂抹战鼓了,让我们回去就死。如果托你们国君的福,回去后免死,三年后将要回敬你们国君的恩赐。”(言外之意,三年之后再较量)秦伯穿着白衣裳在城郊等候,见三人领着残兵回来,哭着说:“我没听蹇叔的话,让你们受屈辱,这是我的罪过!大夫有什么罪?况且我也不能因为这一过失而隐匿大德。”于是秦穆公又让孟明视掌管政事。后来,秦穆公又让孟明视领兵攻打晋国,孟明视过了河就烧掉船,攻下了王官城(在今山西闻喜县南)和郊区,晋国人退避了,秦穆公和孟明视等人埋了崤山秦军死亡战士的尸骨就回去了。后来秦穆公采用由余的计策攻打戎族,吞并十二国,开辟了土地上千里,于是在西戎地区称了霸。周天子派人送去了战鼓表示祝贺,任命他为西方诸侯的霸主。秦穆公嬴任好死后,他的儿子康公嬴莹即位,从此秦国和晋国有了仇,而和楚国和好了。

再说楚国,自从第十个君主芈熊通私自称王后,并吞了许多小国,使楚国越来越强。到第十四个君主穆王芈商臣死后,儿子庄王芈旅即位,三年不管国政,日夜玩乐。伍举进宫规劝时,庄王正左手搂着郑姬,右手抱着越女,沉醉在乐曲声中。伍举进言说:“有只鸟在这里,三年不飞不叫,这是什么鸟?”楚庄王说:“三年不飞,飞起来就直冲云霄;三年不叫,叫起来就惊人!”伍举出宫后对别人说:“我知道大王的意思了!”过了几个月,庄王玩乐得更加厉害了,大夫苏从又对庄王进行了规劝,庄王于是停止娱乐,开始上朝听政。他惩罚了几百人,任用了几百人。让伍举、苏从参与政事,国内的人都非常高兴。楚国闹饥荒,戎族乘机侵犯楚国,麇地人也率领百濮(当时在今湖北石首南边的古民族)在选地聚集,准备攻打楚国。楚国人打算迁移到高处陡峭的地方去。苏贾说:“不行,我们能上去,敌人也能上去,不如打垮庸国。麇地人与百濮族认为我们的人吃不饱饭,出不了兵。如果我们出兵,他们一定会害怕跑回去。”于是庄王派出军队,灭了庸国。此后各蛮族部落都顺从了楚子(楚国是子爵国家),并和楚国订立了盟约。

宋国的第二十三位君主宋昭公无道,他的弟弟公子鲍对国人总是以礼相待。宋国闹了饥荒,他拿出自己的全部粮食借给需要的人。他奉养老人,尊敬德才兼备的人,从第十九位君主宋桓公起传下的后人,没有不受到他体恤、周济的。子鲍(子是姓,鲍是名)生得很漂亮,他的嫡祖母宋襄公的夫人王姬想和他发生两性关系,子鲍没答应。王姬也拿出自己的财产帮助子鲍去施舍别人 ,国人对公子鲍和王姬夫人都有了好感。一天,宋昭公要到孟诸去打猎,在半路上时,王姬夫人让卫伯率领驻守在城郊的军队杀掉了昭公。公子鲍继承了君位,这就是宋文公。晋国知道了宋国有篡位的事,荀林父就率诸侯攻打宋国。等到宋国和晋国讲和了,楚庄王又派兵来攻打宋国。宋国向晋国告急,晋国却没派出军队帮助宋国。宋国于是又和楚国讲和了。楚国攻打附庸小国萧国,巫臣说:“军中战士衣服单薄,不胜寒冷。”楚子就走遍三军,进行了安抚、鼓励。三军将士们因受到抚慰,感到了温暖,身上都像披上了棉衣一样,于是灭掉了萧国。楚国又灭掉了他东边的小国舒蓼,扩大了东境的疆土。楚子到了滑汭和吴国、越国订立了盟约就回去了。

当时有个夏姬,是郑国第十一个君主穆公姬兰的女儿。她容貌极美,却很淫荡,在国内未嫁时和庶兄公子蛮相好,使公子蛮早死。后嫁给陈国的夏御叔,生下了夏征舒。御叔也被淫死。陈灵公与大臣孔宁、仪行父都和夏姬有染,各人都藏有夏姬的内衣裤,在上朝时显摆。有一天,三人在夏姬那里饮酒作乐,灵公对仪行父说:“征舒长得像你。”仪行父也对灵公说:“也像您。”夏征舒听到后脸面挂不住了。一天,灵公从马棚出来时,夏征舒用箭射死了他。孔宁和仪行父听到后,逃到了楚国。楚国的军队进入陈国杀了夏征舒,掠走了夏姬,要把陈国作为一个县归入楚国。申叔时说:“领着诸侯讨伐陈国,是讨伐杀国君的罪。现在要把陈国当作一县归自己,这是贪恋土地。这就是以讨伐开始,而以贪土地终了,恐怕不合适吧?”庄王说:“你说得有理。”于是又立了陈国,让陈成公妫午继承了君位。

楚庄王打算收留夏姬，申公、巫臣进行劝谏，庄王于是打消了这个念头。楚国令尹子反也想娶夏姬，又被巫臣劝阻了。于是就把夏姬嫁给了连尹（管理弓箭手的官）襄老。后来，襄老在郑国的邲邑与晋国作战而死，尸体没有找到，夏姬被襄老的儿子黑要纳入房中。巫臣派人对夏姬说：“你回郑国去，我去聘娶你。”夏姬就以要寻找襄老尸体为由，回到了郑国。巫臣趁着到齐国访问的差事，转道到了郑国，娶了夏姬跑到晋国去了。子反怨恨巫臣娶了夏姬，于是杀了巫臣的族人，分了他们的财产，巫臣因此怨恨楚国。为使晋、楚世为仇敌，他请求出使吴国，使吴国和晋国有了往来，并教会吴国人使用车辆、作战阵法，让吴国叛离楚国。那些服从楚国的少数民族，都被吴国争取了过去。吴国开始强大起来，也和中原地区诸侯有了来往。大概，夏姬懂得彭祖交接之术，因此长生不老。巫臣一定要娶她，是要学她的这个本领。夏姬做了巫臣的老婆后，又生了几个子女。巫臣、夏姬活到一百多岁时，还像二三十岁时的模样。后来两人都成仙而去。

却说郑国和楚国订立了盟约，又和晋国有来往。楚子派兵围住了郑国，晋国的荀林父领兵去救郑国，和楚国在邲邑这地方打了一仗，晋国军队被打败，郑国成了楚国的盟友。当初，楚庄王大宴群臣，让宫中美女为将士们斟酒劝饮。太阳落山后，酒喝得正酣畅，烛火忽然熄灭了，有一人扯了一位美女的衣裳，美女也拽下了那人的帽缨，她请求庄王拿到火前看是谁的帽缨。庄王说：“我怎么能为显示一个妇女的贞洁而使我的武士感到耻辱呢？”他命令道：“今天和寡人一起喝酒，不拽断帽缨的就不算尽兴。”群臣都拽断了自己的帽缨，这才点起火来，把帽缨投入火中烧掉了，大家酒喝得极为欢畅后才散了席。等到围困郑国的战役中，有一个臣子常常冲在前面，多次战斗都获得了敌人的首级。楚国战胜后，庄王询问他，原来他就是扯拽美女衣服的那个人，于是庄王把那个美女赐给了他。楚国于是在诸侯中称霸。楚庄王芈旅死了，儿子共王芈审即位。到晋悼公姬周时期晋国再次称了霸，三次出兵而楚国不敢和它对抗。“春秋”的时代，从晋文公之后，晋国在北方称霸，北方的诸侯听晋国的；楚国在南方称霸,南方的诸侯听楚国的。如果让齐国服从晋国,秦国服从楚国,那么郑国就是必争之地了。郑国服从了晋国,那么楚国就攻打郑国;郑国服从了楚国,那么晋国也要攻打郑国。所谓的讨伐,就是攻入它的城乡,奸淫那里的妇女,俘获那里的人民,被侵入的国家屈服了就订盟约撤走军队,也不怎么杀人。所以郑国的民风不过是妇女淫乱,国家还能支撑得住。就这样过了八十多个年头,郑国也几乎灭亡。后来郑国依赖子产做宰相治理国家,他善于处理郑国与各大国的关系,郑国才四十多年没遭战争的困扰。宋国的向戌和晋国的权臣赵文子关系不错,和楚国的令尹子木关系也好,他为晋国与楚国合好而努力,请各国的头面人物到宋国聚会,除了齐国、秦国外,让晋、楚两国的属国人物都相见。于是晋国与楚国分开称霸:楚国的原属小国的领导人陈侯、蔡侯、北燕君主、杞伯、胡子(胡国是子爵国家)、沈子、白狄归晋国领导;晋国的原属国宋公、鲁侯、郑伯、许男(许国为男爵国家)听从楚国的命令,这样一直持续了十八年。

自从晋国在平邱会合诸侯后,就不再领导诸侯了。这一年,楚国公子比杀了楚国第十九个君王楚灵王后,公子弃疾又杀了比,自己做了楚王,这就是楚平王。平王让伍奢做太子芈建的老师,费无极做伍奢的助手。平王为芈建在秦国娶了妻子,费无极前去迎接,回来后对平王说:“这个秦国女子极美,您可以自己娶了她。”于是平王就娶了芈建的妻子,把芈建安置在城父。不久,费无极又向平王说芈建要搞叛乱,平王就抓住了伍奢,并派司马奋扬去杀芈建。奋扬放了芈建,让他赶紧逃走,芈建就跑到了宋国。平王让伍奢召来他的两个儿子,伍尚应召去了,伍尚的弟弟伍员逃到了吴国。楚平王杀了伍奢和伍尚,伍员为了给父兄报仇,想在吴国得到重用。吴国自巫臣教他们作战以来,渐渐强盛,一直到吴寿梦称王。寿梦有四个儿子:大儿子诸樊、二儿子余祭、三儿子夷昧、四儿子季札。季札品行很好,寿梦想死后让他继承王位,季札坚决推让,于是就立了诸樊。约定按兄弟排行传位,这样季札就总有一天会做国王了。季札的三个哥哥都用酒色摧残自己,盼着早死,好给四弟让位。等到夷昧死了,该轮到季札做国王了,季札却逃走了。吴国大臣们立了夷昧的儿子吴僚做了国王。诸樊的儿子吴光指使专诸杀了吴僚,自己做了国王,这就是吴王阖闾。他任用了伍员,又用孙武子为将讨伐楚国。五次战斗就打到了楚国都城郢(今湖北省江陵西北),楚昭王逃奔到了随国(今湖北随州市)。吴国军队进入郢都,按官位等级住进宫里淫其妇女,孙武子就离去了。伍员叫人挖出了楚平王的尸骨打了三百鞭子。楚国臣子申包胥向秦国求救兵,秦伯让他住在馆驿里。见秦国没有出兵的意思,申包胥就扶着庭墙痛哭,不吃不喝七天。秦哀公为他作了《无衣》赋,秦国军队才被派出去救援楚国。这时,越国趁着吴国军队都在楚国,国内空虚,就调动军队进入吴国。吴王阖闾听说后,又因和秦国军队作战没有打赢,就从楚国撤军了,楚昭王回到郢都恢复了王位。吴国攻打越国,越子(子爵)勾践领兵抵抗,在槜李(今浙江嘉兴桐乡)这地方打败了吴军,阖闾伤了脚大趾而疼死了,他的儿子夫差即位。夫差派人站在院子里,每次如果他出门、进门,院子里的人就高声喊道:“夫差!你忘记越王杀你父亲了吗?”夫差总是回答说:“啊,不敢忘!”三年后吴王向越国报仇,吴国攻打越国,在夫椒(是今江苏苏州太湖中的一座山)这地方打败了越国军队,于是吴军深入到越国境内,越王勾践带领五千战士上了会稽山(在今浙江省绍兴市东南方)。越王采用范蠡的计策,让大夫文种通过吴国的太宰嚭来向吴子(吴王也是子爵)请求讲和。夫差打算答应这一请求,伍员坚决反对,吴子没听伍员的话。伍员退朝后对人说:“越国用十年来繁殖人口、储备物资,用十年教育训导民众,二十年后,吴国恐怕被它踏为平地了啊!”吴国和越国最终讲和了,勾践回到国都勤劳苦思,卧薪尝胆,豢养文武士人,关心百姓,和范蠡、文种谋划消灭吴国。把一个古今绝色、如花似玉、国色天香的美女西施送到吴国,给了夫差。西施得到了宠爱,致使吴王不理国政。伍员多次劝谏,吴王反而赐他死。后来,吴国又远道攻打齐国,在艾陵(今山东省莱芜市东北一带)打败了齐国军队。又和晋定公在潢池相会,吴国成了诸侯的霸主。越王勾践日夜谋划消灭吴国,经过人口的繁殖,物资的精心准备,军队的教导训练,知道时机来了。趁着吴子与晋侯相会，吴国空虚，于是攻入吴国。吴王战败，驻扎在姑苏，派人向越国讲和。勾践想答应，范蠡不同意，勾践听从了范蠡的意见，夫差就自杀了。勾践带着大队人马向北渡过淮河，和齐国、晋国诸侯在徐州见面，并向周天子贡献了礼品。周王派人送给他祭肉，任命他为一方的盟主，号令齐、楚、秦、晋等国，歃血为盟才离去。越王一时横行长江、淮河一带，诸侯都向他祝贺。后来范蠡离开了越国，文种被越王赐死，越国的势力逐渐衰弱了。在这以后，六个大臣瓜分了晋国，最后形成了韩、赵、魏三个国家。齐国的田和篡夺了齐国君位，这样新形成的国家有四个，加上旧有的秦、楚、燕国，这就是战国七雄。至于秦孝公采用了商鞅的计策，秦国逐渐强大，并吞他国的形势就形成了。在“春秋”年代里，为夺权，被亲人、大臣杀死的君主有三十六个，灭亡的国家有五十二个。弱小的诸侯想方设法也保不住自己国家的太多了。男女乱伦、恬不知耻，公卿大夫互相交换妻子饮酒取乐。先师孔子，替世道人心忧惧，才根据鲁史编了《春秋》一书。

第七章　周王朝八百年三十七代(东周史)

却说周平王把国都迁到洛阳,他不想申侯杀父的仇恨,反而感谢申侯成全了自己的王位。他派遣民众守卫申国和许国,防止西戎族去侵害他们。平王在政治上衰败,晚年更为严重。周王朝一天天衰落下去了,诸侯就有了叛心。所以孔子作《春秋》,从平王四十九年写起。周王的权力也和一个普通诸侯差不多了。周平王在位五十一年死了,孙子周桓王姬林继承了王位。周桓王攻打郑国,郑国人进行了抵抗,在𦈡葛(在今河南省许昌地区的长葛)打了一仗,郑国人射中了周王的肩膀。楚子(楚国是子爵国)熊通侵犯随国(为姬姓国家),于是迫使随国君主为他向周王请求承认他芈熊通是王的爵位,周王不答应。熊通愤怒地说:"我的先辈国君鬻熊是周文王的老师。周成王又让我先君定居在楚地,蛮夷族因畏惧而服从。桓王不给我王爵,我就自封!"于是自立为楚武王,周王对他却毫无办法。周桓王在位二十三年死了,儿子周庄王姬佗即位。周公黑肩想杀掉庄王另立庄王的弟弟姬克,大臣辛伯把这个消息报告给了周庄王,于是庄王和辛伯一起杀了周公黑肩,姬克逃奔到了燕国。周庄王在位十五年死了,儿子周厘王姬胡齐即位,他也称为周僖王。这时正是齐桓公开始成就霸业的时候,从此以后权归霸主。周厘王在王位五年就死了,儿子周惠王姬阆即位。

当初,周庄王很宠爱王姚,王姚(姚姬)生了儿子姬颓。蒍国做了姬颓的老师,想立姬颓为太子却没成功。等到周惠王即位后,就夺走了蒍国的菜园子作为自己的园子。边伯的住房靠近王宫,周惠王也把它抢到手里。惠王又夺走了子禽、祝跪和詹父的田产,又剥夺了掌管宫中饮食官员的俸禄。周惠王二年，芳国、边伯、子禽、祝跪和詹父这五个大夫靠着苏子起来作乱，五个人带着姬颓攻打周惠王没取胜，跑到了温地，苏子带着姬颓逃奔到卫国。卫国军队和燕国军队一起攻打周惠王，惠王败走，于是立了王子姬颓为王。惠王三年，郑伯为惠王到姬颓那里去说和，劝姬颓退位没成功，于是郑伯把周惠王安排在栎城（在今河南禹州境内）居住。一天，惠王和郑伯进入邬地，接着又进入成周（即洛阳），取走了那里的宝器又回到栎城。这年冬天，姬颓常宴请芳国、边伯等五个大夫，席间又唱歌又跳舞。郑伯听说了，遇见虢叔时，说："我听说，不是时候的欢乐，灾祸一定会到来。如今姬颓歌舞不倦，这是乐祸呢。篡夺王位，祸事还有比这更大的吗？让惠王回归王位怎么样？"虢公说："这也是我的愿望。"周惠王四年夏天的一天，虢公和郑伯杀了王子姬颓和芳国、边伯、子禽、祝跪、詹父这五个大夫，使周惠王恢复了王位。事后，惠王赏给郑伯虎牢（在今河南省荥阳境内）以东的土地，以及一条带镜子的皮带。虢公在玤（今河南渑池）为惠王建了王宫，惠王赏给了他酒泉邑。虢公又请求给予器物，惠王又给了他酒爵。郑伯因此开始和周惠王有了矛盾。周惠王在位二十五年死了，儿子周襄王姬郑继承了王位。

当初，周惠王娶了妫姓的陈国女，生了太子姬郑和王子姬叔带。叔带的食邑在甘地（在今河南宜阳东南部），他很受父母的喜爱。周惠王当初想让叔带继承他的王位，却没有成功。周襄王即位后，叔带想伙同戎族、狄族人攻打襄王来抢夺王位。襄王得知消息后，想杀掉叔带，叔带逃到了齐国。齐国派管仲去调和戎、狄族与周王的关系，又让各诸侯国派兵戍卫周朝的京城。后来大夫富辰要求召回叔带，周襄王同意了，就从齐国把叔带召了回去。郑国人攻打滑国，周王派伯服、孙伯到郑国去为滑国求情，郑文公不听，把周襄王的两个使者押了起来。周王很生气，要让狄族人讨伐郑人。富辰劝阻道："这样不行，最好是用恩德行事，其次还要考虑亲情。如今天子压不住怒气，而放弃与郑国的亲情关系，这怎么行？"周王不听劝，让颓叔、桃子通知狄族出兵，和郑国打了一仗，占领了栎地。周襄王感激狄族人,又听说狄女叔隗如花似玉,长得很美,想娶她为王后。富辰又劝阻道:"狄人本来就贪婪,您又招惹他们。对女色如不节制,处理不好,妇女怨恨起来是没完没了的,狄人一定会起来作乱。"周王根本听不进去。不久,狄女叔隗穿着戎装出去打猎,和叔带一起比赛射箭,叔带因此和叔隗好上了。周襄王知道了这事后,就废掉了王后叔隗。颓叔、桃子两人互相商量说:"是我们出使狄方促成这件事的,狄人叔隗的王后被废了,狄人将要怨恨我们。"于是两人带着叔带领着狄人的军队打襄王,并打败了周王的军队。周襄王跑出京城到了郑国,在汜水边住了下来。狄族人拥立叔带做了周王,叔带让叔隗做王后,住在温地。周襄王派使者向诸侯求援,晋文公迎接了周襄王,进入王城(指都城),在温地杀了叔带,恢复了周襄王的王位。襄王在位三十三年死了,儿子周顷王姬壬臣继承了王位。顷王在位六年死了,儿子周匡王姬班继承了王位。匡王在位六年死了,弟弟周定王姬瑜继承了王位。

楚子攻打陆浑(今河南嵩县)的戎族,路过洛阳,在城郊阅兵(有向周王朝示威的意思)。周定王派王孙满慰劳楚国军队,楚子就向王孙满打听九鼎的大小和轻重。王孙满对楚子说:"国家的命运在德不在鼎。周王朝的德虽然衰弱了,但天命未改。鼎的轻重,你就不要问了。"楚庄王听后,又羞愧又害怕,就领兵走了。周定王在位二十一年死了,儿子简王姬夷即位。周简王在位十四年死了,儿子周灵王姬泄心继承了王位。他一出生嘴上边就有胡子,他在位二十七年死了,儿子景王姬贵即位。周景王在位二十五年死了。当年,景王的太子姬圣死得早,景王就立了次子姬猛为太子。后来,景王的妾所生的儿子姬朝很受景王的宠爱,景王想让他日后接替自己,却没成功。景王死后,单子、刘子就立了姬猛为王。王子朝就凭借那些从前被罢官、丢职的人发动了政变,赶走了刘子,刘子跑到了扬州。单子带着姬猛躲进庄宫,姬朝派人在夜里抓走了姬猛。单子逃了出去,那些人就带着姬猛一起追赶单子。晋国派出军队救走了姬猛,把他安置在王城(在今河南洛阳市西)。后来姬猛死了,一些大夫就立了姬猛的兄弟姬丐做了周王,这就是周敬王,住在狄泉(在洛阳城中),称为东王。大夫尹氏也立了王子姬朝为王,称为西王。单子、刘子伙同晋国军队攻打姬朝,没打下来。周敬王四年冬季的一天,晋国军队和刘子、单子所带领的人进攻王子姬朝,姬朝一伙失败,尹氏、召伯、毛伯和姬朝逃到了楚国,周敬王住进王城。后来,吴国军队攻入楚国的郢都,周敬王趁着楚国混乱的时机,派人到楚国杀死了姬朝。周敬王三十九年春季的一天,鲁国猎人在鲁国西边捕获了一只麒麟,孔子作《春秋》写到这里结束,在这之间的时间段为春秋时代,以后直到秦统一之前的时间段为战国时代。周敬王在位四十四年死了,儿子周元王姬仁即位。元王在位七年死了,儿子周贞定王姬介继承了王位。他在位二十八年死了,儿子周哀王姬去疾继承了王位。哀王元年三月,哀王的弟弟姬叔袭杀了他,自己做了王,这就是周思王。这年的八月,姬叔袭的弟弟姬嵬又杀了叔袭而自立为王,这就是周考王(周代第三十七个王)。他在位十五年死了,儿子周威烈王姬午即位。周威烈王二十三年,开始任命晋国原大夫魏斯、赵籍、韩虔为诸侯。他在位二十四年死了,儿子周安王姬骄即位。周安王十六年开始任命齐国的田和为诸侯。安王在位二十六年死了,儿子周烈王姬喜即位。烈王在位七年死了,弟弟周显王姬扁即位。显王八年,卫国的公孙鞅(商鞅)到了秦国。秦孝公采用了他的计策,于是秦国成了天下最强的国家。秦孝公之后,秦国君主作为诸侯也开始称王。周显王在位四十八年死了,儿子周慎靓王姬定即位,他在位六年就死了,儿子周赧王姬延即位。他在位五十九年时,秦庄襄王攻打赵国,赧王害怕秦国越来越强大,就想联合其他诸侯讨伐它。秦国兵马于是打进了赧王的住地,周赧王被抓到秦国,他磕头求饶,献出了他所有的三十六座城,人口三万户。秦国接受了他所献的土地和人口,放他回去了,回去后,周赧王就忧愤地死了。先前,王子姬朝之乱,姬朝的余党大多在河南王城。周敬王为避乱把都城改在了成周(与王城相距十八里)。周考王时,把自己的弟弟姬揭封在王城,来接续周公官职,因在成周以西,也号称“西周”。到第三代传到惠公,惠公另外把巩邑这地方封给了自己的小儿子姬班,因它在王城以东,也号称“东周”。后来周赧王迁都到西周,西周的武公沾了他的“光”,也一起灭亡了。东周君还存在,姬班传到儿子姬杰,又过了七年,东周君与诸侯合谋讨伐秦国,秦国派相国吕不韦率领军队灭掉了“东周”,把东周君迁到阳人聚(在今河南汝州北),周王朝于是就灭亡了。秦军平定了“东周”附近的七座城。周王朝共四十三王,统治天下共八百七十四年。这以后,汉王朝封周王的后代姬嘉为君,后来又封为侯、公,一直到晋代还没废除。

第八章　九州各国并入强秦(战国时代)

却说周武王灭掉了商朝,分封的诸侯爵位有五品,土地分成三等:公、侯所得土地是百里,伯爵是七十里,子爵、男爵是五十里,不足五十里的就是朝廷或诸侯国的附庸国了,大概有一千八百个国。周王朝衰微后,各诸侯国互相吞并,几百年间列国所剩无几。在《春秋》里,总共可见到一百二十四国。在周夷王(周王朝第九个王,公元前895—879年在位)时代,卫康叔的七代孙卫顷侯首先破坏了王制,他吞并了邶、鄘两个附庸国。到了春秋时代,晋国灭掉了耿、霍、魏、虢、虞、焦、杨、韩、逼阳、肥、陆浑、鼓等小国。楚国灭了息、弦、黄、夔、邓、权、江、六、蓼、庸、赖、陈、舒、鸠、蔡、唐、顿、胡、申、随、杞、莒等国。齐国灭掉谭、遂、纪、郭等国。秦国灭了梁、滑、蜀、义渠等国,又灭了西戎族的十二国。吴国灭了徐、州来国。越国灭了吴、郯国。鲁国灭了项国。邾国灭了须句国。卫国灭了邢国。莒国灭了鄫国。郑国灭了许国。蔡国灭了沈国。狄国灭了温国。宋国灭了曹国。又有晋国的赵无恤灭掉了代国。晋国的荀瑶灭了夙繇。后来的赵国灭了中山国。春秋时代常参与征伐、会盟的有十二国,最强的国家是晋国,北方的诸侯都听晋国的号令。

周成王九年,成王封自己的弟弟叔虞在唐地(在今山西临汾地区的翼城),号称晋国,姬姓,侯爵,叔虞被称为唐侯。传到晋侯姬燮、武侯姬宁族、成侯姬服人、厉侯姬福、靖侯姬宜臼、僖侯姬司徒、献侯姬籍、穆侯姬费。穆侯生了太子姬仇和公子姬成师。穆侯死后,他的弟弟殇侯篡夺了君位。五年后,姬仇杀死殇叔而自立,这就是文侯。犬戎族攻打周幽王,晋文侯带兵前去救助周王,周平王赐给晋文侯黄河以北的一些附庸国,晋国开始壮大。到了晋文侯的儿子昭侯姬伯即位(这一年是丙甲年,公元前745年),他把自己的叔父姬成师封到了曲沃(在今山西临汾地区),号称桓叔。晋国所建首都在翼(今山西翼城东南)。后来曲沃一天比一天强大,而翼都却渐渐削弱。于是翼和曲沃分为两个政权。晋昭侯传孝侯姬平,孝侯传鄂侯姬郄,鄂侯传哀侯姬光,哀侯传小子侯姬小子,一直到晋侯姬缗被曲沃的武公所灭。曲沃自从桓叔姬成师开始受封,传到庄伯姬鳝、武公姬称,灭掉了翼都,继承了晋国。传到晋献公姬诡诸时,开始并吞各国,晋国更加强大了。又传到姬奚齐、姬卓子、惠公姬夷吾、怀公姬圉,一直到文公姬重耳做了国君在诸侯中称霸,以后代代为霸主。传到襄公姬欢、灵公姬夷皋。灵公不配做国君,他搜刮民财,还从台上用弹弓射人,看着人们躲避弹丸来取乐。大夫赵盾多次劝说他,灵公也多次派人杀赵盾而没成功。赵盾逃出,他的弟弟赵穿攻打灵公,在桃园杀了灵公。这时赵盾还没逃出国境,听说灵公已死就又返了回来,立了晋文公的小儿子黑臀,这就是晋成公。成公传到景公姬据。当初晋献公派赵夙抵抗戎族,毕万作为助手,先后灭掉了耿、霍、魏等国。献公就赐给赵夙耿地(在今山西河津一带),毕万魏地(在今山西芮城),并拜他们为大夫。赵夙是赵氏的祖宗,毕万是魏氏的祖宗。晋文公的时候,先轸主管中军,他的后代改姓范。荀林父主管中行(晋国三军之外有三行),他的后代子孙就姓中行氏。荀林父的弟弟荀首食邑在智地,他的后代就姓智。曲沃桓叔的儿子庄伯封自己的弟弟到韩原(在今陕西韩城),后来为韩氏。这几家被当时的人称为六卿。诸侯之事不必多说,只是赵氏有存孤的事,不能不详细说说。

根据《左传》记载:赵盾的儿子赵朔娶了晋成公的姐姐庄姬,生了赵武。赵朔死得早,赵盾的弟弟赵婴和侄媳妇庄姬有染。赵同、赵括为这事要讨伐赵婴,打算把他赶到齐国去。赵婴对他们说:“我在这里,所以姓栾的不敢把你们怎么样;我一离开,我的两个哥哥就危险了!再说人都有长处和短处,饶了我有什么害处?”他们没有听他的话。庄姬因为赵婴出走,就对晋侯说:“赵同、赵括打算搞叛乱,栾书、郤至可以作证。”于是晋侯就杀了赵同和赵括。赵武跟着母亲在晋侯的宫里，于是把赵武的田产给了祁奚。六月的一天，景公想吃麦子，让主管公田的官吏给他送去新麦。景公正要吃的时候，突发了腹胀的病，急忙上厕所，不小心掉到粪坑里淹死了。在这之前，有个小内臣（太监）一早做梦，梦见他背着景公登上了天，并对别人说了。到了中午，他把已死的景公从厕所里背了出来。于是在安葬景公时，用这个小内臣做了殉葬人。晋景公没死的时候，韩阙曾对景公说："凭着赵衰的功勋，赵盾的忠诚，却没留下后代继承祖业，这让做好人的感到害怕啊！"景公于是让赵武继承祖业，把田产又返还给了他。孔子的《春秋》记载晋国君主杀他的大夫赵同、赵括，并没涉及赵朔的事。这就是圣人的经典明显可以作为证据的。《史记》却载有屠岸贾作难，以及程婴、公孙杵臼存孤的事，不知凭着什么那么写的。有人说："这是西汉韩信托孤的故事。"韩信被诱到皇宫刑房处死，他家里有个客人藏起了韩信三岁儿子。客人知道萧何平时和韩信关系不错，是被吕后所逼，不得已骗韩信的。这个客人偷偷地去见萧何，含蓄地说起韩信没有后代。萧何仰天叹息说："冤枉啊，冤枉啊！"眼泪流个不停。那个客人见他有诚心，就把实情告诉了萧何。萧何惊喜地说："你能藏住淮阴侯的儿子吗？在中原地带不行，赶紧带他到南粤赵佗那里去，他一定能保住那孩子。"于是萧何给赵佗写了封信，把那客人打发走了。信中大意是："这是淮阴侯的儿子，请您好好看待他。"赵佗把那孩子当自己儿子养着，并把一处海滨地区封给了他，赐给他姓氏"韦"，使用"韩"字的一半。如今他的后代分布在广东、广西地区的沿海边上。因为汉朝人为韩信立传不便明说，于是把吕后说成屠岸贾，把韩氏说成赵氏，把萧何家说成公宫，那程婴和公孙杵臼就是那个韩信的客人。司马迁作《史记》也采取了这种说法，于是成了千古疑案，这就像如今的小说一样，不是实情。

晋景公传到晋国第二十九君晋厉公姬州蒲，晋厉公被栾书、中行偃所杀。于是到周朝的都城迎回了晋国第二十五君晋襄公的曾孙姬周继承了君位，这就是晋悼公。悼公当时年纪才十四岁，很有才能见识。他任用了魏绛等人，救济灾患，减轻人民的赋税，适时用民,自己的生活也很节俭。晋国的霸业又开始抬头,多次出兵,楚国不敢和它争胜。晋悼公传晋平公姬彪,姬彪又传到晋昭公姬夷。这时,晋国六卿的势力逐渐强盛,开始专权,晋侯的势力逐渐削弱,没有能力控制六卿了。再传到顷公姬去疾,定公姬午,出公姬凿。这时,智瑶与韩、赵、魏三家灭掉了范氏、中行氏,并分掉了这两家的土地。晋出公向齐国、鲁国求援,打算讨伐四卿,四卿反过来围打他们的国君。晋出公逃向齐国,死在了半路。智伯立了晋国第三十二君昭公的曾孙姬骄,这就是晋国第三十六君晋哀公。智氏进一步把紧了晋国的政权。等到智伯宣子死后,智襄子继续把持晋国朝政,并向韩、魏两家要求土地,两家都给了他部分土地。智襄子又向赵氏要求土地,赵襄子不给他。智襄子于是率领韩康子、魏桓子攻打赵氏。当年,赵简子派尹铎治理晋阳,尹铎请示说:"是在这地方多收些赋税呢?还是想永远保住这个地方?"赵简子说:"当然想永远保住这地方了!"于是尹铎减轻晋阳民众的赋税来使民力得到了休息。到这时,赵襄子想起了这事,就跑到了晋阳(今山西太原市)。智氏率魏、韩两家水淹了晋阳城,城墙都快淹没了,而那里的百姓没有叛逃的。赵襄子派张孟谈偷偷出城去见韩、魏两家,说:"我听说嘴唇没有了,那么牙齿就会感觉寒冷。如今智伯领着你们两家来攻我们赵家,如果我们赵家灭亡了,接着就该轮到你们了。"于是韩、魏两家就和张孟谈约好了。赵襄子当夜派人杀死了守堤的官兵,把水引向智伯的驻军。韩魏两家又分头派兵攻打智伯,把智伯军打得大败,灭掉了智家,于是韩、赵、魏三家分了智家的土地。周王朝的第三十八个君主周威烈王开始任命晋国的大夫魏斯、赵籍、韩虔作为诸侯。晋哀公传到晋幽公姬柳(第三十七君),姬柳被自己的夫人秦瀛杀死。魏文侯魏斯立了晋烈公姬止。后来姬止传位给晋孝公姬颀,姬颀传位给晋靖公姬俱酒。在周王朝第三十九个君主周安王二十五年(公元前378年),晋国的韩、赵、魏三家一起废掉了他们的国君姬俱酒,把他废为平民,并瓜分了国君的土地,晋国灭亡。晋国共出了四十个君主,统治晋国七百二十二年。自此晋国分裂成了三个国家:一个叫魏国,它的君主是周文王的庶出儿子毕公姬高的后代。

自从周威烈王承认魏斯是诸侯,传到武侯魏击,又到惠王魏罃称王,就是孟子所说的“梁惠王”。再传到襄王、昭王、安厘王、景闵王,直到魏王魏假被秦始皇灭掉,共八代,存在一百七十七年。一个叫赵国,国君和秦国君主同祖,都是蜚廉的后代。周威烈王承认赵籍为诸侯,他就成了赵国的第一代君主赵烈侯。往下传武侯、敬候、成侯、肃侯。肃侯的下一个是赵雍开始称王,即武灵王。再传到惠文王、孝成王、悼襄王,下一个就是幽穆王赵迁被秦始皇所灭。赵迁的哥哥赵嘉在代地自立为王,号称代王。六年后,秦国又灭掉了代国。赵国总共十一代君主,存在一百八十二年。再一个是韩国,它的君主和原来的晋国君主同祖,都是曲沃伯桓叔的后代。周威烈王承认韩虔为诸侯,这就是韩国第一代君主韩景侯,传到烈侯、文侯、哀侯、懿侯、昭侯,直到韩宣惠王称王。再传到襄王、僖王、桓惠王,直到韩王韩安被秦始皇灭掉了。韩国总共十一代,存在一百七十四年。

历来和晋国为敌,在南方称霸的叫楚国。当时,凡是南部的诸侯都听楚国的号令。楚国君主为芈姓,以熊为氏,子爵爵位,是颛顼的后代。高祖鬻熊为周文王做事,是文王的老师。周成王时,因这姓芈的家族的旧有的功劳,就封给鬻熊的玄孙熊绎子爵的封地,叫作“楚”(今湖北省秭归县)。传到熊艾、熊䵣、熊胜、熊扬、熊渠、熊挚红。挚红的弟弟熊延杀了挚红而自立为君主。熊延传熊勇、熊严、熊霜、熊徇、熊愕、熊仪(尊号为若敖)、熊坎(尊号霄敖)、熊眴(尊号蚡冒)。熊眴死后,熊眴的弟弟熊通杀了熊眴的儿子而自立为君主,并把自己的尊号称为王(武王),开始并吞各小国,于是楚国越来越强大了。传到楚文王熊赀、杜敖熊囏。熊囏被自己的弟弟楚威王熊恽杀死。熊恽做了四十六年王,又被自己的儿子穆王芈商臣所杀。穆王传到庄王芈旅,芈旅在诸侯中称霸。庄王传到儿子共王芈审,共王传儿子康王芈昭,康王传儿子郏敖芈员。郏敖被叔叔灵王芈围所杀。芈围做了十二年王又被兄弟公子芈比、公子芈弃疾(也称熊居)所杀。芈弃疾即位后就是楚平王。他夺了儿子的媳妇,杀了伍奢、伍尚父子,伍尚的兄弟伍员(伍子胥)逃到了吴国。楚平王死后,儿子昭王芈轸即位。伍员带领吴国军队讨伐楚国,经过五次战斗,打到了楚国都城郢都(在今湖北省江陵县西北),楚昭王逃到了随国(在今湖北随县)。楚国大臣申包胥领着秦国军队救援楚国,吴国军队大败而归。昭王复国,传到惠王芈章、简王芈中、声王芈当、悼王芈疑。楚悼王任用吴起做大将,拿出公族多余的钱、粮来养战士,楚国又强盛了。等到悼王一死,楚王族的高贵亲戚一起来杀了吴起。传到肃王芈藏、宣王芈良夫、威王芈商、怀王芈槐。秦昭王派兵攻打楚国,占了楚国八座城池。秦王又送给楚王一封书信,骗楚王说希望在武关见一面,秦国就可以停战收兵。楚怀王相信了秦王的话,打算到秦国去。屈原劝怀王不要去,怀王根本听不进去。秦王让一个将军假扮成秦王,在武关埋伏下士兵,抓住怀王送到了秦国的朝廷,逼怀王割让土地,怀王一急之下生病死在了秦国。怀王的儿子顷襄王芈横继承了君位。传到楚考烈王芈完,他却没生下儿子。李园的妹妹是春申君黄歇的小妾,她有了身孕后,李园劝说春申君把他妹妹送给楚考烈王,后来生下一个男孩。考烈王死后,春申君的儿子楚幽王芈悼即位,李园开始在朝廷上专权。一天,他在宫门旁埋伏了士兵,刺杀了春申君,并杀光了春申君全家。楚幽王在位十年死了,弟弟楚哀王芈犹即位。他只做了五个月的王就被他的庶兄芈负刍杀死夺了权。负刍在位五年,秦始皇就灭掉了楚国。楚国传了四十代,共八百八十多年。

其次说说齐国。齐国的君主是姜姓,因祖先封在吕地,所以也姓吕,是侯爵国家。太公望姜子牙是周王朝初年的重臣,周武王十三年用五个侯爵的土地把姜子牙(即姜尚)封到营邱(今山东临淄),号称为“齐”。传到丁公姜伋、乙公姜得、癸公姜慈母、哀公姜不辰。不辰因纪侯到周懿王那里说了他的坏话,被周懿王煮死了,他的兄弟胡公姜靖即位。后来,癸公的儿子齐献公姜山袭击杀了齐胡公,自己做了君主。传到齐武公姜寿、厉公姜无忌、文公姜赤、成公姜脱、庄公姜购、僖公姜禄甫,这时齐国渐渐强大。僖公的儿子齐襄公姜诸儿淫乱无道,被叔伯兄弟公孙无知所杀。襄公的弟弟齐桓公姜小白即位,从此在诸侯中称霸。桓公死后,易牙、竖刁立了桓公的一个儿子公子无亏,六个月后无亏又被齐国人杀死。宋国推荐了齐桓公的另一个儿子齐孝公姜昭。姜昭死后，他的儿子被开方杀死，孝公的弟弟昭公姜潘即位。昭公死后，他的儿子姜舍继任国君三个月后，被叔叔齐懿公姜商人杀死。后来，懿公又被大夫邴歜、阎职杀死。齐国大夫们又立了齐懿公的哥哥齐惠公姜元。传到齐顷公姜无野、灵公姜环、庄公姜光。庄公和大夫崔杼的妻子棠姜有不正当的男女关系，庄公被崔杼杀死。庄公的兄弟齐景公姜杵臼即位，这时，齐国的陈（田）氏掌了大权。齐景公死后，景公所喜爱的儿子姜荼（晏孺子）即位。田氏要求杀了姜荼，另立了景公的另一个儿子悼公姜阳生。后来，悼公又被大夫鲍牧杀死，又立了悼公的儿子齐简公姜壬。简公又被田恒（也称陈恒，后改称田常）杀死，田桓立了姜壬的弟弟平公姜骜，并进一步掌握了齐国的政权，后传到宣公姜积。姜积死后，儿子姜贷就是齐康公即位，后来被大臣田和把他送到海边，篡夺了齐国。姜氏齐国灭亡。总共传了二十四代，七百四十四年。

说起田和的祖上陈完，原是《春秋》时陈国第十三个君主厉公妫佗（即陈佗，陈是国名）的儿子。陈厉公是陈文公的小儿子，厉公的母亲是当时蔡国君主的女儿。文公死后，厉公的哥哥妫鲍即位，就是陈桓公。桓公与妫佗同父不同母。等到桓公生了病，蔡国人为妫佗杀了桓公妫鲍和妫鲍的太子妫免，而立了妫佗为国君，这就是陈厉公。厉公做了国君后，娶了蔡国君主的女儿为妻。这个蔡国女人与蔡国的一个贵族有不正当的男女关系，她多次跑回蔡国，陈厉公也多次追到蔡国。陈桓公的小儿子妫林怨恨陈厉公杀了他的父亲和哥哥，就买通了一个蔡国人来引诱陈厉公，把厉公杀死在蔡国。于是妫林就自立为君主，这就是陈庄公。所以陈完没有继承为国君，只是陈国的大夫。

陈庄公死时，立了自己的弟弟妫杵臼，这就是陈宣公。宣公二十一年，杀了太子妫御寇。御寇与陈完关系很好，陈完怕大祸再落到自己头上，就跑到齐国去了。当时的齐桓公打算拜陈完为国卿，陈完推辞说："我一个寄居的臣子，侥幸让我在齐国容身，这是您的恩惠，我不敢担当高位。"这是巳酉年（公元前672年）发生的事。

陈完死后,他的谥号叫“敬仲”。田敬仲当年到了齐国就把“陈”字姓改为“田”氏了。田敬仲生了田稚孟夷,田稚孟夷生了田湣孟庄,田湣孟庄生了田文子须无(稚、湣、文子等都是他们死后的谥号)。田文子是齐庄公的大夫,他生了田桓子无宇。田文子死后,田桓子无宇也做了齐庄公的大夫,他有能力,很得齐庄公的宠爱。田无宇生了武子田开和釐子田乞。桓子田无宇死后,田釐子做了齐景公的大夫,他开始用小斗来向民众收赋税,用大斗借给民众粮食,暗中收买人心,齐景公也不加禁止。从此田氏得到了齐国民众的心,他的宗族越来越强盛,民众都想着田氏的好处。晏子多次劝谏齐景公,景公都不加理睬。不久晏子出使到晋国去,私下里与晋国大臣叔向说:“齐国的政权恐怕最终要落到田氏手里了。”晏婴死后,范氏、中行氏在晋国造反。晋国君主派军队攻打他们很急,范氏、中行氏就向齐国借粮食。田乞也有造反之心,就劝齐景公说:“齐国多次得到过范氏、中行氏的好处,如今人家有难,咱们齐国不能不救。”于是齐景公就派田乞负责运送军粮给范氏、中行氏。齐景公的太子死得早,景公有个宠妃叫芮子,她生了公子荼。景公病重时,命令他的宰相国惠子和高昭子把公子荼扶为了太子。景公死后,高、国两位宰相就让公子荼继承了君位,这就是齐孺公,号称晏孺子。田乞对此很不高兴,他想立景公的另一个儿子阳生。阳生一向与田乞关系很好,晏孺子被立为国君后,阳生就跑到鲁国去了。田乞假装服从高昭子和国惠子,对他两人说:“起初大夫们不想立孺子,孺子做了国君后,你们两人辅佐他,大夫们都感到害怕,合谋要作乱。”之后,田乞又到大夫们那里说:“高昭子是个可怕的人物,要趁他没动手时先动手!”大夫们表示同意,于是田乞、鲍牧和大夫们就领兵进入齐孺公住的地方去杀高昭子。高昭子听到消息后,就和国惠子救孺公,孺公的兵战败,田乞领着众人追击国惠子,惠子逃到了莒国。田乞等人又返回去杀了高昭子,孺公逃到了鲁国。

田乞派人到鲁国迎回了姜阳生,阳生到了齐国,先藏在田乞家里。一天,田乞对大夫们说:“我儿子田常的母亲祭祀后剩了些酒菜,希望诸位到我家去喝酒。”于是大家都到田乞家去了。田乞事先把阳生装到一只口袋里放在座位中央，这时他打开了口袋放出了阳生，说："这是齐国的国君啊！"大夫们一见都趴在地上拜见。田乞让大家都表个态，并且对大家说："这是我和鲍牧共同商议立阳生的。"鲍牧一听发怒说："大夫们忘了景公临终的命令了吗？"大夫们于是想反悔，阳生一看就跪在地上磕头说："各位能立我就立我，不能就算了。"鲍牧这时怕自己惹上祸，就又改口说："都是景公的儿子，有什么不可？"于是就在田乞家立了阳生为国君，这就是齐悼公。后来，田乞派人把晏孺子（齐孺公）送到了骀地，在那里杀了他。悼公立为国君后，让田乞做了宰相，田乞于是把持住了齐国的政事。齐悼公四年时，田乞死了，田乞的儿子田常代替田乞做了宰相，这就是田成子。

鲍牧和齐悼公有仇，鲍牧杀了悼公。齐国大夫们又共同拥立了悼公的儿子姜壬为国君，这就是齐简公。成子田常和监止两人做了齐简公的左、右宰相。因监止很得简公的宠爱，田常很嫉妒监止，但这颗眼中钉很难拔去。于是田常又采取了父亲田釐子的办法，用大斗借给百姓粮食，秋后再用小斗收回。当时在齐国流传着一句民谣说："老娘们采苣菜呀，全送给田成子！"齐国大夫上朝议事时，御鞅劝谏齐简公说："田、监两人不可同朝为官，您还是选择他们其中一个吧！"简公却把这话当成了耳边风。

子我是监止同一宗族的人，也和田氏有矛盾。田氏的远房本家田豹在子我那里做事，很得子我的信任。有一天，子我对田豹说："我打算全部灭掉田氏的正宗（嫡族），让你田豹来当田氏的领头人。"田豹回答说："我不过是田氏的一个远支族人，怎么能当领头人？"他没同意。不久，田豹就去对田氏说："子我将要铲除田氏，咱田氏不先动手就来不及了。"子我住在简公的宫里，田常等兄弟四人乘坐兵车奔简公住所而去，要杀子我。子我发现后关上了宫门，这时简公正和妇人在檀台饮酒，听说田常等人打来，就要叫宫中卫士回击。太史子余对简公说："田常不敢作乱，那是替您除害呢！"简公这才罢手。后来田常听说简公发怒了，怕遭诛杀，就打算跑路。田子行对他说："做事迟疑，这是大忌！"田常于是再次前去杀子我，子我也领人回攻田氏,结果子我失败出逃。田氏领人追杀子我和监止,简公也逃了出去。田氏等人在徐州(在今山东省滕州南部)追上并抓住了简公。简公懊悔地说:“早听御鞅的话哪能落到这步田地!”田氏一伙怕简公回去下令杀他们,于是就把简公杀了。简公做了四年国君而被杀,于是田常就立了简公的弟弟姜骜做了国君,这就是齐平公。平公即位后,田常一人为宰相。

田常杀了齐简公后,害怕诸侯合伙来杀他,就全部退还了侵占鲁国和卫国的土地,向西和晋国的韩氏、魏氏和赵氏订立了盟约,向南和吴国、越国通使,在国内论功行赏,亲近百姓,因此齐国又安定了下来。有一次,田常对齐平公说:“给人恩惠,这是人人都想要的,这样的好事您来做;惩罚杀人是人人都厌恶的,这种得罪人的事情请让臣子我来做。”这样做了五年,齐国的政事都抓在了田常手里了。这期间,田常杀尽了鲍氏、晏氏和监止这些齐国贵族,以及姜姓公族中的强盛者,并把从安平(今山东省青州)以东到琅邪(今山东省诸城一代)作为自己的封邑,他的封邑大于齐平公的食邑。这时,田常就选择了齐国中女子身高七尺以上的(当时的尺要比今天的尺短些)安置在家中,这样他家的妻妾达到了上百人,并让自家的宾客、门人随便出入而不禁止。等到田常死时,他竟有了七十多个儿子。

田常死后,他的儿子襄子田盘代替他做了齐国的宰相。田襄子做了齐宣公的宰相后,晋国的赵、魏、韩三家杀了智伯,分了智伯的土地。田襄子就把自己的兄弟、同宗族的人安排到齐国各个重要岗位上,并和赵、魏、韩三家通使,打算占有齐国。

田襄子死后,他的儿子庄子田白继承他做了齐国宰相。田庄子死后,他的儿子太公田和又继承了相位,继续做齐宣公的宰相。齐宣公做了五十一年君主而去世,他的儿子齐康公姜贷即位。姜贷在位十四年的时候,因他喜好酒和妇女不顾政事,太公田和这才把他迁到了海边,给了他一座城池作为食邑来奉祀他的姜姓祖先。

齐太公田和三年时,他向朝廷要求封号,周安王允许了,田氏齐国被正式承认了。田和也在此时自称为太公。田和死后,他的儿子田午也号称为齐桓公。田午的儿子田因齐即位后开始称王，即齐威王。威王的儿子齐宣王田辟彊，就是《孟子》里写的齐宣王。这时燕国相国子之与苏秦的弟弟苏代有儿女婚姻关系，子之想得到燕国的君权，正赶上苏代出使齐国回来。燕王姬哙问苏代说：“齐国能称霸吗?”苏代回答：“不能。”燕王问：“为什么不能?”苏代说：“齐国的国君不能充分信任他的大臣。”此后，燕王什么事都听子之的。鹿毛寿又用尧、舜让天下的事劝说燕王，燕王就把燕国让给了臣子子之，燕王姬哙反而为臣，燕国发生了动乱。齐宣王讨伐了燕国，抓住子之，把他剁成了肉酱，又杀了姬哙。三年后，燕国人拥立姬哙的儿子姬平继承了王位，这就是燕昭王。昭王尊重贤能的人，供养士人，并和百姓同甘共苦，用厚重的礼物招揽天下能人。于是乐毅从卫国来到了燕国，剧辛、邹衍等人也都从各国去了燕国。燕昭王拜乐毅为亚卿，让他掌管国政。齐宣王死后，把王位传给了儿子湣王田地。齐湣王灭掉宋国后，更加野心勃勃，打算向南侵楚，向西侵三晋(赵、魏、韩三国)，并吞二周而成为天子。燕昭王派出了全国的兵力，用乐毅做上将，并联合秦、魏、韩、赵等国来讨伐齐国。齐湣王发动了全国的兵员，在济水的西岸进行抵抗，结果战败。乐毅率军长驱直入到了齐国都城临淄(在今山东临淄市境内)，在很短的时间内拿下齐国七十多座城池，只有莒城、即墨两城没有打下来。齐湣王逃进莒城，并向楚国求救。楚国派淖齿领兵去救齐国。淖齿领兵到达后，湣王因感激，拜了淖齿为相国，淖齿也住进莒城。淖齿打算和燕国共分齐国土地，就挑出了齐湣王的腿筋挂在庙梁上，湣王两夜才死。湣王的儿子田法章改名换姓到莒城到太史敫家去做给园林浇水的工作，太史敫的女儿觉得法章相貌奇特，对他很是爱怜，送给他衣、食，并和他私通。王孙贾带领城里的人杀了淖齿，找到了田法章，拥立法章为齐襄王，从此莒城为根据地抗拒燕国等国军队。燕国将军乐毅围困即墨城，即墨大夫出战而战死，即墨的民众就推举田单为将来抗拒燕军。燕国军队围两座城池三年没攻打下来，这时燕昭王死了，燕惠王即位。惠王还在做太子的时候，就和乐毅不和。田单知道了这种情况后，就用反间计来离间燕王和乐毅。燕王对乐毅产生了疑虑,就派骑劫去换下乐毅的将军职务,并要召回乐毅。乐毅害怕被杀,就跑到了赵国。田单放出话说,有神人帮助自己,接着又说自己愿意投降,却暗中收集城中的牛,得到了一千多头。他让人给牛披上丝绸衣,衣上画了彩色龙纹,并在每个牛角上绑上利刃,在牛尾绑上草并抹上油脂。之后在城墙下方凿开几十个大洞,当夜把牛从洞中放出的同时,点着了牛尾上的草。牛被烧痛了,发疯地逃跑,直奔燕国军队而去。紧随牛群之后的齐国军队,把燕军打得大败。齐国人杀了骑劫,七十多座城池又都收复了。人们又从莒城把齐襄王送入临淄城,襄王用太史敫的女儿做王后,这就是君王后,并生了儿子叫田建。齐襄王死后,君王后掌国政。君王后死后,齐国在齐王田建时期被秦始皇灭掉,齐国灭亡。齐国总共七代君王,统治齐国一百六十六年。

燕国,君主姓姬,是伯爵国家。周武王十三年封召康公姬奭到燕国,传了三十六代后到燕文公的儿子易王开始称王。易王的儿子燕王姬哙把国让给了臣子子之,姬哙和子之被齐国所杀,齐国灭了燕国。姬哙的儿子燕昭王姬平又恢复了燕国,几乎灭掉了齐国。又传到惠王,惠王传武成王,武成王传给孝王。到孝王的儿子燕王姬喜被秦国军队攻打追杀,逃到了辽东。又过了四年被秦始皇灭掉了,总共四十三代,九百零一年。

以上,晋国春秋时为一国,从战国时分成赵、魏、韩三个国家,只有韩国君主是原晋国君主的支系。齐国在春秋时是姜姓齐国,到战国时为田姓齐国。秦、齐、赵、魏、韩、燕和楚国是战国时的七个强国。最终,其他的六国都被秦国所灭。

此外,典章礼仪之邦,首推鲁国,鲁国是姬姓侯爵国家。周武王封自己的弟弟周公姬旦在曲阜,叫鲁国。传到鲁公姬伯禽、考公姬酋、炀公姬熙、幽公姬宰。在周王朝第四个王昭王姬瑕时,鲁幽公的弟弟姬沸杀了哥哥幽公,自己做了国君,就是鲁微公。传到厉公姬擢、献公姬具、真公姬濞、武公姬敖、懿公姬戏。姬戏的侄子姬伯御杀了他而自己做了君主。周王朝的第十一王姬静下令讨伐杀了姬伯御,鲁懿公姬戏的弟弟姬称即位,就是鲁孝公。孝公死后,君位传给了儿子惠公姬弗湦。鲁惠公的元妃叫孟子，孟子死后，继承元妃位的是子声子，她生了鲁隐公息姑。宋武公生了女儿叫子仲子。子仲子生下来手上就有文字，被叫作“鲁夫人”，所以把她嫁到鲁国。她生了儿子姬轨，就是鲁桓公。鲁惠公因为姬轨母亲子仲子有手文的缘故，想把君位传给姬轨。等到惠公死后，桓公姬轨年纪还小，哥哥隐公姬息姑掌握国政。桓公长大后，隐公遵照父亲惠公的意思，要把君位让给桓公，桓公反而听信了羽父的谗言杀了隐公。鲁桓公生有四个儿子：长子是庄公姬同，二子叫庆父，三子叫叔牙，四子叫季友。在季友将要出生的时候，桓公让人占卜，占卜的人说：“是个男孩，他的名字应该叫作‘友’，他比以后的国君更有能量，如果他的子孙没有了，那么鲁国就会衰弱。”孩子出生后，有文字在手上，是个“友”字，于是就用这个字命了名。等到鲁桓公和夫人文姜到齐国走亲戚，齐襄公与文姜兄妹通奸。鲁桓公在齐国被杀，鲁国朝廷立了庄公，鲁庄公娶了齐襄公的女儿名叫哀姜，没生儿子。她的妹妹叔姜生了儿子叫启方，就是鲁闵公。庄公又娶了党氏的女儿孟任，生了儿子姬般，庄公有意把君位传给姬般。一天，庄公病危，他向叔牙询问让谁继承他的位子好，叔牙回答说：“还是庆父好，庆父有才能。”庄公又向季友询问，季友回答说：“臣誓死维护姬般！”庄公就赐给叔牙毒酒，让他死了，却又让叔牙的儿子公孙兹做了大夫，这就是叔孙氏。庆父和哀姜的关系很好，等到姬般继了君位，庆父却杀了姬般，而立了闵公姬启方，接着又杀了闵公，打算自己当国君。季友拥立了鲁庄公的另一个儿子公子姬申，这就是鲁僖公。哀姜逃到邾国，被齐桓公捉住杀了，尸首送回到了鲁国。庆父逃到莒国，季友贿赂莒国人抓住了庆父，绞死了他，用庆父的儿子公孙姬敖在朝中做了大夫，这就是孟孙氏。季友平定了鲁国之乱，做了鲁国的相，这就是季孙氏。孟孙、叔孙、季孙都是鲁桓公的后代，所以史称为“三桓”。僖公传到文公姬兴，鲁文公的长妃齐女出姜，也叫哀姜，生了儿子姬恶和姬视。次妃敬嬴生了宣公姬倭。敬嬴很受宠爱，她却私下里与孟孙氏襄仲要好。襄仲就是公子遂。文公死后，襄仲就杀了姬恶和姬视，立了姬倭做国君，这就是宣公，从此“三桓”专权。宣公传给成公姬黑肱,黑肱传给襄公姬午,姬午传给昭公姬稠。鲁昭公姬稠想除掉季氏,却被季平子赶跑了,死在了乾侯(今河北磁县)。昭公的弟弟姬宋即位,就是鲁定公。定公死后,传位给儿子鲁哀公姬蒋。姬蒋打算向越国借兵讨伐“三桓”。“三桓”围攻哀公,哀公跑到卫国,又从卫国去了邹国,最后到了越国。后来鲁国人接回哀公时,哀公途中死在了有山氏家,哀公的儿子悼公姬宁继承了君位。鲁国国君就像小诸侯一样,要听从三桓的号令。再传到元公姬嘉、穆公姬显、共公姬奋、康公姬屯、景公姬匽、平公姬叔、湣公姬贾。到鲁顷公姬雠时,被楚考烈王派军队所灭。共传了三十四代,八百六十八年。

又有郑国,也是姬姓,是伯爵国家。周朝的第十一个君主宣王姬静把弟弟姬友(即郑桓公)封在了郑地(今陕西华县。第二君武公时迁都于河南新郑,疆域在今河南中部)。郑桓公在周朝第十二王幽王姬宫涅时,为保卫幽王和戎族作战而死。郑国夹在晋、楚两个大国之间,晋国和楚国争霸往往牵扯到郑国,郑国因此几乎灭亡。到了子产当国相的时候,国家得到了很好的治理。他又善于处理和大国的关系,两大国争夺郑国的战事才少了。其余的就不详叙了。直到郑康公姬乙时,韩哀侯派军队灭了郑国。总共传了二十三代,四百三十二年。

又有宋国,子姓,公爵国家。周成王三年,灭了武庚后,封微子启到宋国(以今河南省商丘市为中心的一带地方)来接续殷商的祭祀。微子启死后,弟弟微仲即了位。十七代传到襄公子兹父,他也想称霸诸侯。襄公又传儿子成公,孙子昭公。襄公的夫人王姬与子鲍相好,于是她杀了昭公,立了文公子鲍。这样又传了十代,到宋公子剔成,他的弟弟子偃杀了他而自立。子偃灭掉了滕、薛两国,又击败了齐、楚、魏三国的军队,于是子偃就自升为王爵了。后来这个宋康王沉迷于酒色,齐湣王与楚、魏两国共同出兵灭掉了宋国。宋国共传了三十二代,八百二十八年。

又有个卫国,也是姬姓,是侯爵国家。周武王十三年时,把自己同一母亲的小弟弟康叔姬封封到了卫国(建都在今河南濮阳,疆域为河南省北部和河北省南部)。传到第八代卫顷侯时,他第一个破坏了周王朝的制度,吞并了邶、鄘两个小国。卫国第十一个国君卫和率兵救周幽王,并辅助周平王向东迁移首都,开始称“公”,称卫武公。传到庄公、桓公。桓公被他兄弟卫州吁所杀,石碏和国人又一起杀了州吁,立了桓公的另一兄弟宣公卫晋。宣公奸娶了儿子卫伋的妻子宣姜,生下了儿子卫寿和卫朔。后来卫宣公听信了卫朔的谗言,杀了卫寿和卫伋。等到宣公死后,惠公卫朔即位,宣公庶出的儿子卫顽又与自己的庶母宣姜通奸,而生下了戴公卫申和文公卫焰。等到惠公死后,儿子懿公卫赤即位,他的国被狄族人灭掉了。齐桓公率诸侯的军队救了卫国,立了戴公,戴公死了,又立了文公。卫文公卫焰靠着勤俭使卫国兴旺了起来。文公传到第七代灵公卫元,他宠爱夫人南子,并为南子召去宋国公子朝,男女共宠。灵公的太子卫蒯贵感到这事太丢人,想杀掉南子没成功,就逃出了卫国。灵公死后,蒯贵的儿子卫辄即位,这就是卫出公。卫蒯贵想回卫国,卫辄派兵阻拦不让父亲回国。后来蒯贵依靠孔悝的母亲得以进入卫国,于是卫辄逃出卫国,蒯贵坐上了君位,这就是卫庄公。父子争夺君主的位子:卫辄出了卫国,又回到卫国,又再次奔出卫国。卫蒯贵也是两出两入。后来,晋国的赵鞅赶走了蒯贵,让卫灵公的侄子卫般师坐上了君位。齐国人又逮捕了般师,另立了卫灵公的儿子卫起。石圃又赶走了卫起,立了灵公的另一个儿子悼公卫黔。又传了八代,到卫成侯卫速时,已贬尊号为“侯”了,“三晋”的赵、魏、韩都能管着卫国。又传了两代到卫嗣君,又贬尊号,只能叫“君”了。又传了三代,到卫君卫角时,秦国吞并了东方六国,只有卫国还存在。到了秦始皇三十六年才把卫君贬为普通百姓。卫国传了四十代,九百零二年。

又有陈国,国君姓妫,是侯爵国家。周武王封舜的后代胡公满到陈国(建都在今河南淮阳,疆域位于今河南东部)。传了十八代,到了陈灵公妫平国时,因他淫乱夏征舒的母亲,被征舒所杀。楚国军队占领了陈国,不久又恢复了陈国。又传了五代到陈闵公妫越时,楚惠王灭了陈国。传了二十四代,共六百四十五年。陈国君主的一个分支宗族在齐国有了作为,这就是后齐国的田氏。

又有蔡国,姬姓,侯爵国家。周武王封弟弟叔度到蔡国(建都在今河南省上蔡县,国家位于今河南东南部)。叔度因为作乱被杀,他的儿子蔡仲(尊号)姬胡又被封为蔡国的君主。到了蔡侯蔡齐时,楚惠王灭了蔡国。共传了二十五代,六百六十二年。

又有曹国,是姬姓伯爵国家。周武王分封弟弟姬振铎到陶邱(在今菏泽定陶区西北部),称曹国。传到了曹伯曹阳时,被宋景公所灭。曹阳继承了君位后,他喜欢打猎,曹国郊野的平民公孙疆也喜欢打猎。有一次公孙疆打了一只白雁献给了国君曹阳,公孙疆因此得到曹阳的喜欢,任命公孙疆做了司城,并参与政事。公孙疆给曹阳出了些曹国可在诸侯中称霸的主意,曹伯听信了,于是曹国背离了晋国,得罪了宋国。宋国军队讨伐它,晋国却不再管曹国的事,没有去救曹国,宋国就这样灭掉了曹国。曹国共传了二十五代,六百三十六年。

晋、楚、齐、燕、秦、鲁、郑、宋、卫、陈、蔡、曹是春秋十二个主要国。秦、楚、齐、赵、韩、魏、燕是后来的战国七雄。

此外还有吴国(先建都于今江苏省无锡,后迁至苏州,疆域为江苏省),国君姓姬,周朝天子的祖先姬亶父的长子姬泰伯跑到了吴地,做了吴地的君主。泰伯的弟弟姬仲雍继承了君位。仲雍又传给儿子吴季简,季简传给吴叔达,叔达传给吴周章。周武王封周章为吴伯,又传了十四代到吴寿梦时,开始称吴王。又传到吴诸樊、吴余祭、吴夷昧、吴僚、吴阖闾。到了吴夫差即位,以强暴称霸中原,被越王勾践所灭。共传了二十六代,七百六十年。

还有越国(建都于今浙江省绍兴),是夏朝的少康封儿子姒无余到会稽,为的是主管大禹王的祭祀工作,号称为“于越”。到了姒允常继承君位开始称王。允常的儿子勾践灭了吴国,原吴国长江、淮河以北的土地却被楚国所得。勾践后七代越王姒无彊因攻打楚国,被楚国打败,割让了土地。又传了七代,到闽君驺摇(这时已改姓驺),因辅佐诸侯灭秦,汉高祖刘邦封他为越王。到了汉武帝三十一年,开始平定东越。东越的繇王居股杀了东越王驺余善,投降了汉朝。越国共存在了一千九百五十九年而灭亡。

此外又有郳国(在今山东邹城),曹姓,子爵国家,是颛顼的后代。战国时改国号叫“邹”,被楚国所灭。又有杞国(在今河南省杞县),姒姓,公爵国家。周武王把大禹的后代东楼公封到了杞地,战国时也被楚国所灭。又有滕国(在今山东滕州),姬姓侯爵国家。周武王封他弟弟叔绣到滕地,战国时被宋国所灭。又有薛国(在今山东滕州市南),任姓,侯爵国家,夏禹封大臣奚仲到薛地,共存在了一千九百多年,后被宋王子偃所灭。

一个周王朝的附庸小国,日后渐渐强大,吞掉东、西两周公的土地,把诸侯一个个灭掉,最终统一天下的叫秦国,嬴姓,是伯爵国家。虞舜时,因帮助大禹治水有功,伯益被赐姓“嬴”。伯益的一个后代叫蜚廉,蜚廉的儿子恶来很有力气,两人共同侍奉商纣王。周武王讨伐商纣王时,把两人都杀了。恶来的第五代孙子非子居住在太邱(在今河南永城西北),他喜欢马,并善于饲养、繁殖马。周王朝的第八个君主周孝王让他在渭河、千河一代掌管养马,马匹得到了大量繁殖。周孝王就封非子为附庸君,在秦地(今甘肃天水)建城。下传至秦侯、公伯、秦仲、庄公。到了秦襄公时,因周幽王遭受了戎族的攻打,襄公领兵在抵抗戎族的战斗中相当出力,并护卫周平王向东迁都,周平王给了他许多土地,但这些土地需从侵占这些土地的西戎族人手中夺取。此后,秦国与西戎族进行了长期的战争,有的秦国君主因此而战死。这样由襄公传到文公,文公传宁公,宁公传出子。在出子做国君时,三叔杀了出子,立了出子的哥哥武公。又下传到德公、宣公、成公。到秦穆公嬴任好做君主时,他吞并了十二个国家,开辟土地上千里,在西戎地区称霸,秦国开始强盛。又下传到康公、共公、桓公、景公、哀公、惠公、悼公、厉公、躁公,直到怀公。怀公后来被庶长嬴改所杀,又下传灵公、简公、惠公、出公。出公死后,灵公的儿子献公即位。献公死后,君位传给了儿子孝公。在孝公时,诸侯都把秦国看作政治、经济相对落后的夷狄族,不和它取得任何联系,更不要说会盟的事了。于是秦孝公发奋改革政令,他对国中人说:“不管是别国来的客人,还是国中的臣民,有能出奇计使秦国强大的我都拜他做大官，封给他土地。”卫国的公孙鞅(商鞅)听说了，就来到了秦国。他通过孝公的宠臣景监见到了秦孝公，向秦孝公献出了富国强兵的方法。孝公非常高兴，和商鞅讨论国政，谈了多少天也不厌倦。商鞅想变法，这使秦国一些贵族很不高兴。秦孝公任命商鞅做左庶长(官名)，变法求新。变法后民户有了组织形式，让他们互相监督，一家犯法，在组织中的其他民户也要治罪。检举别人的有赏，知情不告的也要受处罚。有军功的人，对其大肆表彰，并凭借着军功大小封给适当的官职、爵位，使他们无上光荣。没有军功的人，即使富有也不光荣。私下打架的人，按轻重要受刑处罚。提倡农业生产和纺织业，多打粮、多织布的，免除赋税、徭役。劳动不出力、懒惰受贫穷的人，要抓起来使他们变成奴婢，并采用刑罚重罚，驱赶民众去作战。这一政令定出后，恐怕民众不相信，便在国都南门立起一根三丈高的木桩，找能把它扛到北门的人，奖给十金。百姓感到奇怪，没人敢扛。于是又发出布告说：“能扛到北门的，奖给五十金。”布告贴出后，有个人把木桩扛到了北门，那人真的得到了五十金。政令推行了一年，许多人说这一政策没啥好处。这时太子犯了法，商鞅说：“法令推行不畅，是在上位的人轻视法令而犯法。太子是将来要继承君位的人，不能用刑，要对太子傅公子虔用刑，对太子师公孙贾要用脸上刺字的墨刑。”这样一来秦国人都遵守法令了。变法施行了十年，秦国得到了很好的治理。民众勇敢地为国家作战，害怕为彼此之间的私斗受处罚。作战，一定会取得胜利。攻打某地，一定会占领某地。周王肯定了秦国的霸主地位，诸侯各国也向秦国祝贺。

这时魏国派庞涓领兵攻打韩国，韩国向齐国求救。齐王用田忌为将，孙膑为军师攻打魏国来救韩国。齐国大军直奔魏国首都，庞涓这才丢下韩国撤兵回去救魏国。夜里走到马陵道，齐军早在马陵道两旁埋伏下上万个射手。齐军发现有火光，就一齐把箭射了出去。魏国军队大乱，庞涓因兵败自杀，齐军俘虏了魏国太子魏申。秦国的商鞅看到魏国遭到惨败，劝秦孝公说：“秦国和魏国接壤，将来不是魏国吃掉秦国，就是秦国吃掉魏国。不如趁着魏国刚败，一举拿下魏国。”秦孝公认为有理,就派商鞅领兵攻打魏国。魏国派公子卬带兵抵抗秦军,商鞅诱骗公子卬,说希望和他停战会盟,各自领兵回去,公子卬信以为真。商鞅派兵在半路上抓住了公子卬,秦国因此获得了土地七百里。魏惠王只好把国都从安邑(今山西省夏县)迁到大梁(今河南省开封)。秦孝公把商于地区的十五个城镇封给了商鞅。商鞅使用的刑罚非常严酷,他曾经在渭水河边判决囚犯,一时渭河的水变成了血红色,所以人们大多怨恨他。秦孝公做了二十四年君主死了,他的儿子秦惠王继承了君位。公子虔那一帮人向惠王告商鞅想要谋反,惠王就派官兵去捉拿商鞅,商鞅事先得知消息后,逃了出去。路上想在旅店留宿,旅店老板说:“商君的法令,旅店收留身份不明的旅客,店主是要坐牢的。”商鞅从旅店退出来后,叹息说:“自己定的法,自己去受罪,真是木匠带枷,自作自受啊!”他离开了秦国投奔到魏国,魏国不接纳他,又把他送回到秦国,秦惠王用五马分尸的刑法处死了他。这时秦国正像蚕吃桑叶一样吞并诸侯,诸侯都对秦国的逐渐强盛感到害怕。当年洛阳人苏秦和魏国人张仪都在鬼谷先生那里学习,苏秦到秦国等国游说了几年,毫无成就回到家,他的哥哥、弟弟、妻子、嫂子都笑话他。苏秦就闭门不出,拿出所藏的书来读,找到了姜太公的《阴符》这部书观看,揣摩了整整一年,满意地说:“这样就可以说服当代的国君了。”他先到了燕国,用合纵的策略说服了燕文侯,燕文侯给了他车马,让他去劝说赵、魏、韩、齐、楚各国,各国都被他说服了。各国君主都给了他丰厚的礼物,并让他做纵约长,担任六国的相。苏秦行动、车马、辎重已和做国王的相差无几了。到家后,他哥哥、弟弟、妻子、嫂子都不敢正面看他,像服侍帝王一样伺候着他。苏秦怕秦国这时攻打赵国,使纵约失败,就暗中让张仪到秦国去,让秦国不要攻打各国,以便来实现他的合纵策略。后来,楚、赵、燕、韩、魏五国一同攻打秦国,兵临函谷关。秦国出兵进行抵抗,五国的军队都败走了。秦惠王派公孙衍去欺骗齐国和魏国,让两国攻打赵国。赵肃侯责备苏秦,苏秦害怕了,请求出使燕国,让燕国来报复齐国。苏秦到了燕国,与燕文公夫人通奸,之后害怕事情败露,就又跑到齐国。到了齐国因和齐国大夫争宠,被刺客所杀。后来,张仪就说服了各国连横共同侍奉秦国,“合纵”的约定被破坏了。秦惠王在位二十七年死了,他的儿子秦武王即位。武王四年时,因为和大力士赌举鼎,砸伤了脚而死,他的弟弟秦昭襄王即位。这时秦国不断攻打其他各国,夺取城池,各国怕秦国就像怕老虎一样。

当年,齐威王封自己的小儿子田婴在薛地(在今山东滕州东南)。田婴有儿子四十多人。他的一个小妾生的儿子叫田文,很有才能。田文说服田婴用家财供养士人,田婴就让田文主持家政,接待客人。宾客都争着夸田文好,田婴因此决定让田文接自己的班。田文被叫作孟尝君。从各国投奔孟尝君的游士、食客常常有几千人,孟尝君因此名闻天下。秦王听说孟尝君有才能,就把泾阳君作为人质送到齐国,来请孟尝君。孟尝君到了秦国,秦王重用他为丞相。很快就有人对秦王说:“用孟尝君做相,他一定会先为齐国着想,而把秦国的事放在一边,这样秦国恐怕就危险了!”秦王就换掉了孟尝君,用楼缓做丞相,并想杀掉孟尝君。孟尝君就托人向秦王的宠姬求情,那个宠姬说:“希望得到孟尝君的狐白裘。”孟尝君有件狐白裘,来到秦国后已作为礼物献给了秦王,再没有狐白裘衣了,这样无法满足秦王宠姬的要求,她也就不会在秦王面前为孟尝君求情。恰好孟尝君的门客中有个会偷东西的人,他潜入秦王的库房里偷出了那件狐白裘,献给了宠姬。宠姬替孟尝君在秦王面前说了许多好话,孟尝君获得了释放。不久秦王就又后悔了,派兵去追赶孟尝君,这时孟尝君已到了关口。按着关法,鸡叫时才能打开关门放人出入。这时还太早,而追赶的兵将要到了,恰巧孟尝君的门客中有一个会学鸡叫的人,鸡听到他的叫声都叫了起来,这样,孟尝君才得以脱身回到齐国。为这事,齐国派出军队和韩国、魏国的军队一起进攻秦国,打进了函谷关,秦军将士战死的尸体把渭河的水阻断了一天没流。秦王害怕了,派公子池割让秦国黄河以东的三座城来求和,三国军队这才撤走。有史以来,诸侯讨伐秦国,都没有像这一次这样成功的。《战国策》里记载:孟尝君的客人中有个和孟尝君夫人私通的,有人向孟尝君告发了,说:“作为您的客人,却和夫人相好,这也太不仁义了!还是杀了这客人,不要赦免他!”孟尝君说:“见色而心情舒畅是人之常情。算了吧,不要再提了。”他就是如此对待客人,所以才能让人拼死为他卖命,他所想办的事都能成功。后来,秦国任用白起为将,每战必胜,所攻打的地方,没有不被打下来的,被攻打的国家战死的人都上百万了,诸侯各国一天天地在削弱。

当初,楚国有个农民叫卞和,他在楚山中找到一块璞,把它献给了楚厉王,厉王就让玉匠鉴定一下那块璞。玉匠说:“这只是块石头,里边不含玉。”卞和便因欺君的罪名被砍掉了左脚。楚武王即位后,卞和又捧着那块璞献给了武王,玉匠又说是块石头,卞和又因欺君的罪名被砍掉了右脚。楚武王死后,楚文王即位。卞和抱着他那块璞在楚山下哭,文王派人去问卞和,卞和说:“我不是因为被砍掉了双脚而悲痛,悲痛的是宝玉却被叫作石头,忠贞的人却被叫作骗子。”文王让玉匠破开了那块璞,得到了一块宝玉,于是把那块玉叫作“和氏璧”。后来,和氏璧被赵王得到了,秦昭王也想得到那块玉,说是要用十五座城向赵王交换。赵王因此而问蔺相如,相如说:“秦国用城来换我们一块玉,我们不答应,那么是我们没理。把玉送去而秦国不给我们城,那么理亏的是秦国。秦国不把城交给赵国,我就把璧玉完整地再拿回来。”相如到了秦国,看秦王没有交城的意思,相如就骗秦王,又把璧玉拿到了手里,派手下人把璧玉偷偷送回了赵国。秦王认为相如是个出众的人,没杀他,并按礼节送相如回到了赵国。后来秦国吞并了六国,得到了和氏璧。丞相李斯在璧上刻文,大意是说:“这是上天赐给的,秦王朝永远昌盛。”做成了传国的玉玺。赵王拜相如为上卿,地位在大将廉颇之上。廉颇对人说:“我见着相如,一定要羞辱他!”相如听说后,每当要上朝时都推说有病不上朝,出门望见廉颇也赶紧避开。相如的侍从人员感到耻辱,相如对他们说:“凭着秦国那么强大,我尚且敢在秦国的朝廷上叱责秦王,难道单单怕一个廉将军吗?我是考虑秦国之所以不敢攻打赵国,只是因为有我们两人在啊!”廉颇听说后,就到相如那里负荆请罪,之后两人变成了刎颈之交的朋友了。这时,赵国用赵奢、廉颇为将,蔺相如为相,国势逐渐强盛。等到赵奢死后,只剩廉颇了。秦王派王龁领兵攻打赵国,赵国军队多次失败,廉颇坚守城门不出兵,秦国没了办法。后来,秦国的范雎用了反间计,派人到赵国散布消息说:“秦国只怕赵奢的儿子赵括为将,像廉颇这样的将才容易对付,换上赵括,秦国就要投降了。”赵王听信了传言,就用赵括换下了廉颇,秦国也暗中用白起换下了王龁。两军在长平(今山西高平市西北)打了一仗,赵国军队被打得大败,赵括被杀,秦军活埋了赵军士兵四十万人,这使赵国人非常恐惧。

这时,秦昭王用范雎为相。范雎劝秦王使用远交近攻的方法,结交距离秦国远的国家,攻打离秦国近的国家,他说:“能得到一尺土地也是您秦王一尺的土地,能得到一寸土地也是您秦王一寸的土地。”此后“三晋”的土地被秦国侵吞得更加厉害。秦王畏惧武安君白起的功劳,先降了他的官职,最后杀了他。秦王又派王龁领兵围困邯郸,赵国派平原君赵胜向楚国求救。赵胜想寻求门下有文武才能的客人二十人和他一起去,他的一个门客叫毛遂的人自己推荐了自己。毛遂到了楚国,见到楚王,楚王对自己出不出兵犹豫不决。毛遂力争,用合纵的好处说服了楚王,于是楚王派春申君去救赵国。平原君又向魏国求救,魏王让晋鄙领兵救赵国。秦王派人对魏王说:“我攻打赵国,很快就会打下来,谁去救赵国,我打下赵国后就先打谁。”魏王害怕了,就让晋鄙领兵驻扎在邺地(在今河北省临漳县一带),不敢再往前走了。魏王又派将军新垣衍去劝说赵王,让赵国和魏国一起尊奉秦王为皇帝来劝秦国退兵。鲁仲连听说后,去见新垣衍说:“他秦国是个不讲礼仪,只重视战功的国家。秦王要是成了皇帝,我鲁仲连就是去跳海淹死,也不愿成为他的臣民。况且他成了皇帝,魏国怎么会从此安定呢?”于是新垣衍不敢去赵王那里去劝说了。赵国的平原君的夫人,是魏国公子信陵君魏无忌的姐姐。魏无忌尊重有各种才能的好汉,他的食客达到了三千人。平原君的使者一个接一个去魏国责备魏无忌说:“我们赵胜之所以和你魏无忌结成婚姻关系,是看重你为人仗义,能急人所急。如今邯郸城危在旦夕,魏国的救兵却不到,还有什么能指望上你!”魏无忌多次请求魏王命令晋鄙去救赵国,魏王始终不肯。没办法,魏无忌就和他所有的宾客,准备了一百多辆车马,打算去和秦军拼命。无忌在路上遇见了侯生,侯生是个隐士,名字叫嬴,年龄已七十岁了,因家里贫困才找了个看管魏国都城大梁(今开封)东门的差事。无忌对侯生总是非常尊重,待他为上客。侯生说:"公子没了办法,却要去和秦军拼命,这就像用肉块投给饿虎,有什么用?"无忌对他拜了两拜,让侯生给他拿个主意。侯生说:"我听说能合上晋鄙的兵符的那半块兵符藏在魏王的卧室内。魏王的如姬最受宠爱,她有能力得到兵符。公子你曾经为她报了父仇,如姬想为你公子而死。真的你向她开口,让她偷出兵符,让晋鄙交出兵权,向北边救赵国,向西边击退秦军,这是从前'五霸'才能达到的功绩!"无忌依照他的计策得到了兵符。侯生又对公子无忌说:"将领领兵在外,国君的命令有的可以不接受。如果晋鄙对你的兵符有怀疑,要求当面去问魏王,这样事情就有危险了。我有个朋友朱亥是大力士,可以和你一起去见晋鄙,如果晋鄙不从,他可以帮你结果了晋鄙。"信陵君到了邺地,晋鄙合对了兵符,果然产生了怀疑。他对公子无忌说:"我统帅十万大军驻扎在国境上,这是国家的重要责任。如今你单枪匹马来代替我,这是为什么?"朱亥早在袖子里藏了四十斤重的铁锤,一锤砸死了晋鄙。之后,魏无忌对军队下了命令,说:"父子两人都在军中的,父亲可以离队回家。独生儿子没兄弟的,可以回家赡养父母。"这样留下的士兵有八万人,无忌就率领他们向赵国进发,在邯郸城郊打败了秦军。秦将王龁失败逃走,他的部将郑安平领着两万人投降了公子无忌。无忌不敢再回到魏国了,于是就留在了赵国,让其他的将领领着魏军回去了。平原君想提拔鲁仲连做官,仲连说:"我与其为富贵而受人的摆布,宁可受贫贱违背世俗,而随心所欲地过活。"于是他就归隐深林不再见人了。

这段时间,周赧王把自己的土地献给了秦王,秦国人又拿走了周王朝的宝器九鼎,韩国和魏国已对秦国称臣。秦昭襄王在位五十六年死了,他的儿子孝文王即位。当年孝文王还是太子时,他的妻子叫华阳夫人,没生儿子。孝文王的一个妾,叫夏姬的生了个儿子叫异人,在赵国做人质。秦国多次攻打赵国,赵国人因此对异人很不客气,异人在那里日子不好过。阳翟(今河南禹县)地方的大商人吕不韦,恰好在邯郸见到了嬴异人,心想“这人可真是‘奇货可居’啊!”就对异人说:“秦王年老了,你父亲作为太子只爱华阳夫人,她却没生儿子。你的哥哥、弟弟有二十多人,你在其中并不讨父亲的喜欢,你是不会被作为接班人的。”异人说:“这怎么办?”吕不韦说:“有希望成为接班人,只有当华阳夫人的儿子,属于嫡生子。我吕不韦虽然贫穷,请允许我拿出千两黄金为你活动活动,让你做接班人。”异人说:“如果您的运作真能成功,日后的秦国就是咱们俩的了。”不韦给了异人五百两黄金让他用来结交宾客,又用五百两黄金买了些奇物玩好,带到了秦国。他先去见了华阳夫人的姐姐,由她把礼物转交给华阳夫人,并说异人如何如何好,他的宾客朋友遍天下,他日夜哭泣,思念父亲和夫人。华阳夫人听后,非常高兴。不韦又通过华阳夫人的姐姐传话给她说:“夫人受太子的宠爱却没有儿子,如不趁着年轻正当年,在太子的那些儿子里拣个好的过继给自己,立下君位的接班人,一旦色衰爱弛,到时再想开口,还有可能吗?异人人品好,他自知在兄弟中不出众,以后的接班人轮不到他。要是在这时做成这事,那么异人日后就会得到秦国,夫人就会得到一个儿子。”华阳夫人认为说得有理,就找了个机会对太子说了,太子就定下由异人作为自己的接班人,又请吕不韦做了异人的师傅。不韦在邯郸娶了个会跳舞的绝色美女,知道她怀了孕,而且是男孩,就故意让异人见到这个女子。异人看好了,想向吕不韦要她,不韦假装生气不同意,但没过多久就把这个女子送给了异人。这女子隐瞒了自己先有的身孕,整一年生了儿子嬴政,异人就把她作为自己的夫人。当赵国都城邯郸被秦军围困时,异人趁乱就从邯郸逃出去跑到了秦军那里,就这样回到了秦国。华阳夫人是楚国人,异人就穿戴楚服去见夫人,并更改了名字叫嬴楚。到此时,秦孝文王就用嬴楚做了太子。孝文王在位仅三天就死了,儿子庄襄王嬴楚即位,吕不韦被任用做了相国,封为文信侯。

秦国的蒙骜率领军队攻打魏国,魏国军队被打败。魏王派人到赵国去请信陵君,信陵君害怕先前的欺君罪不敢回去。毛公、薛公劝他说:“公子之所以在诸侯中名望很高,这是因为有魏国存在。如今魏国危急,公子却不考虑回国,一旦秦军拿下大梁城,捣毁了先王的宗庙,您还有什么脸面去见天下的人?”话音未落,信陵君脸色大变,赶紧套车回到了魏国。魏王抱着信陵君哭泣,用信陵君做上将。信陵君向诸侯求援,诸侯们听信陵君又做了魏国将领,都派兵去救魏国。信陵君领着五国的军队在黄河以南把蒙骜带领的秦军打得大败,一直追击到函谷关才罢休,历来秦国出兵没有败得这么惨的。秦国对信陵君很是忧虑,就花钱让人散布谣言,说信陵君想篡夺王位做魏王。魏王相信了谣言,信陵君就称病不再管事,日夜在家沉浸在酒色里,四年就死了。秦庄襄王在位三年死了,儿子嬴政即位,这就是秦始皇帝。国事都由文信侯吕不韦来决定,不韦被秦王称为仲父。

第九章　秦王朝无道四十年传两代而终(秦史)

话说秦国嬴政做了秦王,当时才十三岁,由吕不韦主持朝政。吕不韦因和太后旧有的关系,时常入宫和太后私通。一天天嬴政渐渐长大,吕不韦怕事情败露惹祸上身,就把嫪毐假装成宦者送到太后身边,嫪毐和太后在宫里秘密生了两个孩子。嫪毐被封为长信侯,政事都由他来决定。后来有人告发嫪毐不是阉割后的宦者,秦王嬴政令官吏惩治嫪毐,嫪毐就假传秦王的命令,发兵作乱。秦王派相国昌平君、昌文君领兵攻打嫪毐,在咸阳打了一仗,捉住了嫪毐,杀了他三族(父、母、妻方面的亲人),把太后迁到了雍地,又杀了太后所生的两个孩子。吕不韦被流放到蜀地,饮毒酒自杀了。后来因齐地人茅焦劝说,秦王才接回太后。诸侯怕秦国今天打这国,明天打那国,没完没了,以至于被它一一吃掉。于是楚、赵、魏、韩、燕联合起来讨伐秦国。楚国做了合纵长,春申君掌握着楚国的大权。各国军队到了函谷关。秦国军队从函谷关开出,五国的军队就都败走了。秦王嬴政十七年,秦王派内史胜灭掉了韩国,俘虏了韩王韩安,开始把韩地设置为颍州郡。秦王嬴政十八年,秦国将领王翦领兵攻打赵国,赵国派将领李牧率兵抵抗秦军,秦军的多次进攻都被击退。秦国用黄金收买了赵王的宠臣郭开,让他对赵王说李牧要造反,赵王就派赵葱、颜聚去代替李牧。李牧不接受命令,不交兵权,于是被杀。秦国于是灭了赵国,抓住了赵王赵迁,开始设立邯郸郡。赵国公子赵嘉自己做了代王,和燕国合兵驻扎在上谷(属燕地)。

燕国太子姬丹在秦国做人质,秦王对他很不礼貌。姬丹很生气,逃回燕国后,想报复秦王。秦王的原将领樊於期因罪逃亡在燕国,姬丹收留了他。姬丹又听说卫国人荆轲正直有本领,就又说好话、又送厚礼结交他,让他去威逼秦王返还侵占诸侯的土地,不得已时就刺杀秦王。荆轲说:“如果得不到秦王的信任,就不会让我接近他。希望能拿着樊将军的人头和燕国督亢(在今河北省涿州市东部,是当时燕国的肥沃土地)地区的地图作为见面礼来献给秦王,秦王一定会很高兴。只要接见我,我才能有机会做成这件事。”姬丹说:“樊将军在走投无路的情况下来投奔我,我不忍心这么做。”荆轲就私下里去见樊於期,把意思说明了。樊於期流着眼泪自杀了,于是荆轲就用木盒子盛了樊於期的头,又找了把天下最锋利的匕首,在上面涂上毒药,用它拿人做试验,被刺中的人立刻死亡。荆轲去往秦国,太子姬丹和宾客们把他送到易水岸边,慷慨悲歌。荆轲到了咸阳,秦王用高规格的礼节接待他。荆轲展开地图给秦王看,地图展开了,露出了匕首。他抓住了秦王的袖子,举起匕首就刺,没刺中秦王。秦王吓得起身就跑,衣袖扯断了。荆轲去追赶秦王,秦王绕着柱子跑。按秦国的法律,群臣在宫殿上不准携带任何武器,秦王身边的人只好空手去抓荆轲,御医夏无且用药囊去砸荆轲,秦王身边的人这时才想起秦王身后背着剑,就一起喊:“大王拔剑,大王拔剑!”秦王就拔出剑来砍荆轲,砍断了他的左腿。荆轲投出匕首,没有击中。他知道事情不会成功了,叹着气说:“事情之所以弄成这样,只是想活捉秦王,逼迫他交出所侵占的土地来报答太子啊!”荆轲很快被砍成了肉酱。秦王大怒,调动大量军队和燕军、代军在易水西岸打了一仗,燕国和代国(原属赵国的一部分)的军队被打败,秦军攻下了燕国的首都蓟城。燕王跑到了辽东,他杀了太子姬丹献给了秦王。

秦王嬴政二十二年(公元前 225 年),秦将王贲领兵攻打魏国,挖开了黄河,用水灌大梁城,魏王魏假投降后被杀死,于是魏国灭亡了。秦王嬴政二十四年,秦王问李信说:“我想灭楚国,你看需用多少人?”李信回答说:“不超过二十万人。”秦王又问王翦,王翦说:“没六十万人不行。”秦王说:“将军老了,怎么这么胆小啊!”秦王就用李信和蒙恬领二十万人攻打楚国,王翦称病回了频阳。李信被楚军打败,领着队伍向西跑,想和蒙恬会师,楚军连续追击他三天三夜,秦军大败。李信跑回了秦国,秦王嬴政大怒,并亲自到频阳向王翦道歉,一定让他出马。王翦说:“大王一定要任用我,没六十万人马是不行的。”秦王嬴政答应了,于是任用王翦为将去攻打楚国。秦王嬴政亲自送他到霸上,王翦向秦王要求华丽的宅园、肥沃的农田,要求得很多。秦王说:“将军放心走吧,还怕日后贫穷吗?”在进军中,王翦又多次派人回去要求那些东西。有人对他说:“将军的要求也有点太过分了。”王翦说:“大王担心,不信任人。如今全国所有的兵力都交给了我,如果我不向他要求点什么,大王肯定会对我产生疑心。”王翦到了平舆(今河南信阳),就在那里安营扎寨,并不出战。他每天让战士们洗浴,还好吃好喝安抚他们,王翦也和战士吃同样的饭菜。这样过了很长一段时间,王翦问身边的人:“战士在军营中做游戏吗?”他们回答说:“正在投石头,玩跳跃。”王翦说:“用兵的时间到了!”于是开始攻打楚国,把楚军打得大败,杀了楚国大将项燕,并俘虏了楚王芈负刍,灭亡了楚国。接着又全部平定了荆江以南的土地,降服了百越族的国君,设置了会稽郡和楚郡。秦王嬴政二十五年,秦王派王贲灭掉了燕国,俘虏了燕王姬喜。回军的路上又灭了代国,俘虏了代王赵嘉。秦王嬴政二十六年灭掉了齐国。当年,齐王田建年少,政事都由君王后(齐王田法章的王后,田建是她的儿子)决定。君王后对秦国很谨慎,对诸侯各国很守信用。再说,齐国地处东海边上,秦国日夜攻打其他各国,因此田建做国君四十多年没有战事发生。等到君王后死了,后胜做了齐国的相。他和一些大臣接受秦王贿赂的黄金,劝齐王朝拜秦王,不制造武器和战备物资,不操练战士,不帮助其他五国抵抗秦国,秦国因此顺利地消灭了五国。如今王贲领兵攻打齐国,齐国的民众不敢投入战斗,田建于是投降了。秦王把田建迁到共城(在今河南辉县),安置在松树、柏树林间,田建饥饿而死。

秦王嬴政刚刚平定天下,自认为功德比得上三皇五帝,于是更改了尊号叫“皇帝”。皇帝的政令叫“制”,命令叫“诏”,皇帝自称叫“朕”。追尊庄襄王为太上皇,废除了君主死后的谥法。他说:“君主死后,按平生所做的事为谥,就是儿子评议父亲,臣子评议国君,很没意义。从我做始皇帝,往下二世、三世,以至万世,要无穷无尽地做下去。”他定下以“水德”统治天下,用农历的十月作为一年的第一个月;衣服、旌旗都崇尚黑色;改分封诸侯的制度为郡县制度,把全国分成三十六个郡,郡由郡守、郡尉、郡监共同管理;收缴天下的兵器集中到咸阳销毁,制成了挂钟的器具,还制成了十二个金属人:人高二丈,重达千石(每石是一百二十斤),安置在皇宫庭院里;把十二万户才智出众的人家从全国各地迁到了咸阳,把百姓改称为“黔首”。始皇向东巡行郡县,登上邹峄山(在今山东邹县东南方),立了石碑,颂扬自己的功劳。又登上泰山筑土坛祭祀,也立了石碑。下山后,风雨突然到来,始皇就在松树下休息,封五棵松树做五大夫。在梁父山做了祭地的禅礼,后向东到海,往南登上琅邪山(在今山东省诸城市),也筑台刻了石碑。又一直向南,乘船到了湘山祠,赶上了大风,几乎不能渡过江。秦始皇问身边的人,说:“湘君是什么神仙?”有人回答说:“是尧帝的女儿,舜帝的妻子。”始皇大怒,派人伐了湘山树,让山变得光秃秃的。之后,又到了阳武(今河南原武县)。原来的韩国人张良,他的祖辈五代做过韩国的相。韩国灭亡后,张良用千金的家产雇人,想为韩王报仇。始皇东游到阳武的博浪沙中,张良让力士用流星锤袭击始皇,却打中了随从的车辆。秦始皇吓了一跳,命令在全国大肆搜捕十天,却没抓到人。之后,始皇又登上芝罘山(在今山东省烟台市北面)向西北巡行。卢生从海上回来,向始皇献上谶纬书说:“能够灭亡秦朝的是胡人。”始皇就派蒙恬带兵三十万,到北方去攻打匈奴人,占了河套地带,建成了四十四个县。又修筑了长城,从西边的临洮(今甘肃岷县),到东方的辽东(辽河以东),长一万多里。李斯因为儒生们大多颂扬古代,不满现代,就奏请始皇让史官把除了记载秦国的历史文献之外的先前六国的历史文献全部烧掉。天下人有收藏《诗》《书》和诸子百家书籍的,都要交到当地官府烧掉。有聚众谈论《诗》《书》的人,在闹市处死,不准收尸。颂古非今的人,全家灭族。不在销毁之列的是医药、占卜、种植方面的书籍。有一个姓侯的读书人和一个姓卢的读书人在一起议论,指责秦始皇,被发现因而逃走。始皇大怒说:“卢生这帮人,我待他们不薄,如今却诽谤我。所有在咸阳的读书人,我派人去查访,有散布妖言迷惑黔首的,使御史(主管监察)把他们全部抓起来查问。”那些读书人有互相传信逃走的,有检举揭发别人的,抓起来的有四百六十多人,都在咸阳被活埋了。始皇的长子扶苏劝他说:“这些读书人都读孔子的书,效法孔子,如今皇上用重刑治罪,我担心天下要混乱。”始皇听后很生气,就令扶苏到上郡在蒙恬军中做监军。秦始皇嫌先王的宫殿太小,于是在渭南上林苑营造新宫殿。先造了前殿阿房,阿房殿东西向五百步,南北向五十丈,大殿可以坐万人,殿下可以树立五丈旗,四周楼阁间是用木头架空的通道。从宫殿下一直到终南山,在终南山的山峰上建成宫阙。又造楼阁间上下两层的天桥跨过渭水河,一直连接到咸阳。他强迫遭受阉割刑罚的七十多万人建造阿房宫。关中建宫室三百处,关外四百多处。咸阳周围三百里内,宫室、楼台、天桥相互连接,处处是帷帐、钟鼓、美女,各自有自己的范围。皇帝到了哪里,不准那里的人随便告诉别人,否则处死。大臣们办理、决定什么事情都在咸阳宫里。当时有天石落在东郡,有块石上有“始皇死而地分”的字样。秦始皇认为是有人刻上去的,派御史查问当地的人,最后没有人承认。始皇就把石旁一带居住的人全部杀光了,并烧毁了那块石头。秦始皇三十六年冬十月,始皇向东巡行,到了云梦地区,祭祀了虞舜,又到了会稽山祭祀了大禹,并立了石碑歌功颂德。第二年的七月,巡行到沙邱(今河北广宗),秦始皇死在了那里。丞相李斯、宦官赵高假造始皇遗诏,称立小儿子胡亥为太子,杀原太子扶苏和将军蒙恬。回到咸阳,胡亥继承了皇帝位。九月,秦始皇被葬在骊山,用后宫没给秦始皇生养儿女的嫔妃殉葬,殉葬的人相当多。赵高向秦二世奏说:“假造遗诏的事,那些公子、大臣多不服气,请用严刑惩治他们。”于是二世下令在咸阳闹市杀了公子十二人,并腰斩了公主十人。在赵高、李斯的教唆下,秦二世用越来越严酷的刑罚来治理天下。

秦二世元年的七月,原楚国人陈胜、吴广在蕲县(今安徽宿州)起兵。陈胜,表字涉。当时遣送贫民卫戍渔阳(今北京密云一带),

大约有九百人路过大泽乡(今安徽宿州北),陈胜、吴广是正副屯长。正赶上天降大雨,道路不通,估计不会按时到达渔阳了。陈胜、吴广就对属下说:“你们这些人估计不能按期到达渔阳了,误了期限按法要杀头。再说,壮士死不了就罢了,要死就死出个名堂。王、侯、将、相难道都是天生的吗?”大家都听从了。于是陈胜、吴广率领的队伍就假称是公子扶苏、原楚将项燕领导的队伍,筑坛、立誓缔约,自称为大楚的军队。陈胜自封为将军,吴广为都尉(比将军略低的武官),率军打下了蕲县。后来又打下了陈县(今河南省淮阳),并驻扎在陈县。原魏国大梁城(今河南开封)的陈馀、张耳拜见了陈胜,陈胜早就听说他们德才兼备,见后非常高兴。因陈县的父老们的请求,陈胜就自立为王,国号“张楚”(张大楚国之意)。各郡县的百姓被秦朝的法令制度害苦了,都争着杀他们所在地的长官来响应陈胜等人的起义。秦朝的使者从东方来到都城咸阳,向秦二世报告各地反叛的事。二世大怒,把送信人交给官吏治罪。这样,后到的报信人都不敢说实话,谎称是一些强盗和小偷造反,郡里的长官抓捕得差不多了,不值得忧虑,二世听后非常高兴。张耳、陈馀劝陈胜攻下赵地,陈胜就让他信得过的陈县人武臣为将军,张耳、陈馀为左右校尉领兵两千人向赵地进军。陈胜又派原魏国人周市向魏地进军,派陈县人周文向西方进军,攻打秦朝的都城。周文一边进军,一边招兵,又得到了几万人。周文的军队到达戏水(今西安市临潼区东)时,秦二世才得知消息,大惊失色。少府(官名,掌管皇室的财政)章邯建议赦免骊山的刑徒,把刑徒都发到前线抵抗楚军,周文的军队被打得大败,周文战死。张耳和陈馀辅佐着武臣也是边行军边招兵,也招了几万人。武臣被称为武信君,赵地被攻打下三十多城。张耳、陈馀听说那些为陈胜占地的将军中,有不少人因陈胜听信谗言而被杀掉了,就劝武臣自立为赵王。后来赵将李良杀了赵王武臣,张耳、陈馀逃走。张、陈二人收集散落的士兵组成队伍攻打李良,李良失败逃走。张耳、陈馀就立了原赵国君主的后代赵歇为赵王。

楚地人刘邦在沛县起兵,自立为沛公(即沛县县令)。刘邦的表字叫“季”,是沛县人,就是如今江南徐州的沛县。刘季高鼻子,有龙的容颜,左腿有七十二颗黑痣,对人友爱,好施舍,有度量,不做家里赖以为生的活计。他是泗上的亭长(秦、汉时,十里为一亭)。他曾经送服役的人去咸阳,见到了秦始皇,感叹地说:“嗐!大丈夫就应当这样嘛!”单父(今山东单县)人吕公见到刘邦后,见他相貌奇特,就把女儿嫁给了刘邦。这女人名叫雉,表字娥姁,长得很美,就是后来的吕后。这时,秦始皇在骊山安葬,郡里、县里送大批劳工去修墓,刘邦为县里送人去骊山,劳工在途中陆续逃走,所剩下的人没有几个了。到了丰县西边,刘邦就解散了所剩下的人,对他们说:“各位都走吧,我也从这里走了!”这些人中有十多个愿意跟随刘邦。到了陈胜起兵时,沛县的县令也想响应,他属下的官员萧何、曹参说:“您是秦朝的官员,如今想背叛朝廷,恐怕百姓不服。希望您召回那些逃亡在外的人来压服众人。”于是县令就派樊哙去召刘邦。这时,刘邦所带领的人已发展到几千人了。县令害怕把刘邦放进城内会发生变故,就紧闭城门。刘邦就写了封信射到城楼上,向沛县的父老们陈述起义抗秦的利害得失。父老们就率领年轻人杀了县令,开城门迎进刘邦,立了刘邦为沛公。刘邦部队的旗帜都是红色的,是因为传言刘邦是赤帝子的缘故。萧何、曹参等人为刘邦招收沛县的子弟,招了两三千人来响应各地的起义者。

原楚地人的项梁也在吴地起了兵,项梁是下相(今江苏省宿迁市西)人,是原楚国将领项燕的儿子。他曾因杀了人,就和哥哥的儿子项籍躲到了吴中(今江苏苏州吴中)。吴中的一些做官的和读书人都受过他的教诲。项籍,表字叫“羽”,身高八尺多,他的力气能举起一个鼎,才能、度量都超过了一般人。他小的时候,学习读书写字没成功,又去学习剑法,又没学成,项梁很生气。项籍对项梁说:“读书写字能记住个姓名就够了,学剑法只能单打独斗,不值得学。请让我学能抵挡万人的本领。”于是项梁就教给他兵法。项籍非常高兴,简略学得了一些兵法知识。秦始皇巡游会稽,渡过浙江,项梁和项籍一起观看。项籍说:“可以夺了他的权,代替他做皇帝。”项梁立刻捂住他的嘴,说:“别瞎说,要灭家族的!”项梁因此觉得项籍的志向与众不同。后来,会稽郡郡守殷通也想响应陈胜,就请项梁带兵。项梁借这时机让项籍杀了殷通。项梁提着殷通的头,拿着殷通的官印,连杀了几百人。于是他带领吴中的兵,攻下会稽郡周围的一些县,获得精锐士兵八千人。项梁自己做了会稽郡的郡守,项籍做副将,这时项籍二十四岁。有一个叫田儋的人,是原后齐王的宗族,和叔伯弟弟田荣、田横都是当时才智出众的人。他们招兵买马平定了齐地,田儋做了齐王。后来田儋领兵去救魏国,被秦将章邯杀死。齐地的人又立了原来的齐王田建的弟弟田假做齐王。田儋的弟弟田荣赶走了田假,立了田儋的儿子田市为齐王,自己做了宰相。赵国的将领韩广平定了燕地,于是背叛了赵国,自己做了燕王。张楚(陈胜的国号)将领周市平定了魏地,立原魏国王的后代公子咎做了魏王,自己做了宰相。后来,秦朝将领章邯攻打魏国,周市战死,公子魏咎自杀。张楚又立了公子魏咎的弟弟魏豹做魏王。秦二世二年的冬天,秦王朝派出的兵力越来越多,对张楚政权进行攻打。为陈胜赶车的庄贾杀了国君陈胜,要投降秦朝。吕臣杀了庄贾,又把陈县作为张楚的根据地,追认陈胜为楚隐王。秦军攻下陈县,吕臣失败撤走。陈县人秦嘉在郯(今山东郯城)起兵,立景驹做了楚王。项梁率八千人渡过长江向西进军,队伍发展到六七万人,攻打景驹,景驹逃跑死亡。项梁的队伍到了薛地,沛公刘邦去和他会合,并跟随着项梁。项梁召集将领们商讨作战方法,居鄛(今安徽桐城西南)人范增当年七十岁了,善出奇计,他说:“自从楚怀王到秦国,再没有返回去,楚地人直到现在还在怀念他。所以楚南公说:‘楚国即使只剩三户人家,灭亡秦国的一定是楚国。’陈胜没有立楚君的后代而立了自己,所以很快垮台了。如今您从江东起兵,楚地那些拉队伍的人都争着跟随您,是因为您家世世代代出楚将,能再立楚国国君的后代啊!”项梁认为他说得对,就立了楚怀王的孙子芈心为楚怀王,在盱眙(在今江苏省淮安地区)定了国都。项梁自起了尊号叫“武安君”。这时张良跟随沛公也在楚军中,张良劝项梁说:“您已经立了楚君的后代做楚王,韩国国君的那些公子中韩成最有才德,可以立为王,也可以为您多增加些帮手。”项梁同意了,就立韩成为韩王,张良做了司徒,平定了原韩国的疆域。

赵高教唆秦二世愈加无道,左丞相李斯、右丞相冯去疾用忠言劝说二世皇帝,请求停止阿房宫的建造,抽调部分戍边的部队,以便对付各地起义军。二世大怒,把他们交给了有关的官吏治罪,冯去疾自杀,李斯被关进监狱。赵高又诬陷李斯想谋反,于是腰斩了李斯,并杀了他的三族。秦二世用赵高做中丞相,政事都由赵高决定。赵高想专权,弄了只鹿献给二世说:“我送您一匹马。”二世笑着说:“丞相错了,把鹿说成马了。”二世又问身边的人,有的人不吭声,有的人说是马,有的人说是鹿。事后,赵高就把那些说是鹿的人暗中治了罪。从此以后,大臣们就都害怕赵高,没有谁敢说赵高的不是。这样,秦王朝的灭亡就定型了。

楚军项梁在东阿城下打败章邯率领的秦军后,领兵到了定陶(今山东菏泽地区),再次击败秦军。项羽(即项籍)、沛公刘邦率军又和秦军在雍邱打了一仗,把秦军打得大败,杀了秦将李由。于是项梁越来越小看秦军,有了骄傲的情绪。宋义劝项梁说:“打了胜仗,将领骄傲,士兵变得懒惰,这样的军队一定会失败,我为您担心啊!”可是项梁根本听不进去。秦二世派出所有的军队来增援章邯攻打楚军,在定陶把项梁军打败,项梁战死。楚怀王芈心把都城迁到了彭城(今江苏铜山),合并了项羽、吕臣的军队亲自带领。他让沛公做砀郡长,并封为了武安侯,项羽封为长安侯,号称鲁公。章邯击败了项梁后,又向北攻打赵国,打进了邯郸城。张耳和赵王逃到了巨鹿(在今河北省),秦将王离围住了巨鹿,赵将陈馀的军队驻扎在巨鹿北边,章邯的军队驻扎在巨鹿南边。赵王向楚军请求支援。之前楚怀王听宋义说武安君项梁必败,认为宋义有头脑,就召他来商议。谈话后,怀王对宋义非常满意,于是就拜宋义为上将军,项羽做次将,范增做末将,带兵去救赵国,其他部将也都直接归宋义领导,宋义号称卿子冠军。宋义到了安阳(在今山东曹县东),停留了四十六天不再进军,项羽劝宋义赶紧领兵渡过黄河,宋义说:“如今秦军攻打赵军,秦军打胜了,秦军必然疲敝;要是秦军吃了败仗,我军可趁势追击,就必定拿下秦王朝了。”于是他下令说:“有猛如虎,倔强如羊,贪功像狼,坚决要出战不听话的人,一律斩首!”宋义又派自己的儿子宋襄到齐国去做宰相,送到无盐(在今山东平县东),大宴宾朋。当时天气寒冷,又下大雨,战士又饥又冷。项羽说:“今年收成不好,百姓贫苦,士兵只能吃上粗劣的饭食,还要竭尽全力攻打秦军。你竟然饮酒会客,不领兵过河与赵军合力,却说‘等秦军疲劳了’。凭着秦军的强大,攻打一个刚建起来的赵国,一定会很容易打垮赵军,哪有什么疲劳等着你?再说我们楚国最近打了败仗,怀王心急如焚,把所有的兵力集中起来交给了你,国家安危在此一举。现在你不怜悯士兵的辛苦,却尽为自己打算,这哪里是社稷之臣?”十一月的一天(公元前208年),项羽去见宋义,在营帐里杀了宋义,并向军中发布说:“宋义与齐国勾结,妄想反叛,怀王暗中命令我杀了他。”军中的将领们谁也不敢说什么。项羽派人向怀王说明了情况,楚怀王就让项羽做了上将军。项羽把全军带到黄河对岸,凿漏了渡船,砸破了饭锅,烧掉了营房,只带了三天的口粮,这是让士兵知道,要决一死战的时候到了。这样一来,和秦军多次战斗,都把秦军打得大败。章邯失败逃走,项羽活捉了秦将王离。当时到巨鹿去救赵军的有十几路诸侯的人马,都不敢先跟秦军交手。等到楚军打击秦军时,都在袖手旁观。楚军一个战士顶得上十几个战士,呼喊的声音惊天动地,诸侯军人人提心吊胆。打败了秦军后,项羽召见诸侯的那些将领,将领们都跪着去见项羽,没有谁敢抬头看他。项羽从此开始成了各路诸侯军的上将军,诸侯的兵都归他指挥。章邯失败后,驻扎在棘原(在今河北省平乡县南),他让长史司马欣向咸阳的皇帝报告。赵高不让司马欣见秦二世,司马欣害怕了,返回去报告了章邯,章邯就率领秦军投降了项羽。项羽立章邯做了雍王,让司马欣做上将军,让投降的秦军作为向咸阳进攻的先头部队。

当初,楚怀王芈心和诸侯约定:“谁先进入函谷关,谁就做关中王。”当时秦军还很强盛,谁也不敢先进入函谷关。只有项羽怨恨秦军杀了项梁,愿意和沛公去攻打函谷关。将领们对怀王说:“项羽太残暴,不能让他去。”于是怀王只派沛公前去讨伐。秦二世三年春天的二月,沛公攻打昌邑,彭越领着他的队伍跟随着沛公。沛公路过高阳(在今河南杞县西),高阳人郦食其当时已经六十多岁了,家里贫穷,在给乡里看门。他的邻居有个人在沛公的队伍里当骑兵,郦食其对他说:“我听说沛公虽傲慢却容易打交道,有大谋略,这真是我所愿意交往的人。”那个骑兵说:“沛公不喜欢读书人,客人们带着儒生帽子去见他,沛公就摘下客人的帽子,把尿尿在帽子里。你不能说你是儒生啊。”郦生说:“你只管去说。”骑兵就把话传给刘邦。郦生到了高阳传舍,刘邦派人召郦生,郦生就去见刘邦。这时,刘邦正坐在床边让两个女人给他洗脚。郦生只是行拱手礼而不跪拜,说:“足下如果要消灭无道的秦王朝,就不应该这样傲慢地接见老年人。”沛公于是停止洗脚,站起来请郦生坐上座,并向他询问灭秦大计。郦生说:“足下的兵力不到一万人,却想直接进入秦地,这就是所说的把肉往虎嘴里送。陈留县(在今河南开封一带)是天下的交通要道,那里粮食充足。我和陈留县令关系很好,请让我作为使者去一趟,说服他归顺足下。如果他不听从,就消灭他,我在那里做内应。”于是刘邦就派郦食其前去,自己带兵跟随着,占据了陈留。郦生因功被封为广野君,郦生的弟弟郦商也聚集了兵众四千人投奔了刘邦。沛公又打下了颍川。因张良平定韩地很顺利,见到沛公后,就带着队伍跟随着沛公。刘邦平定了南阳郡后,一路向西进军,处处都被打了下来,军队所经过的地方,禁止掠夺当地民众,秦地人都很高兴。当年八月,沛公军攻打武关(在今陕西商南县西北,是原秦国的南关)。赵高先前对秦二世说,只是关东起了盗贼,没有什么了不得的。到这时,二世开始指责赵高,赵高害怕了,就和他的女婿咸阳令阎乐密谋另立新君主。阎乐领着官兵进入望夷宫,二世命令身边的人抵挡阎乐,他身边的人都吓慌了,不敢对阎乐这些人动手。阎乐上前数落秦二世说:“足下不可一世,无道、随意杀人,天下的人都背叛了你。你打算让我怎么处置你?”二世说:“让我在一郡之地做个王吧。”阎乐不答应。二世又说:“那我就做个万户侯吧。”阎乐还是不答应。二世又说:“那就让我和妻儿们一起当普通百姓吧!”阎乐说:“我在丞相那里接受了命令,为天下的人杀了你!你虽然提了这些要求,我不敢擅作主张!”说完指挥士兵上前动手。二世一看，只好自杀了。赵高立了二世的哥哥嬴扶苏的儿子嬴子婴做了秦王，子婴称说有病，没即位。赵高亲自去请子婴，子婴趁机刺杀了赵高，并杀了赵高的三族，派将带兵把守峣关（在今陕西蓝田县东南）。沛公到了峣关关口时，沛公想强行攻打。张良说："秦兵还很强盛，不可轻易攻打。"于是张良派人在附近山上插了许多旗帜，以便迷惑秦军；又派郦食其、陆贾去劝降秦将，答应给他们好处，秦将果然答应投降。沛公想接收他们，张良说："这只是将领想叛秦，恐怕士兵不服。不如趁他们放松警惕时打击他们。"沛公于是采取了突然袭击的办法攻打秦军，把秦军打得大败。沛公进军到了蓝田北边，又一次打败了秦军。这年冬天的十月，沛公的军队来到了霸上（在今西安市长安区东）。秦王子婴带领白车白马，脖子上套着丝带，捧着皇帝的玺符，站在轵道（是一个亭名，在今陕西西安市东北）旁，表示投降。一些将领说："秦王该杀！"沛公对他们说："当初怀王派我来，就是因为我为人能宽容。再说，他已投降，杀了他不吉利。"于是把秦王交给了有关官吏，秦王朝灭亡。

第十章　六国人并楚汉，起义争衡

话说秦王子婴投降后，沛公军进入了咸阳，那些将领争抢金银丝绸等财物，只有萧何首先进入丞相府，收集地图和户籍等，因此得以具体知晓全国的地理形势、人口以及各地的经济发展的不同情况。沛公见到秦宫里的装饰、宝物和美女，就想留下住在宫里。樊哙劝道："这些都是造成秦国灭亡的原因，您怎么能享受？请您赶快回到霸上。"沛公听不进去，坚持要住下。张良说："秦王无道，所以您能有机会来到这里，为天下人清除残贼，应俭朴才对。如今刚刚进入秦国就想着安乐，这就是所谓的助纣为虐。况且忠言逆耳利于行，良药苦口利于病，希望你能听樊哙的劝说。"沛公这才回到霸上，并召集父老们对他们说："你们被残暴的秦国的法令制度害得好苦，已经很久了。各路起义军约定，谁先进入秦地，谁就是关中王。我和父老们约定三条法律：杀人的人，要偿命；伤人的人和偷、抢东西的人，按罪处罚。秦法中的其他法律条文一律废除。秦地的官民安居照旧。"三条法律一公布，秦地的民众非常高兴，争着拿牛肉酒食慰劳刘邦的军队。沛公推让不接受，这使民众更受感动，只怕沛公不做秦地的王。项羽收服了章邯，平定了黄河以北地区，率领各路人马想向西进入函谷关。秦军投降的士兵许多人有不满情绪，项羽就在一天夜里突袭，在新安城南（今河南新安县境内）活埋了秦军士兵二十多万人，只是和章邯、长史司马欣、都尉董翳进入了秦地。在这之前，有人对沛公说，应守住函谷关来阻挡项羽进入。沛公听从了。项羽来到关口，关门紧闭，项羽大怒，令黥布等人领兵攻打关口。攻破了关口后，进入了戏水（在今陕西临潼境内）。沛公刘邦的左司马（掌管士兵的官员）曹无伤派人对项羽说："沛公想在关中做王，占尽了财宝，想以此求封。”项羽大怒，让士兵吃饱饭，决定天一亮就攻打沛公军。当时项羽的兵力是四十万人，号称百万，驻扎在新丰鸿门（在今陕西省西安市的临潼区东）。沛公的兵力是十万，号称二十万，驻扎在霸上。范增对项羽说：“沛公在入关前贪财好色，如今到了秦地，财物、女人都顾不上了，看来他的志向不小。我让人观望他的气，都成五彩龙形，这是天子气呀！你赶紧攻打他，不要失掉良机。”在项羽的队伍里有个叫项伯的人，是项羽的叔父，他一向和张良关系不错。他夜里来到刘邦军营，劝张良赶紧跟他走。张良说：“我是为韩王护送沛公的，沛公有难不可以不告诉一声。”于是向沛公报告了。出来后，张良坚决让项伯去见沛公。项伯和沛公见面后，沛公为他斟酒，祝他健康，并定下了儿女婚姻关系。沛公说：“我入关后，一针一线都不敢拿，登记了当地的官吏、百姓，封存了库府来等待将军的到来。派将领守关的原因，是防止盗贼的出入，我怎么敢背叛项将军呢？希望您和项将军说一声，我刘邦不敢背叛。”项伯答应了，并对沛公说：“明天不可不早点亲自去对项将军道谢。”于是项伯连夜回去，把沛公的话向项羽作了报告，并且说：“沛公不先打进关中，你怎么敢进来？如今人家有大功劳，还要打人家，不合道义。不如好好地对待他。”项羽点了头。沛公一早带领一百多随从到鸿门去见项羽。见面后，刘邦说：“我和将军一起攻打秦军，将军在黄河以北作战，我在黄河以南作战，没想到我能先进入秦地，有机会和将军在这里见面。现在有小人说坏话，使得我和将军有了隔阂。”项羽说：“这是你的左司马曹无伤派人来说的。不然，我怎么会对你有看法。”项羽于是即刻留沛公喝酒。在此期间，范增多次向项羽使眼色，又举起所佩戴的玉玦向项羽示意，项羽都没有理会。范增走出去对项庄说：“君王为人不忍，你进去祝酒。祝酒完了以后，就请求舞剑，趁机把沛公杀死在座位上。不这样的话，你们这些人都会成为刘邦的俘虏的。”于是项庄进入帐中祝酒，完毕，拔剑起舞。项伯也拔剑起舞，总是用自身来庇护着沛公，因此项庄无法击杀沛公刘邦。张良出了营帐，见到樊哙说：“项庄在里面舞剑，恐怕对沛公不利。”樊哙说：“这太紧急了！”于是立刻拿着剑、带着盾牌冲进营帐，目瞪着项羽，头发立了起来。项羽说："是个壮士。"并赐给樊哙一大杯酒，又扔给他一只生猪腿。樊哙喝了酒，又拔剑在盾牌上切猪腿吃。项羽说："壮士还能再喝一杯吗？"樊哙说："我死都不怕，一杯酒还值得推辞吗？如狼似虎的秦王朝，天下人都背叛了它。当初怀王和各路将领们约定谁先进入咸阳的人就做关中王。如今沛公先进入了秦地，到达咸阳后，连毫毛都不敢拿一根，把军队开到霸上来等待将军。沛公劳苦功高，没有爵位的封赏，你却听小人之言，想杀有功的人。这是接着走已经灭亡的秦国的老路，我认为将军真不应该啊！"项羽一句话也没说。不一会儿，沛公起身上厕所，顺便也把樊哙叫了出来。樊哙打算带着沛公偷着回到霸上，但沛公却说："现在出来了，在礼节上没说告辞，说不过去，怎么办？"樊哙说："人家现在正像是厨刀和砧板，我们就像是砧板上的鱼和肉，还告什么辞？"于是就带着沛公抄小路赶快向霸上跑，留下张良向项羽表示歉意。张良代表刘邦送给项羽一双白璧，送给范增一双玉斗。项羽接受了白璧，范增拔剑砍碎了玉斗，说："唉，那小子（手指项庄，实指项羽），不值得和他谋划事情。将来能夺将军天下的人，一定是沛公了！"沛公回到霸上军营，立刻杀了曹无伤。过了几天，项羽领兵开始屠咸阳城，杀了秦朝已投降的嬴子婴，焚烧秦宫殿，大火三个月没熄灭。又挖掘秦始皇的陵墓，搜刮了大量宝物和美女就往东回去了。秦地的百姓对此大失所望。回去后，项羽派人向怀王询问如何封赏，怀王说："还是按照原来的约定办。"事后，项羽对别人说："这个怀王是我家所立的，他没有半点战功，怎么能做主定约！"于是项羽尊奉怀王为义帝，把他迁到郴地（今湖南郴州），不再让他参与决定任何事了。

项羽立了自己做西楚霸王，把彭城作为首都，管着原魏国、楚国土地的九个郡。项羽和范增对沛公总是不放心，因为已经讲和，又怕背个违背盟约的名声。因为巴、蜀地带的道路较为险阻，就对刘邦说："巴地、蜀地也是关中秦地。"就立了沛公刘邦做汉王，封给了巴地、蜀地和汉中之地，把国都设在南郑。项羽立秦朝的降将章邯做雍王，司马欣做塞王，董翳做翟王。三个人分了关中的秦地，用来堵住汉王向东发展的道路。又分封了一些王、侯、将、相,总共十四个人,加上三个秦地王、楚王、汉王、义帝,共二十个国。当年的夏季四月,各诸侯都领兵回到所封的国中。张良要回到韩王那里,他劝说汉王刘邦烧掉所有所经过的栈道,一方面防备他人偷袭,另一方面也向项羽表示自己没有向东发展的意图。齐国的宰相田荣因不同意带兵跟随项羽西征,所以没有得到封赏,非常气愤,于是打走了齐王田都,杀了胶东王田市,自己做了齐王。不久他又攻打并杀了济北王田安,占了济北王的土地。陈馀因和张耳不和,抛下将印走了,没有跟随项羽入关,也没有得到封赏。陈馀很生气,派人劝说齐王田荣和他一起袭击张耳新建的常山国,张耳逃出,投奔到汉王刘邦那里。陈馀迎回代王赵歇,恢复了在赵地称王。赵歇封陈馀做代王。后来,项羽废除了韩王韩成的王位,不久又杀了他,张良就偷偷地跑到汉王刘邦那里去了。

当初,淮阴县人韩信家里贫穷,他吃住在新昌亭长家里。亭长的妻子很讨厌韩信,很早就做好了饭在床上吃,韩信进去看见了也不分给他吃。韩信肚子饿,就到城边河里钓鱼,一个漂洗棉布的老年妇女看见韩信饥饿,就拿饭给他吃。老太太一连漂洗了几十天,天天都送饭给韩信。韩信对老太太说:“有朝一日,我一定重重地报答您!”老太太听后,生气地说:“大丈夫不能自食其力,我是可怜你才给你饭吃,难道指望你报答我吗?”淮阴城屠户中有一个少年人,当着韩信的面侮辱韩信说:“你虽长得高大,又好带刀剑,其实你是个胆小鬼。你不怕死就用剑刺我,怕死就从我的裤裆下钻过去。”韩信仔细看了看他,弯腰从他胯下钻了过去。在场的人都笑韩信胆小。项梁的队伍渡过淮河时,韩信带着剑去投奔项梁,在那里没干出什么名堂。项梁兵败后,韩信又想给项羽出点奇谋,以便引起项羽对他的注意。项羽最终没有重用他,他就跑到汉王刘邦那里去了。后来被一个当官的牵连,韩信要被杀头,他跪在地上向上看,正巧看见了滕公夏侯婴,韩信说:“王上不就是想得到天下吗?为什么要杀壮士?”滕公对他的话感到惊奇,就放了他。滕公又和他交谈,两人谈得兴致勃勃。之后,滕公对刘邦说了韩信的情况,刘邦给了韩信一个治粟都尉的职务，也没重用他。后来韩信多次找萧何谈话，萧何觉得韩信不一般。刘邦带着队伍往南郑走，官兵大多想念家乡，在路上跑了不少。韩信估计萧何等人已多次找刘邦谈过他的事情，心想："大王如果不重用我，我就离开这里。"萧何听说韩信走了，谁也没告诉就追了过去。有人对刘邦说："丞相萧何逃走了。"刘邦听后非常生气，就像失掉了左右手。过了一两天，萧何来见刘邦。刘邦又气又喜，骂道："你逃走是为什么？"萧何回答说："我是去追逃走的人啊！"刘邦问："你追的是谁？"萧何说："是韩信！"刘邦又骂道："那么多将领都逃走了你不去追，只追韩信，这不是骗我吗？"萧何说："那些将领很容易得到，像韩信这样的人才，天下就这么一个。大王您想永远在汉中做王，就用不着韩信，要想得到天下，就非韩信不可！就看您是怎么打算的了。"刘邦说："我也想向东边发展，怎么能默默地蹲在这里呢？"于是刘邦就要召来韩信，拜他为大将。萧何说："大王向来对人无礼，今天拜大将就像招呼小孩子，这就是韩信想离开这里的原因。大王如果想拜他做大将，就得选个好日子进行斋戒、设坛，礼数具备了才可以啊！"刘邦答应了。一些将领听说要拜大将，心里都认为自己能做大将。到了拜大将的这天，才知道是韩信，全军都感到惊讶。

拜大将的仪式完毕后，韩信被请到上座。刘邦说："丞相多次对我说起将军，将军有什么赐教吗？"韩信先是推辞一番，然后说："如今要向东发展能和大王争天下的人不是项王吗？"刘邦说："当然是他。"韩信说："大王自己估量一下，论勇猛、凶狠、仁爱、强盛，您和项王比较谁更强一些？"刘邦沉默了很久，说："我不如他。"韩信说："我也以为大王不如他，不过我曾在他那里待过，请让我说说项王的为人吧。项王发怒大喝一声，在场的人都吓得不敢动。然而他不能任用贤能的将领，这不过是匹夫之勇。项王待人总是表现出慈爱的样子，连说带笑，可是当有人立功，应当封给爵位时，官印在他手里磨秃了角，他还是舍不得交给有功的人，这就是所说的妇人之仁。他不定都在关中，却把首都设在彭城，流放了义帝。他所带兵经过的地方，没有不烧杀毁灭得一干二净的。他名虽叫霸王，实在是失掉了天下人的心。大王如果能够有和项王相反的做法,任用天下勇猛的武将,就会所向无敌。把天下城乡分封给功臣,谁能不乐意跟随着您?我们用正义的军队,率领着思念家乡的将士,怎么会战胜不了他们?再说,在秦地的三个王原是秦将,他们欺骗了自己的战士,投降了项羽,到了新安被项羽用欺骗的手段活埋了二十多万人,只有章邯、司马欣、董翳没事。秦地的百姓怨恨这三个人,恨之入骨。如今项羽用强迫和威吓秦地百姓的手段树立了这三个王,秦地的百姓没有谁会听从他们的。大王进入函谷关,秋毫无犯,废除秦王的苛刻政令,秦地的百姓没有谁不想让您在秦地做王的。今天如果大王带兵向东方进军,三个秦地王所占的地方可用传送檄文的方法平定。”听了这番话,刘邦非常高兴,自认为应该早点得到韩信这样的将领才好。于是部署了各位将领的工作,留下萧何负责收取巴地、蜀地的田租,以便供应军队粮食。派人修建栈道,领兵偷偷从陈仓(今陕西宝鸡)的旧道出去。到了秦地,雍王章邯兵败逃走,赛王司马欣、翟王董翳两人投降,三个秦地王都被消灭了。张良送给项王一封信,说:“汉王因失掉了原本应得的土地,这次出兵只想再得到关中的土地,实现原来怀王的约定就停止进军,不敢再向东进军。”张良又把齐国、梁国反叛项羽的书信交给了项羽。项羽因此才没向西去对付刘邦,而是向北进军攻打齐国去了。

西楚霸王项羽派吴芮、黥布和共敖把义帝杀死在江中。汉王到了洛阳新城,三老董公遮对汉王刘邦说:“我听说‘顺天者存,逆天者亡’。出兵没有名,所以事不成功。所以说,对手有了‘贼’的名声,和对手作战才能战胜对手。项羽无道,流放又杀了他的君主,这就是天下的贼人。大王应率领全军为义帝半心披麻戴孝,并通知各路诸侯来讨伐他,这是夏、商、周三王都做过的事。”于是汉王给义帝发丧,全军穿白服。通告诸侯说:“天下人共同立的义帝如今被项羽杀害了,这是大逆不道的行为。寡人派出关中所有的兵力,广收黄河流域的壮士,沿长江、汉水而下,愿意和大家一起攻打杀害义帝的贼人。”当初,项羽攻打齐国,齐王田荣失败退走,死在了路上,项羽立了田假做了齐王。田荣的弟弟田横又收集逃散的齐兵,得到了几万人，立了田荣的儿子田广为齐王来抵抗项羽军，项羽因此接连几战都没有结果。虽然他听说汉王刘邦从西面向他打来，但也想先解决了齐国的事，然后再和刘邦交手。汉王因此能够召集五个诸侯的军队，总共五十六万人来讨伐他。彭越领兵归附了刘邦，刘邦于是进入彭城，拿走了项羽的宝物，带走了美女，日夜摆酒宴客。项羽听说后，亲自带领精兵三万人回到了彭城，在睢水边把刘邦军队打得大败，死的人有二十多万，睢水一时因堵塞而不再流淌。汉王刘邦因此陷入重重包围。这时正赶上大风天，白天都看不清人，项羽的军队大乱。刘邦借这机会带领几十个骑兵冲出了包围。刘邦想到沛县接走家里人，在路上正遇上儿子刘盈（即后来的汉惠帝）和女儿（后来的鲁元公主），就用车拉着他们走。项羽的骑兵在后面追赶上来，刘邦匆忙间几次把两个孩子推下车去。滕公为太仆（太仆为九卿之一，管车马及畜牧之事，这时滕公为刘邦驾车），总是停下车来，把孩子们再抱到车上，使他们没被追兵抓住。审食其跟随着太公（刘邦的父亲）、吕后走小路去寻找刘邦，被项羽军队抓获，把他们扣在军营里做人质。这时诸侯又开始背叛刘邦归附项羽了。齐国的田横因为此时项羽正在和刘邦作战，就趁机进攻田假。田假败走投奔到项羽那里，项羽杀了他。田横于是占领了原来齐地三个王的土地。汉王到了荥阳（在今河南省郑州地区），其他部将所带领的军队也都赶到了那里。萧何征发关中的老弱残兵到了荥阳，汉军又有了生气，随后在荥阳县东打败了项羽的军队，使项羽不能再向西进军。汉军驻扎在荥阳，修建了两边有墙的通道，一直连接到黄河边，用来运进敖仓（当时荥阳县东北的敖山上）的粮食。

这时韩信向东攻打魏国，魏国把大量的兵力派在临晋（在今陕西大荔县东的黄河东岸）。韩信为了迷惑魏国军队，摆开船只像要强渡黄河，而暗暗地派大量军队从夏阳（在今陕西韩城南）用能封口的木桶载士兵过河，打下了安邑（今山西运城夏县），俘虏了魏王魏豹，并全部平定了魏地。韩信用驿车把胜利的消息传到了荥阳，并请求给他增兵三万人，希望向北拿下燕地、赵地，向东拿下齐地，从南边截断项羽军的粮道，然后和汉王刘邦在荥阳会师。汉王答应了，并派张耳和他一起作战。于是韩信、张耳打败了代国军队，抓住了夏说。他们又向东打赵国，赵王和成安君陈余听说了，就在井陉口（属太行山）聚集了兵力，号称二十万。广武君李左车劝陈余说："韩信、张耳乘胜远来，他们的士气不可阻挡。我听说千里送粮，送粮人也会有饥色，等打来柴才做饭，士兵也只能饿着肚子过夜。如今井陉的路，并排走不开两辆车，骑兵排不成行列，这种情况他们的粮草必然在后边。我愿意带三万人马从小路前去截下他们的粮草，您只要把守住阵地，不要出战。这样他们向前不能战斗，向后又退不回去，又没有吃的东西，用不到十天，我就会把韩信、张耳的脑袋扔在您的脚下。不这样的话，咱们一定会被那两个小子活捉的。"陈余只是个死读书的人，常常称自己的部队是义兵，一向光明正大，不使用奇谋诈术。韩信探得陈余不会采用李左车的计策，非常高兴。于是领兵前往，在离井陉口三十里的地方驻扎了下来。当天夜里选出轻骑兵两千人，每人拿着一面红旗，要从小路偷袭赵军，并嘱咐他们说："赵军见我军跑了，一定会用全部人马追击我军，这时你们就赶快进入赵军的军营，拔下赵军的旗帜，插上我们的红旗。"韩信又命令副将传令下去，说："今天消灭了赵军再吃早饭。"那些将领都不相信会这么快，只是假装答应。韩信派出万人先头部队形成背水阵。赵军的将士见了大笑。韩信领兵击鼓急行离开了井陉口，赵军走出军营前去攻打，大战了好一会儿，韩信领兵假装失败向河边撤退，赵军果然全部出动追赶韩信的队伍。韩信的部队前面有河，后有追兵，只能拼死进行战斗。先前韩信派出的两千骑兵这时进入赵营，拔下了赵军旗帜，插上了汉军的红旗。等惨败的赵军将要回营时，看见营里插满了汉军的红旗，军心大乱。此时汉军两面夹击，赵军全部被歼灭。韩信在泜水边上斩了陈余，捉住了赵王赵歇。并悬赏能活捉广武君李左车的人，赏给一千两黄金。有人把李左车送到了韩信那里，韩信解开了绑绳，像对待老师一样，让李左车坐西面东，向他询问道："我想向北攻打燕国，向东攻打齐国，怎么样才好呢？"李左车谦虚地辞让，韩信一定让他给出个主意。李左车说："将军您俘虏了魏王魏豹，杀了成安君陈余，威风震动了天下。然而，用已经疲惫的士兵去攻打坚固城墙的燕国，这样旷日持久攻不下来，粮食吃完了，燕国不投降，齐国又趁机自强。将军不如让兵马休息一下，派一个辩士前往燕国，拿着你的书信，叙说汉军的强大，燕国不堪一击，燕国必定投降。燕国投降后，再把军队压向齐国，即使是再有头脑的人也不能给齐国出什么主意了。出兵本来是先有声后有实，说的就是这个道理。"韩信听从了他的计策。燕国很快投降了，韩信派使者去向汉王报告。韩信请求让张耳做赵王，汉王刘邦答应了。汉王又派说客随何说服九江王黥布归附了汉王。汉军兵力更充足了，和黥布的军队一起驻扎在成皋(今河南荥阳市西北的上街)。

当初阳武县(在今河南省原阳县境内)人陈平，家里贫穷，喜欢读书。他通过魏无知得以见到汉王。汉王和他交谈，谈得非常愉快，于是拜陈平为都尉，并成为汉王乘车的陪乘者和护军中尉(是协调军中各将领之间关系的官职)。一些将领很不服气，周勃等人对汉王刘邦说："陈平的相貌虽美如宝玉，而实质上并没有什么可取之处。原来在家时，他曾经和他嫂子私通，如今做护军，常常接受一些将领的贿赂，希望大王认真调查这件事。"刘邦就责备魏无知，魏无知说："臣推荐他是因他有才智计谋，能够让您使用他。至于私通嫂子，接受贿赂，值得说吗？"从此以后，刘邦更加看重陈平。一次，刘邦对陈平说："天下没个头绪，什么时候才能平定呢？"陈平说："项王的忠臣就亚父范增、钟离眛、龙且等不过几个人罢了。项王一向疑心重，听信谗言。如果能够用金钱买通人，采用行间的方法，搞掉他的帮手，那么灭掉项王就是一定的了。"刘邦就把四万斤黄金交给了陈平，不再过问他的使用情况。陈平买通了项羽军中方方面面的人，这些人对项羽说："钟离眛等人功劳很大，因为得不到土地封为王，心怀怨恨，他们打算和汉王合伙灭了你项王，分你的地呢！"项羽果然对钟离眛等人产生了怀疑。等到项羽军围住荥阳，攻打的很急迫，刘邦请求谈判。项羽的使者到了汉王那里，陈平让人端上丰盛的酒菜。见到使者后，假装吃惊地说："我还以为是亚父派来的使者呢。"于是又把酒菜端了出去，换上了劣质的饭菜。使者回去后，把这事对项羽说了，项羽果然对范增有了怀疑。范增让项羽赶紧打下荥阳，项羽偏不听他的。范增愤怒地说："天下的大事基本平定了，君王自己搞定它吧，这里也用不着我了，希望让我离开这里！"范增走了，还没到彭城，背上的毒疮发作，就死了。

项羽围打荥阳越来越紧急，汉王的将军纪信对汉王说："事情迫在眉睫了，臣请求让我骗一下项羽，大王趁机可以偷偷地溜出去。"于是，陈平当天夜里打发两千多个女子从东门出去，项羽的军队忙着抢掠女子。纪信装扮成汉王刘邦，乘着王车也从东门出来，说："粮食吃没了，汉王向楚霸王投降。"项羽军高兴得不得了，都往城东来观看。刘邦命令周苛守住荥阳，自己和几十个骑兵从西门逃了出去。项羽发现上了当，就烧死了纪信。刘邦到了成皋，集中了兵力打算再向东进军。袁生劝说刘邦守住营门不要出战，让荥阳、成皋的将士暂时得到休息。刘邦听从了他的计策，率领军队在宛县（今河南南阳）、叶县（今河南叶县）之间行军，和黥布一边走一边招兵买马。项羽听说刘邦在宛县一带活动，果然领兵前去。汉王刘邦坚守营门不和项羽作战。彭越在梁地作为汉王的将领领兵灵活地打击项羽的部队。项羽让终公把守成皋，自己领兵从东面打击彭越。刘邦攻陷了成皋，又把军队驻扎在那里。项羽打跑彭越后，领兵向西打下了荥阳城，活活煮死了周苛，又围住了成皋。刘邦从成皋逃走，向北渡过了黄河，夜里住在修武（即今河南省新乡地区的获嘉县）。早晨起来对人说自己是汉王的使者，骑马闯进赵王张耳的军营。这时张耳、韩信都还没起床，刘邦就在他们的卧室内拿走了他们的兵符，用来调兵遣将。刘邦安排好了一切，韩信、张耳才起床，这才知道是汉王到来，大吃一惊。汉王夺走两人的军权后，命令张耳在赵地巡视，守备赵地。拜韩信做赵国的相国，让留下来没出战的赵地士兵去攻打齐国。又派刘贾、卢绾领兵从白马渡口（在今河南滑县北，现已成平地）过河去帮助彭越攻打项羽，烧掉项羽的军用物资来毁掉他将来统一全国的事业。

这时项羽军正打下了成皋，想向西进军，汉王在巩地（今河南巩义）派兵抗拒他，使项羽军不能向西边前进。彭越打击楚军，打下了梁地(战国时魏国的土地)的十七座城池。项羽听到这消息后，让大司马曹咎守卫成皋，告诫他说："即使汉军来了想和你交战，你也千万不要出战，只是牵制住他们，不要让他们向东进军就行了。"于是项羽亲自领兵向东去夺取被彭越打下的城池，围困外黄县多天，外黄人才投降。项羽想把外黄城里的人全都活埋了，外黄县令一个宾客的儿子这年十三岁，前去劝项羽说："彭越用兵逼迫外黄人，外黄人害怕，所以暂时投降等待大王的到来。今天如果把他们全都活埋了，那么从这里往东的十几座城你就打不下来了。"项羽听从了他的话，城池又都归附了楚国。汉王想放弃成皋以东的地方，把军队集中在巩县(今河南巩义)和洛水流域间来抗拒楚军。郦食其劝刘邦赶紧打下荥阳，占有敖仓(在当时的荥阳东北敖山上，是秦时所建的粮仓)的粮食，于是汉王和将领们又开始研究夺取敖仓的办法。这时楚军的大司马曹咎谨慎地把守成皋不出战，汉军多次挑战，始终不应战。于是汉军让人天天在阵前叫骂，连骂了几天，曹咎气坏了，就让士兵渡过汜水。在士兵渡过一半时，汉军出击，把曹咎军打得大败。汉军得到了曹咎军所搜刮的所有宝物，曹咎和司马欣自杀。汉王刘邦领兵过了河，又取得了成皋，把军队驻扎在广武(在今河南荥阳市东北)，可就近取得敖仓的粮食。项羽听说刘邦占据了广武，就把他的军队也开到了广武。项羽和刘邦对峙了几个月，楚军的粮食渐渐不多了。项羽就传话对刘邦说："如果不立即投降，我就烹煮你父亲。"刘邦说："我和你项羽一起接受了怀王的命令，按约定就是兄弟，我的父亲就是你的父亲。如果一定要烹你的父亲，希望分给我一杯肉汤。"项羽大怒，想煮了刘父。项伯说："想争夺天下的人不顾家，即使杀了刘父也没用处！"项羽这才作罢。有人对项羽说："刘邦的妻子吕雉心眼多，又漂亮。"项羽就召来吕雉，让她陪酒，常带在军中和虞姬做伴。审食其有密信送到了汉王那里，汉王知道吕雉有才智，一定能使刘太公脱身。

一天，刘邦和项羽在广武山涧的两边对话。项羽对刘邦说："天下大乱这几年，都是因为咱们两人的缘故。我愿意和你单打独斗来决定胜败，不要再使天下的父子痛苦了！"刘邦说："我宁可斗智，不愿斗力。”于是数落项羽的十大罪状。项羽大怒，一箭射中了刘邦的胸部。刘邦却摸着脚说：“坏东西，射中了我的脚趾。”刘邦伤势严重卧床，张良请他坚持起来安抚、慰劳部队，刘邦听从了。后来，刘邦的伤势越来越重，就去了成皋养病。郦食其对刘邦说让自己去劝齐王投降，这样就可以少一个敌人，刘邦答应了。郦生到了齐国，果然说服了齐国投降了汉王。齐国不再防守了，齐王每天与郦生饮酒作乐。彭彻对韩信说：“将军是接受了命令攻打齐国的，而汉王却派了个使臣去了齐国，难道有命令让你停止攻齐吗？再说，郦生一个读书人，只靠三寸的舌头就拿下了齐国七十多座城池，将军带领几万人马的军队，反倒不如一个儒生的功劳吗？”韩信认为他的话很对，于是发起突袭攻破了齐国。齐王认为郦生出卖了他，就把他烹死了。齐王领兵退到了高密县，派使者向楚国项羽求救。项羽派龙且领兵二十万救齐国，和韩信的军队在潍水的对岸摆开了阵势。韩信当夜让人用上万条口袋装上泥土堵上潍水的上游，领兵渡河，渡了一半就装作打不过龙且军，忙往回撤。龙且领兵追赶韩信军，韩信让人拿掉堵水的口袋，大水一来把龙且的军队分成了两半，韩信命令部队趁机攻打。龙且战死，齐王田广成了俘虏，田横逃走了，韩信平定了全部齐地。之后，韩信向汉王刘邦请求做代理齐王，以便镇守齐地。刘邦大怒，想要除掉韩信。张良、陈平暗暗踩了踩刘邦的脚，示意刘邦不要发怒，刘邦这才醒悟过来，于是就用韩信做齐王，张耳做赵王，调动他们的队伍去攻打项羽。项羽听说龙且死了，非常害怕。他让盱眙县人武涉去说服韩信背叛汉王刘邦，让他和项羽联合，三分天下。彭彻也劝韩信背离汉王，韩信都没听他们的。项羽知道自己占的地方小，又没人帮助，粮食快吃完了，士兵也跑得差不多了，韩信这时又进兵攻打他，这使他非常担忧。刘邦这时派遣侯公去请求项羽释放他父亲，于是项羽刘邦达成协议平分天下，割鸿沟（古渠道，故道大部分在今河南贾鲁河东，由荥阳北引进黄河水曲折东到淮阳进入颍水，今已淤塞）以西为汉王的土地，以东为楚地。项羽送还了刘邦的父亲、妻子，就领兵向东回军。刘邦想向西回军，张良、陈平劝道：“您汉王有了天下的大半，楚军现在筋疲力尽，况且粮食吃光了，饿着肚子，现在放过他们，就是养虎留患啊！”刘邦认为他们说得很对，于是追击项羽军，一直追到固陵（在今河南淮阳县西北）。刘邦事先和齐王韩信、魏相国彭越有约，约定一起攻打项羽，这时二人都没领兵到来。楚军反身攻打汉军，把汉军打得大败。刘邦把紧营门自守，对张良说：“诸侯不听命，这怎么办？”张良说：“项羽即将被消灭了，他们两人没分到土地，不来没什么奇怪的。如果能把睢阳（今河南省商丘的睢阳区）以北到谷城（在今河南省洛阳市西）的土地分给彭越，让他做那里的王。把陈县（今河南淮阳）以东，一直到海边的土地分给齐王韩信，那么项羽就一定被打垮了。”刘邦听从了张良的建议，许给他们二人土地，于是韩信、彭越一起领兵到了。刘贾引诱楚国的大司马周殷背叛了项羽，并和黥布一起领兵投靠了汉王刘邦。项羽退到了垓下（在今安徽灵璧县东南），与刘邦率领的诸侯军作战失败后，就躲进营垒不再出来了。汉军和诸侯的军队包围了项羽，围了几层。一天夜里，项羽听见汉军在四面八方都唱着楚地的歌曲，大吃一惊地说：“难道汉军已全部占有楚地了吗？为什么楚地人这么多呀？”他就在睡床上起来，在营帐中饮酒。他有个美人叫虞姬，非常讨他喜欢。还有匹骏马叫作“骓”，是他征战的坐骑。此时，他就唱道：“我的力气能拔起一座山啊，勇气无人可比。我的时运不好啊，骓马也不往前走啊！骓马不走怎么办？虞姬啊虞姬，可怎么办？”唱了几遍，虞姬也和他唱和。项羽的眼泪不住地下落，在场的其他人也跟着哭，不忍心抬头看项羽的样子。最后，虞姬自杀了。项羽乘着他的骓马，领着八百多个骑兵，当天夜里就冲破包围，从军营的南面突围了出去。跑到阴陵（在今安徽定远县西北）时，迷失了道路。项羽向一个老农民问路，老农民骗他说：“往左走，往左走。”他往左走到一片大泽中，刘邦的将领灌婴领兵追上了项羽。项羽又跑到东城县（在今安徽定远县东南），身后跟随的骑兵只剩下二十八人了，汉军追兵却有几千人。项羽自知逃不掉了，就对他的骑兵说：“自从我带队伍到现在已有八年了，所经历的大大小小的战斗也有七十多仗了，从没战败过。如今困在这里，这是上天要灭亡我，不是我不会打仗的罪过。今天一定要死，我愿意为诸位决一死战,一定要突破重重包围斩杀汉军将领,好让各位知道是上天要我灭亡。"于是把他的骑兵分成四组,朝向四个方向。项羽大喝一声,向外就冲,斩了一员汉将、一个都尉,杀了几百人。等到再次聚集他的骑兵,一点人数仅少了两人。项羽对骑兵说:"怎么样?"骑兵们都很佩服他。项羽想向东渡过乌江,乌江地方的亭长正停船靠岸等待着他,亭长说:"江东地方虽小,土地也有方圆千里,几十万人口,也足够您在那称王的。希望大王赶紧上船。"项羽笑着说:"天要灭亡我,我干什么要渡过江去?再说,我项羽和江东八千子弟兵渡过长江向西进军,如今没一个人回去。就是江东的父老可怜我,让我做王,我还有什么脸面去见江东的父老呢?"于是他命令跟随的骑兵都下马步行,拿短兵器交战。接着,光是项羽就杀了汉军几百人,身上也受了十几处伤。他一转身看见了汉军的骑司马(掌管骑兵的武官)吕马童,说:"你不是我的老熟人吗?"吕马童没答话,指着项羽对王翳说:"这就是项王!"项羽说:"我听说汉王用千金悬赏我的人头,还封给万户侯,我把人情送给你了。"于是自刎而死。到此楚地全部被平定,唯独鲁地不投降。汉王刘邦想大肆杀戮。到了鲁地城边,听到了弹琴唱歌、诵读诗书的声音。鲁地是个守礼仪的地方,人们愿为鲁公项羽守节义而死。刘邦让人拿着项羽的头给鲁地人看,鲁地人这才投降了。刘邦按着葬鲁公的葬礼把项羽埋在谷城山(在今山东东阿县东北),并亲自为项羽发丧,痛哭着离去。项羽的其他亲属都不杀。封项伯做了列侯,并赐他姓刘。西楚到此灭亡,总共存在五年。新楚国从秦二世元年陈胜起兵算起,后又经过吴广、景驹、怀王芈心直到项籍,总共五个国主,共存在八年。汉王刘邦领兵往回走到了定陶县,进入齐王韩信的军营,夺走了韩信的军权。己亥年(公元前 202 年)二月,汉王刘邦在汜水的北边登上了皇帝的宝座,把洛阳作为首都,追尊他已死的母亲刘媪为昭灵夫人。

第十一章　汉高祖定江山—十二帝(西汉史)

话说汉高祖高皇帝,姓刘,名邦,是帝尧的后代。他母亲刘媪,曾经有一天在一个大泽的岸边躺着休息,睡梦中和神相遇。这时雷电大作,刘太公去找她,看见一条蛟龙趴在她身上,不久她有了身孕生下刘邦。刘邦夺了韩信军权后,改封韩信做楚王,又封了彭越做梁王,黥布做淮南王。韩信到了楚地,召见当年在河岸洗布的那个老太太,赐给她一千两黄金。又召来当年欺负自己的那个少年,让他做了主管都城治安的中尉。韩信对手下的部将和丞相说:“这人是壮士,当年欺辱我时,我难道不能杀他吗?杀了他也不会提高我的名声,所以忍辱创下了这番功绩。”齐地的田横听到项羽已被消灭,害怕被杀,和他部下五百多人躲进一个海岛中。皇帝刘邦怕田横再作乱,就派人赦免了田横的罪,并召他说:“田横如果能来,要大的爵位就给个王做,就是小爵位也给个侯,要是不来就派兵灭掉!”田横就和他的两个门客乘传车来到洛阳,走到尸乡(在今河南偃师县西)时,对他的门客说:“我田横当初和汉王一起都做王,如今汉王当了天子,我田横却是个逃亡的俘虏,这个耻辱已经很大了。”于是他拔剑自杀了。他的门客捧着他的头,跟随汉朝使者去向皇帝报告。刘邦就用“王”的葬礼埋了田横。之后,田横的两个门客也自杀了。在荒岛中的那五百多人得到这个消息后,也都自杀了。齐地人娄敬在陇西(郡名,在今陕西东南部一带)戍边,因事路过洛阳,劝说刘邦把都城迁到秦地关中,刘邦认为他的话很有道理,很快就备好车马向西边的长安迁都。娄敬被封给奉春君的名号,赐姓刘。张良告说有病,离开朝廷回家修炼道术。赵王张耳死后,儿子张敖即位,因为他的丞相贯高、赵午等人谋反，事情被发觉，受到牵连王位被废。

楚王韩信到了他的属地，一行一动都有兵跟随。有人揭发韩信谋反，刘邦采纳了陈平的计策，装作去游览云梦地区。韩信前去见他，刘邦命令武士绑了韩信，带韩信回到洛阳又赦免了他，改封为淮阴侯。刘邦又封萧何做酂侯，张良做留侯，陈平为户牖侯；封自己的叔伯哥哥刘贾做荆王，弟弟刘交做楚王，哥哥刘喜做代王。刘邦还是平民时，在外勾引妇女所生的儿子刘肥做了齐王。刘邦贫贱时，他的一个嫂子做了菜汤舍不得给他吃，为此刘邦耿耿于怀，决心不封这嫂子的儿子为王。刘太公多次劝说，刘邦才封了侄子做戛羹侯。刘邦大封功臣们为列侯。刘邦每五天见一次太公，行的是家人父子礼。太公家令（皇族家里的官名）对太公说："皇帝虽然是儿子，可却是所有人的主人。太公虽然是做父亲的，也是你儿子的臣子，怎么可以让人主拜人臣，使皇上威名受损呢？"后来刘邦去见太公，太公就挟着把扫帚，到门外去迎接，见到刘邦后就倒退着走。刘邦一见，大吃一惊，忙下车扶住父亲。太公说："皇帝是人主，怎么可以因我扰乱了天下的法律。"后来，刘邦下诏书，尊太公做了太上皇。心里感激家令，就赐给了家令黄金五百斤。皇帝刘邦是平民出身，礼节简易。群臣喝酒争功，有的喝醉了胡乱喊叫，有的拔出剑来砍庭柱，刘邦对此越来越感厌烦。叔孙通劝刘邦制定朝仪，在长乐宫写成。满朝文武官员当朝祝贺，制定的文件得以推行。之后，刘邦说："我今天才知道当皇帝的尊贵了！"于是刘邦拜叔孙通做了掌管礼乐和祭祀之礼的太常。

匈奴的单于头曼想杀了自己的太子冒顿，另立小儿子，冒顿反而杀了头曼自立为单于。因他强横凶暴，常常派兵侵入汉朝的边界，皇上刘邦亲自带兵去抵御匈奴。汉朝的军队三十万人向北到达平城（在今山西大同市东）。冒顿用四十万骑兵把刘邦围困在白登山（也在大同东）七天，刘邦于是采纳了陈平的计策，让画工画了美女图，派人去送给阏氏（单于妻），说："汉朝有这样的美女，如今皇帝被围，想献出美女和冒顿求和。"阏氏害怕美女和自己争宠，于是说服冒顿撤了兵,刘邦才得以脱身(单于,就像中原所称的皇帝;阏氏,就是皇后)。代国的相国陈豨反叛,刘邦亲自带兵攻打他。太尉周勃从太原进入代地,陈豨的军队被打败。淮阴侯韩信的一个门客的弟弟谢公著得罪了韩信,韩信要杀了他。谢公著逃出后,就向朝廷报告说韩信与陈豨合谋造反,准备在京城做内应。吕后和萧相国合谋定出一计,说有人从皇上所在的前线回来,并带来消息说陈豨已被杀死,列侯、群臣都进宫祝贺。萧何前去对韩信说:"你现在虽然在养病,也应勉强进宫去表示表示。"韩信入宫后,吕后让武士绑了韩信。在要杀韩信时,韩信说:"我悔不该不听彭彻的话,才受小女子的骗,这不是天命吗?"吕后杀了韩信后,又杀了韩信的三族。刘邦为了攻打陈豨,向梁王彭越征兵。梁王称说自己正在闹病,只派将领带兵到达邯郸。刘邦很生气,派人去责备梁王。梁王害怕了,扈辄劝说他造反,梁王没答应。刘邦让人暗中绑走了梁王,把他囚禁在洛阳,负责司法的官员判了彭越反叛的罪名,刘邦赦免了他,把他贬为平民,并坐上传车送他到蜀地去。走到新郑,正碰上吕后从长安来,彭越就向吕后哭诉,说自己无罪,希望回到故乡昌邑。吕后答应了,和他一起回到了洛阳。吕后对刘邦说:"彭越是个壮士,如今让他到蜀地去,这是要留下祸根,我和他一起回来了,不如就此杀了他!"于是彭越被杀,后又被灭了三族,并把彭越剁成肉酱,赐给其他诸侯。淮南王黥布见此情形非常恐慌,也发兵造反了。刘邦亲自带兵攻打他,在蕲县西边和黥布的军队相遇。黥布的军队很精良,刘邦的军队和他打了很久,黥布的军队才败走。吴臣诱骗黥布往越地跑,这才杀了黥布。刘邦也被流箭射中,伤势很重,到了长安,死在长乐宫。刘邦在王位四年,在帝位八年,活了六十三岁,死后葬在长陵。太子刘盈继承了皇帝位,这就是孝惠皇帝。尊吕后为皇太后。

当年,刘邦最喜欢戚夫人,她生下了儿子赵王刘如意,他想立刘如意做太子,没有成功。因此,吕后最痛恨戚夫人,刘邦死后,吕太后用毒酒毒死了刘如意,砍掉了戚夫人的手脚,挖掉了眼睛,熏灼聋耳朵,又给她灌下哑药,之后把她扔在厕所里,称她为"人猪"。过了几天，吕太后把惠帝召去，让他看人猪。惠帝见后，问了才知道这是戚夫人，他当场大哭，后来就病了，一年多不能起床。惠帝派人对太后说："那不是人干的事，我作为太后的儿子，不能治理国家了。"惠帝从此整天喝酒，不理国事了。他在位七年死了，没有儿子。当初，吕太后命令张皇后要了别人的男孩子当作惠帝的儿子，并杀了孩子的母亲，这时即位，称为少帝。吕太后在朝廷上行使皇帝权力，拜她的侄子吕台、吕产、吕禄为将，管理保卫皇城的南北两支军队，吕太后的亲属都在朝廷中有差事。吕太后任用审食其做了左丞相，审食其很早就和吕太后要好，刘邦明知却不问。到此时，吕太后最看重他，让他监督宫中的事情，职权相当于郎中令（掌守宫殿门户及主管诸郎在殿中侍卫），公、卿都得通过他才能决定事情。少帝年纪稍大后，知道自己不是皇后的儿子，就对别人说："太后怎么能杀了我的母亲，把我当成她的儿子？我还没到壮年，到了时候就报这仇。"吕太后知道后，就废了他的皇位，杀了他。又另立了常山王刘义为皇帝，改名为刘弘。刘弘也是别人的儿子。吕太后又封吕台、吕产、吕禄一起做王。吕太后当权八年死了，她的侄子们想改朝换代，在一起密谋还没等行动，因朱虚侯刘章娶了吕禄的女儿为妻，知道了他们的阴谋，就把这事告诉了自己的哥哥齐王刘襄（刘邦的庶子刘肥之子），让他出兵讨伐姓吕的这些人。吕产等人派遣灌婴带兵去抵抗刘襄，灌婴的军队到了荥阳与刘襄的军队会师。右丞相陈平、太尉周勃派人劫持了郦商，让他劝说儿子郦寄去骗说吕禄，让吕禄把京城的兵权交给太尉周勃，自己回到封国去高枕无忧地统治方圆上千里的土地，吕禄听从了他的话。太尉周勃这才能够进入军营，凭着自己所带领的一千多人和朱虚侯刘章斩杀了吕产、吕更等人，杀尽了吕太后的亲属，无论老幼。周勃又派刘章到齐王那里让齐王领兵回去，灌婴也领兵归来。

大臣们迎接刘邦的妃子薄姬所生的儿子代王刘恒继承了皇位，这就是汉文帝。文帝宽厚仁爱，对人谦逊有礼，自己的生活也很简朴，一心以德教化民众。还制定了救济穷人、收养老人的法令。废除了一人犯罪全家连坐的法律和诽谤乱言治罪的法律。文帝还亲自耕种田地,废除肉刑,废除公田的田租。文帝每次上朝,郎从官递交奏章,他总是停下车子接受,不能用的就放在一边,可用的就采纳,总是大加赞扬。文帝曾经想造一座高台,找来工匠算了一下,需要百金。文帝说:“百金是中等收入的民众十家一年的收入。我继承了先帝的宫室还常常感到惭愧,还造高台做什么?”于是罢休。文帝常穿粗丝制的衣服来显示自己的朴素作风,修建自己日后的陵墓霸陵也都用的是瓦器,不给百姓增加负担。因此全国人民生活得很好,礼仪之风兴起来了。文帝审理冤案几百件,能不重判的就不重判,能不杀人的就不杀人。文帝在位二十三年而死,年纪四十六岁,葬在霸陵。太子刘启继承了皇位,这就是汉景帝。御史大夫晁错看见诸侯王们很强盛,几乎占据了全国面积的一半,就多次建议景帝削减他们的土地。正要商议削减吴国的土地,吴王刘濞联合胶西王刘卬、胶东王刘雄渠、菑川王刘贤、济南王刘辟光、楚王刘戊、赵王刘遂一起反叛,都指责晁错削地有罪。景帝听了袁盎的话,在东市斩了晁错和他一家男女老少,而七国并没有停止反叛。景帝就派周勃的侄子太尉周亚夫率领三十六位将军领兵进行讨伐。周亚夫对景帝说:“吴、楚等国的军队行动灵活,很难和他们面对面打仗,希望皇上同意把他们引到梁国(梁王是景帝的弟弟),让梁国先对付他们,我们再切断七国军队的粮草,这样才有打胜的把握。”景帝同意了。周亚夫就乘坐六匹马拉的车到荥阳去会兵。到了霸上时,赵涉对他说:“吴王知道将军的行走路线,一定会在崤山和渑池之间埋伏兵马。军事是保密的事,不如往西走,经过蓝田从武关出去,到达洛阳,直接占据储藏武器的仓库。反叛的诸侯听到了这消息,一定认为将军是从天上降下来的呢!”周亚夫认为他说得对。到了洛阳后,周亚夫派人在崤山、渑池一带搜查,果然抓到了吴王的伏兵。吴王攻打梁国很急迫,周亚夫就是不出战。周亚夫派出轻骑兵从淮河、泗水口出去,断绝吴国、楚国军队的后援,堵住了他们的粮草。吴王的军队粮食没有了,士兵饥饿,他们多次向周亚夫挑战,周亚夫仍然不出战。这样一来,吴国、楚国的士兵大多饿死的饿死,逃散的逃散。吴王、楚王只好领着所剩的士兵往回走。这时,周亚夫派出精兵追击，把吴、楚等军打得大败。吴王丢掉了他的军队，渡过黄河，逃到东越（在今浙江、福建一带），被东越人杀死。楚王自杀，齐王喝毒药而死，胶西王也自杀。胶东、济南、菑川王都被捕处死。汉景帝和文帝一样，也提倡节约，生活简朴，在他的统治下社会风气很好。周代要说到成王、康王，汉代要说到文帝、景帝在这方面是最好的了。然而，景帝废掉薄后，又废了太子刘荣，另立了胶东王刘彻，他的弟弟梁王也因整天担忧、发愁而死。他罢了申屠嘉的官，杀了晁错，又杀了功臣周亚夫，就这些方面看来，他不如文帝太远了。景帝在位十六年而死，年寿四十八岁。孝武帝刘彻继承了皇位，从武帝开始有了年号，他的第一个年号为“建元”。

当年，景帝的妹妹长公主刘嫖和堂邑侯陈婴的孙子陈午结婚，他们的女儿陈娇嫁给了胶东王刘彻。于是刘嫖总是在景帝面前说刘彻的好，劝景帝立刘彻做太子。等到刘彻即位做了皇帝，立了陈氏做皇后。陈氏漂亮、高傲，武帝很宠爱她。但陈氏却没生下孩子，武帝对她渐渐失去了喜爱。武帝曾经到过姐姐平阳公主家，对平阳公主家的歌女卫子夫很是喜欢。公主知道武帝有意后，就送卫子夫入宫。武帝从此对卫氏的恩宠一天比一天加剧，皇后陈氏又怨又恨，几次想要自杀。卫子夫的同母弟是卫青，卫青本应姓郑，他的父亲郑季本来是一个县的官员，曾在平阳侯家做事，与平阳侯的妾卫媪私通生下了卫青。当时卫青在平阳侯家做骑奴，被武帝召去做了侍中（侍从皇帝的官员）。不久，武帝封了卫子夫做夫人，又提升卫青做了大中大夫。后来因陈后用胁迫的手段让人搞巫祝之术以便骗取皇帝欢心的事情被发现，武帝就把陈皇后废掉了，让她住在长门宫。长公主又惭愧又害怕，跪着磕头向武帝道歉，武帝用好话安慰了她。长公主有个家臣叫董偃，公主让他伺候皇上喝酒。武帝很高兴，把酒摆在了皇帝用于斋戒的宣室，派人员去接董偃，因为东方朔的劝谏，才改在北宫摆酒。从此，公主、贵人多有超越礼制的地方。卫子夫生了皇子刘据，武帝立了卫氏做皇后。武帝一坐上皇帝的位子，就开始招选天下有文学才智的人才，给予很高的待遇。四面八方上书给皇帝提建议、自卖自夸的人有上千人。皇上选拔了其中优异的人才加以重用。庄助最先得到了重用,后来又有吴地人朱买臣、赵地人吾丘寿王、蜀地人司马相如、平原人东方朔、吴地人枚皋、济南人终军等被武帝所重用。这些人陪在皇帝身边,皇帝常常让他们和大臣们辩论,大臣们常被驳得哑口无言。其中只有东方朔喜欢用幽默的言辞评论事情,皇上把他当戏子养着。东方朔观察皇帝的脸色,说话从不拐外抹角,对武帝的工作大有好处。当时汲黯因事多次直言劝告皇帝,武帝总是宽容地对待他,称他为社稷之臣。一次,汲黯到河内郡(今河南省黄河南北两岸的地方)去,回到朝廷向皇帝报告说:"臣路过河南,看见贫苦的农民因水灾和干旱吃不上饭的有一万多家,有的到了父子相杀吃肉充饥的程度。我当即冒充钦差,发公仓的粮食进行了救济。臣请求您治我假传诏令的罪过。"武帝认为他做了件好事,没治他的罪。武帝时,要求读书人学习《诗》《书》《礼》《易》《春秋》,还设置了五经博士的官名,天下人开始用"五经"教书和学习。开始用夏代的纪年月的方法,把农历正月作为一年的开始。汉武帝迷信长生之术,还派出方士去寻找神仙;又建造柏梁台,制作承露盘;用铜铸成人形当作仙人,铜人高二十丈,用"仙人"的手掌承接露水,再混上玉的碎末,武帝认为喝这种东西可以长生不老。宫室建造也从此开始了。

武帝还开发了南部地区,设置了犍为郡(在今四川宜宾一带),又开发了西部地区,设置由一名都尉官管理(指今四川邛崃、汉源一代的地方),还设置了沧海郡(今辽东等地)。武帝派将军路博德、杨朴等人平定了南越,设置了南海、苍梧、郁林等九个郡(在今广东、广西、海南、越南等地方)。攻打东越,东越投降。武帝因为闽地地势险阻,就把那里的民众迁到了长江与淮河之间的地方,于是那地方就没有人烟了(东越就是今天的福建)。又派车骑将军卫青等人攻打匈奴,收复了河南地方,设置了朔方郡,招募百姓到那儿居住(就是今天的河套地区)。当时卫青多次领兵和匈奴交战,斩首、捕获的人数很多,皇上对他宠幸无比。卫青的姐姐卫少儿和家奴霍仲孺私通,生了个儿子叫霍去病,当年十八岁了。霍去病跟随大将军打匈奴,他带领八百名骑兵离开了大部队去追击匈奴,所斩杀匈奴的人数超出了他所带领的人,被朝廷封为冠军侯。从此后霍去病越来越讨皇帝的喜爱了。匈奴的浑邪王投降了汉朝,皇帝根据汲黯的建议,把他们迁到了陇西(今甘肃东南一带)、朔方(今内蒙古境内)、云中(今内蒙古托克托一带)、北地(在今甘肃东南和宁夏南部一带地方)、上郡(在今陕西延安、榆林一带)。此外,又设置了五个附属国。后来,汉武帝又派卫青、霍去病、李广等人征伐匈奴。这次出兵,李广因迷失道路,失掉了军机而自杀,卫青也没立下多少功劳,只有霍去病捉住了匈奴的贤王、将、相等八十多人,斩下匈奴人头七万四百四十多颗,在狼居胥山祭天,在姑衍山祭地(两山都在今内蒙古),一直进军到了瀚海。如此,匈奴远远逃走,大漠以南再无匈奴政权,因而设置了武威、酒泉、张掖、敦煌等郡。这时武帝对霍去病的喜爱超过了对卫青的喜爱。武帝给霍去病建了住宅,让霍去病去看一下,霍去病说:“匈奴还没完全消灭,我要家干什么?”此后,武帝更加看重他了。武帝将要祭天,亲自率领军队到边境去。出了长城,向北方进军登上了单于台,率领军队十八万,旌旗招展,队伍拉长上千里,匈奴的君主单于害怕了,远远地避开了他们,武帝这才领部队回去了。武帝派张骞去向西域、大夏、大宛、大月氏、康居、乌孙、于阗、安息(伊朗)、身毒(印度)等三十六国出使。于是他从玉门关向西到达聪岭(帕米尔高原和昆仑山、天山西段的统称),一直到达黄河的源头。武帝又派中郎将郭昌、卫广平定了南部,设置了牂牁郡,就是今天的乌蒙山(地处今云南曲靖和贵州毕节地区)等地方。又设置了越隽、沈黎、汶山、武都等郡,就是以今四川的西昌、汉源、茂县、汶川,以及甘肃的武都等为中心的一带地方。后来,武帝又派遣将军郭昌、中郎将卫广灭掉了劳深、靡莫(靠近滇国的两个小部落国),大兵开进了滇国,滇王宣布全国投降。于是把那地方设立为益州郡(今四川和云南部分地区)。又派遣将军荀彘等人领兵攻打朝鲜,设置了乐良、临屯、玄菟、真番四个郡。又开辟了交趾(今五岭以南一带地方),设置了十三刺吏部。武帝派遣苏武等人出使匈奴,匈奴王却扣留了苏武等人。武帝又命令贰师将军李广利攻打匈奴。李广利的部将李陵带领五千士兵深入到敌后,一开始时获得了胜利,后来失败了,于是李陵投降了匈奴。司马迁为李陵辩解,武帝为此很生气,把司马迁交给主管司法的官员判了腐刑(也叫宫刑,刑后不死,变成中性人)。

武帝想要长生不老,喜欢接近方士。他听公孙卿说缑氏城上发现了仙人留下的痕迹,就到缑氏去(在今河南偃师县的东南方)观看仙人的痕迹。武帝到中岳(嵩山)祭山,又向东到海中寻找神仙,又在泰山祭天,在肃然山(泰山的东麓)祭祀了地神,一直走到碣石山(在今河北昌黎县西北),才往回走,走了总共一万八千里。武帝因大造宫室,建高大的楼台馆所,又东征西讨,致使国用不足。他还任用了酷吏义纵、王温舒、赵禹、张汤等人,又任用桑弘羊等人理财精打细算,包揽全国货物运输,东西贵时卖出去,东西贱时买进来,这样富商大贾就没什么利可赚了。武帝又允许人们可拿出粮食给国家换取官做,有罪的人也可拿粮抵罪。官宦人家的子弟或者有钱人犯了法,凡是和他们有关联的人都要受到牵连。给官府送去钱财的可以候补做郎官(皇帝的侍从官),不拿钱的人就被治罪。汉武帝又禁止民间酿酒,官府自己开酒坊而取其利。从前高祖刘邦分封功臣做列侯,总共有一百四十三人,这时让他们献出金银财宝作为皇帝祭祀时的花费,得到后又说他们拿出的金银成色不纯而剥夺了他们的爵位。没被夺走侯爵爵位的仅剩了四人。百姓的日子不好过,偷东西、抢东西的人在社会上多了起来。武帝就让范昆、张德、暴胜之等人领兵打击,光抓住杀头的就有上万人。没被捉住的逃散了,过段时间又回来偷抢。朝廷没办法,于是武帝下了一道死命令:“强盗出现没发觉,即使发觉了抓捕不尽的,两千石(十斗为一石,官员工资以粮合算)以下到小官吏,主管官员都处死。”一时,两千石以下的官员被杀尽了。一次,武帝住在建章宫,他看见一个男子带着剑进入中龙华门。武帝下令抓住这人,结果没有抓到。武帝大怒,斩了管宫门的官,派主管京城治安的官员领着骑兵搜查上林苑和整个长安城(在今陕西西安市西北),闹腾了十一天才完事。此后,巫蛊事件又闹腾起来了。

当初,武帝立皇子刘据为太子,后来卫皇后渐渐失宠,然而太子刘据待人宽厚,做事也谨慎小心,卫后也做事小心从不过分,虽然武帝不再像从前那样对她喜爱,但也找不出什么理由废掉她的皇后位。这时方士、女巫在京聚集了很多,他们用歪门邪道迷惑民众。有的女巫跑到宫中教那些美人们怎样度过灾难,许多宫女屋中都藏有木头人。美人们彼此嫉妒,都用木头人作法互相咒骂。一天,武帝白天睡觉,梦见几千个木头人拿着木棍要打他,于是把他吓醒,从此身体就不舒服了。江充和太子有仇,于是他向武帝说这事和巫蛊有关,武帝就委派他处理这事。后来江充说,在太子宫中搜出许多木头人,还有件在丝帛上写的东西,文字极其恶毒。太子听说了江充的报告很害怕,江充抓他很急迫。太子采用了少傅石德的计策,抓到江充等人杀了。武帝大怒,派丞相领兵抓太子,太子也用兵自卫。相持了五天,太子刘据失败出逃,卫皇后子夫自杀。太子向东逃到湖县,在泉鸠里(在今河南灵宝市境内)的一户人家藏了起来。那户人家很穷,靠卖鞋来供养太子。后来,太子藏的地方被发现,官兵包围起了那地方,太子不得已而自杀,太子的两个儿子也被捉住杀死了。一时,太子的妻子、小妾和其他一些与太子有关的人都被杀死,唯独太子刘据的孙子,后来的孝宣皇帝刘询因为当时年龄太小,被送进监狱才保住一命。后来,田千秋上述辩解太子的冤屈,武帝醒悟过来,可怜太子刘据的无辜,就杀了江充全家。武帝这时才深深悔恨从前的过错,生活上开始节俭,把方士和一些有害民生的人都赶走了。主管官吏向武帝请求在轮台(以今乌鲁木齐市米泉区为中心的地带)东边招募民众在那里耕种粮食作为军粮,又可以阻止西边的国家向东侵地。武帝说:"轮台西边到车师(今新疆吐鲁番和吉木萨尔一带)距离有一千多里,去攻打车师道路遥远又缺乏粮食,死的人数恐怕要有几千人,对我们有什么好处?我不忍看到这种情况出现。今后要做的是禁止苛刻残暴的政令,禁止横征暴敛,把全力用在农业上,只是不放松武备就行了。"从此武帝不再东征西讨,封田千秋做富民侯,让百姓得以休息,增加财富,过好日子。又封赵过做搜粟都尉。

当初,勾弋宫的夫人赵氏生了皇子刘弗陵,这年已经十四岁了。

武帝因事让赵夫人自杀，立了刘弗陵做太子。并让霍光、金日磾、上官杰等人辅佐太子。武帝在位五十四年死了，享年七十一岁。太子刘弗陵即位，这就是汉昭帝。昭帝立为皇帝后，由霍去病的异母弟霍光主持朝政。霍光知道当时主要要做的是什么事，他减轻徭役，降低赋税，让百姓得到休整喘息，和匈奴也和好了，百姓也渐渐过上了安稳的好日子，吃穿也改善了，渐渐有了文帝、景帝当年的样子了。苏武拿着汉朝出使用的符节在匈奴牧羊十九年，这时也回到了汉朝，昭帝封他做典属国(掌管民族间交往事务的官职)。当年霍光的女儿嫁给了上官杰的儿子上官安，生了个女儿这年刚五岁。上官安打算托霍光把女儿送进宫里，霍光认为女孩太小，没同意。盖长公主(长公主有皇帝的姑母以上的辈分)为自己的门客丁外人能够封为侯，就去求上官杰到霍光那里请求，上官杰也求盖长公主去找霍光立自己的孙女做皇后。结果上官杰为丁外人求封侯的事被霍光否决了，因此上官杰怨恨霍光。燕王刘旦自认为是皇帝刘弗陵的哥哥，却没被立为皇帝，心里不服。御史大夫桑弘羊给自己的子弟求封官，没达到目的，也怨恨霍光。于是，盖长公主、上官杰、上官安、桑弘羊都和刘旦串通，假说有人给燕王上书说："霍光私自检阅武装部队，并在道路上有把守的士兵，他还使用了只有天子才有权实行的警跸制度(天子出行，百姓必须避开)。他还擅自增调自己幕府里的校尉(掌特种部队的武官)，他专权，目中无人，怀疑他别有用心。"他们趁霍光不在朝中，在家休息时向皇帝报告。上官杰、桑弘羊还想让公卿大臣议一议这事，说服皇帝拿下霍光。奏书递上，结果皇帝不准。第二天，霍光听说了这事，就逗留在画室不敢上朝去见皇帝。皇帝问道："大将军在哪里?"上官杰说："因为燕王告发了他的罪行，所以不敢进来。"皇帝就下诏令召大将军霍光。霍光上殿，摘掉帽子，跪下向皇帝叩头请罪。昭帝说："将军戴上帽子吧！我知道那封告发信是假的，将军没有罪。"霍光说："陛下怎么知道?"昭帝说："将军到广明都门操练郎官、调动校尉以来不到十天，他燕王怎么会知道？再说，将军要有别的意图也用不着校尉。"这时昭帝年纪才十四岁，尚书(掌殿内文书的官员)周围的人都为小皇帝的聪明感到吃惊。再查找那个上书的人时找不到了,果然逃走了。朝廷追捕他,追得很紧急。上官杰等人很害怕,商量后打算让盖长公主摆酒,邀请霍光去喝酒,在暗中埋伏兵丁杀了他,再废掉昭帝另立燕王做皇帝。碰巧盖长公主的一个门客的父亲燕仓知道了他们的阴谋,把这事告诉了大司农(九卿之一,掌管租税钱谷盐铁等事)杨敞,杨敞又把这事告诉了谏议大夫杜延年。杜延年得知后,向昭帝报告了此事。昭帝下令抓捕上官杰、上官安、桑弘羊、丁外人等人,并把他们的全宗族的人都杀光了,盖长公主和燕王听到消息后都自杀了。因皇后年幼,又没有参与阴谋,也是霍光的外孙女,所以没有废掉。汉昭帝在位十三年,年龄仅二十二岁就死了,没留下后代。大将军霍光根据皇后的命令,接了汉武帝的孙子、昌邑哀王刘髆的儿子刘贺继承了皇位,并尊称皇后为皇太后。这个皇帝因在居丧期间无礼,在宫中搞淫乱,霍光和田延年、张安世等人用太后的诏令废掉了他,商议另立皇帝。

当初,武帝卫皇后的儿子太子刘据纳史良娣(太子之妾叫良娣)生了个儿子称为史皇孙。皇孙的王夫人,生了个儿子叫刘病已(即刘询),称为皇曾孙。曾孙刚出生几个月,就遭到巫蛊事件的牵连被关进监狱。丙吉正管着那座监狱,他心里明白太子刘据是冤枉的,可怜皇曾孙,就挑选了个细心厚道的女犯人侍候着皇曾孙。望气的人说长安的监狱中有天子气,武帝就派人到监狱去,打算不管那里的犯人罪轻罪重都杀光。所派的人到了狱门口,丙吉关紧大门不让他们进去,说:“有天子气的人只有一个,其他人无罪不可以杀害,何况里面还有皇帝的曾孙子呢!”那些人回去报告给武帝,武帝也醒悟过来了,于是赦免了他们。朝廷大臣张安世的哥哥张贺曾经在太子刘据那里当过差,后来,他为皇曾孙刘询介绍了宫廷内织染部门的一个管事的,名叫许广汉的女儿做妻子。到这时,丙吉对霍光说起皇曾孙刘询的优点,年龄十八岁,通晓经学,行为稳重,脾气温和。霍光点头称是,因此霍光和太后商议后,就把刘询作为了昭帝的继承人,这就是汉宣帝。宣帝立了许氏做皇后。霍光的夫人名叫“显”,显想让自己的小女儿成君显贵。正赶上许皇后怀孕生了病,女医淳于衍进宫给许皇后治病。显乘机对淳于衍说:“霍将军最疼爱成君,如今皇后要生孩子,如果用毒药毒死她,成君就有可能成为皇后。事如果办成,我和你共享富贵。”于是淳于衍配了药丸给许皇后吃下,许皇后吃了药,过了一会儿说:“我的头胀痛、烦闷,药里该不会有毒吧?”淳于衍说:“您放心吧,绝没有毒。”最后,许皇后越折腾越厉害,死了。这时有人向皇帝上书请求:凡是给病人治病的医生,治死人的都要关进监狱。这时显又害怕又着急,就把她所干的事都告诉了霍光,她说:“这事已经做了,千万不要派人去抓淳于衍。”霍光大吃一惊,想要揭发她,又不忍心。霍光就和宣帝商议,决定淳于衍不在惩罚之列。显于是劝霍光把小女儿送进宫去,宣帝就让她做了皇后。等到霍光死后,汉宣帝开始自己主持朝政,显和霍禹、霍山、霍云等人的职权被渐渐剥夺,这使他们很不满意,于是出了一计,想让太后摆酒,借请大臣们吃酒的机会把丞相平恩侯以下的人都杀掉,然后废掉宣帝,让霍禹(霍光之子)做皇帝。结果事情败露,霍云、霍山、霍明友自杀,霍禹被判腰斩,显的女儿们和兄弟都被在街市上砍了头,受霍氏牵连被全家杀光的有几十家。皇后霍氏也被废掉,那个告密的人被封为了列侯。宣帝小的时候,实在是靠丙吉才保住了性命,而丙吉从来没在人前说起他如何如何保护过皇帝。宫中有个女仆说自己曾经对皇帝有保护养育的功劳,并说丙吉知道这事。宣帝亲自过问,才知从前丙吉对他有恩,丙吉却始终不肯说。宣帝认为丙吉很贤德,于是封丙吉和张贺的儿子张彭祖等人都为列侯(是爵位最高的侯)。

汉宣帝励精图治,赏罚分明,政事平稳,没有冤假错案,官吏也都称职,百姓安居乐业,郡县的官吏都能坐稳位子。宣帝任用赵充国做将领,西羌(羌族)地区也没有人反叛了,匈奴的呼韩邪单于也来到汉朝朝见皇帝,边境没了战事。宣帝任用朱邑、龚遂、尹翁归、黄霸、张敞等人做太守,汉朝的好官在这时多了起来。可惜,凭着赵广汉的廉明,盖宽饶的清明正直,韩延寿的恩德、信义,杨恽的廉洁,还避免不了被杀的结局。这是宣帝受了申不害、韩非的“刑名学”的影响。皇太子对人仁爱温顺,喜欢儒学,看见宣帝用了许多制定法律条文的官吏,用"刑名"统治天下,于是就在一次陪宣帝吃饭时,不紧不慢地说:"陛下应该多用儒生。"宣帝变了脸色说:"我们汉家自有制度,庸俗的儒生在我这里没什么用。他们喜欢厚古薄今,让人分不清楚名称和实际的关系,不知道要掌握的是什么,这样的人怎么能用?"宣帝接着又叹息说:"乱我家的一定是太子了!"因为这个太子是许皇后所生的,所以没被废掉。后来宣帝病了,躺在床上,他把史高、肖望之、周堪叫到床前,诏令他们在他死后辅佐朝政。汉宣帝在皇位二十五年死了,太子刘奭即位,就是汉元帝,他立婕妤(宫中女官名)王氏做了皇后。

当年,还在汉宣帝时代,皇太子刘奭所宠爱的司马良娣病死了,太子像掉了魂似的闷闷不乐。宣帝让王皇后挑选后宫嫔妃娘家人的女儿,选中了元城县(在今河北大名东)的王政君,把她送入太子宫。政君是从前的绣衣御史(西汉用以捕治讨贼,处理重大案件的官吏)王贺的孙女,她当年就生下了后来成为汉成帝的刘骜。这时确立了王政君为皇后,刘骜做太子,也为后来王莽篡夺君位埋下了祸根。元帝头脑不够灵活,优柔寡断。当时有肖望之、周堪和刘更生,以及侍中金敞等人同心辅佐他。宦官弘恭、石显对这些人十分顾忌,他们对元帝说,肖望之这些人结党营私,想要专权,请元帝允许把这事告知廷尉(九卿之一,掌刑狱)。元帝不知"告知廷尉"就是要把这些人送进监狱,就点了头。后来元帝召周堪、刘更生,左右的人对他说:"他们已经被抓进监狱里了。"元帝大吃一惊,让人把周堪等人放出来,恢复原职。弘恭、石显等人又说坏话,最后竟罢了周堪等人的官职。元帝非常器重肖望之,想让他做宰相。弘恭、石显又说肖望之的坏话,又把肖望之关进了监狱,肖望之在狱中自杀了。元帝听到这消息后,大哭一场,茶饭不思,使他身边的人也受到了感动,然而始终对弘恭、石显等人没办法。这一年弘恭死了,元帝就任用石显做了中书令(官名,总管宫廷文书、奏章)。当时,京房向焦延寿学习《易》,总是说灾异有灵验,元帝很喜欢他。有一次元帝请京房吃饭,京房和元帝说话,含蓄地说石显将要乱天下。元帝说:"我明白。"石显知道了以后,就又说京房的坏话,于是京房也被抓进监狱,后来又在闹市被砍了头,京房的妻子、孩子被迁到边远的地方。匈奴的郅支单于杀了汉朝的使者,向西跑到了康居国。西域副校尉陈汤假传皇帝的命令和都护(监管少数民族地区的官)甘延寿一起领兵在康居袭击了匈奴郅支单于,并杀了他,带着首级到了京城。匈奴呼韩邪单于听到这消息后,又高兴又害怕。他上朝说自己愿意娶个汉人的妻子,元帝就把后宫的王嫱,表字叫昭君的女人给了他。单于道谢后就回去了,他把昭君改称为宁胡阏氏。甘延寿、陈汤到了京城等着论功行赏,石显却要治他们假传皇帝命令的罪,刘向极力在皇帝面前为二人申辩,才赦免了他们的罪,给他们记了功。

元帝在位十六年死了,皇太子汉成帝刘骜继承了皇位,元帝的皇后王氏成了皇太后。成帝封大舅王凤做了大司马、大将军。石显因罪罢官,遣送回乡,死在了路上。成帝把许广汉的侄女封为皇后,她和班婕妤一起受到宠爱。班婕妤很有才能,常常纠正成帝的过失。后来成帝到阳阿主家里去,看见了能歌善舞的赵飞燕动了心,召他入了宫。后来又把赵飞燕的妹妹赵合德也召入宫中,她的容貌性情都超过了姐姐。姐妹俩都被封为婕妤(宫中女官名,是皇帝地位较高的妾),在后宫的女官中十分显贵。后来这两个婕妤诬告许后和班婕妤咒骂皇上,因此许皇后被废掉。当拷问班婕妤时,她回答说:“妾听说生死全凭自己的命运,富贵在于天赐。善良正派还没得到福享,想着干坏事还有什么指望?假如鬼神有知,就不会接受不忠的臣子的诉说。如果鬼神无知,向鬼神诉说还有什么用?”汉成帝觉得她回答得很好,赦免了她。班婕妤害怕这样下去对自己不利,打算离皇帝远点,就请求到长信宫去侍候太后,成帝答应了。于是成帝立赵飞燕做皇后,赵合德做昭仪(当时的女官名,地位仅次于皇后)。成帝在宫内被淫后、妖妃所迷惑,朝政又被他舅舅家把持,政事都由王凤决定。王凤死了,又由王音做大司马掌政事。王音死了,又由王商做大司马。王商死了,又由王根做大司马主持朝政。王根因病辞职,于是由太后的弟弟王曼的儿子王莽做大司马掌政事。王莽想提高自己的名声,有意降低自己的身份与人相处,生活也很简朴,他把自己封邑的钱拿出来赏赐给了有各种技能的士人。

刘向多次向成帝反映王莽的所作所为,成帝却无动于衷。成帝一向身体很好,但因和赵合德房事过多而死,在位二十六年。皇太后命令王莽调查皇帝的死因,赵昭仪因此自杀。不久赵皇后也被废,贬为平民,后来也自杀了。

成帝没有儿子,因此定了汉元帝的孙子、定陶王刘康的儿子刘欣作为接班人,这就是汉哀帝。哀帝追尊定陶共王为定陶共皇,尊定陶王太后傅氏为定陶共太后,尊自己的生母丁姬为定陶共皇后,立傅太后堂兄弟的女儿为皇后。封丁明、傅晏做列侯,都拜为大司马掌管朝政。罢了新都侯王莽的官,让他回到自己的封地去。侍中董贤年少美丽,哀帝很喜欢他,赏了他许多钱财,还被封为高安侯,一时显贵得震动了朝廷上下。董贤的妻子和妹妹都长得漂亮,哀帝准董贤的妻子可随意到皇宫去,又封董贤的妹妹做了昭仪。这样一来,夫妻兄妹都受皇帝的宠爱,他们的话皇帝没有不听的,甚至哀帝说过打算让位给董贤的话。丞相孔光等人像觐见皇帝一样觐见董贤。哀帝为显示威严,多次杀大臣。然而,汉哀帝在宫内受傅皇后控制,又过度宠爱董贤等人,听信谗言憎恨忠臣,汉朝的统治开始动摇了。汉哀帝在位六年就死了,也没有儿子。太皇太后王政君又召回新都侯王莽帮助处理丧事。并收回董贤的官印,把他罢官赶回了家。回家后当天董贤就和妻子自杀了,家里其他人被迁到合浦。王政君让王莽做大司马,监管尚书(往来于皇帝和丞相之间呈递奏章)的事。迎接汉元帝的孙子、中山王刘箕的儿子刘衎坐上了皇帝位,当年才九岁,这就是汉平帝。太师孔光、大司徒马宫等人极力称赞王莽的功德可以和周代的周公相媲美,把王莽叫作安汉公。汉平帝娶了安汉公王莽的女儿做了皇后,王莽的长子王宇劝王莽把主管朝政的权力交给平帝的舅舅卫氏家,并偷偷地和卫宝通书信。这事被王莽发觉,就杀了王宇,并杀光了中山王王后的全家,又杀了敬武公主、汜乡侯何武、前司隶(巡察京城附近及重要地方的七个郡的官员)鲍宣等几百人,震惊了全国。由于伊尹为商朝的阿衡,周公为周朝的太宰,所以王莽自称为“宰衡”。有人提议把新息、召陵二县和新野的田地加给他,他假意不接受,却接受了算是朝廷所给的九种器物(九锡)。这时皇帝年龄稍大了,因母亲卫氏家被王莽杀光,常在王莽面前露出不高兴的神色。王莽就趁着年终祭祀百神的日子送给平帝椒酒,里面放了毒药。平帝中了毒有了病,王莽就在天子祭祀天神的台上放上任命官员、授予爵位的策书,要替代皇帝。后来又把策书放在金縢柜里,安置在大殿前,朝臣们都不敢说什么。汉平帝在皇位五年被王莽害死,年龄仅十四岁。当时的辉光郡谢嚣上报说:武功县(在今陕西省)官员孟通挖井挖出一块白石,上头圆,下面方,上有红色的字写着"告安汉公莽为皇帝"。于是群臣向太后奏请让安汉公坐上皇帝位,作为代理皇帝,太后不答应。太保(古三公之一)王舜对太后说:"事情已经这样,没有办法了。"太后终于答应了。王莽于是坐北朝南来见群臣,又在城郊祭祀了天地神灵。汉平帝没有儿子,王莽就立了汉宣帝的玄孙,广城侯刘勋的儿子刘婴为皇太子,当年仅两岁,叫作孺子。

安众侯刘崇和相国张绍起兵讨伐王莽,有一百多人进攻宛县,没有得胜,战死了。东郡(在今山东和河南的部分地区)太守翟义和都尉刘宇、陈丰等人领兵向西进军去除王莽,选出汉朝宗室的子孙严乡侯刘信做天子,并把声讨的檄文送到各郡、各诸侯国,讨伐的军队集结了十万多人。王莽听到这个消息后,吓得吃不下饭了。王莽派王邑等人领兵回击翟义军,王莽说:"从前的周朝周公主持朝政,有管叔、蔡叔挟制商纣王的儿子武庚搞叛乱,如今翟义也挟制刘信作乱。自古像周公这样的大圣人还怕这个,何况像我王莽这样的人呢!"群臣都说:"不出这样的事情也显不出您的圣德。"于是王莽就学周公作《大诰》,告诉天下人将来还要把君位还给刘孺子,又派军队攻打翟义,把翟义打败了,翟义战死,刘信逃走。都城附近地区的豪杰赵朋、霍鸿起兵响应翟义,也被王级消灭,各县都平息了。王莽自认为威信已成,有了好运气和人的帮助,于是打算做正式的皇帝了。梓潼地方的人袁章来到长安,他自制了两个铜匣送了上去。一个匣子上写着"天帝行玺",另一个写着"赤帝玺",说是天帝和汉高祖传皇帝位给王莽。王莽于是做了真皇帝,把国号定为"新",自称新皇帝。因孺子只是做太子,汉王朝皇帝的那块玉玺放在长乐宫太皇太后那里，王莽就派王舜到太皇太后那里去要。太皇太后王政君不肯给他，并愤怒地骂道：“你们父子和整个家族是靠汉家的力量才世代富贵的，如今不想着报恩，反倒趁人家是孤独的小孩子时夺人家的江山，天下哪有你们这样的兄弟呢？我是汉家老寡妇，早晚要死，我和那块玺一起埋到地底下去。”王舜几次去都没有拿到玉玺。后来，他对太皇太后说：“王莽一定要得到传国玉玺，太皇太后难道就一直不给吗？”太皇太后怕王莽胁迫她强抢，就拿出玉玺扔到地上，说：“我老了，要死了，知道你们兄弟快要灭族了。”王莽更改太皇太后为新室文母太皇太后，废贬孺子为定安公，改孝平皇帝刘衎的皇后为定安太后。孺子婴没当上皇帝，在虚位三年。西汉总共是十三个皇帝两家君主。从汉高祖刘邦乙未年(公元前 206 年)起到孺子婴戊辰年(公元 8 年)结束，共二百一十四年，被王莽篡夺。徐乡侯刘快发兵讨伐王莽，失败战死。东汉光武帝元年，平陵人方望等人起兵，立孺子婴做天子。淮南王派出将领领兵击败方望军队，并杀了方望等人，这是后话。

第十二章　二百年遭王莽篡国杀君

话说从汉高祖登上皇帝宝座传到二百多年后,被王莽用毒酒药死了汉平帝,又篡夺了孺子婴的政权自己做了皇帝。那时他牵着孺子婴的手,流着眼泪长吁短叹,孺子反而面向北向他称臣,朝廷上的百官没有不被感动的。王莽的女儿安定太后,常常称说有病不和王莽见面。她当时年龄还不到二十岁,王莽想让她再嫁人,就更改称号叫她为“黄皇室主”,想用这种方法摆脱和汉王朝的关系。安定太后大怒,坚决卧床不起来,王莽也不再勉强她。王莽毁了汉王朝皇帝的七代祖庙,修了王氏自家的九庙,每座庙纵横四十丈,高十七丈,费用几百万金钱,为修庙死的劳力有几万人。又把汉朝的诸侯王贬为百姓,把原刘氏皇族有官位的人贬为普通官吏。王莽的母亲功显君死了,王莽没有悲痛的表情。王莽自认为自己承接了汉的天下做了天子,只为母亲做了披缌麻孝这种丧服最轻的一种,就像天子吊孝诸侯的丧服。他让他的孙子新都侯王宗做丧主,服丧三年。后来太皇太后王政君死了,王莽反而为她服丧三年。王莽又听信谗言杀了嫂子和侄子王光。王莽的孙子王宗自己画了容貌,穿戴上皇帝的衣服、帽子,被发觉后自杀了。王莽的妻子死时,王莽的太子王临密谋杀王莽,事情被发现后王临自杀了。王莽喜欢有所作为,喜欢仿古制,他说:“古时候一个壮男子可耕百亩田(只相当于现在的三十亩),用十分之一的粮食交纳赋税。从秦朝时破坏了圣人规定的制度废除了井田,势力强的人拥有田产上千亩,弱者竟连立个锥子的地方都没有。又把奴婢像牛马一样赶到市场上贩卖,不顾天地的本性以人为贵的大义。如今称全天下的田地都叫‘王田’,奴婢属于自己,都不可买卖。一家里男子人口不满八人,而田地超过一井

（九百亩）的，分出多余的田给亲戚或邻里缺少田地的人。如果有违反井田圣人制定的制度的人，就要把他流放到荒远的地方去。”于是部分富有的人田产保不住了，贫民仍没有生活来源。

当初，王莽打算篡夺政权时，一些做官的和百姓都争着拿出说是“天赐的祥瑞，天命应归王莽”这种可作物证的东西献给他，那些献物证的人都被封为侯了。那些没献物证的人，见了面逗趣说：“你没发现天帝命王莽做皇帝的证书吗？”献的人多了，时间一久，王莽也厌恶了。王莽登基做皇帝第一年的秋天，派五威将王奇等十二人，向全国颁布所谓的“天帝命王莽做皇帝”的文字二十四篇，其中有十四篇文字也送到了边远的少数民族地区。以后再有谈论五威将所颁布的以外物证的人，要受到处罚。王莽好说大话，仰慕远古的封建制，封了许多有爵位的人，大多封在荒无人烟的地方，所以许多诸侯也很穷。王莽想让匈奴知道他的厉害，派遣孙惠等人率领十二个将军，分道领兵出击匈奴。这事遭到严尤的劝谏，可王莽不听，积极准备战争。近郡兵源征集不到，因有些青壮年人当了盗贼流亡在外。北部边境从汉宣帝以来，几代人都没有经历过战火，人口发展起来了，牛马遍野。王莽派兵到了那里，单于发怒说：“我们前世的单于受汉宣帝的恩惠，不能忘记。如今的天子不是宣帝的子孙，怎么可以做皇帝？”于是他派兵分成几队进入边境，杀了那里的郡守、郡尉，掠夺那里的官民，边境的百姓死的死逃的逃，几乎没有了。王莽派遣五威将王骏、李崇等人到西域去筹集军粮。焉耆国（在今新疆焉耆县一带）假装投降，而事先早有了准备。王骏的兵马一到，焉耆埋伏的士兵立刻出击，杀了王骏等人。王莽大量招募士兵攻打匈奴，并下令说：“有敢在战场上做逃兵的，立即斩首。”于是杀了许多人。在民间，当时有个谣言说黄龙从天上掉下来摔死在黄山宫中，当时去观看的百姓有上万人，王莽命令士兵把他们都抓起来杀了。当时自然灾害很严重，蝗虫飞起来遮住了天空。百姓没什么吃的，到了人吃人的地步。夏天下霜，草木都枯萎了。王莽定的法令制度非常苛刻，相熟的人见面伸手打个招呼也犯禁，于是有些人造反了。临淮（今江苏盱眙一带）人瓜田仪等人在会稽长洲（今江苏苏州）起义。琅邪郡海曲县（在今山东日照西南）女子吕母召集了几千人，杀了海曲县令，在沿海一带活动，最后发展到几万人。

荆州（汉水之南，以今湖北襄阳为中心的地方）闹灾荒，有人开始抢食物。新市（今湖北京山县东北）人王匡、王凤聚集了几百人，在外逃亡的马武、王常、成丹等人都投靠了他们。他们隐藏在绿林山中，几个月就发展到七八千人。琅邪郡的樊崇在莒县（今属山东省）起兵有一百多人，一年中发展到了一万多人。东海郡（以今山东郯城为中心的一带地方）的刁子都组织军队偷袭徐州、兖州（以今山东金乡县西北一带为中心的地方），王莽派兵去攻打，没能取胜。函谷关以东的地区灾荒闹得很厉害，到了人吃人的地步。南郡（以今湖北江陵为中心的地带）的秦丰也起兵造反。平原郡（在今山东省西北一带）女子迟昭平也召集了几千人，在黄河边起事。樊崇等人的部队渐渐占领了一些地方，并互相约定："无故杀人的处死刑，伤人的也要负一定的责任。"王莽派他的军师王匡、更始将军廉丹前去攻打樊崇等人。樊崇等人怕在战斗中短兵相接时自己人和敌人分不清，于是把自己人的眉毛涂成红色加以识别，因此被称为"赤眉军"。王莽的将领王匡、廉丹率领十多万精锐部队，他们所经过的地方，放任他们的士兵强奸、掠夺。函谷关以东的民众当时都说："宁可碰上赤眉军，不可碰上太师军。太师尚可，更始杀我。"赤眉军后来打败了更始将军廉丹的军队，并杀了廉丹。新市人王匡等人的军队攻打随县，平林（在今湖北随县东北）地方的人陈牧、廖湛也发动了一千多人的队伍，号称平林军，来响应新市人王匡等人的军队。

当年汉景帝的第十个儿子长沙定王刘发的第四代孙子名叫刘钦。刘钦娶了湖阳县（今河南唐河县）人樊重的女儿，生下三个儿子，即刘縯、刘仲和刘秀。刘縯表字叫伯升，性格刚毅、慷慨，很注重社会上的大事，在社会上也很有名气。刘仲在刚开始战乱时，在小沛（即今江苏沛县）战死。刘秀长得高鼻梁，额骨中央突起，喜欢种庄稼的活计。刘縯常常嘲笑刘秀，把刘秀比作汉高祖刘邦的哥哥刘仲。有一次刘秀去了穰县（今河南邓州市），穰县人蔡少公给人相面，说："刘秀应当称为天子。"有人问："是那个国师公刘秀吗？"（这个刘秀是汉元帝、汉成帝时的大臣刘向的儿子刘歆,后改名叫刘秀,当时封为王莽的国师,是王莽设置辅佐皇帝的官职,这个刘秀被封为嘉新公)刘秀开玩笑说:“怎么知道说的不是我呢?”在场的人都大笑。宛县(今河南南阳市)人李守也懂相面、算卦,曾经对他的儿子李通说:“姓刘的还能做皇帝,姓李的是辅佐的臣子。”等到新市、平林地方的人组织了武装部队,南阳那里也有人行动起来了。李通的叔伯弟弟李轶对李通说:“如今四面八方的人都有所动作,汉朝应当恢复。南阳郡的汉朝宗室唯独刘伯升兄弟能够善待普通人,接受普通人,可以和他们商量大事。”李通笑着说:“我也是这个意思。”赶到刘秀到宛县卖谷子,李通派李轶去接刘秀,和刘秀定下等刘秀回到南阳郡白水乡(今湖北枣阳西南的蔡阳),就在那里起兵,组织军队。刘缜召集了才智出众的人商议、谋划,并分别派出心腹人到各县去组织军队。刘缜组织起白水乡的子弟,不久这些人都害怕逃走了。等到看见刘秀穿着深红色的大衣,戴着大帽子,大家都惊讶地说:“谨慎厚道的人也这样呀!”人们悬着的心才逐渐安定下来。总共有七八千人加入了队伍,自称为“柱天都部”。刘秀当年二十八岁。刘缜让本宗族的人去招降新市和平林的队伍,他们杀了湖阳县县尉,并进军攻占了棘阳(在今河南南阳市南)。李轶、邓晨都带领自己的宾客去和他们会合,不久又会合了下江王常的队伍,在一天夜里偷袭了蓝乡(在今河南新野县东部),夺取了那里的全部军用物资。这时,汉兵已发展到十多万人了。各路将领一起商议,打算立汉朝皇帝的后代做主人。南阳的豪杰们想立刘缜。这时汉景帝的第七世孙刘玄(刘秀兄弟与他同宗,都是汉景帝的孙子刘买的后代,属汉皇族第九代)在平林军中,号称更始将军。新市、平林军的将领们惧怕刘缜的威名,就抢先立了刘玄,然后向刘缜说明了他们的意思。刘缜认为应暂且称王,等到消灭了王莽,招降了赤眉军后再称皇帝,众人不同意。众人于是立了刘玄做了皇帝,当年号称为更始元年。刘玄坐北朝南面见群臣,羞愧得直流汗,举着手不能说话。刘玄拜刘缜为大司徒、偏将军。刘秀等人攻占了昆阳、定陵和郾县。

王莽派遣王邑、王寻率军平定关东地区,征召懂兵法的六十三人准备作为军事人才使用。又让高大块头的巨无霸做了垒尉，掌管营垒之事。巨无霸身高一丈二，腰围有十个双手拇指与食指合拢起来那么粗，他的身子大车装不下，三匹马拉不动，有驱赶猛兽的力气，王莽用他在阵前助威。王莽的军队号称百万，围住了昆阳（今河南叶县）。刘玄方面的将领见敌人来的又多又强，非常害怕，都想分散开来各守各的城。刘秀说："现在我们人少，军粮也不足，敌人却很强盛，咱们合力抵抗它，还有希望抵挡得住。如果分散开来各守各的，力量就弱了。昆阳城一旦被他们攻下来，再把我们各个击破，我们就彻底完蛋了。如今不想着同心合力抗敌，反而只考虑自己的妻儿财产吗？"一些将领发怒了，说："刘将军怎么敢说这样的话！"刘秀笑着站了起来，领着自己的队伍到了城北。那些将领不安起来，又请回刘秀商量对策。刘秀再次给他们讲了成功与失败的大道理，大家都说："就依你这么办吧。"当时昆阳城里兵力只有八九千人，刘秀让王凤、王常把守昆阳城。当天夜里，刘秀和李轶等十三个骑将从城南门出去，到外面招兵买马。当时王莽的军队在城周围有近十万兵力，刘秀等人险些没冲出去。王莽将领王邑、王寻带兵包围昆阳。严尤对王邑说："昆阳城小，却很坚固。这样不如先打宛城（今河南省南阳市），宛城打下来了，昆阳自然垮了。"王邑没有采纳严尤的计策，大兵包围着昆阳几十里。王凤等人要求投降，王邑不接受。严尤又说："兵法上说，'大军围城必然有空隙围不住的地方'，不如就让他们逃出来，用来震慑宛城一带地方。"王邑还是没采纳严尤的意见。刘秀到了郾县（今河南郾城）、定陵（在郾城西北），从那里发兵，他自己带领步兵、骑兵一千多人作为前锋。王邑、王寻也派兵几千人来和刘秀军对阵。刘秀打败了来敌，杀了几千个敌人。那些将领高兴地说："刘将军通常遇见小敌胆怯，如今遇见大敌却很勇敢，真是怪事。"刘秀等人又向前进军，王邑、王寻的部队向后撤退。刘秀和各路人马一起出击，胆子更大了，士兵奋勇杀敌。最后杀了王邑。昆阳城里的人也敲锣打鼓，大喊着杀出城外，这样里外夹击，惊天动地，王莽的军队被打得大败，死了几万人。这时又赶上刮大风、打雷，房屋顶上的瓦片都被刮飞，下着瓢泼大雨，大河的水都向外溢出，王莽的士兵又淹死了几万人。王邑、严尤渡河逃走，刘秀的部队获得了王莽部队丢下的全部军用物资。这时天下的豪杰都起来响应刘秀，杀了所在地的官员和郡太守，自封为将军，使用汉朝的年号，等着汉朝皇帝正式任命官位。岑彭把宛城献给了玄汉皇帝，刘玄进驻宛城，把它作为了国都。刘秀又向颍川郡（今河南中部和南部地）进军，冯异所管辖的五县投降了刘秀。王莽听到这个消息后非常害怕，但在外人面前却装得满不在乎，他染了自己的头发和胡子，娶美女杜陵（地处今陕西西安东南部）人史氏做皇后，王莽亲自迎接，举行了新婚夫妇一同吃饭的仪式。这时大风刮倒了大树，大臣们向王莽祝寿。此后，王莽天天和道士混在一起考查、验证道术是否灵验，天天吃喝玩乐。一天，王莽听说汉兵纷纷议论他用毒酒杀害汉平帝的事，就把大臣们召到王路堂，打开所谓为平帝向上天请命的金盒子，拿出里面的文书流着眼泪给大家看。王莽的卫将军王涉和国师刘秀、大司马董忠等人一起谋划，打算控制住王莽向刘玄投降。不久，反叛王莽的事被王莽发觉。王莽召来董忠，让人一寸一寸地割肉，割死了董忠。刘秀和王涉知道事已败露，自杀身亡。

王莽因为自己的军队被打败，有些大臣又背叛了自己，就忧愁烦懑地吃不下饭，只是喝酒，吃鲍鱼，看军事文书，困了、累了就倚靠着小几休息，不再枕枕头睡觉了。刘玄派上公（位在大司马、大司徒、大司空之上）王匡攻打洛阳，大将军申屠健攻打武关（在今陕西商南县西北），这使王莽朝野大为震动。杞县人（今河南西峡）邓晔、于匡也拉起了队伍响应刘玄，打开武关迎接汉兵。其他各县大户人家也各自起兵，自称为汉朝将领，会集到城下。王莽更加忧愁，没了主意。大司空崔发对王莽说：“古时候，国家有大灾，就用哭声来消除它。应向天求救！”于是王莽就带领群臣到南郊，向天陈述了受命为皇帝的本末，接着仰天大哭，一直哭到没了力气，就趴在地上磕头。后来还拉了一些百姓跟他一起从早到晚地哭，并为他们预备了粥饭，百姓中哭得厉害的就封给郎官（皇帝的侍从官）。一时间，郎官人数达到五千多人。又封将军九人，称号上都带有“虎”字。当时府库还有六十多万斤黄金，王莽赐给九个虎将每人四千钱，但人们还是没有为他作战的斗志。王莽又赦免了京城中的在押囚犯，并杀猪喝猪血和囚徒们发誓说："有不为我王莽出力作战的人，土地神会记得他的罪过。"但还是于事无补，不久这些人都被打败逃走了。汉兵挖了王莽的祖坟，烧掉棺椁，也烧了宣政、讲学的场所，大火照得长安城通红。汉兵紧接着攻打长安（在今陕西省西安市西北），从宣平门进入，大火烧到掖庭（嫔妃居住地）。王莽为躲避大火，跑到宣室前殿，大火又烧到了那里。当时正是九月天，王莽穿着件青里带红的单衣，手拿虞帝的匕首，围着座席转了一圈，对着北斗星的方向坐下，说："上天让我做皇帝，汉兵能把我怎么样？"第二天天亮，群臣扶着王莽到渐台（水中高台）。汉兵随后包围了渐台。大约下午四五点钟的时候，大兵攻到台上，商人杜吴杀死了王莽，校尉割下了王莽的头，一些士兵纷纷过来抢夺王莽的尸身，为此互相残杀，死了几十人。王莽的头被送到宛城，挂在闹市中。一些百姓用东西砸他的头，还有的人割下他一块舌头吃掉。王莽三十八岁任大司马，五十一岁代理政事，五十四岁成了真皇帝，六十八岁被杀，窃取皇位十八年。汉上公王匡攻下了洛阳，斩了王莽的将领王邑和哀章。成纪人（今甘肃秦安一带）隗嚣和周宗等人也拉队伍响应刘玄，并向各郡、国散发声讨檄文，领兵十万攻下了陇西、武都等郡（今甘肃南、西南部）、茂陵（今陕西兴平市）。公孙述在成都起兵，自称辅汉将军，兼任益州牧。淮南人李宪在庐江（以今安徽合肥为中心的一带地方）拉起军队，自称为王。安定郡三水人（今宁夏同心县）卢芳，谎称是汉武帝的曾孙刘文伯，占据了平凉（今甘肃平凉一带）等地，和匈奴族和亲，被匈奴称为汉帝。刘玄封汉文帝之子梁孝王刘武的八代孙刘永为梁王，在所在地拉起队伍，打下了济阳郡、山阳郡等地（以今山东定陶、金乡一带为中心之地），梁王任用董宪、张步为将，于是在中国东部发展势力。新市和平林军的一些将领，因刘縯兄弟的威名越来越大，于是劝刘玄把他们除掉。刘縯的部将刘稷听说后，愤怒地说："本来拉队伍干大事的是伯升（刘縯的字）兄弟们，刘玄是干什么的？"刘玄抓住刘稷要杀了他，刘縯坚决为刘稷争辩。李轶、朱鲔于是劝刘玄连刘縯一起杀掉了。刘秀从父城（今河南宝丰县东）乘车到宛县，因哥哥的事向刘玄表示歉意。以司徒为首的一些官员向刘秀表示哀悼，刘秀却没说一句话，对自己在昆阳所立下的功劳也没说一句。他不敢为刘缜穿丧服，一切举止表现都和平时一样。刘玄也觉得对不住刘秀兄弟，于是拜刘秀为破虏大将军，封为武信侯。

刘玄打算把都城迁到河南洛阳，于是让刘秀做司隶校尉（司法官员），派他先到洛阳整修宫府。刘秀培植了所属的官吏，公文下发和从前一样。洛阳一带的官吏在迎接刘玄时，看见一些将领经过都戴着头巾、穿女人穿的衣裳，没有不笑的。等到见到刘秀手下的官员，都十分高兴，有的老官吏流着眼泪说："想不到今日又见到汉朝官员的威仪了。"人们对他们有了好印象。刘玄拜刘秀行使大司马的军权，拿着皇帝派遣的凭证——符节到黄河以北安定、抚慰各州各郡。刘秀到了河北，经过各郡县进行考察官吏，该升官的升官，该撤职的撤职，按官员的能力大小任用，并合理地调拨使用囚犯和服劳役的人。废除了王莽时期的政令，恢复汉朝官制。当地的官民都非常欢喜，争着拿出酒肉慰劳刘秀一行人，都被刘秀推辞掉了。南阳的邓禹拄着拐棍追赶刘秀，一直追到邺县（今河北临漳县北）。刘秀说："我能给人封官，你远道而来，难道是想做官吗?"邓禹说："我不是想当官，只是希望有个圣明的君主能治理好国家，使我邓禹有机会出点微薄之力，在史书上留下功名就行了。"邓禹又进一步说："如今关东一带还没平定，赤眉军、青犊军（都是农民起义军）还有上万人，刘玄只是个平庸的人，没有主见。那些将领也没有有能力的人，人人都只顾钱财和妻子儿女，没有远大的抱负，社会不安定。您一向有美德、大功，军事和政事管理得井井有条，赏罚分明，天下人都信服您。为您考虑，不如招揽天下的英雄豪杰，顺应民心，重创高祖功业，拯救万民。凭您的才干，天下不难平定。"刘秀非常高兴，于是邓禹常在刘秀身边商议事情。刘秀在提拔任用将领时，总是征求邓禹的意见，所任用的将领都担当得起自己的责任。刘秀自从哥哥刘缜被杀后，常常自己独居一处，不喝酒不吃肉，在床上流泪。只有主簿（掌管文书、簿籍、印鉴的官员）冯异私下里宽慰劝解他，刘秀阻止他说："卿不要乱说。"冯异于是进一步说："刘玄政令混乱，百姓无法依从。对于长久饥渴的人，只要能吃饱喝足就行。如今趁着您可以不必请示皇上独立行使权力的机会，应该分别派出官员到各郡各县去对百姓进行安抚。"刘秀照他的意见做了。骑都尉耿纯在邯郸去见刘秀,后来刘秀见他领兵的法令制度和别人不同,于是很看重他。

还在王莽当政的时候,长安城里有个人自称是汉成帝刘骜的儿子刘子舆,王莽把他抓住杀了。这时邯郸的算卦人名叫王郎的因此谎称自己是真正的刘子舆,许多百姓都信以为真,于是拥立王郎做了天子。赵国以北、辽东以西都归顺了他。这时上谷郡太守耿况派自己的儿子耿弇到长安去,耿弇当年二十一岁,路过宋子正赶上王郎起事,跟随耿弇的官吏说:"刘子舆可是成帝的正统,不归顺他,还到哪里去?"耿弇按着佩剑说:"子舆这个贼东西,早晚会成为俘虏。我到了长安后,领着渔阳、上谷的兵马到那里,打发突击的骑兵,冲垮这帮乌合之众就像摧枯拉朽一般。你们不知道该站在哪一边,离灭族的日子不远了。"耿弇听说大司马刘秀在卢奴(今河北定州),于是向北走去见刘秀。刘秀留下长史(相当于今天的秘书长)主持日常工作,就和耿弇一起向北走。到了蓟县,刘秀又想往南走。耿弇说:"如今敌兵从南方来,不能往南走。渔阳(在今北京密云西南一带)太守彭宠是您的同乡,上谷(今河北怀来东南一带)太守就是我的父亲。如果发出这两个郡的兵马,邯郸方面的敌人就不用担心了。"刘秀的随行官员都说:"就是死了,脑袋也要向南,为什么还要向北走?"刘秀指着耿弇对他们说:"这是我北方路上可供给物资的主人。"刘秀又来到蓟县,正赶上王子接在蓟县发兵来响应王郎,城内混乱。刘秀赶紧驾车出城,不敢再进入其他城里,吃住都在野外。走到芜蒌亭,当时天气寒冷,冯异为刘秀准备了豆粥。走到下曲阳(在今河北晋州西)传舍(供行人住宿的地方),听说王郎的兵马就在后面赶来,刘秀的随从人员都很害怕。走到滹沱河附近,主管侦察的官员回来报告说,河水流淌着冰块,又没有船可渡河。刘秀又让王霸到河边去看,王霸看河水确实像侦察人员所说,但怕众人受惊吓,回去假报说:"冰冻得很结实,可以渡河。"于是一行人来到河边,恰在这时河面上冻了一层固定不动的冰,于是过河。没等全部过去,冰又化开了。刘秀到了南宫(今河北邢台地区的南宫市),遇上了大风天,刘秀就在路旁找了处空房子,冯异找来柴火,邓禹烧火。刘秀对着火灶烤衣服,冯异又端来麦饭给刘秀吃。饭后一行人又向信都(在今衡水冀州区)前进。这时各郡、各诸侯都投降了王郎,只有信都太守任光、和成太守邳彤不肯投降。任光听说刘秀来了非常高兴,邳彤也从和成赶来会见刘秀。许多人都建议可以依靠信都的军队送刘秀到长安去。邳彤说:"如今吏、民都唱着歌谣,想着重建汉王朝已经很久了。一个算卦的王郎借势假冒汉皇子孙,在燕赵大地驱赶着乌合之众,根本不堪一击。您率领我们两个郡的兵马前去讨伐他们,哪有打不败他们的道理?如今放下这个有利条件往南走,岂不是白白失去了河北的大片土地?这样也使京城一带更加不安,有损您的威名。这不是个好办法。"刘秀这才没走。任光在附近各县选出精兵四千人,逐渐发展到上万人。又在周边各郡散发声讨的檄文,号召共打邯郸,各郡县都纷纷响应。耿弇率领上谷、渔阳的军队平定了其他各郡县,在广阿(今河北隆尧县东)和刘秀会合了。刘秀任命寇恂、吴汉为将军向邯郸进军,打下了邯郸,王郎出逃被追上杀了。得到了王郎的文书,是一些官吏、民众与王郎交往的书信、文件,有几千份。刘秀不去察看,让那些将领把它们全部烧掉,说:"让那些反复无常有二心的人放下心来吧!"刘玄派使者封刘秀为萧王,并命令全部放下武器,收兵罢战。耿弇对刘秀说:"王郎虽然被消灭,这才是天下战争的开始。刘玄的使者从西方来,要求罢兵,不能听他的。铜马军、赤眉军等还有上百万人所向无敌,这个您如果认识不到,失败的日子就不会太远了。如今刘玄做天子,身边的将领各干各的,形成了上面指挥不灵、下面各自为政的局面。皇亲国戚胡作非为,老百姓苦不堪言,更加思念王莽时代,因此知道他必然失败。您的功名已成,打着正义的旗号进行征伐,天下可用传布文告的方法就平定了。得天下是最重要的,您可以取得,别让非刘姓的人得到。"听了这番话后,刘秀就以河北还没平定为理由,不再听刘玄的命令了。当时,铜马、铁胫、尤来、大抢、上江、青犊、富平、获索等农民起义军有一百多万人在活动。刘秀在鄡县(在今河北辛集)和铜马军作战。吴汉领幽州(今河北北部和辽宁一带)十个郡的突击骑兵去和刘秀会合对付铜马军。铜马军军粮吃完,在夜里撤退。刘秀在馆陶县截住了铜马军,迫使铜马军投降了,刘秀封了铜马军头领为列侯。刘秀的将领对铜马军不信任,铜马降军也不放心,刘秀就让投降的铜马军头领还各自率领自己的队伍,这样投降的人就安心了。后来他又把投降的人按单位分配给各个将领,这样刘秀的每个将领都得到了许多人,所以关西人称刘秀为铜马帝。刘秀大军又向黄河以北进军,太守韩歆向刘秀投降。刘秀又向北在元氏县(在今河北省)攻打尤来、大抢、五幡农民军,一直追到北平县(今河北满城一带)。刘秀连续取得胜利,农民军撤到渔阳郡。强弩将军陈俊说:"他们的装备简单,应该让轻骑兵绕到他们的前面堵住,不让百姓供给他们吃的东西,这样不用打,他们就自灭了。"刘秀就派陈俊按这计策办,农民军得不到食物,果然散伙了。吴汉率领耿弇、景丹等十三个将领追击尤来等军,杀死一万三千多人。其余农民军撤入辽西、辽东两郡,所带的物资被乌桓貊人(东北地区少数民族)差不多抢尽。刘秀在鄗地(今河北柏乡县北)登上了皇帝位(公元25年)。

刘玄在洛阳建都之后,又从洛阳迁到长安。当时长安只有未央宫被烧毁,其余宫室、官府都和从前一样没有损坏。刘玄居住在长乐宫,在前殿升殿,官员按官位在殿两旁排列,刘玄羞愧地不敢看人。刘玄娶赵萌的女儿做夫人,任赵萌为大司马,让赵萌主持政事。刘玄就日夜在后宫吃喝,有的大臣想和他谈事情,他醉得没法听懂别人在说什么。赵萌专权,一些在宫里做饭菜的人也得到了较高的官爵。当时长安流传着一首歌谣:"灶下养,中郎将;烂羊胃,骑都尉;烂羊头,关内侯。"赤眉军的将领樊崇等人领兵攻打长安,农民军想名正言顺取得政权,就用当时在军中牧羊的刘邦的庶长子齐王刘肥的九世孙刘盆子做主帅,立为上将军。刘盆子当时十五岁,见众人对他跪拜吓得要哭。赤眉军到达弘农郡,刘玄派兵迎击,遭到失败。赤眉军进入长安城,刘玄逃到高陵,刘玄的将军、丞相等官员都投降了赤眉军。刘玄派刘恭向赤眉军请求投降,赤眉军封刘玄为长沙王。后来赤眉军将领张卬派谢禄勒死了刘玄,刘恭连夜藏起了刘玄的尸体。后来光武帝刘秀诏令邓禹把刘玄葬在霸陵(在今西安市长安区东),追封刘玄为淮阳王。刘玄在位两年政权垮台。

第十三章　光武帝开创东汉一十二帝(东汉史)

光武皇帝刘秀,字文叔,是汉景帝第十子长沙定王刘发的后代。刘发生了春陵节侯刘买,春陵这地方就是南阳白水乡。刘买的长子戴侯刘熊渠承袭了刘买的爵位(刘熊渠是刘玄的太爷爷)。刘买的小儿子刘外做了郁林郡(以广西玉林为中心的一带地方)太守。刘外生了巨鹿都尉刘回,刘回生了南顿县令(今河南项城市一带)刘钦,刘钦在南顿生下刘秀,当时有嘉禾,一根茎长九穗,所以生下的孩子叫"秀"。刘秀在乙酉年(公元25年)六月在鄗南(今河北邢台地区的柏乡县北面)即了皇位,大赦天下,把当年改为"建武"元年。因为寇恂有文武全才,很有领导方法,刘秀就任命寇恂做了河内(相当于今河南省黄河南北两岸之地)太守。寇恂为军队调拨粮草,生产器械供应军用,从没缺乏。当时刘玄的大臣朱鲔还占据着洛阳,刘秀派将领领兵围住洛阳几个月也没打下来。因岑彭曾做过朱鲔的校尉,刘秀就派廷尉岑彭前去劝说朱鲔投降。朱鲔说:"大司徒刘缜被害,我也参与了谋划,又劝刘玄不要让刘秀北伐。我只知道这罪名不小,所以不敢投降。"岑彭回去向刘秀作了报告。刘秀说:"干大事的人不记小的怨恨,如果朱鲔投降,他的官位可保,还能惩罚他吗? 黄河的水就在这里,我决不食言。"岑彭又去对朱鲔说明了刘秀的态度,朱鲔就把两手绑在身后,自己到河阳(今河南孟州)投降了。刘秀为他解开绑绳,任命他为平狄将军,封为扶沟侯。当年十月,刘秀就在洛阳建都,并立祖庙在洛阳。邓禹领兵到达长安,驻扎在昆明池(在当时的长安近郊),拜了汉高祖的庙,收集起西汉十一个皇帝的牌位,送到了洛阳。

赤眉军打算向西走到上陇(即六盘山南段)去,被隗嚣击败,又遇上大雪天,士兵冻死了很多。于是赤眉军往回走,又被邓禹截击。邓禹作战不利,领兵进入云阳县(在今陕西淳化县西北),赤眉军再次进入长安。邓禹军多次作战不利,又缺少粮草,刘秀就派偏将军冯异代替邓禹指挥军队,并让邓禹回去。邓禹觉得接受了领兵的任务而没有任何功劳很是惭愧,要求和冯异共同攻打赤眉军。冯异说:“赤眉军人数还很多,可以用引诱欺骗的方法达到目的,却很难用兵一下子打败他们。”邓禹不听,又进行了战斗,再次被打得大败,只剩二十四个骑兵跟随他逃到宜阳县。冯异丢下坐骑跑到回溪(在今河南洛宁县东北),回营后坚守营垒。冯异整顿队伍和赤眉军约期会战,让强壮的士兵穿着和赤眉军同样的服装,埋伏在路旁。第二天,赤眉军上万人攻打冯异军,冯异放出兵马大战。太阳偏西时,赤眉军坚持不住了,冯异的伏兵突然出现,穿戴和赤眉军相同,赤眉军开始撤退,冯异军进行追击,赤眉军被打败。赤眉军向东退到宜阳(在今河南省洛阳地区),被刘秀亲自率领的六军截住。赤眉军派刘恭出面请求投降,说:“刘盆子领百万大军投降,陛下将会怎样对待我们?”刘秀说:“不杀你们就罢了。”刘盆子和丞相徐宣等三十多个头领投降了刘秀,刘秀从赤眉军中得到了传国的皇帝玉玺。第二天,刘秀在洛水沿岸排列兵马阵,让刘盆子等人观看。刘秀对赤眉军首领樊崇等人说:“该不会为投降后悔吧?”徐宣磕头说:“今天能够投降您,就像离开老虎口,来到慈母面前,真是欢喜,哪还会后悔啊。”刘秀说:“你正是所说的铁里头的铮铮作响的好铁,平凡人中的佼佼者啊。”刘秀可怜刘盆子,让他做了赵王的郎中(近侍官),赐给了樊崇等人在洛阳的田地、房屋。后来,樊崇、逢安被刘秀杀害,徐宣、杨音在乡里寿终正寝。刘恭为了为刘玄报仇,杀了谢禄后投案,刘秀赦免了他。刘恭后来被刘玄的儿子寿光侯刘鲤杀死。刘盆子后来生病失明,刘秀赐给他荥阳一块地,靠地税活了一辈子。

当年,刘秀打王郎的时候,渔阳太守彭宠派出突击骑兵帮助刘秀,并运送粮草从没间断,刘秀任命他为大将军,并封为列侯。等到刘秀在蓟县追击铜马军时,彭宠因为有功劳,对自己能得到更高的官职、爵位期望值很高。后来刘秀接见他,封他的官位使他很不满意,认为封小了,因此心理不平衡。吴汉、王梁都曾是彭宠的部下,这时彭宠和他们并列为三公(以太尉、司徒、司空为三公),彭宠没有再加官职,就更加不满意。一天,刘秀下诏令让彭宠入朝,彭宠的妻子和亲信官吏都劝他不要去,于是彭宠出兵反叛了。幽州牧朱浮写信责备彭宠说:“从前辽东有头猪下崽子,有一只白头的,感到很奇特,要把它献给皇帝。走到黄河以东,看见到处都是白头猪,于是惭愧地返回去了。就凭你那点功劳,在朝廷上评一评,不就像那只辽东猪吗?如今你竟不知天高地厚,自比为山东六国,岂不是荒谬吗?”彭宠听不进去,于是在蓟县(今北京大兴区)向朱浮进攻。彭宠又派使者去说服耿况和他一起造反,耿况斩了使者。涿郡(以今河北涿州市为中心的地带)太守张丰也起兵造反,和彭宠联合了起来。朱浮抵挡不住了,向刘秀求救。后来朱浮所在的城中粮食吃完了,正在这时赶上耿况派遣骑兵救援,朱浮才从蓟县城中逃了出去,蓟县被占领。彭宠自称为燕王,进攻打下了右北平郡(以今河北平泉为中心的地带)、上谷郡(以今河北怀来县为中心的地带)的一些县,向北联合了匈奴,向南边联合了张步,以及富平、获索等农民军,声势浩大。征虏将军祭遵等人讨伐张丰,并杀了张丰。刘秀命令建威大将军耿弇进攻打击彭宠。耿弇派儿子耿舒砻去打匈奴,杀了匈奴两个王,彭宠退走。一天,彭宠在休息室躺在床上,他的奴仆子密等三个人趁机在床上把彭宠绑了起来,又假传彭宠的命令,让彭宠手下的官吏各自回家休息。三人又绑起彭宠的其他奴婢,又威逼彭宠喊来妻子。彭宠的妻子一进门,吃惊地喊道:“奴仆造反了!”她的脸被打,彭宠赶紧向她喊:“赶快去给将军们置办行装!”其中两个奴仆押着彭宠的妻子去拿宝物,又让她缝了两个浅黄色的丝布口袋,把财宝装了进去。天黑以后,子密三人解开了彭宠的手,逼他写手谕,命令城门校尉赶快开门。写完后,彭宠和他的妻子都被割下了脑袋。三人乘快车出了城,到了刘秀那里。彭宠的尚书(主管大臣奏章)韩立等人又立了彭宠的儿子彭午为燕王。彭午后来被国师韩利杀死,韩利跑到蔡遵那里请求投降。刘秀封子密为不义侯,燕地(今河北一带)全部平定。淮南的李宪在庐江称王四年,称帝三年,扬武将军马成把他打败赶跑,后来,李宪的士兵帛应杀了李宪,投降了刘秀。

当年,汉景帝刘启的兄弟梁孝王刘武的八世孙、西汉皇族第十一代梁王刘永背叛了刘玄,令沛县人周廷等人攻打下了济阴、山阳、沛县、楚(即楚丘,今山东曹县一带)、淮阳、汝南等地。又派使者拜西海连帅佼僵为横行将军,东海连帅董宪为翼汉将军,琅邪连帅张步为辅汉将军,于是刘永称霸东方,很快在睢阳(今河南商丘市南)称帝。刘玄的将领苏茂投降了刘永。张步在剧县(今山东寿光)整治军队,他派遣将领领兵把泰山、东莱(以今山东莱州为中心的一带地方)、阳城(今山东沂水、莒县一带)、胶东、济南、齐郡(以今山东历城为中心的地带)、北海(今山东益都、寿光、昌乐、潍坊、昌邑、高密等地)等郡都打了下来。刘秀派虎牙大将军盖延打下了睢阳,刘永退到了湖陵(在今山东鱼台县东南一带)坚守,盖延于是平定了沛县、楚、临淮(今安徽凤阳东)等地。刘秀派大中大夫(是参与议论政事的官职)伏隆拿着符节到了青州和徐州(今淮北一带),招降各个郡、国。青州和徐州人听说刘永已经失败,就都投降了。张步献给刘秀鲍鱼,刘秀就任命张步为东莱太守。刘永立了董宪为海西王,张步为齐王。张步贪图王爵投降了刘秀而又反叛,就抓住了伏隆并杀了他,接受了刘永封给他的齐王爵位,占据了十二个郡。后来,刘永的将领庆吾割下了刘永的头向刘秀投降。苏茂、周建又立了刘永的儿子刘纡为梁王。刘秀派捕虏将军马武、骑都尉王霸在垂惠围住了刘纡和周建。这时吴汉、耿弇在平原县攻打富平、获索农民军,并打败了他们,刘秀又诏令耿弇再讨伐张步。平敌将军庞萌和人相处谦逊恭顺,刘秀很信任他,并曾经对人说,庞萌是个可以把全家的性命托付给他的人。这时刘秀让他和盖延一起攻打董宪,当时诏书只有一份,下给了盖延,庞萌却没接到。庞萌怀疑盖延在刘秀那里说了自己的坏话,于是造反,袭击了盖延的军队,并把盖延打败,后又和董宪联合攻下了彭城。刘秀得到消息大怒,亲自带兵讨伐庞萌。刘秀写信给自己的将领们说:“我曾经认为庞萌是国家的重要大臣,将军们岂不是要笑话我这话吗？希望各位磨好刀枪，喂好马匹，到睢阳集合。”董宪派苏茂、佼僵帮助庞萌围困桃城（在今山东阳谷东北）。刘秀亲自带领轻装上阵的士兵，飞快地向前进军，在距离桃城六十里的地方停了下来，让士兵养精蓄锐准备大战。当时大司马吴汉等人在东郡（治所在今河南濮阳，辖山东省部分地区），刘秀派人骑快马去召他们。庞萌等人全力攻打桃城，城中守将听说外援已来，更加有了守城的决心。庞萌等人打了二十多天还没打下来，所以疲困不堪了。吴汉等人的军队都到了，刘秀亲自指挥作战，把庞萌等人打得大败。庞萌败走后，到了董宪那里，刘秀又四面围攻董宪，把董宪打得大败。佼僵向刘秀投降，苏茂投奔到张步那里，董宪、庞萌跑到郯县（今山东郯城）。后来董宪、庞萌又到了朐县（在今江苏连云港西南），吴汉攻下朐县，斩了董宪和庞萌。梁王刘纡的士兵杀了刘纡，投降了刘秀。

耿弇进军讨伐张步，先打下祝阿县（今济南市长清区东北一带），张步军被击败，又杀了张步的部将费邑，一连攻下四十多城。济南郡一带平定了，耿弇又进军打下临淄。张步领兵二十万与耿弇军作战，飞箭射中了耿弇的大腿，耿弇用佩刀砍去箭杆，他身边的人都不知道他负伤了，终于打败了张步军。这时刘秀在鲁地，听说耿弇被张步攻打，决定亲自去救他，还没到达地点时，强弩将军陈俊对耿弇说：“敌人现在势力还很强盛，我们可以暂且坚固营垒，让士兵休息一下来等待皇上的援兵到来。”耿弇说：“皇上的车驾将要到来时，做臣子的应当杀牛备酒来等待百官的到来，怎么可以把敌人留给皇上呢？”于是出兵和张步大战，又把张步军打得大败。耿弇知道张步已无力和他再打，打算退兵了，于是他埋伏下士兵等着张步撤退。深夜，张步果然领兵退走，埋伏的士兵一齐起来冲锋，一直追到巨洋昧水边，杀得张步军尸体连成了排，得到张步的军用物资两千多车，张步败回到了剧县（今山东寿光）。刘秀到了耿弇军中慰劳军队，耿弇再次进军攻打张步，张步逃到了平寿（今山东潍坊），苏茂领兵也到那里去救援张步。刘秀派去使臣对张步、苏茂说，两人不论谁杀了谁，能够提着对方脑袋投降的就封谁为列侯。张步杀了苏茂投降。耿弇进入平寿城,城里的士兵还有十多万人,军用物资有七千多车。耿弇把士兵遣散回乡里,张步被封为安丘侯。不久,张步召集旧有的部下到了临淮(今江苏徐州),想进一步到海边去,陈俊领兵追上杀了他。长江流域、淮河流域、关东一带全部平定。耿弇降服了几个反叛者的余党,齐地也全部平定了。耿弇作为刘秀的将领,平定了六十四郡,攻下三百座城池,从没受过挫折。安定郡三水(今宁夏固原市东北)人卢芳谎称是汉武帝的曾孙子刘文伯,自立为西平王,后又称帝,十三年后逃到了匈奴那里,又过了三年向刘秀投降,被封为代王。

当时天下基本平定,只有陇地、蜀地还没有拿到刘秀手里。当初,隗嚣占据着陇地(就是今天甘肃的临洮、陇西、张掖等地),公孙述占据着蜀地(就是今天四川成都等地)。还有南郑人延岑,拉队伍占据汉中。汉中王刘嘉领兵打败了他,使他投降,得到了几十万人。不久,延岑反叛,汉中王刘嘉失败退走,延岑占据了汉中。后来延岑又打顺阳(今河南南阳地区的淅川),被邓禹打败,延岑逃到蜀地。当时公孙述已称帝,他任命延岑为大司马,封为汝宁王。后来隗嚣归顺了刘秀,刘秀用特殊的礼遇对待他,只称他的表字"季孟"而不称名字。隗嚣派马援带着书信到洛阳查看刘秀的动静,马援回去后,极力赞扬刘秀的好处,隗嚣并不相信。当初,刘玄做皇帝时,平陵(今陕西兴平市)人窦融占据着黄河以西,自称五郡大将军(五郡就是酒泉、张掖、金城、武威、敦煌)。窦融想归顺刘秀却一时没有门路,他从隗嚣那里接受了光武帝刘秀的年号。后来窦融派长史刘钧等人拿着书信到洛阳,刘秀赐给窦融皇帝印封的文书,窦融被授予了凉州牧的封号。公孙述派田戎从江关(瞿塘关)出发召集老部下,想要夺取荆州(古九州之一,是以湖南常德为中心的地带)没成功。刘秀下令让隗嚣讨伐蜀,隗嚣不听从。刘秀又派耿弇等七个将领从陇地进军攻蜀,事先派中郎将(卫侍皇帝的武官)来歙向隗嚣说明讨伐的军队从他的辖区经过的原因,隗嚣犹豫没答应。来歙想刺杀隗嚣,被隗嚣躲开了。隗嚣叫来人要杀来歙,来歙乘车离去,隗嚣于是开始反叛。刘秀的七个将军与隗嚣作战,被隗嚣打败,各将带兵从陇地向东方撤退。刘秀诏令耿弇在漆县(今陕西彬县)驻军,冯异在旬邑县驻扎,祭遵在汧县(今陕西陇县)驻军。

当初,马援听说隗嚣对刘秀有二心,就多次写信劝说不要背离刘秀,因此隗嚣对他很反感。等到隗嚣造反,马援给刘秀上书,请求见刘秀。刘秀接见了马援,马援出了不少消灭隗嚣的方法。刘秀于是拨给马援五千突击骑兵,到隗嚣那里游说、离间隗嚣的部下与隗嚣的关系。隗嚣乘着得胜,派王元与行巡带领两万兵马离开陇地,向东进军,让行巡夺取栒邑(今陕西咸阳地区的旬邑)。冯异赶紧回军关闭城门,偃旗息鼓。行巡到了城门前觉得奇怪,突然间,冯异竖起了旗帜,敲响战鼓,率兵而出,行巡的军队一时惊慌乱了套,被冯异打得大败。祭遵也在汧县打败了王元的军队。于是北地的豪门、官吏都背叛了隗嚣,投向了刘秀。隗嚣向公孙述称臣,公孙述封他为朔宁王。来歙带领两千多人砍伐山上的树木开道,从回中(在今陕西陇县西北)竟然偷袭了略阳(今甘肃秦安),杀了守城将领金梁。隗嚣听说略阳失守,非常吃惊地说:“怎么这么神速?”刘秀听说得到了略阳城非常高兴,将领们都领兵向略阳方向赶,都被刘秀追了回来,说:“隗嚣丢了重要的城镇,一定会来抢回的,他旷日持久拿不下城,我们才能找到战胜他的机会。”隗嚣果然集中了他的精锐部队围住了略阳,来歙在城中坚守,略阳城攻不下来。刘秀亲自率军讨伐隗嚣,到达了高平第一(城名,故址在今宁夏固原市)。窦融率领五个郡的太守以及羌人、小月氏等部队与刘秀大军会合。刘秀待窦融很好,用特殊礼节对待窦融,摆酒招待各将领。大军分成几条路向陇地进军。刘秀让王遵招降了隗嚣的将领牛邯,拿下了城池,拜牛邯做了中大夫。于是隗嚣的十三个将领、十六个县、十多万人都投降了刘秀。隗嚣带着妻子、儿女跑到了西城(在今甘肃天水西南)。刘秀到来歙部队慰劳军队,并赏赐来歙,赐来歙独坐一席,在各个将领之上,还赐给来歙的妻子细绢一千匹。刘秀到了上邽(在今甘肃天水市西南),让人给隗嚣送信说:“你要是空手亲自到我这里来,可以和你儿子相见,保你平安无事。”隗嚣却始终不肯投降,刘秀就杀了他的儿子隗恂,派吴汉、岑彭领兵围住了西城。刘秀封窦融为安丰侯,让他回到他的辖区镇守。隗嚣在西城生了病,吃不下饭,再加上烦闷生气就死了。他的小儿子隗纯被部下立为王。来歙率领冯异等五个将军到天水郡(今甘肃通渭县西北)讨伐隗纯,大军攻破了城门,隗纯投降,王元逃向蜀地。陇山以西到黄河以东之地全部平定。

刘秀又开始讨伐蜀地,派征南大将军岑彭攻打田戎等人的军队,没有取胜。又派吴汉动用荆州的兵马,总共六万多人,战马五千匹,在荆门(今湖北宜都市西北)集结。岑彭预备了战船几十艘。一天,战船直接冲向江面的浮桥,公孙述的蜀兵大乱,于是岑彭的战船长驱直入一直到达江关(瞿塘关)。岑彭的军队纪律很好,没有抢老百姓的人,百姓非常高兴,争着开城门投降。蜀将田戎逃到江州(今重庆)固守,岑彭到了江州,看到城墙坚固,粮草又多,很难一下子打下来,于是留下冯骏困住田戎,自己领兵乘胜一直冲向垫江(今重庆合州),攻下了平曲,从那里得到米几十万石。吴汉留在夷陵(今湖北宜昌),准备战船继续前行。公孙述任用王元做将军,让他和领军环安把守河池(今甘肃徽县)。来歙等人领兵进攻王元、环安军,打败了他们。蜀地人非常恐惧,就派刺客刺杀来歙,当场没杀死,来歙派人急忙召来盖延。盖延一见非常悲痛,来歙斥责他说:“虎牙,你怎么敢这个样子！今天我被刺客刺伤,没法再报效国家,所以唤您来,想把军中的事情托付给您,您反而学着妇人哭泣吗?”盖延止住了眼泪。来歙亲自写表说:“臣在夜里被某人刺伤,刺中了要害,臣不敢珍惜自己的身体,只是遗憾奉职不称,给朝廷丢了脸面。治理国家是把能任用贤臣作为根本,大中大夫段襄是个正直的人,可以任用,希望陛下考察决定。”表作完后,来歙从伤口处拔出刀来喷血而死。刘秀边看表边擦泪,令扬武将军马成接管来歙的军队。

刘秀亲自领兵征讨公孙述,临时驻扎在长安。公孙述派延岑把守广汉(在今四川省),侯丹把守黄石。刘秀的将领岑彭派辅威将军臧宫从涪水到平曲去抵挡延岑军队。岑彭一部分兵回到江都(今江苏扬州),从邗江向上游进军,袭击侯丹军,把侯丹打败。于是他又从早到晚赶路,走了两千多里,打下了武扬(今四川眉山市彭山区)。又派出精锐的骑兵快速攻打广都(今四川双流),距离成都几十里,声势浩大,所到之处人们都逃散了,震动了蜀地。公孙述大吃一惊,用棍子敲着地说:“真是神兵,来得太快了!”延岑在沈水(在今四川射洪县东南)布下重兵。臧宫领兵给了延岑一个出乎意外的打击,打败了延岑的军队,王元也投降了刘秀。有人劝公孙述投降,公孙述说:“失败、胜利是靠命运的,哪里有投降的天子啊!”公孙述派人伪装成逃跑的奴仆,投到了岑彭那里,在一天夜里刺杀了岑彭,吴汉代替岑彭管理他的军队。冯骏打下了江都,捉住了田戎。吴汉乘胜进军,凭着步兵和骑兵两万人逼近成都。离城十多里,在江北险要处扎了营。又搭建了浮桥,让副将刘尚带领一万多人到江南安营,这样两部分人马相距有二十多里。刘秀听到这种情况大吃一惊,派人责备吴汉说:“您太轻视敌人了,深入到敌军近前,又和刘尚分兵两处,如果敌人出兵,用少量兵力牵制住你,而用大量兵力攻打刘尚,刘尚被打败了,你也很快会被打败。赶快领兵回广都去!”刘秀的诏书到了,公孙述果然派谢丰和袁吉领兵来到。吴汉让士兵吃饱喝足,喂好马匹,在夜里让士兵衔枚(口含东西,为了无声响)和刘尚军队合并到一处。谢丰等人没有察觉,领兵去攻打江南,吴汉等人用全部兵力迎战,把来敌打得大败,杀了谢丰和袁吉,领着部队回到了广都。从此以后,吴汉和公孙述在广都和成都之间交战,打了八仗,吴汉都赢了。公孙述陷入了困境,他拿出全部金银财宝招募敢死战士五千多人交给了延岑。延岑在市桥树立旗帜进行挑战,却暗中派出突袭部队深入到吴汉军队的后方,打败了吴汉军。吴汉掉到水里,抓住马尾巴才脱离了险境。吴汉准备船只想逃走,被蜀郡太守张堪劝住。东汉将领臧宫打下了绵竹县(今四川德阳),打败了涪城繁郫(今重庆涪陵)的敌军,和吴汉在成都会师了。公孙述亲自领兵攻打吴汉军队,让延岑抵御臧宫的军队。延岑打了三仗,三次取得胜利。在吴汉与公孙述的战斗中,双方从早晨战到中午,士兵都很疲乏,吴汉于是让护军(为协调各将领之间关系的武官)高午、唐邯带领精锐的士兵攻打公孙述所在的部队,公孙述军被打得乱作一团。高午刺中公孙述贯穿了胸部,身边的人把公孙述抬进城里,当天夜里就死了。第二天早晨延岑献城投降,蜀地全部平定,从此天下又归一统了。刘秀诏令窦融和五郡太守入朝，对他们的赏赐恩宠程度使京城震动，拜窦融做冀州(古冀州包括山西全境，河北西北，河南北部，辽宁西部)牧。后来，窦融七十八岁时死了，谥号为戴侯。吴汉也从属地整顿部队回到京城。刘秀大封功臣，邓禹等三百六十五人被封为列侯。刘秀对已封的人增加封地，对已死的功臣封给他的子孙。邓禹有十三个儿子，他让他们各学一门本领，教养子孙，都可做后世的榜样。刘秀开始准备“文治”，把功臣都赶回了家，不让他们管理政事。当时刚刚兴起太学(学校)，刘秀亲自去察看，要求效法古代的典章制度，崇尚礼乐，使它光彩夺目。

严光本姓庄，表字叫子陵，少年时代和刘秀是同学，两人关系很好。等到刘秀做了皇帝，严光就改换成现在的姓名躲藏起来，不让刘秀找到。刘秀思念他的道德才能，就派人按严光的形体容貌寻找他。后来诸侯齐国给刘秀上书说，有一个男子披着羊皮衣，在一处水坑垂钓。刘秀怀疑他就是严光，于是就备办了一辆舒适的小车，带着玄纁(帝王聘请贤士的贽礼)，委派使者去聘请他，去了三趟才请到。刘秀当天就去了严光的存身处，严光躺在床上不起身，刘秀抚摩他的肚子说:“哎呀子陵，不肯帮我为什么?”严光就睁大眼睛盯着刘秀说:“从前唐尧的德行无人不晓，巢父洗耳。人各有志，为什么逼人做他不愿做的事呢?”刘秀说:“子陵，我竟然不能说服你呢。”于是刘秀出去乘车，叹息着离开了。一天，刘秀把严光领入皇宫，谈论道理、拉家常，一连好几天。一次两人睡在一张床上，熟睡中严光的脚伸到了刘秀的肚子上。第二天太史官奏道:“客星犯帝座甚急。”刘秀笑着说:“那是朕和老朋友庄子陵睡在一张床上。”刘秀拜严光为谏议大夫，严光坚决推辞。严光就去了富春山(今浙江桐庐县西)耕田干了一辈子。

刘秀到南顿(今河南项城市西)，答应免收当地官民一年的田租，官民坚持要求十年，刘秀只是又增加了一年。刘秀到章陵(在今湖北枣阳市东，刘秀祖墓所在地)，这时改白水乡为章陵县，刘秀打发人修园盖庙，看了从前住过的房屋，又摆酒作乐，赏赐亲属和故友。当时本家的一些年长的妇女，因为酒喝得高兴，就凑到一起说:

"文叔年少时谨慎守信，和人相处不殷勤应酬，只是正直温顺罢了，才有今天这个成就。"刘秀听到大笑道："我治理天下，也想用温顺之道做下去。"刘秀的妹妹湖阳公主刘黄嫁给邓晨为妻，新近丈夫死了，刘秀就和她一起评论群臣，想知道她对哪位有意。说到宋宏，公主说："宋公容貌庄重，有德行有才气，那些大臣都比不上他。"后来宋宏被召见，刘秀让公主躲到屏风后面。刘秀对宋宏说："有句谚语说，'身价高了就要改换朋友，人富了就要换掉妻子'，这是人的本性吗?"宋宏说："臣倒是听说'贫贱时的朋友不可忘，一起过过苦日子的妻子不能遗弃'。"刘秀对屏风后的公主说："你的事不成功呀!"湖阳公主的奴仆大白天杀了人，躲藏在主人家里，官吏不敢进去捉他。一天公主出行，这个奴仆陪乘当保镖。洛阳县令董宣在夏门亭等待公主的车马，车马一经过那里就被他拦住，董宣用刀划着地，高声数落公主的过失，并呵斥那个奴仆下车，在奴仆反抗的情况下杀了他。公主随即到皇宫向刘秀告状，刘秀大怒，把董宣召去，想要用鞭子打死董宣。董宣磕头说："请让我说一句话再死。"刘秀说："你还想说什么?"董宣说："陛下因有圣德重新使汉王朝兴盛起来，却放任奴仆杀人，还怎么治理天下呢？臣用不着鞭打，请让我自杀。"他立刻用头撞在宫中柱子上，顿时血流满面。刘秀让小太监扶着董宣，逼董宣给公主磕头谢罪。董宣不肯屈服，太监按他的脑袋，董宣就双手拄地，始终不肯低一下头。公主说："文叔还是百姓时，家里藏起死囚，官吏都不敢上门找。今天做了天子，威严倒压不服一个县令吗?"刘秀笑着说："天子和老百姓不一样啊。"于是放董宣出去，并赐给钱三十万。董宣把钱都分给了属下的官吏，从此打击豪强，京城的豪强没有不恐惧发抖的。

刘秀打算封阴贵人（地位仅次于皇后的妃子）的哥哥阴兴做列侯，阴兴坚决推辞。贵人问哥哥为什么推辞掉列侯的爵位，阴兴说："外戚家要知道谦让，富贵是有限度的，做人应当知足。"贵人对他的话深有感触，就不再为哥哥求爵位了，刘秀很看好她。刘秀命令全天下的州郡考查核实垦田人的户口，这时期，刺史（州长官，官阶低于郡守，却有权督查郡国）、太守大多搞欺骗，不实报。他们优待宽容豪强大族,侵犯压榨弱势群体。当时各郡都派办事官员到朝廷奏事,刘秀看见陈留郡(郡治在今河南开封)官吏的木牍上有字,走近一看上面写着:"颍川、宏农可以询问追究,河南南阳不可以询问追究。"刘秀追问这个官吏木牍上写的是什么意思,这个官吏不肯承认,说是在长寿街上捡来的。刘秀非常生气,当时皇子东海公刘阳,年龄十二岁,正在帐幕后边,说道:"这个官吏正在执行郡长官的嘱托,希望针对垦田方面问题要平等对待罢了。"刘秀问:"即使这样,为什么说河南南阳不可以询问追究?"刘阳回答说:"河南郡有皇帝的家乡城,大多是皇帝的近亲的臣子。南阳是皇帝的家乡,有许多皇帝的近亲,田地、宅院超过规章制度,怕是也不会追究。"刘秀命令虎贲将(皇帝的禁卫长官)盘问这个官吏,这个官吏才承认正如东海公刘阳所说的那样,因此刘秀觉得刘阳很聪明,就更加喜爱他了。于是刘秀派遣宫中的调查人员考查核实两千石官吏应得的土地。刘秀想立东海公刘阳做太子,只是有了这想法,并没实行。当时郭皇后失宠,她在刘秀面前常常表现出怨恨情绪。刘秀生了气,于是废掉郭后,另立贵人阴氏为皇后。郭后被废以后,郭后的儿子太子刘疆也感到不安,就辞去了太子位。刘秀废了太子刘强,让他做东海王,另立东海王刘阳做太子,并改名叫刘庄。刘秀因为刘强辞去太子位去当东海王,没表现出不良情绪,就决定把鲁地也封给他,由二十九个县的生产所出供养他,并给了他一定的权力。又任用郭后的弟弟郭况做大鸿胪(是接待宾客等事的高官)。刘秀多次到他家去,赏赐的金银财宝很多,当时洛阳城号称郭况家是藏金的地方。后来,郭后和刘疆都太太平平过了一辈子。当时天下太平,交趾(为五岑以南一带地方)女子征侧、征贰聚众反抗,刘秀派伏波将军马援前去镇压。刘秀每天都是天一亮就面见群臣,太阳快落山时才罢朝。常常和公卿郎将讲经论理,半夜才上床睡觉。他大权在握,量时度力,事情没有做过头的。不动刀枪,匈奴害怕服从。他的中兴之美可和大禹王的子孙少康相比。刘秀在皇位三十三年死了,活了六十二岁。太子刘庄继承了皇位,这就是汉明帝,因为王朝在洛阳定立国都,就把它叫作"东汉"。

第十四章　二百年后曹操兴起，天下三分

话说东汉光武帝死后，明帝刘庄继位。他立马援的女儿马氏贵人为皇后。马后喜欢读书，崇尚谦让恭敬，是汉代的贤后。明帝到贵族学校去，举行了隆重的射箭礼仪，又实行对老而贤良的人按时给以酒食的礼节。明帝让李躬做“三老”，让自己当太子时的老师桓荣做“五更”（“三老”“五更”都是被帝王当作父兄养着的人）。仪式完毕，明帝领着桓荣和他的弟子登上堂去，儒生们拿着经书考问难题，明帝亲自进行答辩，读书人、做过官或者正在做官的人，很多都围绕在学校门口观看和听讲。明帝还到过孔子住过的房屋，亲自主持讲堂，让皇太子和诸侯王们讲经，匈奴贵族也派出子弟去入学。明帝听说西域有个“神”，名字叫“佛”，于是派遣使者到了印度，学习佛道，拿到了佛书，并和那里的和尚一起来到了洛阳。一时王公贵族，特别是明帝的弟弟楚王刘英更加喜好佛教。刘英是光武帝的第六子，后来因谋反罪而自杀，他极力培植党羽，人数达到了几千人。

耿秉多次请求攻打匈奴，明帝同意了。明帝派遣耿秉和窦固等人从不同路线出兵，后来也只有窦固有成绩。窦固派假司马（掌管军旅之事的副职）班超和从事（州长官的辅佐官员）郭恂一起出使到西域。班超一直走到鄯善、于寘等国，西域诸国都愿归顺东汉，西域与汉朝隔绝了六十五年，到此时又有了联系。

明帝遵守奉行建武皇帝刘秀所制订的制度，皇后、皇妃的娘家人不能封侯，也不能参与政事。刘秀的女儿馆陶公主刘红夫想给自己的儿子谋一个郎官的职务，明帝没答应，赐给她钱十万，对群臣说：“郎官这职务可以管地方，有一定的权力。如果用人不当，百姓

就会遭殃，怎么可以滥封？”因此明帝一朝，任用官吏恰当，百姓安居乐业，远近地区敬畏顺服，人口发展得很快。明帝在皇位十八年而死，太子刘炟即位，这就是东汉章帝。章帝继承了明帝的制度，又比明帝显得宽大，对太后也很有孝心。对百姓，他减轻了徭役和赋税，让民众休养生息。然而，他因听了窦后的话废掉了太子，明知皇后的哥哥窦宪的罪恶，却不能治他的罪，他的缺点是有点优柔寡断。汉章帝在位十三年死了，太子刘肇继承了皇位，这就是东汉和帝。

和帝这年十岁，窦太后临朝听政，窦宪掌握大权。都乡侯刘畅是刘秀的哥哥齐武王刘縯的孙子，他为章帝的丧事而来到京城，窦太后多次召见他。窦宪害怕刘畅分他的权，就派刺客杀了刘畅，而把罪名安到刘畅的弟弟刘刚身上。尚书（负责大臣奏章的官员）韩稜认为歹徒在京城，不应舍近问远，侍御史何敞请求让他独自查办此案。后来这事水落石出，太后很生气，窦宪怕被问罪，于是请求让他领兵攻打北匈奴以便赎罪。当时北匈奴正闹饥荒，境内很乱，太后于是答应了。窦宪将要走时，公卿大夫纷纷来到朝廷上上书劝阻，认为匈奴没有侵犯边境，无缘无故地劳师动众远去征伐，浪费国家钱财，对国家没有什么好处。袁安、任隗摘下自己的官帽，坚决反对这种做法，前前后后上了十本奏章。众人都为两人捏了一把汗，袁安和任隗却面不改色很从容。太后最后还是听了窦宪的话，于是派窦宪和耿秉带领一万多精锐骑兵，在稽落山（在今蒙古国西南部）一带打败了北匈奴，投降的匈奴前后有八十一支部队，二十多万人。窦宪、耿秉走出塞外三千多里，登上燕然山（即今蒙古国杭爱山）命令护军（将军幕府官职，非朝廷任命）班固刻石记功才往回走。窦宪看到北匈奴军力不足，想全部消灭它，就派耿夔、任尚在金微山（今阿尔泰山）包围了北匈奴，把他们打得大败。窦宪军出了塞外五千多里才往回走，这是自从汉朝出兵从来没到过的地方。窦宪立了大功后，威名越来越大，他的哥哥兄弟、儿子、侄子都到朝廷做了官，专权准备搞政变。和帝因为朝廷中的大臣上上下下没有谁不依附窦宪，唯独中常侍（宦官，掌传达诏令和掌管文书之职）郑众谨慎聪明，又有心机，于是和帝与郑众商议以后，定下了除掉窦宪的办法，命令窦宪交出大将军印绶,回封地去。和帝因为太后的面子,不想明杀窦宪,就命令他自杀了。班固也因为是窦宪的宾客,被逮捕死在狱里。当时班固正在写《汉书》,还没完成,和帝诏令班固的妹妹、曹寿的妻子班昭续写完成了,她就是所说的“曹大家”。

当年,梁贵人被窦后陷害,废掉死了,宫廷内外没有谁知道和帝是梁贵人所生。等到窦太后死后,舞阴公主刘义王(刘秀之女)的儿子梁扈写了有关梁贵人事情的书面材料,由太尉张酺转交给了和帝,这使和帝很长时间心情都没平静下来,又赶上梁贵人的姐姐给和帝上书说明这事,才知道梁贵人屈死的详情。“三公”请求撤销窦太后所得的尊号,还议论说她不应和先帝合葬在一起。和帝亲自写了诏书说:“窦家人虽不遵守法度,太后却能常常自我约束,和朕相处十年,身怀大义。《礼》上说,‘臣子无贬尊上之文’。实在于心不忍,希望不要再议论这事了。”于是和帝追认母亲梁贵人为皇太后,封梁竦(梁贵人之父)的三个儿子为侯爵,梁竦的孙子梁商的两个女儿先后都做了皇后(这是后话),梁氏家族从此兴盛起来了。汉和帝立当时的贵人、邓禹的孙女邓绥为皇后。邓后对长辈孝顺,对人友爱,还喜欢读书。她被选入宫为贵人时,总是为人有礼,小心谨慎,一举一动都有一定之规,即使是普通宫女、罪人和服劳役的人,她都施加恩惠,把他们当人看待,和帝很赞美她。等她做了皇后,仍是勤俭谦逊,和帝每次想给她的家人做官或提升官职,她都是苦苦地劝阻,她哥哥邓骘直到和帝去世时也不过是个中侍郎(皇帝的侍卫官,位在将军之下)。和帝幼年继位,十四岁时就能除掉窦宪,从那时起大权在握,威名不失。他尊敬儒者,信奉儒术,对兄弟友爱,对贤能的人给予优厚的待遇,能听进忠言,天下太平,与章帝相比确实超过了章帝。汉和帝在位十七年死了,他的长子有难以治愈的疾病,小儿子刘隆这时才刚出生一百多天,作为太子即了皇帝位,这就是汉殇帝。汉殇帝即位后,邓太后临朝听政,殇帝做皇帝刚一年就死了,太后又立了章帝之子清河王刘庆的儿子刘祜做了皇帝,这就是汉安帝,邓太后继续上朝听政。这年夏天大旱,太后亲自审查过问囚徒的事,当时洛阳有个囚徒,没杀人而被屈打成招。当时他在囚车里,害怕官吏不敢说话，囚车启动将要离去，他抬起头看样子是想说什么，太后看见囚车便召来亲自审问，案情得以真相大白，于是当即收押了县令抵罪。邓太后在路上还没回到宫中，瓢泼大雨就降下来了。邓太后立了贵人阎氏做皇后。皇太后邓氏死后，安帝开始亲自听政。安帝小的时候很聪明，所以邓太后立了他做皇帝。安帝渐渐长大，干了些道德败坏的事，太后对他很不满意，所以长时期没还政给他。这时，中常侍樊丰、刘安、陈达，以及安帝的乳母王圣、王圣的女儿伯荣在宫廷内外鼓动，干一些残暴的坏事，还要手段让一些坏人做了官。司徒杨震向安帝上书，恳切地劝谏让皇上管管这事。安帝却听不进去，并封王圣为野王君，废掉了刘保的太子位，降为济阴王。汉安帝在南巡时，死在了叶（今河南叶县），做了十九年皇帝。阎皇后与阎显等人密谋，认为济阴王刘保还在京城，恐怕公卿大臣们立他做皇帝，就假说安帝病得很厉害，驾车赶紧往回跑，四天后到了洛阳才发丧事。阎后也想长久地掌握国政，打算立个年幼的皇帝。她和阎显等人谋划，决定把章帝的另一个孙子北乡侯刘懿接入皇宫继承皇帝位，并不准济阴王刘保登殿。刘保面对着安帝的棺材号啕大哭，悲痛地不吃不喝，熟悉他的人没有不同情他的。

北乡侯刘懿只做了几个月皇帝就死了。中常侍孙程、王康等十九人在德阳殿聚在一起谋划，决定接原来的太子济阴王刘保继承皇位，这就是汉顺帝。汉顺帝刘保当时十二岁，即位后就把阎显抓捕入狱杀了，把阎太后迁到了别的宫室，并封孙程等十九人为列侯。顺帝到东宫去见阎太后时，太后已死。顺帝的亲生母亲李氏葬在洛阳城北，顺帝当时并不知道，这时身边的人才告诉他。顺帝十分悲痛，亲自来到埋葬母亲的地方，用隆重的仪式把母亲改葬在恭陵（汉安帝陵墓）的北面。顺帝任用了从没做过官的樊英、杨厚等人为官，李固、黄琼也相继被任用。顺帝所使用的官吏虞诩、左雄，当年敢于讲真话是很有名的。顺帝立了梁商的女儿贵人梁氏为皇后，虽然因为梁氏各方面都比其他妃子优秀而被提升为皇后，梁商也道德、才能样样都好，可是梁商死了以后，他的儿子梁冀在朝中专权。顺帝又感激孙程等十九侯立自己做了皇帝，而放任阉宦（中常侍）弄权。

顺帝虽没有太过失德,但东汉政权却因他而衰弱了。

顺帝派遣杜乔、张纲等人分别到各个州郡去,表彰贤良的官吏,锄掉贪赃、品行不正的官吏。杜乔等人分别到了自己负责的地方官署,唯独张纲把自己所乘坐的车子埋在了洛阳的都亭(往来的官吏住宿的场所),说:“豺狼横行霸道,还责问狐狸做什么?”于是他向顺帝检举大将军梁冀和他的弟弟河南尹梁不疑不把皇帝放在眼里等十五件事,京城为此而震动,许多人为张纲担心。顺帝虽然知道张纲敢说话,却不敢重用他。梁冀为这事痛恨张纲,想在他身上找出点什么毛病锄掉他。当时广陵郡(治所在今江苏扬州一带)张婴造反,在扬州和徐州(今淮北一带)之间活动已经有十几年了,俸米两千石的官吏(太守)控制不了那里的局面,梁冀就调张纲去做广陵太守。在张纲之前的广陵太守,刚上任时一般都是依靠兵马护送自己上路,唯独张纲就职时,只靠自己的一辆车子,不用任何护兵。张纲到了广陵,直接去了张婴那里,张婴吃了一惊,关闭了营门。张纲在营门外,让一些官吏和士兵都回去了,身边只留十几个亲近的人,写了封信请求见张婴。张婴觉得张纲很诚恳,就走出营门见了张纲,并请张纲入营坐了尊席。张纲对张婴等人说:“先前俸禄两千石的太守来到这里大多极其贪财残暴,所以惹得你们怀愤聚到一起来。太守们固然有罪,然而你们所作所为也是不对的。如今皇上仁爱、通达事理,想用教化的方式感化反叛的人,所以派遣太守来到这里,这正是化祸事为福事的时候。”张婴听到这话,流着眼泪说:“我们是些荒远的草民,受不了贪官的剥削压迫,有冤无处告状,所以我们大家聚到一起勉强活着,就像活鱼在热锅里,知道不能长久。今天听您这么一说,我们也看到活下去的希望了。”于是张纲告辞回去了。第二天,张婴率领部下一万多人投降了。张纲独自一人进入张婴的军营,摆酒畅饮,然后遣散了张婴的部众。广陵等一带安定了。论功劳张纲应得到封赏,却被梁冀否决了。张纲任职广陵太守一年就去世了,张婴等五百多人为张纲披麻戴孝举行丧事,送到犍为郡(张纲为今四川彭山人),埋葬后才离去。

汉顺帝刘保在位十九年死了,太子刘炳继承了皇帝位,这就是汉冲帝,当年两岁,梁太后临朝听政。冲帝在位仅一年就死了。当时清河王刘蒜和渤海孝王的儿子刘缵都是汉章帝刘炟的曾孙。刘蒜待人处事认真,干什么都有一定之规,公卿大臣很看重他,而刘缵当年仅有八岁。李固对梁冀说:“立皇帝应当选年长有德的,能够亲自担当政事的人,希望将军仔细考虑这事。”梁冀没按李固说的办,他和梁太后在宫中谋划,把刘缵接入南宫,坐上了皇帝位,这就是汉质帝。太后把政事交给了宰相,李固所说的太后大多听从。黄门宦官作恶的一概赶出宫去,梁冀对此却很不舒服。东汉质帝年龄小却很聪慧,曾经在一次诸侯、大臣朝见皇帝的聚会上看着梁冀对大家说:“这是个专横跋扈的将军!”此后,梁冀恨透了质帝。有一天他让身边的人把毒药放到面片里端给质帝吃,质帝吃后很难受,就召来李固。李固问他怎么了,质帝说:“吃了面片肚子闷得难忍,喝点水就会好了。”梁冀说:“喝了水就要吐,不能喝水!”梁冀的话还没说完质帝就死了,李固趴在尸体上号啕大哭。他在位仅一年。之后商议再立新君,李固和杜乔打算立清河王刘蒜。梁冀和太后商量后,免去了李固的职务,把汉章帝的另一个曾孙蠡吾侯刘志接到南宫即了皇帝位,这就是东汉桓帝。桓帝当年十五岁,梁太后仍临朝听政,并立了太后的妹妹为皇后。这一年京城地震,杜乔也因为这个自然灾害被免职。这时正赶上清河国的刘文等人谋划想立清河王刘蒜做皇帝,不料这事走漏了风声,刘蒜被降低了爵位,因而自杀。梁冀又诬陷李固与杜乔和刘文等人有交往,太后知道杜乔对她忠心,不允许治杜乔的罪,梁冀就把李固抓了起来,李固死在了狱中。梁冀派人威胁杜乔说:“你赶紧自杀,妻子儿女就可以活命。”杜乔不服,梁冀就又把杜乔抓了起来,杜乔也死在了狱里。东汉桓帝四年正月,太后把政权还给了桓帝,二月梁太后就死了。到了桓帝十年(即永寿头年)七月,太后的妹妹梁皇后也死了。当年八月,大将军梁冀自杀。梁冀一家前后出了七个侯爵、三个皇后、六个贵人、两个大将军,家里的夫人、女儿封给土地食邑称君的有七人,家里男子娶公主的有三人,做过卿、将、尹、军校的有五十七人。梁冀把持政权二十年,天子不能参加管理政事,桓帝对此愤慨不满。梁冀的垮台是因他派遣刺客刺杀议郎(掌顾问、应对、参与政事,职权在大夫之下)邴尊,并且还想杀邴尊妻子的母亲宣。因宣的女儿猛在宫里做贵人,就骑乘快马向桓帝报告了这事。桓帝大怒,召来中常侍单超、徐璜,黄门令(宫廷内监主管)具瑗,小黄门(联系宫廷内外皇亲的传信办事的人)左悺、唐衡等人商量解决梁冀的办法。具瑗等人找来拿剑、戟的武士一千多人围住了梁冀的住宅,收回了大将军官印,梁冀和他的妻子孙寿一起自杀了。具瑗又抓捕了梁氏、孙氏的全部家人,无论年长年幼全都在闹市杀掉了。两家的门客,以及和梁冀有密切关系的官吏被免去官职的有三百多人。桓帝没收了梁冀的全部财产合计有三十多亿钱,都用来补充国库,并减掉了天下租税的一半。开放了梁冀的苑囿,让穷苦民众在那里耕种生活。桓帝又封有功的单超、徐璜等人为列侯,世人称他们为“五侯”。

梁冀死后,桓帝任用了黄琼、陈蕃,以及黄琼推荐的范滂,陈蕃推荐的徐稺等人。此时,普天下百姓都希望国泰民安。桓帝立了贵人窦氏为皇后,她是窦融(刘秀的大臣,河西五郡大将军)的玄孙(属第五代人,孙子的孙子叫玄孙)窦武的女儿。这时太学的师生达到三万人,郭泰和颍川郡的贾彪是这些人中的突出人物。他们和李膺、陈蕃、王畅互相赞扬推崇,于是这竟成了一种风气,他们争着抢着评论别人的善恶得失。公卿以下的官员没有谁不怕他们的贬议的,一有点什么对自己不好的风声,就赶紧跑到他们家里去请求多多美言。河南的张成能看天象变化来测吉凶,他推占不久天子要大赦天下,就叫他儿子去杀人,掌管捕盗贼的司隶李膺督促手下人捕到了杀人者。没想到不久天子还真的大赦了天下,李膺很不服气,就把杀人者杀了。张成一向靠占卜术和宦官交往,桓帝也相当相信他的占卜。宦官让张成的徒弟牢修控告李膺等人养着太学游说之士,结交一些郡县的读书人,来往密切,勾结成为朋党,诽谤诋毁朝廷,迷惑搅乱风俗。于是桓帝大怒,颁布各郡、诸侯国逮捕党人,并在全境发下布告。案子经过三府(太尉、司徒、司空的府署),太尉陈蕃推托说:“目前所抓的人都是全天下人们所赞誉的人,自古以来对这样的人也是宽容的。哪有罪名不成立而被抓捕拷问的呢?”他不肯在案卷上签字。桓帝更加生气，就把李膺等人关在黄门北寺狱中。根据李膺等人的供词又牵连出杜密、陈翔、陈实、范滂等二百多人。有的人逃走了没抓到，就张榜悬赏捉拿，派人四处查找。陈实说："我不到狱里去，那些被抓的人就没有主心骨。"于是他主动投了案。范滂被抓进监狱，狱吏对他说："凡是关到这里的人都祭祀皋陶。"范滂说："皋陶(舜时掌刑狱的官)是古时候的正直臣子，如果知道我范滂无罪，他定要为我到天帝那里说理。如果我有罪，祭祀他还有什么用处。"陈蕃上书极力劝谏桓帝，为抓捕的人开脱。桓帝看了上书，觉得这是对他的指责，就以陈蕃用人不当为由，免去了陈蕃的太尉的职务。陈蕃被免职后，满朝官员都吓得不轻，再没有人敢为党人说话了。贾彪说："我不到西边去一趟，这场大祸恐怕没完没了了。"于是他到了洛阳，说服窦武、霍谞等人让他们找桓帝为党人辩冤。经过窦武、霍谞等人的努力，桓帝的态度有所缓解。桓帝派中常侍王甫到狱中审问党人，范滂等人都是带着全套的刑具，并蒙着头站在阶下。王甫挨个审讯，当问到范滂时，他说："你们这些人互相提拔，互相包庇，到底想干什么？"范滂说："孔子有句话：'见到好人好事，就怕自己比不上人家；见到坏人坏事，躲闪都怕来不及，就怕沾染上。'我范滂想让做善事的好人都得好报，做坏事的恶人都得恶报。天下治理好了，党人还有什么话可说？古时人们行善，自然是希望多福。如今行善，却招来杀身大祸。我死的那天，希望把我埋在首阳山(在今山西省永济市南)旁，我面对上苍不负皇天，面对地下无愧于伯夷、叔齐。"王甫听了这番话也受了感动，就去掉了犯人的镣铐。李膺等人供出的事，许多都和宦官子弟有瓜葛，宦官害怕了，就去对桓帝说："按照天命也该大赦天下了。"于是桓帝放出全境党人二百多人，让他们回到故乡，并在"三府"登记，终身不许做官。

桓帝在位二十一年死去，没有儿子。窦皇后和窦武寻求东汉宗室里比较贤明的人选。侍御史刘儵提名章帝的玄孙、渎亭侯刘苌的儿子刘宏。窦武向窦后说了后，就接了十二岁的刘宏进了宫，这就是东汉灵帝。窦太后临朝听政。当年，窦太后能成为皇后，陈蕃出力很多,所以政事无论大小都由陈蕃做主。陈蕃和窦武齐心合力来辅佐朝廷,召集天下著名的贤人李膺、杜密、尹勋、刘瑜等人,都在朝中做了高官。中常侍曹节、王甫等人相互打成一片,讨好太后,太后对他们很信任,陈蕃、窦武对此很厌恶。正赶上出现了日食现象,陈蕃对窦武说:“从前萧望之(西汉宣帝、元帝时的大臣)被宦官石显所困扰,逼迫而自杀。何况如今有几十个石显一类的人,我们可用日食天象说事,赶走宦官。”窦武对太后说了这事,请求杀掉曹节等人,窦太后犹豫不忍心。曹节知道了这事后,就召来尚书,胁迫他作诏板(诏书写在板上),任命王甫为黄门令,拿着符节抓捕窦武等人。陈蕃知道大难临头了,就带领他的手下人和徒弟共八十多人,都拿着刀剑冲入尚书台的大门,举着手臂大喊道:“大将军忠心卫国,黄门反叛,怎么能说姓窦的无道呢?”王甫派武士抓住了陈蕃,送到北寺狱,当天就杀了。当时张奂从远道回到京城,曹节等人趁着他刚到,还不知道大肆收捕是怎么回事,就假传皇帝的诏令,让他率领五营士兵讨伐窦武,王甫也带领一千人配合张奂,围住了窦武家,窦武自杀。随后宦官们把窦太后迁到南宫,张奂被升任大司农(主管财政),并封为侯。张奂为上了曹节等人的当而痛心,坚决辞官。

宦官们痛恨李膺等人,要重新进行党禁。宦官侯览因张俭曾没收过他非法所得的财产,于是恨透了他,就下令抓捕张俭以及李膺、杜密、朱寓、荀昱、翟超、刘儒、范滂等人,并把他们送到州郡进行拷打治罪。当年灵帝年仅十四岁,他问曹节等人说:“什么是钩党?”他们回答说:“就是一伙人想干不轨的事。”灵帝又问:“干不轨的事要达什么目的?”他们回答说:“是想夺你的江山。”灵帝才批准了他们的奏章。有人对李膺说:“趁着还没抓着你,你逃吧!”李膺回答说:“不逃避大难和刑罚是大臣的气节,我年已六十岁了,生死有命,离开这里到哪里去?”他竟然主动地给他们送上门去,被拷打而死。汝南郡的督邮(主管郡所属县的违法事的官员)吴道接到诏令让他抓捕范滂,他走到征羌(今河南漯河市郾城区),关闭了客站的门,趴在床上哭,听见哭声的人,也不知道他为什么事而哭。范滂听说了,说道:“一定是为我的事。”他当即来到县狱。县令郭揖大吃一惊,想放弃官印，领着范滂一起逃走，说："天下这么大，您为什么到这里来？"范滂说："我范滂死了，祸事就止住了。我怎么敢因这事而连累您，又让我的老母无家可归呢？"范滂的母亲和他诀别时说："你如今和李膺、杜密齐名，死了还有什么可遗憾的？既然有了好名声还想长寿，怎么可以兼得呢？"范滂跪着接受母亲的教诲，再次磕头告辞。党人被处死的有一百多人，妻子、儿女都被迁到边远地区。天下的豪杰以及在儒学中有修养、有道义的人，宦官把他们都说成是党人，这类人被处死、关押、流放的又有六七百人。贤士郭泰听到党人被处死的消息，私下里极度悲哀地说："《诗》里说，'人们所说的灭亡，就是国家遭受到了困苦。'汉朝要是灭亡了，只是不知那些鸟（指民众、百姓）会落在谁的屋顶上罢了！"郭泰虽然也好评论人物的好与坏，但从来不说过头的话，所以这场祸事没有找到他头上。张俭在外逃命，所到之处人们看重他的名声，都倾家荡产为他提供费用。夏馥听说这事后，感叹地说："事是自己惹出来的，白白地拖累了一家家好人家。一个人逃生，祸及万家，还活着干什么！"于是夏馥剪掉了自己的胡须，跑到林虑山（在今河南林州西北）里，隐姓埋名，给人家做用人。没有谁知道他是什么人，党禁还没解除时他就死了。党禁解除后，张俭又回到了故乡。当年申屠蟠看见范滂等人讥讽攻击朝政，就感叹地说："从前战国的时候，那些不做官的读书人乱议各国君王，最终有了焚书坑儒之祸。"他跑到梁、砀之间躲藏起来，依靠大树造屋，过着用人的生活。两年后，范滂等人果然遭到了党人之祸，只有申屠蟠一点祸事也没有。当年中常侍张让死了父亲，送到颍川埋葬，虽然一郡中有身份的人都参加了葬礼，然而除了陈实以外，知名的读书人没有到场的，这使张让很没面子。等到屠杀党人，张让因陈实的缘故，对党人有所保全宽宥。灵帝立了贵人何氏为皇后，皇后娘家本是南阳的屠户，因她面容出奇的漂亮，被选入后宫，生下皇子刘辩，打算立为太子。灵帝征召何皇后的哥哥何进为侍中（侍从皇帝，应对顾问的官职）。后来王美人（美人是宫中嫔妃的称号，是皇帝小妾中的一个等级）生下皇子刘协，何后下毒杀了王美人，灵帝大怒，要废掉何后，由于宦官一再为她求情，才作罢。灵帝开始卖官，二千石的官职卖两千万钱，四百石的官职卖四百万钱。想当县令，县份的大小价钱也不同。灵帝又派身边的人卖公、卿的官职爵位，“公”是一千万钱，“卿”是五百万钱。

巨鹿（今河北平乡）人张角用黄老道教聚集几十万人，分为三十六方，并选出各方的带头人，发出了口号是“苍天已死，黄天当立，岁在甲子，天下大吉。”他们联系了宫中的中常侍封谞、徐奉等人作为内应，约定在灵帝中平元年（公元184年）三月五日，京城内外一起起义。张角的弟子唐周向朝廷告发了这事，灵帝下诏令搜捕张角等人。张角命令各方提前起义，起义者都戴黄头巾作为标识。仅一个月的时间，全天下的人到处都在响应，朝廷为之震动。灵帝召集大臣们想办法，北地郡太守皇甫嵩认为应该解除党人之禁，中常侍吕强也说：“党禁不解除，人们怨愤。如果不宽恕他们，他们就会和张角打成一片，并为张角出谋划策，张角他们的力量就会更加强大。”灵帝听后害怕，同意了，于是赦免了天下的党人。张让在灵帝面前诬陷吕强说：“吕强和党人一起批评朝廷，多次阅读《霍光传》。”吕强因而自杀。灵帝派中郎将卢植去攻打张角，让皇甫嵩、朱儁到颍川去攻打那里的黄巾军。朱儁战败后，追上了骑都尉曹操，皇甫嵩、曹操和朱儁合兵一起进军，黄巾军被打败。当时汝南郡的许劭喜欢尖锐地评论人物，曹操就去拜访他，询问他对自己的评价，许劭说：“你是治世的能臣，乱世的奸雄。”曹操听后，高高兴兴地离开了那里。后来，灵帝又诏令皇甫嵩攻打张角的队伍。皇甫嵩与张角的弟弟张梁作战，打败并杀了张梁。张角这时已病死，官军挖开了他的坟墓，尸体被割成一块一块的，张角的头被送到京城洛阳。

灵帝在位二十二年死了，皇子刘辩继承了皇帝位，何太后临朝听政，封皇子刘协为陈留王。中军校尉（统帅中央兵的官职）袁绍劝何进把宫中的宦官全都杀掉，何进就进宫里与何太后商量，何太后不同意。袁绍又给何进出主意，劝他召集四方猛将，让他们一起领兵到京城来胁迫太后，何进认为这样可行。主簿陈琳规劝何进说：“这种事只应迅速解决，这样形势才会对你有利，人们也不会有什么反应。如果调外援，那么大兵聚会，兵强的为中心人物，只能成为天下大乱的开始。”何进听不进他的话。典军校尉(也是统帅中央兵的官职)曹操听说后,笑着说:“宦官的祸事自古就有,只是君主不应给他们权势和宠爱。既然治他们的罪,应当惩处领头做坏事的,一个狱吏就足够了,哪里至于忙乱地招外兵呢?想要都杀掉,事情一定会泄露,我已预见到他的失败了!”何进召并州(古九州之一,当时治所在山西太原)牧董卓,让他带兵进京城。董卓当天就上了路,并且给太后、皇帝上书说:“中常侍张让等人承受恩宠,扰乱天下,臣子我要大张旗鼓地进军洛阳,让我把张让等人抓起来,清除为非作歹的人。”董卓有意迟迟不到,何进被中常侍张让等人假传太后的诏令所杀。袁绍听说何进被害,就领兵入宫捕杀宦官,不论老幼全部杀死。张让等人带着皇帝刘辩和陈留王刘协冲出宫门。在路上,张让等人见追捕得很紧急,都跳进河里淹死了。皇帝刘辩乘着一匹马从洛阳客舍向南走,途中丢了传国玉玺。董卓听说京城乱了,就赶紧带兵赶到,又听说皇帝在北边,就往北走,在北邙山坡下(在今河南洛阳市东北部)遇见了皇帝刘辩一行人。董卓和刘辩交谈,刘辩却说不清道不明。又和陈留王刘协交谈,刘协能说明白事情的来龙去脉。董卓非常高兴,认为刘协聪明能干,就要废掉皇帝刘辩另立刘协为帝,袁绍不答应。董卓按着剑呵斥袁绍说:“你小子真大胆!天下一切大事,我说了算!”袁绍于是跑到了冀州。董卓废了皇帝刘辩,让他做弘农王,让陈留王刘协做了皇帝,这就是东汉献帝。后来董卓先杀了太后何氏,后又杀了弘农王刘辩。

当年,蔡邕因宦官的“党人”之祸,在长江和沿海一带流亡已有十二年了。董卓听说他很有名气,就提拔他做官,蔡邕称说有病,不去就任。董卓生气了,说:“不来做官就杀你全家!”蔡邕害怕了,只得答应。董卓暂时让他任祭酒(主管国子监的主要官员),对他非常敬重。三天时间,蔡邕历任了尚书、御史、谒者三台,被提升为侍中。董卓自封为太尉、郿侯,接着又自封为相国,每逢上殿见皇帝他都佩戴着宝剑。董卓急切地要捉拿住袁绍等人,袁绍跑到南阳;曹操改名换姓抄小路往东逃,到了陈留县(在今河南开封一带),用钱财招兵得到五千人。关东(函谷关以东)的各州郡都起兵讨伐董卓,推举袁绍做了盟主。袁绍自称为车骑将军,同河内(在今河南省的黄河北岸)太守王匡一起驻兵在河内。曹操在酸枣(今河南延津县北)驻军,袁术在鲁阳(今河南鲁山)驻军。这时各个部队的兵力都发展达到了几万人。董卓因关东对付他的兵力太强盛,就打算把东汉的都城迁到别处。于是焚烧宫、庙和官府,要胁迫献帝迁到长安去。

当年灵帝时,会稽的许生反叛,在句东(今天的宁波一带)起兵,自称为阳明皇帝。吴郡富春(今浙江富阳)人孙坚,表字文台,年少时当县吏,招募精练的士兵,帮助州郡灭掉了许生,后来又帮助朱儁攻打黄巾军有功,官职升到了参军(为参谋军务的官名)。后来,长沙的区星造反,就拜了孙坚为长沙太守,于是他灭掉了区星,被封为乌程侯。这时孙坚也起兵讨伐董卓,他领兵到了南阳,士兵人数已发展到几万人。他前往鲁阳与袁术合兵在一起,因此袁术才能据守住南阳郡。袁术上表推荐孙坚为破虏将军。不久,孙坚进军,屯兵在阳城(今河南登封)与董卓作战,把董卓军打得大败。孙坚进兵到了洛阳,打扫皇室的坟墓和庙宇,并用猪、牛、羊三牲进行了祭祀,在城南的甄宫井中找到了传国玉玺。孙坚又分兵迎击董卓,董卓逃到了长安,孙坚就在鲁阳驻扎下军队。这时,关东各郡的长官忙着互相攻击兼并,袁绍和弟弟袁术也不一心。袁术派孙坚攻打董卓还没返回时,袁绍就遣部将周昂袭击夺走了孙坚的阳城。孙坚叹息说:"大家一起拉起起义兵队伍打算拯救朝廷,反叛的贼人眼看就要消灭了,同盟的义军却做出这种勾当,我还应当和谁一起合力打击贼人呢!"于是孙坚领兵攻打周昂,把他打跑了。当时袁术也派了公孙越帮助孙坚打周昂,公孙越却被流箭射中而死。公孙瓒愤怒地说:"我弟的死,祸事是由袁绍引起的。"于是他领兵进驻磐河,数落袁绍的罪恶,进军攻打袁绍。冀州的各城,大多叛离袁绍而追随公孙瓒。涿县人刘备,表字玄德,是西汉景帝的儿子中山靖王刘胜的后代。他小时候死了父亲,家里很穷,以贩卖草鞋为业。他沉默寡言有大志,喜怒不形于色。他曾经和公孙瓒在卢植军中共过事,因此前去投奔了公孙瓒。公孙瓒派刘备和自己的部将田楷去攻占青州(在今山东省),于是任命刘备为平原国相。刘备很早就和河东郡(在今山西省黄河以东地区）的关羽（表字云长）、涿郡（今河北涿州）的张飞（表字翼德）亲密友好。他任用关羽、张飞为各部队的司马，分别主管着自己的军队。刘备和关、张二人睡觉时用同一张床，亲密得如同亲兄弟，刘备走到哪里二人就跟到哪里，二人跟随着刘备在各种场合周旋，不避艰险。常山郡（在今河北元氏县）的赵云当时做郡将，领兵相助公孙瓒，刘备见到他后觉得这人很特别，就非常友好地接待了他，于是赵云就跟随着刘备到了平原（今山东德州平原），为刘备掌管骑兵。刘表是当时的荆州刺史，袁术派孙坚攻打刘表，刘表派黄祖迎战，孙坚被黄祖军射死。

董卓一天比一天丧心病狂，他在民间挑选了八百美女做侍妾，他乘坐的车的排场超出了自己应当享有的等级，已经比得上天子。司徒王允、司隶校尉黄琬和仆射（原为武官名号，后来只是一个部门的领班）士孙瑞共同密谋要除掉董卓。中郎将吕布的武勇无人能比，董卓非常喜爱信任他，认了吕布做干儿子，董卓平时出行都由他来护卫。王允有个义女叫貂蝉，美貌无比，她既聪明又能歌善舞，很会领悟人的心思。王允于是用她设计，先把貂蝉许嫁给吕布，后又把她送给了董卓。董卓非常宠爱貂蝉，貂蝉又偷偷和吕布相会，从中制造事端让吕布和董卓结仇。有一天，吕布在凤仪亭戏弄貂蝉，被董卓撞见了，董卓抛出手中的戟要杀吕布，吕布及时躲开了才没被刺死。王允找吕布作为杀董卓的内应，吕布说："我们是父子，怎好杀他？"王允说："你姓吕，他姓董，本来就不是亲骨肉。他抛戟时难道还有父子情吗？"吕布于是就答应了。在董卓上朝时，早有埋伏的勇士等候在北掖门。董卓到来时武士刺杀他没有刺中，董卓掉到车下大喊："我儿吕布在哪里？"吕布说："我奉诏令讨伐贼臣！"说着就用矛刺死了董卓。吕布随即从怀中掏出诏板，对其他官员说："我奉诏令讨伐董卓，和其他人无关！"于是把董卓的尸身抬到闹市中暴晒，董卓本来肥胖，官吏用火炷插在他的肚脐里燃烧，一连烧了好几天。董卓死时，蔡邕正在王允那里，听到这消息后，既吃惊又叹息。王允勃然大怒说："董卓是国家的大贼，而你却怀有私心，想着他对你的好处，为他悲伤痛苦，这不是和他是一伙的吗？"当即把蔡邕交给了廷尉,后来蔡邕死在了狱中。董卓的部将李傕、郭汜、张济等人领兵在陕县(在今河南三门峡地区),他们听说董卓犯事以后,派出使者到长安请求赦免他们,王允不答应。李傕、郭汜等人就向西进军,接收了董卓原来的部队樊稠等人的队伍,人数达到了十多万。他们杀入长安城,捉住并杀了王允和黄琬。吕布从武关向南阳逃去,投靠了袁术,袁术待他很好。在杀董卓这事上,士孙瑞既不要赏金,又不要侯爵,所以能够幸免于难。由于李傕和郭汜争夺领导权,带兵互相攻打。李傕把献帝接到了自己的军营里,一把火烧掉了长安的宫殿和官府。杨奉、董承等人带着兵护送皇帝的车子及器物向东走到洛阳。

当年,青州的黄巾军攻打兖州(在今山东省),杀了刺史(主管辖区内各郡监察的官员)刘岱。曹操的部将陈宫对曹操说:“现在兖州无主,皇帝的诏令也传不到那里,请让我说服兖州的主簿,您把那里也收归到自己手里管理,这就有了将来统治全天下的资本,这是霸王的功业!”陈宫于是前去说服了济北国相鲍信等人,让东郡(在今河南濮阳县)太守曹操兼任兖州刺史来攻打黄巾军。后来,黄巾军兵败投降,曹操得到精兵三十多万人。杨奉、韩暹等人护送皇帝一行人马到了洛阳。当时各州郡的长官把持着自己所管辖的地盘,朝廷的政令谁都不听。洛阳的宫室现在被董卓一把火烧光了,朝中百官连个存身落脚的地方都没有。曹操在许昌(今河南许昌),打算把皇帝接到许昌却没有最后定下来,荀彧说:“从前晋文公接纳了周襄王后,诸侯都顺从了晋文公。汉高祖给义帝披麻戴孝,天下人心都归向了高祖刘邦。您如果趁这个时候把皇帝接到自己身边,顺从人们的愿望,这就是大顺;主持公道来治理天下,这是远大的谋略;运用大义招揽英雄贤能的人物,这就是大德。四方即使有不服管制的,他们还能怎么样呢?”于是曹操派曹洪西行去接天子,却没有成功见到献帝。议郎董昭替曹操写了一封信,和杨奉取得了联系。这时正赶上董承担心韩暹凭着功劳而干些他不愿看见的事,就偷偷把曹操叫了去。曹操到了洛阳,惩罚有罪的人,奖赏有功的人,表彰为气节而死的人,封了董承等十三个人为列侯。曹操向董昭问计,董昭说："这里的官员各藏各的私心，您留在这里辅佐皇帝，使政治走上正轨恐怕形势不便利，只有到许昌去才可以！干非常的事，这才有非常之功，希望将军仔细考虑这事。"曹操说："这也是我的本意啊！"于是曹操领着皇帝及大队人马向东迁移，开始在许昌设立宗庙和土地庙、谷神庙。从此政权归到曹操手里，皇帝只守着个空位子罢了。

第十五章　三国志乱纷纷五十余年(三国时代)

曹操，表字孟德，本姓夏侯，父亲曹嵩是中常侍曹腾的养子，实际上是夏后氏大禹王的后代子孙。曹操小的时候就机敏警觉，有谋略。他整日在外游荡，爱管闲事，不务本业。当年被举为孝廉，进入朝廷当了议郎。曹操自从把献帝迁到许昌后，就自封为大将军和武平侯。他任用荀彧、荀攸、郭嘉做谋士，招百姓到许昌一带种田，各州郡也任用田官，所在地积存的粮食供应军队足够用。当年，曹操攻打徐州牧陶谦的时候，平原相刘备带领军队去救陶谦，陶谦病重而死，于是刘备就代理了徐州牧。袁术为了争夺徐州去攻打刘备，刘备就让张飞守卫下邳，张飞失败退走。刘备向吕布投降，吕布又让刘备做了豫州刺史，他自己兼任了徐州牧。刘备在豫州募集人马达到上万人，这使吕布很生气，又领兵攻打刘备，刘备战败逃走，投奔了曹操。曹操待他很好，仍然让刘备当豫州牧，驻扎在沛县(在今江苏省)。这时陈宫投奔了吕布，袁术在寿春(今安徽寿县)称帝。吕布把刘备的情况通告给了袁术，袁术就派高顺、张辽攻打刘备，打下了沛县，俘虏了刘备的妻儿，刘备自己逃了出去。荀攸劝曹操亲自攻打吕布，围困了下邳。后来曹操围困下邳时日已久，军队疲惫想要撤军。荀攸、郭嘉说："吕布这个人有勇无谋，陈宫有智谋却又犹豫不决。趁着吕布气力还没恢复过来，陈宫的谋略还没定下时加紧攻打，吕布是可以被打败的。"于是曹操引来沂水、泗水灌城，吕布又坚守了一个多月，情况越来越困迫，于是投降。吕布见到曹操说："您最放心不下的就是我吕布，如今我投降了，要是让我吕布带领骑兵，您带领步兵，平定天下是不成问题的。"曹操让人给吕布松绑，刘备阻止说:“不可以,您没看见吕布曾经侍奉的丁原和董卓这两人的下场吗?”曹操点头表示赞同。陈宫见了曹操后请死,曹操说:“我对您的老母、妻子、儿女怎么处置呢?”陈宫说:“我听说用‘孝’治天下的人,不会断绝人家子孙对祖坟祭祀。我的老母、妻子、儿女能不能活命,在您的掌握中。”这番话让曹操也流下泪来。于是曹操让人把陈宫、吕布、高顺一起用绳子勒死了。曹操找来陈宫的母亲,一直奉养到死,又嫁掉了陈宫的女儿,照顾陈宫的家人无微不至。吕布的部将张辽、臧霸等人都投降了曹操。刘备跟随曹操到了许昌,曹操任命刘备为左将军,对刘备的礼遇相当丰厚。

袁术称帝后,生活更加奢侈,不久资财耗空了,他自立门户支持不住了,就想去投奔袁绍。曹操派刘备在路上拦截他,袁术又被打回到寿春。袁术到了江亭,坐在竹床里叹着气说:“我袁术竟然到了这个地步了吗?”他由于气愤过度,吐血而死。袁绍消灭了公孙瓒后,有了自高自大的情绪。他挑选了十万精兵,由郭图、审配等将率领向许昌进攻。曹操进军到黎阳(今河南浚县一带),自己单身又回到许昌,分出一部分兵力把守官渡(在今河南中牟县东北部)。车骑将军董承的女儿是献帝的贵妃,董承进宫把献帝的密诏缝在衣带里带出,想和刘备密谋杀曹操。曹操有一天偶然和刘备一起喝酒,闲谈论英雄。曹操说:“如今天下的英雄,只有你使君和我罢了,袁绍之类的人不值得谈论。”刘备被曹操的话吓得不轻,正在这时,空中响了一声雷,刘备假装被雷声吓掉了筷子,说:“圣人说,‘突然的雷,猛烈的风,一定会让人有反常举动’,的确有道理。”曹操从此对刘备放下了心,这才让刘备去截击袁术。刘备截击袁术回来后,听说曹操离开了许昌,就杀了徐州刺史车胄,留下关羽把守下邳,让他行使太守职务,自己回到了沛县。这时,许多郡县的人都叛离了曹操而归向了刘备,刘备的兵力达到了几万人。刘备派出使者去和袁绍联系,想要一起对抗曹操。曹操派长史刘岱领兵攻打刘备,没有取胜。献帝让董承带出去的密诏被曹操知道了,于是曹操杀了董承等人,并灭了他们三族,接着又要杀宫中的董贵妃,献帝以董贵妃有身孕为由向曹操求情,但她还是被杀掉了。曹操想亲自领兵攻打刘备,他手下的将领都说:“和您争天下的是袁绍,现在袁绍来攻打我们,您却要回兵向东攻打刘备,给了袁绍机会怎么办?”曹操说:“刘备是人杰,现在不打,一定后患无穷!”郭嘉说:“袁绍性格迟缓多疑,一定不会迅速进军,而刘备是个新生的对手,人心还没完全归附。趁机攻打他,他一定失败。”曹操于是领兵向东进军。田丰劝袁绍说:“趁着曹操回军去打刘备的机会,赶紧在后面袭击他,这样可以一举成功。”袁绍却说他的孩子现在有病,无心再想别的事。田丰拿着手杖磕着地说:“咳!碰到这么难遇的大好机会,却因婴儿的病失掉了,可惜啊!袁绍的大事算是完了。”

曹操打败了刘备,抓获了刘备的妻子,刘备逃走了。曹操又进军攻下了下邳,抓住了关羽。曹操派张辽去劝关羽投降,关羽对张辽说:“我有三个条件:与皇叔(刘备)誓死扶持汉室,降汉不降曹,这是第一条。两个嫂子在此供养,无论什么人都不可冒犯,这是第二条。如果知道刘备的去向,不管有多远,我也要告辞离开这里前去投奔,这是第三条。如果曹操不答应,我坚决不投降。”曹操答应了,还封了关羽为汉寿亭侯。曹操想毁掉关羽的名声,让关羽和刘备的两个妻子甘、糜二夫人共住一室。关羽为了避嫌,手拿蜡烛站着直到天明。刘备败走后奔向青州去投靠袁绍,袁绍得知刘备到来,走出邺县城(今河北临漳)百里之外迎接他。曹操回军到官渡,袁绍和手下将领们研究攻打许昌,进军到黎阳(今河南浚县),又派他的大将颜良到白马(在今河南滑县东)攻打曹操的东郡太守刘延。曹操向北进军去救刘延,颜良前去迎战,曹操派张辽、关羽抢先攻击他。关羽望见颜良的旗帜,快马冲过去把颜良砍死在万军之中,割下了他的首级回到了本军。于是解开了白马县被围的局面,并把那里的百姓迁往了西边。袁绍渡过黄河进行追击,到了延津(延津至滑县的一段古河道,到北宋时已淤塞为平地了)南边。曹操有意留下一些军用物资引诱袁绍军队,然后派出将领进行攻击,把袁绍军打得大败,斩了大将文丑。颜良、文丑都是袁绍的主要将领,打了两仗就都失掉了,袁绍军的气势没了。关羽杀了颜良、文丑后,才知道刘备就在袁绍军中,于是关羽把曹操赏赐给他的东西都封存好留下,写了封信向曹操告辞,就到袁绍军中去找刘备去了。曹操身边的人想去追回关羽,曹操说:“他也是为他的主人,不要追了。”

袁绍的军队驻扎在阳武(今河南省原阳东南),曹操和他作战失利,粮食也要吃完了,曹操给荀彧写了封信想撤回许昌。荀彧说:“现在粮食虽少,比起楚、汉在荥阳、成皋之间打运动战时还要好一些。那时刘邦、项羽谁也不肯退兵,因为先退的就显示出势弱。您就把弱当成强,要是挺不住,就一定会被袁绍钻了空子。现在正是用奇计的时候,机不可失!”曹操于是就坚守营垒,等待着机会。一天,荀攸对曹操说:“袁绍运送物资的车辆很快就会来,押车的将领韩猛虽然勇猛,但是有轻视敌人的毛病,可以打败他。”曹操就派副将徐晃截击袁绍的车辆,烧了他的军用物资。不久,袁绍又派出车辆运送粮食,沮授请求另派一支军队来防止曹操截粮,袁绍没有听从。许攸说:“曹操军队人数少,几乎全部用来抵御我们了。许昌一带空虚,如果派遣一支快速部队乘着黑夜掩护去袭击,许昌定可打下来。许昌一破,我们就可以挟持天子来讨伐曹操,曹操就会成为俘虏了。即使一时间打不下来,也会让他们忙乱喘不过气来,打下许昌是迟早的事。”对于许攸的话,袁绍还是没听。不久,许攸家人犯了法,治中(主管文书、案卷的官员)审配押起了他,许攸就逃到了曹操那里。曹操听说许攸到了他那里,高兴得连鞋也顾不得穿就迎出门去,拍着手掌笑着说:“子远远道而来,我的大事有指望了!”许攸对曹操说:“袁绍的军用物资能装上万辆车,都存在故市乌巢(在今河南延津县东南),防守不严,用轻装部队去偷袭,烧掉他积存的物资,最多三天袁绍就会大败。”曹操听后非常高兴,于是留下曹洪、荀攸守住军营,自己带领步兵、骑兵五千人,打着袁绍的旗帜,走小路,士兵嘴含着东西以防止出声,每人都抱着一捆柴火。到了地点后,围着聚集的物资放起火来。袁绍的兵营大乱,曹操军队因而打败了袁绍军,接着又烧掉了袁绍军的军粮。曹操杀死袁绍军的士兵一千多人,都割下鼻子,又把袁绍军的牛马都割下嘴唇、舌头,拿给袁绍的将士们看。袁绍军吓破了胆,因此彻底被瓦解。之前,袁绍得知曹军到了乌巢后,只派了一支小部队去救乌巢,而用大部队攻打曹军的大营，却没取胜。这时，袁绍和他的儿子袁谭等人骑马带着八百骑兵渡过黄河，曹操军队没有追上他们。于是曹操把剩下的物资、图书和珍宝都拿走了。袁绍军中没有跑掉而投降的人，曹操下令都活埋了。接着，曹操又派出军队到汝南去攻打刘备，刘备就逃到荆州刘表那里。刘表听说刘备来了，就亲自到郊外迎接，用上宾的礼节招待刘备，又给刘备补充了战士，让他驻扎在新野（在今河南省）。袁绍失败后，又回到邺城原处，因没听田丰的话，害怕被他笑话，于是杀了田丰。不久，袁绍因又羞愧又愤怒，一气之下吐血而死。袁绍这个人喜怒不形于色，但他的本性总是自以为是，听不进别人的善言，所以最后失败了。

袁绍有三个儿子，袁谭、袁熙和袁尚。袁绍的后妻喜欢袁尚，袁绍活着的时候想立他为接班人，但袁绍手下的人大多认为袁谭是长子，而更看好袁谭。审配假说袁绍早有密令，于是立了袁尚做接班人。袁谭没能继承袁绍的位子，就想发黎阳（今河南浚县东北）的兵去打袁尚。袁谭的部下王修劝他说："兄弟是左膀右臂，如果和人家打仗，砍掉自己的右手说'我一定能胜利'，这怎么可能呢？抛弃兄弟之情而不亲近，天下人还有谁可亲近？"袁谭听不进去。袁谭和袁尚互相攻打，这时曹操正在攻打刘表，驻扎在西平（在今河南省），袁谭派辛毗到曹操那里去求救兵。曹操手下的人多数认为刘表强大，应首先打掉他，袁谭、袁尚不值得忧虑。荀攸说："天下正有事，而刘表稳坐着，守着长江、汉水之间的土地，他没有夺取全天下的志向就可知了。袁氏占有四州的土地，有几十万人的军队，假使袁谭、袁尚和睦，天下的战乱就不会停止。如今趁着二人相争的机会打掉他们，天下就可平定了。"曹操听从了他的话。袁尚攻打袁谭时，曹操却乘机抄了袁尚的老窝邺县。袁尚返回去迎战，结果失败逃到了幽州，投奔袁熙去了。曹操进入邺县，自己兼任冀州牧。袁谭和曹操也翻了脸，曹操在平原把袁谭打败，袁谭退到南皮，曹操又打到南皮，在那里杀了袁谭。幽州刺史袁熙被他手下的部将焦触、张南所攻打，他就和袁尚一起跑到辽西乌桓山（在今内蒙古阿鲁科尔沁旗西北）。焦触自称为幽州刺史，率领所辖郡县的太守、县令投降了曹操。后来曹操攻打到乌桓山，袁熙、袁尚逃到了辽东。辽东太守公孙康斩了袁熙和袁尚，并把他们的首级献给了曹操，袁氏因此灭亡。

却说琅邪郡(今山东胶南、诸城市一带)的诸葛亮，字孔明，寄居在襄阳隆中(今湖北襄阳区西边的隆中山)，常常把自己比作管仲、乐毅。当时的人不认可，只有颍川郡的徐庶和崔州平认为他确实比得上管仲、乐毅。刘备到襄阳的司马徽那里，让他给自己介绍些有才干的士人。司马徽说："儒生是些见识浅陋的人，怎么能识时务？识时务者为俊杰，这一带就有卧龙、凤雏。"刘备问这两人是谁，司马徽说："诸葛孔明(诸葛亮)、庞士元(庞统)就是。"徐庶也对刘备说："诸葛孔明是条卧龙，将军是不是愿意和他见上一面呢？"刘备说："您和他一起来吧！"徐庶说："这个人您只可去见他，他不会受屈地自己到您这来。还是委屈您去见他吧！"刘备去拜访诸葛亮，去了三次才得见。在没有外人的情况下，刘备对诸葛亮说："汉王朝弄得如此衰弱，奸臣篡权，我不考虑自己的德行和力量够不够，只想在天下伸张正义。您可有什么好办法，给我出出主意。"诸葛亮说："如今曹操已拥有百万大军，他挟天子以令诸侯，这样您不可和他正面交锋。孙权占据江东已历经三代，国有天险可凭，人民亲附，贤能的人乐意为他服务。这样只可联合他，不可有吞并之心。荆州(以湖北襄阳为中心的一带地方)这地方北边靠近汉水、沔水，可从南海获取无限的利益，东又连着吴郡、会稽郡，向西通向巴郡、蜀郡，这是块用武之地，而它的主人刘表守不住它，这也大概是老天有意要帮助您啊！益州(今四川)道路险阻、闭塞，那里沃野千里，是天然的大粮仓。益州牧刘璋昏庸懦弱，张鲁在他的北面，那地方民众多，地方富，却不知道慰问抚恤，有头脑的人都希望有个英明的领导者来治理那地方。将军您既然是汉王室的后代，全天下的人都知道您有信用、讲情义，如果能据有荆州和益州，同时结好孙权，在境内修明政治，并注意境外的时局变化，抓住一切有利机会，那么统一的大业一定成功，汉王朝又可兴起了。"刘备说："你说得太好了！"于是刘备和诸葛亮的感情一天比一天好。关羽和张飞对此颇有意见，刘备对他们解释说："我有了孔明，就像鱼得到了水一样，希望你们别再说什么了。”关羽、张飞这才不发牢骚了。

曹操自封为丞相，建议献帝封了功臣二十多人为列侯，接着他领兵攻打刘表。刘表原来有两个儿子，刘琦和刘琮。刘表为刘琮娶了后妻蔡氏的侄女，蔡氏于是就喜欢刘琮而讨厌刘琦。刘琦心里很不平衡，就找诸葛亮，让他出出主意。诸葛亮对他说：“您没看见春秋时期晋国的申生在国内遭陷害，重耳（晋文公）逃到国外平安无事吗？”刘琦明白了。这时正赶上孙权为父孙坚报仇，攻打江夏（以今武昌为中心的一带地方）太守黄祖，并杀了黄祖。刘琦要求补太守的空缺，刘表就让刘琦做了江夏郡太守。后来刘表死了，刘琮接任了荆州牧。不久，曹操就向荆州发兵进攻，蒯越等人劝刘琮投降。曹操的兵到了新野，刘琮就投降了，曹操的军队于是得以长驱直入。当时刘备驻扎在樊城（今湖北襄阳市的一部分），对刘琮投降，刘备并不知道，等到知道以后，曹操的军队已经到了宛城（是当时的荆州治所，在今湖北荆门市南）。刘备大吃一惊，赶紧叫来手下人一起商量该怎么办。有人劝刘备攻打刘琮，夺取荆州。刘备说：“刘荆州（指刘表）临死时向我托孤，这种背信弃义的事我是干不出来的。”刘备拉着他的队伍撤退，路过襄阳，许多人都投靠了他。等到了当阳（今湖北省宜昌地区），跟随刘备的民众已达十多万人，拉东西的车有几千辆，每天只能走十多里路。刘备又派关羽用几百艘船走水路，到江陵（即今湖北省荆州市）会合。有人对刘备说：“应当赶快走，到江陵固守。”刘备说：“干大事必须把人作为根本，如今人家来投奔我，我怎么忍心抛弃他们？”

曹操因为江陵有大量军事物资，怕刘备抢先占有，就放下笨重的器械，轻装到了襄阳。他听说刘备已经走过去了，于是就带领精锐的骑兵五千人赶紧追赶刘备，一天一夜走了三百多里，到达了当阳县的长坂。刘备就抛开了妻子，与诸葛亮、张飞、赵云等几十个人骑着马跑。徐庶的母亲被曹操抓住了，于是徐庶为救老母向刘备告辞，指着自己的心说：“本想和将军共谋霸王的功业，就是这方寸之地，如今失去老母，我的方寸乱了，这颗心没用了，请让我向您告别吧！”于是徐庶到了曹操那里。在行进中，张飞走在队伍最后面抵抗曹操军队,他命人拆毁了桥梁,瞪大眼睛手提长矛说:“我是张翼德,谁敢来和我决一死战!”曹操的人马没有敢靠近他的。赵云抱着刘备的儿子刘禅和关羽在船上会合,渡过了沔水,遇到了刘琦的军队一万多人,和他们一起到了夏口(即今武汉武昌)。

当年孙坚为袁术攻打刘表时被刘表的部将黄祖所杀。孙坚有四个儿子:孙策、孙权、孙翔和孙匡。孙坚死时,孙策年纪才十七岁,他渡过长江,到江都(今扬州一带)去居住,在那里认识豪杰人士,有了替父报仇的志向。后来孙策到寿春去见袁术,袁术见他很与众不同,就把孙坚原来所带的部队交给了孙策,让他攻打九江,并答应让他做九江太守。不久,袁术人用了自己人陈纪做了九江太守,又让孙策攻打庐江,并对孙策说:“如果把庐江打下来,就真的归你所有了。”孙策打下了庐江以后,没想到袁术又任用了他自己原来的官吏刘勋做了太守,这让孙策大失所望。袁术任用吴景为丹阳太守,扬州刺史刘繇却把吴景打跑了,派遣将领在横江(在今安徽和县东南)驻扎,利用地理条件抗拒袁术。孙坚的旧将朱治看见袁术没有政德,就劝孙策还是回到江东去占地,孙策听从了。于是孙策去找袁术说:“我家里有旧的恩情在江东,因此我想帮舅舅吴景讨伐横江的刘繇驻军。如果横江能拿下来,我就在那里招募士兵,可以得到兵员三五万人,这样就可以帮助您平定天下了。”袁术认为孙策未必能打败刘繇,但孙策不会背叛他,这才允许了,并上表封孙策为折冲校尉。于是孙策一边行军一边招兵,到了历阳(今安徽和县),周瑜的伯父周尚是丹阳郡(在今安徽宣城一带)太守,他把自己的士兵送给了孙策,并供给孙策钱粮。孙策打下横江后,又渡过江去攻打别的地方,所到之处,所向无敌。百姓听说孙郎就要到来都很害怕,等到孙策军到了那里,官、兵都听从命令,不敢抢掠百姓,百姓这才放下心来,拿出酒肉来慰劳孙策军队。孙策军攻下了秣陵(今江苏江宁),接着在曲阿(今江苏丹阳县)打败了刘繇,刘繇逃到了豫章(今江西南昌)。孙策长得很美,平时说话总是连说带笑,性格豁达不拘小节,熟悉他的人没有不拼命为他效力的。十天功夫他就得到了两万多人,一千多匹马,威震了江东。孙策领兵渡浙江(钱塘江),会稽郡的功曹（州郡佐使，主管考察记录功劳）虞翻劝太守王郎躲一躲，王郎不听，被孙策打败投降。孙策做了会稽太守，让虞翻仍旧当功曹，并和虞翻做了朋友。孙策喜欢游猎，虞翻劝阻他说："刘向的《说苑·正谏》中说，'从前白龙从天上下到清冷渊，变成一条鱼。打鱼人豫且射中了它的眼睛。'希望您注点意，别出什么危险。"孙策认为他说得对，却改不掉游猎的兴趣。袁术一心想代替东汉王朝，自己做皇帝。他听说从前孙坚捡到了传国玉玺，就拘禁了孙策的母亲，把玉玺夺走了，于是孙策与袁术断绝了友好关系。袁术的县官周瑜、鲁肃知道袁术不会成功，都抛弃了官印跟随了孙策。孙策军活捉了刘繇的将领太史慈，孙策解开了他的绑绳，用他为将。刘繇死后，他的军队一万多人都归了豫章太守华歆。孙策袭击了庐江（以今安徽合肥为中心的地方）太守刘勋，夺取了庐江郡。袁术的妻儿也在那里，孙策待他们很好。要收服豫章郡时，孙策先派虞翻去华歆那里劝降，孙策大军一到，华歆开城门迎接，孙策待华歆为上宾。

当时，袁绍与曹操两军在官渡相持不下，孙策打算乘许昌空虚，偷袭许昌。部署好了还没出发，在他一次游猎中，先前被他所杀的吴郡太守许贡的仆人正好躲在竹林中，用箭射中了他的头。孙策的伤势很严重，他召去张昭等人对他们说："中原地带正乱着，我们凭借吴越众多人口和三江的天险足够用来保存自己，以观时局的变化。你们要好好辅佐我的弟弟。"接着又把孙权叫到面前，把官印交给了孙权，对他说："行军打仗攻城占地，你不如我。任用贤能的人来保江东，我又不如你。"说完就死了，年仅二十六岁。孙权悲痛地不能做事，张昭对他说："节哀吧，这是你哭的时候吗？"孙权于是换了衣装出去巡视军队去了。张昭、周瑜等人都对孙权说要和他共成大事，所以孙权也放心地把事交给他们办。孙权为给父亲报仇，攻打江夏太守黄祖，打败了黄祖，并杀了他。曹操要求孙权送一个亲属作为人质，周瑜对孙权说："将军继承了父兄所创的基业，有了六个郡的土地，兵精粮足，将士又肯卖命，境内富饶，怕他什么？如果人质一送去，就不能不被他控制，让你到哪儿去，你就得去，最多不过封你个侯爵，哪里比得上在此做君主啊！"孙权的母亲吴夫人也说:“公瑾(周瑜的表字)说得对呀,公瑾和伯符(孙策的表字)是同岁,只比伯符小一个月罢了,我把他看作自己的儿子,你要像对待兄长一样待他!”于是孙权打消了送人质的念头。

鲁肃听说刘表死了,就跑去对孙权说:“荆州这地方和我们的土地相邻,那里山水险阻,易守难攻,并有肥沃的土地上万里,物产丰富。如果把它拿到手,这就是开创帝王事业的资本。请让我去说服刘备,让他安抚刘表的将领,一起对付曹操。”于是孙权同意派鲁肃前往。这时正赶上刘备被曹操打得往南边逃,鲁肃在当阳长坂这地方遇上了刘备。鲁肃对刘备说:“孙讨虏(孙权)尊敬贤人,以礼貌对待士人,这些人都愿意为他服务。而且士兵装备精锐,粮食充足,要成大事不成问题。如今为您打算,不如派个靠得住的人到江东去和孙权搞好关系。”刘备听从了鲁肃的建议,从夏口把兵移到鄂县的樊口(在今湖北鄂州市西北)。曹操军队从江陵想要顺江向东而来。诸葛亮对刘备说:“现在事情危机了,请让我接受您的命令前去向孙将军求救!”于是诸葛亮和鲁肃一起到孙权那里,在柴桑县(在今江西九江市西南)见到了孙权。诸葛亮对孙权说:“如今天下大乱,将军您在江东起兵,刘豫州(刘备)在汉水南面招兵买马和曹操争夺天下。现在曹操把他的主要对手差不多都铲除了,接着又打下荆州,威力震动了天下。英雄无用武之地,所以刘备撤退到南方。希望将军量力而行,要是能用吴越的军队对抗得了曹操,就不如早和他断绝来往;如果不能,为什么不向他投降?”孙权说:“如果像您说的,那么刘豫州为什么不向他投降?”诸葛亮说:“从前的田横是当时齐国的一个壮士罢了,还能守住正义不受屈辱。何况刘豫州是汉王室的后代,英雄才干在全天下闻名,许多有作为的人都仰慕他,他怎么能向曹操屈辱的投降呢?”孙权生气地说:“我不能让整个吴地、十万大军受别人控制。我决定了,除了刘豫州没有谁可以抵挡曹操,可是豫州刚刚遭到失败,如何能抵挡得了曹操的进攻?”诸葛亮说:“曹操的军队远道而来非常劳累,听说曹操追击刘豫州,用轻装的骑兵一天一夜跑了三百多里,这就是所谓的强弩射出的箭,飞到最后连一块鲁地产的薄绢都穿不透了。再说,曹军的北方人不熟悉水战,将军真能和刘豫州同心合力，大败曹军是一定的了。曹军被打败，一定会退回到北方去。这样，荆州、吴地的势力就会强盛起来，天下‘三足鼎立’的局面就形成了。是成功还是失败就在今天了！”孙权听诸葛亮这么一说非常高兴。

在这不久前，曹操送给孙权一封信说：“近来我奉皇帝的命令讨伐有罪的人，帅旗向南一指，刘琮就束手投降了。如今我组建了水军八十万人，将要和将军在吴地交手。”孙权把曹操的信拿给手下人看，没有不被吓得变了脸色的。长史张昭等人说：“曹操得到了荆州，长江的天险就和我们共有了，不如向他投降。”鲁肃私下里对孙权说：“假使我鲁肃投靠曹操，他总得给我个官做，一年年做下去，总会做到州官、郡官。将军您若投靠曹操，他会怎么安置您呢？”于是鲁肃劝孙权召来周瑜共同商议。周瑜一到就对孙权说：“曹操虽然假托为汉室的丞相，其实是汉室的奸贼。将军您占有江东，兵精粮足，应当为汉室除去这祸害。何况曹操亲自来送死，可向他投降吗？现在北方也没有完全平定，马超、韩遂还是他的后患。再说，曹操舍弃了陆地作战的鞍马，依靠水战才用得着的船和桨，驱赶着中原士兵远涉而来，不服这里的水土必生疾病。将军您抓获曹操就应当在现在了！我周瑜请求五万精兵进驻到夏口，保证为将军打败他。”孙权说：“老贼想废掉汉王室的皇帝自己做皇帝已经很久了，只是顾忌二袁、吕布、刘表和我罢了。如今几个人已被他消灭，只有我还存在，我和老贼势不两立。”于是拔出腰刀砍向案几说：“文武官员敢再议论应当降曹的，就像这案几一样！”之后，周瑜领兵三万，和刘备合力抵御曹操。

周瑜率领军队行进，和曹操军队在赤壁（在今湖北赤壁市长江南岸）相遇。当时曹操军中士兵有些人已有了疾病，第一仗曹军不胜，于是曹操领兵驻扎到江北。周瑜的部将黄盖说：“曹军正在连接船舰，船头船尾相接，可用火攻的方法烧它。”于是东吴方面就在战船上堆些干草干柴，里面灌上油，在柴草上面蒙上帷幕，帷幕上竖起旗帜，准备了快船拴在战船的尾部，便于点火后逃生。黄盖写了封信给曹操，假说要向他投降。这时正刮起了东南大风。黄盖把十只船舰放在最前边,到了江中心扬起船帆,其余的船都依次一起前进。这时曹营的官、兵都走出了营门观看,指着谈论黄盖来降了。距离曹军二里多的时候,黄盖的船上同时点火,火烧得烈,风刮得猛,船像飞出的箭一样冲向北岸,把曹操的船全部烧光了,而且岸上也火烧连营。不长时间,火焰、浓烟弥漫了整个上空,曹军人马烧死淹死的非常多。周瑜等人率领轻装的精锐部队紧跟在后面,这时敲起战鼓,曹军彻底崩溃,曹操领兵从华容道(在今湖北监利县)逃跑。刘备和周瑜从水上、陆地一起进军,追赶曹军到南郡。当时曹军又饿又病,已死了一大半了。于是曹操留下曹仁、徐晃把守江陵,自己领着队伍回北方去了。

这时,周瑜军队的官兵士气很高,周瑜就领兵渡过长江把军队驻扎到北岸,和曹仁相对峙。刘备让刘琦做荆州刺史,自己领兵向南招抚武陵、长沙、桂阳、零陵四个郡,四郡都归顺了刘备。周瑜攻打曹仁一年多,曹仁军死伤很多,曹仁弃城逃走,周瑜就屯兵占据了江陵。刘琦死后,孙权让刘备代理荆州牧,周瑜分出长江以南部分地区交给了刘备使用。后来,孙权把自己的妹妹嫁给了刘备。孙权的妹妹身手敏捷、性格刚毅,有她哥哥的作风,身边侍女一百多人都拿着刀立在两旁,刘备每次从她们身边经过,心里都打鼓。周瑜在一次往江陵赶路时,在途中生了重病,他给孙权写信说:“我活不长了,无所谓;只是遗憾我的小小志愿还没有施展,不能够再尊奉您的命令行事了。如今曹操还占有北方,天下没有安宁。刘备暂居在我们这里,大有养虎为患的危险。天下的事还没有最后定下来。鲁肃忠诚可靠,做事认真,他可以代替我。如果他有什么建议,希望您能采纳,那么我周瑜死也不朽了。”不久,周瑜死在了巴丘山(在今湖南岳阳县湘水西岸)。之后,孙权派鲁肃代替周瑜领兵。鲁肃劝孙权把荆州暂借给刘备,和他一起抵抗曹操,孙权听从了。

曹操打算拿下巴郡、蜀郡,以便在吴地的上游来攻打东吴,于是就派司隶校尉钟繇等人去攻打张鲁。韩遂、马超在陕西(今河南峡县以西地区)之外的陇地(直达今甘肃陇山一带地方),怀疑钟繇等人的队伍是来袭击他们的,于是十个区域的军队都出兵对抗曹军,曹操就亲自率军攻打他们。曹军在潼关(今陕西潼关县北)两旁摆开阵势,又派徐晃、朱灵领兵四千人渡过蒲阪津(在今山西运城地区的永济)占领黄河以西为营。曹操这才向北渡黄河,兵马先过河,曹操亲自断后。马超领兵一万多人攻打曹操,箭像雨点一样密集地射向曹军,曹操仍然坐在交椅里不动。在危急中,都尉许褚扶曹操上了船。船到河中心时,船工被箭射死了,许褚就左手举着马鞍为曹操挡箭,右手撑着船。校尉丁裴放出牛马来引诱马超的士兵,曹操这才过了黄河。马超等人挑战,曹军不应战。曹操和韩遂从前有过交往,曹操请求和韩遂见面,于是在两军阵前两人骑马相对着交谈了很长时间,只说了些从前两人在京城的旧交旧友,时而拍手大笑,一句也没有涉及军事方面的话,谈完后就各自回去了。马超问韩遂说:"曹操都说了些什么?"韩遂说:"也没说什么。"因此马超对韩遂产生了怀疑。有一天,曹操写了封信给韩遂,马超等人看到这封信时,里面有修改的文字,像是韩遂改定的,这样马超等人就更加怀疑韩遂了。此后,曹操先用轻装的士兵进行挑战,后派勇猛的骑兵进行夹击,把马超、韩遂的军队打得大败。马超、韩遂向凉州(辖今甘肃、宁夏、青海的湟水流域等,治所在甘肃清水县北)奔去,曹军追到安定郡(今甘肃平凉地区的一部分)才停止追击,往回走。曹军回去后,马超又率领羌人(古西部民族)攻打陇地的各郡县,各郡县都进行了抵抗。杨阜、姜叙等人起兵攻打马超,马超被打得大败,向南逃去投奔了张鲁,三年以后又投靠了刘备。韩遂的部下西平郡和金城郡的将领们一起杀了韩遂,把尸身交给了曹操,并向曹操投降。

却说刘备让从事庞统任耒阳令,却没治理好耒阳县(在今湖南省),被免去了官职。鲁肃给刘备的信说:"庞士元绝不是仅百里才有的人才,只有让他担任治中(管理文书档案的官员)、别驾(州刺史的佐官)这类职务,才能施展出他的才华。"诸葛亮也对此表示赞同。于是刘备又接见庞统,一番言谈后开始器重他了,任命他为治中,待他的亲密程度仅次于诸葛亮,并让他和诸葛亮一起担任军师中郎将(参掌军事的武官)。当年,刘焉(刘璋之父)做益州牧,他看见东汉王朝天下大乱,就有了趁乱夺取江山的打算。沛国丰县(今属江苏)

人张鲁,自从先祖张道陵以来,世代从事"五斗米道",在蜀地客居。刘焉任用张鲁为督义司马,和他一起偷袭杀死了汉中郡太守张修,堵住了斜谷关(今陕西终南山的一个关口)。等到刘焉死后,儿子刘璋接任。张鲁认为刘璋昏庸软弱,于是他占据了汉中、扶风两郡。法正是刘璋的军议校尉,但刘璋信不过他。益州的别驾张松和法正关系很好,也认为自己有才能,估计跟着刘璋没有什么作为而常常暗自叹息。张松劝刘璋联合刘备来讨伐张鲁,刘璋问:"派谁去联系刘备合适?"张松就推荐了法正,刘璋同意了,于是就派遣法正带领四千人去迎接刘备。主簿黄权恳切地劝刘璋别派法正去,刘璋不听。法正到了荆州,偷偷地劝刘备去夺取益州,刘备犹豫不决。庞统说:"益州土地肥沃,资财丰富。如果依靠它为资本,夺取天下的大业就能完成!强行占有,顺着民心治理是古人所赞成的。如果事情成功后,封给刘璋一块大地方作为诸侯国,怎么会对不起他?如果现在不去占领,最终也会被别人得去。"刘备认为庞统说得有理,于是留下诸葛亮、关羽等人把守荆州,自己带领几万步兵进入益州。刘备到了巴郡(包括今重庆市和南充、达县、奉节、彭水、涪陵等地),太守严颜拍着心口叹息说:"这就是所说的引狼入室啊!"刘备到了涪地(今涪陵),刘璋也到了那里迎接他,并给刘备增加了士兵和许多军用物资,让刘备攻打张鲁。刘备到了葭萌(在今四川广元市南),没有立刻讨伐张鲁,而是施以恩德收买人心。刘备在葭萌的时候,庞统对刘备说:"现在偷偷地挑选出精锐强壮的士兵,日夜赶路直奔成都袭击那里的驻军,可以一举拿下来,这是上策。杨怀、高沛是刘璋的名将,都拥有强兵据守关口。听说他们多次劝谏刘璋,让他赶你回荆州。如果骗他们说现在荆州战事危急,要带救兵回去,这两人一定心里高兴,前来见您,您就趁这机会把他们抓起来,然后带走他们的队伍向成都进军,这是中策。您退居白帝城(在今重庆市奉节县城东瞿塘峡口),仅靠荆州来慢慢争得天下,这是下策。如果只是犹豫不决,什么事也不做,将来争取天下就太困难了,不可挽回了。"刘备认为庞统的中策比较合适,于是领兵占据了涪城。

诸葛亮留下关羽把守荆州,他和张飞、赵云带领军队乘船逆着长江而上向上游进军，占据了巴东郡，攻下了巴郡，活捉了巴郡太守严颜。张飞呵斥严颜说："你为什么不投降?"严颜说："你们这些人太无礼，侵夺我们的州，我们州里只有断头将军，没有投降的将军！"张飞愤怒地命令身边人拉严颜去砍头，严颜面不改色，举止如常，说："砍头就砍头，你发什么火?"张飞因佩服严颜的英勇气概而释放了他，把他作为宾客对待。赵云从外水(长江流经四川彭山的一段)平定了江阳、犍为一带地方(今四川泸州地区至眉山地区一带的地方)，张飞平定了巴西、德阳一带地方(今四川阆中至遂宁一带)。在攻打刘璋的雒城时，庞统被流箭射死。马超知道张鲁干不成大事，就投靠了刘备。刘备进军围住了成都，这时诸葛亮、张飞、赵云也带领军队去和刘备会合。刘备围住成都几十天，当时刘璋城中还有精兵三万多人，粮食、穿用的可用一年，官、民都想誓死保卫城池。刘璋说："我们父子在州里二十多年，对百姓没什么恩德。百姓打了三年仗，在荒野经受风雨、暑寒都是为了我的缘故，我怎么忍心！"于是他打开城门投降了。刘备把刘璋安置在荆州的公安县(在今湖北省)，把属于刘璋的财物都归还给了他，并让刘璋佩戴振威将军印绶。刘备自任益州牧，一切政事都遵从诸葛亮安排。诸葛亮在任用人、管理政事方面事事都很适宜。从前刘璋执政时，事事都宽松，而诸葛亮事事都要求严格，所以境内得到了很好的治理。孙权派诸葛亮的哥哥诸葛瑾向刘备讨要荆州各郡，刘备不答应，孙权就强行安排委派了长沙、零陵、桂阳三个郡的长史，关羽把他们都赶了回去。孙权大怒，派将领吕蒙率兵两万来夺取三个郡。刘备听到孙权的举动，就从蜀地跑到公安县，让关羽严守这三个郡。孙权搬到了陆口去住(陆口在今湖北嘉鱼县西南陆水进入长江的陆溪口，是当时东吴的军事重镇)，鲁肃也带领一万人驻扎在益阳(在今湖南省)，来对付关羽。这时刘备听说曹操要攻打汉中，他怕失去益州，就派使者向孙权求和。孙权派诸葛瑾前去交涉，和刘备重新结盟友好。于是把荆州分成了两半，以湘水为界，长沙、江夏、桂阳以东归孙权，南郡、零陵、武陵以西属刘备。

当初，曹操杀了汉献帝的董贵妃，把自己的三个女儿嫁给了献帝,都被封为贵妃。这样一来,献帝身边的人都成了曹操的耳目。伏皇后非常害怕,她给父亲伏完写了一封密信,让他暗中解决掉曹操。不料这事此时泄露,曹操派御史郄虑去收缴伏皇后的玺绶(官印),伏皇后关闭了宫门,藏身在墙壁的空隙中。尚书令(尚书台的长官,主管国家政务)华歆砸开宫门,扒开墙壁,扯出了伏后。当时献帝在外殿,伏后披散着头发,光着脚边走边哭,走到献帝面前说:"不能救我一命吗?"献帝说:"我也不知道我还能活到什么时候,哪有法子救你。"他回头对郄虑说:"郄公,天下难道是这样的吗?"曹操把伏后下到宫中女官有罪时惩处的暴室狱中杀死,她生的两个孩子也都用毒药毒死了,她的哥哥弟弟和宗族的人被处死的有一百多人。曹操的女儿做了皇后,曹操做了魏公,封有冀州十郡,接着又进爵位为王,设有天子旌旗,有护兵保卫。他出门百姓都要避开,他还让儿子曹丕做了王太子。曹操亲自领兵攻打张鲁,攻下了阳平关(在今陕西汉中地区的勉县西边),张鲁逃到南山,接着又向曹操投降,曹操封他为阆中侯。

法正劝刘备说:"曹操一举就使张鲁投降,拿下了汉中,他不借这形势来攻打巴、蜀地,反而回去了,只留夏侯渊、张郃两将驻守。现在掂量夏侯渊、张郃的才略不是太好,如果我们去攻打,一定可以打败他们。"刘备认为有理,于是率领将领们领兵到了汉中,驻扎在阳平关,夏侯渊、张郃、徐晃等人领兵前去抵御。刘备派出将领陈式等人切断了马鸣阁道,却被徐晃打败。刘备赶紧给诸葛亮写信,要求益州发兵增援。诸葛亮和从事(州的辅助官吏)杨洪商议,杨洪说:"汉中是益州的咽喉 ,没有了汉中,蜀地(益州)也就保不住了。赶紧发兵,不要迟疑!"于是诸葛亮派出了大量兵马来夺取汉中。夏侯渊屡战屡胜,和刘备军对峙了一年多。刘备把自己的营垒从阳平往前移到了定军山(在今陕西省勉县西南部)。夏侯渊领兵前去争夺,刘备让讨虏将军黄忠擂响高鼓趁势出击,把夏侯渊军打得大败,夏侯渊被杀。曹操领兵从长安经由斜谷(今陕西终南山谷名),打算夺回汉中。刘备把军队驻扎到险要的地方,不和曹军交锋。曹军在北山下运米,黄忠领兵打算截粮,过了预定的时间没有返回军营。

赵云等得着急，就带领几十个骑兵跑出军营去看情况，谁知正赶上了曹操军队迎面而来。赵云等人猛然间与他们相遇，于是只好冲入敌阵一边战斗一边后退。曹操军被冲散而又聚集起来，追到赵云军营附近。赵云等进入营垒，便开着大门，偃旗息鼓。曹军怀疑赵云军营里有埋伏，于是就撤走了。这时赵云擂响战鼓，并不出兵，只是用强弩射曹兵。曹兵受到惊吓，于是乱了阵势，士兵相互踩踏，堕入汉水淹死的人很多。曹操领着军队撤回长安，刘备于是得到了汉中这块地方，自立为汉中王。关羽派糜芳把守江陵，傅士仁把守公安，他亲自率领军队在樊城（今湖北襄樊一带）攻打曹仁军队。曹仁让部将于禁、庞德驻扎在樊城北边。秋天时，赶上大雨久下不停，汉水大涨，于禁等人的七支军队都被淹。于是于禁和手下将领们领兵登到高处避水，关羽就乘机乘着船去攻打他们。庞德被活捉，不屈服，关羽杀了他。于禁等人因受困，于是投降。这样，从许昌往南，民心都倾向关羽，关羽的威名震动了华夏大地。曹操听说庞德被杀，流着眼泪说："我认识于禁有三十年了，为什么在危难的关键时刻反倒不如庞德呢?"曹操提议把都城迁往别处，以免被关羽攻破，司马懿建议说："刘备和孙权表面亲近，实际并不一心，关羽得意，孙权必然不自在。可以派人去劝孙权让他袭击关羽，并答应割江南地方封给他，那么樊城的围困就自然解除了。"曹操听从了他的意见。

司马懿，表字仲达，河内温人（今河南省温县）。他年少时就聪明果断，有大谋略。他哥哥司马朗是曹操的主簿，曹操听说司马懿有才能，就想征召他。司马懿推辞说自己有手脚麻木的毛病，不能做官。曹操听后很生气，想抓起他来，司马懿不得已只好就职。至此，司马懿为曹操谋划了害关羽的计策。曹操向孙权那边派去了人，孙权就和吕蒙密谋如何对付关羽。于是吕蒙对外假称自己病重，而让年轻的陆逊代替他领兵。陆逊到了陆口，就写信给关羽，称颂关羽干了番大事业，自己对他十分仰慕。关羽看完信后很得意，于是放松了对东吴的警惕，撤掉了荆州的守兵去增援攻打樊城的军队。陆逊把关羽这边的情况向孙权作了报告，于是孙权就发兵袭击关羽。孙权写信给曹操，说要以攻打关羽的行动证明自己说到做到,并且请求不要走漏消息。曹操问他的手下人,大家都说应当保守秘密。董昭说:"军事方面的事要求灵活机动,只要合适就好。应当让关羽知道,关羽知道孙权要打他,那么樊城被围的现状自然就解除了。"曹操说:"这话有理!"他立即命令徐晃把孙权的信绑在箭上射到关羽的军营中。关羽看到信后,犹豫不决。吕蒙到了寻阳县(在今湖北黄梅西南),在船中埋伏下精兵,让摇橹的军人穿便服,扮作商船模样,日夜兼行。关羽派到江边负责侦察瞭望的人都被吕蒙抓走了,所以关羽不知吕蒙的军事行动。糜芳和傅士仁都怨恨关羽一向轻视他们,两人都打开城门向吕蒙投降了。吕蒙到了江陵,打开监牢释放了于禁,抓到了关羽和将领们的家属,对他们给予优待,严禁官兵掳掠,所以关羽的将士丧失了战斗的决心。关羽听说南郡已被攻破,就想到麦城(在今湖北省当阳市东南)去坚守。吴将马忠俘获了关羽和他的儿子关平,把他们都杀掉了,于是东吴平定了荆州。吕蒙对东吴功劳很大,但是还没来得及受到封赏就得了重病死了。

曹操封孙权为骠骑将军,并派使臣持节作为凭证,让孙权兼任荆州牧,封为南昌侯。孙权上书向曹操称臣,并说做皇帝的天命应归曹操。曹操拿着孙权的信对身边的人说:"这小子是想把我放到炉火上烤啊!"手下人都劝曹操应该登上大位了,曹操说:"如果天命在我这里,我恐怕就是周文王了。"等到曹操死后,曹操的儿子曹丕根据曹操的妻子卞王后的命令继承了王位。不久,曹丕篡夺了东汉君位,把献帝废为山阳公,自己做了皇帝,这就是文帝,国号为"魏"。曹丕又追尊他的父亲曹操为魏武皇帝,庙号叫"太祖"。东汉献帝在虚位三十一年,东汉总共出了十二个皇帝,从光武帝刘秀乙酉年(公元25年)开始到献帝刘协庚子年(公元220年)结束,共计存在了一百九十六年,天下被分为蜀(即蜀汉)、魏和东吴三个国家。其后五十多年又被晋朝统一了天下。

第十六章　魏蜀吴三国归晋

却说曹丕篡夺了东汉的君位后，蜀地中传说汉朝的献帝已遇害。于是汉中王刘备就为献帝办丧事，在武担山（在今四川成都西北）的南边继承了皇帝位，大赦境内，把当年改为章武元年（公元221年），这就是蜀汉昭烈皇帝。他拜诸葛亮为丞相，又设立了宗庙，祭祀汉高祖以下的列祖列宗；立刘禅的母亲甘夫人和吴氏为皇后（吴氏是偏将军吴懿的妹妹，是刘璋的哥哥刘瑁原来的妻子）；又立了儿子刘禅为皇太子。刘备为关羽的失败和死亡而感到痛心和耻辱，于是要发兵攻打孙权，翊军将军赵云劝谏刘备说："国贼是曹操父子，可不是孙权。如今曹丕篡夺了汉朝的君位，人们的心还没归顺他，正应当在这个时候早为收复关中（今陕西省）作打算，我们应在黄河、渭水的上游讨伐逆贼，那么函谷关以东的义士一定会有响应的人，不该丢下魏而先和吴作战。再说双方一交手，不是短时间的事，这不是好计策。"群臣中劝说刘备的有许多人，刘备都听不进去。于是他留下诸葛亮辅佐太子刘禅把守成都，亲自率领各部军队向东而去。车骑将军张飞在雄壮勇猛方面比起关羽来稍微逊色，关羽善待士兵而轻视士大夫，而张飞却尊重士大夫而不体恤士兵，为此刘备常常告诫他，可张飞就是不知悔改。到这时，他要率领一万人到江州（今重庆）会合，临近出发的时候被手下将领张达、范彊所杀，两人提着张飞的脑袋投奔到孙权那里。刘备听说张飞军营的都督（是帐下领兵的人，如同后世的卫队长）有表要向他报告，就说："嗐！准是张飞死了。"孙权派诸葛瑾到刘备那里求和，刘备不答应。刘备派吴班、冯习领兵到巫县（今重庆巫山县）打败了孙权的将领李异等人的军队，进军到了秭归（在今湖北省）。孙权任用镇西将军陆逊为大都督(武官名称),领五万人去抵抗刘备军队。

刘备进军到了猇亭(在今湖北宜都市的长江北岸),从巫峡建平开始建营地,一直到夷陵(今湖北宜昌一带),建了几十处营寨,长达七百多里。从当年正月与东吴相持,到了六月也没什么结果。后来刘备派吴班领着几千人到平地去扎营,东吴的将帅都想出兵去打,陆逊说:“这一定是刘备玩的手段,我们观察一段时间!”后来刘备知道他这一计策行不通,就领着八千名伏兵从山谷中出来了。陆逊说:“当时所以不许你们出击的原因,就是估计刘备在使诈。”陆逊要下令进攻蜀汉军,将领们都说:“进攻刘备应当在一开始的时候,如今他们已入境五六百里,相互对峙了七八个月了,好打的要害部位都已坚固了,打他们一定不会胜利。”陆逊说:“刘备是一个狡诈的敌人,他经历过很多战事,很有经验,在他的军队没部署好时,他考虑得非常周到,那时是不可以打的。现在他驻军已久,还没找到对我们下手的机会。现在他的兵也疲惫了,意志也丧失了,还没有好计策,所以分兵夹击刘备军正在此时。”于是东吴军先攻打了一个营地,却遭失败。东吴的将领们都抱怨说:“真是白白地损失士兵!”陆逊说:“我已想出击败他们的办法了。”于是他让士兵每人拿一把茅草,每间隔一个营地用火攻,这样乘着风火很快就烧到下一个营地了,并连成了一道火线,蜀汉的将领张南、冯习等人战死,四十多个营垒被火攻烧毁殆尽,蜀汉的将领杜路、刘宁等人被迫向东吴军请求投降。刘备登上马鞍山(在今湖北宜昌市西北),在山的周围部署了军队,陆逊又领着军队围着山攻打,刘备军又遭大败,死了一万人。刘备连夜逃走,到了白帝城(在今重庆奉节县城东瞿塘峡口,为当时蜀汉防卫东吴的重镇)。刘备的船只、器械、水军步兵的军用物资都被东吴军所得到,死的士兵尸体成堆成堆地顺着长江水流到下游。刘备极其惭愧,恼怒地说:“我竟然被陆逊所侮辱,难道是天意吗?”刘备此后病了,病得很厉害,他命令丞相诸葛亮辅佐太子刘禅。刘备对诸葛亮说:“您的才能强过曹丕十倍,一定能使国家平安,最终平定天下。如果太子可以辅佐,就辅佐他。如果他不成器,您就取代他,国家不要被别人得到!”诸葛亮流着眼泪说:“臣怎么敢不尽全力贡献自己的忠心,直到最后死亡呢?”刘备又召见太子告诫他说:“你努力吧,你努力吧!不要因为一件善事太小就不去做,也不要因为不好的事太小,觉得无所谓就去做。只有恩德和正义可以服人,你的父亲品行浅薄,不值得你学习。你和丞相一起共事,要把他当作父亲看待。”刘备死在了白帝城,在位三年,死时六十三岁。

丞相诸葛亮为刘备主持了丧事,回到成都。太子刘禅即位,当年十七岁,这就是蜀汉后主。刘禅尊称原皇后为皇太后,立了张飞的女儿为皇后。后来张皇后死了,又立了张皇后的妹妹为皇后。封丞相诸葛亮为武乡侯,兼任益州牧,政事无论大小都由诸葛亮决定。诸葛亮制定官职,完善法制,用诚心待人,采用众人的智慧为国做事,使人心悦诚服。诸葛亮曾经亲自校对官署文书,主簿杨颙劝他说:“为官各有专职,如今您亲自校对文书,一天到晚地流汗,不也太辛苦了吗?”诸葛亮对杨颙表示感谢。后来杨颙去世了,诸葛亮为他流了三天眼泪。后主刘禅派尚书邓芝到东吴去,表示和东吴和好,东吴也派了张温到蜀汉访问,接着后主又派邓芝回访。东吴于是和曹魏断交,又和蜀汉联合。魏主曹丕派大量军队讨伐东吴,曹丕坐在龙船里亲自指挥,到了广陵,东吴将领徐盛把船舰在江面排开,用木架蒙上苇子,远处望着像城楼一样。当时江水猛涨,曹丕望着感叹地说:“我们魏国即使有上千队骑兵也用不上啊!”曹丕的龙舟又遇上了暴风,几乎沉没,于是曹丕领着军队回去了。

蜀汉南方的少数民族雍闿和郡里人孟获煽动民众叛乱,诸葛亮带队南征讨伐雍闿。参军(是参谋军务的官员)马谡为诸葛亮送行,说:“南方倚靠着地势险阻,又远离我们,不服我们治理已经很久了。即使我们今天征服了他们,明天又反叛了。用兵的道理主要是攻心,攻城是次要的,希望您使他们心服吧!”诸葛亮对他的意见表示赞同。到了南方,每仗都取得了胜利,从越巂(今四川西昌)进军,斩了雍闿。孟获收编了雍闿逃散的士兵继续对抗诸葛亮。诸葛亮找了个熟悉孟获而又能说会道的读书人把孟获找来,让孟获参观蜀汉军队的军营和阵列。孟获观后说:“从前不了解你们军中的情况,我所以失败。今天承蒙您让我看了军营和阵列的情况,要是只是这个样子，我就容易取胜了。”诸葛亮笑了，把孟获放回去再战。总共放了孟获七次，又活捉了孟获七次，诸葛亮还要放他回去，孟获这次不想走了，他说：“您真有天神的尊严，我们南人不再反叛了。”当时反叛的郡县都已平定，诸葛亮还让原地区的领头人做领导人。有人为此而表示不理解，诸葛亮说：“另外留人做官就得留下军队，留下军队吃饭又成问题，一定会有祸患发生。这样不留军队，也不用运粮，这里也基本和平安定了。”于是诸葛亮给孟获以及当地才能出众的人封了官位，在诸葛亮有生之年，南部地区再没反叛过。

诸葛亮率领军队向北进驻汉中地区，他给皇帝刘禅上了《出师表》，准备讨伐魏国。魏国让夏侯楙镇守长安，诸葛亮就和手下人商议如何打法，丞相府司马魏延说：“夏侯楙胆小又无谋，如果让我带领精兵五千，直接穿过褒中县（在今陕西勉县东北），沿着秦岭向东，再从子午谷（在今陕西西安市的长安区南秦岭山中）向北，十天左右就可到达长安。如果夏侯楙听到我魏延突然出现，一定会抛下城池逃走。等到在东边会师，差不多二十天左右。您从斜谷（今陕西终南山的一个谷口）走，也有充足的时间到达。这样一来，咸阳以西可以一举平定了。”诸葛亮认为这是冒险的计策，没有采纳。于是率领大军向祁山（在今甘肃西和县西北）进军，军容整齐，号令明确严肃。曹魏因刘备已死，几年都没什么动静，所以毫无防备。这时突然听说诸葛亮领兵打来，这使曹魏上下都很惊慌，天水、南安（今甘肃陇西东北渭水北边一带）、安定等郡都叛离曹魏来响应诸葛亮。天水郡的参军姜维到诸葛亮那里投降，诸葛亮对姜维的胆量和智慧很钦佩，让他主管军事。诸葛亮的这一军事行动震动了关中，使魏国的官员无计可施。魏主曹叡说：“诸葛亮靠着山的险要作为防守，今天他来了，击败他是一定的了！”于是组织了步兵、骑兵五万人，由右将军张郃带领，向西去抵挡诸葛亮军队。诸葛亮因马谡喜好谈论兵书，就对他特别看重，因而没用旧将魏延、吴懿等人做前锋，而是让马谡率领一支军队走在前面，与魏将张郃在街亭（在今甘肃省庄浪县东南）展开了战斗。马谡违背了诸葛亮的部署，舍弃了靠水的地方，登上了山，又不占据城池。张郃截断了水源，把马谡军打败。诸葛亮所领的部队到达后,所有的军事要地都被敌方占领了,于是就打掉了西边各县敌人一千多个据点后返回到汉中。诸葛亮下令杀了马谡,并为马谡流下了眼泪,后又供养着马谡的家属。因用人不当,诸葛亮自己责罚了自己,自贬为右将军。从此他更进一步操练军队、研究军事,为蜀汉夺取天下做准备。百姓很快就忘了他吃败仗的事了。

东吴君主让鄱阳太守周鲂假装向曹魏投降。曹魏的扬州牧曹休率领着步兵、骑兵十万人的队伍打算接应周鲂,与吴将陆逊在石亭(在今安徽潜山县东北)大战,结果曹休大败而归。诸葛亮听说曹休吃了败仗,于是又上《出师表》,打算再次讨伐魏国。他领兵从散关(今陕西宝鸡市西南大散岭上)出来,围住陈仓(在今陕西宝鸡市)。因陈仓的守军早有准备,诸葛亮没攻下来。魏主曹叡在方城(今属河南省)把张郃叫了过去,让张郃去迎击诸葛亮。曹叡问张郃说:“等到将军到达那里,诸葛亮应该不会已经攻下陈仓了吧?”张郃知道诸葛亮大军深入而无粮,屈指一算,说:“等臣到达那里,诸葛亮早就走了。”于是张郃领命日夜行军,没等张郃赶到那里,诸葛亮军粮已吃尽,领兵回去了。魏主曹叡又派曹真、司马懿等人领兵去进攻汉中,诸葛亮出兵驻扎到成固(今陕西城固县),曹魏军队才撤退回去。此后,诸葛亮再次讨伐曹魏,围住了祁山(在今甘肃西和县西北)。魏主派司马懿领兵向西驻扎到长安,派将军张郃等人抵御蜀汉军。司马懿行军很小心,专挑险路走,生怕遇上蜀汉军队。贾诩、魏平对司马懿说:“您怕蜀汉军就像害怕老虎一样,岂不被天下人笑话?”说得司马懿脸上挂不住了,于是出战,结果被打得大败,司马懿于是撤回败兵坚守营垒。诸葛亮又因军粮吃没了,于是领兵回去。司马懿派张郃前去追击,结果张郃在木门道被埋伏的弩弓手射死。诸葛亮鼓励农耕,讲解军事,做了木牛流马在斜谷口(为山西终南山的一个谷口,是古时陕西与蜀地的通道)运米,十万大军从那里出发讨伐曹魏。诸葛亮又派出使者到东吴,约定同时发兵共同攻打魏国。诸葛亮到了郿县(今陕西眉县),在渭水的南边驻扎下来。司马懿也领兵渡过渭河,背对着河水扎下营垒来对付诸葛亮的蜀汉军。

后来诸葛亮因先前六次从祁山出兵都因运粮发生困难而撤兵，于是就到五丈原（在今陕西岐山县南，眉县西）驻扎了下来，让一部分士兵就地种田来补充军粮，打算长期驻守下去。种田的士兵与渭河岸边的居民混杂在一起，因诸葛亮的军队纪律严明，无私心，使那里的百姓很有安全感。司马懿和诸葛亮两军对峙了一百多天，诸葛亮多次挑战，司马懿就是不出战。后来诸葛亮就派人给司马懿送去一套女人穿的服装，司马懿坐不住了，急忙要求交战。诸葛亮对姜维说："司马懿本来无心交战，现在坚决要求交战，就是做给他的部下看的。"诸葛亮派使者到司马懿军中，司马懿向使者询问诸葛亮的睡眠、吃饭情况和工作是否很忙，却没问军事方面的事。使者回答说："我们诸葛军师早晨起得很早，晚上又睡得很晚。将士犯法，要打二十军棍，他都要亲自过问。一天也吃不了多少饭。"司马懿就对身边的人说："诸葛孔明吃得少，做的事又很多，这样下去能维持很久吗？"后来诸葛亮病得很严重了，皇帝刘禅派尚书仆射李福探望并服侍他的病，也借此向诸葛亮咨询国家大事。诸葛亮说："蒋琬可代替我做丞相。"李福又问蒋琬之后谁可胜任，诸葛亮说："费祎可以。"李福又问费祎之后谁还可以，诸葛亮不再说话了。就在这一天，诸葛亮死在了军中。长史杨仪整顿军队撤军，有的老百姓跑去报告了司马懿，司马懿于是领兵追赶蜀汉军队。姜维让杨仪反打旗帜，敲响战鼓，像是在向司马懿方向进军，司马懿于是退兵，不敢走近蜀汉军队。蜀汉军队进入谷地后，才把诸葛亮的死讯公布于众。当时百姓有句谚语说："死诸葛吓跑了活仲达（司马懿表字仲达）。"司马懿听到后，笑着说："我能料想他活着时怎么对付他，却预料不到他什么时候死。"诸葛亮会推演兵法，做八阵图。这时司马懿赶到原蜀汉军驻扎过的旧址去巡行，看后感叹地说："诸葛亮真是天下的奇才啊！"司马懿带领军队追赶蜀汉军，一直追到赤岸，看着追不上了，才把军队撤回去。蜀汉的魏延勇猛超过常人，很体贴士兵也很会用兵打仗。他常常叹息诸葛亮对他重视不够，使他的才干不能充分发挥出来，并且和长史杨仪一向不和。诸葛亮死了后，杨仪掌管军队，魏延于是造反。杨仪派遣将领马岱追上了魏延，杀了他，后又杀了魏延的三族。

以前,诸葛亮向皇帝刘禅上表说:"臣在成都有桑树八百株,薄田十五顷,子孙的穿衣吃饭都可以自给自足。臣死的那天,家中不会有多余的财产而辜负陛下。"到此时,真如他所说的一样。诸葛亮执政的时候,奖赏不会遗漏和自己关系较远的人,惩罚也不会偏袒和自己关系较近的人;爵位不会给身无寸功的人,刑法也不能因犯法的人身价高、势力大而免受处罚。这就是能力无论大小的人,都能为国事使出自己全部力量的原因。诸葛亮的谥号被追称为"忠武"。后主任用蒋琬做大将军,总领尚书的事务。费祎和董允也相继做了尚书令,国事虽然没有诸葛亮在世时强盛,却也得到了较好的治理。自从蒋琬、董允先后死去,宦官黄皓开始参与政事。后主任用姜维为卫将军,与费祎一起总领尚书事。姜维开始多次讨伐魏国,他攻下了魏国的西平郡,活捉了中郎(为近侍之官,地位高于侍郎和郎中)郭循,并让郭循做了左将军。郭循打算暗中刺杀后主刘禅,没成功。有一次,费祎与各位将领宴会,酒喝了很多,郭循趁机把他刺杀了。费祎一向对人友爱,没有警惕性,特别是对待刚投降过来的人太信任,所以才遭了难。

当初,姜维对待自己的军事方面的才能很有信心,常想率大部队讨伐魏国。费祎总是控制发兵的人数,给他的兵不超过一万人。费祎对他说:"诸葛丞相尚不能平定曹魏,何况我们这些人呢?不如暂且保住国土,治理好它,不要做冒险的事。如有闪失,后悔就来不及了。"等到费祎死后,姜维大举发兵讨伐魏国,多次被魏将邓艾打败。姜维并不悔改,前后共九次攻打魏国,国人愁闷痛哭,很多人抱怨姜维。魏国的司马昭害怕姜维的北伐没完没了,想发大兵进攻蜀汉,朝臣中多数人认为不行,唯独司马校尉钟会认为可以,劝司马昭出兵。司马昭就任用钟会为镇西将军,统领关中军队。这时姜维给后主刘禅上表说:"听说钟会在关中整治军队,正在谋划进攻我们。应该派遣左右车骑将军张翼、廖化督促各军分别把守阳安关口(在今陕西省宁强县西北,今名叫阳平关)以及阴平桥头(在今甘肃文县西北),以防不测。"黄皓信奉巫鬼,说敌人绝不敢来。这是黄皓在后主的寝宫里说的，所以后主听不进别人的劝告，不积极备战，臣僚们并不知是什么原因。魏国派邓艾率三万多人从狄道（今陕西黄陵）赶往甘松（今甘肃宕昌）、沓中（今甘肃临潭西南），以便牵制姜维军。诸葛绪率领三万多人从祁山赶往武街桥头，以便切断姜维军的归路。钟会率领十多万人的军队，分别从斜谷、驼谷（在今陕西周至县西南）、子午谷赶往汉中，廷尉卫瓘拿着魏国皇帝所赐的符节监督军事。钟会的大军没受任何阻碍就到达了汉中，钟会让护军胡烈做先锋部队的军官，攻打关口。蜀汉的守关将领傅佥与魏国的军队搏斗而死。钟会军于是长驱直入向蜀汉国的内部进攻。姜维听到钟会各军已攻下汉中，就领兵和廖化、张翼、董厥等人合并到一处，共同守卫剑阁（栈道）来抵御钟会军队。姜维排列营垒守卫剑阁，钟会攻打不下来，运粮的道路又险阻又远，就打算撤兵回去。这时邓艾对钟会说："蜀汉的军队已经受到了挫折，应当抓住这个有利的机会。"于是邓艾领兵从阴平（今甘肃文县）走没有人烟的地方走了七百多里，凿山通路，制作桥阁。山又高谷又深，甚是艰险。邓艾用毡子裹着身体滚下山，他手下的将士也都攀树爬崖，一个一个地行进。他们先到达了江油（今属四川省），蜀汉的守将马邈向魏军投降了。邓艾又用书信打算诱使蜀汉将领诸葛瞻（诸葛亮的儿子）投降，诸葛瞻斩了来使，排列战阵等待着魏军的到来。邓艾打败了诸葛瞻，并杀了他。诸葛瞻的儿子诸葛尚说："我们父子俩受到国家许多恩惠，不早早杀掉黄皓，使国家灭亡百姓遭殃，还留着这条命干什么？"他鞭打坐骑冲入敌阵而死。蜀汉军民没想到魏国军队来得这么快，已经来不及调动人马守城。听说邓艾军已经到了平原地带，百姓吓得乱了套，都跑到山野里去了，禁都禁不住。刘禅的臣子谯周劝后主投降，于是后主刘禅派出使臣拿着玺绶到邓艾那里投降。刘禅的儿子北地王刘谌愤怒地对后主说："就是鸡蛋碰石头，没有力量战胜敌人，国家眼看就要亡了，父子君臣也要背靠着城池打上一仗，一起为国家死，去见先帝。为什么投降？"刘禅却根本听不进去。刘谌在昭烈帝刘备的庙里痛哭了一场，然后先杀了妻子和孩子，自己也自杀了。邓艾到了成都的城北，后主刘禅率领他的儿子以及群臣，都两手反绑在身后,带着棺材到邓艾的营门前投降。姜维接到了刘禅的命令,就和廖化、张翼、董厥等人一同到钟会那里投降。邓艾抓住黄皓要杀了他,黄皓用钱财贿赂了邓艾手下的人,才没被杀。蜀汉后主在位四十年国家灭亡,和先帝昭烈皇帝刘备总共两位国主,共四十三年。

邓艾在成都很是骄傲,想乘着平定了蜀汉的形势一举灭掉东吴。钟会这时有了背叛魏国的想法,姜维知道了他的心思,就劝钟会反叛。钟会认为邓艾是块绊脚石,就到监军卫瓘那里密告邓艾要造反,于是卫瓘就用槛车装载着邓艾父子要送到京城洛阳去。钟会一个人掌握着军权,就和姜维商议谋反。这时魏国的郭太后去世,钟会就假传郭太后的遗诏,说让他领兵去剥夺司马昭在朝廷中的权力。姜维原本打算让钟会把他带到蜀地的全部魏将杀掉,然后他再趁机杀掉钟会,把全部魏兵活埋,之后再迎接刘禅做皇帝。就在这段时间,钟会手下的将士开始作乱,先杀了姜维,又争抢着去杀钟会。邓艾本营的将士把押送邓艾的槛车追了回来,放出了邓艾父子。卫瓘暗想,是他和钟会一起陷害的邓艾,怕邓艾事后报复,就派护军田续领兵在绵竹(在今四川德阳市北)的西边袭击了邓艾父子,杀了他们,邓艾在洛阳的儿子也都被杀。后来,邓艾的孙子邓朗做了郎中官。蜀汉后主刘禅全家迁往洛阳,秘书郎(校正图书的官职)郤正跟着后主一家走。魏国封刘禅为安乐公。有一天让刘禅参加宴会,其间表演了只有蜀地才有的技艺,在场的蜀地人都有所感触,显出了悲伤的表情,只有刘禅嬉笑自如。司马昭对贾充说:“一个人无心竟到了这种程度,即使是诸葛亮还活着也辅佐不了他了,何况姜维呢!”有一天,司马昭问刘禅说:“你还想念蜀地吗?”刘禅回答说:“这里很快乐,不想念蜀地了”郤正听说了这事,就对刘禅说:“要是晋王司马昭再问您,您应哭着回答说,先人的坟墓都远在岷山蜀地,我的心很悲痛,没有一天不想。”一天恰逢司马昭又问,刘禅就按郤正的话说,因为哭不出来,他只好闭上了双眼。司马昭说:“这怎么像郤正的话呀?”刘禅睁开眼睛吃惊地看着司马昭说:“你怎么知道?”在场的人都大笑不止。

蜀汉的事已约略说完，魏国的事还没讲明。话说魏主曹丕篡夺东汉的政权后，自己做了皇帝，把汉献帝贬废为山阳公。山阳公的儿子都被曹操杀死，再没其他儿子，只有两个女儿嫁给魏主为嫔。又过了十四年，山阳公死了，葬在禅陵。魏主曹丕营造洛阳的宫室，完工后把首都从许昌迁到了洛阳。曹丕把自己的亲兄弟看作仇敌，却信任强悍的大臣司马懿。曹丕的妻子郭皇后没儿子，养平原王曹叡做自己的儿子。曹叡的亲生母亲甄夫人原来是袁熙的妻子，甄夫人长得很漂亮，但被郭后陷害而死。曹叡在郭后面前做事很谨慎小心，郭后也很喜欢曹叡。曹丕只做了七年皇帝就死了，儿子曹叡即位，这就是魏明帝。曹真、陈群、司马懿一起接受了曹丕的遗诏，辅佐曹叡掌政。曹叡天生喜欢土木建筑，他在许昌大建宫殿后，又在洛阳大造宫殿，又从长安搬去钟、虡（都是乐器）、橐驼（骆驼）、铜人和承露盘到洛阳。盘子折断了，声音传到了几十里外。铜人太重搬不走，曹叡就下令大量炼铜，铸成了两个铜人，摆在了皇宫的门外，被称作“翁仲”（传说的巨人名）。在芳林园造土山，又种植了各种树木和花草，并捕捉禽兽放在园里。无论任何人都劝不住魏明帝。曹叡又是个本性残暴、脾气很急躁的人。他监督修建宫室，有到期没完工的，他都召去问话，没等人家把话说完，已被他砍下了脑袋，因此他很不得人心。

曹叡派太尉司马懿去攻打辽东的公孙渊。公孙渊派大将卑衍、杨祚在辽隧（在今辽宁海城市西）驻兵。司马懿对将士们说：“敌人大部分军队都在那里，他们的大本营空虚。咱们直接到襄平（在今辽宁辽阳北）去抄他的老窝，他们的失败就成定局了。”于是司马懿的军队打出许多旗帜留在原地，想绕过卑衍等人的军队从他的南边去襄平，卑衍等人却派出全部精锐部队去追赶司马懿军。司马懿偷偷地从北边过河，直接进军奔向襄平。卑衍等人领兵前去追击，却被司马懿军打败，于是司马懿军包围了襄平。时间一长，公孙渊城中粮食吃光，到了人吃人的地步。公孙渊只好突围，却没成功，被司马懿军杀了，于是辽东郡全部平定。这时魏主曹叡病得很严重，司马懿领兵回到洛阳，入宫去见曹叡。曹叡握着他的手说：“我把我的身后事托付给您,您与曹爽一起辅佐我的小儿子,我才可放心死去。我拖到今天没死来等待您,终于相见,没什么遗憾了。”于是曹叡召来两个儿子和司马懿相见,他指着齐王曹芳说:“他是我的继承人,你仔细看清楚了,别弄错了!”这年曹芳八岁,当天被立为太子。魏明帝深沉刚毅,又善于决断,对大臣们很尊重,即使有的大臣和他争辩得面红耳赤,他也不记恨杀害大臣,他作为皇帝的心胸也够宽大的了。他在位十三年而死。

太子曹芳继承了皇位。曹芳是魏明帝的养子,没人知道他是谁的亲生儿子。曹爽和司马懿一起掌管尚书府的事情,受曹叡的遗诏辅佐朝政。大将军曹爽采用了何晏、邓飏、丁谧的主意,把郭太后迁到永宁宫,自己把持朝政,树立了许多党羽,多次篡改法令。太傅司马懿和曹爽有了隔阂,他称说自己有病,不参与政事。曹爽自高自大,过着奢侈的生活没有限度。一次魏主曹芳要去高平陵(魏明帝墓,在洛阳南)参拜,曹爽跟着魏主去,他的兄弟曹羲、曹训和曹彦也都放下皇城禁军的兵权跟着去。于是司马懿和他的两个儿子司马师、司马昭一起趁机设计要杀曹爽和他兄弟。司马懿以太后的命令召司农(主管钱粮的官员)桓范,桓范打算听命,他的儿子说:“皇帝的车驾就在外面,不如跟着曹爽去。”司马懿听说桓范到曹爽那里去了,就对蒋济说:“智囊去了。”蒋济说:“劣马留恋马槽里的豆子,曹爽智力不够,必定不会听他的话。”于是司马懿让司徒高柔代理行使大将军职权,暂时去管理曹爽的军队;让太仆王观代理中领军一职,暂时带领曹羲的军队。司马懿亲自领着太尉蒋济等人率军出城去迎接魏主曹芳,驻扎在洛水浮桥。司马懿给曹芳的奏章里说:“先帝在病床上握着我的手说‘很为身后事放心不下’,现在大将军曹爽违背了先帝的遗命,败坏国家的典章制度,把持朝政作威作福。官府里各个要职都是他的亲信,宫中宿卫的旧人,一律都被赶走了。他拉帮结伙一天更甚一天,又让黄门张当做了都监,专门联络人,对皇位虎视眈眈。天下人心惶惶,陛下的皇位如同虚设,这不是先帝在御床前诏令陛下和我所希望的。我虽年迈老朽,怎敢忘了先帝的遗命呢?从前赵高为所欲为专权,因此秦朝灭亡;西汉吕氏、霍氏家族被及早铲除,因此国运才得以长久。现在正是陛下吸取教训,老臣我献身国家的时候。大臣们都认为曹爽有反心,他的兄弟不应再掌管禁卫军护卫朝廷,因此大臣们已奏请皇太后,太后命令按大臣们的所奏实行。我所以命令有关官员和黄门令解除了曹爽、曹羲、曹训的兵权,让他们以侯爵身份各自回各自的府中。如果他们胆敢扣留陛下,就以军法从事。臣则尽力快速把兵部署在洛水浮桥,以防不测。"曹爽压下了司马懿的奏章,与曹芳等人停留在伊水南岸,砍伐树木筑成防御工事,又发动当地士兵几千人加以守卫。桓范到了曹爽那里后,果然劝说曹爽带着曹芳到许昌去,然后在境内传送檄文征调兵力。曹爽没听从,却连夜派遣侍中许允、尚书陈泰到司马懿那里去探司马懿的态度虚实。两人到了那里后,司马懿数落曹爽的过失,接着又说只是罢官免权就算完事。陈泰回去后向曹爽汇报,并劝曹爽把司马懿的奏章呈给魏主曹芳。很快,司马懿又派去了曹爽信得过的殿中校尉尹大目去向曹爽说明司马懿决不食言,并指洛水发誓。这回曹爽深信不疑了。桓范等人列举了古今大量例子对曹爽进行劝说,曹爽就是听不进去,竟然说:"司马公只是夺我的权罢了,我还能以侯爵的身份回家去做个富贵人。"桓范拍着胸膛哭着说:"曹子丹(曹真)是个好人,却生了你们兄弟,只是小猪、小牛罢了,难道只图今天因你们而灭族吗?"于是曹爽向魏主曹芳递交了司马懿的奏章。曹爽等人回城后,司马懿凭太后的命令关闭了所有的城门,并率领军队占据了储藏武器的仓库。很快,有关官员揭发黄门张当,并上奏曹爽与何晏、杨飏、桓范等人谋反,于是曹爽等人都被灭了三族。何晏是何进的孙子,随母被曹操收养。他喜欢修饰容貌,擦白粉。虽然被杀,而士大夫争着效法他的打扮,于是成了风气。

司马懿杀了曹爽等人后,大权都归了司马氏,魏主只是有个虚名罢了。司马懿死后,他的儿子司马师做了大将军,总领尚书的事情,掌握着魏国的权柄。中书令(掌管皇帝诏书和大臣奏章的长官)李丰、太常(掌礼乐、祭祀的官员)夏侯元和皇后的父亲光禄大夫(皇帝的顾问官)张缉一起合谋打算杀了司马师,结果没有成功。司马师把他们都杀了,并废了曹芳的皇后张氏,魏主曹芳很气愤,但也不敢发作。司马师又领着兵把曹芳贬为齐王,并把他迁居到黄河的北边,曹芳在位十四年,又过了二十一年去世。司马师接曹丕的孙子东海定王曹霖的儿子高贵乡公曹髦坐上了皇帝位。扬州刺史文钦、镇东将军毌丘俭发兵讨伐司马师。当时司马师刚刚割掉眼皮上长的瘤子,伤口疼痛得很厉害,仍领兵赶忙去对抗,斩了毌丘俭,并消灭了他的族人。文钦的儿子文鸯很勇猛,他夜里偷袭司马师的军营,追赶他的司马师的骑兵谁也不敢走近他。最后文钦投奔到了东吴。司马师死后,他的弟弟司马昭又做了大将军,总领尚书部门的事务。魏国的征东将军诸葛诞在寿春发兵讨伐司马昭,司马昭带着魏主曹髦前去征伐。诸葛诞向东吴求救,东吴派全怿、文钦等人前去救援。在魏国时,诸葛诞与文钦向来不和,此时他趁机杀了文钦。文钦的两个儿子文鸯、文虎又投靠了司马昭。司马昭任命二人为将军,并赐给关内侯的爵位,让他们在洛阳城一带巡视。后来二人有了机会杀了诸葛诞,并灭了他三族,为父报了仇。

魏主曹髦看自己只是个无权无势的君主,很是气愤。他召去尚书王经等人,对他们说:"司马昭的心思,连路人都知道,我不能坐着等待他来废掉我,欺辱我。我今天就应当亲自去讨伐他!"王经劝他不听,曹髦坐上辇车举着剑,率领宫中卫兵、官吏和奴仆呼喊着冲了出去。中护军贾充到来,和曹髦所领的人在宫殿南边打了起来。太子舍人成济问贾充说:"这事来得这么急,应当怎么办?"贾充说:"司马公养着你们这些人,正是为了今天。今天的事还用问吗?"成济立即拿着戈上前把曹髦刺死,曹髦倒到了车下。曹髦在国君位六年而死。司马昭听说曹髦死了,大吃一惊,跌倒在地。司马昭的叔叔太傅司马孚奔到曹髦尸体前,让曹髦枕着自己的腿,哭得非常悲哀,说:"杀陛下,是臣的罪过。"司马昭进入宫殿,召集群臣议事,尚书仆射陈泰没来参加,司马昭派陈泰的舅舅尚书荀颉(荀颉是曹操的谋士荀彧的儿子)去叫他。陈泰说:"评论人的人把我和您相比较,都说您不如我。"陈泰的弟兄、子女都劝陈泰,他只得去参加议事。看到司马昭后,陈泰悲声痛哭,司马昭也对着他哭着说:"玄伯,您看这事怎么办?"陈泰说:"只有斩了贾充,才多多少少对国人有所交代。"

司马昭半天没说话，很久才又说："再想想别的处理办法吧。"陈泰说："我陈泰只有这个办法，没别的了。"司马昭不再说什么了。后来，司马昭下令逮捕王经和他的家属交给了廷尉判了斩刑。王经感到对不住自己的母亲，他母亲却笑着说："作为人，总有一死。我正怕死的不值得，跟着你一起死还有什么可遗憾的呢？"司马昭又因成济杀了魏主曹髦，大逆不道，于是灭了他三族。司马昭凭着皇后的诏令，派他的儿子中护军（领禁军的武官）司马炎到邺地去接常道乡公曹璜（曹璜是曹操之子燕王曹宇的儿子）。这时曹璜改名为曹奂，作为魏明帝曹叡的继承人坐上皇位。这时，司马昭正派钟会、邓艾等人去攻灭蜀汉，晋公司马昭也在这时晋爵为王。司马昭娶了大臣王肃的女儿生下司马炎和司马攸，后来，司马攸过继给了景王司马师。司马攸孝顺父母、友爱兄弟，多才多艺，脾气又好，公正又有正义感，名声超过了司马炎，司马昭很喜欢他。司马昭打算立司马攸做世子（王的继承人），大臣山涛对他说："不立长子而立小儿子，违反礼法，不合适。"于是司马昭立了司马炎做了世子。司马昭死后，他的儿子司马炎继承了他的爵位，做了相国和晋王。后来，司马炎终于把魏主曹奂贬废为陈留王。

司马炎坐上了皇帝位以后，曹奂被迁移到金墉城（在今河南洛阳市东北）居住。司马孚送曹奂走时，流着眼泪，抽噎叹息说："就是到臣死的那天，也是大魏国真正的臣子。"魏主曹奂在皇位五年而被司马炎篡位，直到晋惠帝司马衷元康三年（公元 293 年），曹奂寿终正寝，谥号称为魏元帝，曹魏国到此灭亡。曹魏从文帝曹丕开始，到元帝曹奂结束，出了五个君主，共四十六年（公元 220—265 年）。司马炎篡位后，改国号叫"晋"，并在太康元年灭掉了东吴国。

却说，东吴自从孙策开创基业以来，孙权作为继承人。孙权在赤壁之战时打败曹军，在秭归打败蜀汉后，看见曹魏、蜀汉两国已称帝号，于是建国号叫"吴"，自己称帝，并追尊他的父亲孙坚为武烈皇帝，哥哥孙策为长沙桓王，迁都到建业（今南京），派大将军陆逊辅佐太子孙登把守武昌。后来孙登去世，又选孙和做了太子。吴主孙权对潘夫人非常宠爱，她生下小儿子孙亮后，孙权非常喜爱孙亮，于是又废掉太子孙和而改立孙亮为太子。孙权在位三十一年死了,孙亮即位,他任用诸葛恪(诸葛恪是诸葛亮的哥哥诸葛瑾的儿子)为太傅辅佐政事。后来,魏国司马昭派王昶、胡遵、毌丘俭等人分三路攻打东吴。诸葛恪率丁奉等将领在东兴(今江西黎川)击败魏国东路军,吴军缴获了大量军用物资,胜利而归。魏国的其他两路军也失败而退走。这时诸葛恪有了骄傲情绪,又领兵攻打魏国,包围了合肥新城,没有打下来。正赶上天太热,战士病死的人超过了全军的一半,因此人们非常痛恨诸葛恪。诸葛恪领兵回到了建业后,对军队要求更加严格,打算整顿后再向青州、徐州方面进军。侍中孙峻(孙权的叔叔孙静的曾孙)因民众抱怨,设下了一计。他请吴主孙亮摆酒席,请来诸葛恪喝酒,由事先埋伏的武士把诸葛恪杀死了。诸葛恪死后,只用苇草包裹尸体,扔到了石子岗,并被灭了三族。群臣一致拥护孙峻做大丞相、大将军,主管军事。孙峻傲慢残暴,和他相接触的人都怕他。东吴的将军孙仪等人打算谋杀孙峻,没成功,死了几十人。当时全公主(因她母亲姓全)和孙峻要好,她诬陷朱公主也参与了杀孙峻的谋划,于是孙峻就杀了朱公主。孙峻死后,他的叔伯弟弟偏将军孙琳接了他的班。孙琳专权,为所欲为。吴主孙亮聪明,孙琳对他很忌讳。孙亮与刘承、全纪合谋想锄掉孙琳,就让全纪通知他的父亲卫将军全尚,让全尚秘密准备兵马。孙亮告诫全纪说:"千万别让您的母亲知道这事。"因为全纪的母亲是孙琳的堂姐。全纪把让全尚准备行动的事告诉了全尚,谁知全尚又把这事让自己的妻子知道了,全尚的妻子就秘密地通知了孙琳。孙琳当天夜里就把全尚抓了起来,杀了刘承,全纪也自杀了。于是孙琳领兵包围了皇宫,贬废吴主孙亮为会稽王。孙亮在皇位六年而被废。孙琳接孙权的第六个儿子琅邪王孙休做了皇帝,这就是吴景帝。后来,孙琳又和孙休有了矛盾,孙休就和左将军丁奉合谋杀了孙琳,并灭了孙琳家族。孙休在皇位六年死了。这时吴国朝廷因蜀汉刚刚灭亡而感到恐惧,想要选个身体好、寿命长的国君,就去找孙休的妻子朱皇后商量,之后就接了前太子孙和的儿子乌程侯孙皓做了皇帝。孙皓得志后,粗暴傲慢,喜好酒色。他贬朱太后为景皇后,不久又逼死了她。孙皓又派太监到东吴各州郡挑选美女,大臣家的女孩都要年年报上名字,年龄到了十五六岁的都要经过孙皓过目,没看上的才准许嫁人。后宫美女已达几千,仍然选个没完。他又建造了昭明宫,工料费用以亿万计。左丞相陆凯对吴主进行劝谏,可是孙皓根本听不进去。陆凯死后,又任用陆凯的堂弟陆抗主管荆州各项军事,陆抗在那里筑起了乐乡城。

晋主有消灭东吴之心,他任用尚书左仆射羊祜主管荆州各项军事,镇守在襄阳。羊祜在那里很得人心,和东吴人也讲诚信,有人愿意投东吴的,随便可以走。他又削减了边界守卫和巡逻的士兵,用人手开垦田地八百多顷,积下的粮食可吃十年。他在军中,常常是穿简便宽松的衣服,不披铠甲。办公地周围的侍卫人员也不过十几个人而已。晋主和羊祜暗暗谋划攻打东吴,羊祜认为攻吴应借助上游的水势造大船。这时益州守将王濬正要改任大司农(主管农业税和财政的官员),羊祜密劝晋主司马炎留任王濬。于是王濬继续做益州刺史,并委派他管理水军,大造舟舰。造船砍下的碎木头顺着长江水大片地流到下游,东吴的建平郡(在今重庆市巫山县一带)太守吾彦拿着几块碎木头就去向吴主孙皓报告,说:“看来晋国必定有攻击咱们吴国的计策,应当在建平郡增加兵力,在重要的地方加重兵把守。”吴主却没把这个意见当回事。吾彦回郡后,让人造了铁锁,横在江面上切断了航道。吴主召西陵峡渡口(在今湖北宜昌市东)的都督步阐到他那里去。步阐多年一直在西陵,吴主突然间召他,他怀疑有人向吴主说了他的坏话,怕去后被杀,所以他就投降了晋国,晋主仍然留步阐管理西陵当地的军队。东吴的陆抗领兵去攻打步阐,晋主命令羊祜去救援步阐,没成功。陆抗打下来西陵,杀了步阐。打下西陵后,吴主自认为是上天在帮忙,更加雄心勃勃。一天,他让术士尚广算算什么时候能打下全天下,尚广算后回答说:“时机在庚子年,您就可以到洛阳做皇帝了。”吴主孙皓听后非常高兴,根本不想用德政治理东吴,却专想怎么来兼并晋国了。晋国的羊祜从江陵回到襄阳后,采用善良的行为和诚实使东吴人对他有了好感。每次和东吴打仗,都是限定日期,从不采用乘吴军不备,偷袭的做法。羊祜的军队越过边境,割了东吴的谷子做军粮,都是计算谷子的价值,送去相应的丝绢作为偿还。羊祜每次到边境打猎,从不越出晋国地界。如果禽兽是先被东吴猎人打伤后被晋兵抓到的,羊祜都要求晋兵把猎物送过去。这样一来,东吴对羊祜心悦诚服。晋国的羊祜和东吴的陆抗各守各的边境,常常互派使者。陆抗送酒给羊祜,羊祜拿起来就喝,绝不怀疑酒里下没下毒。陆抗生病了,向羊祜要药,羊祜就把配制好的药送过去,陆抗接过药就吃。他身边的许多人都劝他不要着急,经过试验再吃不迟,陆抗却说:“哪里有下毒害人的羊叔子(羊祜,字叔子)呢?”陆抗对守边界的将士说:“他们那边行的是德政,我们这边行的是暴政,这样不用打仗,人心已归向那边了,我们守住我们的边界罢了,不要再求哪怕是微小的利益了。”陆抗死后,吴主让陆抗的儿子陆景、陆元、陆机、陆云分别带领原陆抗的部队。羊祜向晋主献攻打东吴的计策,晋主很想听听他的意见,因羊祜有病不能在京城和襄阳两地往返,晋主就派张华到羊祜那里问计。羊祜说:“孙皓现今已非常暴虐,可以不用兵马就能拿下东吴。如果孙皓哪天死了,东吴人另立了明主,那时我们即使派出百万大军,而以长江为屏障的东吴就打不下来了,那时就后患无穷了。”张华认为他说得非常正确。羊祜病重后,他向晋主推荐杜预代替自己工作。羊祜死时,晋主哭得很悲痛。南方地区的民众听说羊祜死了,市场也为之停了业,大街小巷各处的人们都为这么个好人死了而痛苦不已,东吴守边的将士也为他流下了眼泪。羊祜生前喜欢游岘山(在今湖北襄阳市襄州区南),襄阳人就在那里树碑建庙,每年都去祭祀,人们见到那座碑没有不流泪的,于是就把那座碑叫作“堕泪碑”。

益州刺史王濬向晋主上书说:“孙皓荒淫不得人心,应赶快攻打。如果一旦孙皓死了,再立了个贤明的君主,那东吴就是强敌了。臣子我做船有七年了,时间一长,船每天都在向腐朽发展。臣子我年龄已七十岁了,说不定哪天就死了。东吴的昏君、臣子我和船,这三个有利条件如果失去一个,那么打下东吴就没指望了。”杜预也上表,请求晋国君主司马炎尽快攻打东吴,张华也极力劝说,晋主这才下了决心。他派琅邪王司马伷、王浑、杜预、王濬、唐彬等人分成几路人马攻打东吴,从东、西两个方向进兵,总兵力二十多万人。这一年是庚子年(公元 280 年),杜预领兵向江陵进军,王浑从横江浦(在今安徽和县东南)出兵,所到之处都被打了下来。东吴军在江中浅滩处用铁索横栏江面,又做了一丈多长的铁锥子,偷偷地安置在水中,用来刺破、阻止敌舰。王濬做了几十个大筏子,命令会水的士兵驾筏先走,遇上铁锥子,就撞上去,然后带着铁锥离开。王濬又准备了巨大的火把,十多丈长,几十围大,里面灌满了麻油,船行进时,遇到铁索就用火把烧断它。王濬一路顺利地打下了西陵、荆门、夷道(今湖北宜都西南)。杜预派周旨等人领着骑兵趁夜色渡过江去,偷袭乐乡(在今湖北荆州的松滋市),打出许多旗帜,又在巴山燃起大火。东吴的都督孙歆惊恐地说:"晋军来得这么快,就像飞过来一样!"杜预打下了江陵,对各部分晋军说:"如今我们军威已振,就像用刀劈竹子,几节下去后,剩下的都迎刃而解了。"于是杜预向各部分的主要将领面授全盘的计划和策略,取小路直接到达建业。吴主派丞相张悌、沈莹、诸葛靓率三万人的军队,渡过长江迎击晋军,结果被晋军打得大败。诸葛靓在乱军中找到了张悌,想带着他一起逃出去。张悌流着眼泪说:"仲思,今天就是我的死日。"于是诸葛靓流着眼泪自己走了。张悌最终被晋兵所杀,沈莹等人也被杀死。东吴方面吓坏了,分别派遣使者拿着投降书到王浑、王濬、司马伷那里请求投降。正月,王濬的兵船经过三山,王浑派人半路拦截王濬,让他赶紧到王浑那里讨论研究事情。王濬的船没停下来,一直向建业进发,回答说:"风太猛,不能停泊。"这一天,王濬的八万水兵,两船两船并行达一百里长,呼喊着开进了石头城(今南京)。吴主孙皓反剪双手绑在背后,让人抬着棺材到王濬军营门前投降。孙皓在位十七年东吴灭亡,又过了四年孙皓也死了。东吴建国从大帝孙权壬寅年(公元 222 年)到乌程侯孙皓庚子年(公元 280 年)结束,总共出了四个君主,统治国家五十九年。晋主封孙皓为归命侯,从此天下又统一了。王浑夺了王濬的功劳,过了很长一段时间王濬才被升为镇军大将军。杜预、王戎都被封为侯。

第十七章　晋王朝五十年
五胡大乱(西晋史)

晋世祖武帝司马炎,表字安世,河南人,是司马昭的儿子,司马懿的孙子。他头发长得一直到地,站着两手放下长得超过了膝盖。他篡夺了曹魏的政权,又灭了东吴,统一了天下,建都在洛阳。晋武帝善于谋划,能决断大事。他一改曹魏时期的弊端,生活简朴,恢复因战争所损失的民力、物力,国家富有了,军队强盛了,天下太平无事了。司马炎立他的儿子司马衷为太子,又给太子选择妃子,本打算娶卫瓘的女儿,贾充的妻子郭槐贿赂了杨皇后身边的人,让杨皇后劝司马炎娶她的女儿贾南风,司马炎同意了。贾妃当年十五岁,比太子大两岁,她本性妒忌,很会随机应变而狡诈,太子既喜欢她又怕她。晋武帝司马炎曾把才人(宫中女官名称)谢玖赐给了太子,生下皇孙司马遹。宫中有一次夜里起火,晋武帝登楼观望。司马遹当时五岁,他拉着晋武帝的衣襟把他拉到暗处说:“深更半夜混乱,应更加小心突发的事,不可被火光照见,让人认出您来。”武帝于是认为司马遹不是一般的孩子。司马炎曾对群臣称赞司马遹,说他很像自己的爷爷宣帝司马懿。武帝知道太子司马衷糊涂愚昧,然而由于看好司马遹聪明,所以也就没有废掉太子另立其他儿子的打算了。尚书令卫瓘曾经在凌云台陪武帝喝酒,他假装喝醉了,跪在武帝床前说:“臣子有话想说。”武帝说:“你想说什么?”卫瓘几次要说却说不出口,于是他用手摸着床说:“这个座位可惜!”武帝司马炎明白了他的用意,却装作不知地说:“你真大醉了。”卫瓘因此不再说什么了。司马炎平定东吴后,逐渐放松了政事,一天做得最多的是吃喝玩乐。他遣散了各州郡的军队,而使武备空虚,各州的大中正(其职权是评论人物并分列等次)没能改选任用,也造成了人才流失。司马炎又选原本东吴孙皓宫中的五千宫女入宫,这使他的后宫几乎达到了一万人。他常乘羊拉的车子,随便把他拉到哪里,拉到哪里他就吃在哪里、睡在哪里。宫中人争着用竹叶插在门上,用盐水浇在地上来引诱羊把武帝拉到自己那里。杨皇后病得快要死了时,介绍自己叔叔的女儿杨芷,称她有德又漂亮,希望能让她代替自己做皇后。武帝同意了,于是将杨芷立为皇后。此后,杨芷的父亲杨骏以及她的弟弟杨珧、杨济开始掌握朝中大权,当时的人称他们作“三杨”。老臣、旧臣大多被赶回家去。山涛多次向武帝劝谏,武帝也知道这样下去不行,但还是放任他们,维持着这种局面。晋武帝司马炎在皇位二十五年死了,享年五十五岁。太子司马衷即位,他尊杨皇后为皇太后,立贾氏为皇后。太后的父亲杨骏凭借皇帝的仪仗、刑具来总领朝政。贾皇后性格凶悍、计谋多,每次她参与政事都被太傅杨骏赶了回去,于是她找出杨骏的短处,给他安了个谋反的罪名要杀他。杨太后着了急,她在一块丝绢上写了信,用箭射到城墙外,信中说:“有能救太傅的人,事后重赏!”贾皇后知道后,说太后也是反叛的同谋,假传晋惠帝司马衷的圣旨,把杨皇后送到永宁宫,不久后又废太后为平民,转送到金墉城。太后到金墉城时,身边还有侍从官十几个人,贾后不准他们再跟她了,八天太后没吃到任何食物,饿死了。贾后怕杨太后死后有灵,或者向先帝诉冤,于是才出面为太后下葬,又用驱鬼符镇压死去的太后。

当初,晋主因曹魏皇室孤立无援,宗室人员没有兵权,才把江山夺了过来。正因看到这个弊病,就大封宗室二十七人为王,都掌握兵权,并授给他们各种官职。贾后对此很顾忌,于是她让惠帝调汝南王司马亮和卫瓘一起执政,而贾后同宗的哥哥贾模、叔伯舅舅郭彰、妹妹的儿子贾谧(贾后的母亲没生儿子,于是上表请求把韩谧作为后代子孙,所以韩谧变成了贾谧)这几人也一起参与朝政。后来贾后又召司马炎的儿子楚王司马玮,让他杀了司马亮和卫瓘。不久她又杀了不听话的司马玮,并把朝政托付给张华。张华对皇室尽心尽力,贾后纵使凶恶阴险,仍知敬重张华。贾模与张华、裴頠同心辅佐朝政,所以几年之间,虽然皇帝昏庸,但朝廷与民间都平安无事。

吴地人周鲂的儿子周处体力超过常人,他横行乡里,乡里人把他看作祸害。有一次周处问乡中父老说:"如今连年庄稼大丰收,而人们不高兴是怎么回事?"父老们说:"'三害'不清除,哪有快乐可言?"周处问:"'三害'是怎么回事?"父老们回答:"南山上的白额虎,长桥下的鲛(一说为鳄鱼),连你算上就是'三害'。"周处说:"要是所忧虑的就是这些,我能铲除。"于是他射死了白额的老虎,杀了蛟,又投身到陆机、陆云那里去学习,立志读书修养自己的品德,注重言行。一年后,官府征召他去做了官。这时秦地雍州氐羌族首领齐万年造反,梁王司马彤和夏侯骏派遣周处率领五千兵马前去攻打。周处的军队杀死、俘虏了许多人,然而被主将司马彤等人所耽误,增援的救兵迟迟不到,周处拼命作战而死。这事发生在晋元康七年(公元 297 年)。后来,齐万年的军队被孟观所率领的军队击败,齐万年被活捉,然而晋王室的八个王也因此壮大了自己的军队。这八个王就是司马炎的叔叔汝南王司马亮、司马炎的儿子楚王司马玮、司马炎的叔叔赵王司马伦、司马炎的侄子齐王司马冏、司马炎的儿子长沙王司马乂、司马炎的堂弟河间王司马颙、司马炎的儿子成都王司马颖和司马炎的堂弟东海王司马越。这样一来,匈奴人刘渊也找到了发难的机会。

当时上流社会崇尚玄谈,专门研究些虚无缥缈的事。裴颜想改变这种风气却无能为力,风俗大坏,最终因此而亡国。贾后淫虐越来越厉害,她私通太医程据等人,又用竹箱从宫外装载美貌少年进宫,用香汤给他们洗澡,再给他们灌入淫药,使他们的性欲达到极点,以致疲惫阳具不能再举,就杀死他们埋在宫院中的边角空地上来灭口,然后再换新人,常常被送进宫的有三五人。裴颜、贾模和张华密谋打算废掉贾后,立太子司马遹的生母谢淑妃为皇后,只是因诸侯王们正在强盛时,各方势力意见不会统一而不敢这么做,贾模为此而忧愁死了。惠帝司马衷本性痴愚,他曾经在华林园听见蛤蟆叫声,就对身边人问道:"这是官蛤蟆,还是私蛤蟆?"当时天下闹灾荒,百姓饿死了许多人,惠帝听说了问道:"为什么不吃肉、喝粥?"晋国大权被臣子篡夺,有权的大臣各自为政,为谋取官位互相利用,就像做买卖一样。贾皇后娘家则更是无法无天,天下之乱就这样形成了。太子司马遹年幼时有好名声,长大以后不学好,只知和身边的人玩乐,好名声渐渐没了。贾皇后让人引诱他做不好的事,强迫他喝酒,又让他写反书,这样他的太子位也就不保了。后来,太医程据派孙虑给司马遹灌毒酒,他不肯喝,孙虑就用药杵砸死了他。赵王司马伦发兵讨伐贾后,贬废贾后为平民,然后又杀死了她,又杀了司空张华、仆射裴颜。司马伦自封为相国,并掌管朝内朝外各军事,孙秀等人掌握了兵权。司马伦一向平庸愚昧,又受孙秀挟制。孙秀担任了中书令,他的威严权势在朝中无人比得上,官员办什么事都找孙秀解决,司马伦被晒在一边。司马炎的儿子淮南王司马允发兵讨伐赵王司马伦,兵败而死。当时石崇有个美妾名叫绿珠,被孙秀看好了,向石崇要,石崇不给。等到淮南王司马允兵败,孙秀诬称石崇和潘岳一起帮助司马允搞叛乱,于是把石崇抓了起来,绿珠因此跳楼而死。石崇被押时感叹地说:“穷小子们是看我有钱嫉妒了。”收押他的人说:“你知道钱财是祸,为什么不早点仗义疏财?”石崇一时被顶得说不出话来。当初,潘岳的母亲常常责备潘岳说:“你应该知足了,可还在唯利是图,要冒着风险没完没了吗?”等到潘岳被抓,潘岳羞愧地对母亲说:“后悔没听您的话,辜负了老母亲。”于是他全家被杀。贾皇后死后,晋惠帝又立了羊氏为皇后。赵王司马伦逼迫夺走了晋惠帝的皇帝玉玺,乘坐着只有皇帝才能乘坐的马车进入宫中,做了皇帝,把晋惠帝司马衷迁到金墉城居住,称为太上皇。司马伦又杀了司马衷的孙子司马臧,从此晋惠帝的子孙全部都死了。司马伦任用孙秀做侍中,其余的党羽虽然只是奴仆、士兵、差役出身,也都给了爵位。每当司马伦手下这帮人去见他时,满座尽是帽上饰貂尾的(王、公、显官帽上的饰物)。当时的人有句谚语说:“貂尾不够,狗尾续。”

齐王司马攸的儿子司马冏、司马衷之弟成都王司马颖和安平王司马孚的孙子河间王司马颙等人一起发兵讨伐司马伦。司马伦和孙秀都吓坏了,忙派孙辅、张泓等人领兵前去抵抗。成都王司马颖打败了司马伦的军队,率领军队渡过黄河,因有左将军王舆做内应,很快打败了孙秀,并杀了他,司马伦也被杀死。司马颖又从金墉城把晋惠帝接回宫中,恢复了皇帝位。晋惠帝任用齐王司马冏做大司马辅佐朝政,成都王司马颖和河间王司马颙各自回到原地镇守。又立了晋武帝司马炎的孙子,即清河康王司马遐的儿子司马覃做太子。齐王司马冏骄傲自大,生活奢侈浪费,又乱用权力。把自己居住的府第盖得与皇宫中的西宫一样豪华,一整年都没上朝面见过皇帝。河间王司马颙和成都王司马颖让司马炎的儿子长沙王司马乂讨伐他,司马冏的军队被打得大败,司马冏被杀,司马冏手下的党羽都被灭了三族。司马乂在朝中执政,司马颙和司马颖又嫌司马乂在朝中掌权,导致自己的某些私欲受到了限制,不能为所欲为了,于是又发兵攻打司马乂。司马乂带着皇帝司马衷,领着兵去抵挡司马颖和司马颙的军队。司马颙的将领张方偷袭了司马乂军,并把他们打败。张方领兵进入京城大肆劫掠,百姓死了上万人。司马乂再次带着皇帝与司马颖的都督陆机在建春门交战,陆机的军队被打败。陆机和宦官孟玖有旧仇,孟玖就乘机诬陷陆机暗通司马乂,于是陆机被司马颖杀了,他的弟弟陆云也被杀,并灭了家族。司马乂多次打败司马颖的军队,前后杀死、俘虏了六七万人,并没有对皇帝不敬的行为。都城的粮食一天天在减少,士兵却没有丝毫叛离之心。张方认为洛阳打不下来,就有了回长安的打算。武帝司马炎的叔伯兄弟东海王司马越怕城中坚持不下来,就偷偷地和各将领商议,当夜抓起了司马乂,押到金墉城,并大赦天下,改变了年号,打开了城门。城中的将士见到城外攻城的兵马并不强盛,于是又后悔了,又密谋打算把司马乂救出来以便抗拒司马颖。司马越害怕了,派人密告张方城中将士的打算,张方就把司马乂活活烤死了。司马颖进入京城做了丞相,就像当年曹操一样,司马越做了尚书令,司马颙做了太宰。司马颖的恶行一天比一天严重,他先后贬废了羊皇后和太子司马覃,使朝野上下大失所望。东海王司马越奉惠帝司马衷的指示讨伐司马颖,恢复羊皇后和太子的地位。司马颖派兵在荡阴(今河南汤阴县)阻击前来讨伐的军队,晋惠帝的车驾被打坏,嵇绍挺身护卫惠帝,被杀死,鲜血溅了惠帝一身。司马颖把惠帝接入邺城(在今河北临漳),惠帝身边的人想把惠帝衣服上的血迹洗掉,惠帝说:"嵇侍中的血,不要洗!"陈眕和上官已陪太子司马覃把守洛阳,司马越又回到了东海国。幽州都督王俊和鲜卑人、乌桓人(鲜卑、乌桓都是古时起于东北的民族)以及司马越的弟弟并州刺史司马腾一起发兵讨伐司马颖。

当年,自从东汉、曹魏以来,匈奴、鲜卑、羌、氐(羌、氐都是古时西部的民族)、羯(古时北部的一个民族)五种胡人投降过来的大都居住在内地,后来多次发生因怨恨而争斗的事件,他们杀害长史,逐渐成了统治者的隐患。晋武帝司马炎时,侍御史郭钦上书请求趁着平定东吴的威势,逐渐把那些胡人迁到边地去,司马炎没同意。当时有巴郡西部的氐族人李特在蜀地起兵。匈奴左贤王刘豹的儿子刘渊幼年时就才智出众,他广泛地学习了经书、史书,又有超人的臂力,是个有文武才能的人。他曾作为侍子在洛阳陪伴在晋武帝身边,武帝的弟弟齐王司马攸曾劝武帝杀了他,武帝没有听从,后来还提拔他做了左部帅。晋惠帝时,惠帝任命刘渊做了匈奴五部大都督,司马颖又给惠帝上了奏章让刘渊做了匈奴的左贤王。刘渊的儿子刘聪勇猛异常,也广泛地阅读经书、史书,还喜欢写文章,并能拉动三百斤的弓。刘聪很小的时候就到京城居住,名士中没有谁不和他交往的。司马颖任命刘聪为积弩将军。等到幽州王浚、并州司马腾起兵,刘渊对司马颖说:"如今两处地方造反,恐怕不是你身边几个护卫和附近郡县的军队所能抵御得了的,请让我回去说服五部的军队共赴国难。"司马颖说:"我想陪着皇帝回洛阳怎么样?"刘渊说:"殿下是武帝的儿子,对皇室有大功。王浚只是个平凡的小子,司马腾只是皇室的远亲,怎么能和殿下抗衡呢?但是殿下一从邺宫出发,就向人显示了你的软弱,那么洛阳就不可能回得去了。即使能回去,你的威权也就不再有了。希望您能安抚勉励这里的军人和百姓,安静地等待。我刘渊用两部军队为殿下摧毁司马腾,用三部军队枭首王浚,这两个小子的脑袋用不了多久就可以挂起来了。"司马颖非常高兴,拜刘渊为北单于,让他领兵去平叛。等到幽州、并州的军队到达邺城,司马颖正陪着惠帝赶往洛阳,王浚大肆劫掠了邺城后就回去了。张方靠着兵权专制朝政,而皇太弟司马颖不能再参与政事了。于是惠帝就诏令司马颖以成都王的身份回家去,改立豫章王司马炽为可以继承皇位的皇太弟。刘渊听说司马颖离开了邺城,感叹地说:“不听我的话,造成现在这种狼狈的局面,真是奴才啊!然而我答应过他,所以不可不救!”于是就要发兵攻打鲜卑和乌桓。刘宣等人劝他说:“晋朝人像对待奴隶一样指使我们,如今他们骨肉相残,这是上天放弃了他们,而让我们恢复匈奴呼韩邪的事业。鲜卑和乌桓和我们意气相投,可以帮我们一把,为什么还要攻打他们?”刘渊说:“好啊! 大丈夫就应该像高祖刘邦、魏武帝曹操那样,呼韩邪单于有什么可效法的?”刘宣等人忙跪地磕头说:“您的远见,不是我们这类人所能赶得上的。”于是刘渊开始反叛,把自己的都城从离石迁到左国城(故址在今山西吕梁市离石区东北),胡人、晋人投降他的非常多。刘渊对他的群臣说:“从前汉朝拥有天下很久,对民众有恩,我是汉朝皇帝的外甥,也是汉朝皇帝的表兄弟,哥哥死了弟弟继承不是也可以吗?”于是建国号叫“汉”,把当年(公元 304 年)改为元熙元年,尊蜀汉的安乐公刘禅为孝怀皇帝。

刘渊有个本家的儿子叫刘曜,一出生就是白眉毛,眼睛发红光。他小时候很聪明,有胆量,却早早没了爹娘,由刘渊养着。长大后,他身材魁伟,性格豪放,胸怀宽广,喜欢读书写文章。一寸厚的铁(古时候的尺寸要比现在的小)他能一箭射穿。有一个武都(今甘肃成县西)羯族人名叫石勒的前去投奔了刘渊。刘渊占据了山西、陕西等地。晋朝的东海王司马越发兵讨伐张方,太宰司马颙于是杀了张方,派人把首级送到司马越那里求和,可是司马越不答应。成都王司马颖跑到长安,被长史刘舆杀了。晋惠帝吃了毒饼死了,是太傅东海王司马越干的事。司马越是司马懿弟弟司马馗的孙子。晋惠帝在帝位十七年而死,太弟司马炽入宫即了皇帝位,这就是晋怀帝。立了清河王司马覃的弟弟司马诠为太子,任命琅邪王司马睿为安东将军,总领扬州事务,镇守在建业。怀帝虽想治理好国家,无奈太傅司马越专权,杀害了原太子清河王司马覃,征调河间王司马颙做司徒。司马颙前去就职，却被司马炎的堂弟，即司马越之弟南阳王司马模在新安杀死了。

这时汉主刘渊死了，刘聪即位。晋朝的王如因饥饿举兵造反，攻打南阳。刘聪派石勒攻打江夏(今属湖北武汉)，石勒收编了王如的军队，于是又去打襄阳。太傅司马越率兵前去抵御，驻扎在项(在今河南项城市东北)。司马越病死在了项，王衍等人送司马越的尸体回去安葬，石勒派出轻骑兵追赶上了他们，把它们全部抓了起来。王衍等人请求饶命，石勒并不用刀枪，让人在夜里把墙推倒压死了他们。石勒劈开司马越的棺材，把他的尸体烧了，说："扰乱天下的就是这个人，我给天下人报了仇了。"刘聪派出大将军呼延晏带兵一万七千人去攻打洛阳，到了河南时，晋朝的兵马前后吃了十二次败仗，死了三万多人。汉国的刘曜、王弥、石勒领兵去和呼延晏会合，还没赶到，呼延晏就先到了洛阳附近。晋怀帝司马炽在洛水准备了船只，打算往东边去，却被呼延晏全部烧掉了。不久，王弥、刘曜等人也先后到达。呼延晏先打下宣阳门进入城中，怀帝从华林门(东门)逃出，打算跑到长安去，汉兵追上抓住了他们，杀死了太子司马诠等人，把怀帝迁到了平阳(今属山西省)，封他为平阿公。汉主刘聪又派始安王刘曜等人去攻打长安，晋朝的南阳王司马模献城投降，刘曜还是杀了他。汉主任命刘曜为车骑大将军镇守长安。晋朝的安定郡(在今甘肃泾川一带)太守贾疋和冯翊郡(今陕西西安)太守索綝、金城(在今青海西宁)的护军麹允等人谋划复兴晋王朝，这时各自领兵奔向长安。刘曜和贾疋在黄邱打了一仗，刘曜军被打得大败。于是贾疋等人的军队受到很大鼓舞，在雍城见到了武帝司马炎的孙子，即吴王司马宴之子秦王司马邺。贾疋等人的军队围了长安几个月，汉中王刘曜接连战败，扛不住了就抓走一些成年男女跑到了平阳郡(今山西临汾一带)。秦王司马邺从雍城(今陕西凤翔)迁到了长安，贾疋等人在长安为司马邺设置了行政领导机构。汉主刘聪在光极殿大宴群臣，让晋怀帝司马炽穿着奴仆所穿的青衣给他的大臣挨桌倒酒，怀帝的臣子庾珉、王隽非常悲愤，当场号哭，刘聪感到非常厌烦，就杀了庾珉、王隽等原晋朝的大臣十多人，晋怀帝也遇害。晋怀帝的死讯传到了长安,皇太子司马邺为怀帝举行了哀悼仪式,继承了皇帝位,这就是晋愍帝。这时贾疋被盗贼所杀,愍帝任用麹允为左仆射,索琳为卫将军,军政大事全都交给了他们办理。汉国派张染领兵进攻长安,张染兵败被麹允射死。晋愍帝建兴四年(公元316年)时,汉国又派刘曜再次进犯长安,攻陷了长安外城,麹允、索琳只好退守到内城,这样就和城外断绝了联系,城中断了粮食。司马邺哭着对麹允说:"如今城中到了这种地步,城外又没有救援的军队,应当忍着耻辱投降吧,让百姓好活下来!"于是派侍中宗敞去给刘曜送求降信。索琳暗中扣留下宗敞,派自己的儿子对刘曜说:"如果答应给索琳一个小国王当当,我们就投降。"刘曜斩了索琳的儿子,说:"帝王的军队是凭道义打仗的。孤王我带兵十五年,从没用诡计取胜。如今索琳说出这样的话,真是天底下的罪恶!"愍帝乘着羊车,光着上身出城投降,群臣大声哭着牵着羊车,愍帝也悲痛得不得了。御史中丞吉朗感叹地说:"我的智力不能为皇帝出谋划策,论勇气又不能冲锋陷阵为国君而死,怎么忍心君臣一个跟着一个去侍奉贼寇呢?"于是他自杀身死,麹允也自杀了。刘曜把晋愍帝送到平阳,西晋到此灭亡。西晋从武帝司马炎乙酉年(公元265年)到晋愍帝丙子年(公元316年),共出了四个皇帝,统治天下五十二年。

汉主刘聪让愍帝司马邺做了光禄大夫(顾问),封他为怀安侯。刘曜做了太宰,被封为秦王,总领陕西军政事。有一次,汉主刘聪出门打猎让愍帝司马邺穿着军服,手拿着戟走在前面做前导。又有一次,刘聪在光极殿宴群臣,让愍帝为他的臣子们斟酒、洗酒器,这使原晋朝的臣子大多痛哭地失了声。尚书郎辛宾起身离座,抱住愍帝大哭。刘聪命人把辛宾拉出去斩了,愍帝司马邺也因此遇害。当时天下大乱,只有长江东部略微安定,中原一带的百姓大多向南渡过长江去避乱。镇东司马王导说服琅邪王司马睿搜罗有才能的人一起干一番事业,司马睿听从了。因此被任用的人有一百多人,当时的人把他们叫作"百六掾",刁协、卞壶、陈頵、庾亮、甘卓、周访、陶侃都在其中。弘农(在今河南灵宝市一带)太守宋哲被汉国军队所攻打,于是他抛弃了所守的郡跑到建康,自称接受了晋愍帝司马邺的遗诏,命令丞相司马睿总管一切政务。于是司马睿穿着白衣到郊外为愍帝哀悼了三天,然后继承了皇帝位,把当年改为“建武”元年(公元317年),这就是东晋元帝。他任命了百官,立了宗庙、谷神庙和土地神庙。当时有“以牛易马”之说(即皇帝血统不纯),这事将在下一章叙明。现在把前五胡叙个大概,后五胡将在后文中说明。

五胡之乱是从巴郡(现重庆一带)氐族的李特开始的。当年,张鲁在汉中时,宾客李氏从巴郡西部前去投奔他。等到魏武帝曹操打下了汉中,李虎领五百多伙人去投曹操,被曹操任命为将军。李虎的孙子李特在晋惠帝司马衷时,以流浪人的身份进入蜀地,仅一个月的时间,他招集了三万人,占据了广汉(在今四川省),并向成都进攻,被刺史罗尚击败,捉住他砍了脑袋。李特的弟弟李流接替李特做了首领,他的军队慢慢又壮大起来了。李流死后,李特的儿子李雄又接着做首领,涪陵丹兴(今重庆黔江)人范长生是他的军师。后来,李雄把罗尚打跑了,他进入成都自称为成都王,不久又称皇帝,国号叫“大成”。李雄做了三十一年皇帝死了,他舍弃自己的儿子而立了侄子李班继承了皇位。李班在位五个月被李雄的儿子李越所杀。李越因自己的弟弟李期多才多艺有名望,就立李期做了皇帝。李期在位三年时,被李特的小弟弟李让的儿子李寿所贬废,因此上吊死了。李寿在位六年,改国号叫“汉”,世称为“成汉”。李寿的儿子李势在位四年,他高傲邪恶,不考虑国家的政事。东晋的安西将军桓温领兵进入蜀地直接到达了成都,李势兵败投降。成汉出了七个国君,先后统治四川和云南、贵州部分地区四十四年(公元303—347年),后来这块地方被“前秦”的苻坚所得。

另一个敢于灭晋的就是“汉国”,后来改国名为“赵”,君主是匈奴人。当初,东汉献帝时,南单于呼厨泉到东汉朝廷来,魏王曹操把他留在了邺城,把他的民众分成五部,安置在并州(今山西汾水中游地区)。呼厨泉的弟弟左贤王王豹实力最强,他自称是汉朝皇帝的外孙,于是改姓了刘。刘豹生了个儿子叫刘渊,出生时左掌有掌纹,像“渊”字,于是就取名叫“渊”。刘渊见司马氏八个王都拉起队伍骨肉相残，于是他背叛了晋王朝也拉起了队伍，占据平阳（今山西临汾）自称为皇帝，国号叫“汉”。他在王位上四年、帝位上三年而死。刘渊的儿子刘和，刚继承皇位一个月，就想杀掉自己的弟弟刘聪。北海王刘乂把这消息告诉了刘聪，于是刘聪攻打刘和并杀了他，自己做了皇帝，立刘乂做了可继承皇位的皇太弟。刘聪两次攻打晋朝，抓了晋怀帝司马炽和晋愍帝司马邺，几乎灭了晋朝，后来的晋也只占了江东这块小地方。汉主刘聪沉溺女色，和父亲刘渊的皇后单氏乱搞男女关系。中护军靳准有两个女儿，名叫月光和月华，长得漂亮非凡。刘聪立月光为上皇后，刘贵妃和月华为左右皇后。后来月光因做了不对刘聪心思的事而被贬废，就又立了美丽的使女樊氏做了上皇后。三个皇后之外，佩戴皇后玺绶的还有七个人。刘聪整天喝酒淫乱，百日不出门。太弟刘乂多次劝说，他都不听。刘聪的儿子刘粲在刘聪面前说了刘乂的坏话，刘聪就杀了刘乂。刘聪在位八年而死，他的儿子刘粲即位，靳准开始独揽朝政。刘聪的后妃都还年轻，刘粲就和这些后妃大白天乱搞，不理朝政。靳准领兵进宫抓住刘粲杀了，并把刘氏皇族男女老幼都推到了刑场砍了头。又挖开刘渊、刘聪两人的坟墓，把刘聪的尸体剁成了碎块，烧了刘氏的宗庙和谷神庙、土地庙，接着靳准自称为大将军、汉天王。刘渊的族人刘曜听说平阳发生了政变，就立即从长安发兵讨伐靳准，石勒也从洛阳率领精锐的骑兵五万人讨伐靳准。靳准多次向石勒挑战，石勒总是坚守营垒不出兵，以此来挫伤靳准军的锐气。刘曜走到赤壁，在那里继承了皇帝位。他任命石勒为大司马，封为赵公。靳准的将领乔奉等人杀了靳准，推举靳准的弟弟靳明做了主帅，派遣卜泰拿着传国的六枚皇帝印玺到了刘曜那里去投降。石勒大怒，攻打下了平阳，烧了宫室。靳明逃到刘曜那里，刘曜杀了他全族。石勒派左长史王脩向刘曜进献胜利后的俘虏和战利品，王脩的舍人曹平乐偷偷地跟刘曜说：“石勒派王脩来，实际是来查看你这里军队的强弱，石勒等着他回去报告情况，打算偷袭你呢！”刘曜听曹平乐这么一说，于是杀了王脩。石勒听说王脩被杀，大怒道：“我为刘氏已经做了超出臣子所应做的了，他们的江山是我打下的。如今成了气候，还想算计我！赵王我自己做吧,他们算得了什么?”于是他斩了曹平乐三族。汉王刘曜回到长安在那里建都,立了原来的晋惠帝司马衷的皇后羊氏为皇后,改国号叫“赵”,后世人称之为“前赵”。石勒背叛汉国占据了襄国(今河北邢台)为首都,自称为赵王,后世称为“后赵”。后赵的石勒在蒲阪(今山西永济)攻打前赵,前赵国的刘曜亲自带兵把石勒打败。石虎跑到了朝歌(今河南淇县)。刘曜到金墉城攻打石生,围住了洛阳。后赵王石勒亲自带兵去救洛阳,他让将士卷起铠甲,嘴里含着草棍从隐蔽的小路日夜赶路,率领步兵、骑兵共四万人进入洛阳城。石虎领着步兵攻打前赵的中军,石堪领着精锐的骑兵攻打前赵的先锋部队,在西阳门展开大战,石勒又从阊阖门进行夹击。刘曜一向好酒,交战前又喝了几大杯。一交战刘曜军就没占上风,石堪找准机会猛攻,前赵军队大败。作战中,刘曜的马陷住了,被石堪抓住。石勒下令说:“想抓的就一个人罢了,如今已抓到。放其他人逃命去吧!”石勒把刘曜带回去杀掉了。刘曜在位十二年国灭身亡,从汉到前赵共出了五个国主,统治国家二十六年(公元304—329年)。于是长安一带、秦地、陇地等地方也都归后赵石勒所有了。

石勒是上党(今山西长治武乡)的羯族人,他父亲周曷朱是部落的一个小头目。石勒胆子大,又有力气,喜欢骑马射箭。晋朝时,他被官吏掠到山东,卖了做军费。后来他逃出,与人结伙,直到刘渊起事就投到刘渊那里。刘渊任命他做了将领,他的队伍很快就发展到十多万人。他用赵郡中丘(今河北内丘)人张宾做谋士,任何事都向张宾咨询,称呼张宾作右侯,从不叫他的名字。当年,石勒被人所掠卖,和母亲王氏分离了。后来晋朝的并州(今山西永济一带)刺史刘琨找到了他的母亲,于是刘琨派使者把他的母亲和侄子石虎一起送到了石勒那里。石勒为了答谢,送给刘琨珍宝和名马,被刘琨谢绝了。当时石虎年仅十六岁,却残忍得很,成了军中一害。石勒向母亲说打算锄掉他,他母亲说:“跑得快的好牛,在它幼年拉车时就能毁坏车辆。你稍微将就忍耐他一下吧。”石虎成年后,喜欢射箭骑马,他的勇气当时无人可比。每次领兵打仗,攻下城池他都大肆屠城,很少有存活下来的人。他管理军队却很严明,没有谁敢犯纪,交给他的攻打任务,他总能顺利完成,石勒于是喜欢信任他了。张宾劝石勒进驻襄国。这时晋王朝的幽州都督王浚打算叛离晋朝自立为王,石勒想偷袭他,于是就假装自己的武装力量微不足道,自称为臣,尊王浚为王,这使王浚非常高兴,更加骄傲自大了。一天,石勒领兵袭击王浚,假说是给王浚送礼,直接进入了王浚的厅堂,又招来王浚的妻子,控制住王浚后,送到襄国斩了,幽州全部平定。接着石勒又击败了晋朝臣子刘琨,平定了并州地区。石勒因和刘曜有矛盾,于是自立为王,不久又灭了刘曜。所以石勒有了同州(今陕西大荔县一带)、豫州、徐州、兖州(济水与黄河之间的一带地方)、并州、幽州、秦州(今陕西南郑一带)、雍州(今陕西、甘肃和青海额济纳之地)、青州(从渤海到泰山一带)、冀州之地。石勒改称呼为天王,坐上了皇帝位。石勒在位十五年而死,太子石弘继承了皇帝位。石虎派他的儿子冀州刺史石邃进入宫中警卫区,朝中的文武官员都逃散了。刘太后有胆略,她曾经辅助石勒建功立业,她联系了石堪、石生、石郎等人一起发兵讨伐石虎,结果没取胜。石虎把他们都杀了,于是篡夺了天王宝座,石弘在位仅一年就被石虎杀了。石虎得手,开始大造宫室,造得极其华美。选民间美女入宫,佩戴珍珠美玉、披穿绫罗绸缎的有一万多人。又教宫人熟悉星象,学习骑马射箭,用女骑手一千人作为他外出时的仪仗队,都穿着彩裤,扎着金银腰带,还用彩色羽毛装饰仪仗的旗帜,还配有打鼓吹号的乐人。石虎出门办事、宴乐都带着这支队伍。石虎又在邺城造了东西两座宫殿和四十多所楼台,又在长安和洛阳建了许多宫殿。他的宫中女官分为二十四个等级,又选民间美女三万多人入宫,百姓家里有美女、美妇的,他的父亲或者丈夫不主动献出的,判死罪。石虎用重刑、搜刮民脂民膏和苦役来祸害百姓,死亡的民众成千上万。钱财、材料不够用了,就挖尽前代的陵墓,拿走里面的金银珠宝。

赵天王的太子石邃一向勇猛,石虎很喜欢他。石邃骄横荒淫又残忍,他喜欢妆饰美女让宾客看,玩弄完后,就扒光衣服剖开她的肚子,拿掉肠子和胃,放进五味香料蒸熟后让在场的人一起把她吃掉。

石虎既荒淫好色,又喜怒无常,常常责备石邃,还用鞭子抽打他。于是石邃谋划要杀石虎,结果被石虎察觉,就杀了石邃,并把他和男女二十六人同埋在一口棺材里。石虎另立儿子石宣为太子,不料石宣也想杀石虎。因为石虎一向喜欢秦公石韬,于是石宣派人先杀石韬,想趁石虎为石韬办丧事的忙乱中下手。这事也被石虎发觉,于是石虎肢解了石宣,然后烧掉,把骨灰扬在大路上,又杀了石宣妻儿九人。石宣的小儿子才几岁,石虎一向喜欢这孩子,他抱起孩子痛哭,打算赦免他,无奈有关大臣要依法办案,孩子扯着石虎的衣服大叫,以致扯断了衣带,结果还是被杀掉了,石虎也因此生病。当初,将军张豺抓到了前赵刘曜的小女儿,这女孩长得特别美丽,于是他把女孩送给了石虎,石虎非常宠爱她,她生了齐公石世。这时张豺劝石虎立石世为接班人,石虎对他的群臣说:"我想用纯灰三斛洗洗自己的肠子,为什么专门生恶子,年龄一过二十岁就想杀爹!如今世儿刚十岁,我已经老了。"于是石虎立石世的母亲刘昭仪为王后。石虎下令让东宫卫士十多万人去凉州守边,守边部队里有个叫梁犊的人领头造了反。他用民间砍柴的斧头安上一丈长的斧柄,打起仗来很管用,一路向东进发,和他们交战的军队都被他们打散了,石虎听说后吓坏了。后来石虎的将领姚弋仲和蒲洪把这伙人镇压下去了,于是石虎封姚弋仲为西平公(姚弋仲后来成了"后秦"的始祖),又封蒲洪为秦雍都督(后来蒲洪成了"前秦"的始祖)。石虎在位十五年死了,他的小儿子石世刚当了一个月的天王就被他哥哥石尊杀了,石尊自立为天王。石尊也只做了六个月的天王,他的弟弟石鉴又杀了他,也自立为天王。石鉴做了四个月天王,石闵贬废了他,接着又杀了他。石闵本来姓冉,他杀了石虎三十八个孙子,杀尽了石氏。石闵自立为皇帝,恢复了原姓"冉",国号叫作"魏"。

当时石虎庶出的儿子石祗正镇守襄国,他和姚弋仲、蒲洪一起出兵讨伐冉闵,接着在襄国自立为天王。在位两年,他的将领刘显杀了他,向冉闵投降,"后赵"就此灭亡。后赵总共出了七个国主,统治北方三十三年(公元319—351年)。后来刘显又背叛冉闵,被冉闵所杀。石琨逃到东晋,东晋杀了他,石氏灭绝。冉闵在位三年时,

“前燕”国王慕容俊派慕容恪等人进攻“冉魏”国。魏主冉闵与他们交战多次获得胜利。后来慕容恪选了鲜卑人五千个会射箭的组成方阵向前推着走，冉闵领兵迎头前去攻打，不料他所乘的千里马“朱龙”突然倒地死了，冉闵被前燕兵抓住。慕容俊打了他三百鞭后，在龙城（今辽宁朝阳）杀了他。前燕占有了原后赵的所有的土地。

这个“前燕”的前身是曹魏时期鲜卑族的头人莫护跋所占据着的辽西政权。因为他领兵跟随司马懿去攻打公孙渊立下了功劳，被封为率义王，在棘城（在今北京以北）的北边建立国家。第四代传到慕容廆，他们从晋武帝时起已经变成了盗贼，不久向西晋投降，西晋封慕容廆为鲜卑都督。慕容廆自称大单于，西晋王朝又封他为辽东公。慕容廆的小儿子慕容翰勇猛有谋略，他帮助慕容廆夺取了辽东，斩了连津，又攻打高句丽。慕容廆在位二十七年死了，他的儿子慕容皝继承了君位。慕容皝顾忌慕容翰，慕容翰就跑到段氏那里，后来又投奔到宇文氏那里。宇文逸豆归对他不信任，不肯任用他，慕容皝又偷偷地把他召了回去。慕容翰于是就协助慕容皝降服了高句丽，打败了宇文逸豆归，开辟了疆土几千里。这样一来，慕容皝更加顾忌慕容翰的才能了，最终杀了慕容翰，慕容皝才放心地坐上了辽东公的宝座。后来，晋王朝又封慕容皝为燕王，他在位十五年死了，慕容皝的儿子慕容俊继承了燕王位。

慕容俊在王位三年，又自称皇帝十年。慕容俊任用慕容恪夺取了中山（今河北定州、唐县一带），又派慕容恪进攻魏国冉闵，把冉闵打垮了，有了后赵之地。慕容俊又派慕容恪打得晋将段龛投降，平定了齐地。只有三秦之地被“前秦”占有，慕容俊得不到。慕容俊死后，他的儿子慕容暐继承了君位。慕容恪接受了慕容俊的遗诏，辅佐慕容暐治理朝政。慕容恪虚心对待文武人才，总是根据每个人的才干授予相应的官职，因此前燕国得到了很好的治理。慕容恪死后，东晋的桓温攻打前燕，前燕向前秦求救，前秦王苻坚派苟池、邓羌领兵去救。桓温偷偷地撤兵，前燕的慕容垂追上并打败了桓温。慕容垂最初的名字叫慕容霸，是前燕国主慕容皝的儿子。慕容皝很看重慕容垂的才能，想立他做世子，最终没了结果。当时的前燕国主慕容俊却十分讨厌慕容垂,因慕容垂曾经从马上掉下来摔掉了牙齿,就让他改名叫慕容缺。又因“缺”这名字对应谶文图记,就又让他改名为“垂”。慕容垂娶了段末怀的女儿,这女子有才有貌,因和前燕国主慕容俊的王后可足浑氏不合,可足浑氏诬陷段氏诅咒她,就把段氏杀了。慕容垂又娶了段氏的妹妹,容貌更加漂亮。可足浑氏却把两人拆散了,把自己的妹妹嫁给了慕容垂,慕容垂因此很不高兴,可足浑王后也由此更加讨厌慕容垂了。到这时,慕容垂立下大功,威信名望更加高了,于是可足浑王后和慕容评密谋要除掉慕容垂。慕容垂得到消息后,就带段夫人和世子慕容令兄弟几个一起投奔到前秦那里。前秦王苻坚一向有占据前燕的野心,只是害怕慕容垂而不敢出兵,这时听说慕容垂跑到他这里来了,非常高兴,就任命慕容垂做了冠军将军。苻坚派王猛攻打前燕,前燕国主慕容暐听说前秦兵到了,又愁又怕不知如何是好。太傅慕容评害怕王猛的军队,不敢和他们交战。慕容暐派人去责备慕容评,慕容评仍然害怕和王猛交锋,结果大败退回到了邺城。王猛攻破邺城,慕容暐和慕容评等人逃出城去,前秦兵追赶上抓住了他们。慕容暐在位十一年前燕灭亡。“前燕”从慕容廆开始,共四代,六十四年(公元307—370年),被“前秦”吞并。往下自然应该把前秦的事接着说,但前秦和东晋有关,在后文再叙。此外从西晋分离出来的还有个“前凉”。

晋惠帝永宁元年(公元301年),散骑常侍安定郡(今甘肃平凉地区的一部分)氐族人张轨做了凉州刺史。当时天下不太平,张轨有保住黄河以西的决心,他任用宋配、汜瑗为谋士,鲜卑人每次进犯都被打了回去,因此威名震撼了西部。汉国进犯洛阳,张轨就派兵去守护洛阳。张轨每年都向皇帝进献贡礼,因忠于晋王室,被封为西平郡公。张轨在位十五年死了,张轨的儿子张实继承了西平郡公位。张实也注重政事,仍然忠于晋王室,他还派将军王该率领步兵和骑兵五千人援助长安。当时汉国的刘曜攻陷了长安外城,内城缺粮,逃跑的人制止不住,只有凉州兵死守城池不退缩。当时京兆(今陕西西安东)人刘宏在凉州天梯山客居,用妖术迷惑大众,张实身边的阎涉、赵印等人都是刘宏的门徒。刘宏对他们说:“上天给了我神玺,应该在凉州、平州做王。”阎涉、赵印对他的话深信不疑,于是谋划要杀了张实推举刘宏为主。张实的弟弟张茂发现了他们的阴谋,请求杀了刘宏。张实就派人通知牙门将(武官名称)史初去抓刘宏。史初还没到达那里,阎涉等人已经作乱杀了张实。史初抓住刘宏,用五马分尸的刑法处死了他,然后又杀尽了他的党羽。史初和司马阴元等人商量,因张实的儿子张骏还年幼,就推举了张实的弟弟张茂为刺史,西平公张茂让张骏做世子。张茂在位四年死了,侄子张骏即位。张骏一手抓政事,一手抓文武官员,使西凉州兵强民富,西域各国都去朝贡。张骏派使者到东晋朝廷上书说:“石勒、李雄已死,石虎、李期继续对抗朝廷,希望让司空郗鉴、庾亮等人领兵,各部一起行动,消灭石虎和李期。”东晋却没能采纳他的意见。张骏在位二十二年死了,他的儿子张重华接位。后赵国主石虎派兵攻打凉州,凉州派谢艾领兵抵抗,把石虎军打得大败。石虎感叹地说:“我只用了部分兵力就平定了中原大部分地区,如今用了全部兵力却打不下个凉州,看起来凉州有人才,军队也强盛啊!不能打了。”张重华在位七年死了,他的儿子张曜灵接位。张重华庶出的哥哥张祚贬废了张曜灵,篡夺了他的位子。张祚胡作非为,杀了张重华的小妻裴氏,接着又杀了谢艾,自称为凉王,使用天子的礼乐。他在位一年,张瓘、宋琨等人就发兵讨伐张祚。张祚杀了张曜灵,宋琨公布了张曜灵的死讯,立了张曜灵的弟弟张玄靓接位,斩了张祚,割下人头示众。张瓘这个人好猜忌,又苛刻暴虐,宋琨性格忠诚正直,因此二人不合。张瓘打算杀了宋琨以便篡夺张玄靓的位子,结果却被宋琨打败,张瓘于是自杀了。等到宋琨死后,张玄靓的叔叔张天锡掌管大权,张玄靓在位八年时张天锡杀了他坐上了他的位子。张天锡在位十四年时,因他迷恋酒色,民情怨愤,前秦国主苻坚派遣苟苌、梁熙等人领兵进军到西河。张天锡派马建、常据前去抵抗。马建投降了前秦,常据战败自杀,秦兵得以长驱直入,张天锡不得已而投降。凉州的各郡县都被前秦占有了。“前凉”总共出了八个西平公,统治当地七十六年。后来前秦失败,张天锡又投归到东晋王朝。前秦王苻坚吞并各国,几乎达到了统一天下的程度。自从他进攻东晋败退,北方各地胡人也都起兵造反,这就是所说的前五胡使晋王朝大乱,而后五胡使前秦大乱。后五胡在后文中讲,下面先把南朝的东晋、宋、齐、梁、陈的事叙明。

第十八章　东晋在江东存达百年(东晋史)

再说东晋的中宗元帝司马睿,表字叫“景文”,是晋宣帝司马懿的曾孙,即琅邪王司马觐的儿子。实际上他是牛金的儿子,事情是这样的,司马觐的妃子夏侯氏长得千娇百媚,却水性杨花,因小官吏牛金进入宫中值班,夏侯氏见有美貌少年就引诱牛金和她私通,时间一长因而夏侯氏有了身孕。司马觐虽说也常到夏侯氏那里去,因她怀孕的时间对不上,就对夏侯氏产生了怀疑,又因为对夏侯氏非常宠爱,就不忍心说破这事。司马睿长大后,生得高鼻梁,眼中流露着精气神,有帝王相,遇事能沉着机智,有气量,于是司马觐就真把他当成了自己的亲生儿子了。到夏侯氏临死时,她就公开对元帝司马睿讲明了他的身世。后来,元帝曾经暗中找过牛金,不料牛金早已不在人世了。元帝感到恢复姓“牛”是耻辱的事,于是还继续姓“司马”,并给了牛金的子女许多钱财把他们打发走了。司马睿当年做安东将军时,总领扬州、江南一切军务,当他听说晋愍帝遇害后,就在建康(今南京)继承了皇帝位,立儿子司马绍为太子。任用王导做主要谋士,并拜他为骠骑大将军,任用王敦做荆州刺史,祖逖做豫州刺史。祖逖是范阳(今河北涞水)人,小的时候就有恢复中原的志向。曾经有一夜和刘琨同睡一床,半夜听到鸡叫,他就把刘琨踢醒,对他说:“这不是难听的声音!”于是起身下床舞剑练武。祖逖到豫州去,司马睿没有给他武器装备,让他自己来解决。祖逖带着他的宗族人和部下渡长江,船到江心,祖逖拍打着船桨说:“我祖逖如不能恢复中原而返回去,就如同这大江!”于是过了江驻扎在淮阴(在今江苏淮安市),开始在那里打造兵器,又招募了两千多人后继续前进。祖逖到了雍邱(今河南杞县一带)后就驻守在那里,并多次派兵去攻打后赵军队。后赵守边的军人叛离后赵,逃到祖逖这边的人有很多。后赵边境渐渐紧迫,黄河以南地区的人大多背叛后赵投归东晋王朝了。祖逖训练士兵、储备粮草,为夺取黄河以北地区做准备。后赵国主石勒对此非常害怕,于是他去了幽州,到了祖逖的家乡,给祖逖维修了他祖父的墓,还派了两家民户守墓。石勒又写信给祖逖,请求互派使者和互相往来贸易,祖逖也下令禁止手下骚扰后赵的边民。这样,边境才稍稍平静了。元帝任用戴渊为征西将军管着六个州,镇守在合肥。祖逖认为戴渊虽然有才能和名望,但无远见卓识,况且自己已经收复了黄河以南的土地,戴渊却轻松体面地管辖到自己打下的地方,心里很是不服气。他又听说王敦将要作乱,知道自己的大功不会成了,一急之下生病死了,于是祖逖的弟弟祖约代替祖逖领着他的部队。刘琨当初做并州刺史,石勒攻下了乐平(今山西昔阳),并州将领吓坏了,于是向石勒投降了,刘琨跑到了段匹磾那里,后来被段匹磾杀害。这时,王敦开始领兵造反。其实他早有反心,只是害怕祖逖,不敢有大的行动,等到祖逖一死就开始造反了,借口是由刘隗和刁协引起的。湘州刺史谯王司马承、凉州刺史甘卓发兵讨伐王敦,王敦派魏乂进攻长沙。长沙城池不完备,物资储备又缺乏,城中人有了惊恐心理。有人劝司马承弃城逃走,司马承不同意,于是他派人围着城池严守。刘隗和刁协曾劝晋元帝杀尽王氏,周顗向皇帝上表极力劝他不要这么做,这事王导(王导是王敦的叔伯弟弟)却不知道,后来王导还为周顗的死而痛心。元帝任用王导为先锋大都督,前去讨伐王敦,王敦感叹地说:“不再有人说我好啦!”晋元帝又派刁协、刘隗和戴渊领兵攻打王敦,却都被王敦打败,刁协被人杀死,刘隗逃到了后赵。于是晋元帝命令百官到石头城(今南京市西石头山后)去见王敦,任命王敦为丞相,总领朝中内外各军事。王敦想杀周顗和戴渊,征求王导的意见,王导没吭声。王敦于是抓起周顗和戴渊,把两人杀了。后来王导查看朝廷中大臣给皇帝上的奏折,才看到周顗的上表。王导手握着表流着眼泪说:“我虽然没杀伯仁,但伯仁也是因我而死的,无形中辜负这位好朋友了。”王敦竟然不上朝拜天子，而是回武昌领兵打下了长沙，杀了谯王司马承，又派襄阳太守周虑袭杀了甘卓。四面八方向皇帝贡献的东西大多纳入王敦的府库，重要的武官大都是王敦的人。元帝忧愤成疾，在皇位六年就死了。太子司马绍继承了皇帝位，这就是东晋肃宗明帝。司空王导接受了元帝司马睿的遗诏，辅佐朝政。

东晋明帝仁义，他既喜欢文艺又喜欢武艺，重用贤能的人。当年他做太子时，王敦就看他不顺眼，打算废掉他，由于温峤的阻止才罢休。这时王敦谋划篡夺皇位，王敦的弟弟王彬好言相劝阻止他做这种事。王敦脸色大变，使眼色示意身边的人杀了王彬。王彬表情严肃地对他说：“你从前杀了哥哥，今天又要杀掉弟弟吗？”王敦这才作罢。王敦没有儿子，过继哥哥王含的儿子王应做了自己的儿子。他曾假传皇帝的诏令，任命王应为武卫将军，作为自己的助手。后来王敦病得厉害，王导听说王敦病得要死了，就率本家子弟公布了王敦的死讯。大家都以为王敦真的死了，精神都很振奋，于是尚书为皇帝写了诏书下到王敦府上，列举了王敦的罪恶。王敦见了诏书气得不行，病情更加严重了。他要出兵但自己不能领兵，所以就派他的哥哥王含率领五万兵马开到江宁（在今南京西南）。王导给王含写信说：“哥哥你糊涂！对于国家的叛逆，作为人臣谁不愤慨？我为你叹息。我王导受着国家的厚恩，今天这事你明目张胆，我作为全军主将，宁可作为忠臣去死，也不做无赖活着了。”王含对这封信没做任何表示。东晋明帝率领各路军队袭击王含军，王含军大败。后来王敦死了，他的队伍也散了。王敦的党羽钱凤、沈充等人都被砍了头。王敦的墓也被挖开，尸体被拉出来，摆出跪着的姿势砍去了脑袋。王含、王应跑到荆州，王舒派军人把他们父子投到江里淹死了。明帝命令陶侃总领荆州、湘州等州的军事。明帝在君位三年死了，五岁的太子司马衍即了皇帝位，这就是东晋显宗成帝。司徒王导、中书令庾亮、尚书令卞壶一起接受遗诏辅佐政事。庾太后上朝行使皇帝权力，任用温峤总管江州军事。庾亮依仗着太后，年纪轻轻就专权。南顿（在今河南项城市西）的王宗是当年肃宗皇帝司马绍亲自任命的县官，庾亮由于怨恨而杀了他，因此庾亮大失民心。

王宗的死,显宗成帝司马衍并不知道。一天,成帝问庾亮说:“往日有个白头公现在在哪里?”庾亮回答说:“他因谋反被杀死了。”成帝哭着说:“舅舅说谁做贼就杀了谁,要是别人说舅舅做贼应当怎么办呢?”庾亮立刻吓得变了脸色。这时历阳内史(内史是诸侯王国的长官,相当于郡太守)苏峻先前驻守临淮,在王敦第二次攻打皇宫时,因守卫皇宫有功,他的威望渐渐大了起来。等他到了历阳,他的兵强,武器又精良,渐渐生出了小看朝廷的思想,还招收了一些亡命之徒。庾亮于是修了石头城来防备他,又用温峤做后援。庾亮认为苏峻占据历阳早晚是祸害,就想让皇帝下诏令征调他,文武官员都认为不行,但庾亮还是下了调令征调苏峻做大司农。苏峻见了调令说:“我不能听凭廷尉治我罪而束手待毙。”苏峻知道祖约对朝廷很有意见,就派去使者夸赞祖约,并请他发兵一起攻打庾亮。祖约非常高兴,于是带兵去和苏峻会合。苏峻带领两万人马渡过横江攻打青溪栅(在南京附近,今已淹没),卞壶率领军队进行了抵御,奋力作战而死。他的两个儿子卞珍、卞盱接替他指挥作战也相继战死。苏峻俘获了成帝,占领了都城。温峤手下有七千兵,也要发兵讨伐苏峻,他邀请陶侃一起出兵,陶侃立即穿上军衣上了船。郗鉴在广陵流着眼泪对部下发誓言要去赴国难,将士们争抢着要和他同去。

苏峻听到四面八方都在出兵讨伐他,就逼迫成帝司马衍迁到石头城去。王导秘密命令张闿拿着太后的诏书命令三吴发义兵,会稽内史王舒、吴兴(治所在今浙江省湖州)太守卢潭、吴国(治所在今江苏苏州)内史蔡谟、兴义(治所在今江苏宜兴)太守顾众等人都纷纷发兵响应诏令讨伐苏峻。温峤等人率领的各军一同向建康进发,兵马四十万,旌旗相望长达七百多里。苏峻远远望见吓得要命。陶侃、温峤等人在石头城攻打苏峻相持了几个月都没攻下来,陶侃打算回军,温峤对他说:“天子被挟持,这是做臣子肝脑涂地的时候,如今的情况就像骑在老虎身上,怎么可以无结果地下来呢?您要违背大家的心愿独自返回,等大家解决了苏峻后,恐怕要打您了。”毛宝等人劝陶侃把自己的部分军粮送给温峤军,于是陶侃督促水军冲向石头城,庾亮、温峤、赵孕等人率领步兵冲向白石(今南京市北),苏峻率八千兵迎战。陶侃的部将彭世、李千向苏峻投出矛，苏峻摔下马来，被斩首，尸体砍成了肉酱，骨头被烧毁。苏峻军败退，苏峻的司马任护等人一起又立苏峻的弟弟苏逸做主将，关闭城门坚守。赵孕派将领到历阳攻打祖约，祖约兵败跑到了后赵，后来后赵杀了他全家。各路人马一起攻打石头城，建威长史滕含打败了苏逸军，抓住了苏逸、韩晃等人杀了。滕含的部将曹据抱起成帝跑到温峤船上，群臣见到成帝司马衍都跪地叩头大哭请罪。当时建康的宫室已都烧毁，大家都建议迁都，王导劝大家仍坚守原地，收集失散的东西，京城因此才安定下来了。后来成帝生了病，成帝的两个儿子司马丕和司马奕还都是襁褓中的婴儿。庾冰劝成帝说，因国家还有对立的强敌，应当事先立个年长的储君，于是建议用成帝的同母弟弟琅邪王司马岳做接班人，成帝同意了。成帝在位十七年死了，琅邪王司马岳即了皇帝位，这就是东晋康皇帝。庾亮不声不响暗中把手中的权力交给了庾冰和何充。康帝在位两年死了，太子司马聃继承了皇帝位，这就是东晋穆皇帝。他当时两岁，有太后褚氏执掌朝政，何充担任侍中，总领尚书事。江州都督庾翼死了，何充提议由桓温接替庾翼，因他的谋略超出一般人，最终代替了庾翼管理江州（今江西九江）。成汉国主李势骄横放荡，不关心国内的事。桓温给皇帝上了奏章后领兵讨伐他，带领步兵径直到达成都。李势战败，到桓温军营前投降，桓温把李势和他同宗室的十多人送到建康。桓温在蜀地推举贤能的人，表彰行善的人，蜀地人对他非常满意。皇帝下诏封李势为归义侯，桓温为临贺郡公。桓温灭了成汉以后，威名远扬，朝廷百官都怕他。会稽王司马昱多次调扬州刺史殷浩到朝中任职，殷浩都推辞不到任，所以这次坚决调任他，他才到了朝中。殷浩很有名望，朝廷内外都很佩服他，所以司马昱把他作为亲信骨干来制约抗衡桓温。殷浩一心想北伐收复失地，王羲之、王彪之写信劝他与桓温合作，他却听不进去。当年，姚弋仲的儿子姚襄投向了东晋，皇帝下诏让他屯兵在谯城（今河南夏邑县）、历阳。殷浩看他太强盛，就多次派刺客去刺杀姚襄都没成功，后来又暗中派魏憬偷袭姚襄，姚襄却杀掉了魏憬。到此时北伐，又让姚襄军作为先头部队。

姚襄估计殷浩将要到来,就暗中埋伏下士兵在半路截击他。殷浩到了山桑(今安徽蒙城县北),姚襄放出兵来攻打他,把殷浩打了回去。桓温向皇帝上书请求撤掉殷浩的官职,因此殷浩成了普通百姓,迁到了信安(今浙江衢州市)居住,从此大权都归桓温所有了。

桓温领兵攻打前秦,在蓝田(在今陕西省西安地区)把前秦军打得大败,进军到霸上,长安附近的郡县都投向了桓温。桓温安抚居民,让他们安居乐业,百姓争着拿牛肉、酒浆去迎接慰劳桓温军。男男女女夹在道路两旁观看,有的老年人流着眼泪说:"真没料到今天又见到了官军!"北海郡(治所在今山东昌乐)的王猛,从小好学,风流有大志,不注意无关紧要的事务,人们都看不起他,他却悠然自得隐居在华阴(在今陕西渭南地区)。他听说桓温进入关中,穿戴不整地就去见他,当着桓温的面抓身上的虱子,大谈当时天下的形势,就像前面没人一样。桓温觉得他不一般,若有所思地说:"江东没有人可比得上您的了!"当初,桓温打算用秦地的麦子作为军粮。没多久,前秦人把地里的麦子都收走了,因此桓温军中缺粮,士兵吃不饱饭,又因多次与前秦作战没取胜,桓温就带走前秦三千多户人家回去了。走时,桓温想带王猛一起走,可王猛却不想跟他去。后来桓温率各部军讨伐姚襄,和所属官吏一起登上平乘楼向北望着中原大地,感叹地说:"竟然使神州大地沦陷,百年来变成荒丘,王衍(王衍当时是西晋宰相)这些人推卸不了责任!"桓温到了伊水(在今河南省),姚襄前去迎战,战中姚襄连吃败仗而退走。桓温把军队驻扎在洛阳附近的金墉,拜祭了西晋先皇的陵墓,并把损坏的地方修好,安置了守卫部队后就领大队人马回去了。姚襄跑到平阳打算夺取关中土地,于是他领兵攻打前秦,结果打了败仗,被前秦所杀,他的弟弟姚苌率领部队向前秦投降了。后来姚苌又背叛了前秦,成了"后秦"的始祖。

当时谢安虽年少却很有名,东晋朝廷先后征调他去做官,他都不到任,居住在会稽以游山玩水、读书写字作为娱乐。谢安虽是平民,人们却都把他看成是三公、丞相的材料,说:"安石(谢安的表字)不出去做官,百姓将怎么办呢?"谢安每次游山水都带妓女同去,会稽王司马昱听到后,说:“安石既然能与人同乐,也一定不能不与人同忧。我召他,他一定会来。”谢安的妻子是刘惔的妹妹,刘惔看见谢安家门前车马盈门,高官进进出出,谢安却躲在一边,便对谢安说:“大丈夫不应该这样啊!”谢安捂着鼻子说:“这次免不了,非去不可了。”谢安当时四十多岁,桓温请他做司马。谢安到桓温那里报到,桓温非常高兴,用高规格的礼节对待他。穆帝司马聃在位十七年死了,由于他没有儿子,大臣们立了成帝司马衍的长子琅邪王司马丕做了皇帝,这就是东晋哀帝。哀帝在位四年死了,也没有儿子,于是由他同母的弟弟司马奕继承了皇位。桓温率领步兵和骑兵五万人攻打前燕,前燕王慕容暐向前秦求救,前秦国主苻坚派邓羌去救援。桓温和邓羌在枋头(今河南浚县西南淇门渡)作战没有取胜,于是撤退。前燕的吴王慕容垂率八千骑兵去追击桓温,在襄邑(在今河南睢县西)追上了他,桓温被打得大败。桓温对这次失败感到很耻辱,就把责任推到袁真身上,上奏朝廷要求罢免袁真的官职。袁真不服,揭发桓温的罪状,朝廷上却不理睬。袁真一气之下占据了寿春,叛离东晋投向了前燕。后来前秦灭了前燕,大司马桓温打下了寿春,抓获了袁真的儿子袁瑾杀了。

桓温仗着自己的才能、谋略和他在东晋王朝所处的地位,逐渐有了不臣之心。他常常拍着枕头感叹地说:“大丈夫不能流芳百世,也当遗臭万年!”桓温想先在黄河以北的地方立下大功,从而获得威望,然后回朝中接受皇帝赐给的九锡(古时帝王尊赐给大臣的九种器物,本来是大臣荣耀的事,后来反倒成了大臣能否篡位的资格了,因为西汉的王莽被加过九锡)。谁知在枋头的失败,使他的威名受到很大的挫伤。他打下寿春后,对参军郗超说:“这回可以洗掉枋头的耻辱了吧?”郗超说:“还不行。”桓温又问:“那么怎么才可以呢?”郗超说:“大丈夫如果做不出当年伊尹流放当时的君主太甲,霍光废掉已立为皇帝的昌邑王刘贺的举动,大的威势权力就立不起来,也就镇不住全国。”桓温觉得他说得太对了,于是便领兵直达建康,宣布太后的命令贬废了皇帝司马奕为东海王,接元帝司马睿的小儿子会稽王司马昱做皇帝,这就是东晋太宗简文帝。皇帝司马奕在位六年被废，后来得到了善终。此后桓温更加威风，权势更加大了。皇帝下诏令让他做丞相、大司马，留在朝廷中辅佐政事。桓温坚决推辞，仍旧请求回去镇守姑熟(今安徽当涂县)。简文帝在位两年死了，太子司马曜继承皇帝位，这就是东晋烈宗孝武帝。

这时桓温上朝，朝中惊恐不安起来了。有人说："桓温这次来是想杀姓王的和姓谢的，再进一步牵连皇帝的族人。"王坦之吓得要命，倒拿着手板，汗水湿透了衣裳。谢安神色不变，从容地殷勤应酬，和桓温谈了很长时间。桓温用郗超做主要谋士，这次和朝臣见面，他让郗超躲到帐子中偷听他们谈话，正赶上风把帐子吹开，谢安笑着说："郗生可以说是入幕(府)的宾客啊。"后来桓温生病，又回到姑熟，在那里病情加重，还仍然拐弯抹角地要求皇帝赐给他九锡，却被谢安和王坦之借故拖延下来了。当时天子年幼，在外有强权的臣子，谢安和王坦之尽忠心辅佐守卫，终于使东晋王朝平安无事。等到大司马桓温临死时，桓温因他的世子桓熙才能平庸，就让自己的弟弟桓冲代替自己管理队伍。桓冲声称有桓温的遗命，让桓温五岁的小儿子桓元做了他的接班人。桓冲代替桓温任职后，对东晋王室很忠心。因谢安一向有声望，桓冲就把扬州让给了谢安。桓氏家族的人都苦苦地劝说桓冲不要这么做，可桓冲却不以为意。

这个时期，前秦吞并各国，国力一天天强盛，前秦主又派出军队攻打东晋的梁州(治所在今陕西汉中市南郑区东)和益州，终于打下了成都。前秦的攻势成了东晋朝廷的心病，于是下了诏令招募可以抵挡前秦的文武人才。谢安推荐了他哥哥的儿子谢玄，皇上命令谢玄监督长江以北东晋的各部军队，镇守广陵(今江苏扬州)。谢玄又得到了刘牢之等人做参军，每一仗都取得了胜利，因此敌人很怕谢玄。前秦主苻坚在太极殿召集群臣谋划大举进攻东晋，群臣都认为不可以，只有慕容垂和姚苌表示赞成，两人劝苻坚攻打东晋。阳平公苻融苦苦地劝苻坚不要出兵。苻坚说："凭我们这众多的军队，就是把手中的鞭子扔到江里也足以切断水流。攻打晋国就像狂风扫秋叶一样罢了。"苻坚所宠爱的张夫人也劝苻坚不要出兵，苻坚对她说："军旅方面的事情不是妇人所懂得的。"苻坚派阳平公苻融、督后将军张蚝、冠军将军慕容垂等人率领步兵、骑兵二十五万。又任用姚苌为龙骧将军，监督益州、梁州的各部军队做先头部队。苻坚亲自率领步兵六十万、骑兵二十七万，作为后续部队攻打东晋，旗鼓相望，军队前后长达上千里。东晋方面派谢石和谢玄率领八万士兵进行抵御。

前秦的军队到达颍口（在今安徽颍上县东南），东晋京城的人听到后非常害怕。谢玄到谢安那里去问该怎么办，谢安却平静地回答说："已有安排。"就不再说什么了。桓冲很担心京城的安危，想派出三千人的精锐部队援助京城。谢安却坚决推辞说："朝廷方面已有安排，人手、武器都够用。西部地区要注意防守！"桓冲叹息着说："如今大敌就要到来，谢安还在说大话，只派那些没经验的小孩子拒敌，我们恐怕快成俘虏了。"前秦的将军梁成等人率五万人马驻扎在洛涧（今安徽淮南市东淮河支流的洛河），谢石、谢玄距离洛涧二十五里驻扎下来。由于怕梁成不敢再进军，苻融派原晋朝的旧臣朱序去劝说谢石、谢玄等人投降。朱序私下里对谢石等人说："要是前秦的百万大军都来到就很难对付了，现在趁他们各部队还没到达，应该迅速出击。如果挫败了他们的先头部队，整个前秦军的锐气都会丧失，这样就可以顺利地击败他们了。"谢石等人听从了朱序的话，谢玄派刘牢之领精兵五千人奔向洛涧，梁成隔着涧摆开阵势等待着。刘牢之一直向前渡过涧水攻击梁成军，把梁成军打得大败，并杀了梁成。晋军又分兵切断了敌军回去的渡口，前秦的步兵、骑兵都乱了套，争着跳进淮水，将士死了一万五千人。谢石等人的东晋军队水上、陆地一起进军，前秦国主苻坚和阳平公苻融登上寿阳城楼（即寿春城，今安徽寿县）向远一望，见东晋军布阵严整，又看见八公山上的草和树都以为是晋兵。苻坚回头对苻融说："这是强敌啊，谁说它软弱！"他垂头丧气，脸上出现惧色。前秦军在肥水（今安徽淮河的一个支流）边布下阵势，这样东晋军队就不能渡河。谢玄派出使者对阳平公苻融说："您孤军深入到我们境内，靠近水边摆阵，这是想打持久战，不是速战速决的做法。如果贵军能稍稍往后退退，让晋国军队渡过河来决一胜负不好吗？"前秦的将领都说："我们人多,他们人少,不如就这么阻止他们,让他们进不了兵这才是万全之策。"苻坚说:"可以领兵稍稍向后退,趁晋兵只渡过一半的时候,我们派出披甲的骑兵踩杀他们,这样定会取胜。"苻融认为这办法可行,于是指挥军队向后退。朱序这时在阵后高喊:"秦兵败了。"众人不知真实情况,一个传一个人,互相传说,以为真的败了,于是就乱了套,止也止不住了。谢玄、谢琰、桓伊等人领兵渡过河对溃散的秦军进行打击。苻融正骑着马领兵向后退,结果马被撞倒,被赶上来的晋兵所杀。谢玄等人乘胜追击,追到青冈,前秦兵被打得大败,互相踩踏而死的遍野都是,尸体把河道都堵塞了。逃跑的秦兵听见风声、鹤的叫声都以为是晋兵将要追到,昼夜不敢休息,再加上冻饿,死亡的人数达到了十之七八。朱序和张天赐等都跑回东晋,前秦国主苻坚被流箭射中,一个人骑着马跑回了洛阳。前秦终于因大乱而灭亡,详情见第二十章。

桓冲听说谢玄等人得胜,后悔自己失言,因惭愧遗憾,生病死了。这时北方大乱,而江东平安无事,东晋孝武帝司马曜开始沉溺于酒色。等到谢安这帮人死了以后,朝政由琅邪王司马道子掌握。司马道子也嗜酒如命,天天和孝武帝游乐,喝得大醉。又崇尚"佛",浪费了许多钱财,二人所亲昵的只是和尚和尼姑。皇帝亲近的人玩弄权术,贿赂公开流行。恰在这时天上出现了扫帚星,孝武帝从心里讨厌它。他在华林园举起酒杯对它祷告说:"长星啊,我劝你一杯酒,从古至今哪有万年的天子呢?"孝武帝好酒,也不愿身离内宫。张贵人在后宫很受宠幸,年龄已接近三十了。孝武帝和她开玩笑说:"按你这年龄的女人在宫中也应当贬废了,我更喜欢年少的。"不一会儿他就醉着睡在了那里。张贵人让婢女用被子蒙住了孝武帝的头,把他捂死了。东晋孝武帝在皇帝位二十四年而死。张贵人用重金贿赂了皇帝身边的人,说孝武帝是做了噩梦吓死的。当时太子愚昧软弱,会稽王司马道子又糊涂不肯用心,于是不再追查这事了。太子司马德宗继承了皇位,这就是东晋安帝,司马道子当上了太傅。

安帝年幼,不聪明又不会说话,冷暖饥饱都不知道,吃饭、喝水、睡觉都得有人照顾。他同母弟琅邪王司马德文常常陪伴在他身旁,照顾他的生活。当初,烈宗孝武皇帝司马曜担心同母弟弟司马道子骄傲放纵专权,就任用王恭总领青州、兖州各军事,让殷仲堪统领荆州、益州、宁州(在今云南省)军事来暗中控制他。桓温的儿子桓玄依仗自己有才能,以豪杰自居,朝廷对他不放心,只给了他太子洗马(相当于秘书)的官位,后又出任义兴太守。桓玄很不舒心,他感叹地说:"父亲曾是九州牧,儿子现在却是个五湖长。"于是放弃官职回家了。他家在江陵,因有势蛮横,成为当地一霸,民众都很怕他。殷仲堪因桓氏世代有人在荆州做官,就以礼相待任用了桓玄。当时王坦之的儿子即谢安的女婿王国宝和王绪都投到会稽王司马道子那里,他们对王恭很有意见,于是王恭派出使者去和殷仲堪谋划打算除掉王国宝等人。桓玄也劝殷仲堪派晋阳的军队去除掉王国宝和王绪,殷仲堪也认为应该如此。于是他向朝廷上表列举王国宝和王绪的罪行,领兵前去讨伐他们。司马道子这时也顾不得什么了,只想尽快平息这事,于是他让王国宝自尽,杀了王绪,又派使者去向王恭道歉,王恭这才罢兵回到了京口(今江苏镇江市)。不久,王恭又领兵造反,并联合殷仲堪和桓玄一起出兵。桓玄打下了江州(治所在今江西九江,为历代兵家必争之地)。朝廷加给会稽王司马道子黄钺(用黄金为饰的大斧,代表皇帝给的权力),让他讨伐王恭。当时王恭依仗着刘牢之做他的助手,而刘牢之只是他手下一支部队的将领,时常感到自己大材小用。会稽王司马道子的儿子司马元显知道刘牢之的心思,就派人到刘牢之那里说服他叛离王恭,如果事情成功,答应让他坐王恭的位子。刘牢之同意了,于是他抓住王恭杀掉了,司马道子就让刘牢之总领青州、兖州等七个州的军事。司马道子又答应给桓玄和杨佺期可观的好处,让他们讨伐殷仲堪。桓玄和杨佺期对朝廷的命令很是欢喜,但看到殷仲堪兵权在握,又不敢动他。于是两人联名上书,要求朝廷赦殷仲堪的罪。朝廷同意了。于是让桓玄做了江州刺史,杨佺期做了雍州刺史,又让殷仲堪做了荆州刺史,并命令他撤回军队。殷仲堪怕桓玄骄傲蛮横对自己不利,就和杨佺期联姻结亲作为援助。后来桓玄带领军队攻打并杀了殷仲堪和杨佺期,打下了荆州和雍州,接着向朝廷要求做荆州、雍州和江州牧,朝廷只好答应他的要求。朝廷又让会稽王司马道子的世子司马元显做了扬州刺史,司马元显本性苛刻,又随意杀人。孙恩因民众怨声载道,于是就从海岛率众起义,攻下了会稽,杀了内史王凝之,自称为征东将军。上表奏明会稽王司马道子和司马元显的罪状,请求朝廷杀了他们。朝廷却下令在境内外戒严,加给司马道子黄钺,命令司马元显率领中军,徐州刺史谢琰监管吴兴、兴义方面的军队,以此来攻打孙恩。刘牢之也出兵攻打孙恩,他向朝廷上了奏章就出发了。谢琰与刘牢之转战四方,常常取胜。

当年,彭城(今江苏徐州)的刘裕果敢强壮,有大的志向,粗识文字,靠卖鞋为生。他还喜欢赌博,被乡里人看不起。刘牢之攻打孙恩的队伍拉刘裕参与军事。朝廷任用谢琰做了会稽太守,孙恩攻打会稽,太守谢琰战败被打死。接着孙恩又打临海郡(今浙江临海市一带)。东晋朝廷大为惊恐,忙派兵前去攻打,没取胜。朝廷又用刘裕做下邳太守,在郁洲(今江苏灌云县东北)与孙恩交战,孙恩失败逃走,又转战到临海。临海太守辛景打败了孙恩的队伍,孙恩跳海自杀,孙恩的其他队伍推选孙恩的妹夫卢循做了主将。桓玄想安抚东部地区,就用卢循做了永嘉太守。由于卢循的队伍继续反抗朝廷,桓玄向朝廷上表让他哥哥桓伟做了江州刺史,镇守夏口,刁畅做辅国将军镇守襄阳。又派他的将领皇甫敷、冯该驻守在隘口训练军队,专等朝廷的空子。桓玄又多次派人宣扬自己的符瑞(祥瑞的征兆),又写信给会稽王司马道子,追究王恭事件,这使司马元显非常害怕。张法顺对司马元显说:“桓玄刚刚得到荆州,人心还没归顺他,不如趁机让刘牢之带领先头部队,大军紧随其后开进荆州,捉住桓玄是不难的。”司马元显认为他说得很对。这时正赶上武昌太守庾凯暗中派人到司马元显那里表示愿意和他结成盟友,又主动答应做内应,这使司马元显非常高兴。于是他派张法顺到京口去说服刘牢之,刘牢之却显出为难的样子。张法顺回去对司马元显说:“看刘牢之的言谈一定不会和我们一心,不如把他召来杀了,否则恐怕要坏你的大事。”司马元显没同意。司马元显于是建成庞大的水军,让刘牢之部队作为先头部队,谯王司马尚之带领后续部队前去讨伐桓玄。桓玄听到后大吃一惊,把他的军队开到了姑熟。刘牢之果然叛变投向了桓玄,司马元显的军队被打败。桓玄进入健康,自封为太尉,统领朝中百官,杀了司马元显和谯王司马尚之等人,让刘牢之做会稽内史。刘牢之私下对人说:“他桓玄刚刚得志就夺了我的兵权,我看他大祸也快到了。”于是他召集了所有手下官吏,商议想要占据长江以北地区来讨伐桓玄。参军刘袭对他说:“事情不可做的,没有比反叛严重的了。将军你从前反王恭,最近反司马元显,现在又反桓玄。一个人三次反叛,还怎么做人呢?”说完就快步走了出去,刘牢之手下的其他官员也大多散开走了。这下刘牢之害怕了,领着军队向北走,走到新洲(今河南新野县一带)上吊死了。司马道子等人也都死了。

桓玄刚到朝廷中时,贬退了一些邪恶狡诈、巧言献媚的人,选拔了一些才智出众、有道德的人,京城有了些生气,也安定了些。可是没多久,奢侈风气、豪强势力一起出现,政令多变,朝中官员拉帮结伙搞宗派,不把朝廷放在眼里,皇帝的生活到了挨饿受冻的地步,因此朝野大失所望。桓玄自封为相国,又给自己封了十个郡的土地,做了楚王,给自己加了九锡。不久后又篡夺了皇帝位,改国号叫“楚”,贬废东晋安帝司马德宗为平固王,让他迁往寻阳。桓玄坐上皇帝宝座时,宝座突然塌陷,他身边的人都大惊失色。刘裕跟随桓修入朝,桓玄的元后(帝王嫡妻)刘氏对桓玄说:“我看刘裕龙行虎步,不是凡人,恐怕他不会一直处在人下之位,不如早早除掉他。”桓玄说:“我正要扫平中原,除了刘裕没有可用的人。等到天下平定后再说吧!”刘裕和何无忌同坐一条船回京口,两人密谋复兴晋王朝。刘毅家在京口,他也和何无忌密谋讨伐桓玄。何无忌说:“民间不是没有英雄。”刘毅说:“我所看见的只有刘下邳(指下邳太守刘裕)。”何无忌笑了笑,没作声。何无忌回去和刘裕说了,于是两人和刘毅商定起事的办法。何无忌连夜写了声讨檄文,何无忌的母亲是刘牢之的姐姐,他写檄文时刚好被她发现,她流着眼泪说:“我赶不上‘新莽’时起义的吕母,你能做到这些,我还有什么遗憾的呢?”刘裕对何无忌说:“现在急需一个府中的主簿,哪里有合适的人选?”何无忌说:“最适合的就是刘道和(指东莞郡的刘穆之)了。”刘裕当即派人骑马持信去招刘穆之,一到了就暂任他为主簿。刘裕以游猎作为幌子和何无忌暗中招收人马,得到了一百多人。第二天一早,京口城门一开,何无忌穿着为皇帝下诏书官员的服装呼喊着走进城中,其余人一起跟进,当即斩了桓修示众。刘毅等人又领壮士直接闯进府邸,斩了桓宏。大家推选刘裕做盟主。桓玄这时非常担忧害怕,有人对他说:“刘裕等人只是乌合之众,没什么力量对付你,他们一定不会成功。”桓玄说:“刘裕够得上是一世之雄;刘毅家里没有一担粮食的储备,却敢在赌桌上一掷百万;何无忌酷似他舅舅刘牢之,他们在一起共同对付我,怎么说没有成功的可能呢?”桓玄想在覆舟山(在今江苏南京市东北)按兵不动,以坚固营垒来对抗刘裕等人,桓谦等人坚决请求出战,于是和刘裕在覆舟山大战,被刘裕打得大败。刘裕和刘毅等人分成几支部队一起前进,刘裕冲在前面。刘裕军和桓玄的枭将吴甫之在江乘县(在今江苏句容市北,是长江下游重要渡口,也是历代江防要地)相遇,刘裕军斩了吴甫之。刘裕向前进军又和桓玄的将领皇甫敷交战,又把皇甫敷杀了。刘裕的将士都拼死作战,无不以一当百,呼喊声惊天动地。当时正赶上东北风刮得很急,于是刘裕军放火焚烧,烟火布满天空,鼓噪声震动了京城,桓玄的各军都被打得溃不成军。桓玄带领几千个亲信跑进石头城,刘裕军进入建康,把桓玄在建康的同宗的族人都杀了。刘裕刚到建康时,各种大事的处理都交给刘穆之办理,刘穆之总是很快完成,无不妥帖。

当时东晋朝廷政令松弛、法度不立,豪强贵族横行霸道、为所欲为,百姓日子不好过。刘穆之根据情况进行了矫正治理。刘裕先做出榜样,使朝廷内外有所收敛,百官做事也不敢马虎了。刘毅等人在峥嵘洲(在今湖北黄冈市西)和桓玄作战,把桓玄军打得大败。桓玄又挟持安帝司马德宗到江陵,宁州都护冯迁迎面截住了他。冯迁抽刀向前,桓玄说:“你是什么人?敢杀天子?”冯迁说:“我杀天子的仇人!”于是杀了桓玄。安帝被暂时安居在江陵,刘毅等人往建康送去桓玄的头,挂在建康的大街上,又杀了和桓玄沾亲的桓氏,只宽恕了桓冲的孙子桓孕。东晋安帝到达建康后，任用刘裕总领京城内外的军事，镇守京口，任用卢循做广州（治所在今广州番禺）刺史。卢循派使者向朝中贡物，送给刘裕“益智粽”，刘裕又回敬他“续命汤”。这时扬州刺史王谧死了，刘毅等人不想让刘裕在朝中长久地辅佐政事，议论让谢琨做扬州刺史。刘穆之私下里对刘裕说：“晋王朝的天命已经转移，您功勋高地位重，难道只能做个守边的将领吗？扬州这地方是根本所在，不可以交给别人。”刘裕听从了他的意见，就亲自兼任了扬州牧。刘裕上表要讨伐“南燕”。南燕建国和灭亡见第二十章。

当年，苻坚失败，王猛（就是桓温北伐时在关中去见桓温的王猛，后来投奔到苻坚那里做了他的谋士）的孙子王镇恶投奔到东晋，他在骑马射箭方面比不上别人，却有谋略，办事果断。这时有人把他推荐给了刘裕，刘裕和他交谈，感到他是个人才，很高兴地说：“我听说将门有将，确实啊！”刘裕率领水军从淮河进入泗水。南燕国主慕容超召集群臣商议对策，公孙五楼说：“吴地的兵好对付，最好的办法是速战，我们应当占据大岘山（在今山东临朐东南，即穆陵关），让他们进不来，消耗他们的锐气。我们再坚壁清野，使他们得不到吃的东西，挑选精锐的骑兵沿海边向南切断他们的运粮道。令段晖率领兖州的军队，沿着山东面下去，从后背打击他们，这是最好的计策。”慕容超没有采纳这个计策。刘裕一过了大岘山，就举着手，指着天，脸上现出笑容。他身边的人见他这样，就对他说：“您还没看见敌人却先有喜色，这是为什么？”刘裕说：“我军已经过了险境，将士们有拼死的斗志。农田的庄稼还没收走，我们不用为缺粮发愁了。敌人已握在我手里了！”刘裕继续向前进军，和南燕军在临朐展开了战斗，南燕兵被打得大败，南燕大将段晖等十多人被斩，慕容超逃回广固（在今山东青州）。刘裕乘胜追击败兵到了广固，打下了大城，慕容超领着队伍进入小城坚守，刘裕修筑了长圩围困慕容超。北方的民众手拿着兵器、身背着粮食投奔刘裕的每天都有上千人。广固的内城久久打不下来，刘裕就用全部人马攻打。南燕的尚书悦寿打开了城门放进东晋军队，慕容超突围逃走，被刘裕军追上抓住，送到建康砍了头。

当初刘裕出征时,卢循的姐夫徐道履听说刘裕去北伐,就劝卢循趁着建康空虚去袭击建康,卢循同意了。朝廷紧急征调刘裕,这时刘裕正和诸将商议留下军队镇守下邳,管理司州和雍州。赶上诏书到来,刘裕领兵回去,用船载着辎重货物,自己亲自率领精锐部队往回走。刘裕到了山阳(今江苏淮安市),听说何无忌已战败身死,考虑到京城建康已失守,就轻装日夜前进。将要渡过长江时赶上了大风,所有人都认为不可渡江。刘裕说:"要是天命帮助国家,大风应当停止,否则翻船淹死我们又有什么关系。"当即下令登船,船走时风还真停了。到了建康后,刘毅正和卢循在桑洛洲(在今江西九江东北长江中)作战,刘毅军被打得大败。卢循到了淮河口,内外戒严,刘裕对手下将领们说:"卢循军要是在新亭(亭名,在今江苏江宁南)直线进军,他的锋芒不可挡,应当避开他。如果回军停在西岸,他必被我捉住。"卢循军果真回到西岸,刘裕军开始进攻,卢循军败退走到了豫章郡(今江西南昌一带),收集失散的士兵一直回到了番禺。后来卢循又攻打交州(治所在今越南河内东部天德江北岸),交州刺史杜慧杀了他,把首级送到了建康。刘裕又领兵以图谋不轨的罪名袭击了荆州,杀了都督刘毅,又骗杀了豫州刺史诸葛长民,又攻打并州司马休之,司马休之投奔到了后秦。太尉刘裕实行戒严,要进攻后秦。后秦的建国及败亡在后文中叙述。

刘穆之任左右仆射,总管内外事务。他决断事情不拖拖拉拉,宾客满座,有各种事情需要他决定、解决,他眼中看着手中托着的文件,耳中听着宾客说话,随口给出回答。刘裕派遣王镇恶、檀道济、沈田子等人领兵分几路一起向后秦进军。王镇恶和檀道济的军队一路连续取胜,一直打下了洛阳。刘裕到达潼关(为陕西、山西、河南三省要冲,历代都是军事要地),后秦国主姚泓派遣姚丕把守渭水桥(在长安附近),王镇恶在渭水桥把姚丕打得大败,姚泓所带的队伍不战而自行溃散了,他只好自己骑着马回到宫中,带着妻儿群臣到王镇恶军门前投降,王镇恶安抚了他们。王镇恶军中号令严明,百姓没有受到骚扰。太尉刘裕进入长安城,把后秦国主姚泓押到建康杀了。刘裕本打算留在长安筹划治理西北部,可是一些将士因在外长期服役想念家乡,这时又赶上刘穆之死了,刘裕也因京城方面的事放心不下,于是决定回京。他让他的二儿子桂阳公刘义真总领雍、梁、秦三州各项军事。刘义真当年十二岁,用王镇恶做司马官。这一大仗,王镇恶出力最多,沈田子等人嫉妒他,多次向刘裕说王镇恶老家在关中,不可轻易信任他之类的话。刘裕对他们说:"古语说,'老虎敌不过一群狐狸。'你们十几个人为什么怕镇恶?"刘裕从长安出发,从洛水进入黄河,开凿了汴渠回去。夏国国主赫连勃勃听说刘裕离开了关中,这使他非常高兴,于是让他的儿子赫连璝率领骑兵两万向长安进军,赫连勃勃亲自率领大军作为后续部队。沈田子领兵抵挡来敌,他看到敌人太多,就不敢继续向前迎敌了。王镇恶知道后,说:"刘公把十岁的孩子交给了我们,我们应当竭尽全力抵抗敌人。你却拥兵不进,这样怎么打退敌人?"于是就和沈田子一起出兵。沈田子和王镇恶一向不和,这样一来沈田子对王镇恶更加怨恨和畏惧了。赫连勃勃只怕王镇恶一人,听说二人不合,就派人大肆传播谣言,说王镇恶想杀尽在关中的南方人,占据关中反叛朝廷。沈田子听到谣言后,就请王镇恶到他营中议事,乘机假托太尉刘裕的命令,把王镇恶杀了。刘义真和王修身披铠甲到沈田子营中查看情况,王修把沈田子抓了起来,数落他独断乱杀,斩了他。赫连勃勃进军占领了咸阳,长安出外打柴的路被切断了。刘裕听说后,召刘义真回去,让朱龄石代替刘义真镇守长安。赫连璝率领三万人马追击刘义真,一连几天双方拼死作战,东晋兵被打得大败,刘义真勉强逃回了建康。赫连勃勃打下了长安,朱龄石只好向东撤退。到了潼关,夏兵追上抓住了他,把他押到长安杀了。宋公刘裕拿着谶文对部下说:"国家昌盛兴旺起来后,恐怕要出两个皇帝。"刘裕就命令中书侍郎王韶之和安帝司马德宗身边的人密谋杀害安帝,再立司马德文。司马德文常常陪伴在安帝身边,王韶之找不到下手的机会。一天,赶上司马德文生病,住到了宫外,王韶之用衣袖把安帝勒死在东堂。东晋安帝在位二十二年而被杀害。刘裕称安帝死前有遗诏,让安帝的同母弟弟琅邪王司马德文继承了皇位,这就是东晋恭帝。宋公刘裕进爵位做了宋王,移到寿阳(今安徽寿县)镇守。

宋王刘裕想用禅让的形式让东晋恭帝把皇位让给他,却难于对别人开口。于是他召集朝臣宴会喝酒,不慌不忙地说道:“桓玄篡夺了皇位,晋王朝的天命已经转移了,我倡议出力使晋王朝再重新恢复兴旺起来,功业显著,所以加给我九锡。如今我年纪也老了,东西忌讳装得太满,我不可以长期在这个位置上,现在就想奉还爵位,回到京城养老去。”听了这番话,朝臣们谁也不明白刘裕真正的意思,大家坐到天黑就散了。中书令傅亮竟然领悟出了刘裕的真意,他敲开刘裕的房门,请求刘裕接见,对刘裕说:“臣马上回都城去。”刘裕明白了他的意思,也没说什么。傅亮回到建康,征调刘裕入朝辅政。刘裕留下他的儿子刘义康守寿阳,派参军刘湛做长史,由他决定府中的事情。刘裕到了建康,傅亮写完了诏书,让恭帝司马德文把它重抄在红纸上,恭帝写道:“桓玄之时,晋氏以无天下,重为刘公所延。将近二十年。今日之事,本所甘心。”东晋恭帝在皇位二年。刘裕在建康南郊设坛即了皇帝位,大赦天下,改了年号。刘裕封东晋恭帝司马德文为零陵王,让他迁到原来的秣陵县(今江苏江宁),并派兵看着他。随后刘裕派郎中令张伟拿毒酒毒死他,张伟把毒酒自己喝下死了。刘裕又命令褚淡之到司马德文那里,命令士兵翻过墙去入室用棉被把司马德文捂死了(从刘裕开始,不管是南北朝还是隋文帝杨坚,只要有篡位的事发生,都是篡位后再杀了所谓的禅位的皇帝),东晋灭亡。东晋从晋元帝司马睿丁丑年(公元 317 年)开始到东晋恭帝司马德文庚申年(公元 420 年)结束,共出了十一个皇帝,一百零四年。西晋加东晋共一百五十六年。刘裕篡夺了皇位,这就是宋高祖武皇帝。

第十九章　宋齐梁到陈都在江东(南朝史)

宋高祖武帝姓刘名裕,表字德舆,小字叫寄奴,是彭城人。他是汉高祖刘邦的弟弟楚元王刘交的后裔。刘裕刚一出生,他的母亲就死了。他的父亲刘翘侨居到京口,把他给扔了。他的姨母救了他,喂给他奶吃。他在后母身边长大,不读书,认字不多。刘裕在东晋王朝做官做到太尉,后封为宋王,接受恭帝的禅让做了皇帝,国号叫"宋",首都仍设在建康,他在位三年死了。刘裕的嫔妃很少,对后母很孝敬,朝廷的政令有法度。武帝刘裕病重时,他的太子刘义符才九岁,徐羡之、傅亮、谢晦、檀道济同时接受了宋武帝刘裕的遗诏辅佐刘义符。刘义符在皇位上一年,在父丧期间无礼节,和身边的人在一起时很不严肃。刘裕的另一个儿子庐陵王刘义真和谢灵运、颜延之等人谋划篡位,打算由刘义真来做皇帝。徐羡之等人知道后很不满意,先奏请废庐陵王为平民,然后徐羡之、傅亮、谢晦、檀道济等人又废了刘义符为营阳王,把他迁到吴(今苏州),很快让邢安泰杀了他,并且在新安杀了刘义真,接宋武帝的第三子宜都王刘义隆做了皇帝,这就是宋文帝。文帝立儿子刘劭为太子,任命谢晦做了荆州刺史。后来徐羡之、傅亮上表辞官后,文帝下诏书列举了徐羡之、傅亮、谢晦杀营阳王刘义符、庐陵王刘义真的罪行。文帝因檀道济没有参与杀王这事,仍留用他在朝做官。文帝命令到彦之和檀道济搜捕徐羡之等人,徐羡之、傅亮被捕杀了。谢晦领兵反抗,文帝亲自带兵讨伐谢晦,并杀了谢晦。

刘宋皇帝有恢复黄河以南土地的决心,他派遣右将军到彦之从淮河进入泗水,再到黄河向西往上游去。北魏国国主因河南兵力单薄,命令各军收兵渡过黄河向北走了,留下了大片土地,于是司州(在洛阳南)、兖州平定了。檀道济等人进兵到济水上游,先后和魏国打了三十多仗,檀道济军多次获胜。檀道济的军队到了历城(今山东济南),魏国将领叔孙建等人派出轻骑兵截住了檀道济军的前后,放火烧了军中粮草。檀道济军队没了粮食,只好领兵往回走。檀道济军中逃跑投降魏军的人把檀道济军中缺粮的情况告诉了魏军,魏军开始追击檀道济军,檀道济军中的将士害怕了,将要溃散。檀道济让人在夜里吆喝着,喊着一斗、两斗地量沙子,用所留存的一点米覆盖在沙子上面。到了天亮,魏军的人看见了都说檀道济军中还有许多粮食,于是认为投降的人说谎而杀掉了,檀道济这才全军平安返回。檀道济的威名一天天大了起来,朝廷很怕他,于是下诏令杀他。檀道济被抓后非常愤怒,目光像火炬一样,他把头巾摘下扔到地上说:"你毁坏了你的万里长城!"魏国人听到这消息后高兴地说:"檀道济这一死,吴地人就不值得我们害怕了。"

宋国君主派出大量军队攻打魏国,派王玄谟进军围住滑台(今河南滑县东)。魏国主亲自领兵去救,号称百万大军,王玄谟害怕退走了。魏军追击王玄谟,把王玄谟军打得大败。魏国主领兵继续向南进军,所过之处杀人放火,毁坏一切。宋国的郡县民众一听说魏军到了,都吓得拖家带口到处躲藏。北魏军到了瓜步镇(今江苏南境的六合东南)扬言要打过长江去,刘宋首都建康慌乱了起来,百姓们都准备好了路上要用的东西等待着。宋国国主登上石头城,面带忧色地感叹说:"檀道济要是在,岂能让胡马深入到这一地步!"魏军共攻下南、兖、徐、豫、青、冀六个州,杀死的人、抢走的东西不可胜数。见到青壮年人就拦腰砍成两半,把婴儿插在长矛头上,摇转着作为游戏,还到处奸淫抢掠妇女。魏军所经过的郡县都成了平地,春燕没有民房作为依靠,只能在树上做巢。宋文帝刘义隆命令将领出兵,总是定下死板的作战计划,即使在交战期间,将领们也要等待皇帝的诏令,以至于遭到这样的失败。

在这之前,宋文帝把国家治理得很好。他尽力于政事,官吏能长久地任职,百姓安居乐业。他在位三十年,人口大量增加,又注重教育，官有官样，民有民样，人们懂得不可寡廉鲜耻，江东风气很好。可是这时城乡萧条，宋文帝的元嘉政事已走到了尽头。文帝想废掉太子刘劭，他和大臣们研究了很久也没最后决定下来，就把这事说给潘淑妃听，潘淑妃又把这事告诉了自己的儿子刘浚，刘浚却把这事用快马报告给了刘劭。刘劭就领着张超之等人闯进云龙门，拔刀登殿，文帝举起身边的小几来抵挡，结果五根手指都被砍掉。刘劭杀死了文帝，并杀了潘淑妃。沈庆之辅助文帝的第三个儿子江州刺史武陵王刘骏发兵讨伐刘劭，杀了刘劭和刘浚，刘骏随即做了皇帝，这就是宋世祖武皇帝。这个皇帝喜欢乱闯女人住所，不管亲疏尊卑，无所不到。他还喜欢戏弄凌辱大臣们，并奢侈无度、嗜酒好利，还喜欢大兴土木。侍中袁觊盛赞高祖刘裕节俭朴素的美德，用含蓄的方法劝谏他。刘骏却对他说："你一个种田的老农民当这么大官，已经当过头了。"但是刘骏这人很机警，有勇气、办事果断、学问广博，他的文章写得又快又漂亮，还会骑马射箭。每当他喝得大醉昏睡，这时外面有来奏事的人，他立即起身，看不出喝醉的样子。因此，朝廷内外都怕他。他在位十一年死了，太子刘子业继承了君位。

刘子业从小就很凶暴，即位后更加残暴淫虐。他与姐姐山阴公主刘楚玉保持着不正当的男女关系，公主本性喜淫，对刘子业不满意，刘子业就为她安排了面首(美貌男子)三十人。刘子业害怕并猜忌他的叔叔们，就把他们都抓到大殿内，连拖带打，百般凌辱。他把湘东王刘彧叫作"猪王"、建安王刘休仁叫作"杀王"、山阳王刘休祐叫作"贼王"、东海王刘伟叫作"驴王"。他还用木槽装上食物，把刘彧的衣服裤子扒光，按到泥水中，让刘彧吃木槽里的饭。少府(掌税收供皇帝使用的官)刘朦的妾有孕就要生产了，被刘子业接入后宫，等到生下男孩就作为太子。刘彧有一次惹得刘子业生气，刘子业就把刘彧的衣服裤子扒光，捆住手脚交给了太官(掌皇帝的饭食宴会)，说："今天杀猪。"在一旁的建安王刘休仁笑着说："不如等皇太子生下来，再杀他取肝肺。"这才没杀刘彧。等到刘朦的小妾生了儿子，刘子业为他大赦天下，刘彧才得到释放。刘子业又下令把所有王的王妃、公主、命妇(大臣们受有封号的女眷)召到殿前脱光衣裤。

平南王刘铄的妃子江氏不愿脱,刘子业就杀了她的三个儿子,扒光衣服打了江妃一百鞭,而后强奸了她。那些女子看到后吓坏了,都自己脱去了衣裤丝寸不敢留,让皇帝刘子业观阅来免得惹祸上身。宁朔将军何迈娶了皇帝刘子业的姑姑新蔡长公主刘英媚,公主却被刘子业接到后宫,把她叫作“谢贵嫔”,对外谎称公主死了,杀了个宫女送给何迈让他葬掉。何迈一向奢侈,养了许多文武士人,他和他们密谋打算废掉刘子业另立晋安王刘子勋。不料事情泄露,何迈被杀。刘子业还想杀刘子勋,当时刘子勋是江州刺史,他在浔阳(今江西九江)领兵造了反。皇帝刘子业在华林园和竹林堂游玩,让他的妃子、宫女们裸身和他身边的人追逐玩乐。一个女子不肯裸体从淫,被他斩了。他在竹林堂夜里做梦,有一女子骂他说:“悖逆天道,明年等不到庄稼成熟你就完蛋了。”于是他在宫中找到一个像梦中的人,就杀了。有一次他在做梦梦见被他杀的那一女子骂他说:“我已向天帝告了你,将要杀你!”宫中的人都说竹林堂有鬼,刘子业从华林园到竹林堂,看见有一个红袖向他招手,于是刘子业找来一帮巫人和有运气的女子在竹林堂射鬼。这时寿寂之等人拔刀直接闯了进去,刘子业用箭射他们,没射中,刘子业转身就跑,被主衣(掌管帝王衣服冠冕)阮佃夫追上杀死了。刘宋前废帝刘子业在位仅一年,朝中接湘东王刘彧坐上了皇位,这就是宋明帝。宋明帝封寿寂之等十四人为侯,又派遣建安王刘休仁去讨伐江州,杀了刘子勋,把首级传到了建康。明帝没儿子,他曾经把宫女陈氏赐给了他宠爱的一个叫李道儿的人,陈氏有了身孕时,明帝刘彧又把她接回宫中,生了个男孩起名叫刘昱。刘彧又密将各王的姬妾有身孕的接到宫中,生下男孩就杀了孩子的母亲,而让自己的宠姬来抚养。明帝每当大宴时,就让各妃子、妇女裸身站在他面前和王皇后一起看着取乐。一次发现王皇后用扇子遮挡自己的脸,明帝还对她发了一通火。宋明帝和北魏作战失败,让萧道成镇守淮阴,萧道成收养豪杰,他的宾客开始多了起来。明帝害怕那些诸侯王们谋取皇帝的位子,怕刘昱不能接他的皇帝位,就杀了十五六个王,唯独桂阳王刘休范能力平庸才得以幸免。他在皇位七年的时候,有一次因贪吃鱼而撑死了。

太子刘昱继承了皇位,这年十岁。他任用萧道成为掌握禁军的中领军,可进入朝廷决定、处理事情。文帝刘义隆的孙子建平王刘景素在京口起兵,萧道成派兵击败并杀了他。宋国主刘昱自从京口平定后,更加胡作非为,他杀大臣并割裂尸体作为玩乐。有一次他进入领军府,这时萧道成正光着身子躺着,刘昱命令他站起来,在他肚子上画了个箭靶子,拉满了弓要射箭。萧道成一脸严肃地说:“老臣无罪!”刘昱却用骨制的箭头的箭射中了萧道成的肚脐,然后扔下弓大笑。事后萧道成对此非常恐惧,他与袁粲、褚渊密谋要废掉刘昱。袁粲说:“主上年幼,小毛病容易改正。像当年伊尹、霍光废掉君主的事不可行!”褚渊沉默着没表态。萧道成命令王敬则暗中拉拢刘昱身边的杨玉夫等人,让他们找机会下手。一天刘昱坐着没有帷盖的车,晚上到新安寺,偷狗喝酒大醉而回,杨玉夫趁机杀了刘昱。刘昱在皇位五年而死。萧道成在刘昱死后追贬他为苍梧王,即后废帝。萧道成又用太后的诏令接宋明帝刘彧的第三个儿子安成王刘准即了皇位,这就是宋顺帝。沈攸之、袁粲、刘秉分别起兵,打算除掉萧道成,都没有成功而死。顺帝刘准在君位三年,最终被萧道成所篡夺。顺帝感叹地说:“愿世世不要生在帝王家!”顺帝刘准被萧道成杀害,家族被灭,南朝刘宋亡国。刘宋总共出了八个国君,共六十年(公元420—479年)。

齐高祖萧道成,表字叫绍伯,是萧何的后代子孙。萧道成外貌与常人不同,他有着龙的额头,嗓音如钟声,满身长有鳞片,肩上有颗红痣,像日月的形状。当初在刘宋王朝做官,因有功劳被封为齐公,后又进一步封爵位做了齐王,后又篡夺了刘宋的政权做了君主,国号叫作“齐”。他做事不露声色,有气量,本性简朴,博学能写文章。他在皇位四年死了,太子萧赜继承了皇位,这就是齐世祖武皇帝。世祖重视政事,掌握全面,严格有决断,郡县的长官能够长久任职。做官的犯了国法一样受到处分,所以永明年间百姓的日子过得很好,盗贼也很少出现。但武帝萧赜非常喜欢游玩、宴会这种奢侈的事情,他也常常后悔但是不能改正。太子萧长懋死得早,当初太子一向厌恶西昌侯萧鸾,他曾经说:“我很不喜欢这个人,也不知为什么。”到了萧鸾掌政时，太子的子孙一个也没剩，全被萧鸾杀了。武帝在位十一年死了，死前他把朝政委托给了堂弟西昌侯萧鸾。萧鸾立了皇太孙萧昭业为帝，仅一年之后，萧鸾就杀了昭业，并以太后的诏令追废昭业为郁林王，另立新安王萧昭文做了皇帝，自封为骠骑大将军、宣成公，总领尚书事情。萧昭文在位仅三个月，萧鸾就把他废为海陵王，不久后又杀了他。萧鸾篡夺了皇位，这就是齐高宗明皇帝。高祖萧道成的子孙几乎被他杀尽。

魏国孝文帝元宏派出大量军队讨伐齐国，攻打钟离(今安徽凤阳)不胜，于是派遣使者到长江边数落了齐国君主的罪过才回去。萧鸾任用萧衍做雍州刺史。齐明帝萧鸾对一些无关紧要的小事也要亲自做，又为国事操心，在位五年就累死了，太子萧宝卷继承了皇位。在服丧期间，萧宝卷每次哭都说喉咙痛，中大夫杨阐到他那里，杨阐秃顶，低头时头巾掉了，萧宝卷就又哭又大笑，说：“秃鹫鸟来了吗?”萧宝卷嬉戏无度，亲信宦官。萧宝卷的叔伯哥哥始安王萧遥光和徐孝嗣、江祐、萧坦之、江祀、刘暄六个人轮换在宫内值班，在奏章、公文后签署意见，作为君主的命令。雍州刺史萧衍知道后，对张宏策说：“一国有三个公爵，国家都受不了，何况六贵人同朝，势必互相图谋，乱事将要发生了。避开祸事、享福，哪里也比不上我这一州。”于是他暗中和张宏策准备武装力量，招募了上万名能征善战的人。齐国国主萧宝卷杀了仆射江祐、侍中江祀。始安王萧遥光在东城起兵，右将军萧坦之前去讨伐，平定了东城。齐国主又杀了仆射萧坦之和领军刘暄。当年，明帝萧鸾临死时告诫萧宝卷说：“做事不可在人后，要先下手为强。”所以萧宝卷多次和身边亲近的人密谋杀大臣，总是说干就干，于是大臣们人人自危。齐国主又杀了司空徐孝嗣和将军沈文季，从此就更加肆无忌惮了，他和亲信们呼喊着骑马奔驰取乐，常常在五更天就寝，到申时起床。尚书的公文、奏章有的被翻得不知道哪里去了；尚书、中书、门下、秘书、集书省(属皇帝的侍从顾问机构)五个衙门的文件都被宦官用来包裹鱼、肉带回家了。萧宝卷领着亲信常常外出游玩，驱赶走所经过的人家的百姓，让房屋空起来。他们寻找居民点，把民众当禽兽来围猎，司尉敲鼓，用人马冲撞围住的地区,人们一听见了鼓声,来不及穿鞋就逃跑,一旦被碰上,命就没了。他们常在三四更时出来,到处是鼓声,火光照天,民众的哭喊声充满了道路。曾经有一个妇女临产出不去,这时被他们堵在了房里,他们剖开了孕妇的肚子看婴儿是男是女。太尉陈显达领兵袭击都城建康,失败而死。北豫州刺史裴叔业在寿阳背叛齐国向北魏投降,萧宝卷派将军崔慧景领兵去讨伐寿阳,崔惠景也反了。崔惠景带着江夏王萧宝玄进军建康击鼓攻城,守城的军队被吓跑,宫门紧闭,崔惠景领兵围住了。这阵势被将军左兴盛碰上了,他在逃跑途中被捉住杀了。这时南豫州(治所在今安徽和县)刺史萧懿驻军在小岘山(在今安徽含山县北),萧宝卷秘密派出使者令他出兵,当时萧懿正在吃饭,他放下筷子就起身出发,领兵从采石(在今安徽当涂县西北,是长江最狭处)渡过长江攻打崔惠景等人,崔惠景等人都战败身死。此后齐国国主更加胡作非为,他所亲近的人都被叫作"鬼"。有个叫赵鬼的能读《西京赋》,一天后宫着了火,他对萧宝卷说:"柏梁既灾,建章是营。"于是萧宝卷下令大造"芳乐""玉寿"等宫殿。后宫所用的东西都是极珍贵的宝物,采用黄金制的莲花铺在地面,让潘妃在上面行走。萧宝卷说:"这是步步生莲啊!"他又在宫苑中开了市场,潘妃做市令,自己做记账,稍有过失潘妃就用板子打他。命令负责保卫皇宫的虎贲将士不可以进入场内。萧宝卷宠幸的人趁机得利,抽取税赋加了十倍。百姓贫困到了极点,讨饭的路上哭成一片。萧宝卷又夺了萧懿的兵权,让他做尚书令。

当初萧懿出兵救援萧宝卷时,萧衍就派自己亲信的人骑快马去对萧懿说:"你这次出兵得胜后,就有了君主无法赏赐的功劳,就是在上的是明君贤主都无法容你,何况如今这混乱的朝廷。如果你获胜后,带兵入宫像伊尹、霍光那样废掉昏君,这是不得已的事。如果不想这样做,就推说守边要紧,带兵回历阳。要是放下兵权去接受高官职务,你一定会后悔的。"萧懿根本听不进去。到了这时,君主真的要杀他了。长史徐曜甫暗中在长江边的小岛上准备了船只,劝萧懿跑到襄阳去。萧懿说:"从古时起就有被君主杀死的臣子,难道还有叛逃的尚书令吗?"齐主萧宝卷把毒药送到尚书府,萧懿临死时说:“家弟还在雍州,我很为朝廷担忧。”萧懿死后,萧懿的弟弟雍州刺史萧衍在襄阳发兵,荆州长史萧颖胄也带着荆州刺史萧宝融在江陵起兵。萧宝融传令让萧衍暂时统领先头部队,掌管各项军事。把声讨的檄文送到了建康,数落萧宝卷的罪恶,称说是奉了海陵王萧昭文的母亲宣德皇太后的命令,用萧宝融来继承大统,贬废萧宝卷为涪陵王。上庸郡太守韦睿率郡兵两千人日夜兼程奔到萧衍那里。齐明帝萧鸾的第八子南康王萧宝融在江陵即位做了皇帝,这就是齐和帝。他给萧衍加官为征东大将军,统领征讨军队的各项军事,并可借用皇帝的仪仗。这时尚书令巴东公萧颖胄死了,于是萧衍更加得人心了。萧衍领兵向东进军,这时萧宝卷和太监、宫女们正做着打仗的游戏,因舍不得军赏,萧宝卷就对他们说:“贼来只是要得到我,为什么向我要东西?”茹法珍、梅虫儿劝萧宝卷把大臣全都杀掉,将军王珍国和他的副手张稷等人非常害怕自己被杀,于是在含德殿杀死了萧宝卷,用黄油绢裹着他的首级送到了石头城。萧宝卷在位仅两年就死了。

萧衍领兵进入建康,用太后的名义追废萧宝卷为东昏侯。萧衍自任为大司马,秉承皇帝的旨意下令大赦天下。凡是不合理的制度、赋税、私刑、滥役全都废除。潘妃有国色,萧衍想留下她,领军王茂说:“灭亡齐国的就是这东西。”于是萧衍把她和茹法珍等人一起杀掉了,又把两千个宫女分配给了将士们。萧衍也想当皇帝,沈约向他进言说:“齐国的皇帝位已经传到头了,明公应当承接它的国运。如今王业已成,拖延不取的话,如果天子萧宝融从江陵回到首都建康,公卿大臣安排妥当后,那么君臣的名分就定下来了,那时难道还有人帮你抢君位吗?”萧衍认为他说的有道理,于是萧衍登上了皇帝位,建国号叫“梁”,贬废齐和帝萧宝融为巴陵王。齐和帝在皇位一年被篡夺。萧衍又把太后迁到别的宫室,按功劳大小分配了功臣。梁国国主萧衍想把南海郡(今广州一带)作为巴陵国封给巴陵王萧宝融,沈约对他说:“不可图虚有的名声而遭受灾祸啊!”梁主于是派了他的亲信郑伯禽到姑熟,让巴陵王萧宝融吞郑伯带去的金矿石自杀。萧宝融说:“我死用不着金子,一杯浊酒就够了。”于是他喝得大醉，伯禽下手杀了他，南朝齐国灭亡。南朝齐国共七个国主，二十四年（公元479—502年）。

梁高祖武帝萧衍表字叔达，南兰陵（今江苏常州西北）人，是先前萧氏齐国皇帝没出五代的远支宗族。他篡夺齐国政权做了皇帝后，设立了“谤木”“肺石”两个匣子，他说：“平民有话想说的人，写成文字后投在谤木匣子里。要是有功劳却没有得到封赏，才能得不到发挥的人，写成文字后投到肺石匣子里。”他又设立了五经博士的官职，建立州、郡两级学校，设立孔子庙来显示重视儒学，他的善政颇多。到了中年的时候信奉了佛教，禁止华美的丝织品上有人、兽图案，认为在裁剪时有悖于仁义、恕道。在宗庙祭祀时，禁止用猪、牛、羊等牲畜，供品用水果、蔬菜，供奉的牺牲都用面粉做成，认为不这样就背离了冥道。沈约病重躺在床上，他梦见齐和帝萧宝融用剑割断了他的舌头。他叫去道士给天帝上了奏章，说君主的禅让、替代的事不是他的主意。梁国国主萧衍知道后大怒，多次对沈约进行谴责，沈约越来越害怕，得了恶病死了。萧衍越来越相信因果报应，三次放弃君位到同泰寺去，设立了不分贵贱、僧俗、智愚、善恶的僧尼和善男信女大会，并脱下帝王的服装，穿上了袈裟，亲自为听众讲《涅槃经》《三慧经》。大臣们用亿万钱为他赎身，上表请他回宫，三次去请他才答应回去。佛祖达摩的话，他却听不进去，于是达摩渡过长江向北去了。萧衍所学的东西只是佛教中的皮毛，至于收拢放纵的心、培养性灵、真正的法门他一点都没学到。同泰寺佛塔遭灾，萧衍为寺院盖十二层的佛塔，这时正赶上了侯景作乱而止。

萧衍还想扩充土地，让他的弟弟临川王萧宏领兵攻打魏国，打下了梁城。魏国派遣邢峦和中山王元英联合攻打梁城。萧宏害怕了，于是召集将领们研究是否退兵，吕僧珍劝他撤退为好。魏国人对此编了一首歌谣，说：“不怕萧娘和吕姥，只怕合肥有韦虎（指韦睿）。”萧宏撤兵时，又赶上夜里刮大风，下起了大雨，军中受到惊吓。临川王萧宏带着几个骑兵逃离了队伍，将士们也散了伙各自往回走。满地都是丢下的铠甲和武器，有五万人死了。魏国的中山王元英和将军杨大眼乘胜领着几十万军队进攻钟离（在今安徽凤阳东北),梁国守将曹景宗、昌义之等人领兵进行了抵抗。魏国人昼夜攻打,梁国国主命令韦睿去救援钟离,并受曹景宗指挥调度。韦睿军中有人怕魏军兵强人众,劝他缓慢行军。韦睿对他说:“魏国人已掉到我肚子里了,你们不用担心。”于是领兵到了邵阳。梁国主预先嘱咐曹景宗说:“韦睿是你乡中有声望的人,应当尊重地对待他。”曹景宗见到韦睿后,在礼节上对他特别恭敬。梁主听说后,高兴地说:“两个将领能够团结,打胜仗是一定的了!”韦睿等人预先准备了体型高大的战船,和魏国的桥梁一样高。梁军先用战舰撞击魏军的船,魏兵全部落水淹死了。梁军又用小船装上草,草里灌上油脂,用火烧护桥的栅栏,赶上风大火急,烟尘遮住了太阳,现场一片昏暗,敢死之士拔掉栅栏、砍桥,很快就全部毁掉了。军人们奋力高呼,惊天动地,魏军溃不成军,元英逃走,杨大眼等人也烧掉营房逃去了。韦睿派人向昌义之报告,昌义之由悲转喜,来不及答话,只是叫着:“得救了,我们得救了!”魏国的降将王足献策,在淮河修筑拦河坝,以便用水灌魏国的寿阳,萧衍同意了。他派水工陈承伯、将军祖暅调拨了徐州、扬州的民众,由康绚代理总领各项军事,共二十万人筑坝,从南面的浮山直到北面的巉石,共长九里,下宽一百四十丈,上宽四十丈,高二十丈,周围栽种了杨树、柳树,军队的营垒排列在上面。这时淮河水暴涨,堤坝冲坏了,声音大如雷声,三百里外都可听到,淮河周边的城镇及村落十多万口人都冲到了海里。

这时北魏分成了东、西两个国家,东魏的大行台(军中官署名)的长官侯景虽然右腿偏短,骑马射箭不是他的专长,却有谋略。高欢派他带兵十万人在黄河以南地区独断专行。侯景一向轻视高澄,等到高欢一死,他就投降了西魏。后来他又派郎中丁和拿着表到梁国,愿意带着十三州的土地投靠梁国。梁国主召集众臣在朝廷中商议,仆射谢举等人说:“刚刚与东魏和好,现在又容纳它的叛臣,不合适吧。”梁国主说:“我们得到了侯景,塞北就平静了。做事可不要太死板!”朱异揣摩透了梁主的心思,于是决定接纳侯景,任用侯景做大将军,封为河南王。东魏大将军高澄派人给梁国送了封信,再次要求和好。梁国主又召集众臣分析这事,司农卿傅岐说:“高澄为什么要和？一定是设的离间计，想让侯景起疑心，是为了想使我们有祸乱罢了，答应了就落入他的圈套了。”朱异等人却说：“不打仗，让百姓平安的生产生活，讲和实在是再好不过了。”梁国主也厌烦用兵，于是采纳了朱异等人的意见。侯景果然为这事造反了。事情是这样的：侯景投靠南朝梁国以后，东魏的高澄出于个人的目的向梁国要求和好，这使侯景很害怕。他就假造了一封东魏方面的书信，信中提出要求用侯景来交换一个先前叛逃到东魏的原齐国宗室人员，派人把信送到了梁武帝萧衍处，梁武帝痛快地答应了，这使侯景有了叛梁的决心。梁武帝萧衍的弟弟临川王萧宏的儿子临贺王萧正德所到之处坏事干绝，多次受到萧衍的处分，因此他恨上了萧衍。他暗中养着敢死之士，储备粮草积攒物资专等国家有变。这事让侯景知道了，他给萧正德去了一封信表示愿意为他效力，萧正德得信后大喜。侯景在寿阳开始造反，领兵到了长江边。尚书羊侃请求派两千人占据长江边上的采石，再让邵陵王萧纶领兵去袭击寿阳。朱异说：“侯景肯定不想渡过长江。”于是羊侃的意见没被采纳。羊侃遗憾地说：“这就败定了！”萧衍让临贺王萧正德统领各军事务，驻兵在丹阳郡。萧正德派几十艘大船谎称运送荻草，秘密地帮助侯景。侯景带着几百匹马，八千兵从横江渡江到采石，又带领人马到了慈湖。当时梁国建国已四十七年，境内平安无事，人们很少见到兵甲，这时侯景军突然来到，官府和百姓都很震惊。萧正德把守宣阳门，他率众在张侯桥迎接侯景进入了宣阳门。到了宫阙下，萧正德坐上了皇帝位。侯景用兵团团围住了台城(朝廷禁省，故址在今南京玄武湖侧)，一起向内进攻，尚书令羊侃随即进行了抵御，侯景攻不进去。羊侃的儿子羊鷟被侯景的士兵抓获，侯景绑着羊鷟给羊侃看，威胁他投降，羊侃没有屈服。在这双方相持不下的日子里，羊侃死了，城中人更加害怕了。这时各处的救援兵马陆续到来，侯景假意求和，劝梁国主萧衍命令各路增援军队退走，一方面他却在加紧攻城。萧衍信奉佛教，它的食物只有菜汤和粗米饭。这时菜蔬断绝了，只好吃鸡蛋，邵陵王萧纶让人送去鸡蛋几百个。侯景从不同方位用各种方法攻城，日夜不停。后来梁国主萧衍听说城已被攻破，他安稳地躺着不动,感叹地说:“从我这得到国家,又从我这失掉它,还有什么可遗憾的!”不久,侯景来到了太极东堂,并带着五百披甲之士来保卫自己。侯景在殿下一头磕在地上,不敢再抬头向上看,并且汗流浃背。退出后他对王僧贵说:“我是身经百战的人,在刀枪剑戟面前,心都不跳一下。今天面见萧公,甚是让人畏惧,岂不是天威难犯,我不能再见他了。”侯景用临贺王萧正德为大司马,萧正德密谋杀侯景,反被侯景杀了。侯景放纵士兵掠夺萧衍宫中的宫人,以及衣服、车马等物。此后,萧衍所需求什么,大多不顺心。萧衍的饮食也被裁减,他忧愤成了病。己巳年(公元 549 年)农历五月初二,萧衍在净居殿中躺着,感到嘴苦,要蜜却没有,喊了两声就死了。萧衍在位四十八年,活了八十六岁。当天太子萧纲即位,这就是梁简文帝。

当年,梁武帝的昭明太子萧统,五岁时就通晓“五经”,他读书能一目五行一齐读下来,又很会写文章。他孝敬长辈,做事谨慎,为人宽厚和气,喜怒从不表现出来。后来因宫监(宫中官名)鲍邈之诬告他厌烦祈祷的事,他又争辩不明白,因此忧愤而死。他生了三个儿子:萧欢、萧誉和萧察。武帝萧衍没立孙子而立了萧统的同母弟弟晋安王萧纲为太子,朝中、民间许多人认为不太合适。萧衍也感到有愧于心,就让岳阳王萧察总领雍、梁、益、秦、郢、随州各项军事。萧察坐镇地势优越便利的地方后,能够降低自己的身份,礼貌地对待别人,并施恩德给百姓,所以勇猛、侠义之士很多都投奔到了他那里,境内被治理得很好。赶到侯景作乱,这时萧察的叔叔湘东王萧绎不去讨伐侯景,竟然调动军队攻打萧察,邵陵王萧纶从中劝说他也不听,萧察只好向西魏国求救兵。西魏国君派杨忠领兵去救他,后来萧察投靠了西魏,成了依附于西魏的附庸国的国君,这就是后(西)梁,等待后面再行叙述。

梁国简文帝萧纲,六岁就能写文章,读书能一目十行,虽然继承了父业,却受制于臣子侯景。侯景和简文帝还曾登上重云殿,在佛像前发了誓言:两人谁也不要疑心谁,谁也不要对谁有二心。侯景又娶了萧纲的女儿溧阳公主为妻。一次,侯景请简文帝萧纲在乐游苑喝酒,萧纲听到乐曲声凄凉地流下了眼泪。侯景自称为汉王,又给自己加封为“宇宙大将军”,总领境内全部军事。简文帝萧纲吃惊地说:“将军竟然有‘宇宙’的称号吗?”侯景本性残忍,他在石头城建造了个大碓(捣米用具),抓住犯法的人,就用大碓捣死他,尸体变成了肉粉。他常告诫他的部将说:“你们冲破屏障,占了城池后,要把人杀净,好让天下的人都知道我的威名。”他又禁止人们互相说私话,触犯他这条刑律的人,男的连带舅舅家里的人,女的连带娘家人,都要受到惩罚,因此他很不得人心。湘东王萧绎在远近发下声讨檄文,要派大量部队讨伐侯景,却光说不见行动。邵陵王萧纶做了大批将士护身用的铠甲,打算讨伐侯景,被湘东王萧绎知道了,他派王僧辩领兵偷袭了萧纶。萧纶收集起被打散的兵卒,派出使者到北齐(即前面所说的东魏),投靠了北齐。梁国的始兴郡(治所在今广东韶关地区)太守陈霸先讨伐侯景,投奔到湘东王萧绎门下。萧绎派大都督王僧辩讨伐侯景,队伍开到巴陵,侯景派兵攻打没取胜。萧绎又派胡僧祐前去攻打侯景,打败了侯景军,抓到了侯景的将领任约,侯景逃了回去。萧绎又派王僧辩领兵向东打下了郢州,抓获了侯景的部将宋子仙杀掉了。

当初,侯景打下了建康,打算平定了整个中原后再称皇帝。后来他娶了溧阳公主,她才貌双全,侯景对她很是喜爱,称帝的事就这样拖延了下来。他从江陵打了败仗回去后,又打算提早当皇帝了。王伟劝侯景先做点废立君主的事,侯景听从了,于是他贬废简文帝为晋安王,简文帝萧纲在君位两年。侯景又杀梁太子萧大器等人和在建康有王侯爵位的二十多人,又派王伟杀了简文帝萧纲,接昭明太子萧统的孙子豫章王萧栋立为君主。不久,侯景又废了萧栋,把他贬为淮阴王,并把他锁在密室里,自己称起汉帝来了。湘东王萧绎派王僧辩、陈霸先等人领兵攻打侯景,在长江中打败了侯景军,侯景的部将卢晖略在石头城投降。陈霸先进军攻打侯景,战士们拼死作战,侯景的军队被打得溃不成军,侯景用皮囊装着他的两个孩子挂在马鞍后和他的党羽一百多人一起向东逃去,打算到海边去。羊侃的儿子羊鹍当时是侯景的都督,他杀了侯景,把尸身送到建康,脑袋送到江陵。尸身被放到了市场上,民众争抢着割他的肉吃。溧阳公主因为父兄之仇也要吃他的肉。湘东王萧绎派朱买臣把豫章王萧栋沉到水中淹死了,萧绎在江陵即了君主位,这就是梁世祖元帝。他派王僧辩回建康,陈霸先回京口。

梁元帝萧绎瞎了一只眼,他本性残忍。一开始父亲萧衍有难他不去救,后来也不把简文帝萧纲看成是自己的君主。他顾忌弟弟萧纶杀死侄孙萧栋,只是一心为自己打算,在江陵即了君位。萧绎喜好道教,常在龙光殿研究老子。后来,他的侄子萧察联合魏国攻打梁国,西魏派于谨、宇文护、杨忠领兵五万讨伐梁国。梁国主穿起军服,还在商讨老子。魏国人想方设法攻城,反叛者打开了四方城门放进魏国兵。萧绎放火烧了图书十四万卷,说:"读书万卷,还有今日!"于是他坐着白色的车,驾着白马出去投降了。梁元帝萧绎在君位三年。西魏军杀了他和太子萧方等以及儿子萧方诸、萧方略等人。梁元帝萧绎的第五子晋安王萧方智在浔阳即了梁国君主位,当年十二岁。不久,北齐派邢子才送去了长沙王萧懿(即前文萧宝卷所杀的萧懿)的儿子萧渊明到梁国,并交给王僧辩一封信,信中认为继承君位的萧方智年龄太小,担负不起国家重任,而贞阳侯萧渊明不论年纪和名望都能肩负起保卫金陵的重任。王僧辩接纳了萧渊明,让他即了国君位,并答应让萧方智做太子。

当初,王僧辩和陈霸先一起消灭侯景,两人感情非常好。这回,陈霸先派出使者前去和王僧辩为立国君的事而争论,往返四次,王僧辩还是不同意。陈霸先叹气说:"梁武帝的子孙只有孝元帝萧绎的子女能复仇雪耻。他的儿子有什么罪过被突然废掉?你是想干什么啊?"于是领兵偷袭了王僧辩,把他用绳子勒死了。萧渊明在君位七个月,退位回家。晋安王萧方智又坐上了国君位,这就是梁敬帝,梁国成了北齐的属国,梁国政令全由陈霸先说了算。梁敬帝萧方智在位两年时,陈霸先先是自封为相国,又封为陈公,加了九锡,不久又晋升爵位做了陈王,直到最后称帝做了国君。梁国主让位给陈霸先,陈霸先封他为淮阴王,不久就把淮阴王杀掉了,梁国灭亡。总共四个国君,五十六年(公元502—557年)。

陈霸先表字叫兴国，吴兴（今浙江湖州长兴）人，是东汉太邱长（太邱故城在今河南永城市西北）陈实的后代子孙。他小的时候就有大志气，长大后涉猎史籍，喜欢读兵书。篡夺梁国政权后，国号称为“陈”，他成了陈高祖武皇帝。陈国主陈霸先也信奉佛教，曾做过大庄严寺和尚。他的儿子陈昌最初在江陵，江陵被攻破后，把他抓到了西魏。陈霸先做了君主后，曾向西魏请求放回他的儿子却没有结果，他在位三年死了。死前他召他哥哥陈道谭的儿子临川王陈蒨继承了君位，这就是陈世祖文皇帝。陈昌回去后，陈文帝陈蒨命人把陈昌淹死在江里。陈文帝早年也很艰难，知道民众的疾苦，他对事看得很明白，生活也不奢侈。每当夜晚外有急报，他要求经过区分要前后相接。他告诫在殿中夜里传更的人，必须把签子投在阶台上让它发出声响，说：“我即便是睡觉，也要让我有所惊觉。”陈文帝陈蒨在位七年死了，太子陈伯宗即位。陈伯宗性格软弱，大权都掌握在他叔叔安成王陈顼手里。伯宗在位两年，陈顼就把他废为临海王，自己做了君主，这就是陈高宗宣皇帝。陈宣帝派吴明彻攻打齐国，打下了寿春，抓住了刺史王琳杀了。不久，陈宣帝听说北周灭了北齐，还想进一步争夺徐州、兖州等地，他就派吴明彻围住了北周的彭城。北周君主派王轨赶紧领兵去对付吴明彻的军队，吴明彻军被打败，吴明彻也被北周兵抓住。陈宣帝陈顼在位十四年死了，太子陈叔宝继承了君位，这就是陈后主长城公。陈叔宝在光昭殿前建起临春、结绮、望仙三座楼阁，各高几十丈，绵延几十里，窗户、栏杆都是沉檀木做的，装饰着黄金、住着美女，镶嵌着珍珠、翡翠，窗外挂着珠帘，屋内有宝床、宝帐，穿戴与玩赏的东西精美瑰丽近古没有。每当微风吹过，香味可传出几里地。在楼阁下面堆积石头做成山，又引去水，开凿了池塘，周边种植各种奇花异草。陈国主自己居住临春阁，张贵妃居住结绮阁，龚、孔两个贵嫔居住望仙阁，他们通过天桥往来。陈国主又任命宫人袁大舍等人为女学士。当时江总虽为宰相却不爱管政务，每天和尚书孔范、散骑（散骑常侍为侍从帝王左右，掌规谏的官）王瑳等文士十几人在后宫陪宴，被叫作“狎客”。陈国主叔宝每次开宴饮酒都让众妃嫔和女学士与狎客们共同作诗，选取辞藻华丽的配上乐曲,选宫女一千多人学习和演唱。曲子有《玉树后庭花》《临春乐》等,大多都是赞美众妃嫔美貌容颜的。君臣饮酒唱歌通宵达旦,这是常事。张贵妃名叫张丽华,原本是研究军事的人家的女儿,一开始只是龚贵嫔的婢女,她的头发长达七尺,油光锃亮。她头脑灵活,进退举止很有风采,一双眼睛会放电发光,照映左右。她善于看君主的脸色行事,陈叔宝见着她以后非常喜欢,因而受到宠幸。张贵妃还向陈叔宝推荐一些有才色的宫女,使他高兴。百官进奏章需通过宦官才能传到陈叔宝手中,陈国主把张贵妃放在自己的大腿上,两人一起决定事情。因此,宦官、皇亲国戚内外勾结,公开用财货行贿受贿。群臣有进谏的,动不动就判罪、斥责。沈皇后生活简朴,从不穿锦绣衣服,陈叔宝对她一向冷淡,她也从来没有怨恨的表现,平时只是找些史料来看。她多次苦劝陈叔宝要勤于政事,陈叔宝很想废掉她,却没做成。

当时隋已夺了北周的政权,接着又灭了后梁(也称西梁或前后梁)。后梁建立者是昭明太子萧统的第三子萧詧,萧詧投靠西魏后,西魏国主立他为梁王,不久又让他做了皇帝。西魏又把荆州地区交给萧詧管辖,让他屯兵镇守。后梁用的是西魏年号,萧詧追尊父亲萧统为昭明皇帝,他任用蔡大宝为侍中尚书令,王操为五兵尚书(总掌中兵、外兵、骑兵、别兵和都兵,即后来的兵部尚书)。蔡大宝严明有谋略,办政事很得体,王操在这方面稍差一些,后梁能够兴旺全靠这两个人。后梁的宣帝萧詧知人善任,对部下有恩德,称帝七年死了,他的儿子明帝萧岿继承了君位。明帝孝顺长辈,慈爱晚辈,生活简朴,有作为君主的气量。他在位二十四年死了,儿子萧琮即位。萧琮在位两年时,隋文帝杨坚召萧琮到朝廷去,把他废为莒国公,后梁灭亡。后梁共出了三个君主,三十三年(公元555—587年),加上前面的南朝梁国共计八十五年。

这时隋王朝把天下大部分都平定了,只有陈国还没有打下来。隋文帝向高颎询问攻取陈国的计策,高颎说:"长江以北地寒,田里的收割比较晚。江南水田熟得早,在它收获之际,我们稍微征集一些兵马扬言要偷袭陈国,它就一定会集中兵力防守,这样就扰乱了它的农时。他们征调了兵力,我们解散队伍,反复这样做,陈国方面就习以为常了。然后我们征集兵力,陈国不会相信真的要打它,就在它犹豫的时候,我军已渡过长江,打它个没有防备,这样一来,没有不成功的。再说,江南土薄,房舍大多用茅竹盖成,所有积蓄都在里面,我们秘密派人去乘风放火,他们盖了新的,再放火。用不了几年,他们的财产和人力就削弱得差不多了。"隋文帝采用了这个计策,陈国人开始贫困了。隋文帝命令建造大量战船,有人提醒他要秘密地做这事。隋文帝却说:"是上天让我消灭陈国,还保什么密?"他让人把造船砍下的木片投到江中,说:"陈国要是害怕了而能改变灭亡的命运,我还能干点什么?"戊申年(公元 588 年)农历十月二十八日,隋文帝杨坚命令晋王杨广、秦王杨俊、清河公杨素和将军韩擒虎、贺若弼等人率兵五十一万,战船上插着旗帜,绵延几千里。杨素从永安(今重庆奉节)领兵出发,通过三峡顺流一路向东而下。陈叔宝用萧摩诃等人为都督,不慌不忙地对侍臣说:"王气在我们这里,从前北齐国兵曾三次来,周国(北周)兵两次来,都被打了回去,杨坚是干什么的?"孔范说:"我们有长江天堑,他们难道能飞过来?"陈叔宝笑着表示赞同。陈国没有认真备战,仍然是听歌曲,看舞蹈,喝大酒,赋诗不停。乙酉年(公元 589 年)农历正月初一早晨,陈国主陈叔宝举行和大臣们见面的集会。这天一早大雾弥漫,隋将贺若弼从北路进军,韩擒虎从南路进军,长江边的陈国守卫部队看到这情形都被吓得跑散了。陈叔宝和萧摩诃的妻子通奸,所以萧摩诃毫无战意。陈将任忠领着几个骑兵去迎接隋军,向隋军投降了。他领着隋将韩擒虎直接进入朱雀门,陈叔宝恐惧地慌忙跳进井中。这口井,井边有洞,洞里就是地室,里面存有金银和粮草,是个能避难的地方。不久,隋军来到往井里看,喊话也无人应声,于是要往井里扔石头,这才听到井里有叫喊的声音。于是隋军放下绳子往上拽人,大家都吃惊感到分量过重,等拽上来一看,才知道陈叔宝和张贵妃、孔贵嫔一起被拽了上来。隋军把他们一起押送到长安,陈叔宝在君位七年,陈国灭亡。共出了五个君主,三十三年(公元 557—589 年)。隋朝的晋王杨广派人骑快马给高颎送去一封信,命令他留张丽华一条命,高颎没听从把她斩了,杨广因此恨上了高颎。沈后和陈叔宝一起被送到长安,陈叔宝死后,沈后常常跟随在隋炀帝杨广的身边,隋炀帝被杀后,她出家为尼姑直到去世。

当初,陈宣帝陈顼年间,广州刺史欧阳纥造反,阳春(在今广东阳江地区)太守冯仆的母亲洗氏领兵捉住了欧阳纥,把他押送到建康,陈宣帝封洗氏为“石龙太夫人”。这时陈国灭亡,而陈国的两广、岭南各郡的人尊奉洗夫人为主,抗拒隋军,她被称为“圣母”。隋朝晋王杨广让陈叔宝写信给洗夫人,劝她投降,夫人趴在床上痛哭了一整天,才决定投降,于是岭南、两广全部平定。以上南朝的事已叙完。

第二十章 北魏分为齐、周在北地称王(北朝史)

北朝的拓跋氏本来是东部的一个少数民族鲜卑族的人,是西汉时李广的孙子李陵的后代子孙,世代做着酋长。到诘汾做酋长的时候,这一部族迁居到了匈奴原来居住的地方。力微接替诘汾做酋长时,部族的人口逐渐多了起来。三国曹魏时,力微派遣他的长子索头沙漠汗到魏国进献贡品,到了晋武帝司马炎时又再次进贡。幽州刺史卫瓘向司马炎上表,所以晋武帝就让他留在了并州,不久又把他遣送归国,因为各部大人说了坏话,就把索头沙漠汗杀了。力微活到一百零四岁时死了,儿子悉禄、禄官相继做了酋长。禄官死后,他的第二个儿子猗卢即位。猗卢善于用兵,他向西攻打匈奴和乌桓,都打了胜仗。他还和西晋将领刘琨一起击败了"前赵",因为前赵不可能一下子被消灭,所以他领兵大杀大抢一阵后就回去了。西晋怀帝司马炽时封猗卢为代公,西晋愍帝司马邺时又晋封为代王。猗卢打算立自己的小儿子比延做接班人,这引起了他的长子六修的不满,猗卢死后六修把比延杀了。猗卢的哥哥猗㐌的儿子普根又杀了六修,自己做了代王。这样一来,就引起国内大乱,国力也衰弱了。普根死后,臣子们立了他的叔父郁律。郁律做了国君后,向西打下了乌孙,向东又兼并了勿吉(居住在今吉林长白山松花江一带,即今满族的祖先),成了北方的大国。猗㐌的妻子惟氏忌恨小叔子郁律本领太大了,恐怕对她的儿子们不利,于是就杀了郁律,立了自己的儿子贺傉。郁律的小儿子什翼犍当时还只是个襁褓中的小娃娃,他的母亲王氏把他藏在自己的裤裆里,心里祷告说:"上天要让你活着,你就不要出声。"贺傉的人在寻找他时,他没哭闹,这才躲过一劫。后来拓跋什翼犍被送到“后赵”国抚养,惟氏在朝中专政。贺傉死后,他的儿子纥那继承了君位。当初,代王郁律的一个儿子医槐居住在舅舅贺兰部(鲜卑族的一个部落),纥那想捉他却捉不到,于是就领兵攻打贺兰部,并没取胜。贺兰部和其他一些部落一起立了医槐做代王,纥那逃到了宇文部。医槐死后,他的弟弟屈刚勇猛却心术不正,被臣子们杀了,立了他另一个弟弟孤。孤推辞不愿做国君,他跑到后赵去接什翼犍回去做国君,而自己愿意留在后赵国做人质,后赵国主石虎答应了。什翼犍回去后做了国君,把代国分出一半留给了孤。当时的代国已渐渐衰弱了,什翼犍英勇又有谋略,国人都跟着他,渐渐人口达到了几十万,代国又强盛了起来。后来因接班的人没有确定下来,什翼犍被自己的儿子实君杀死,因此代国发生了大动荡。“前秦”国主苻坚率兵攻打代国,活捉了实君,用车裂的刑罚杀了他。他把代国分为两部,让将领刘库仁和刘卫辰掌管着,从此代国并入前秦国。

前秦国的始祖是略阳郡临渭(辖境在今甘肃天水以北一带)的氐族人蒲洪,他家世代是西部少数民族的酋长。当年他家的池塘里生长蒲草,长五丈,当时人们都把他家叫“蒲”家,于是就用“蒲”字做了姓氏。蒲洪骁勇,很有计谋,氐族人都怕他而服从他。一开始时,他向晋朝称臣,后来又投向了前赵。后赵派石虎攻打他,蒲洪兵败向石虎投降了。蒲洪说服石虎迁移关中的豪杰和氐人、羌人来充实东方,石虎听从了他的意见。于是就迁移了秦州、雍州的豪杰和氐、羌族人十多万户到关东(函谷关以东)。石虎任用蒲洪为龙骧将军、流民的都督,让他驻守在枋头(今河南浚县西南)。石虎死后,石遵杀弟石世自立为国主。他罢免了蒲洪的都督职务,以前往东部的秦、雍州的流民又一起往西跑,经过枋头,大家一致拥戴蒲洪为领头人,这些民众达到十多万人。后来,后赵的国主石鉴害怕蒲洪的威势,就任命蒲洪总领关中地区,做了秦州、雍州的刺史。蒲洪于是住在关西,自称为大都督、三秦王。他又看谶文:“有‘草’有‘付’当王”的话,又因他的孙子蒲坚,表字为永固,他的脊背的皱纹形成“草”“付”字,于是改成“苻”氏。苻洪被后赵的降将麻秋毒死,在王位一年。苻洪的世子苻健捉住麻秋杀了。苻健占据长安,称天王一年,称皇帝三年而死,儿子苻生继承了君位。苻生在幼年时就瞎了一只眼,他的力气能举起普通人举不起来的重物,能空手击败猛兽,可和奔跑的马赛跑,击打、刺杀、骑马、射箭在当时没人可比。但他残忍好杀,从皇后、丞相以下,臣子们一句话说错了,立即被处死。无辜以及因天体发生变化全宗族被杀的和他酒后杀的人,数都数不过来。

当年,秦王苻健的弟弟东海王苻雄在朝中担任将、相等职,他为人谦让、恭敬、有爱心,苻健很器重他。苻雄死后,他的儿子苻坚承袭爵位。苻坚对长辈很孝顺,又博学多才,喜欢结交豪杰,和吕婆楼等人非常友好。苻生派苻坚攻打姚襄,苻坚打败了姚襄,把他抓住杀了,姚襄的弟弟姚苌领着队伍投降了。姚襄和姚苌都是姚弋仲的儿子,姚弋仲是南安郡赤亭(在今甘肃陇西县西)羌族人,相传是大舜帝的后代子孙。姚弋仲一开始归服于前赵,后来姚襄向东晋投降,不久又背叛东晋,跑到平阳郡占据了襄陵(今陕西襄汾县)。他打算吞并关中地区,苻坚把他打败,并杀了他。苻生多次想杀害苻坚,全靠李威营救才保住了性命。苻生喜欢剥人脸皮,他让人唱歌跳舞。他没白天没黑夜地喝酒,趁醉用奇刑杀了很多人。群臣能保住一天平安无事,感觉就像过了十年那么漫长。这时薛缵等人劝苻坚要为国家打算,苻坚问尚书吕婆楼该怎么办,吕婆楼让他去和里人(官名,也称里宰)王猛商议。苻坚召去王猛交谈,交谈完苻坚非常高兴,于是和吕婆楼等人率手下三百人敲着战鼓大喊着冲进宫里,宫里宿卫的将士都投向了苻坚这边,这时苻生还在醉酒睡着。苻生在位两年,苻坚杀了他自立为君主。苻坚任用王猛,前秦得到了很好的治理。苻坚有心吞并“前燕”国,这时正赶上东晋的桓温去攻打前燕,前燕向前秦求救兵,王猛暗中对苻坚说:“燕国虽然强大,但燕将慕容评不是桓温的对手。要是桓温灭了燕国,晋国的实力就更加大了,陛下的大事就没指望了。不如和燕国联合起来击退桓温。如果桓温被击退,那么燕国也就精疲力竭疲惫不堪了。我们趁它疲惫不堪时吞掉它,不是太好了吗?”苻坚听从了他的建议,于是派洛州刺史邓羌率领步兵、骑兵两万人去救前燕,在枋头发生了战斗,桓温失败往回逃,前燕的吴王慕容垂前去追击,再次把桓温军打得大败。慕容垂回到邺城,他的威名更加大了,但是太傅慕容评很顾忌他。不得已慕容垂和后妻段氏以及子弟、侄子一起投奔到前秦国。这之前,苻坚听说前燕的太宰慕容恪死了,所以有了吞并前燕的心,只是惧怕慕容垂而不敢发兵。这时听到慕容垂来了,非常高兴,于是任命慕容垂做了冠军将军。苻坚派王猛监督着军队攻打前燕,打下了壶关(在今山西长治市东南),接着秦军所经过的郡县都纷纷投降,前燕国人吓得够呛。前秦的王猛进入晋阳,在潞川(在今山西长治地区潞城市东北)把慕容评的军队打得大败,最终包围了前燕国的都城邺城(今河北临漳),前燕的散骑侍郎蔚业打开北门迎进前秦军队。前燕王慕容暐和大臣慕容评等奔向了龙城(今辽宁朝阳),前秦军追上抓住了他们,前燕国就此灭亡(公元352—370年)。

王猛知道慕容垂不会甘心久居人下,多次建议苻坚除掉他。可是慕容垂的后夫人段氏是个绝色佳人,却受到苻坚的宠爱,苻坚常和她坐一辆辇车在后宫游玩,所以没听王猛的话,也不想夺慕容垂的兵权。前秦进攻东晋,夺取成都,于是东晋的梁、益二州又都纳入到了前秦的版图。“前凉”悼公张天锡天天喝酒贪恋女色,苻坚派苟苌、姚苌领兵把前凉灭掉了,灭掉代国也是在这一时期。前秦的清河侯王猛病重时,国主苻坚亲自到他家去看望他,并向王猛询问以后的事该怎么做。王猛说:“晋国虽然处在江南那块小地方,然而它根深蒂固不可动摇,希望您不要打它的主意。鲜卑的慕容氏、西羌的姚氏是我们的仇敌,最终会酿成大患,应当渐渐除掉他们。”王猛说完这些话就死了。苻坚对太子苻宏说:“上天不想让我统一天下吗?为什么夺走我的景略(王猛的表字)这么快呀!”这时,前秦已经吞并了各国,只有东晋还没打下来,苻坚想派大量军队去灭掉东晋,臣子们劝谏他都不听。苻坚所宠爱的张夫人和她的小儿子苻诜也劝他,苻坚却对他们说:“军旅之事不是妇人和小孩子所能懂得的。”于是他率百万大军大举进攻东晋,被东晋的谢石、谢玄等人所击败,各部军队都溃散了,只有慕容垂所领的三万人完整无缺,苻坚只带着一千多骑兵跑到慕容垂那里。慕容垂的世子慕容宝和慕容垂的弟弟慕容德都劝慕容垂杀掉苻坚然后恢复燕国。慕容垂对他们说:“我从前被太傅慕容评所不容,走投无路,而秦王却把我当作绝世人才看待,这个恩情不能忘啊!”慕容垂把全部兵权都交给了苻坚。苻坚渐渐收集离散的士兵,向北到了洛阳,他的队伍已达到了十多万人。

慕容垂的侄子慕容农劝他趁机恢复燕国,慕容垂认为他说得有理,行军到了渑池时,正赶上北狄族丁零国的翟斌作乱。慕容垂请苻坚下诏令让他去平定北方,苻坚答应了。权翼、石越等人对苻坚说慕容垂这一去一定会反叛,劝他不要答应,苻坚不听。说:“朕已经答应了,怎么可以食言呢?如果真的会反叛,我们也只有听天由命了。”苻坚又派苻飞龙率领氐族骑兵一千人作为慕容垂的副将。慕容垂行军到了安阳,在夜里偷袭了苻飞龙的军队,把他们全都杀死了,然后与翟斌合兵一处,自称为燕王,这就是“后燕”。慕容垂派使者到邺城,通知慕容农等人起兵接应,又封弟弟慕容德为车骑大将军、范阳王。慕容垂率领二十多万大军直奔邺城。慕容农拉起了队伍,人数已达几万人。前秦的长乐公苻丕派石越领兵讨伐他,慕容农把前秦兵打得大败,并杀了石越。慕容垂到达邺城,慕容农领兵去和他会合,于是一齐进攻苻丕所守的邺城。后来,东晋兵到,后燕兵败走,这是后话。这时,先前投靠苻坚的慕容泓、慕容冲哥俩同时起兵,慕容泓在华阴(今陕西大荔)出兵,慕容冲在平阳(今山西临汾)发兵。前秦国主苻坚对权翼说:“当初没听卿的话,如今让鲜卑人嚣张到了这个地步。关东的土地我不再争了,现在怎么对付慕容泓等人?”于是他派苻睿统领各军,拜姚苌为司马来讨伐慕容泓等人。慕容泓害怕了,要往关东跑。苻睿领兵打算截击他,姚苌劝他说:“鲜卑人都有想回家的愿望,截他们不是好办法,只能坏事,应该驱赶他们出关,我们敲响战鼓紧随其后,他们会奔逃溃散得什么都不顾了。”苻睿却不同意这种打法。交战后果然失败,苻睿战死。姚苌派他的长史到苻坚那里去谢罪,苻坚发怒杀了长史。姚苌很害怕,就跑到渭河以北纠集鼓动羌族豪杰五万多人,他们推举姚苌做盟主,姚苌自称为秦王,这就是“后秦”国。羌族投靠他的有十多万人。前秦将领窦冲在黄河以东攻打慕容冲,慕容冲领着队伍往慕容泓那里跑,慕容泓率领十多万人的军队奔向长安。不久,慕容泓的谋臣高盖杀了慕容泓,慕容泓在王位仅一年。高盖立慕容冲为皇太弟,设置了百官。不久慕容冲在阿房殿(故址在今陕西省西安市长安区西)称帝,这就是“西燕”国。西燕国主慕容冲攻打长安,前秦国主苻坚亲自监督作战,他被西燕将士的飞箭射满了全身,鲜血淋漓。慕容冲派兵大肆掠夺关中地区,民众四处逃难,出现了千里无人烟的景象。苻坚吓得够呛,因谶书说:“帝出五将久长得。”于是他留下太子苻宏坚守长安(在今陕西西安市西北),自己跑到五将山(在陕西凤翔县东北),慕容冲攻入长安。后秦国主姚苌听说苻坚跑到了五将山上,就派骁骑将军吴忠率领骑兵包围了五将山。苻坚所带去的前秦兵都被打败逃走了,吴忠捉住了苻坚,苻坚神色自如。姚苌派人把苻坚杀死在新平(今陕西彬县)佛寺,苻坚在位二十九年。苻坚庶出的儿子长乐公苻丕离开邺城领兵向西要到长安去,走到晋阳才知长安已沦陷,父亲苻坚已死。于是他公布了苻坚的死讯,继承了君位,向四面八方发布檄文,声讨慕容垂和姚苌等。函谷关以西、陇山以东一带又成了前秦的国土。后燕国主慕容垂派慕容农镇守龙城,把中山(今河北定州)作为首都。西燕国的左将军韩延杀了西燕国主慕容冲,慕容冲在君位一年。韩延立了慕容冲的将领段随为燕王,不久,慕容冲的同族叔叔慕容永袭击了段随,把他杀死了。慕容永率领鲜卑族的男女老少离开长安向东走,大家推举慕容永做了河东王,于是长安空虚了。姚苌从安定(今甘肃泾川北)迁到长安做了皇帝,国号“大秦”(即“后秦”)。西燕的慕容永离开长安后,到邺城去攻打前秦国主苻丕,捉住苻丕杀了,苻丕在君位一年。慕容永又回军进入长子(今山西省长子县)继承了帝位。他想让前秦苻丕的皇后杨氏做自己的夫人,杨氏拿剑刺杀他没成功,被慕容永杀死了。慕容永在君位九年时,后燕国主慕容垂率兵攻打西燕,捉住了慕容永杀了,西燕国灭亡。总共三个君主,十一年(公元 384—394 年)。

前秦的南安王苻登听说苻丕被杀,公布了苻丕的死讯后就即了君位,西部的少数民族和汉族民众投奔他的有十多万人。苻登派兵攻打后秦,所向无敌。前秦军在攻打安定时,被后秦国主姚苌的军队所袭击,后秦得到了前秦军的军用物资和男女五万人。苻登的王后毛氏长得美丽而又勇敢,精通骑马射箭,后秦的兵冲进她的军营,她拉弓骑马,领着壮士竭尽全力作战,杀了后秦军七百多人,最后她寡不敌众,被后秦兵活捉。姚苌想收留他,毛氏边哭边骂道:"姚苌,你已杀了天子,又想侮辱皇后吗?皇天后土岂能容你?"于是姚苌杀了她。后来姚苌病得很厉害,回到长安后,对太子姚兴说:"你抚养骨肉亲人有情义,对大臣们有礼节,做事讲信用,对百姓有仁心,这四种品德不丢失,我就没什么可忧虑的了。"姚苌在位十一年而死。姚兴封锁了姚苌的死亡消息,自封为大将军率领军队攻打前秦,最后杀了前秦国主苻登。苻登在位八年而战死,太子苻崇继承了君位。苻崇跑到湟中(今青海省东北部),姚兴这才公布父亲的死讯,继承了君位。前秦国主苻崇在湟中被西秦国主乞伏乾归所追杀,死在了路上。前秦国灭亡,总共六个国主,四十四年(公元351—394年)。后秦国主姚兴关心孤儿和贫苦的人,就是对监狱服刑的人也表露出他的同情心。他在朝中,选拔了贤德有为的人,罢免了奸猾小人,处死了贪婪、残暴的人。这样一来,境内外的人都对他肃然起敬。姚兴在君位二十二年死了,长子姚泓接替他做了君主。姚泓本性懦弱而且身体多病,在位两年时,东晋的太尉刘裕领兵灭掉了后秦国。后来,后秦的土地又被夏国国主赫连勃勃所得到。

西秦国主乞伏乾归的先祖是鲜卑族乞伏部落的首领,一开始时归后赵国管辖,后赵国灭亡后,又成了前秦国的一部分。自从苻坚失败后,乞伏乾归的哥哥乞伏国仁举兵背叛了前秦,占据了凉州、临洮、河州地区。乞伏国仁在王位一年死了,他的儿子乞伏公府还很幼小,大臣们立了乞伏国仁的弟弟乞伏乾归做了君主。乞伏乾归杀了前秦国主苻崇,占有了全部陇西之地,他在王位十五年时,被乞伏国仁的儿子乞伏公府杀死。乞伏乾归的儿子乞伏炽盘又杀掉了乞伏公府,自己做了君主。炽盘在王位十六年死了,他的儿子乞伏暮末继承了王位。幕末在王位四年时,夏国国主赫连定领兵攻打西秦国,乞伏暮末被打得走投无路,投降了。赫连定还是杀了他以及他的宗族五百多人,西秦国灭亡。共出了四个君主,四十七年(公元385—431年)。

夏国国君的祖先是匈奴右贤王去卑的后代。刘武在前赵刘聪时,凭借着宗室身份被封为楼硕公,并拜为安北将军。刘武生了儿子刘豹子,刘豹子生了儿子刘卫辰。前秦国主苻坚因刚被灭掉的代国很混乱,就把它划分成了两部分,黄河以北归刘卫辰管辖,镇守在代来城(今山西代县)。等到苻坚兵败国乱,刘卫辰又趁机占据了朔方(今陕西、宁夏等地)。后来北魏国主拓跋珪攻打刘卫辰,刘卫辰战败被部下所杀。魏国军杀刘卫辰的宗族和党羽五千多人,尸体都被投到了黄河里。刘卫辰的小儿子刘勃勃跑到了薛干部落,薛干把他送到前秦的骠骑将军没奕干那里,没奕干把女儿嫁给了他。后来刘勃勃和没奕干一起又投奔到后秦。后秦国主姚兴见到勃勃后,认为他不是普通人,于是任命他为安北将军,让他镇守朔方。后来,后秦和北魏和好,这使刘勃勃大怒,于是他背叛了后秦,偷袭杀死了没奕干,拉走了没奕干的军队。他自称是夏后氏(夏禹)的后代子孙,号称"大夏天王",改姓"赫连"氏,国号为"夏"。后秦国主姚兴亲自领兵攻打赫连勃勃,勃勃乘其不备,把后秦军打得大败。赫连勃勃在黑水的南岸筑造了都城,取名叫"统万"(在今陕西榆林市横山区西)。东晋的太尉刘裕攻打后秦,灭掉了后秦就撤军回去了。赫连勃勃派兵占领了后秦的土地,夏国开始壮大起来了。赫连勃勃傲慢暴虐,把百姓看成草芥。他让人打造兵器,做成后拿给他看,工匠总会有因他试刀枪而被杀死的。箭射铠甲射不透,就斩造弓箭的人,铠甲如果被箭射穿,他又斩造铠甲的人,因此他的器物都是上等品。赫连勃勃在君位十八年死了,他的儿子赫连昌即位。赫连昌在位三年时,北魏的太武帝拓跋焘攻打夏国,打下了夏国的都城统万。夏国主赫连昌有三个女儿都是绝色佳人,魏国主把他们都选为贵妃。赫连昌逃到上邽搬兵来攻安定城,他亲自参加肉搏战,北魏军认得他的相貌,都扑向了他。赫连昌败退,他因马跌倒而被抓,送到了平城(北魏的首都,在今山西大同市东)。拓跋焘因为他女儿的缘故,待他很好,还把自己的妹妹始平公主嫁给了他,并封赫连昌为秦王。赫连昌的弟弟平康王赫连定跑到平凉(今甘肃省平凉)做了皇帝。在他称帝的第四年,北魏的拓跋焘攻下了平凉,赐给赫连定的后代豆子来代替田地。赫连定受了重伤,他一个人骑着一匹马跑到上邽,他怕魏军追赶他,整顿好了军队就去进攻西秦,把它打败了。西秦国王乞伏暮末投降,夏国主赫连定杀了他和西秦宗族五百人。赫连定又想渡过黄河攻击北凉国,夺取土地。吐谷浑王派兵击败了赫连定,捉住了赫连定把他送到了北魏,夏国灭亡。共三个国主,二十五年(公元407—431年)。后秦、西秦、夏国已经讲述完,下面再讲讲后燕和北燕的事。

慕容垂叛离前秦国主苻坚后,回到前燕原来的国土上,在中山(今河北定州)建立了首都,称了皇帝。他的将领翟斌凭借功劳骄傲自大,向慕容垂求取没完没了,还和前秦的苻丕暗通,被慕容垂发觉,杀了。后来成为北魏国主的拓跋珪叛离了后燕,后燕国主慕容垂派太子慕容宝讨伐他,结果大败而回。慕容垂于是带领大批部队去打拓跋珪,打下了平城(北魏当时的首都,今山西大同)往回走,到了上谷郡(治所在今河北怀来县东南)慕容垂死了。他在君位十二年。太子慕容宝继承了君位。拓跋珪从井陉领兵奔向中山,攻打信都(在今河北冀州),后燕国主慕容宝拿出宫中的全部珍宝以及宫中的宫女招募绿林好汉来抵抗北魏军,夜里偷袭北魏军,结果又大败而回。尚书郎慕容舆皓打算谋杀慕容宝,另立慕容宝的弟弟赵王慕容麟,结果没成功,于是他逃到了北魏。慕容麟因此而感到不安,于是作乱。慕容宝逃出,中山城中另立了开封公慕容祥做了国主。接着慕容麟又杀死慕容祥,自己做了国主。北魏军打下了中山,慕容麟跑到了邺城,他劝范阳王慕容德南迁到滑台(在今河南滑县东),魏国随即夺取了邺城。慕容麟给慕容德加上了尊号(慕容德就是前燕国主慕容皝的儿子),他算是继承了哥哥慕容垂的旧业,成了燕王,不久又称皇帝,把自己的名字改成"备德",在广固(今山东青州)设立了首都,这就是"南燕"国。后来慕容麟又谋反,被慕容备德杀了。慕容备德在君位六年死了,他没儿子,让他哥哥的儿子慕容超做了接班人。慕容超在位五年,政令都是由权臣和他所宠爱的人出的。东晋的太尉刘裕灭掉了南燕国,活捉了慕容超送到建康斩了,南燕灭亡。共两个国主,十一年(公元400—410年)。

后燕国主慕容宝在龙城(今辽宁朝阳)想调兵再次夺取中原地带,他的儿子长乐王慕容盛规劝他,他不听。他走到第二个部落群时,长上(武官名称)段速骨因为民众害怕出征服役,于是带头作乱,慕容宝跑回龙城。尚书兰汗暗中与段速骨合谋诱杀了辽西王慕容农,段速骨进城,放开兵马大肆掠夺。慕容宝和儿子慕容盛都骑着快马向南跑,兰汗派人接慕容宝。慕容宝觉得兰汗是自己父亲慕容垂的舅舅,又是儿子慕容盛妃子的父亲,认为自己不会有什么危险,于是就要跟着来人去。慕容盛哭着劝他,他不听,于是慕容盛就和将军张真离开大路躲藏了起来。慕容宝离龙城四十里时,兰汗派自己的弟弟把慕容宝杀了,并杀了太子慕容策。兰汗自称为昌黎王。慕容盛想去办父兄的丧事,张真劝他不要去,慕容盛说:"如今我在这穷途末路的困境中投奔他,兰汗本性愚昧,一定不会杀我。这样,一年半载的就能达到我的目的。"于是他就去见兰汗。兰汗的妻子乙氏和慕容盛的妃子见到慕容盛都哭了,兰汗于是放弃了杀慕容盛的念头,对待慕容盛就像从前一样。慕容盛于是一方面离间兰汗的兄弟们,一方面又暗中结交党羽。兰汗和他的弟弟加难互相用兵攻击,把李旱和张真当作了自己的心腹人。李旱和张真是慕容盛一向厚待的人,有一天趁兰汗喝醉,慕容盛翻过墙走进了兰汗的卧室同李旱、张真等人一起杀死了兰汗后,朝廷内外并没什么反应。慕容盛于是下令继承了君位,自贬称号叫"庶人天皇"。他采用严刑酷法来治理国家,弄得人不自保。前将军段机等人作乱,慕容盛领兵讨伐,身受重伤而死,他在君位四年。中垒将军慕容拔等人对丁太后说:"国家多难,应立个年纪大些的国君。"于是废掉了太子,接慕容垂的小儿子河间公慕容熙坐上了君位。慕容熙娶了原中山尹苻谟的两个女儿,大的叫娀娥,做贵人;小的叫训英,做贵嫔。两女都长得非常漂亮,慕容熙很宠爱她们。丁太后看不顺眼,慕容熙就逼她自杀了。娀娥不久死了，慕容熙让训英做了皇后。慕容熙让人造龙腾苑，规模纵横十多里。堆筑的景云山高十七丈，又盖起了逍遥宫，房屋几百间，和苻皇后在里面吃喝游玩，一刻都不分离。后来苻皇后也死了，慕容熙痛哭，哭得死去活来。他还下令让百官跟他一起哭，光有哭声看不见眼泪的，还要受处罚。等到要去下葬，丧车又高又大，只好毁掉北城门，车子才走了出去。慕容熙披散着头发，光着脚步行送葬二十多里。当初，中卫将军冯跋把慕容熙得罪了，正在山泽中逃命。这时民怨载道，冯跋偷偷跑进龙城，等到慕容熙出去送葬了，他就和左卫将军张兴等人在城中作乱，推举夕阳公慕容云做了君主，关上城门把守着。慕容熙的军队因这意外而惊散，慕容熙穿着便衣藏在林中，后被人发现抓住送到了慕容云那里。慕容云让人把慕容熙和他的几个儿子都杀掉了。慕容熙在君位七年。慕容云于是登上天王位，恢复了原来的姓氏高姓，后燕国灭亡。共出了六个君主，二十四年（公元384—407年）。前燕、后燕总共八十八年。

高云在天王位三年时，被他宠爱的臣子离班和桃仁所杀。大家又把离班和桃仁捉住杀了，于是推举冯跋做了国君，这就是"北燕"国。冯跋很注重政事，减轻了民众的徭役和赋税，慎重挑选朝中和地方官员，北燕国人很舒心。冯跋在位二十二年时，得了重病，他命令太子冯翼主管国事，抓住兵权。冯跋的夫人宋氏想让自己的儿子冯受居继承君位，于是她骗冯翼说："王上的病就要好了，为什么要急着代替父亲做国主？"冯翼性格仁慈软弱，于是就回东宫去了。宋夫人就趁机假传诏令打算让冯受居接替君位。这时冯跋的弟弟中山公冯弘率领士兵进入禁宫，值班的守卫宫门的官兵都逃散了。宋夫人命令关闭东阁小楼，冯弘的家童爬墙跳进阁内，射死了宫里的女官，冯跋受到惊吓而死，冯弘继承了天王位。太子冯翼率领东宫士兵出战失败，被冯弘杀死。冯跋有子女一百多人，冯弘把他们都杀了。魏太武帝拓跋焘多次攻打北燕，北燕国主冯弘多次失败，丧失领地。后来北魏攻下了北燕的白狼城（故址在今辽宁凌源南），冯弘跑到了高丽国，不久被高丽人杀死。冯弘在君位六年时，被北魏国所灭。北燕国共出了两个君主,二十八年(公元409—436年)。几个燕国的事已经说完,下面说说几个凉国的事。

当年,前秦国主苻坚任用吕光为骁骑将军,统领军队十万人,其中铁骑兵五千打西域。吕光是略阳(今属山西省)氐族人,表字叫世明,是齐太公吕尚(姜子牙)之后吕婆楼(表字广平)的儿子。吕光等人领兵行军,越过流沙三百多里,焉耆等国都归附了他。吕光看到龟兹富足,想留在那里,印度僧徒鸠摩罗什对他说:"此地不值得你留下来,将军还是往东走吧。回去自然有福地供你存留。"前秦国的凉州刺史梁熙打算堵住他,不让他往东再走。吕光击败了梁熙并杀了他,进入姑藏(今甘肃武威县),自己做了凉州刺史,所属郡县都归降了他。后来吕光听到前秦国主苻坚的死讯后,下令全军戴孝,并大赦天下,重新纪年。他自称为三河王,不久又称天王,国号叫"大凉"(史称为"后凉")。吕光任命秃发乌孤做河西都统(领兵武官),后来秃发乌孤背叛了后凉,夺取了金城(今甘肃皋兰),自称为平西王,这就是"南凉"国。后凉的尚书沮渠蒙逊也反叛了,占据了金山(阿尔泰山)。建康郡(今甘肃高台)太守段业也背叛了后凉,沮渠蒙逊领着他的人马归附了段业,这就是北凉国。吕光病重,立太子吕绍为天王,吕光自称为太上皇帝,任用他庶出的长子太原公吕纂作为太尉,常山公吕宏为司徒。吕光告诫他们说:"你们兄弟和睦,这个国家就会流传万世。要是你们互相图谋,那么亡国的大祸很快就会到来。"他说完很快就死了,在位十四年。太子吕绍即位。吕光之弟吕宝的儿子吕超对吕绍说:"吕纂做将领多年,看他的举止一定会搞政变,请趁早把他除掉。"吕绍说:"先帝的话还在耳边,就是他想算计我,我也视死如归,我不会先下手害他。"在吕绍做国君刚五天时,哥哥吕纂和他的弟弟吕宏在夜里领壮士打进了广夏门,吕超率两千士兵进行抵抗,结果失败。吕超逃到了广武(今甘肃永登),吕绍自杀,吕纂坐上了天王宝座。后来吕超从广武上疏表示谢罪,吕纂又恢复了他的爵位。吕纂让吕宏担任大司马职务,后来吕宏凭着自己功高又有兵权在手,就在东苑发兵作乱,吕纂领兵打败了他。吕宏往南凉跑,吕方捉住了吕宏,把他押送到吕纂那里杀掉了。吕纂放纵士兵大肆掠夺,把东苑的妇女都赏给了他的将士们,其中包括吕宏的妻子、女儿。吕纂既好喝酒又好打猎,一天,他和吕超等人在内庭喝酒,吕超的哥哥吕隆对吕纂一再劝酒,吕纂被灌得大醉,吕超拿剑刺穿了吕纂的胸膛,杀死了他。吕纂在王位三年,吕纂的王后杨氏命令宫中禁兵讨伐吕超,大臣杜尚阻止了禁兵的行动,他们都丢掉武器投降了。吕超推举自己的哥哥吕隆即了天王位。杨氏很漂亮,吕超想接纳她,这使她大为吃惊,最后尽气节而死。后梁国主吕隆大杀豪门望族。焦郎等人派人去游说后秦国主姚兴,于是姚兴派兵从金城(在今甘肃皋兰西北黄河北岸)渡过黄河,直奔姑藏。吕超等人迎战,被打得大败。南凉王秃发傉檀和北凉的沮渠蒙逊也先后出兵攻打吕隆。最后吕隆向后秦姚兴投降,他在位三年。后来,吕隆和他的儿子吕弼因谋反被杀,后凉灭亡。共出了四个国主,十八年(公元386—403年)。

从后凉分裂出来的有南凉秃发氏。秃发氏的祖先是河西(黄河以西地区)的鲜卑族人,与魏国的拓跋氏同祖。西晋武帝司马炎做皇帝时,秃发树机能攻下了凉州(今甘肃、宁夏和青海湟水流域、内蒙古纳林河、穆林河流域)。晋武帝任用马隆为武威太守,打败了秃发树机能的军队,秃发树机能被他的部下杀死,树机能的叔伯弟弟秃发务丸接替了他的位子。秃发务丸死后,他的儿子秃发椎斤接班掌权。秃发椎斤活了一百一十岁死了,他的儿子秃发思复鞬接任。秃发思复鞬死后,儿子秃发乌孤接任。乌孤敢作敢为有大志,吕光占有了凉州后,拜乌孤做了冠军大将军、河西鲜卑大都统,封为广武公。没多久秃发乌孤就背叛了后凉,占领了金城。秃发乌孤后来又把都城迁到了乐都(今属青海省),自称为“西平王”。湟河、浇河太守都带着土地投向了他,五岭以南的羌族几万个部落也都归附了他。秃发乌孤在位三年时,一次醉酒骑马,摔伤了肋骨而死,他的弟弟秃发利鹿孤接任。利鹿孤在位三年死了,弟弟秃发傉檀接任。在傉檀做王十三年时,吐谷浑、乙弗(吐谷浑和乙弗都是鲜卑族部落群)等部都背叛了秃发傉檀。傉檀前去征讨,西秦王乞伏炽盘趁机领兵偷袭了乐都。傉檀领兵回去,他的军队被打散,傉檀向炽盘投降。后来乞伏炽盘用毒酒害死了秃发傉檀,南凉亡国。南凉出了三个君主,共十八年(公元397—414年)。从后凉分出来的还有个北凉国,北凉国沮渠蒙逊的祖先是匈奴的左沮渠王,他是以官名为姓氏的。后凉王吕光任用沮渠罗仇为尚书。罗仇参与攻打西秦,打了败仗。沮渠罗仇的弟弟沮渠麹粥劝他背叛后凉,沮渠罗仇不同意。回去后,沮渠罗仇和麹粥都被杀了。沮渠罗仇的侄子沮渠蒙逊读书很多,有谋略,他借着丧事归葬,联络了一万多人。蒙逊哭着对众人说:"吕王无道,杀了许多无罪的人,今天想和各部雪两个叔父的耻辱,恢复上世之业,你们看怎么样?"大家都表示同意。于是结盟起兵,攻打下了后凉的临松郡,屯兵据守在金山。沮渠蒙逊的堂哥沮渠男成说服了太守段业背叛了后凉,推举段业为凉州牧,沮渠蒙逊率众归附了段业。不久,段业自称为凉王,任用沮渠蒙逊为尚书左丞,这就是"北凉"国。

北凉王段业害怕沮渠蒙逊的勇猛与谋略,沮渠蒙逊也知道这一点,他在段业面前从不显露自己的才智。沮渠蒙逊一向害怕索嗣、马权和男成,于是他在段业面前说他们的坏话,段业就把他们全杀了。后来,沮渠蒙逊领兵造反,段业派将军田昂去对付他,田昂却领着兵向沮渠蒙逊投降了。蒙逊领兵打段业,段业身边的人见势都逃散了,于是蒙逊杀了段业,自己继任了国主。他选拔贤德有才能的人做官,文官、武将都很称职。接着他又攻打南凉,南凉国主秃发傉檀从姑臧逃到乐都,蒙逊打下了姑臧,于是把它作为了首都,自称为河西王,不久又灭掉了西凉。沮渠蒙逊在位二十九年死了,他的世子沮渠菩提幼小,担不起国事,国人就立了他庶出的长子沮渠牧犍做了河西王。魏太武帝拓跋焘把自己的妹妹武威公主嫁给了牧犍。牧犍的嫂子李氏长得绝顶漂亮,牧犍兄弟三人都想占有她。李氏和牧犍的姐姐一起合谋毒杀魏国的公主,魏国国主得信后派医生乘快车去救她,才没死。魏国主向牧犍要李氏,牧犍不给,于是魏国出兵攻打北凉,姑臧城被打坏,牧犍不得已出降,他在位七年。后来沮渠牧犍被魏国国主杀死,北凉亡国。从段业算起,共三个国主,四十三年(公元397—439年)。当初被北凉灭掉的还有个"西凉",国主李暠,表字元盛,是敦煌一带的少数民族。他是西汉时将军李广的后代,喜欢读文献经典,有美名。北凉王段业任命他为敦煌太守、都督、镇西将军。他不久就背叛了北凉,自称为“西凉公”,占有了沙州(今甘肃瓜州县以西到新疆吐鲁番)、秦州(即上邽郡)和凉州等地,又取得了酒泉作为首都。李暠在位十八年死了,他的第七代孙就是唐高祖李渊。李暠死后,世子李歆接替王位。李歆在位四年时,北凉王沮渠蒙逊打算夺取西凉,他装作领兵去攻打西秦国,却又悄悄把队伍领了回来等待着机会。西凉王李歆果然趁着北凉都城空虚时率领步兵、骑兵三万人来袭击北凉。蒙逊出击杀了李歆,李歆的弟弟敦煌太守李恂等人逃到了北山。蒙逊任用索元绪为敦煌太守。当年李恂在敦煌善待百姓,敦煌被治理得很好。索元绪却粗鲁、阴险,好杀人,失掉了民心。后来郡里人赶走了索元绪,发出密信招去了李恂,并推举李恂做敦煌主。北凉的蒙逊派人拦河筑起堤坝,用大水灌敦煌。李恂因此自杀,在位一年。蒙逊屠杀敦煌民众,西凉亡国。共出了三个国主,二十二年(公元400—421年)。此外还有个“仇池”国,远在东汉献帝时,略阳清水(在今甘肃天水地区)氐族人杨驹开始在仇池居住。仇池山在今甘肃成县西面,山上的城墙是天然形成的,周围陡峭险峻,城里有地百顷,城外有平地二十多里。想要上山,需走转盘的羊肠小道,转三十六圈才能上去。“三国”时,杨驹的孙子杨千万归附了曹魏,魏国封他为百顷王。杨千万死后,传给了杨飞龙,杨飞龙又一直往下传杨茂搜、杨难敌、杨毅、杨初、杨国、杨俊、杨世、杨纂、杨安、杨定、杨盛。杨盛听说东晋灭亡了,他还用晋恭帝司马德文的年号“元熙”纪年。他对世子杨元说:“我老了,应当一辈子是晋王朝的臣子。你要好好地为‘刘宋’皇帝服务。”杨盛死后,杨元接位主事。杨元死后,他的弟弟杨难当接替了他。杨难当投靠了“元魏”,北朝魏国封他为南秦王。往下又传杨保宗、杨文德、杨元和、杨僧嗣、杨文度、杨文宏、杨后起、杨集始、杨绍先。这时,杨集起、杨集义等人立了杨绍先为皇帝,背叛了北魏国。北魏国的梁、秦二州的刺史邢峦攻破了仇池,抓住杨绍先等人送到了洛阳,“仇池”国灭亡。这个小国从东汉献帝刘协开始存在到南朝梁武帝萧衍时灭亡,出了二十四个国君,共二百八十七年。“五胡”各国到此叙完,下面开始说说北朝“元魏”的事。

北朝元姓魏国,当初叫“代国”,是西晋愍帝时封的附属国。自从前秦国主苻坚灭了代国后,把代地分为两部分,派将领刘库仁、刘卫辰分别管理(刘卫辰的后代建立了夏国,前面已经说过)。刘库仁招降纳叛,施恩德讲信用。拓跋珪的母亲贺氏带着他投奔到刘库仁那里。刘库仁对待拓跋珪总是有求必应,也从不反驳拓跋珪的意见。刘库仁常对自己的那些子女说:“拓跋珪这小子的志向大无边,他将来肯定能恢复和发展他的祖业。你们要谨慎地对待他!”到了前秦失败国乱的时候,各部落的首领共同推举拓跋珪做国主,在牛川(今内蒙古呼和浩特东)聚会,即了代王君位。从代国灭亡后到这时正十年。拓跋珪重视农业,使民众安居,国人对他很顺从。又改国号叫“魏”,一开始时依靠“后燕”,后来与后燕脱离了关系。魏国攻破柔然(东部少数民族建立的一个小国),缴获马匹三十多万,牛羊四百多万,国势开始富足。后来又攻破了后燕,占有了后燕的一半,从盛乐(今内蒙古和林格尔)把国都迁到了平城(今山西大同市东),拓跋珪在平城称帝,这就是北魏太祖道武帝。北魏后来又袭击高车(匈奴的一个部落群),打下了它三十多个部落,得到马三十多万匹,使其他部落受到很大的惊吓。后来又击败了后秦的军队,魏国于是成了强国。拓跋珪在国内设置了五经博士(精通《周易》《尚书》《毛诗》《左氏春秋》《礼记》的学官名),增加国子大学生员三千人。一次,拓跋珪问博士李先说:“天下什么东西可以增加人的神智?”李先回答说:“没有比书籍更好的了。”拓跋珪于是命令各郡县大量收求书籍,全都送到平城。当年,拓跋珪娶了刘头眷的女儿,在后宫极受宠爱,她生了儿子拓跋嗣,就是后来的魏明元帝。拓跋珪攻下了后燕首都中山后,得到了后燕国主慕容宝的小女儿,他又宠爱上了她,于是打算立慕容氏为皇后。按惯例铸造金人占卜,慕容氏的像铸成了,就立慕容氏做了皇后。拓跋珪又见到了贺太后的妹妹漂亮,就向太后请求娶她,太后说:“这不行,她太美了,况且已有丈夫。”拓跋珪就秘密派人杀了她的丈夫,娶了她,生了清河王拓跋绍。拓跋绍这人凶狠无赖。拓跋珪时常服用道士炼的丹药,每当这时他急躁、喜怒无常,因怒杀的人无数。他想立齐王拓跋嗣做太子,按照旧例,想立太子,要先杀太子的母亲。于是拓跋珪要求拓跋嗣的母亲刘贵人死,他把拓跋嗣召了去,告诉了他这事。拓跋嗣本性孝顺,听到后哭得不得了,拓跋珪大怒。拓跋嗣回到住处,日夜大声哭泣。不久,拓跋珪又要召他去,他身边的人对他说:“皇上正在大发脾气,你去了恐怕有危险,不如暂时避一下。”拓跋嗣就到外边躲藏了起来,只有他帐下管车的头目王洛儿跟随着他。有一次,拓跋珪又因事谴责贺夫人,并打算杀了她,贺夫人就秘密地向自己的儿子拓跋绍求救。先前有一个神巫常常告诫拓跋珪他命里该有一场突然的灾祸,解决的办法是屠清河、杀万人才可免。拓跋珪于是就杀清河(在今河北省)一郡,他常常亲手杀人,想达到一万人。拓跋珪睡觉的地方没人知道,只有他的一个爱妾名叫“万人”的知道。清河王拓跋绍当年十六岁,万人和他私通。这时,拓跋绍打算救母杀父,让万人做内应,自己翻过墙进入宫中杀拓跋珪。拓跋珪临死时说:“弄来弄去,原来‘清河、万人’这一说指的就是你们啊!”魏太武帝拓跋珪在位二十二年被杀。拓跋嗣在外听说京城中有了变化,便派王洛儿夜里潜入平城,通告将军安同等人,于是大家一起把拓跋嗣接了回去。卫士绑了拓跋绍送到拓跋嗣那里,拓跋嗣命人把拓跋绍和贺氏以及万人一干人等都剁成了肉酱。拓跋嗣随后即了位,这就是魏太宗明元帝。他任用崔浩辅佐政事,鼓励民众种田、养蚕,人民过得安定富裕。祭祀太庙时,有几百国参与助祭。拓跋嗣在位十五年死了。

太子拓跋焘继承了君位,这就是魏世祖太武帝,他仍然任用崔浩。拓跋焘健壮并凶猛勇敢,攻城对阵时,他冒着箭、石,身边的人死伤一个接着一个,他仍然神色自若,所以将士们都怕他而服从他,都尽死力作战。他很会用人,一些官吏是从士兵中提拔上来的。他赏罚从不问被赏罚的人的身份贵贱,任何事情都瞒不过他的眼睛。这样一来,使魏国的兵力愈加强盛,战无不胜。拓跋焘灭掉了夏国、北燕、北凉、仇池等国,又平定了西域、柔然、高车等国,除了江东南朝外,北方统一了。他提倡学习文献经典,大力发展农业,积攒粮食,魏国被治理得很好。只可惜他不念崔浩为国家所作的贡献,只因崔浩写史有揭露国家阴暗面的地方,就以“暴扬国恶”的罪名杀了崔浩和亲戚的全家。拓跋焘外出时用太子拓跋晃代行处理国政,中常侍宗爱常在拓跋焘面前说太子的坏话来陷害太子,拓跋晃因担忧、发愁而死。拓跋焘痛心思念太子没完没了,宗爱怕拓跋焘杀他,于是他先下手杀了太武帝拓跋焘,立了拓跋焘的另一个儿子南安王拓跋余。太武帝拓跋焘在君位二十九年被杀。不久,宗爱又杀了拓跋余。尚书源贺、陆鹿等人领兵杀了宗爱,接太子拓跋晃的儿子皇孙拓跋浚继承了君位,这就是魏高宗文成帝。他任用高允主管国政,魏国得到了很好的治理。拓跋浚立了儿子拓跋弘为太子,让拓跋弘的母亲李贵人逐条记载需要记的事,再把这些记载的内容交给她的兄弟,然后按照旧例让她自杀。文成帝拓跋浚在位十四年死了,魏献文帝拓跋弘继承了君位。拓跋弘当年只有十三岁,冯太后主管朝政。冯太后虽然淫乱,但能任用高允,所以魏国平安无事。魏国主拓跋弘是李夫人所生,由冯太后抚养,在拓跋弘年龄大些后,冯太后把政事交给了献文帝。拓跋弘亲政后,提拔了一些清官,罢免了一些贪污腐败的官,使魏国得到了很好的治理。后来他迷上了道教和佛教,于是他传位给太子拓跋宏,自己号称太上皇帝。拓跋宏在五岁时就有淳厚的性情,当时拓跋弘身上长了个脓包,拓跋宏亲自为父吸脓。在他接替君位时又悲痛得不行,拓跋弘问他悲痛的原因,他说:“代替了父亲,我内心真像刀割一样。”大臣们上奏说:“如今皇帝太年幼,国家大政还应由陛下掌握。”拓跋弘听从了。当初冯太后和臣子李奕私通,拓跋弘发现后大怒,杀了李奕。冯太后因此恨上了拓跋弘,秘密地用毒酒毒杀了拓跋弘。拓跋弘在君位六年、在太上皇位五年而被杀死。

魏高祖孝文帝拓跋宏即了皇帝位,冯太后再次临朝听政,行使皇帝权力。冯太后对事看得准,能看书、写字和筹算,也有智谋,善于变通,生活上吃穿都很简朴,只是喜淫。魏主拓跋宏很孝顺,事无大小总是顺着她。太卜令拓跋睿被冯太后看好了,升为尚书令,并封为中山王爵位，后来他得了重病，太后多次到他家去探望。拓跋睿死后又赠给他谥号，建了庙，文士为他写纪念文章的有一百多人，等到下葬那天，自称是拓跋睿的亲戚哭着送葬的有上千人。魏主拓跋宏任用拓跋睿的儿子继任为尚书令。太后也知自己作风不好，又怕别人议论自己，只要怀疑哪个臣子在背后议论过她，就把那个臣子杀掉。太后前后当政二十五年死了。太后病重时，孝文帝拓跋宏亲自端饭喂药五天，他的悲痛超过了应有的礼节。当初冯太后忌讳孝文帝太聪明，怕他对自己不利，在严寒天气把拓跋宏关在冷室里，三天没给他吃东西，打算废掉他另立咸阳王拓跋禧。东阳王拓跋丕等人冒死坚持劝谏，她才罢休。拓跋宏当上了皇帝后，对冯太后毫无恨意，只是深深地感激拓跋丕等人。有一个宦官到冯太后那里说拓跋宏的坏话，太后打了拓跋宏几十板。事后，拓跋宏也从不追问。咸阳公高允死了，高允做过五位皇帝的大臣，终年九十八岁。从孝文帝时开始禁止同姓人结合为婚，他提倡祭祀周公、孔子，推行养老礼。他又因为平城当地气候寒冷，常刮风沙，就把都城迁到了洛阳，又把自己的拓跋姓氏改为“元”姓。他开始划分出大族、望族姓氏，提倡礼乐和华夏风俗，禁止说胡语，并寻求古时遗留下来的书籍，在洛阳开办了国子太学、四门小学（即文字训诂学）。魏主元宏喜欢读书，总是书不离手，善于写文章，大多是在马背上，他嘴里说别人记，不改一个字。从太和十一年以后，他的诏书和为选拔人才所作的“策问”都出自本人之手。他很爱他的兄弟们，始终没有隔阂。他为国家的各种政务整日操劳，能听进别人的各种意见，制礼作乐有三代（夏、商、周）之风。

魏主元宏连年在外，皇后冯氏和他的宠臣高菩萨私通。他回宫后杀掉了高菩萨等人，却不忍心废掉皇后。元宏因抵挡南朝齐国的军队获得了胜利，又因病重而回京城洛阳，走到谷塘原，把太子元恪托付给了自己的弟弟彭城王元勰。元勰考虑到责任重大，如有差错罪名必重，哭着坚决推辞。元宏亲手写了诏书给太子，说：“你叔父元勰有美好的规范和高尚的品德，有松竹一样的心。我死后，你要一切听叔叔的，学习叔叔的谦虚自抑的性格。”又对元勰说：“后宫的人长期干些违背礼法的事,我死后让她们自尽,埋葬时用厚礼。”不久,元宏死了,在位二十九年。太子元恪到鲁阳(即今河南省鲁山县)见到了梓木做的棺材,于是宣布孝文帝元宏的死讯,继承了君位,这就是魏世宗宣武帝。宣武帝元恪做了皇帝后,他的宠臣开始专政,赵邕以及元恪的外戚高肇等人把持朝政,魏国开始走下坡路。高肇怨恨彭城王元勰,多次在元恪面前说元勰的坏话,诬陷元勰谋反,于是元恪用毒酒害死了元勰,全朝文武官员都意气颓丧。元恪立儿子元诩做太子。元诩是胡贵嫔所生的儿子,魏国从此不再杀太子的亲生母亲。宣武帝元恪在位十六年死了,魏肃宗孝明帝元诩继承了君位,胡太后临朝行使皇帝的权力。胡太后聪明有悟性,喜好读书和写文章,射箭能射中针孔那么大的目标,需要写什么都自己动手。他建造了永宁寺,佛塔高九十丈,极为精美。僧房上千间,里面的珠宝锦绣令人震惊。他派和尚惠生到西域求取佛书,惠生走出魏国国境,向西走了两年到了乾罗国(在今阿富汗喀布尔河沿岸一带),得到佛书一百七十部回国。胡太后杀了原来的正宫娘娘高太后,用埋葬尼姑的葬礼埋了她。孝明帝元诩的叔叔太傅清河王元怿风度仪表很好,胡太后逼迫他与她通奸。元怿很有才能,他辅政很有成就。侍中元义、卫将军刘腾凭借着受宠专权,元怿常常节制他们。于是元义、刘腾就散布消息说元怿想毒死皇帝,然后封闭了永巷门,胡太后出不去。他们把元怿捉住杀了,又把胡太后关到北宫,魏主元诩想见也不可以,胡太后免不了挨饿受冻。元义、刘腾于是开始大权在握。元义嗜酒好色,又贪财受贿,地方上的州牧、郡太守、县令也一个跟着一个都贪污,百姓生活穷困,人人心怀不满。刘腾死后,魏主元诩和太后身边看守他们的人稍微松懈了些,母子才得到了相见的机会。后来胡太后定下计策,让元义放下了兵权,她再次临朝摄政,把元义赐死。胡太后再次当政以后,喜欢打扮自己,多次出游。李神轨、徐纥等人都得到了太后的宠爱,尤其是郑俨更为得宠,太后让他兼任尚食典御(掌管帝王及后宫的饮食),使他白天夜晚都待在宫里。每当官员休息洗澡的日子,胡太后都让宦官跟随着她一起到郑俨家里去,郑俨的妻子在场,也只能说些家事罢了。

宠臣掌权，政事松弛，于是葛荣起兵造反，国号叫“齐”。讨虏大都督尔朱荣的兵力强盛，魏国朝中大臣都怕他。魏主年龄渐大，胡太后也知道自己的行为不检点，凡是魏主元诩所亲信的人，她都找理由把他们从魏主身边赶走，于是母子两人之间嫌隙越来越大。魏主想让郑俨、徐纥等人离开太后却办不到，于是他秘密地给尔朱荣下了诏令，让他领兵进城威逼太后妥协。尔朱荣派高欢做先锋，队伍走到上党（今山西长治），魏主元诩又下了一道密诏让部队停止前进。郑俨、徐纥害怕祸事牵涉到自己，于是就秘密地和胡太后谋划用毒酒毒死了元诩。魏孝明帝在位十三年死，立皇子为帝。不久，胡太后下诏令说：“潘嫔所生的孩子实际上是皇女，不能立为皇帝。已故的临洮王元宝晖是高祖元宏的孙子，他的儿子元钊可立为皇帝。”于是接去元钊继承了皇帝位，当年才三岁。尔朱荣听到这个消息，立刻上表反对，他领兵直奔皇宫，立了彭城宣王元勰的儿子元子攸为皇帝，这就是魏敬宗孝庄帝。元子攸让尔朱荣统领朝廷内外各项军事，并封为太原王。李神轨、徐纥、郑俨等人都先后远逃，胡太后和后宫的人都被剃光头做了尼姑。不久，尔朱荣又派骑兵捉住胡太后和幼主元钊沉到河里淹死了，又杀王公以下两千人。尔朱荣的女儿先前是孝明帝元诩的嫔妃，这时尔朱荣想让他的女儿做皇后，元子攸答应了，这使尔朱荣非常高兴。尔朱荣攻打起义者葛荣，葛荣被抓。尔朱荣还打下了翼、定、沧、瀛、殷五个州。尔朱荣虽然在外带兵，却能遥控朝政。敬宗元子攸外被尔朱荣所挟制，内被皇后尔朱氏所压制，很不快乐。好在天下不太平，民众纷纷起来造反与尔朱荣对抗。等到尔朱荣胜利告捷，元子攸很不高兴，有了除掉尔朱荣的想法。于是他用了城阳王元徽的计策，声称生了个皇子，于是尔朱荣与元天穆一起到朝中贺喜。这时光禄少卿鲁安、典御李侃晞等人一起拿刀进入，尔朱荣一看慌了，忙往元子攸那里跑。元子攸事先也预备了刀放在脚下，于是迎着尔朱荣一刀杀死了他，并且杀了元天穆和尔朱荣的儿子尔朱菩提等人，赦免了其他相关人等，百官闻讯纷纷入朝贺喜。这天夜里，尔朱荣的叔伯弟弟尔朱世隆率领尔朱荣的部队放火烧了西阳门，然后把部队带到黄河南岸驻扎了下来，拿到了太原王尔朱荣的尸体后，就向北走了。尔朱荣的侄子尔朱兆听说尔朱荣被杀死，于是从汾州率领骑兵占据了晋阳。尔朱世隆到了长子县（在今山西省），尔朱兆去和他会合，两人立了太武帝拓跋焘的第五代孙子长广王元晔为皇帝，大赦天下，改换了年号。尔朱兆率领轻装部队日夜急行，从河桥向西渡过黄河，直到皇宫宫门口。宫中的宿卫人员发觉后，拉弓想射他们，箭却射不出去，这些保卫皇宫的人员一下子都跑掉了。尔朱兆的骑兵捉住了国主元子攸关在了永宁寺的楼上，魏孝庄帝在位两年。尔朱荣放纵士兵大肆抢掠，杀皇子，侮辱嫔妃和公主，还杀了临淮王元彧等人。魏主元子攸冻得受不了了，向尔朱兆要头巾，尔朱兆没给他，却把他勒死了。尔朱世隆兄弟认为长广王元晔不是皇族近亲，想立个近亲来顺应人们的愿望，于是废掉了元晔。元晔在位一年就被废，换了献文帝拓跋弘的孙子广陵王元恭即位，这就是魏节闵帝。

当年葛荣起兵造反，他和部下领兵二十多万人进入并州、肆州（并、肆州都在今山西省）等地继续反抗，尔朱兆对此非常担心，于是他向高欢问计，高欢说："应该选一个您知心的人让他来领兵镇守。"于是尔朱兆就把自己的部分军队交给了高欢，并让他做了冀州刺史，高欢从此有了六镇的兵权。后来魏国的河北大使（特指派出巡的大臣）高乾和他的弟弟高敖曹发兵讨伐尔朱兆。高欢把兵驻扎在壶关（在今山西长治一带），声言要讨伐高乾。高乾偷偷地跑到高欢那里，劝说他讨伐尔朱兆。这时赵郡太守李元忠也劝高欢讨伐尔朱兆。高欢大喜，于是决定向尔朱兆进攻。高欢立了太武帝拓跋焘的玄孙渤海太守元朗做皇帝，他自己做丞相。高欢又用了反间计，使尔朱世隆兄弟与尔朱兆相互猜疑。高欢进军攻打尔朱兆，尔朱兆败退。高欢又在邺城攻击尔朱兆等人，再次获胜，尔朱兆自杀。高欢接着消灭了尔朱氏的其他党羽，把节闵帝关在崇训佛寺里，不久就杀了他。元恭在君位两年。高欢又因为元朗是皇族远亲，于是废掉他又立了孝文帝元宏的孙子平阳王元修，这就是北魏孝武帝。

雍州刺史贺拔岳派遣司马宇文泰到晋阳去观察高欢的动静，高欢看了宇文泰的容貌，觉得他很奇特，就想留下他。宇文泰坚决推辞，高欢于是就放他回去了。宇文泰回去后对拓跋岳说：“高欢之所以没篡夺君位的原因是害怕您兄弟罢了，应当暗暗有所准备。”贺拔岳听了这话非常高兴。因夏州（原夏国赫连勃勃的都城统万一带，在今陕西榆林市横山区西）靠近边境，地理位置重要，于是贺拔岳向魏主上表用宇文泰前去镇守。没多久，贺拔岳被陈悦所杀，宇文泰讨伐并杀了陈悦，并带领了贺拔岳的军队。北魏大丞相高欢举兵造反，中军将军王思政对魏主元修说：“高欢的用心已经明摆着了，宇文泰这个人还靠得住，不如就到那里去，还回旧京城长安，事情就好办了。”元修听从了，于是率五千骑兵向西奔向长安。宇文泰准备了仪仗和卫士前去迎接元修，在东阳驿见了面。元修进入长安，任用宇文泰做尚书令，军队和国政都由宇文泰说了算。元修又下达命令数落高欢的罪恶。元修召荆州刺史贺拔胜到他那里去，贺拔胜迟疑不决，最后竟然跑到南朝梁国去了。高欢带兵追赶魏主元修没追上，于是又回到洛阳，召集百官和老臣立了孝文帝元宏的曾孙清河王元亶的世子元善见为皇帝，这就是孝静帝。静帝向北迁都到邺城，所以当时叫作“东魏”。元修在长安没多长时间就和宇文泰有了矛盾，宇文泰用毒酒毒死了他。元修在君位三年而死。宇文泰又立了元宏的孙子南阳王元宝炬即了皇帝位，首都还在长安，这就是“西魏”文帝。从此北魏分成了一个“东魏”，一个“西魏”。魏国从拓跋力微开始到拓跋什翼建国号叫“代”，共十三个国主，年代是从东汉献帝刘协庚子年（公元 376 年），共一百五十七年被前秦灭掉。又从武帝拓跋珪丙戌年（公元 386 年）再次建国改国号为“魏”，一直到南朝梁武帝萧衍癸丑年（公元 533 年）一分为二，其间达一百四十八年。后来东魏被北齐所篡，西魏被北周所篡。

第二十一章　周并齐隋篡周灭陈统一

东魏的高欢，表字叫贺六浑，是渤海蓨人（今河北景县人）。他先是在杜洛周起义队伍中，后来又跑到葛荣队伍里，随后又逃到尔朱荣那里。尔朱兆把兵权交给了他，封他为渤海王。高欢灭了尔朱兆以后，又逼得魏主元修跑到宇文泰那里。这时，高欢另立了清河王的世子元善见为皇帝，又因为洛阳离西魏太近，就又把都城迁到了邺城。高欢大多的时候住在晋阳，只是派他的儿子高澄在邺城主管政事。高欢因宇文泰攻杀了东魏将领窦泰，于是他领兵到了沙苑（在今陕西大荔县南洛河、渭水之间），西魏的将领们都很害怕。宇文泰的侄子宇文深对宇文泰说："高欢在黄河以北地区很得民众的心，不容易对付。如今他孤军渡河，打一仗就可活捉他。"于是宇文泰领兵在渭水的转弯处与东魏军交战。东魏的将士见西魏的兵马少，于是人人争着上前攻打，这样就乱了行列。这时宇文泰敲响了战鼓，西魏的将士们都奋起迎战，西魏李弼等人又率领铁骑兵出其不意从中截击，东魏的军队被从中断开，东魏军大败，高欢于是率残兵败将逃走了。宇文泰领兵回到渭水南岸，在战场上每人种一株柳树，用来表彰武功。高欢逃回去后，又率全部人马攻打西魏。在打玉壁城时（在今山西稷山县南），西魏的守将韦孝宽对高欢军进行了灵活的抵抗，高欢军毫无战果。高欢于是派祖珽去劝说韦孝宽投降。韦孝宽对祖珽说："你们攻城的人白挨累，我们守城的人就是这么安闲。我韦孝宽一个关西汉子，绝不做投降的将军。"高欢的将士死了有七八万人，恰在这段时间有流星坠落到高欢的军营中，高欢很害怕，就领兵回去了。后来东魏大丞相高欢得了病，于是他派他的次子太原公高洋镇守邺城，调世子高澄去晋阳。高欢这人城府很深,谁也猜不透他有什么打算。他在治军方面法令严明,没有什么事能瞒得住他,所以文武官员都愿意听他指挥。高欢病重时,对世子高澄说:“侯景在黄河以南主政十四年了,常有不受约束的心。我能治住他,但他不是你能驾驭的。能胜过侯景的人还有一个慕容绍宗。”高欢死后,高澄封锁了死讯,自己亲自出去巡查各州,于是到了邺城。与东魏国主一起吃饭时,高澄起身跳舞,懂舞的人都知道他跳得不好。高澄回到晋阳,用他的弟弟高洋任京畿大都督,留在邺城,回到晋阳后就公布了高欢的死讯。东魏国主元善见追认高欢为相国、齐王,并准备了“九锡”这种特别的礼物。任命高澄统领内外各军事,并总领尚书事。侯景一向轻视高澄,当时的名将高敖曹、彭乐等人他也没放在眼里。他听说高欢死了,于是他带着黄河以南的土地投向了西魏,后来又投向了南朝的梁国。

东魏国主孝静帝元善见容貌慈善,体力超过常人,射箭很准。他喜欢读书写文章,并且为人从容稳重,当时的人都认为他有孝文帝元宏的遗风,因此大将军高澄非常顾忌他。当初高欢为了掩盖逼走君主元修的丑行,对他自己选的这位新君主在礼节上还相当恭敬。等到高澄当权,就变得相当傲慢。有一次,高澄陪着东魏主喝酒,拿大酒杯让东魏主喝,这使东魏主元善见非常生气,说:“从古以来没有不灭亡的国家,朕还做这个君主干什么?”高澄怒骂道:“朕、朕、朕,朕你个狗腿!”他命令季舒打了元善见三拳,然后甩袖而出。元善见受不了这个气,念诵了两句谢灵运的诗:“韩亡子房奋,秦帝鲁连耻。”于是他与荀济等人谋划要杀高澄。不料这事泄露,高澄带兵进入宫中,见到元善见也不拜,就坐下说:“陛下造反是什么意思?”于是把元善见关到含章殿,把荀济等人在刑场上烹煮死,之后就回晋阳去了。高澄抓到了南朝梁国刺史兰钦的儿子兰京,让兰京当了传膳的家奴。兰钦请求赎回他的儿子,高澄不答应。兰京多次哀求放了他,高澄总是用棍子打他说:“再说这些就杀了你!”于是兰京找到同谋者准备杀高澄。高澄喜欢上了高阳王元泰的女儿琅邪公主,公主很漂亮却很风流,在社会上做了妓女,常常待在邺城,所以高澄也不时地往邺城跑。一天,高澄在邺城和陈元康、杨愔、崔季舒打发走了其他人，在一起谋划准备让元善见退位、高澄篡位做君主的事。兰京把刀藏在盘子下面，假说进去送饭菜，趁机杀了高澄。这事件来得仓促，京城内外震动很大。

当初，高澄的弟弟太原公高洋被高澄所顾忌，高洋也隐藏不露自己的心机，所以在别人看来高洋这个人很平庸。这时他听说高澄死了，他神色不变，指挥部署手下人去抓人杀掉。东魏国主元善见听说高澄死了，高兴地偷着对身边的人说："大将军的死像是天意，威权应当再次回到朕的手里啦！"等到高洋进宫去见他，他才看见跟随高洋的武士八千人，跟随高洋登上大殿台阶的有二百多人，都撸着袖子拿着刀。高洋命令主管人向元善见传奏说："臣有家事，需到晋阳去。"拜了拜就走了。东魏国主大惊失色，看着他们走远了说："朕不知道死在哪一天了。"晋阳的旧臣、老将们一向轻视高洋，高洋到了晋阳召集文武官员开会。他神采飞扬、口齿伶俐，大家都大吃一惊。高澄当政时，一些制度有缺陷的，高洋都使它们完善了起来。高洋自封为丞相，统领朝廷内外各项军事，并自封为齐王。高洋任命高德政为书记（掌管书牍记录的官员），对高德政很亲昵。高德政劝高洋篡夺东魏政权，高洋把这个想法和母亲娄太妃说了，太妃对他说："你父亲如龙，你哥哥像虎，还认为天位不可胡乱占有而终身为臣，你是什么人却想着舜禹之间禅让的事？"高洋又把这事对徐之才说了，徐之才说："正是因为赶不上父兄，所以应当早点升上尊位啊！"高洋铸了像占卜成功，于是派侍中张亮等人去见东魏主元善见，逼他退位。元善见走下御座去和六宫的宫人告别，宫里人都哭了。高洋把元善见贬为中山王，元善见在君位十七年，东魏灭亡。东魏就出了一个君主（公元534—550年）。高洋坐上了君位，国号叫"齐"，这就是"北齐"显祖文宣帝。"西魏"的太师宇文泰领兵讨伐北齐国，高洋亲自领兵驻扎在东城。宇文泰听说高洋军容严整，兵员充足，感叹地说："高欢没死啊！"这时又遇大雨久下不停，于是宇文泰领兵返回去了。黄河以南从洛阳，黄河以北从平阳（今山西临汾）以东都属于北齐版图。高洋行动都让中山王元善见跟随着。从前，东魏静帝的皇后是高欢的女儿太原公主，这时降为中山王妃。

太原公主每次在吃饭时都为中山王元善见尝饮食,怕他被害。一天,高洋单独招待公主喝酒,派人毒死了元善见,又杀了元善见的三个孩子,都埋葬在邺城西边,后来又挖了出来扔到了漳河里。元善见死后,高洋逼迫太原公主嫁给了仆射杨愔为妻,接着杀尽了姓元的人,前后死的有七百二十一人,尸体全都扔到了漳河里。

高洋刚刚当上国主,关心政事,所用的人也能尽力做事。又能以法管制百官,全境得到了治理。军队和国家事务决策都由他一人说了算。外出打仗时,每当冲锋陷阵他都以身作则,所以取得了多次胜利。几年后,高洋渐渐凭着武功和业绩骄傲起来了。他喝大酒,干些有失身份的事。一次,娄太后因他耍酒疯拿棍子打了他。高洋说:“就应当把这老母嫁给胡人。”太后大怒。高洋想让太后笑,于是自己就趴在地上当床,太后坐上后,他一起身把太后摔在地上,摔得不轻。高洋醒酒后非常后悔,自己骂自己,又拿起棍子请太后责罚他。太后上前抱住了他,高洋哭着苦苦地请求,于是太后打了他五十棍。高洋穿好衣服带好帽子拜谢母亲,悲痛得不得了。他从此戒酒十天,十天后又变成了老样子。高洋对高氏妇女不管亲疏,往往乱搞一通,还把一些妇女赏赐给他身边的人。如果妇女不听从,动刀就杀。齐主高洋娶了娼妇薛氏,并对她非常宠爱。清河王高岳曾因薛氏姐姐的关系,把薛氏请到了自己家里,因为这事高洋就用毒酒害死了高岳。过了一段时间,高洋忽然想到是薛氏与高岳通奸,于是把薛氏砍了头。仆射崔暹死了,高洋到他家去哭丧,他对崔暹的妻子李氏说:“你很思念崔暹吗?”崔妻回答说:“是啊。”高洋说:“那你怎么不到阴曹地府去看他呢?”于是当即斩了崔妻,把头扔在了墙外。齐主杀了自己的弟弟上党王高涣、永安王高浚,只是因为这两人多次劝谏他的缘故。高洋又把高浚和高涣的妃子赐给了身边亲自动手杀高浚和高涣的人。高洋本性残忍,喝醉了就杀人,把这作为戏乐。杨愔总是把死囚接管过去,三个月高洋不再过问就放掉他们。高洋虽然无道,却能把政事交给杨愔,这就是君主昏在上,国政清在下。杨愔能奖励提拔贤德有能力的人,北齐国也得到了很好的治理。

后来,齐王高洋死在了晋阳,在君位十年,太子高殷继承了君位。高洋的第六弟常山王高演杀了尚书令杨愔、侍中燕子献等人,自己做了丞相。高殷在君位一年时,常山王高演就把高殷贬废为济南王,自己坐上了君主宝座,这就是北齐肃宗孝昭帝。没有多久他就杀了高殷,并给了高殷谥号叫"闵悼王"。齐主高演答应让他的第九弟长广王高湛做太弟,可是没多久他就立了自己的儿子高百年做太子,让高湛去镇守邺城,高湛心里很不痛快。北齐国主高演精通官吏方面的事,在政事上励精图治。他本性孝顺友爱,太后生了病,他衣不解带地日夜护理。有一次太后犯了心痛病,高演痛苦地站在太后床前,用指甲刺入手掌想象着来代替太后的痛苦,鲜血流出了衣袖。他疼爱弟弟们,和他们在一起时,从无君臣关系的隔阂。高演在做国主一年时得了重病。于是他调长广王高湛到他那里去,立了高湛做他的接班人。后来他又给高湛写信说:"我儿百年无罪,我死后要善待他,不要效仿前人的规矩杀害他。"高演死后,高湛从邺城奔赴晋阳继承了君位,这就是北齐世祖武成帝。他封原太子高百年为乐陵王。娄太后死了,北齐主高湛穿着红袍,摆酒作乐和平时一样。高湛又逼迫他的嫂子文宣帝高洋的妻子昭信宫的李后和自己搞男女关系,高湛说:"你要是不听我的,我就杀了你儿子。"李后害怕服从了,不久就怀了孕。一天,李后的儿子太原王高绍德到母亲那里去,但没见到很生气,这使李后非常惭愧。后来李后生了个女孩,不喂养而死。北齐主高湛恶狠狠地对她说:"你杀了我女,我怎能不杀你儿?"于是他当着李后的面杀了高绍德,李后大哭,高湛大怒,扒光了李后的衣服用鞭子抽打李后。高百年曾写了几封劝谏君主的信,派人送给了高湛,高湛大怒,派人去召高百年。百年知道这一去免不了一死,就割下衣带上所佩戴的玉玦交给了他的妃子斛律氏后,去见武成帝高湛了。高湛命令身边的人用木棍一齐打高百年,只剩一口气时,用刀杀了他,尸体被扔进水池,水池全变成了红色。高百年的王妃斛律氏听到高百年的死讯后,哀号痛哭,绝食而死。死后,玉玦还在她的手中,拳头紧握,掰都掰不开。高湛的生活放纵奢侈,百姓的赋税、徭役繁重,很是贫困劳苦。高湛的皇后胡氏常与和士开、娄定远等人来往，这些人被当时的人称为“朝中八贵”。在高湛做皇帝时，彗星又出现在天空，于是高湛决定把君位传给太子高纬，他自己称为太上皇。高湛在君位四年，又在太上皇位四年死了。

北齐主高纬虽然年少，但被他宠爱的人却很多。在外宠高阿那肱、韩长鸾、和士开、祖珽等人，在内宠乳母陆令萱、宫中婢女穆舍利等人，这些人都权力很大。胡太后有失检点，她既与和士开等人有来往，又与和尚统昙献私通。一些僧人甚至开玩笑喊统昙献为“太上皇”。齐主高纬刚听说还不相信，后来有一次他去见太后，看见太后那里有两个尼姑，他看着挺顺眼就把他们带回自己那里，一查竟是两个男子，于是统昙献的事也被暴露出来，高纬把这些人都杀了。齐主高纬以斛律光的女儿为皇后，因此任用斛律光辅佐政事。斛律光本性节俭，不贪恋权势，他少年从军打仗，从没打过败仗，因此敌对的邻国很怕他。“北周”的勋州刺史韦孝宽秘密地作了两段歌谣，一段是：“百升飞上天，明月照长安（百升为一斛，斛律光的表字叫明月）”；另一段是“高山不推自崩，槲树不扶自举”，让间谍在邺城传扬。高纬的宠臣祖珽听到这两段歌谣后，让他妻子的哥哥向高纬报告了。于是北齐主高纬杀了斛律光和他的两个儿子，并废掉了斛律氏。北周国主听到斛律光死了的消息非常高兴，并为此大赦天下。北齐国主高纬不大喜欢说话，不愿意见朝中的官员，如果不是他宠爱的人，从不交谈。他承接了武成帝高湛的奢侈，后宫的吃穿都是宝衣玉食，一条裙子价值上万匹布，所使用的镜台价值千金。他还大修宫殿和苑林，修得无比壮观华丽。每当有灾异现象和民众反抗武装出现，他就多设斋戒场所，以为这样就是修德。高纬还自弹琵琶，制作了“无愁”之曲，民间人们把他叫作“无愁天子”。他又在华丽园设了贫儿村，自己穿着褴褛衣衫到里面行乞讨饭来取乐。他宠信宦官，并让他们参与军政大事。当时的北齐国，官可用钱买，官司可用贿赂而解决。仆从刘桃枝等人都建了府署，成了王爷。其他的如能歌善舞的人、男女巫人等，得到富贵的差不多达到了上万人。至于狗、马、鹰和斗鸡都有官衔，并按等级给予生活费用。北齐的国库空了，于是高纬下诏令让郡县卖官，郡太守和县令一般都是商人出身，攀比着贪污，因此民不聊生。北周国主宇文邕谋划讨伐北齐，他亲自领队攻打北齐。军队进入北齐国境，攻打河阳（今河南孟州市），打下了外城，进军围住了洛口（在今河南巩义市东南），打下了东西两座城。这时北周国主生病了，于是在夜里领兵回去了。第二年北周国主又亲自领兵攻打北齐，攻下了平阳城（今山西临汾），最后终于打下了晋州。

当初，齐主的穆皇后失宠，高纬却喜欢上了婢女冯小怜，把她升为淑妃，并发了誓言要和她同生共死。当时高纬带着淑妃在天池打猎，边关告急的人到了三批，丞相高阿那肱说："大家正在乐头上，边境是小事，干什么这么急？"到了天黑送信的人又到来说平阳已被北周打下了，淑妃的兴致不减，要求再围一次猎，高纬同意了。后来，北齐主亲自率大军到平阳，想把它夺回来。北周国主让大将军梁士彦做晋州刺史，镇守在平阳，自己领兵回去了。梁士彦在城中坚守，北齐军队打不下来，于是开始挖地道攻城。在距离城内还有十几步远时，将士们正想乘势打进去，这时北齐主忽然命令停止攻城，原来是要召他的淑妃一起观看攻城，只是淑妃还没打扮好，没在高纬身边。趁着这段时间，北周守军用木头塞住了可进城的窟窿，所以城打不下来了。北周国主宇文邕再次领兵到平阳打击北齐军队，北齐主高纬和冯淑妃一起骑着马观战。北齐军队东边的部队稍微向后退了一点，淑妃就惊恐地喊："我军败了！"高纬于是忙和淑妃向北跑，于是北齐军被打得大败。高纬跑到晋阳，北周军追到了并打下了晋阳。高纬又跑到邺城，北周军又追到邺城。望云气的人对高纬说："齐国应当换换帝王，改选他人。"于是高纬把君位传给了太子高恒。高恒当年才八岁，高纬做了太上皇，他在君位十二年。北周军队最终攻入了邺城，高纬、穆后、冯淑妃和年幼的国主高恒等人又一起跑到了青州。高阿那肱秘密地招引北周军队捉住了高纬、穆后、淑妃、幼年的国主高恒和胡太后等人，一起被送到了邺城。北齐国灭亡，总共六个国主，共二十八年（公元 550—577 年）。后来，北周主宇文邕杀了高纬，并灭了他高姓宗族。原北齐国的太后、皇后、妃子等人贫穷得无法生活，她们中有的做了尼姑，有的做了娼妇，也有给人做小妾的。“东魏”“北齐”的事已叙完，下面再说说“西魏”“北周”的事。

当年高欢领兵造反，迫使北魏国主元修跑到宇文泰那里。宇文氏是炎帝神农的后裔，宇文氏的祖先叫葛乌兔，他雄壮勇敢有计谋，鲜卑族人敬仰他，尊奉他为主，后来发展成十二个部落，葛乌兔的子孙世世代代做大人（头人）。葛乌兔的后代有个叫普回的人，他在一次打猎中得到了一块玉玺，上面刻有文字：“皇帝玺”，普回感到惊奇，认为这是上天给予的，按当地的说法把天叫作“宇”，把君主叫作“文”，于是就把他的部落叫作“宇文国”，并用“宇文”做了姓氏。普回的儿子莫那迁到了辽西居住，到第九代宇文逸豆归主事时，这个宇文国被前燕慕容皝所灭掉。逸豆归的儿子宇文陵先是在燕国做官，后来又去了北魏，并迁到武川（在今内蒙古呼和浩特地区）居住。宇文陵的曾孙宇文肱生了儿子宇文泰，宇文泰小字叫“黑獭”。他长大后，身高八尺，胡须很美，长发到地，垂手时手掌超过了膝盖。他轻视财物，喜欢施舍别人。宇文泰十八岁时成了葛荣的将军，葛荣起义失败后，他又到北魏给尔朱荣做统军（武官名称，属偏将），不久又成了拓跋岳的司马。后来拓跋岳被陈悦所杀，宇文泰发兵讨伐陈悦，借此机会收编了贺拔岳的军队。等到北魏国主元修投奔到了他那里，元修任命宇文泰为大丞相并掌管军事和国政。宇文泰又娶了孝武帝元修的妹妹冯翊长公主为妻。明月公主是南阳王元宝炬的妹妹，她和魏主元修关系不正当，并跟着元修一起到了宇文泰那里。丞相宇文泰让元氏宗族的人以及有王爵位的人抓住了明月，并杀了她。这事使元修很不高兴，他一会儿拉弓，一会儿拍桌子，从此恨上了宇文泰。有一次元修喝酒，被毒酒毒死了。元修死后，宇文泰立了南阳王元宝炬（元宝炬与元修都是北魏第七个国主元宏的孙子）做了君主，于是元宝炬成了西魏皇帝。大丞相宇文泰在阳武门向民间征求治国的策略，得到了人才苏绰，此后越来越宠信苏绰。宇文泰谋求富国强兵的办法，度支尚书（负责规划计算的尚书）苏绰建议他精简官员，给正职官员配副手，并实行屯田制（利用军队或农商耕种土地）来作为军队和国家的费用；另外还要搜求选拔人才，让他们担任郡太守或县令。苏绰的建议被采纳后，西魏得到了很好的治理。苏绰死后，宇文泰在武功山（在今陕西武功县南）安葬了他，宇文泰和公卿徒步为苏绰送葬。宇文泰举着酒杯说："你了解我的心，我明白你的意，正要平定天下时为什么这么快撇我而去？"说完放声大哭，不自觉酒杯掉到了地上。西魏文帝元宝炬死了，在位十七年，太子元钦继承了君位。宇文泰的儿子们都还幼小，他哥哥的儿子章武公宇文导、中山公宇文护领兵镇守在外地，他只能把他的女婿们作为亲信。西魏国主元钦密谋准备杀掉宇文泰，事情被发觉，宇文泰废掉了元钦。元钦在君位两年，宇文泰把他安置到雍州，不久后就杀了他。宇文泰另立了元钦的弟弟齐王元廓，这就是西魏恭帝，元廓恢复了原姓"拓跋"氏。元廓和元钦都没有年号，只称元年、二年等。宇文泰按古制，降各王的王爵都为公爵，并自封为太师、大冢宰（冢宰为执政者、百官之长，即丞相）。宇文泰能够使用英雄，西魏当时有才能的人都为他出力。他很懂政事，崇尚儒学，喜好古事。宇文泰北巡后往回走，到牵屯山时得了重病，于是派人乘驿马去召中山公宇文护。宇文护到了泾州（今甘肃省泾川县一带），宇文泰对他说："我的儿子们都还幼小，外敌正在强盛时，我把国家的事交给你了，你应努力完成我的志向。"说完宇文泰死了。当年，宇文泰娶了孝武帝元修的妹妹生了宇文觉，姚夫人生了宇文毓，宇文毓在宇文泰的十三个儿子中年龄最大。宇文泰立了宇文觉作为他的接班人，当年他十五岁，宇文泰还封他做了周公。宇文护因周公宇文觉年小软弱，想让他早入正位以定人心。于是宇文护命令西魏主拓跋廓下退位的诏书，禅让给周公，魏主拓跋廓被贬为"宋公"。西魏恭帝在君位三年而被篡位，不久宇文护就杀了拓跋廓。宇文觉即了天王君位，他任命中山公宇文护担任大司马。西魏灭亡，总共出了三个国主，从南朝梁武帝萧衍乙卯年（公元 535 年）开始到南朝陈武帝陈霸先丁丑年（公元 557 年）结束，共二十三年。从代国开始算到西魏结束，共三百三十七年。

"北周"国主宇文觉性格刚毅果断，痛恨宇文护专权，于是他和司会(官名,主管财政经济)李值、司马孙恒、宫伯(主管卿、大夫、士中有名籍的子弟的任用、俸禄和奖惩)乙弗凤、贺拔提等人谋划杀宇文护。事情被发觉,宇文护杀了乙弗凤等人,把周主宇文觉关在从前居住的房屋里,一个月后又杀了他。后来北周的武帝宇文邕尊宇文觉为孝闵帝,孝闵帝在君位一年。宇文护又迎接宁都公宇文毓即了天王位,恢复称皇帝,并建了年号,这就是北周世祖明帝。宇文毓聪明机智,很有见识,宇文护怕他,于是又想害死他。后来宇文护把毒药放到糖里送给宇文毓吃,宇文毓吃完糖后知道自己遭暗算了,于是口授遗诏说:“朕的儿子们还很年幼,担负不起国家重任,鲁公宇文邕是朕的弟弟,他为人仁爱有度量,一定能发展我周国江山。”北周明帝死了,他在君位三年。高祖武帝宇文邕继承了君位,这时大权全在宇文护手中。北周上层不法之徒横行霸道,百姓深受其害。周主宇文邕不露声色地偷偷准备和同母弟弟卫公宇文直、公伯宇文神举、下大夫王轨、右侍宇文孝伯等人谋杀宇文护。宇文邕在宫中遇见宇文护总是行家人礼。一天,宇文邕领着宇文护去见太后,对宇文护说:“太后好喝酒,多次规劝她都不听。”宇文邕从怀里掏出《尚书》中的一篇《酒诰》递给宇文护,对他说:“希望您见到太后用这篇文章规劝她。”宇文护来到太后那里,文章还没读完,宇文邕用玉珽(玉笏)从宇文护的身后击打宇文护,宇文护跌倒在地,紧接着起来后一步跃出门外,宇文邕跟了出去,杀了他。杀了宇文护后,周主宇文邕又抓了宇文护的子弟亲党,在大殿中一起杀掉了,从此宇文邕开始亲手抓政事。太后叱奴氏死了,宇文邕行了三年丧事。宇文邕因北齐国主高纬肆虐无道,于是发兵攻打北齐,捉住了高纬和幼主高恒等人回去。灭亡“北齐”国的事已见前叙。

宇文邕灭了北齐后,把北齐所有华丽的宫室都毁掉了。宇文邕本性节俭,他经常穿布袍,睡布被,后宫不过十几个人。他下诏令宫中只设妃子两人,世妇(宫中女官,相当于妃嫔之类)三人,御妻(女官,位在世妇之下)三人,其余都减掉了。每次行军打仗宇文邕都亲自带队,跋山涉水,安抚将士有恩德,又明察果断,用法极严,因此将士们既怕他,又乐于为他效死力。周主宇文邕为太子宇文赟娶了妃子杨氏，杨氏的父亲就是隋公杨坚。太子宇文赟无德，王轨、宇文孝伯曾经对宇文邕说太子肩负不起国家重任，宇文邕却没有作声。这事后，王轨又多次向宇文邕说太子宇文赟不是做国君的材料，杨坚又面带反相，但宇文邕还是迟疑不决。后来宇文邕领兵攻突厥（古代阿尔泰山一代的游牧民族），得了病儿回去，不久就死了。他在君位十八年，年寿三十六岁。太子宇文赟继承了君位，这就是北周宣帝。父亲死了，宇文赟一点也不悲伤，还一边摸着被父亲的棍子打伤的屁股，一边骂："老东西，死的也太晚了。"他还闯进宫里逼奸宫人。宇文赟任命郑铎当内史大夫，把朝廷政事都交给了郑铎。接着，宇文赟开始杀人，杀了自己的叔叔齐王宇文宪，又杀了徐州总管王轨和宫正宇文孝伯，忠正之士全被杀尽。宇文赟让王妃杨氏做了皇后，任用杨坚做上柱国大司马。宇文赟在君位一年就传位给了太子宇文衍，这就是北周静帝，当年六岁。这以后宇文赟自称为天元皇帝，从此更加骄横，搜集大量美女来充实后宫。他昏庸暴虐，喜怒无常，朝中的官员人人为自己的性命担心。皇太后的父亲杨坚地位高名望大，这使宇文赟特别顾忌，杨坚因此感到不安。一天，宇文赟乘坐皇帝的车马去天兴宫，在那里生了病而回去，当天就死了。宇文赟死后，杨坚自封为丞相，总管朝廷内外兵马事，革掉了宣帝宇文赟的苛酷政令，放宽政策，自己节俭，因此博得了朝野一片赞扬声。有一次，杨坚召集公卿大臣们，对他们说："想求富贵的人就应该跟着我。"当天夜里杨坚又召去太史庚季才，问他说："你看天时人事怎么样？"庚季才回答说："天道精深微妙不好说，就人事来占卜，祥瑞征兆已经有了。"杨坚的妻子独孤夫人也对杨坚说："已经骑上了老虎，必定不能再下来，你努力吧！"杨坚让他的世子杨勇做洛州（治所在今河北邯郸市永年区）总管，把一些不愿归附杨坚的王爷都杀掉了，于是篡夺了北周的君位。北周静帝宇文衍下了退位诏书，把君主的位置让给了隋公杨坚，宇文衍在君位三年，北周灭亡。北周从南朝陈武帝陈霸先丁丑年（公元 557 年）到陈宣帝陈顼辛丑年（公元 581 年）结束，共五个国主，二十五年。窦毅的女儿听说周主宇文衍禅位，来到殿阶之下捶着胸膛长叹说："只恨我不是个男子，不能去救舅舅家的灾难！”窦毅和襄阳公主忙捂住她的嘴说：“你不要乱说，否则灭我们家族了。”由此父母觉得她和一般孩子不同。她长大后，嫁给了唐公李渊，后来李渊代替了隋王朝皇帝而取得了天下。

隋高祖文帝杨坚小字叫那罗延，西魏时恭帝拓跋廓赐给他姓“普六茹”，他原本姓杨，是弘农郡华阴县(今陕西省华阴市)人。他的远祖是东汉太尉杨震，他的父亲杨忠在西魏时期和北周时期都做过官，因有功劳被封为隋公，杨坚承袭了他父亲的爵位。杨坚相貌奇特，却从不在别人面前表露自己的心迹。杨坚篡位后，还是和西魏一样国都设在长安，国号叫“隋”。他立独孤氏做皇后，皇后谦逊有礼喜好读书，他所说出的事情道理总是和杨坚不谋而合，杨坚非常爱她却又怕她，她在宫中被称为“二圣”。隋主杨坚杀了原来北周的静帝宇文衍，并灭了宇文氏家族，从北周太祖宇文泰以下的子孙都被杀死。杨坚在高颎、苏威的辅佐下，几年的工夫，天下被治理得很好。隋王朝灭了后梁，接着又灭了陈国，天下得到了统一。灭梁、灭陈的事已在前文中说完。《纲鉴》记事，用隋来接陈，隋文帝杨坚开皇九年直接陈后主陈叔宝祯明二年(公元588年)。仁寿宫建成，文帝杨坚到那去看，当时天热得要命，役夫死在路上的很多，杨素把尸体堆起来焚烧，这使皇帝杨坚很不高兴。等到杨坚看到宫殿建造得雄壮华丽，大怒说：“杨素是想让天下人都恨我啊！”杨素害怕受到责备，封德彝却对杨素说：“您不要忧虑，等皇后到了一定会有有情义的诏令。”果然第二天皇后慰劳杨素说：“您知道我们夫妇年老了，没有什么可娱乐的，就把这宫殿造得这么好，难道不是忠孝的表现吗?”于是赐给杨素许多好东西。杨素向隋文帝推荐封德彝，文帝于是提拔封德彝当了内史舍人(是内史掌民政的属官)。隋文帝杨坚因盗贼太多，无法根除，于是下了诏令：凡是偷抢一钱银以上的人就处以死刑，或者三个人共偷了一个瓜，发现抓住立即处死。此令一出，天下人都很恐惧。有一天，几个人劫持了管治安的官吏，他们对官吏说：“我们劫持你难道只为求财吗？只是为受冤屈的人而来。你为我们向圣上奏明，从古以来经营国家，制定法律，没有偷一钱银就处死的。你不上报我们再来，你们这类人是用不着吃饭的了。”隋文帝听说后，就撤销了这项法令。

隋文帝处理事务严肃认真，整天忙于政事，每天一早上朝，到夜晚也不知疲倦。虽然他看重钱财，但对于该赏赐有功的人他绝不吝啬。官兵在战场上战死，他一定给家属以优厚的赏赐，派使者到死者家里去慰劳安抚。他爱护百姓，勉励并督促百姓从事农业生产和养蚕业，并减轻民众的徭役和赋税。他自己的生活很简朴，举办宴会他的吃食也只是一盘肉。他所使用的东西，如果坏了破了随时叫人修补。后宫娘娘所穿的衣服都是经过多次洗过的。皇宫如此，也影响到了其他人，大夫们也都穿棉布装，所佩戴的也不过是些铜、铁、骨、角制成的饰物。在隋王朝的统治下，吃的吃不完，穿的穿不尽，仓库满得都放不下东西了。隋文帝刚一接受禅让时，天下的民户不足四百万，到隋朝末年民户已将近九百万了。然而隋文帝本性猜疑，做事苛刻，相信谗言。他常让身边的人侦察朝廷内外的官员，如发现某官员有过失就按重罪处罚。他害怕官吏贪污，于是暗中派人用钱财来考验官吏，如果官吏接受了钱财就立即斩首。每天都有人在殿廷上接受杖刑，一天当中有许多人挨打，杨坚的功臣和老部下没有一人幸免的。杨坚对待子弟也像对待仇敌一样。这些都是他的短处。

当初，文帝让太子杨勇参与决定政事，杨勇常有不同的意见。杨勇性格宽厚、直爽。文帝本性节俭，而杨勇穿的用得比较奢侈，所以杨坚对杨勇的宠爱减弱了。杨勇宫内被他宠爱的人很多，他的正妻因为失宠，抑郁而死。杨勇的子女大多是妾生的孩子，因此独孤皇后很讨厌杨勇。晋王杨广为了夺取太子的地位，在父母面前很能装模作样来讨父母的喜欢，因此独孤皇后支持文帝杨坚废太子杨勇并和他的全家一起贬为平民，另立了晋王杨广做太子。后来独孤皇后死了，文帝病重躺在床上，大臣杨素、柳述、元严都在宫中侍候杨坚。杨坚召太子杨广到殿中居住，杨广估计文帝会谈他自己死后的事，就写信向仆射杨素询问。杨素就把杨坚当时的情形写回信告诉了杨广，宫人拿着信却误送到文帝杨坚那里了。杨坚看到信后大怒。文帝所宠爱的陈夫人是原南朝陈宣帝陈顼的女儿，极有美色。

一天早晨她出屋上厕所时被太子杨广逼住了,陈夫人坚决拒绝,杨广才放弃继续纠缠。隋文帝看陈夫人的神色不对,问她怎么了,陈夫人流下了眼泪说:“太子对我无礼。”文帝因此更加愤怒,用手按着床板说:“杨广这畜生,我怎么能把大事托付给他。姓独孤的误了我了!”于是他把柳述、元严叫到他面前对他们说:“你们去把我儿子召来。”柳述等人正要去召太子杨广,文帝说:“我是叫你们去召杨勇。”柳述、元严离开文帝,去为文帝写召杨勇的信。杨素听到了这个消息后,就把这事告诉了杨广。于是杨广假传圣旨抓起了柳述和元严关进了监狱,并把他所住的东宫增加了保卫力量,让宇文述、郭衍负责皇宫大门的进出。杨广让右庶子(太子宫中的主要官吏)张衡进入宫中伺候杨坚,并把后宫的人全都赶到其他宫殿居住。不久,文帝杨坚死了,他在君位二十四年。晚饭后,太子杨广把一个封闭的小金盒派使者赐给陈夫人,夫人以为是毒酒,吓坏了,打开一看竟然是一个同心结。夫人生气地回身坐下,不肯道谢。许多宫人一起劝她,她才向使者表达了对太子的谢意。这一夜,太子杨广在陈夫人宫中乱伦。第二天杨广通告了文帝去世的消息,宣布继承了皇帝位,这就是隋炀帝。接着杨广又假传文帝的遗诏,赐原太子杨勇死,派人用绳子勒死了杨勇,杨勇的子女也不准继承爵位。并传旨把柳述、元严发送到岭南。当初,文帝杨坚只和皇后独孤氏相爱,身边再无其他女人,所以杨坚的五个儿子都是独孤皇后所生。人们都认为他们一定会彼此和睦,后来却互相猜忌,杨坚的五个儿子都没活到自然应得的寿命。

第二十二章　隋王朝四十年不到被唐所灭(隋史)

隋文帝篡夺了北周的政权后,又出兵灭了后梁国,到隋开皇九年(公元589年)正月又消灭了南朝的陈国,统一了天下。他的儿子杨广先杀了他,又杀了他的长子杨勇,登上了皇位。杨广小字叫阿摩,是文帝的第二个儿子,最初被封为晋王,篡位后就是隋炀帝。他立了皇后萧氏,命令杨素建造东京(洛阳)的宫室,又命令宇文恺和舍人封德彝等人负责建造显仁宫。显仁宫向南连接皂涧(在今河南宜阳县西南),向北直达洛河边。他又命人收集长江以南、五岭以北的奇材、异石运输到洛阳;寻找国内的嘉木异草、珍奇异兽来充实他的皇宫园苑。从长安到江都开凿谷水、洛河、汴河、黄河、长江、淮河,使它们互为相通成水道。凿出的水道宽四十步,岸边修筑了御道,御道旁种有柳树,沿途设置离宫四十多所。又派黄门侍郎王宏等人到江南造龙舟和其他船只达几十万艘。洛阳的官吏督促民夫干活残酷急迫,民夫累死的达到了十之四五,当地用来拉死人的车辆每天接连不断。修筑的西苑在方圆二百里内凿出一个海,海里还造有方丈、蓬莱、瀛洲等仙山,都高达一百多尺,山上分布着台观宫殿。海的北边有条龙鳞渠,渠水回旋曲折一直通入海内,沿着渠造了十六个院,院门都对着水渠,每个院由四品夫人(皇帝的妾)主持。堂殿楼观华丽无比,宫院中的树木秋季或冬天花、叶子掉了,就用其他新鲜艳丽的东西做成花或叶缀到枝条上,花、叶颜色变旧了再换上新的,所以那里一年四季都像阳春的景色。水池内也用鲜艳的东西制成荷花、菱角。十六院主为了得到皇帝的宠爱,都以饭菜做得精美来相互竞争。杨广喜欢在有月亮的夜晚领着几千个骑马的宫女游西苑，杨广还曾作了一首《清夜游》曲，让人在马上演奏。

杨广到江都去，从显仁宫出发，再从洛水口乘上龙舟。龙舟有四层，高四十五尺，长二百尺。上层有正殿、内殿、朝堂；中间两层有房一百二十间，由沉檀木制成，装饰着金玉，是美女、妃嫔所居住的地方；下层是内侍住的地方。皇后乘坐翔螭舟，规模略微小些，有三层。另外有浮景船九艘，拉船美女九千多人，被称为“殿角女”，都穿着彩色的锦绣服装，妖艳夺目。其余几千艘船是后宫的宫人、王、公主、百官、僧尼、道士、外国来客乘坐的。拉船的有八万多人，船头和船尾相接达二百里，照耀江河及岸边。又有骑兵夹着两岸跟船行走，旌旗屏蔽了田野。所经过的州县，五百里内都得准备食物，多的一州达到一百车，都是山珍海味，应有尽有。后宫妃子吃饱吃腻了，出发前把所剩食物都扔掉或埋掉。做一种“舆卫仪服”，要求各州县按期按量献羽毛，老百姓捕捉各种禽类，几乎使它们绝迹。乌程（在今浙江湖州）有棵大树，高度超过了一百尺，上面有个鹤巢，百姓想把鹤抓下来却够不着，于是想把大树砍倒。大鹤怕伤害到自己的孩子，就自己拔尽了漂亮的羽毛扔到地上，当时有人认为这是吉兆。杨广在巩县（今河南省巩义市）东面的南原上设置了“洛口仓”，城墙周长二十多里，挖了三千存米窖，在洛阳北面七里的地方设置了“回洛仓”，城墙周长十里，挖了三百个存米窖，每窖都能存米八千石。又打发男丁一百多万来修筑秦始皇时期的万里长城。隋炀帝杀了高颎、贺若弼、薛道衡等人，前朝的老臣和忠心劝谏的士人都被杀死了。隋炀帝善于写文章，不想让人超过他，杀薛道衡时，杨广说：“你还能再作‘空梁落燕泥’（出自诗《昔昔盐》）吗？”隋炀帝杨广北巡，车马到榆林（治所在今内蒙古准格尔旗），披甲的武士五十多万人，旌旗和物资装备千里不绝。

突厥族的启民可汗准备了帐篷等待杨广等人的车马到来，杨广来到了他的帐中，启民捧着酒杯向杨广祝寿，杨广非常高兴，随口哼出一首诗说：“呼韩稽颡至，屠耆接踵来。何如汉天子，空上单于台。”杨广按等级赏赐了启民可汗等人。西域各少数民族很多人都到张掖等郡做买卖，杨广派吏部侍郎裴矩管理这事。裴矩知道杨广喜好在远方建立武功，于是他向一些商人询问了他们家乡的山川、风俗等情况，写了《西域图纪》三卷，上朝献给杨广。杨广很羡慕秦始皇、汉武帝的功业，于是打算通西域，他把这事也交给了裴矩办理。从此西域各族到中原来的人不绝于道，所经过的郡县忙着迎接和送客，花费了上亿钱。西域各地派人到朝中献地，于是又设置了西海等郡。各族派人到京城来，朝廷就在端门搭建戏台表演各种戏曲杂技，长达一个月，又花费了许多钱。在丰都(今属重庆)开市场，先打发人整理店铺，设置帷帐，店面摆的都是珍贵的好东西。各族游客路过酒食店，全都邀请进店，酒足饭饱后再送他们走，不要一分钱，并骗他们说："中原富饶，酒饭一概不要钱。"这些客人都很惊讶，其中也有聪明的客人看出了问题，他看见当地人们用丝绸缠树，就说："中原也有穷人，穿不起衣服，为什么不把这些丝绸送给他们，缠树干什么？"被问的人很惭愧，一句话也答不上来了。杨广称赞裴矩很有本领，对群臣说："裴矩很了解我的心思，他所奏的事都是我想说而没来得及说出口的，如果不是为国尽忠，怎么会这样？"杨广召高丽王去朝见他，高丽王高元不服从，于是杨广下令攻打高丽，命令幽州总管元宏嗣到东莱(治所在今山东莱州市)海口造船三百艘。官吏逼得很急，民工昼夜站在水里，从腰往下腐烂生蛆，死的人达到了十之三四。杨广又下令全天下征兵，不管远近都到涿郡(今河北涿州)集合。又征调长江和淮河以南的民夫和船只运输黎阳(今河南浚县西南)、洛口的各米仓的米到涿郡，船头接船尾长达一千多里。又运送武器和铠甲以及攻城的工具，往返在路上常达几十万人，死的人在路上一个挨着一个。百姓受不了了，聚在一起要反抗了。

隋炀帝大业七年(公元611年)的冬天，邹平县(在今山东省)的百姓王簿发动起义，率领民众占据了长白山(在邹平境内)，自称为"知事郎"，说天下的事他都知道。又作了《无向辽东浪死》歌来触动民众的情绪，一些不愿为隋炀帝服役的人大多跑到他那里去了。两年后，王簿的队伍被隋将张须陀领兵击败。窦建德在漳南起兵，他能和士兵同甘共苦，因此人们争着投靠他，为他出生入死。窦建德开始时称“长乐王”,不久又改称“夏王”。张金称在河曲(今属山西省)拉起了队伍,高仕达在清河(今河北南宫)招兵买马。这时人们纷纷起来造反,多得数不清。隋炀帝到达了辽东,所派出的九支军队都没打下高丽一座城池,反而在萨水失败而回军。当初,大军渡过辽河时有三十万五千人,等撤回后仅剩下两千五百人,军用物资也全部丢掉了。隋炀帝回到东都洛阳,这时后宫的嫔妃很是狼狈,和军人混杂在一起待在山谷间。隋炀帝再次征天下的兵到涿郡集合,并招募民间骁勇善战的人,打算亲自带队再攻高丽。这时太子杨昭早已死了,隋炀帝命令杨昭的长子代王杨侑留守西京长安,让刑部尚书卫文升辅佐他。命令太子杨昭的次子越王杨侗留守东郡(治所在今河南濮阳县南),派民部尚书樊子盖辅佐他。这时杨素的儿子楚公杨玄感在黎阳(今河南浚县东北)拉起队伍围住了东郡,他用蒲山公李密作为主要谋士。李密很小的时候就显示出了才能,志向非常远大,他轻财好结交人,有一定的号召力。隋炀帝很顾忌李密,于是李密就不再过问人事,专务读书。他曾乘坐黄牛车读《汉书》,杨素遇到他感到他很奇特,过后杨素对杨玄感等人说:“你们这些人在才智方面都比不上李密。”杨玄感见隋朝朝政越来越混乱,就暗中向李密询问计策。李密说:“天子远地出征,距离幽州有上千里。您领兵出其不意一直到达蓟县(在今天津蓟州区),掐住它的咽喉,在炀帝得知后返回时,高丽在其后攻击,用不上十天,炀帝军队的物资、粮食都会耗尽,您再招抚他已溃败的军队,这是上策。关中地区四面有山河阻挡,是天府之国,您领兵擂响战鼓向西进军,所经过的城池不要攻打,直接占领长安,守住险要的地方,慢慢地谋取天子地位,这是中策。如用轻装的精兵日夜兼程去偷袭东都洛阳来号令四方,四方的将领不服从。要是攻打洛阳一百天也打不下来,而天下的兵从四面赶到,这种情况的后果就不是我所能想象得出的了。”杨玄感听后却说:“你说的不对,如今朝中百官的家属都在洛阳,拿下洛阳足以震动人心。再说,所经过的城池不打,我还怎么来示威?您的下策我看正是上策。”杨玄感于是领兵向洛阳进军,围住了洛阳。隋炀帝得到杨玄感造反的消息后,立刻领兵往回走,并派宇文述、来护儿等人攻打杨玄感军。杨玄感又把韦福嗣作为亲信，不再听李密的计策了。李密过后对他知己的人说："楚公想造反却不想取胜，我们这些人很快就要成为俘虏了。"杨玄感领兵进军潼关，宇文述等人领兵在后面追击他，杨玄感兵败身死。隋炀帝派裴蕴负责捉拿惩治杨玄感的党羽，他对裴蕴说："玄感一声呼唤，而跟随他的人竟然达到了十万。现在我知道了，天下的人不能太多，多了就聚到一起造反，不杀尽他们怎么来警戒后人！"因此所杀的人有三十多万，其中屈死的占了大半。杨玄感围东都洛阳时，曾开仓放米给百姓，凡是接受米的人家后来都被活埋在洛阳城南。李密逃命被人抓住送往洛阳，李密和王仲伯等偷偷谋划逃跑，他们拿出了身上所带的全部钱财交给了押送人说："我们这些人没几天活头了，这些钱财都交给你们，希望让我们留下一点作为随葬的东西，让我们痛快几天死了也没什么遗憾的了。"此后，他们每到一处就大吃大喝，找妓女，大声喧哗通宵达旦，一路上都是如此。走到魏郡石梁驿时，把看守他们的人都灌醉了，挖墙洞钻了出去，招收民众在王秀才家进行鼓动宣传推翻隋朝。郡县的官吏知道了，去抓捕他们，他们就拿出钱财买通官吏获得了释放。韦城(在今河南滑县东南)的翟让是东郡的法曹(主管刑法的官吏)，因犯了法将要被斩首，他逃命到瓦岗(今河南滑县)，在那里招兵买马对抗隋朝。同郡的徐世勣、单雄信也投奔到了他那里。

李密从雍邱逃出也投奔到翟让那里，瓦岗的头目们在一起议论说："如今人们都说杨氏将要灭亡，李氏将要兴起，我听说做君主的人不会死，这个人一再有机会逃生，难道就是他吗？"从此，瓦岗的人渐渐敬重李密了。李密和翟让等人发兵攻打荥阳。隋炀帝升张须陀做荥阳通守(也就是后世的通判，为州府的副长官却有监察的权力)来对付李密、翟让的军队。李密设计，分出一千多人埋伏在树林里。张须陀领兵经过时，杀掉了张须陀，张须陀的部将罗士信、秦叔宝(秦琼)等人都向李密投降了。黄河以南的郡县官军威风丧尽。李密向翟让献计说："洛口仓有许多粮食，将军您如果能亲自率领大军前去偷袭，打开粮仓救济穷人，远近的人们听说了还有谁不归顺您,百万的军队很快就可以招集到。”翟让于是率精兵七千人返回袭击洛口仓,打了下来。又打开了粮仓任凭百姓随便拿,取粮的群众有年老的、年幼体弱的,还有背着孩子的妇女,前后相接,连续不断。翟让封李密做了领头人,号称为“魏公”。李密任用祖君彦当记室(官名,管章、表、书、记、文、檄等),在各个郡县散发檄文,声讨隋炀帝十条罪状,檄文里说:“罄南山之竹,书罪无穷;决东海之波,流恶难尽。”这是祖君彦的措辞。格谦也在河间(今在河北省)起兵,自称为燕王,后来被隋炀帝所派的王世充杀掉了,格谦的部将高升道收集被打散的兵马又称为燕王。杜伏威也拉起了队伍占据了历阳(郡治在今安徽和县),在长江、淮河一带作战,自称为总管。他任用辅公祐做长史,分出兵力到各县去,沿途有许多人入伙,杜伏威的队伍不断壮大。东海郡的李子通渡过淮河和杜伏威会合,自称为将军,不久又称皇帝,国号叫“吴”。城父的朱粲也拉起了队伍,自称为迦楼罗王,有十多万人在荆州、沔州和山南各郡县作战。鄱阳的操师乞攻下了豫章郡(治所在今江西南昌),称为元兴王,隋朝的侍御史刘子翊攻打他,操师乞被流箭射死,他的同乡人林士宏代替他领导队伍继续作战。刘子翊战败身死,林士宏自称为楚帝,从九江以南到番禺都被林士宏占领了。鲁郡的徐园郎攻下了东平(今属山东省),占据了琅邪(今山东诸城一带)以西的广大地区。朔方郡的鹰扬郎将(武官名称,是鹰扬府的主官,鹰扬府是隋朝府兵的领兵机构)梁师都拉起军队,自称为大丞相;马邑郡(今山西朔州、宁武、左云一带)的鹰扬府校尉刘武周也拉起队伍,自称为太守。这两个人都向北投靠突厥,突厥人立了刘武周为定杨可汗。刘武周不久自称为皇帝,取得了楼烦、定襄、雁门等各郡,占据了汾阳宫。梁师都取得了雕阴(今陕西绥德)、宏化、延安等郡,自称为梁帝。郭子和因事犯法被流放到榆林(今内蒙古托克托),当时正赶上大饥荒,郭子和联合了敢死之士十八人,杀了郡丞,开仓放粮,拉起了队伍自称为永乐王。他也依靠北边的突厥,两年后投降了唐王朝,被封为郧国公。金城校尉薛举在陇西拉起队伍,开仓放粮,自称为西秦霸王,不久又称为皇帝。武威郡(在今甘肃省)鹰扬府的司马李轨占据了黄河以西地区,自称为河西大梁王。从前的后梁国的宣帝萧察的曾孙、罗山县令萧铣拉起了队伍,夺取了豫章、江陵、岭南等地区,拥有兵力四十多万,自称为梁王,不久又称为皇帝。一时间,起兵占地的有六十四处。

先前,起兵造反的人抓到隋朝的官员和贵族子弟就杀掉,唯独窦建德不这样做,而是很好地对待他们,因此隋朝的一些地方守将大多带着城投降他,所以他的地盘逐渐扩大,兵力不断增强。内史郎(是一个可参与政事的官职)虞世基因为隋炀帝不愿意听到有人造反的消息,所以一些将领请求向隋炀帝报告兵败或要求救援的情况,他都给拦了下来,不让隋炀帝知道。他只是对隋炀帝说:"社会上有些小偷小摸的人,各郡县正在抓捕,很快就会抓光,希望陛下不要放在心上。"隋炀帝认为虞世基说得对,有时还要用杖打送信的使者,认为是使者在胡说八道。起义队伍遍及天下,不断有郡县被攻下,对此隋炀帝杨广一点也不知道。后来隋朝太仆杨义臣领兵攻打张金称、高士达,打败了两人的队伍,并杀了两人,使黄河以北几十万人投降,于是才把这一战况报告给了隋炀帝。隋炀帝感叹地说:"我从来没听说有这么多贼,义臣降贼这么多啊!"虞世基却对他说:"都是些小偷小摸,虽然很多也不足为虑,杨义臣降服了他们,但他所拥有的兵力不少,又长期在京城之外,这个最不应该。"于是隋炀帝又派人追回了杨义臣,解散了他所统领的军队。隋炀帝再次下诏令让百官讨论打高丽的事,再次征调天下的兵,准备分成几路进攻高丽。这时天下已经大乱,所征的兵多不到位。高丽也疲惫了,派出使者请求投降。隋炀帝于是放弃了出兵的打算,再次征调高丽王入朝见他,高丽王高元还是没去。这段时间的一天早晨,有两只孔雀从西苑飞到宝成朝堂前,亲卫校尉高德儒看见了,就向皇帝上书说他看见了一对鸾鸟(传说中的吉祥神鸟)落在朝堂前,于是朝中百官道贺。隋炀帝下诏说:"高德儒诚心默契,第一个看见了嘉祥之物。"于是授给了高德儒一个朝散大夫(从五品)的官阶。隋炀帝又下诏令,让江都方面再造龙舟几千艘。龙舟造成后,送到了东都洛阳。宇文述劝隋炀帝到江都(今江苏扬州)去游玩,隋炀帝非常高兴地答应了,大臣中有劝谏的都被砍了头。宇文述死后,隋炀帝任命他的儿子宇文化及做了屯卫将军,第二个儿子宇文智及做了将作少监(是土木营建的副主官)。隋炀帝到江都(今江苏扬州)巡游长江、淮河一带,沿途各郡长官去见他,他先问送给他见面礼金的厚薄,送得贵重的官员就得到进一步的升官,送得礼金不贵重的就被罢免官职。因此各郡县官员攀比着剥削百姓,以便向隋炀帝献上厚礼。老百姓苦于沉重的赋税,又加上荒年,先是吃树叶、树皮和草根,这些东西吃没以后,竟到了互相宰杀吃人肉的程度。官府的粮仓满满的,官吏害怕法律不敢赈救。江都丞(江都的副长官)王世充因献给隋炀帝铜镜、屏风,被提升为通守。王世充又挑选了民间美女献给隋炀帝,于是炀帝对王世充更加宠爱和信任了。隋炀帝任用唐公李渊为太原留守(为代行军务、政务的官职),李渊对待部下宽厚,部下也大多顺从他。隋炀帝因为李渊的相貌奇特,又因为李渊的名字在图谶上有说道,所以很顾忌他。有一次,隋炀帝让李渊到他所在的行宫去见他,李渊正在闹病所以没去成。李渊的外甥女王氏在隋炀帝的后宫,炀帝问她说:“你舅舅为什么现在还不来?”王氏回答说李渊正在生病。炀帝说:“可能死了吧?”李渊知道后非常害怕,于是开始纵酒、收受财物来隐藏自己。后来炀帝任命李渊做了山西河东抚慰大使,秉承皇帝的旨意提升和罢免官员,攻打抓捕造反的人。当年,李渊娶了窦毅的女儿,生了李建成、李世民、李元霸、李元吉。李世民聪明、勇敢、果断,见识和气量都超过常人,他看见隋王朝大乱,心中暗暗有了安定天下的志向。他能以礼对待士人,对待门客舍得花钱,所以和李世民有来往的人都对他有好感。晋阳宫的宫监裴寂和刘文静住在一起,看见城头上的烽火,裴寂感叹地说:“贫贱成这样,又赶上了离乱时期,还怎么生存?”刘文静笑着说:“时事可以知道,咱们两人彼此差不多,还怕什么贫贱?”刘文静见到李世民后觉得他与众不同,所以他和李世民结交很深。他对裴寂说:“李世民是个非同一般的人,气度开阔像汉高祖刘邦,神明威武类似于魏太祖拓跋珪,年龄虽小,是当世有名的能人。”刘文静因与李密有联姻关系而被关进了太原监狱,有一次李世民去探望他,刘文静说:“如今天下大乱,没有汉高祖、光武帝的才能就不能平定天下。”李世民说:“你怎么知道没有这样的人呢?只是人没发现罢了。我来看你不是来说儿女情长的事,我是来和你商议大事的。你有什么打算?”刘文静说:“现在主上南巡长江淮河流域,李密围住了东都,人马大概有上万人。在这个时候,有真命天子出来夺取天下易如反掌。我做了多年的太原令,认识一些豪杰人士,一下子收集起来可以得到十万人。您父亲所领的兵也有几万人,说一声谁敢不服从?这样趁着关中空虚进入关中,号令天下民众,不用半年帝业就能成功了。”李世民笑着说:“您这话正合我意!”于是李世民就暗中部署宾客,这事李渊并不知情。李世民趁着李渊有空闲的时候,背着其他人对李渊说:“如今主上无道,百姓穷困,晋阳(今山西太原)城外到处是战场。大人如果只为守小节,然而下面有寇盗造反,上面有严刑惩治你失职之罪,这就离死不远了。您不如顺应民心,举义兵,转祸为福,这是上天给您的机会啊!”李渊大吃一惊说:“你怎么能说这样的话?”第二天,李世民又劝李渊说:“皇帝命令讨伐贼人,贼可能打得净吗?希望大人不要怀疑我所说的话了。”李渊感叹一声说:“昨天我一晚上考虑你说的话,觉得也大有道理。现如今家破人亡由你,改变家为国也由你了。”

在这之前,晋阳宫监裴寂以晋阳宫人的身份私自接待李渊在那里住宿。李渊陪着裴寂喝酒,当酒喝得正畅快时,裴寂不慌不忙地说:“你家二郎暗地里养着士人、兵马,想行大事。正是因为我裴寂有宫人的身份陪着您,只是怕万一事情败露,牵涉到您,这也是不得已的计策。大家的意见已经一致,您是怎么想的?”李渊说:“我儿果真有这样的谋划?事情已经这样了,还能怎么办?也只能这么办了吧!”这时又赶上隋炀帝因为李渊抵御造反的人不力,就派人要抓李渊到江都去,这使李渊非常害怕。李世民和裴寂等人又劝李渊说:“事情已经很紧急了,应早点下定决心。”李渊于是同意了。这时,造反的刘武周占据了汾阳宫(在今山西宁武南管涔山上),于是李世民对李渊说:“大人身为留守官员,而盗贼占据了隋皇帝的离宫,再不早定大计,祸患今天就到了。”隋炀帝大业十三年(公元 617 年)五月，李渊命令李世民和刘文静等人分头招募士兵，仅十天工夫已达到了一万人。隋朝的将领王威、高君雅见到李渊拥有许多兵马，怀疑他对朝廷有二心，就打算攻打他，李渊让李世民事先埋伏下了士兵，于是杀了两人。这时刘文静劝李渊去联合突厥，借助他们的兵马来增加自己的兵势，李渊听从了他的意见。李渊派了使者到突厥，突厥方面想要让李渊做皇帝，如果答应就派兵帮他，李渊不答应。裴寂请求尊奉隋天子杨广做太上皇，立杨广之孙代王杨侑做皇帝，改变旗帜，杂用深红和白色来表示突厥的旗帜。李渊说："这可以说是掩耳盗铃了，然而被时势所逼，不得不这样做罢了。"于是答应了下来。李渊派刘文静出使，把这些告诉突厥方面，暂且借兵。他私底下对刘文静说："胡人的骑兵进入中原是人民的大害。我借兵的原因是怕刘武周先下手联合突厥人共同对付我们，就算借助突厥为声势吧！只用几百人。"李渊让李世民领兵攻打河西郡，郡丞高德儒关闭城门来抵抗。李世民军把城攻了下来，活捉了高德儒，把他押送到李世民的大帐前。李世民数落他说："你指野鸟说是神鸾来欺骗人主，骗得高官。我拉起义兵正是为了杀你这样的人。"于是杀了高德儒。其余的人一个也不杀，秋毫无犯。远近的人们听说了，都很赞成李世民。李世民领兵回到晋阳，往返总共用了九天时间。李渊高兴地说："就这么用兵，即使是横行天下也是可以的。"于是定下了进入关中的计策。

这年秋天农历七月，李渊让儿子李元吉做太原太守，留守在晋阳，自己领披甲的士兵三万人从晋阳出发。出发时，李渊在营门前告诫将士，表示了决心，在各郡县传布檄文，表示立代王杨侑之意。隋王朝的代王杨侑派宋老生率领精兵两万驻扎到霍邑（今山西霍州）、屈突通领着勇猛敢死之士几万人驻扎在黄河以东来抵抗李渊的军队。赶上连续下雨，李渊无法进军，军中又缺少粮食，刘文静到突厥去也没返回。这时有人传来消息说突厥和刘武周趁着晋阳空虚袭击了晋阳，李渊召集将校商议，裴寂等人都认为不如回去救根据地，然后再做打算。李世民说："现在谷子、豆子遍地都是，何愁缺粮？再说宋老生这人浅薄、性子又急，打一仗就可活捉他。李密只顾恋着仓中的粮食,没有远略。刘武周与突厥联合,表面上团结,实际上是相互猜疑。刘武周虽想得到较远的太原,怎么能忘了较近的马邑。我们是行大义的军队,奋不顾身来救苍生就应当先进入咸阳,在那里号令天下。现在遇个小敌就马上撤军,恐怕我们正义之师会一朝解体。回去守太原一城之地,怎么能自全呢?"李渊听不进他的话,下令撤军。李世民还想再劝说李渊,这时天黑了,李渊已经睡下,李世民不能进帐,就在外面大哭,哭声传入帐中。李渊召去李世民问他,李世民说:"我们是打着正义的旗号发的兵,这样进军作战就能胜利,退回去就可能散伙。这样兵散了,敌人乘机打我们,我们死的日子就在眼前了,我怎能不悲伤啊?"李渊这时也醒悟了。这时后面的部队已经出发了,李世民就和李建成两人分道在夜里把部队又追了回来。这时,太原运送的粮食也到了。八月雨过天晴,李渊向霍邑进军。宋老生领着三万军队迎战,李世民用几千骑兵击垮了宋军,杀了宋老生。霍邑被攻下后,李渊接着又打下了临汾、绛郡、韩城、冯翊等地。

这时河东郡(今山西永济)还没打下来,李渊想领兵向长安进军,正在犹豫不决,裴寂说:"屈突通拥有众多的兵,依靠着城池坚固,如果我们放弃他不打,进军长安却打不下来,撤退时又被河东的屈突通所截击,这样一来我们腹背受敌,这是危险的策略。不如先打下河东。"李世民却说:"不会这样的,用兵贵在神速,我们乘着屡战屡胜的威势,安抚归附的民众,大张旗鼓地向西进军,长安方面就会听到我们大军将要到来的消息,就会吓坏了,他们就会来不及谋划和决断。打下长安就像敲打深秋的大树,枯干的树叶会纷纷落下。至于屈突通,他也只有自守的能力,不值得顾虑。"李渊对两人的意见都表示同意,留下刘文静等人围住河东,自己领兵向西进军。李渊率各军渡过黄河,关中的百姓投奔他的就像街市上的人流。李世民所到的地方,民众和原来的起义者投奔他的如同流水。李世民接收了一些有才能的豪杰,准备作为所属的官吏。李渊嫁给柴绍的那个女儿也领精兵一万多人和李世民在渭水北面会合了。她和柴绍各设置了幕府,她的队伍号称为"娘子军"。左亲卫(武官名称,掌东宫护卫)段纶也娶的是李渊的女儿,他在蓝田招兵买马,得到了一万多人来接应李渊。隰城尉房玄龄在李世民的军营门口拜见了他,李世民和他一见如故,于是让他暂任为记室参军,把他作为主要谋士。房玄龄也自认为遇到了知己人,竭尽心力为李世民做事。李世民领兵驻扎到阿城(即阿房宫),这时拥有的兵力超过了十二万人,军令严明,秋毫无犯。这年的农历十一月,李渊打下了长安,杀了长安留守官吏阴世师等十多人,并和民众约法十二条,全部废除了隋王朝的苛政禁令。马邑郡丞李靖一向和李渊有矛盾,李渊捉住李靖要斩了他,李靖大喊道:"您拉起义军队伍,平息暴乱,却以私怨要杀壮士吗?"李世民也坚决为他求情,李渊于是放了李靖,李世民就把他安置在自己的幕府里。李靖小的时候就有志气,并有文武才能。他的舅舅韩擒虎常常拍着他对别人说:"可以和我谈论将帅谋略的只有这个孩子。"李渊立了隋王朝的代王杨侑为皇帝,远尊在江都的隋炀帝为太上皇,李渊自封为大丞相,并封为唐王。之后,隋帝杨侑在君位仅一年就禅位给了唐王。唐王李渊即了皇帝位,并改变年号为"武德",首都设在长安,封隋帝杨侑为酅国公。第二年酅国公就死了,李渊给他的谥号叫"隋恭帝",死时年十五岁,没留下后代。

隋炀帝住在江都,每天夜里都被噩梦惊醒,说是有贼,一定要让几个妇女轮流抱着他摇晃安抚才能睡着。一些跟随炀帝在江都的骁勇果敢之士都离隋炀帝而去了。炀帝为此很担忧,就问裴矩,裴矩回答说:"人是有情欲的,没有配偶就不能长久地待在这里。请允许军中士卒在此地成家。"炀帝答应了。于是召集江都所有的寡妇、处女到宫中让将士们随便挑选娶走。有的先前就有奸情的,只要自首了,两人的结合就成了。民间有些美妇,敢死之士报告说与她有奸情,不管她有没有丈夫,也被夺走。炀帝的荒淫越来越严重,宫中一百多房间,各有女主,房间装饰得都极其华丽。他每天都让一房作为主人来接待他,致使他酒杯不离口。然而,眼见天下危乱,他也不自安。他退朝后就穿着短衣,用一幅绢束住头发,遍游亭台楼阁,忙不迭地观看美景,只恐不足。曾经有一次,炀帝一边望着天空,一边对萧皇后说:"外边算计我的大有人在啊!然而我们姑且一起欢乐,一起喝酒吧!”于是喝得大醉。他又拿过镜子照着自己说:“一颗好头颈,竟是谁会砍下它?”皇后惊恐地问他为何这样说,炀帝笑着说:“人一生,贵、贱、苦、乐总会有变化,走到哪一步都无所谓了。”这时江都城中粮食已吃尽了,跟隋炀帝的敢死之士大多是关中人,都很想家。虎贲郎将司马德戡、直阁(武官名称,是监门郎将的副手,正五品)裴虔通等人一起谋划想要逃走。不久,这事公开在许多人聚在一起的场合商议逃跑。宫人听到后,向炀帝报告了,炀帝大怒,杀了几个带头人。这以后,无人再敢说逃跑了。郎将赵行枢把这事告诉了宇文智及,宇文智及大喜说:“皇上虽然无道,但威令还行得通,你们这些人要离开,只有死路一条。不如就此做件大事,这也是帝王的功业啊!”司马德戡等人表示同意,于是推举宇文化及做主,召去了所有的敢死之士,告诉他们要干什么。就在当天夜里在东城集结士兵有几万人,高举火把和城外相呼应。隋炀帝看见火光,又听见外边的喧嚣声就问:“这是怎么了?”裴虔通回答说:“草坊失了火,外边的人一起在救火呢。”到五更的时候,司马德戡让裴虔通领几百个骑兵进入宫门,屯卫将军独孤盛前来迎战,被杀死。先前,炀帝选拔出几百个强壮而有力的骁勇宫奴去把守玄武门,以备不测。这时被宇文化及等人所结交的宫人魏氏假传炀帝的诏令,撤去了玄武门的守门兵,司马德戡才得以领兵从玄武门进入。炀帝穿了便服逃到西阁,校尉令狐行达拔刀直接闯了进去,扶着炀帝走下阁楼,派兵守住炀帝。到了天亮,一队穿着铠甲的骑兵去迎接宇文化及,宇文化及战栗地说不出话来。到了西阁时,司马德戡等人把宇文化及迎了进去,把他称为丞相。裴虔通逼炀帝出宫,宇文化及说:“何必让他出去,赶紧杀了他!”于是领着炀帝回到寝殿。炀帝感叹地说:“我有什么罪?落到这种地步?”马文举一条条地数落隋炀帝的罪恶,炀帝说:“我确实对不起百姓,至于你们这类人,要官给官,要钱给钱,为什么对我这样?”炀帝心爱的儿子赵王杨杲,当年十三岁,在炀帝身旁大哭不停,裴虔通一刀杀了他,鲜血溅了炀帝一身,接着又要杀炀帝。炀帝说:“天子死,自有办法,怎么能用锋利的刀?拿毒酒来!”马文举等人不允许,令狐行达按住炀帝让他坐下。炀帝自己解开随身带的白色丝巾交给了令狐行达等人，于是令狐行达等人勒死了隋炀帝。隋炀帝在君位十三年。萧皇后和宫人拆下漆床板做成棺材把炀帝和赵王一起停放在西院的流珠堂。宇文化及又杀了隋炀帝的儿孙们以及皇宗室人员和外戚，无论年长年幼都被杀死。只有炀帝的侄子秦王杨浩一向和宇文智及关系很好，得以免死，还被立为了皇帝。宇文化及让他住在别的宫殿里，也只是让他按需要发发诏书、签签字而已。

宇文化及自封为大丞相，统领百官，拥有军队十多万人。他占据六宫奸宿萧后及妃嫔，公开淫乱，毫不顾忌，一如炀帝时。因为那些敢死之士都想回长安去，于是宇文化及就领兵向西走。到了彭城水路不通，他又下令强夺民间的牛车装载宫人和珠宝，让士兵自己背着武器和铠甲。道路遥远，大家很疲惫，都怨恨宇文化及。于是，司马德戡和赵行枢等人谋划杀掉宇文化及，结果反被他杀死。李密占据了巩县（今河南巩义）和洛河一带来抗拒宇文化及。宇文化及不能再向西行，于是领兵想去东都洛阳，走到滑台（今河南滑县东）。东都的留守官员得到了隋炀帝被杀的消息，于是尊奉炀帝的孙子越王杨侗即了皇帝位，用王世充做纳言（为君臣传话的官职），封为郑国公。宇文化及又领兵奔向黎阳（在今河南浚县东北），东都方面听到这消息就联合李密共同抵挡宇文化及，宇文化及战败，就向北奔到魏县。宇文化及的兵势一天天窘迫，他的兄弟宇文智及也没有什么好办法，只是聚在一起喝酒，观看歌舞。宇文化及醉了就指责宇文智及，搂着自己的两个孩子哭。宇文智及发怒地说："事情顺利时你从没想起我，等到这时要败亡了就想把罪过推到我身上。你怎么不杀了我去投窦建德？"就这样多次争吵，酒醒了再喝。时间一长，兵跑得差不多了。宇文化及哀叹地说："人本来就有一死，难道就不能当一天皇帝吗？"于是他用毒酒毒死了秦王杨浩，在魏县坐上了皇帝位，国号叫"许"。唐高祖李渊的叔伯弟弟淮安王李神通领兵到魏县打败了宇文化及。宇文化及跑到了聊城（今属山东省），夏王窦建德领兵到聊城又把宇文化及的军队打得大败，活捉了宇文化及、宇文智及和他的两个儿子宇文丞基、丞趾及其党羽，全部都杀掉了。

他们找到了萧皇后和一只传国玉玺。没多久,突厥派使者去迎接萧后,窦建德也派人送萧后到突厥。宇文化及被消灭后,隋朝的王世充任命自己做了相国,自封为郑王并加给自己九锡。不久,郑王王世充把隋主杨侗关在了含凉殿,贬废杨侗为潞国公,自称皇帝。不久他又杀了杨侗,也给杨侗加了谥号也叫“隋恭帝”。这是唐高祖武德二年(公元619年)五月的事。隋王朝灭亡,总共四个国主,共三十九年(公元581—619年)。

第二十三章　唐王朝得天下二十一帝(唐史)

唐高祖神尧大圣光孝皇帝姓李名渊,表字叫叔德,是陇西成纪(今甘肃秦安县)人。他是虞舜时代的皋陶、周王朝时的老聃、西汉时的李广的后代子孙,是东晋时期西凉国武昭王李暠的第七代孙子。李渊的祖父在西魏做官立有功劳,被封为陇西公。父亲李昞在北周时封为唐公,李渊承袭了爵位。李渊领兵打下长安后,立了代王杨侑做隋帝。李渊的部将刘文静留下来围住了河东郡,和屈突通对峙了一个多月。屈突通兵势窘迫,他听到长安已被攻下,就领兵出走要往洛阳跑。刘文静派窦琮等人追击抓住了屈突通,屈突通这才投降。李渊任命屈突通为兵部尚书,派他去河东招降尧君素。尧君素对他说:"您身为国家大臣,怎么能对不起国家活着投降?"屈突通说:"我的军队已经垮了。"尧君素说:"我的军队还没垮,你还有什么说的?"屈突通惭愧地退了出来。这时尧君素的妻子在长安被唐军抓获,唐军送他的妻子到城下招降他,尧君素说:"天下的名声和道义不是妇人所能知道的。"于是尧君素拿起弓箭射向妻子,他妻子应弦而倒。等到听说隋炀帝在江都被杀,尧君素身边的人也杀了他向唐军投降了。隋恭帝杨侑把皇帝位子让给了李渊,唐王李渊即了皇帝位,让李建成做太子,李世民做秦王,李元吉做齐王。李元霸在聪明方面类似于李世民,只是在十六岁时就死了,被追封为卫王。

当初,李密的兵力很强大,李渊刚起兵时,曾派使者去和李密通好,李密给李渊的信里有许多自夸自大的言辞。其中有:"我所希望的是合力同心,做出在咸阳活捉秦朝的嬴子婴,在牧野消灭商朝纣王的事业来。"唐祖李渊正要进兵关中,唯恐在言语方面得罪李密,所以在信中写了些自谦而推崇李密的话来使他更加骄傲。李密因此而大喜,此后传信的使者不断往来。等到李密诱杀了翟让后,瓦岗方面的将校军官有许多人想背叛李密。李密相当骄傲,不体恤士兵,夺取洛口米仓,修筑了一座方圆四十里的城来居住。开仓放米无人把守,任凭取米的百姓随便拿米。有的人离仓后,力量无法把所拿的米搬回家去,就把部分米丢在大路上了。这样一来,从仓城到外城大门,地上的米厚度达到了几寸。一些反叛朝廷的团体也去吃洛仓的米,这样吃米的人口就达到了近百万。李密非常高兴,他对贾闰甫说:“这就是所谓的‘足粮’啊!”贾闰甫对他说:“国以民为本,民以食为天,现在民众之所以扶老携幼地来拿米是因为天在这里的原因。发放米的官员一点也不吝惜米,恐怕一旦米放净了,民也散了,您还和谁来成就大业呢?”李密不听。王世充的军粮吃没了,他选出精锐的士兵攻打李密,李密出兵迎战。李密轻视王世充,不设防线,王世充夜里把士兵埋伏在山谷中,看准机会放出兵来攻打李密。事先他找出一个相貌很像李密的人,捆绑起来藏着,在战斗最激烈的时候,把那人牵到阵前让许多人一齐高喊:“我们抓到李密啦!”王世充的士兵们听到后一片欢呼,李密的士兵听到后大吃一惊。这时王世充放出躲藏在山谷里的兵冲入敌阵,李密的军队被打得大败。邴元真、单雄信等人都投降了王世充。李密于是和王伯当、魏徵等人收集败兵两万人投到了李渊那里。李密在归唐之前曾对人说:“我曾拥有兵力百万,如今去投李渊,怎么也得给个太尉、司徒、司空这类‘三公’的职位。”到了长安后,李渊给他的职位是光禄卿(管皇室的祭品与膳食等的官员),另加一个上柱国(武官勋级中的最高级),并赐给邢国公的爵位。这使李密大失所望。秦叔宝、程知节、罗士信等人投到王世充那里以后,知道王世充不会赢得天下,于是也投到了李渊那里。徐世勣占据着李密原来所占的地方,魏徵给他写信劝他早点投降,徐世勣回信说:“这些土地和土地上的人民都是魏公李密原有的。”于是他登记那里的郡县户口、兵马的数目,交给了李密让他自己献出。唐祖李渊非常高兴,赐给徐世勣“李”姓。

当初，汾阳（今山西万荣县）人薛举占有陇西（今甘肃东南部一带）这块土地。薛举死后，他的儿子薛仁果接了他的班。薛仁果领兵攻打唐王朝的陇州（今甘肃平凉地区），并把陇州打了下来。李世民领兵到了高墌，薛仁果派宗罗睺领兵前去迎战。李世民率领大军从原州的北部（今甘肃镇原县）出其不意地打击宗罗睺军，宗罗睺的兵卒大败，被杀死几千人。接着李世民又率两千多骑兵追击败兵，他说："如今势如破竹，机不可失。"一直追到城下，包围了城池。到半夜，守城的将士都投降了。薛仁果没了主意，也出城投降，后来他被送到长安刑场杀了头。李世民平定了薛仁果领兵往回走，唐主派李密到幽州（治所在今河北涿州）去迎接李世民。李密认为自己有智谋，名声也大，见李渊时总是带有傲气。这时见到李世民后，不觉惊叹佩服，他私下里对殷开山说："这是真正超众的主子。不是这样，怎么能平定祸乱呢？"李密以寄人篱下为羞耻，于是他和王伯当谋划打算脱离李渊。一天他对唐主说："中原一带的民众都是我原来所管辖的，请让我收集那里的士兵，安抚那里的民众，用来收拾王世充就如同捡根草一样容易了。"唐主李渊答应了。于是李密就用王伯当作为副将一起走了。李密占据了桃林县（今河南灵宝市）驱赶那里适合当兵的人到南山，又向东去想投奔原隋朝伊州的刺史张善相。唐朝的行军总管盛彦师打败并杀死了李密和王伯当，并把两人的头颅传送到长安。张善相也向唐王朝投降了。当时，李轨占有黄河以西的土地，并在那里称帝。唐主派张俟德到那里去招降他，李轨却说他是唐主李渊的堂弟大凉皇帝，因此不接受唐朝的官爵。唐主李渊发怒了，商议出兵讨伐他。李轨的臣子安修仁的哥哥安兴贵正在唐朝做官，于是安兴贵向李渊上表说："先向李轨讲明利害关系，如果他听不进去，我的弟弟安修仁是李轨的亲信，解决他很容易。"于是唐主就派安兴贵前去说服李轨投降，李轨还是不接受。安兴贵就和安修仁一起秘密联合胡人领兵攻打李轨，李轨兵败被抓，安兴贵把他押解到长安杀掉了。李轨做了三年皇帝。杜伏威占据着历阳向唐朝投降，唐主李渊任命他为和州总管，封为吴王并赐给他"李"姓。李子通占据着海陵（今江苏泰州市），他领兵打下了江都,又到吴郡去袭击沈法兴,把沈法兴打得大败,沈法兴投江而死。于是李子通把自己的首都迁到了余杭。唐朝的杜伏威派部将王雄诞领兵打败了李子通,李子通又逃到杭州坚守,王雄诞又在杭州把李子通打败,并活捉了他,把他押送到了长安。

当年,杜伏威与辅公祏关系很好。等到杜伏威做了唐朝的臣子去见皇帝李渊时,辅公祏还在丹杨(今江苏南京)留守。这时辅公祏和杜伏威翻了脸,他杀了杜伏威的部将王雄诞,造起反来,自称为宋帝。唐朝派赵郡王李孝恭、岭南道大使李靖前去讨伐他。李孝恭出发前和将士们一起喝酒吃饭,他的杯子的酒忽然变成了血色,在座的人都大吃一惊,李孝恭举止自若地说:"这是辅公祏献出他的头的征兆。"说完一饮而尽。李孝恭、李靖等人把辅公祏的军队打得大败,辅公祏放弃城池向东逃走,到了武康被当地人抓住送到了丹杨斩首。至此,长江、淮河一带全部平定。江淮一带的政权从杜伏威开始到辅公祏结束,总共十一年。刘武周引领突厥军队攻打唐朝的并州,攻下了晋阳,裴寂所带领的军队溃败,齐王李元吉也奔回了长安。刘武周派宋金刚打下了晋州、龙门、浍州等地,关中人听到这一消息后十分震惊。

李世民率军从龙门山(今陕西韩城与山西河津之间)渡过黄河,驻扎在柏壁(在今山西新绛县西南)和宋金刚军相对峙,李世民多次打败宋金刚的部将尉迟敬德、寻相等人的部队。后来,宋金刚的军粮吃没了,向北撤军,李世民在吕州追上了寻相的部队,把寻相打得大败。李世民又乘胜追击,一天一夜行军二百多里,交战几十合。李世民军中大多数人都请求等拿到军粮后再进军,李世民说:"宋金刚已没了计策只顾快跑,要是给了他想好计策的机会,再打他就难了。"于是大军挺进,在雀鼠谷(在今山西介休市西南)追上了宋金刚的部队,一天打了八仗,宋金刚屡战屡败。李世民没吃东西两天,没脱军衣三天,率领军队奔向介休。宋金刚背靠着城又战,又被打得大败,于是率轻骑兵逃走了。尉迟敬德与寻相在介休和永安(在今山西霍州和洪洞之间)向李世民投降。李世民得到了尉迟敬德非常高兴,任命他为右一府统军,还让他率领原有的八千人,与其他军营相互配合。刘武周听到宋金刚失败的消息非常害怕,他放弃了并州跑到突厥那里去了。宋金刚也领着一百多骑兵跑到了突厥那里,并州全部平定。刘武周的政权存在了四年,后来他和宋金刚被突厥人杀死。自称为楚帝的朱粲有二十万人的军队,在淮河与汉水之间活动。每当他攻破州县如果有粮就吃粮,离开时就把全部粮食烧掉,在没粮时竟杀妇女、儿童吃。淮安郡(故治所在今河南泌阳县)的土豪杨士林拉起了队伍攻打朱粲,其他的武装团体也加入攻打朱粲的行列里来了。朱粲军被打得大败,他领兵逃到了菊潭(今河南内乡北)。后来,杨士林以汉水东边的四个郡向唐王朝投降了。朱粲也向唐朝投降。唐朝派散骑常侍段确前去慰问安抚他。段确趁醉酒时对朱粲说:"听说您喜欢吃人,人肉是什么味道?"朱粲回答说:"吃醉汉正是用酒糟腌的猪肉味。"段确发怒大骂,于是朱粲把段确也烹煮吃了,接着屠杀菊潭人,领兵投到了王世充那里。这时王世充已篡夺了隋朝政权成了皇帝,唐朝派遣秦王李世民督促各路军队攻打"郑"(王世充的国号),以便取得东都洛阳。郑国黄河以南的州县大多相继向唐朝投降,这时,唐朝的从前由刘武周那里投降过来的寻相等人叛离了唐朝,因此一些将领对尉迟敬德也产生了怀疑,把他囚禁在军营里。屈突通、殷开山对李世民说:"尉迟敬德作战骁勇无人可比,留着他必有后患,不如杀了他。"李世民说:"尉迟敬德要想叛变,难道会落在寻相后面吗?"于是他命令释放尉迟敬德,把他领到自己的卧帐内,赐给他一些黄金,说:"大丈夫有气度,不要把小小的怨恨放在心上。我绝不会听信谗言来害忠良的。您要真想走的话,这些金子就作为路费,以表我和您这段时间共事之情。"不久,李世民领五百骑兵巡行战地,突然,王世充率领一万骑兵到来把李世民等人围了起来,单雄信拿着长矛直奔李世民而来。这时尉迟敬德跃起战马,大呼一声,把单雄信刺坠马下。这时屈突通也领大军到来,王世充军大败而逃。事后,李世民对尉迟敬德说:"您怎么这么快就报答我呢?"又赐给尉迟敬德一小箱金银。自此之后李世民对尉迟敬德越来越宠信了。

当初,王世充攻打黎阳,夏王窦建德攻占了王世充的殷州(今河南安阳)作为报复。从此两国关系恶化,不再互通信使了。这时唐朝兵马直逼洛阳,于是王世充派使者到窦建德那里去求救。窦建德的中书侍郎刘彬说:“如今天下大乱,唐国得到的是关西地区,郑国得到的是黄河以南地区,我们夏国占有黄河以北地区,这样三方就成了鼎足之势。现在唐国发兵进攻郑国,郑国地区一天比一天紧迫,郑国要是灭亡了,那么我们夏国也不能独存,不如放弃先前的仇恨发兵救救它。这样郑国在当地攻打唐军,我们处在唐军的背后,击败唐军就是必然的了。唐军被击退后,我们看那时的形势,如果郑国可以夺取,就把郑国灭掉。这样合并两国的军队,趁唐军还没恢复力量时灭掉唐军,这样天下就是咱们的了。”窦建德听从了他的计策。这时唐兵围住了洛阳,城中缺少食物,窦建德前去救援。窦建德给李世民去了一封信,请李世民把唐军退到潼关,希望和李世民重修旧好。于是李世民召集将领商议这事,大家都说应该避开夏军的锋芒。但郭孝恪却说:“王世充现已走投无路,即将被捉了。窦建德大老远地运粮来助他,这是天意让我们灭掉两国军队。用不上十天,两个国主就可捉到了。”李世民认为他说得有理,于是率领骁勇的骑兵到了武牢(今河南荥阳汜水关)的东部。窦建德军被困在武牢不能再进军,打了几仗也没取胜。凌敬对窦建德说:“大王应当让全部军队渡过河去,然后攻打取得怀州、河阳,让重要将领守住这些地方,随后大军大张旗鼓地穿越太行山,进入上党郡,占领汾州、晋州,再进兵蒲津关(今山西永济),一直进军到无人之境。这样一边开拓地盘,一边行军招收兵员,关中的唐国一定会震惊,郑国的被围困局面也就自解了。”窦建德正打算这么办,可是王世充派使者来告急,又暗中用黄金美玉来收买窦建德的将领们。这样一来,窦建德的将领们都说:“凌敬只是一介书生,哪里知道战争的事情。”于是窦建德就谢绝了凌敬的建议。凌敬苦劝窦建德,窦建德生了气,让人把凌敬拉了出去。窦建德的妻子曹氏说:“凌祭酒的话说得对,不要违背啊!”窦建德却对她说:“这些事都不是你女子所能懂得的。”于是夏王窦建德带领全部人马走出牛口峪阵列长达二十里。李世民命令宇文士及带领三百骑兵去攻打窦建德军,李世民告诫宇文士及说："敌人不动，你就回来。如果他们有所行动，你就带领骑兵向东走。"宇文士及到了阵前，窦建德军果然有所动作。李世民说："可以出击打他了。"并亲自率领轻骑兵冲向阵前，大队人马紧随其后，于是展开大战，尘埃弥漫了整个天空。李世民率领史大柰、程知节（即程咬金）、秦叔宝、宇文歆等人卷起旗帜冲进窦建德军的阵列，来到其阵列的后边又展开了唐军的旗帜。淮南王李道玄冲入敌阵直接来到敌阵后方，又转身急速地再次冲入敌阵而回。这样一来，窦建德军被冲得溃散大败。窦建德被长矛刺伤，杨武威紧紧追赶着他，窦建德坠下马来被杨武威活捉。李世民用囚车把窦建德等人带到洛阳城下让王世充观看。王世充的将领们都说："我们所寄以希望的就是夏王窦建德，现在他已被活捉，我们即使能突围，也一定不会有什么作为了。"王世充于是穿着一身白，率太子、群臣到李世民军营前投降了。郑国地盘全部平定，王世充政权存在了三年。

李世民进入洛阳宫中，看了隋王朝的宫殿感叹地说："穷奢极欲，想不亡国，行吗？"便命令人撤掉、毁坏了那些壮观艳丽的东西。窦建德的妻子曹氏率领部众捧着传国玉玺向李世民投降，夏国的地盘也全部平定。窦建德的政权存在了五年。李世民回到长安，向太庙献俘以告出兵成功，斩了窦建德，赦免了王世充。不久，王世充也被仇人所杀。李世民又在刑场上斩了朱粲，楚帝朱粲的政权存在了四年。唐王朝因为天下大致平定了，就免除百姓的赋税、徭役一年。

这时，南北朝时期的北朝西梁国宣皇帝萧察的曾孙萧铣占据着江南，领地东到九江，西到三峡，北到汉水，南到交趾。他在那里称为皇帝，拥有兵力四十万。他的将领大多凭着有功劳而不听他的话，萧铣为此很担心，于是他把兵分到各地屯田，用这个办法夺取将领们的兵权。唐王朝的李靖向赵郡王李孝恭献上了消灭萧铣的十条计策，李孝恭又向皇帝李渊上书。于是李渊发动巴蜀地方的士兵，由李孝恭和李靖统帅，从夔州（治所在今重庆奉节县）顺流而下。萧铣听到消息后赶紧征调兵力，却不能很快聚集，于是只好带领几千兵出战。李靖发兵攻打，把萧铣打得大败。接着李靖乘胜直接进军到了江陵，攻入到外城，接着又攻破了萧铣的水城获得了许多船舰。李靖让人把船舰都散放到长江中。将领们都说:“这是战胜敌人所缴获的,应当留着咱们使用,为什么放掉船只让敌人得到它们?”李靖说:“萧铣的地盘南边到达岭外,东边到达洞庭湖地区,我军孤军深入,要是攻城攻不下来,敌人的援兵又从四面赶过来,我们就会内外受敌,进退不能了,即使有船还有什么用?现在放弃这些船只,让它们顺江而下,敌人的援兵见到,必定认为江陵已被攻破,他们就不敢轻易来了。这样他们往来观察情况所用时间得一个月,我们把城池攻下来是肯定的了。”果然萧铣的援军有十多万人向江陵方向进军,他们沿途看见散放的船舰,怀疑城已被攻破而不敢再进军了。萧铣被困在城里毫无办法,于是他对部下说:“上天不赐福给梁国,我们要是一定打到筋疲力尽时,那么百姓就会吃很大的苦头,为什么因我一个人的事,让百姓陷于苦难中呢?”于是萧铣下令打开城门,出城投降。李孝恭把萧铣送到长安,在刑场斩了萧铣,南方全部平定。萧铣的政权存在了五年。

窦建德虽被消灭,但那些已投降的窦建德的部将们还在崤山以东地区居住。朝廷对他们并不放心,由唐朝当地的官吏看管着。这时皇帝李渊要召窦建德的全部旧将去长安,于是范愿、高雅贤等人在一起讨论说:“到了长安,必无活着回来的道理。”于是决定再次起事。占卜说:“以刘氏为主。”于是就推荐窦建德的旧将刘黑闼做主帅在漳南起兵,设立坛台来祭祀窦建德,告其报仇之义。刘黑闼攻破了冀州,打败了淮安王李神通、李艺和徐世勣等人的军队,攻取了相州(今河北临漳),唐朝兵马大多失败,半年时间全部恢复了窦建德时所占的土地。当初,鲁郡徐圆朗投降了唐朝,唐皇帝让他做了兖州总管,这时也发兵响应刘黑闼。刘黑闼又联合了突厥,兵力大增,他自称为汉东王,并在洺州(今河南洛阳)设立了首都。凡是在窦建德时期做过官的人都恢复了原职,法令制度也和窦建德时一样,但他在进攻、作战、勇猛、决断方面却超过了窦建德。唐朝皇帝李渊派秦王李世民和齐王李元吉攻打刘黑闼,李世民又夺取了相州,进军到了肥乡(在今河北省),在洺水(即漳河)岸边布置了营垒。刘黑闼多次挑战,李世民都闭营不出,却偷偷地派出将领领兵堵住了刘黑闼军的粮道。双方相持了六十多天，李世民估计刘黑闼军粮吃没了一定会找他决战，于是又暗中派人在洺水上游堵水，并告诫守坝的军官等到作战时就把水坝决开。刘黑闼果然率领步兵和骑兵渡过洺水向唐军营垒扑来。李世民亲自率领精锐的骑兵打击刘黑闼军，守坝的军吏决开水坝，大水冲来，刘黑闼军大败。刘黑闼与范愿等人奔到突厥那里去了。崤山以东地区全部平定，李世民率军队回到长安。不久，刘黑闼又领突厥兵回来，唐王朝又派齐王李元吉和淮阴王李道玄攻打刘黑闼。李道玄率兵三万，他和副将史万宝不合。李道玄率领轻骑兵先出战，史万宝却按兵不动，致使李道玄全军覆没。李世民闻讯后，深深痛惜，说："道玄常常跟随我作战，见我冲锋陷阵，心里很羡慕，学我才丢了性命。"并为他流下了眼泪。

李世民从起兵以来，前后打了几十仗，常常身先士卒，率轻骑兵深入敌阵，虽然多次遇到危险，却不曾被刀剑所击伤。太子中允（为太子官属，掌管侍从、礼仪，并审核太子给皇帝的奏章文书等的官员）王珪、洗马（是太子属官，太子出行时主管前导威仪及秘书职务的官员）魏徵劝太子李建成说："秦王功劳满天下，朝廷内外都看重他，殿下您只因年纪比他大才做了太子。现在刘黑闼那一伙人不到一万人，又缺粮少用的，殿下应领兵亲自去攻打他，取得了功名才能坐稳太子的位子。"于是李建成向李渊请求领兵去打刘黑闼，李渊答应了。李建成和齐王李元吉一起领兵去攻打刘黑闼，刘黑闼的军粮吃完了，手下的将士也跑了不少，于是他也跑了。刘黑闼委任的饶州刺史诸葛德威绑了刘黑闼向唐军投降了。刘黑闼在洺州被处死，他的政权存在了一年。徐圆朗失败逃走，在民间被杀。其余的反抗队伍，有的在隋朝末年被隋所灭，有的被唐朝所灭或投降了唐朝。到唐高祖李渊武德七年（公元 624 年），燕王高开道被他的部下张金树杀死，张金树派出使者向唐朝投降。辅公祏也被消灭。梁王梁师都跑到了突厥那里，到唐太宗李世民贞观二年（公元 628 年）被将军柴绍等人消灭了，于是天下又归于一统。

高祖李渊想杀他的民部尚书刘文静，李世民坚持为刘文静求情，李渊不答应，刘文静终于被杀并被抄家，这都是齐王李元吉说了坏话的结果。

当年李元吉出生后,窦氏看他生得很丑,就不想养育他,被侍媪陈善意所抱养。李元吉长大后,干了些坏事,陈善意多次规劝,李元吉却把她杀了。李元吉好色又好猎,常在后半夜偷偷跑出去奸淫民家妇女。他最顾忌秦王李世民,李世民得到了尉迟敬德后,使他更加忌恨。李元吉听说尉迟敬德很会在马上耍八尺长矛,李元吉一向认为自己在马背上玩长矛无人可比,便请求和尉迟敬德比试一下。李元吉拿起长矛翻身上马,想在比赛中刺死尉迟敬德,不大一会儿工夫尉迟敬德三次夺下了他的长矛。皇帝李渊因为秦王李世民功劳大,用前代现有的官职封他都嫌太小,所以封李世民为"天策上将",职位在其他王公之上。李世民于是开设了天策府,并为自己配置了官属。李世民考虑到天下基本太平,于是在宫西开设了学馆,招请天下的文学之士,以杜如晦、房玄龄、虞世南、褚亮等十八人分为三班轮换日子值宿,并供给山珍海味,礼遇相当优厚。李世民在公事的闲暇时,总是到馆中去,领着学士们讨论文籍,有时到了半夜才去睡觉。他让阎立本为十八人画像,褚亮写了"赞"(一种文体,用于颂扬),号称为"十八学士"。士大夫能够进入到学馆的被当时的人称为"登瀛洲"(瀛洲是传说中仙人所居的仙山)。李建成和李元吉对此非常顾忌。后来,各府的属官大多被调到京城以外做官,杜如晦也被调走到陕州做长史,李世民对此很担心。房玄龄对李世民说:"其他人不值可惜,至于杜如晦他可是帝王的辅佐人才。"李世民立即向李渊奏请让杜如晦还作为他官府中的属员。

当年,李渊在晋阳起兵,这都是出于李世民的谋略。李渊曾对李世民说:"事情成功就让你做太子。"等到李渊做了皇帝,一些将领也向李渊提起让李世民做太子的事,都被李世民坚决辞让而中止。太子李建成喜欢喝酒、女色和游猎,齐王李元吉过失太多,李渊并不宠爱这两个人。秦王李世民的功劳和名声一天比一天大,皇帝李渊常常有让李世民代替李建成做太子的打算。李建成内心不安,就和李元吉一起合谋要解决掉李世民。李元吉的打算是先杀掉李世民,再杀李建成而坐上太子位。于是李元吉和李建成共同排挤李世民,特意讨好李渊的嫔妃们,以达到谄媚李渊的目的。李世民不这么干,因此嫔妃们争着夸奖建成和元吉,却说世民不好。这时,李世民、李元吉都住在别的宫殿里,与皇帝和东宫太子殿都能白天晚上通行,没有什么禁令限制,如果相遇就行家人礼。太子李建成让秦王李世民和齐王李元吉的手令与皇帝的诏令一并实行,有关方面的官吏不知道该怎么办,也只好按得到的命令先后为准了。李世民因淮安王李神通有功劳,于是赐给他一块几十顷的田地。张婕妤知道后,也要那份田,李渊就手写了一份诏书把田赐给了她。李神通以李世民的手令在先,占着田不给张婕妤。张婕妤就到皇帝李渊那里告状,李渊发怒,责备李世民,又对裴寂说:"我的这个儿子长期带兵在外,被书生教坏了,不是我从前的儿子了。"李世民在宫中陪伴皇帝吃饭,因思念自己的母亲太穆皇后死得早,没有见到父亲李渊得到了天下,有时叹息流泪,李渊见到后很不高兴。他的一些嫔妃就说:"陛下年龄大了,理应玩乐,而秦王却这样,正是厌恶嫉妒我们这些做妾的。陛下万岁后,妾母子一定没有活路了。皇太子仁爱孝顺,陛下把我们母子托付给他,定能保全!"李渊对此很是悲伤。那时李渊和窦皇后生了四个儿子外,又和其他嫔妃生了十八个儿子。因此李渊又没了换太子的打算了,此后对待李世民一天天疏远,而对待李建成和李元吉却一天天亲密了。一天,李世民跟随皇帝李渊到李元吉住的宫里去,李元吉事先埋伏下刺客想刺杀李世民。李建成看见尉迟敬德和秦叔宝跟着李世民等在外边,就急忙通知李元吉取消行动。突厥军多次攻打关中地区,李渊想把首都迁到别处来躲避突厥。李世民说:"这样的祸患古时就有,陛下神圣威武,是一条龙兴起,为什么要迁都,在天下人面前做这羞耻事?请让臣子我准备准备,希望给我几年时间,就可以把突厥人的首领颉利绑了,送到您的大殿之下。"李渊一听忙说:"这太好啦!"李建成和李渊的嫔妃们又一起说李世民的坏话,他们对李渊说:"突厥人虽然常常侵入边境,只要能得到我们送给他们的好处,他们就退兵了。秦王以抵御敌寇为借口,实际上是想总揽兵权,完成他篡夺的谋略罢了。"李渊听他们一说大怒,召去李世民进行责备。正在这时,有关官吏奏报突厥人来犯非常危急,李渊才改变态度,对李世民加以鼓励,下诏令让李世民和李元吉领兵到幽州去抵御。每当有寇乱之事李渊总是命令李世民去讨伐,战事平息后又对李世民更加猜疑。李世民、李元吉在幽州与颉利、突利两个可汗的军队相遇,李元吉见他们的兵马太强盛,吓坏了,不敢出兵。李世民率骑兵到颉利的阵前对他说:"国家与可汗和亲,为什么要违背盟约?我是秦王,如果可汗能斗,请单枪匹马出阵和我斗。"李世民又另派骑将到阵前对突厥人说:"以往你们和我们订盟,有了紧急战事彼此相救。如今却带兵来攻打我们,怎么一点也没有结盟的情意?"颉利见李世民敢轻易出阵,又听到"结盟"的话,就怀疑突利与李世民有谋,同时突利也怀疑颉利与李世民有谋,结果两人一起向李世民请求和解。于是他们与李世民订立了盟约后就领兵离去了。

唐高祖武德九年(公元626年),李世民与建成、元吉已有了很深的矛盾。这天夜晚,李建成请李世民喝酒,李世民酒杯的酒还没喝完就倒下了。淮安王李神通夹起李世民就往回跑,李世民回宫后吐了好几升血,经急救才脱险。皇帝李渊前去探望李世民,对李世民说:"你们兄弟几个总是不和,同住在京城怨恨会更深。你应当去洛阳,从陕州往东都归你管,允许你树天子旗帜。"李建成、李元吉听到这消息后,一起合谋说:"秦王要是到了洛阳就无法除掉他了,不如让他留在长安,他一个匹夫,这就好办了。"于是两人让人给李渊上了一个密封的奏章,里面写道:"秦王身边的人听说要去洛阳,没有人不喜乐的,看他们的志趣是想脱离朝廷的管辖。"于是李渊打消了让李世民离开的想法。李建成和李元吉因秦王府有许多骁勇的将领,想引诱他们为自己出力,就秘密地把一车金银器送给尉迟敬德,尉迟敬德没接受,并把这事告诉了李世民。李世民说:"您心如同山岳,即使是堆积金子到北斗星那么高,我知道您也不会变心的。"李元吉看引诱尉迟敬德的事不成功,就到李渊那说尉迟敬德的坏话。李渊于是要杀尉迟敬德,李世民一再求情才算作罢。房玄龄、杜如晦劝李世民让他像当年周公灭管叔、蔡叔一样灭掉建成和元吉。建成和元吉与嫔妃也合伙一起向李渊告李世民的状,于是李渊相信了他们的话。李元吉暗中请求李渊杀掉秦王,李渊说:“他有平定天下的功劳,罪状并不显著,给他定什么罪名?”李元吉说:“只应赶紧杀掉,还怕没有理由吗?”李渊没答应。又赶上了突厥军队入侵,建成推荐元吉带兵前去迎击。元吉就请求率领秦王府的骁勇之将秦叔宝、尉迟敬德、程知节、段志元等一同前去,把秦王府的精兵都归到他的名下,把房玄龄、杜如晦等人从秦王府调离。太子东宫的官吏王晊暗中告诉李世民说:“太子对齐王李元吉说:‘我和秦王在昆明池为你饯行,乘这机会让壮士拉走秦王杀掉,全部杀尽秦叔宝等人,再派人去说服皇上把国家交给我,立你做太弟。’”长孙无忌、高士廉、尉迟敬德等人请求李世民下决心拿个主意。李世民命令占卜一下,幕僚张公瑾从外边进去见到后,拿起龟壳扔到了地上,说:“占卜是用来决定犹豫不决的事情的,现在的事情已经很清楚,还占卜做什么?”

第二天李世民将要上朝,这天夜里李世民招待他的将士们,长孙王后亲自为将士倒酒,大家都为此感动振奋,愿为李世民尽死力。天亮时,李世民率领长孙无忌等人在玄武门埋下伏兵,这事被张婕妤知道了,她秘密地告诉了李建成。李建成、李元吉感到将有事情发生,就调转马头往回走,李世民追上他们,喊他们回来。李元吉心里害怕,手里的弓箭拉了三次都没拉开。李世民一箭射死了李建成,第二箭把李元吉射得掉下了马。这时李世民的马受惊,跑到树林边,李世民被树枝刮倒,起不来。李元吉很快追到,夺过了弓要用弓弦勒死他。正在这时,尉迟敬德领七十个骑兵赶到,大喝一声,李元吉赶紧放下李世民就往武德殿方向跑,尉迟敬德追上射死了他。太子的东宫和齐王府的人马吵嚷着要攻打秦王府,尉迟敬德提着李建成和李元吉的头给他们看,这些人就都散开了。皇帝李渊对裴寂说:“没想到事情弄成这样,你看怎么办?”萧瑀、陈叔达说:“建成、元吉妒忌秦王功高望重,两人一起搞阴谋。现在秦王已经杀了两人,秦王的功劳大无边,天下人心所向,陛下要是让世民做太子,把国家事务交给他处理就不再有什么事了。”李渊说:“这太好了。这是我一向的心愿。”于是立了李世民为皇太子。接着又下诏令说:“从今天起军队、国家各项事情无论大小全交给太子处理决定,然后再上奏给我知道。"李世民又杀了李建成的儿子李承道、李承德、李承训、李承明、李承义等人;杀了李元吉的儿子李承业、李承鸾、李承奖、李承裕、李承度等人。李元吉的妻子杨氏美丽无比,她一向和李世民的王后长孙氏关系不错,常劝元吉不要和世民为仇。这时她亲自到李世民的宫里请死,更显得妩媚动人。李世民竟然忘了她是兄弟媳妇,此后和她有了私情。李世民做了皇帝后,把杨氏接到宫中非常宠爱她。李世民赦免了建成和元吉的党羽。原太子洗马魏徵常劝太子李建成早点除掉秦王,这时李世民召见他,说:"你为什么离间我们兄弟?"魏徵此时举止从容,回答说:"先太子要是早听我魏徵的话,就不会有今天的祸事了。"李世民一向重视魏徵的才能,于是就改变态度很有礼貌地对待他了。他又召见了王珪,任命王珪为谏议大夫。李世民又命令放走禁苑中的鹰、犬等动物,停止地方上向皇帝的物品贡献。他倾听百官的治国提案,行政命令简要严肃,朝廷内外的人都非常喜悦。不久,皇帝李渊就自称为太上皇,下了诏令传位给太子李世民。李世民在显德殿继承了皇帝位,这就是唐太宗文武孝皇帝。李世民大赦天下,从宫中放走宫女三千多人。唐高祖李渊在君位九年,又在太上皇位九年而死,终年七十一岁。

第二十四章 唐王朝三百年不到祸乱不断

唐太宗李世民是高祖李渊的第二个儿子。李世民的母亲窦氏生世民时很平稳。世民四岁时,有个书生见到他说:“这孩子有龙凤的姿态,天庭饱满,日角突出,长大成人定能济世安民。”说完书生就离去了。李渊派人想追回书生,却不见了,于是就采用书生的话给儿子取名叫“世民”。李世民聪明超众有武略,有远大的志向,能够放下架子接近士人。他十八岁时拉起义兵队伍,一开始被封为秦王,哥哥建成、弟弟元吉总想杀他,最后反而被他所杀。高祖李渊于是把君位传给了他,年号“贞观”。他立王后长孙氏为皇后。皇后从小就喜欢读书,再忙也一定按礼法办事。李世民做秦王时,长孙氏侍奉李渊,顺从李渊后宫的嫔妃做事,很有内助的功劳。她做了皇后后,提倡节俭,只负责衣服车马之类的事务而已,李世民很敬重她。

李世民励精图治,多次领魏徵到自己的卧室内向他询问政事的得失,魏徵也是知无不言,李世民对魏徵的意见总是愉快地接纳。王珪等人也多次直言自己的意见。裴矩在隋朝是个巧言献媚的人,到了这唐朝也成了忠直的人了。李世民精神焕发,有才智而果断,群臣觐见他时都不知如何是好。李世民觉察后,每次见人奏事,必定注意自己的言辞和态度,希望听到规谏。他曾对公卿们说:“人想看见自己的形貌,一定要用明镜;国君想自知过失,一定要善待忠臣。朕做事有不对的地方你们不要吝啬自己的话语,有话就全都说出来!”有一次,李世民得到了一只美丽的鹞鹰,正放在胳膊上玩耍,远见魏徵向他走来,忙把鹞鹰藏在怀里。魏徵向他奏事故意拖得很久，鹞鹰竟捂死在他的怀内。李世民每次和房玄龄谋划事情，总是说："没有如晦的参与，这事不能定下来。"杜如晦到了，最终还是用房玄龄的计策。这是因为房玄龄善于谋划，杜如晦善于决断的缘故。两个人互相配合，同心献身国家，所以整个唐代堪称贤相的要首推房玄龄和杜如晦了。

有人控告尉迟恭（尉迟敬德）要造反，李世民去问尉迟恭说："别人说你要造反，为什么？"尉迟恭回答说："臣跟随陛下身经百战，现在身上留下的都是刀剑伤痕。天下已经平定了，竟然又怀疑臣子我反叛吗？"于是尉迟恭脱下衣服扔在地上，让李世民看他身上的伤疤，李世民看后流着眼泪安慰他。李世民想把一个女儿嫁给尉迟恭，尉迟恭说："臣听说'糟糠之妻不下堂'，臣的妻子虽然丑陋，我们在一起过的苦日子已经很久了。"李世民于是放弃了嫁女的打算，任命尉迟恭为鄜州（治所在今陕西省富县）都督。

鸿胪卿（掌朝贺庆吊的赞导相礼的官员）郑元寿出使突厥回来，对李世民说："戎狄的兴衰从他们的羊、马就可以看出来。现在突厥百姓挨饿，牲口瘦得不成样子，这是将要灭亡的征兆，我看用不上三年。"李世民说："你说得对，可是我们现在刚刚和他们订立盟约，不可以失信，等他们有了过错然后在讨伐他们。"之后，突厥果然侵犯唐朝的边境，李世民就派都督李世勣、李靖、柴绍、薛万彻为行军总管，各路兵马十多万人都受李靖调度，分道出击突厥军队。李靖率骁勇善战的骑兵三千人从马邑出发，进驻恶阳岭，夜里袭击定襄，打败了突厥军。突厥的颉利可汗没想到李靖的军队会突然到来，非常吃惊。这时李世民所派遣的鸿胪卿唐俭正在颉利可汗那里安抚他。贞观四年（公元630年），李靖领兵和李世勣军在白道（今内蒙古土默特旗一带）会合。李靖谋划说："颉利虽然遭到了失败，但他的军队还很强盛，要是跑到漠北就难打了。现在皇帝的使臣正在那里，敌人一定不会有什么防备，如果带上一万名骑兵去袭击他，兵不血刃就可活捉他。"张公瑾说："皇帝的诏书允许他们投降，再说咱们的使者还在那里，干什么去打他？"李靖说："这就是韩信当年能够消灭齐国的道理，唐俭这类人牺牲掉也没什么可惜的。"于是领兵夜里出发,李世勣军紧跟在李靖军的后面,在阴山(今内蒙古鄂尔多斯以北、大漠以南诸山的统称)把突厥军打得大败,斩首一万多,俘获男女十多万。当时隋炀帝的皇后萧氏在突厥那里,李靖把她送到京城。萧氏年龄虽然四十多岁了,但姿色仍存,皇帝李世民把她召入宫中,和她谈论前朝的故事,谈论得非常高兴。

突厥的颉利失败逃走,投奔到沙钵罗设苏尼失部落,任城王李道宗领兵逼近苏尼失部落,迫使苏尼失把颉利抓了起来,行军副总管张宝相把颉利押回军营。苏尼失带领整个部落投降了唐朝,大漠以南成了空地。李世民在御楼接受了俘虏,让他们住在太仆寺。太上皇李渊听说了,感叹地说:“当年汉高祖刘邦被困在白登山不能报仇,现在我的儿子能灭了突厥,我找对了接班人,还有什么可忧虑的?”太上皇召集皇帝李世民和显贵重要的臣子十几人,以及各个王、妃子、公主在凌烟阁摆下酒席,酒喝到正高兴时,太上皇亲自弹起了琵琶,皇帝李世民起身跳舞,公卿大臣轮流起来祝寿,直到深夜才作罢。靺鞨(古时东北少数民族)派使者上朝入贡。这一时期远方各国来唐朝入贡的很多,服装奇特。中书侍郎颜师古请求把这些都画下来留给后人,作为君王相会图,他的意见得到了赞成。四方的君长上朝请皇帝李世民称为“天可汗”,群臣欢呼万岁。此后,皇帝用加盖玺印的文书交给少数民族的君长,这些君长都称李世民为“天可汗”。

这时天下太平,这年庄稼又获大丰收,全国全年判死刑的才总共二十九人。从东到海边,从南到五岭,家家外门不关,旅行的人也不带干粮,走到哪里吃到哪里。长孙皇后死后,李世民说:“以后进后宫再也听不到规劝的话了,我失去了一个好帮手。”这时已被杀的齐王李元吉改封为巢剌王,他原来的妃子杨氏给李世民生了个儿子叫李明,很得李世民的宠爱。长孙皇后死了,李世民打算立杨氏为皇后,魏徵劝他说:“陛下现在品德堪比唐尧虞舜,干什么要自找忧虑呢?”李世民这才放弃了这个打算。不久,他封儿子李明为曹王,让他作为李元吉的后代。原来的荆州都督武士彟的女儿这年十四岁,李世民听说她长得漂亮,把她召入后宫,给了她才人的名分。后来她成了唐高宗李治的皇后,就是武则天。

唐将侯君集灭掉了高昌(在今新疆吐鲁番一带),把那块地方设为西州。这时唐朝土地东边到海,西边到焉耆(今新疆焉耆回族自治县),南边包括林邑(古南海国名),北到大漠,全都设置了州县。

当初,太子李承乾喜欢音乐、女色和打猎,生活奢侈。魏王李泰多才多艺,李世民很喜欢他,这使李泰有了抢夺太子位的想法。太子李承乾知道了,就暗中养了刺客纥干承基等人以及壮士一百多人,打算谋杀掉魏王李泰。李承乾知道吏部尚书侯君集对李泰心怀不满,就把侯君集召入东宫,向他询问自己怎样才能保住太子位。侯君集因为太子昏乱,一无是处,想趁此除掉他,于是就劝太子造反。这时正赶上李世民的第七子齐王李祐造反,这事牵连到了纥干承基,被抓进监狱将要处死,纥干承基于是告发太子李承乾谋反。李世民命令中书门下(宰相的办事机构)参与审案,审理清楚后,李承乾被贬为庶人,侯君集等人都被杀掉了。李世民又立了晋王李治(李治和李承乾都是长孙皇后所生)做皇太子。李世民对侍臣说:"我要是立李泰,他可以凭借自己品行所作所为得到这个爵位。现在太子犯法,以后再有太子和哪个王采用非法手段想保住或夺取太子位的都要剥夺他现有的爵位。把这一制度传给子孙,永远作为一项法令。"不久,李世民觉得太子李治太柔弱,就偷偷地对长孙无忌说:"李治软弱,恐怕不能守住国家,吴王李恪(李恪是前朝隋炀帝的外孙)倒很像我,我想立他为太子怎么样?"长孙无忌坚决反对,认为不可以。李世民说:"你是因为李恪不是自己的外甥吗?"长孙无忌说:"太子仁义厚道,实在是以文治国的好主,储君很重要,怎么可以多次改换?"李世民这才作罢。到高宗李治做皇帝的时候,吴王李恪因房玄龄的儿子房遗爱和李世民之女高阳公主合谋打算立李世民之弟荆王李元景为皇帝的事被发觉,蒙冤而死。后来李恪的后代做了"南唐"的国君。魏徵早已病死,当年魏徵曾经推荐侯君集,说他有做宰相的才能,此时侯君集以反叛的罪名被杀,李世民认为魏徵推荐人失察,就推倒了他所撰写的碑文。

新罗派遣使者到唐朝说百济和高丽合并打算一起阻断新罗到

唐朝的路,于是向唐朝求兵救援。李世民派使者用加盖皇帝印的文书去告谕百济和高丽,高丽的盖苏文拒不听从,唐使者回去了。李世民说:“盖苏文杀了他的君主,残酷虐待百姓,如今又违抗诏令,不能不讨伐。”李世勣劝皇帝去讨伐,皇帝李世民想亲自去征讨高丽,褚遂良恳切地劝谏,李世民还是要出兵。他命令房玄龄留守京城,自己下诏令亲自去征高丽。他任命张亮、李世勣为行军大总管,命令各军分道攻打高丽。李世民的车马到了定州,拿下了辽东,进军攻击安市城。高丽的延寿慧真率领十五万军队去救。李世民命令各军一齐出击,有个龙门(今山西河津)人薛仁贵大喊着冲入阵去,所向无敌。高丽兵败退,李世民大军乘胜进攻,高丽兵被打得大败,延寿惠真全军投降。高丽全国大惊,后边的黄城、银城都率众逃走,几百里无人烟。李世民攻打安市城,长时间没打下来,又因辽东冷得早,草枯干,水结冰,人马难以久留,粮食也快吃完了,于是下令回军,并在安市城下炫耀军威而回。安市城主登城拜辞,李世民赞美他有礼,赐给他细绢一百匹,鼓励他侍奉君主。李世民因征高丽没成功而很是后悔,感叹地说:“魏徵要是还活着,必不让朕有此行。”他命令传递公文的快马赶快回去传令用少牢(猪、羊)来祭祀魏徵,重新树立魏徵所写的碑文,又慰劳赏赐魏徵的妻子儿女。

李世民回到京城,派李世勣攻打薛延陁,薛延陁投降。李世民又派使者昭告铁勒(我国古时北方民族名)各部,铁勒各部有一百多万人口,他们的酋长都请求归顺唐朝。回纥等十一姓也各派使者去归顺唐朝。李世民见此大喜,作诗说:“雪耻酬百王,除凶报千古。”在灵州(今宁夏灵武一带)把诗文刻在石上。骨利干(在今西伯利亚境)也派使者到唐朝入贡。骨利干那地方白天长,夜里短,夏至日落后,天色还有落日的余光,等锅里煮的羊脾刚刚熟的时候,太阳已经又出来了。结骨(古部族名)的俟利发请求归顺唐朝。结骨人都长得高大,红胡子,绿眼睛,从古时未通过中国,这时也来归顺。皇帝李世民说:“从前汉武帝用兵三十年,所得到的没有多少,哪赶上如今,用德政来安抚,使极荒远之地的百姓都纳入管辖之内了。”

李世民被痢疾病折磨得很苦,并一天天加重,太子李治日夜不离他的身旁,有时接连几天不吃东西,头发也有的地方发白了。李世民流着眼泪对他说:“你能如此孝顺仁爱,我死也没有遗憾了。”丁卯日这天李世民病危,他下诏书召长孙无忌、褚遂良入宫到他的卧室内,对他们说:“太子仁爱孝顺你们是知道的,要好好辅导他。”又对太子说:“有无忌、遂良在,你不要担心天下的事。”接着令褚遂良写遗诏。不久李世民就死了,他在君位二十三年,活了五十三岁。李世民镇压暴乱赶得上商朝的成汤和周武王,文治国家比得上周成王和周康王。亲自领兵打仗,每战必胜。虚心接受劝谏,凡有直言之士无不容纳。边远四方的少数民族从古以来没有到中央政府来的,在他做皇帝时没有不归服的。李世民的功德,从汉代以来的君主没有人超过他的。

长孙无忌等人请太子李治先宣布先皇的遗诏,撤回东征的军队,然后即了皇位,这就是唐高宗。高宗立妃子王氏做了皇后。李治当政的初年有长孙无忌和褚遂良同心辅佐朝政,百姓还很安定,存有李世民贞观时期的遗风。肖淑妃受到李治的宠爱,王皇后很妒忌她。当年李治还是太子去陪伴服侍太宗李世民时,看好了李世民的才人武氏。李世民死后,武氏出宫做了尼姑。有一天是忌日,皇帝李治到寺里烧香,武氏见到李治后,两人都流了泪。王皇后听说后,就暗中让武氏留长头发,把她接入后宫,想用武氏来冲淡李治对肖淑妃的宠爱。武氏虚伪、聪明、谋略多,刚入宫时委屈自己侍奉王皇后,王皇后多次赞许武氏好,不久后武氏被拜为昭仪。王皇后和肖淑妃都失去了李治的宠爱,于是两人又一起说武氏的坏话,李治根本不听。这样一来,王皇后、肖淑妃与武昭仪在李治那里互相说坏话。王皇后虽然失宠,但李治还没想废掉她皇后的爵位。赶上武昭仪生了女儿,王皇后有一天由于怜爱而去逗弄这个女婴。王皇后离开后武昭仪偷偷地把女婴掐死,正巧皇帝李治到武昭仪那里去,武昭仪假装欢笑,皇帝要看孩子,打开小被发现孩子已死。武昭仪装作吃惊地哭泣,询问身边的人,身边的人说:“皇后刚才来过。”李治大怒说:“皇后杀我女儿。”武昭仪哭着数落皇后的罪过,王皇后有口难辩,李治因此有了贬废王皇后的心。李治怕大臣们不许,就和武昭仪到长孙无忌的府上去。李治在酒喝得极为欢畅时任命长孙无忌的宠姬所生的三个儿子都为朝散大夫（文散官，从五品），外加黄金、宝物和各类丝织品十车赐给无忌。李治这才提起王皇后没生儿子来暗示打算换皇后的意思，长孙无忌却把话头岔开和李治谈别的事。就这样，李治和武昭仪都不高兴地走了。礼部尚书许敬宗也多次劝说长孙无忌，无忌总是严厉地呵斥他。

一天李治退朝后召长孙无忌、李世勣、于志宁、褚遂良到内殿去。褚遂良说："今天召集我们多半是为后宫废立的事，太尉长孙无忌是皇帝的大舅，司空李世勣是功臣，不能让皇帝有杀大舅和功臣的名声。我褚遂良只是平民出身，况且接受过先帝的嘱托，不以死强争怎么去见先帝？"李世勣说自己正生病，没有出席。长孙无忌等人到了内殿，李治对长孙无忌说："皇后没生儿子，武昭仪生了儿子，我想立昭仪做皇后，你们看怎么样？"褚遂良回答说："王皇后是名家的女儿，是先帝为陛下所娶的。先帝临崩前握着陛下的手对我们做臣子的说：'朕的好儿子好媳妇，现在把他们托付给卿等。'这也是陛下亲耳听到的，先帝的话还在耳里。没听说皇后有什么过错，怎么可以说废掉就废掉？"皇帝李治很不高兴，散了会。第二天李治又提起皇后废立之事，褚遂良说："陛下一定要换皇后，请选择天下豪族家的女儿，何必一定要武氏？武氏侍奉过先帝，这众所周知，万代之后天下人会说陛下是什么国主？希望三思而行。"于是褚遂良把笏放在殿阶上，摘下帽子叩头，血流满面，说："还给陛下笏，请让我回故里。"李治大怒，命人把褚遂良拉了出去。武昭仪在帘中大声说："何不杀了这个獠子！"长孙无忌说："褚遂良是先朝的顾命大臣，有罪也不可对他用刑。"此时，于志宁不敢说话，韩瑗也流泪苦苦地劝谏李治。后来他又上书说："妲己推倒了商殷王朝，褒姒灭掉了西周王朝，今日尘土污染了圣代。陛下不听臣言，恐怕宗庙以后不会有人祭祀了。"话说得极其恳切直率，皇帝李治却不听。有一天，李世勣去见李治，李治问他说："朕想立武昭仪为皇后，褚遂良固执认为不可，这事应该怎么办？"李世勣回答说："这是陛下的家事，何必再问外人。"李治于是下了决心。许敬宗在上朝时说："庄稼汉多收了百斗麦子还想换换妻子，何况是天子呢！”武昭仪让身边的人把他们所听到的大臣们的议论告诉给她。后来，褚遂良被贬为潭州都督，不久又被贬为爱州刺史。韩瑗等人都被贬为边远州的刺史。李治废掉了王皇后和肖淑妃为平民，册立武氏为皇后，把原皇后王氏和肖氏囚禁在其他有院墙的宫中。一次，李治想念这两人了，就去看望他们。王氏哭着说：“至尊如果还想着我往日的好，就放开我。”李治说：“朕很快就会处置这事。”武皇后听说了，大怒，派人去砍了王氏和萧氏的手脚，把她们放到了酒瓮中，说：“让这俩老太太骨醉。”两人几天后死去，又被砍下了头。之后，武氏多次看见王氏、肖氏的鬼魂在作怪，就像他们死时的样子。所以武皇后做太后时多住在洛阳，不敢到长安去。武后又削掉了太尉赵公长孙无忌的官职，把他安置在黔州，不久又杀掉了他，而任用奸臣许敬宗、李义府等人。李治逐渐被两眼昏黑发花的病所折磨，眼睛不能看东西，百官奏事，有时就让武皇后裁决。武皇后本性聪明机灵，看过许多典籍，处理事情很合乎李治的心意，因此李治把政事交给了她。武皇后有了权，作威作福，李治反被她所压制，此后朝廷内外称呼两人为“二圣”。李治又下诏书封武后为天后。

这时百济依靠高丽的援助多次入侵新罗。唐朝熊津总管孙仁师领兵进攻百济，打了下来，百济王扶余丰跑到了高丽。高丽王泉盖苏文死了，他的儿子泉男生和泉男建争夺王位，泉男生向唐朝投降，并求救兵。李治任用李世勣做辽东大总管讨伐高丽，薛仁贵为先头部队的将领和高丽军队作战，把高丽军打败，进军到鸭绿栅再次击败高丽军，又继续进军围住了平壤。一个多月后高丽王宝藏投降，高丽被平定。李治划分高丽为九个督府，四十二个州，一百个县。

当初王皇后没生儿子，她向皇帝李治请求立李忠为太子。武氏做了皇后以后，又废掉李忠的太子位，另立自己所生的儿子代王李弘做了太子。李弘仁义、孝顺、谦逊、严格，做事多次违背武后的旨意。肖淑妃所生的女儿义阳、宣城两个公主年纪已过了三十岁，还被监禁在后宫里。李弘请求嫁掉她们，天后因此恨上了李弘，就用毒酒毒死了他，另立了雍王李贤做了太子。李贤处事聪明、细心，天后又对他有所顾忌而废了他的太子位，另立了英王李显为太子。皇帝李治在君位三十四年死了，太子李显即位，这就是唐中宗。裴炎接受了李治的遗诏辅佐朝政，政事都取决于武太后。李显立了他的妃子韦氏做了皇后，想任用韦皇后的父亲韦玄贞做侍中（为丞相属官，因侍从皇帝左右，出入宫廷应对、顾问，权势超过了丞相），裴炎坚决反对，认为不行。中宗生气地说："我把天下给了韦玄贞又有什么不可以！还舍不得个侍中官职吗？"裴炎听到这话害怕了，把这事报告给了太后，于是太后废中宗李显为庐陵王，把他囚禁在别的宫里。不久又把李显迁到房州（今湖北房县），另立了豫王李旦为皇帝，让他居住在其他宫殿，政事全由太后做主，皇帝不可有所干预。甲申年九月（公元684年），武太后改年号为光宅元年，服色、旗帜多用金色。裴炎恳切地劝谏太后，太后不听。不久裴炎就被武太后杀了。

当初李世勣死后，他的孙子李敬业承袭了他的爵位为英公，当了眉州刺史。这时武太后娘家人在朝中有了很大的权力，唐王朝宗室人人自危，众人愤怒、叹息。李敬业和他的弟弟李敬猷，以及唐之奇、骆宾王、杜求仁、魏思温等因事遭贬职，这些人一起到了扬州见了面，于是合谋起兵。他们驱赶囚徒、工匠几百人，让它们穿上铠甲，并发起了一个州的兵马。他们杀了扬州长史，打开了府库，赦免了囚徒，十天时间就有了十多万人马，把声讨的檄文传送到各州县散发。檄文是骆宾王写的，刚正之气跃然纸上。武太后见了檄文问道："这是谁写的？"有人回答说："是骆宾王写的。"太后说："这人有如此的才能却使他流落，这是宰相的过错。"武太后派大将军李孝逸领兵三十万来讨伐李敬业，并追削了李敬业已死的祖辈、父辈的官爵；挖开李敬业家的坟墓，砸碎棺材和尸骨，不再让李敬业姓李，恢复原来的姓氏"徐"。魏思温向徐敬业献计说："您以恢复李氏江山为说辞，就应率大军擂响战鼓进军，直接奔向洛阳，这样天下人知道您有志为李唐王室辛劳，那么四面八方的人都会响应您。"而薛重璋说："金陵有王气，并且有大江天险，大军到了那里不容易被击破，请您还是先把那里拿下来再说。”徐敬业没听魏思温的计策而听从了薛重璋的计策,于是先攻取了润州(在今江苏镇江)。李孝逸军到了临淮,战事不利。魏元忠劝李孝逸说:“徐敬业的兵马精锐,不可和他对抗。徐敬猷的军队在淮阴,他又不懂军事,军队也单薄,请先把他打下来,再乘着胜利进军,就没有不取胜的了。”李孝逸听从了他的话就先去打徐敬猷,徐敬猷军失败退走。李孝逸又去攻打徐敬业,他趁着大风放起大火,徐敬业军大败,逃走,李孝逸在后面追赶。徐敬业的部将王那相斩了徐敬业、徐敬猷及骆宾王,并提着他们的头去向李孝逸投降。徐敬业的其余党羽被抓到的,都被砍下了头用传车送到了洛阳。后来有人说王那相事先暗中放走了徐敬业和骆宾王,而是用和他们面貌相似的人杀了去投降的,两人逃出后都做了和尚。

武太后下令:百官以及百姓都要自行检举揭发。僧人怀义本姓杨,名字叫小宝,在洛阳市场买菜,他的阳物伟岸,由太平公主把他介绍给了武太后。武太后非常喜欢他,让他做了白马寺的主持。怀义出入宫廷乘着御马,朝中的显贵去见他都用爬地的礼仪,武承嗣、武三思都用僮仆见主人之礼来侍奉他。怀义招了许多无赖少年做和尚,这些人横行犯法没有人敢去告状。太后说怀义心灵手巧让他入宫营造。掌讽谏的官员王求礼上表请阉了怀义,表呈上去就没了音讯。后来苏良嗣做了丞相,一次在朝堂上和怀义相遇,怀义傲慢无礼,良嗣大怒,命令身边的人扇怀义的耳光。怀义向太后告了状,太后说:“大师应当从北门进,北门出;南边的衙门是宰相出入的地方,不要再去招惹他。”

这时太后自从徐敬业造反后就怀疑下人大多打她的主意,又因长时间专国政,内行不正,知道宗室、大臣们都心怀不满,就想大杀一批人来树立自己的威风。于是铸了个铜质的匦,可入而不可出,放在朝堂上来接受天下人的上表、上书,大开了告密之门。如有告密的人,话对她的心思,就不按寻常的次序给告密者官职;告密不属实也不追究责任。于是全国告密的人就像蜂子一样成群结队。在这种情况下,人人感到自危。有个胡人叫索元礼,太后提拔他做了游击将军，并让他管理牢狱。元礼本性残忍，在拷问一个人时，必让这一个人供出几十个人以至几百人，于是周兴、来俊臣之流的人都效仿他。俊臣还写了篇《告密罗织经》有几千字。太后那里有了告密者就一定让元礼等人审理。用起刑讯酷法来这些人一个比一个厉害，有“定百脉”“突地吼”“死猪愁”“求破家”“反是实”等名目。又有“凤凰晒翅”“驴狗拔橛”“仙人献果”“玉女登梯”之类的刑罚。有的酷吏用铁圈套住犯人的头，再插上木楔，再用锤子砸使木楔紧；有的把犯人吊起来，再用石头绑在头上，用醋灌进鼻孔。对待女犯都是倒吊起来，用绳子勒她的阴部，让壮汉弹竹片击打，有的用几个滚烫的熟鸡蛋塞进阴部，使她们疼痛无法忍受。每次抓获囚犯都先让囚犯参观他们的刑具，囚犯们都吓得无辜地认罪了。太后认为这些酷吏对她很忠心，就很宠信他们。朝廷内外怕这几个人比怕虎狼还厉害。

太后把新丰县改称为庆山县(今陕西西安的临潼区)。太后暗中谋划着改朝换代，要逐渐地除掉李唐宗室，因此一些有王爵位的人心里很不安。武承嗣让人做一块瑞石，上面刻有文字“圣母临人，永昌帝业”，派人献给武太后，说是刚从洛水里捞出来的。太后很高兴，把这块石头命名为“宝图”，并亲自到洛水边礼拜接图，皇帝李旦和皇子都跟随着，朝廷内外的群臣、少数民族的酋长各按方正队形站立。坛前陈列着珍禽奇兽、奇宝、文物，仪仗队的盛大是唐朝建立以来从没有过的。在洛阳南郊的礼仪完毕后，太后在宣明政教的明堂朝见群臣，又召见李姓宗室到明堂朝见，诸王都很心惊。琅邪王李冲在博州起兵，越王李贞在豫州起兵，打算恢复唐王室，但他们的军队都不到一万人。太后分别派出将领领兵攻打他们，并杀了这两个王。接着她又想把所有的王杀掉，让周兴办理这事，于是在东都洛阳逮捕了韩王李元嘉、鲁王李灵夔、黄国公李諿和常乐公主，迫使他们自杀，亲戚党羽也都被杀死。后来，又杀了郑王李璥等六人。太后住在万象神宫开始使用周历，把夏历的十一月改为正月，十二月为腊月，来年的夏历正月为一月。改国号叫作“周”，上尊号叫作“圣神皇帝”，在神都洛阳立了武氏七个宗庙。用豫王李旦作为她的接班人,让李旦改姓“武”。太后虽然滥用官位、薪俸来收买人心,然而不称职的人不久就被罢官,有的还被处以刑罚或杀掉。她挟持着刑赏的权柄来驾驭天下,政令由自己发出,可也能明察善断,所以当时的英贤人物也都被她所使用。王庆之多次上表请求立武承嗣做皇太子。李昭德对武太后说:“陛下有了天下应当传给子孙作为万代之业。从古也没听说侄子做天子而为姑姑立庙的。”太后对王庆之的屡次上奏感到厌烦了,就命令李昭德用板子打他,李昭德就把王庆之拉出了门外,对上朝的人们说:“这个贼想废了我们的皇太子,另立武承嗣。”于是立即用板子打死了王庆之。此后,其他人再也不敢说立武氏的皇帝接班人了。

有人告发右丞周兴和大将军丘神勣合谋造反,太后命令来俊臣审理此案。一日,来俊臣与周兴正对坐喝酒吃饭推论事理,来俊臣对周兴说:“我所押的囚徒大多不认罪,你看该用什么方法?”周兴说:“这个好办,拿个大瓮,用炭火烧烤瓮的四周把囚徒放进去,什么事他还不顺从?”来俊臣于是派人拿个大瓮,按周兴说的做了,起身对周兴说:“有人告发你造反,就请你进这个瓮里吧。”周兴立即惶恐起来磕头服罪。按法周兴当是死罪,太后特别原谅了他,把他流放到岭南,走到半路他被仇人所杀。周兴、索元礼每个所杀的人都有几千人,来俊臣使一千多人家破人亡。后来。来俊臣和索元礼被太后所杀,用以安慰人心。当时江淮一带闹旱灾,武太后下令禁止天下人乱杀牲畜。拾遗张德生了个男孩,就私自杀了一头羊请了同僚。杜肃偷着藏起一块肉向太后告发。第二天太后在殿上对张德说:“听说卿生了个男孩,高兴得不得了吧?”张德立即跪拜表示感谢。太后说:“你的肉是从哪里来的?”张德立刻磕头服罪。太后对他说:“朕禁止屠宰,是因现在吉凶没个准头。卿以后招待客人也须选一选人。”于是太后就拿出杜肃所上的表给张德看,弄得杜肃很没脸面,全朝堂的人都想往杜肃脸上吐吐沫。

太后自从垂拱(公元 685—688 年)年间以来,任用酷吏先诛杀唐宗室、贵戚几百人,又杀大臣几百家,至于刺史、郎、将以下不能胜数。每当除掉一个当官的,这家的女仆们就聚在一起说:“造鬼的又来了!”用不上一个月,总是遭到全家族被杀。监察御史严善思公正敢言,当时告密的人不可胜数,太后对此也感到厌烦了,就命令严善思审理。经他查出无罪而屈打招认的,因而诬告者被抓进监狱的,这样的人就有八百五十多人,大大地打击了诬陷之风。朱敬则、周矩一起上书,请求放宽刑罚,太后认为很好,于是在给人治罪方面稍微放松了。婢女团儿被太后所宠信,团儿诬陷太子妃刘氏、德妃窦氏憎恶诅咒太后,太后就杀了这两个人。又有人告皇太子谋反,太后命令来俊臣审问太子身边的人,太子舍人安金藏大声地对来俊臣喊道:“请让我挖出心来表明皇太子不反!”随即拿出佩刀切腹,五脏露出。太后让人用车把他载入宫中敷上了药,经过一晚才苏醒过来。太后亲自去看他,感叹地说:“我有儿子不能自己说明白,让你造成了这伤害!”于是她命令来俊臣停止审问此案,唐睿宗李旦因此得以免祸。

当时御医沈南蓼也被太后看好了,怀义怀恨在心就偷着火烧天堂,大火蔓延到了明堂,全被烧毁。被风刮开的血像碎成了几百段。血像是僧人怀义杀牛用牛血画的大佛像,怀义却说是他刺破膝盖,用流出的血画的。太后此后开始避忌他了,怀义内心不安,说话也多不顺从太后,太后就让人把他押到瑶光殿前,命令武攸宁领着壮士把怀义打死了。太后选了许多美少年作为太后住室的工作人员,张昌宗、张易之都年少英俊,由太平公主介绍给了太后,太后非常喜欢这两人。这两人常面擦红粉,身穿锦绣服饰,他们得到太后的赏赐数都数不过来。太后任命张昌宗为散骑常侍,张易之为司卫少卿。武承嗣、武三思等人都争着巴结这两人,为他们牵马执鞭,他们称呼张易之为五郎、张昌宗为六郎。张易之曾领蜀地的几个商人在宫中喝酒赌博,被宰相韦安石见到赶了出去。

娄师德向太后推荐了狄仁杰,太后任命狄仁杰为同平章事(参与政事,相当于宰相的官职),狄仁杰却不知内情,很轻视娄师德,并多次排挤他。太后发现了,一次她问狄仁杰说:“你看师德会看人吗?”狄仁杰回答说:“臣和师德同僚,没听说他会看人啊。”太后说:“朕之所以任用你是师德推荐的,也可以说他是会看人了。”狄仁杰离开太后后,感叹地说:“娄公有盛德,我被他包容得太久了。”有一天太后对狄仁杰说:“朕做梦,梦见一只大鹦鹉两个翅膀都折断了,这是什么意思?”狄仁杰回答说:“武是陛下的姓,两个翅膀就是两个儿子。陛下起用两个儿子,那么两个翅膀就能振翅高飞了。”太后因此彻底打消了立武承嗣或武三思的念头。吉项也说服了张宗昌和张易之,劝他们说服太后立庐陵王李显来顺从人心,二人也乘机多次对太后说了。太后于是就假说自己生病,派人去召李显,这样李显和他的嫔妃及孩子们都一起到了太后身边。武承嗣很不服气,得了病而死。太子李旦坚决请求把太子位让给哥哥李显,太后答应了,就立李显为太子,让他姓武,让原太子豫王李旦改称为相王。太后信任重用狄仁杰,其他的臣子都赶不上他,太后常称呼他为“国老”而不叫他的名字。狄仁杰常在朝堂当面与太后争辩,太后总是违背自己的意思听他的。曾有一次,狄仁杰陪太后游玩,迎面的大风把他的头巾吹掉了,所乘的马受惊奔跑不止,太后命令太子追上去抓住了马笼头,控制住了马。狄仁杰多次以年老体病向太后辞官回乡,太后总是不答应。狄仁杰每次去见太后,太后常常禁止他跪拜,说:“每次见公跪拜,朕也身痛。”后来,狄仁杰死时,太后哭着说:“朝堂上没有人了。”朝廷有大事,大臣们有的决定不了,太后总是感叹地说:“老天夺我国老为什么这么早呀?”太后曾经问狄仁杰说:“朕想得到一个佳士来使用,你看谁行呢?”狄仁杰说:“不知陛下想干什么用?”太后说:“想用他做宰相。”狄仁杰就推荐荆州长史张柬之,说他人虽然老了,但是宰相的材料。此后,太后多次提升张柬之的官职,最终被提拔为宰相。狄仁杰又曾推荐姚元崇、桓彦范、敬晖等几十个人,这些人全部被太后所任用,后来都成了名臣。有人对狄仁杰说:“天下桃李全在您门下了。”狄仁杰却说:“推荐贤才是为国,不是为私情啊!”

武太后生了病,张昌宗、张易之在宫中侍候她。同平章事张柬之、崔玄玮和中台右丞敬晖、司刑少卿桓彦范、相王府司马袁恕已谋划要杀掉张昌宗和张易之。他们对羽林卫大将军李多祚说:“将军今天的富贵是谁给的?”李多祚哭泣着说:“是大帝(指武则天)。”张柬之说："将军也想报答大帝的恩德吗?"李多祚说："如果对国家有利,我听相公的安排。"于是张柬之和李多祚定下了计谋。张柬之用敬晖、桓彦范,以及荆州长史杨玄琰、散骑侍郎李湛为左、右羽林将军,把禁军的兵马交给了他们。这时太子李显在北门居住,张柬之派敬晖、桓彦范去见他,秘密地告诉了他这事,太子允许了。张柬之、崔玄玮、桓彦范等人率领左右羽林军五百多人到了玄武门,派李多祚、李湛去迎接太子。经过战斗进入宫门,在厢房里杀了张易之和张昌宗。太后听到动静起来吃惊地问道："谁在作乱?"他们回答说："是张易之、张昌宗谋反,臣等奉了太子的命令杀了他们。"太后看见了太子,说："是你呀!小子们已杀,你可以回太子东宫了。"桓彦范来到太后面前说："太子怎么能再回东宫!以前天皇把爱子托付给陛下,如今年龄已大,长久住在东宫,天意和人心都思念李氏很久了,希望陛下把皇位传给太子来顺从天和人的愿望。"太后于是传位给了太子,中宗李显重新恢复了李氏的江山,坐上了皇帝位,太后迁到了上阳宫居住。李显率领百官给太后加上了尊号："则天大圣皇帝"。武太后在君位二十一年,让位后又过了一年死了,寿命八十一岁。

李显又立韦氏做了皇后,追封韦皇后的父亲韦玄贞为上洛王。当初,李显和韦皇后一起被拘禁在房州(今湖北房县)受尽了艰险,两人情爱加深。当时李显曾对韦后私下发誓说："以后有幸再见天日,你要怎么都依你。"韦氏这次又做了皇后,她于是开始干预朝政了。张昌宗二人被杀后,洛州长史薛季昶对张柬之、敬晖说："这两人虽被除掉了,但像西汉时吕太后的亲属吕产、吕禄这类人还存在,去草不除根,最终还会生出事来。"张柬之和敬晖都说："大事已成定局,还能有什么事?"朝邑尉刘幽求也对桓彦范、敬晖说："武三思还在,你们最终会无葬身之地的,希望你们早做打算。"桓彦范和敬晖也没把这话当回事。李显的第二个女儿安乐公主嫁给了武三思的儿子武崇训。上官仪的女儿上官婉儿被收到了后宫,上官婉儿聪明又能说会道,又会写文章,还熟悉官吏方面的事情,武则天很喜欢她。李显即位后,让上官婉儿专管拟定命令,并拜她为婕妤。武三思和她很要好,所以她倾向于武氏。上官婉儿又把武三思推荐给了韦皇后,武三思于是和韦后通奸。韦皇后和武三思玩双陆(古时一种博戏),皇上李显在旁为他们清点筹码,由此可看出武氏的势力又振作起来了。张柬之等人多次劝说李显杀掉武氏全族,李显不答应。武三思与韦后日夜说敬晖、张柬之的坏话,说他们依仗着功劳专权,这样下去将要危害国家。不如封给他们王爵,免去他们管政事的权力,这样对外不失为尊崇功臣,而实际上却夺了他们的权柄。皇上李显认为可行,于是封敬晖、桓彦范、张柬之等五个人为王,免去了他们掌管政事的权力。武三思命令百官修复从前武太后的政令,把不依附武氏的官吏都赶走,把被以上五个王赶走的官吏又都官复原职,大权都归到了武三思手里。武太后在上阳宫死了,皇上李显在居丧之所,他命令魏元忠暂时代理他处理政务三天。魏元忠一向没有骨气,武三思假托太后的遗命,用好话慰解他,并赐给他财物和一百户供养他的人家。魏元忠手拿着这个遗命感动地掉下泪来。武三思指使郑愔控告敬晖等五人与王同皎合谋想废掉韦皇后,于是皇帝下命令削掉了这五个人的王爵,都被贬到边远的州做司马。武三思又暗中让人分条写了韦皇后见不得人的事,贴在天津桥(在今河南洛阳西南),这个文告还写着请求废掉韦皇后。皇帝李显大怒,命令李承嘉追究核实此事。不久,李承嘉上奏皇帝说是敬晖等人干的,请求杀掉他们全家,皇帝准许了他的奏本。大理承李朝隐上奏说敬晖等人没经审问,不可太着急杀掉他们。于是把敬晖等人长期流放到各个僻远的州去,武三思却假传皇帝的命令杀了他们。

武三思杀了这五个王后,势力超过了皇帝,他常说:“我不知世间什么人是善人,什么人是恶人。不过和我好的人就是善人,和我作对的人就是恶人罢了。”韦后的儿子李重润早年因事被武太后所杀,因现太子李重俊不是自己亲生的,就特别讨厌他。武三思更是顾忌太子,多次设谋要废掉他。太子因此聚积怨气,于是就和左羽林大将军李多祚假传皇帝的命令调动羽林兵三百多人,加上太子的侍卫人员共一千人,冲进武三思的家杀了武三思和他的儿子武崇训,又冲进后宫要杀上官婉儿、安乐公主和韦皇后。皇帝李显、韦后、安乐公主和上官婉儿为了躲避杀害就跑上了玄武门楼。李显对下面喊道:“你们这些人都是朕的宿卫之士,为什么跟随李多祚造反?”于是士兵们就杀了李多祚。太子一看不好赶紧跑,却被他身边的人杀死。

安乐公主很喜欢武崇训的弟弟武延秀,就招武延秀为驸马。公主常常违反礼制在外面胡搞,而驸马必须守贞洁,只能爱公主一个人。安乐、长宁两个公主和皇后的妹妹郕国夫人、上官婉儿等人都仗势乱用权力,接受贿赂,即使是屠户、卖酒的人、奴仆,只要送上三十万钱,就写条子命令封给官职,斜封住套子口交给中书(掌管文书、奏章的官员),当时的人把这种官员叫作“斜封官”。西京长安、东都洛阳各设置了两个吏部侍郎,这样就有了四个选受官员的部门,参选的一年有上万人。上官婉儿在宫外安置了住宅,进出无节操,朝廷的许多官吏和她交往来求得升官。皇帝李显又提升上官婉儿为昭容,崔湜和上官昭容关系很好,上官昭容向皇帝推荐崔湜做了宰相。昭容往往选择无赖少年中阳物伟岸而又好淫的介绍给韦后,让少年穿上女衣,在宫中日夜淫乐。有一次,皇帝和韦后在闹市观灯,放宫女几千人出宫游玩,许多人再没回去。当时许多人都可以发布政令,政府部门充满了滥官,府库空了,民不聊生。许州参军燕钦融上书给皇帝说皇后淫乱,干预国政,宗楚客(武则天的亲戚)有危害国家之心。李显当面责问他,燕钦融理直气壮,不屈不挠。宗楚客假传圣旨杀了燕钦融,李显对此很不满意。韦后和她的同伙开始害怕了。散骑常侍马秦客、光禄少卿杨均都受韦后的宠爱,恐怕事情泄露,安乐公主也希望韦后临朝听政,就和他们合谋在糕饼中下毒,中宗李显吃完饼被毒死了。李显在皇位五年。太平公主和上官昭容合谋写了一个中宗的遗诏,立了温王李重茂为皇太子,皇后韦氏临朝听政。太子李重茂继承了皇位,这年十六岁。

韦后对太平公主和相王李旦很顾忌,李旦的儿子临淄王李隆基秘密聚集有才能和有胆量的人,打算夺权。当年,太宗李世民选天下骁勇的士人,穿虎纹衣,跨豹纹马鞍,被称为百骑。武皇后时增加到了千骑，附属于左、右羽林军，中宗李显时被称为万骑，由制置使来率领。李隆基厚交豪杰，他与太平公主和公主的儿子薛崇暕、苑总监钟绍京、前朝邑尉刘幽求等人合谋杀韦皇后。当时正赶上制置使韦播、高嵩多次用刑杖殴打万骑成员，万骑里的人都怨恨这两人。果毅、葛福顺等人向李隆基诉苦，李隆基于是就含蓄地暗示要杀那些姓韦的。万骑人员都踊跃地表示愿意出力。有人对李隆基说应当把这事告诉相王，李隆基说："我们做这事来为国家献身，事情成功，福归给相王。不成功就牺牲自己，不要让这事牵累相王。再说，万一相王不同意，这就坏了大事。"于是没把这事告诉相王。李隆基穿着便衣和刘幽求进入苑中，在那里和钟绍京见了面。当天夜里二更，天空明亮，刘幽求说："天意如此，机不可失！"于是葛福顺直接进入羽林营，斩杀了韦姓带兵的人示众，说："韦后毒死了先帝，企图危害国家，今天夜里大家应当一起去杀她，立相王为皇帝来使天下太平。敢怀有二心帮助奸贼的人，要灭他三族。"羽林将士都高兴地听从命令。李隆基领兵进入玄武门，把守玄武门的卫兵也都积极响应，斩了韦后、安乐公主、武延秀和上官昭容等人。刘幽求说："大家约定今天夜里一起立相王做皇帝，为什么不早做安排?"李隆基制止了他。等李隆基知道朝廷内外都已平定了，他才去见相王，磕头来向相王请罪。相王说："国家和宗庙没遭受破坏都是你的功劳。"于是把相王李旦接入皇宫，搜捕那些韦姓同党以及宗楚客等人，都杀掉了。李旦封李隆基为平王，赐给薛崇暕立节王的爵位，让钟绍京、刘幽求一起参与主持国家重要事务。武氏宗族杀头的杀头，流放的流放，几乎尽了。相王李旦即了皇帝位，这就是唐睿宗，他废除了李重茂的皇位，让他仍然做温王。睿宗将要立太子，因宋王李成器是他的嫡长子，平王李隆基又立有功劳，这使他犹豫不决。李成器推辞说："国家平安时就先立嫡长子，国家危难时就先立有功的儿子。儿臣我就是死也不敢在平王之上。"他流着眼泪坚决推辞了许多天，李旦答应了。李旦任用姚元之做兵部尚书、宋璟为吏部尚书，两人同心协力革除中宗李显时的弊政，向朝廷推荐忠良之士，辞退不端的官吏，赏罚公平，有严格的法律制度，被当时的人认为有太宗李世民的"贞观"之风。

太平公主是武则天的女儿,又是皇帝李旦的妹妹。她沉着机智很有权变的谋略,武则天认为她很像自己,就对她特别偏爱。在杀张昌宗、张易之的事情上太平公主出了力,这时又和太子李隆基共杀韦氏,多次立下大功,所以皇帝很看重她。睿宗加封给太平公主万户的食租税。皇帝李旦常和她讨论政事,宰相的进退全凭她一句话定夺,许多人都是由她推荐的,当时她的权力大过了皇帝,登门拜访她的人很多。太平公主很怕太子李隆基的才智超群和威武,多次散布流言来危害太子李隆基。一天,皇帝对侍臣说:"会看天象的人说五天内可能有偷袭的兵攻入宫中,你们这些人为朕防备着点。"张说说:"这一定是奸人想离间您和太子的关系,希望陛下早些让太子代替您处理国政,那么流言就自然没有了。"姚元之说:"张说的话是为国家的计策。"李旦听后很高兴,于是让宋王李成器做同州刺史,豳王李守礼(李旦的侄子)为豳州刺史,把太平公主安置到蒲州居住,命令太子李隆基监国,掌握朝政。次年八月壬辰日,皇帝李旦要把帝位传给太子李隆基,太子上表坚决推辞。太平公主劝李旦即使传位,也应把大权抓在手里。四十九天后,太子即位,这就是唐玄宗明皇帝,他尊唐睿宗李旦为太上皇,从三品以上官员的任命和大的刑罚政令都由太上皇决定。此后,太平公主依仗太上皇的权势而擅自发号施令,这样就与皇帝李隆基有了矛盾。太平公主又和窦怀贞、岑羲、肖志忠合谋准备换掉皇帝,又阴谋想毒死皇帝李隆基。李隆基得知消息后就和兄弟岐王李隆范、薛王李隆业以及内给事高力士等人定下计策,带兵三百人,召去肖志忠、岑羲,将二人杀了。窦怀贞知道事已败露,就上了吊,李隆基仍令人砍碎了他的尸体。此后太上皇下了诏书,说从今往后,军务、国政、刑罚、政令都由皇帝李隆基安排。李隆基又下了诏书,赐太平公主和她的家臣崔湜等人死。太平公主的儿女以及党羽被杀的有几十人,只有公主的儿子薛崇简因多次劝谏母亲,多次挨打,特殊赦免了他。李隆基因高力士有功,封他为监门将军。这时宦官的人数逐渐增到了三千多人,他们大多穿着红色、紫色的服装,宦官队伍的庞大也是从这时开始的。

玄宗开元四年（公元716年）六月，太上皇李旦死了，死时五十五岁。

李隆基励精图治，每遇到政事都要征求姚元之的意见。姚元之为了避开“开元”的年号，名字改为“崇”。等到姚崇告老还乡时，推荐了宋璟来代替自己。当时赋税和劳役都很宽松，百姓富庶，唐代的贤相前期可称道的是房玄龄、杜如晦，后期可称道的就是姚崇、宋璟了，其他人都不能和这四人相比。李隆基一向爱护兄弟，这一点唐代的其他帝王都比不上他。群臣因代王李成器等人的土地靠近皇宫，请求按照惯例让他们搬到外州去，李隆基不得已听从了。李隆基废掉了皇后王氏，当时武惠妃最受李隆基宠爱，生了儿子寿王李瑁。李林甫通过宦官向武惠妃说他愿竭尽全力保护寿王，惠妃因此对李林甫有了好印象，就暗中帮助李林甫，因此皇帝李隆基提拔李林甫为礼部尚书。

当时有个叫安禄山的，本来是营州（今辽宁朝阳）一带的胡人，一开始名叫阿荦山，姓康，他母亲是个巫婆。他父亲死后，母亲领着他又嫁给了突厥人安延偃，又赶上那个部落被攻破散了，他和安延偃哥哥的儿子安思顺一起逃入内地，改名叫“禄山”，冒充姓安。又有个叫史窣干的人和安禄山是邻居，两人关系很好，都因勇猛而闻名。史窣干因为一次被张守珪派到朝廷奏事，李隆基和他交谈而喜欢上了他，赐给他名字叫“思明”。安禄山很狡猾，善于揣摩人意，幽州节度使张守珪很喜欢他，把他当成了自己的儿子看待，并任命他为讨击使，又任命史思明做了将军。一次，张守珪派安禄山去讨伐契丹的反叛者，安禄山仗着自己勇敢而冒险进军，被契丹人打得大败。张守珪因他违反了军纪，把他装进囚车送到京城，请求按律斩首。皇帝李隆基看他是个人才，赦免了他。张九龄坚决反对说：“安禄山违反军纪丧失了军队，不可不杀，况且看他的相貌带有反相，不杀一定会成为后患。”李隆基还是没答应。

皇帝李隆基有的事做得不对无论大小，张九龄总是与他争辩，坚持自己的意见。李隆基的皇帝当的时间长了，逐渐养成了懒问政事，专事享乐的习气。李林甫看明白了，见到李隆基就说张九龄的坏话。这样一来，李隆基就渐渐地疏远了张九龄，转而对李林甫亲近了起来。李隆基做皇帝以来所任用的宰相，姚崇擅长变通，宋璟擅长法令制度，张嘉贞擅长吏治，张说擅长文治，李元纮、杜暹崇尚节省，韩休、张九龄崇尚行为正直，这是贤臣各有的长处。当初李隆基没用长子李嗣真做太子，而立了小儿子李嗣谦，李嗣谦后来改名叫李瑛，他是赵丽妃生的。驸马都尉杨洄暗中依附武惠妃，常找太子的过失让武惠妃向皇上李隆基哭诉。李隆基大怒想废掉太子，经张九龄力劝才罢休。后来，杨洄又说太子李瑛和鄂王李瑶、光王李琚一起暗中策划谋反，李隆基就召宰相研究如何应对，李林甫却说："这是陛下的家事，不是臣下所应当参与的。"于是李隆基做了决定，废掉了太子李瑛，赐他死在城东驿站，并杀掉了李瑶、李琚。太子李瑛死后，李林甫多次劝李隆基立寿王李瑁。这时李瑁的母亲武惠妃已死了，后宫无人支持他。李隆基觉得忠王李玙年龄较大，又孝顺、谨慎、好学，有心想立他，只是犹豫不决，常常闷闷不乐。高力士劝他择长而立，李隆基这才做了决定，立忠王李玙做太子，改名叫李亨。开元二十四年(公元 736 年)，李隆基罢免了张九龄的宰相职位，改用李林甫做宰相。安禄山本性奸诈，有讨好人的能力，人们大多称赞他。李隆基认为他贤能，在开元二十九年任命安禄山为营州都督。开元二十九年以后改元为"天宝"，把每年的"年"字改称为"载"，这时国家的政事一天不如一天了。李林甫做宰相，凡是才能、名望、功业在他之上的，以及被皇上所看重的大臣以及文学之士，他都千方百计地把这些人排挤走。有时他假装与人友好，当面说尽了好听的话，暗中却在害人。世人说李林甫"口有蜜，腹有剑"。

当年，开元二十三年乙亥年(公元 735 年)，李隆基给儿子寿王李瑁娶了蜀州(今四川崇州)司户(主管民户的官吏)杨玄琰的女儿。自从武惠妃死后，后宫的其他人李隆基一个也看不上。有人对李隆基说寿王的妃子杨氏长得很美，李隆基就召见她。李隆基一看她体态丰满艳丽，就像全身缠着花枝，顿时神魂为之倾倒。于是李隆基让杨妃做了女官，号为"太真"，留在了皇宫，而另为寿王娶了郎将韦昭训的女儿。李隆基对杨氏的宠爱就像以前的武惠妃一样，后宫号称杨氏为"娘子"。天宝四年八月，李隆基册封杨氏为贵妃，并追封杨氏的父亲杨玄琰为兵部尚书，叔叔杨玄珪为光禄卿，叔伯哥哥杨铦为殿中少监，杨锜为驸马都尉，杨氏的姐姐、妹妹在京城由李隆基赐给了华丽的住宅，受宠显贵一时。当时杨贵妃年龄二十七岁，她常常思念寿王李瑁，想私下里和他相会。李瑁怕惹祸上身，为避开嫌疑就远远地离开了她。后来寿王在唐代宗李豫十七年时死了，他的六个儿子都被封为郡王。

杨贵妃通晓音律，脑子转得快，善于迎合皇上，李隆基对她恩宠无比。当时民间为此有首歌谣说："生男勿喜女勿悲，君今看女作门楣（门楣＝门第）。"杨贵妃想吃鲜荔枝，李隆基命令岭南每年用驿车送。一次，杨贵妃因嫉妒使性子被送到杨铦府上，李隆基因此而吃不下饭，立即又召她回去。杨贵妃有姐妹三人，都有才有色，皇上称呼她们为"姨"，三人承受恩宠，被封为韩国、虢国、秦国三夫人。三夫人加上杨铦、杨锜共五家，财力、势力在当时没有几个人能比得上他们的。李隆基任用安禄山兼任御史大夫。安禄山身体肥胖，大肚囊垂下超过了膝盖，曾自称体重三百斤。他表面痴直，内心却很狡诈，在皇上面前答话很敏捷，并夹杂着趣话。李隆基曾开玩笑地指着他的肚子说："你肚子里都有些什么，这么大？"安禄山回答说："没别的东西，只有一颗红红的忠心罢了。"安禄山想能常出入宫禁中，于是请求做杨贵妃的儿子。皇上和杨贵妃坐在一起，安禄山先拜杨贵妃，皇上问这是什么道理，安禄山回答说："胡人是先母而后父。"李隆基听这话很高兴。安禄山非常健壮，杨贵妃很喜欢，于是与他通奸。李隆基下令让主管官员给安禄山在亲仁坊盖房子，命令说："只要壮观华丽，花多少钱都可以。"安禄山过生日，皇上与杨贵妃赐给他衣物、宝器、美酒和美食，非常贵重。三天后又召安禄山到宫禁中，贵妃用一块大锦绣做成了大襁褓，裹住安禄山，让宫女用彩车推着他。李隆基听到后宫有喧笑声，就问是什么事。他身边的人回答说："这是贵妃在安禄山生日三天后给她这个儿子洗澡。"李隆基去看，大喜，赐给贵妃洗儿金银钱，又赐给安禄山丰厚的奖赏，尽欢而散。从此，安禄山出入后宫不被禁止。有时安禄山同贵妃对坐吃饭，有时通宵不出宫。丑声已传到了宫外，皇帝却对此并不疑心。

从唐王朝建立以来,边关主将都任用忠厚的名臣,不长久地任用,不兼职。李林甫想堵住边关主将进入朝廷做宰相的道路,认为胡人文化浅,便向皇帝上奏说:“文臣做将领害怕乱箭、飞石,不如任用贫苦的胡人,胡人勇敢善战,贫苦出身的人又孤立无党羽。”李隆基很赞成他的意见,开始任用安禄山等人,各节度使的职位都任用胡人。李林甫又多次称赞安禄山,李隆基就让安禄山兼任平卢节度使,后来又让安禄山兼范阳、河东节度使,并封为东平郡王,出去镇守范阳(今河北涿州)。李隆基因天下太平已久,就把心思放在了乐声、美色上,把全部政事都交给了李林甫。他命令百官到尚书省去参观全国一年的贡物,然后用车拉到李林甫家,赐给了李林甫。李林甫收买皇帝身边的人,迎合皇帝的心意来巩固皇帝对他的宠信。他断绝言路,让皇帝听不到正确的言论,以便使自己的奸谋得逞。他嫉贤妒能,排挤胜过他的人来保住自己的相位。他设置庞大的牢狱,诛杀驱逐显贵的大臣来显示他的威势,皇太子以下的人都很怕他。他做宰相十九年,已酿成天下大乱的苗头,而皇帝李隆基却不觉悟。

杨贵妃的叔伯哥哥杨钊不学习,无善行,在蜀州参军,到头来穷得没钱回家。剑南节度使章仇兼琼还想再升官,打算联络杨贵妃作为自己的内援,就找到了杨钊,派杨钊到京城去献蜀地出产的彩色针织品,价值万贯铜钱。杨钊到了长安,见到了妹妹们就把这些礼物送给她们说:“这都是章仇公送的。”于是杨氏姐妹一天到晚在皇帝面前表扬章仇兼琼,皇帝就任用兼琼做了户部尚书。杨钊也一天比一天显贵,得到了皇帝的宠爱,手中也有了权力。皇帝任用杨钊做了度支郎中(掌国家赋税的官员),杨钊善于聚敛钱财,国库的钱堆得满满的。他奏请皇帝去看,皇帝从此把金帛看成了粪土,赏赐更加无限度了。杨钊在一年中升了十五次官,最终做了吏部尚书。杨钊因图谶上有“金刀”方面的叙述,就请求改名,于是李隆基赐给他名字叫“国忠”。李林甫死后,李隆基就任用杨国忠为宰相。杨国忠指使人诬告李林甫曾经与突厥阿布思谋划反叛。于是李隆基就下了诏书,追削了李林甫的官爵,并挖开坟墓把棺材劈碎。当初,安禄山看李林甫的狡诈在自己之上,所以很怕李林甫。等到杨国忠做了宰相,安禄山根本没把他放在眼里,因此两人有了矛盾。杨国忠多次向李隆基说安禄山有反叛的迹象,李隆基不信。杨国忠因陇右节度使哥舒翰与安禄山有过节,就向李隆基奏请用哥舒翰兼任河西节度使,想和哥舒翰一起排挤安禄山。当时中原强盛,从安远门一直向西直到唐朝的边境,共一万三千里,村落彼此相望,桑林遍野。天下堪称富庶的地方,哪里也比不上陇右(陇山以西到黄河以东的地方)。哥舒翰每次派人上奏朝廷,常乘白橐驼,这种骆驼能每天行走五百里。杨国忠对李隆基说安禄山一定会造反,并且说:"陛下不信就试着召他来,他一定不会来。"李隆基就派人去召安禄山,安禄山接到命令很快就到了,李隆基因此更加信任安禄山了。安禄山告辞要回范阳,李隆基脱下龙袍赐给了安禄山,这使他非常惊喜。他怕杨国忠奏请皇帝留下他,就骑马出了关,又乘船日夜兼程,一天走了几百里。到了范阳后,安禄山派副将何千年进朝上奏,请求用少数民族将领三十二人来代替汉族将领。韦见素坚持说:"安禄山反叛已有迹象,他的请求坚决不能答应。"李隆基听不进去,竟答应了安禄山。安禄山统治范阳、平卢、河东这三处地方,蓄谋反叛已将近十年,他养着奚族(古时我国东部的一个少数民族)、契丹人,投降他的有八千多人,被称为"曳落河(意为壮士)",以及家仆一百多人,个个都身强体壮,骁勇善战,能以一当百。他又养着几万匹战马,个个高大能跑,天下的精兵都集中在黄河以北。安禄山见皇帝李隆基年岁已大,又加上唐朝多年没有进行战争的准备,没有训练军队,于是就想取而代之,只是因为皇帝李隆基待他太好,他想等李隆基死后再起事。杨国忠和安禄山有仇,多次对李隆基说安禄山要造反,李隆基不信,于是杨国忠就捏造了几件事来激怒安禄山,想让他快点造反来以此取信皇帝。安禄山于是决定造反了。恰在这时有个奏事官从京城到安禄山那里去,安禄山就骗众将说:"皇帝有密令让我领兵进京城讨伐杨国忠,各位立刻跟我走。"大家惊讶地彼此相看,没人敢说别的话,于是安禄山发动他所统领的十五万军队从范阳向京城进军。

当时天下太平已久,百姓不知战争,忽然听说范阳的军队攻进来了,所有人都吓坏了,安禄山所经过的州、县很快就被攻破了。李隆基听说安禄山造反,于是召集群臣商议。杨国忠洋洋自得地说:"如今反叛的人只有一个安禄山罢了,他的部下都不愿意反叛。不过十天,一定会有人把他的人头送到皇上这里。"李隆基认为他说得对。安西节度使封常清到朝廷来了,李隆基任命他做范阳、平卢节度使,让他乘驿车到东京洛阳招募兵马。十天的工夫得到了六万多人。封常清切断了河桥,做好了防守准备。封常清与安禄山在武牢作战,封常清战败,安禄山很快打下了洛阳,并把洛阳作为自己的国都。当时安禄山的儿子安庆宗娶了李唐王朝宗室的女人住在长安,李隆基杀了他。李隆基又任用郭子仪做朔方节度使。平原太守颜真卿发兵讨伐安禄山,派李平走小路到朝廷上奏。在这之前,李隆基已知道黄河以北各郡都向安禄山投降了,他感叹道:"二十四个郡,竟然没有一个义士吗?"等到李平到来,李隆基大喜地说:"不知颜真卿是个什么样子的人,竟能做到这一点!"常山太守颜杲卿和长史袁履谦等人也发兵讨伐安禄山,命令崔安石等人巡行黄河以北各郡,对那里的官吏说:"朝廷的大军已经打下井陉,很快就要来到这里,你们先投降的赏,后投降的杀!"于是河北十七个郡都回归朝廷管辖了,兵员达到了二十多万。还跟着安禄山的只有范阳、卢龙、密云、渔阳、汲、邺六个郡。颜杲卿起兵才八天,防守和军备还没做完,将士们都被派往各州郡巡视,做说服宣传工作,这时史思明、蔡希德领大兵来到常山城下,颜杲卿于是向王承业告急。王承业想独占功劳,认为等敌军攻下常山城后,自己再出兵击败敌人对自己有好处,于是就拥兵不肯救援。颜杲卿日夜抵抗,粮食吃没了,箭也射光了。城被攻下,敌兵到处杀掠,捉住了颜杲卿、袁履谦等人送往洛阳,把他们绑在中桥的柱子上剐了他们,他们到死骂不停口,颜氏家族因牵连被杀的有三十多人。各郡又被敌军占领,安禄山开始自称为大燕皇帝,他的臣子按等级各有加官。真源(今河南鹿邑)县令张巡起兵讨伐安禄山,得到精兵上千人,队伍到了雍丘与贾贲的军队合在了一起。敌将令狐潮领兵进攻雍丘,贾贲出战,战败而死。张巡奋力作战退敌,兼领着贾贲的队伍。敌兵像蚂蚁似的爬满了城墙,张巡就让人把干草捆成捆,灌进油脂,点着了往城下扔,敌兵才不敢继续爬城墙了。城中的箭射没了,张巡就让人扎了一千多个稻草人,裹上黑衣在夜里用绳子往城下放,令狐潮的士兵争着射击,很久才知道自己射的是稻草人,这样张巡得到了几十万支箭。后来张巡就在夜里往城下放真人,敌人还以为是草人,所以没有任何行动。张巡就用这些被放下城的敢死壮士袭击令狐潮的军营,致使敌兵大乱。有一天,张巡命令部下雷万春在城上和令狐潮对话,敌人用箭射雷万春,他的脸上中了六箭而没动一下,令狐潮怀疑是木头人,经刺探军情的人回报才知是真人,由此而大惊,感到钦佩。张巡总是找机会出兵攻打敌人,六十多个日夜,打了大大小小三百多仗。敌人终于失败逃走,张巡军因此声势大振。

皇帝任命李光弼为黄河以北的节度使。郭子仪、李光弼在嘉山把敌将史思明打得大败,恢复了河北十多个郡,安禄山因此非常害怕。郭子仪、李光弼奏请皇帝称:“要坚守住潼关,我们几个做臣子的再领兵向北打下范阳,摧毁敌人的老巢,那么不用太久就可以把敌人全部消灭了。”这时,敌将崔乾祐驻扎在陕州(即今河南陕县),假装军力很软弱来引诱朝廷派军队去攻打他。李隆基派出使者催哥舒翰进兵收复陕州、洛阳一带地方。哥舒翰上奏说:“安禄山很会用兵,他一定是在用弱兵来引诱我们,这种情况下只可以守,不可以攻。”杨国忠却劝皇帝催哥舒翰快战。哥舒翰捶胸大哭,不得已领兵出了潼关,在灵宝西原遇上了崔乾祐的军队,哥舒翰军被打得大败又退回到潼关。崔乾祐军乘势攻打潼关,潼关被打了下来,哥舒翰被活捉送到了洛阳,投降了。李隆基听到这个消息后大惊失色,忙召宰相商量。杨国忠首先提出让李隆基到蜀地去,李隆基同意了。第二天黎明时,李隆基和杨贵妃姐妹、皇子、妃子、公主、皇孙以及亲近的宦官、宫人从延秋门逃走,其他人都不顾了。走到咸阳望夷宫,太阳已升到天空正中,李隆基还没吃上饭,于是杨国忠从市场买了烧饼送给他们吃。这时百姓也争着贡献粗粮饭,其中还夹杂着麦子、豆子,皇孙们争着用手捧着吃,不一会儿就吃光了。

李隆基到了马嵬驿，将士们又累又饿，都很愤怒。陈玄礼说祸是由杨国忠造成的，想杀了他。这时正赶上吐蕃使者二十多人拦住了杨国忠的马，向他诉说没有吃的。杨国忠还没来得及回答，军士们呼喊道："杨国忠与胡虏在谋反！"杨国忠急忙逃跑，军士们上前捉住他杀了，用枪挑着杨国忠的头，又杀了杨国忠的儿子杨暄和韩国、秦国两位夫人。李隆基过了很长时间才走出驿门，慰劳军士们，并让军士们收队。军士们不答应。李隆基让高力士前去询问原因，陈玄礼说："杨国忠谋反，杨贵妃也不应该再伺候皇上了，希望陛下能割爱将她正法。"李隆基说："贵妃住在深宫里，国忠谋反和她有什么关系？"高力士说："贵妃的确无罪，然而将士们已经杀了杨国忠，而贵妃仍活着，日后他们怎么能心安？希望陛下仔细考虑这事。将士安心了，那么陛下就安全了。"李隆基于是命令高力士带杨贵妃到佛堂，在那里亲手勒死了她。然后把杨贵妃的尸体拉到驿庭，让陈玄礼等人进去看，于是将士们开始整理部队准备继续走。杨国忠的妻子和小儿子杨晞，以及虢国夫人、夫人的儿子裴徽跑到了陈仓，被县令薛景仙捉住杀了。

李隆基将要从马嵬驿出发，朝廷中大臣只有韦见素一人跟随，父老们都拦路请皇帝留下。此时李隆基牵着马缰绳已经很长时间，于是他命令太子在后面安抚父老们。父老们说："至尊既然不肯留下来，我们这些人愿意率领子弟跟随殿下向东前去消灭敌人，夺取长安。如果殿下和至尊都到蜀地去，那么中原的百姓以谁为主人？"不一会儿工夫就聚集到了几千人。太子不答应，说："至尊远去历经险阻，我怎么能一刻而离开他？"太子流下了眼泪，调转马头想向西去。建宁王李倓和宦官李辅国抓住了太子的马笼头劝谏道："敌人攻进了京城，天下四分五裂，不凭借人情怎么能恢复唐王朝？殿下跟随皇上到蜀地去，如果敌人烧毁栈道，那么中原大地就拱手让给敌人了。这样看来，不如收集西北守边的士兵，再把身在河北的郭子仪、李光弼召回来，和他们合力攻打敌人，打下东西两座京城，平定了天下再迎回皇上，这难道不是对父亲最大的孝顺吗？"广平王李俶也劝太子留下来。父老们一起围着太子的马，使太子不能前行。

皇上李隆基等着太子没等到，就派人去看。派去的人回来报告了李隆基太子那里的情况，李隆基说："这是天意！"于是命令分出后军两千人和飞龙厩的马匹留给了太子，又下旨打算传位给太子，太子没接受。

太子留下后，不知该到哪里去。建宁王李倓请太子到平凉去，太子同意了。于是太子一夜走了三百里，到达平凉招募兵马得到了五百多人，太子的队伍稍微强盛了些。安禄山对皇帝向西走不以为然，他派使者告诉崔乾祐让他驻留在潼关，十天后，又派孙孝哲领兵进入长安，于是安禄山军更加强盛了。但安禄山没有远大的谋略，他日夜喝酒，一心只想着女色和财宝，不再想出兵了，所以皇帝李隆基能够平安进入蜀地，太子向北走也没遇上追兵。太子到了灵武，裴冕、杜鸿渐等人向太子递交了笺，请太子遵从在马嵬驿时皇帝的诏令，让太子即皇帝大位来号令四方。太子还是不答应。裴冕等人的笺书向太子上了五次，坚决请太子即位，太子这才答应了。这一天唐肃宗李亨在灵武（在今宁夏吴忠地区灵武市西北）即了皇帝位，尊玄宗李隆基为"上皇天帝"，又用"载"来纪年。当初肃宗做太子时，李泌是他的朋友，李泌后来到颍阳居住，皇上李亨派人去召他，就这样两人在灵武相见了。皇上见了李泌后大喜，每事都向李泌咨询，对李泌的意见无不听从。上皇李隆基到了成都，跟随他的官员和军人只有一千三百人。郭子仪等人领兵五万从河北到灵武，灵武的军威开始振兴，有了复兴唐王朝的希望。灵武的使者到了蜀地，上皇高兴地说："我儿顺应上天和人愿，我还有什么可忧愁的？"于是他下达命令，规定从今以后把命令改称为"诰"，大臣上表、疏时改称他为太上皇。天下军国重事都要先听皇帝的意见，但仍然要让他知道。他又命令韦见素、房琯、崔涣带着传国宝、玉册到灵武传位。李隆基在君位四十四年。

当初，太上皇每当开大的宴会，先奏太常礼乐，接着击鼓吹奏，穿着霓裳羽衣的宫女出现在众人面前翩翩起舞。接下来又奏散乐，表演各种戏曲，教上百匹会跳舞的马嘴里叼着酒杯向皇帝敬酒拜寿；还牵犀牛、大象入场，有的敬拜，有的起舞，安禄山看到这种场景心中非常喜悦。到了这时,安禄山下令搜捕这些东西全都送到洛阳。安禄山在凝碧池设置了招待众臣的宴会,演奏各种音乐,会跳舞的象瞪着愤怒的眼睛一动不动,安禄山把它们都杀了。为安禄山演戏的梨园子弟常常抽咽流泪,惹得看管他们的军人都抽刀斜眼看着他们。乐工雷海青悲愤到了极点,把乐器摔到了地上,向西大哭,这使安禄山大怒,命令人把他绑到试马殿前肢解了。

皇帝李亨想用儿子建宁王李倓做元帅,李泌劝道:“广平王是哥哥,假使建宁王立下大功,你怎么安排他?”于是李亨就用广平王李俶做了天下兵马大元帅,将领全归他管。李倓听说后向李泌道谢说:“这也是我李倓的意思。”皇帝李亨又任用李泌为侍谋元帅长史,以便讨伐安禄山。李亨到了彭原(今甘肃西峰),办公居住的地方狭小,李亨与妃子张良娣玩赌博游戏,敲子儿的声音在街上都能听到。李泌说这将影响各路军队的奏报,不应这样,张良娣因此恨上了李泌。张良娣和宦官李辅国都说李泌的坏话,建宁王李倓对李泌说:“先生推荐我哥哥广平王做了元帅,这使我李倓能够尽臣子之礼,没别的报答您,请让我为先生除害!”李泌说:“您想干什么?”李倓说要除掉张良娣。李泌说:“这不是做臣子所应说的话,希望大王还是算了吧!”李倓听不进去,多次在皇帝李亨面前数落张良娣和李辅国的罪恶,两人反而告李倓的状,说:“李倓没能当上元帅而怀恨在心,想谋害广平王。”李亨大怒,于是赐儿子李倓死。广平王李俶也非常害怕,谋划锄掉李辅国和张良娣。李泌对他说:“不可以这样做,你只要尽到做儿子的孝心就平安无事了。”广平王听从了他的意见。李亨让张良娣做了淑妃,不久后竟然立她做了皇后。李辅国依附她,两人权势很大。

安禄山自从起兵以来,眼睛渐渐昏黑,以至于看不见东西了。他动不动就对身边的人用刑,有的人还被他杀了,因此人人心里不安。安禄山又想废掉安庆绪,另立嬖妾生的儿子安庆恩做自己的接班人。为此安庆绪和严庄合谋,想要杀了安禄山篡位。一天夜里,安庆绪派去了太监李猪儿拿刀直接闯进帐中,砍开了安禄山的肚子,安禄山的肠子淌出,流了几斗血死了。安庆绪即了皇帝位,他任用史思明做了范阳节度使。此前，安禄山获得了长安、洛阳两京的珍货全都存到了洛阳。史思明拥有重兵，占据着丰富的资源，渐渐地就不听安庆绪的摆布了，安庆绪也没有能力管他了。

安庆绪派尹子奇领兵进犯睢阳（今在河南省商丘地区），许远向张巡告急，张巡领兵进驻睢阳与许远合兵坚守，日夜苦战。许远自知在军事才能方面自己赶不上张巡，所以军事筹划方面的事都由张巡决定。打了十六天，活捉敌将，杀敌兵，敌军趁夜色逃走了。不久，尹子奇又领兵攻打睢阳。张巡杀牛犒劳将士之后，全军出战，敌人见他们人数少而笑话他们。张巡率领各位将领直接冲入敌阵，敌军被冲打得溃败。第二天，敌人又聚集起来攻城，张巡就在城中夜里击鼓，集合小股队伍做出将要出击的样子，敌人听到了就通宵达旦警备。天亮时张巡就让士兵们睡觉休息，停止敲鼓。敌人凭借着攻城的云梯向城中观望，结果什么也没看见，于是就放心地解下铠甲休息了。张巡和将军南霁云、雷万春等十几个将领各领五十个骑兵，打开城门直奔敌营冲去。敌营大乱，张巡想射杀尹子奇，却不认识敌将中哪个是，就把蒿秆削尖向敌军射去。被射中的人就跑去向尹子奇报告说："敌军现在没有箭了。"尹子奇这才显露了身份。张巡命令南霁云射他，射中了尹子奇的左眼，几乎活捉了他。张巡得胜后，尹子奇收兵回去了。

不久，尹子奇再次领兵围住了睢阳，睢阳城中一天比一天窘迫。张巡命令南霁云冲出城去向驻扎在临淮（今安徽凤阳东）的贺兰进明告急。贺兰进明不肯出兵，却喜欢上了南霁云的勇壮性格，于是摆宴席请南霁云。南霁云流着泪说："睢阳城里的人没吃的已有一个多月了，我南霁云即使想吃，又怎么能咽得下去？"于是他就咬下了自己的一根手指拿给贺兰进明看，并说："南霁云既然不能完成主将交给的任务，请让我留下一指来表示我的诚意，以便回去答复。"在座的人都为他流下了眼泪。尹子奇长时间围困睢阳城，城中能吃的东西都吃完了，大家议论打算放弃城池向东走。张巡和许远合计，认为睢阳是长江、淮河一带的保护屏障，睢阳保不住，长江、淮河一带也就丢掉了，不如坚守住睢阳来等待外援。于是开始和士卒们一起吃茶叶，茶叶吃光了，就杀马吃；战马吃光了就捕麻雀、抓老鼠吃。后来，麻雀和老鼠也都吃光了。张巡的爱妾霍氏对张巡说："城池一旦陷落妾必死无疑，尸身在地下腐烂，被蚂蚁吃掉，一点好处都没有。倒不如把无益变为有益，妾请求把我的身子作为军粮，请军士们多坚持一会儿来等待援军的到来。妾的丑处君须自己吃，以便保全我的贞节，骨头埋到地下，把它还给父母吧。"张巡答应了，于是就杀了爱妾，许远也杀了他的奴仆。后来又扩大范围，专吃城中妇女的肉；妇女也吃光了，接着又吃老弱男子。人人知道必死，却没有叛变投敌的，最后所剩下的只有四百人。敌人登上城，将士们已筋疲力尽不能再战了。张巡向西一拜再拜说："臣的力量已经用没了，活着没能报答陛下，死后愿变成厉鬼来杀贼寇！"城被攻破后，张巡和南霁云、雷万春等三十六人被杀，许远被押送回洛阳，死在途中的河南偃师。张镐听说睢阳被围得很紧急，就加速急进，并且征召谯郡太守闾丘晓一同去救睢阳，闾丘晓不接受命令。等到张镐领兵到达睢阳，睢阳城已被攻下了三天。张镐召去闾丘晓用棍子打死了他。

皇上犒劳各位将领，并派李俶、郭子仪领兵攻打长安，他对郭子仪说："大事能否成功，就在此行了。"郭子仪回答说："这次行动如不成功，臣子我一定为此而死！"回纥族的怀仁可汗派他的儿子叶护等人率领精兵四千多人到达凤翔。广平王李俶见到叶护，和他约定互相以兄弟对待。接着广平王率领郭子仪、李嗣业、仆固怀恩等人和敌军在长安城西进行了战斗，从午时到酉时杀敌六万人，敌军溃败。广平王于是收复了长安，派使者到蜀地去请太上皇回京城。广平王李俶和郭子仪等人领兵又去攻取东京洛阳，安庆绪派出驻扎在洛阳的全部人马，让严庄率领着抵抗李俶的军队。郭子仪等人刚开始作战时很不顺利，多亏回纥人（也称为回鹘人，在这之前称为匈奴）从南山袭击了严庄军的后背。严庄军的士兵们说："回纥人来了！"于是严庄军吓得溃不成军。安庆绪奔逃到黄河以北，广平王李俶顺利地进入了东京洛阳。回纥兵大肆掠夺财物，李俶为此很担忧。父老们拿出万匹罗锦请李俶送给回纥人，回纥兵这才停止了掠夺。太上皇到了咸阳，皇上用皇车到望贤宫去接他。太上皇当天就住到了兴庆宫，之后就一直住在了那里。皇上赐给郭子仪汾阳王的爵位，李光弼等功臣也按各自的功劳赐给了爵位，皇上又追赠了为抗敌英勇献身的臣子。安庆绪顾忌史思明的军队太强大，打算削弱他。史思明于是带着他所管辖的十三个州投降了唐朝，沧、瀛、安、深、德、棣等州都投降了。虽然相州还没投降，黄河以北地区大多又都回归唐朝了。

张镐上书说："史思明凶恶阴险，人面兽心，很难用恩德来笼络他。希望不要再使他有大的权力，应征调他进朝廷，分散开他的兵马补充为京城的宿卫兵马，这样就没有后患了。"当时皇上已经宠信接纳了史思明，听不进张镐的建议。李光弼也认为史思明最终还会作乱，于是就派乌承恩去除掉他。谁知不久李光弼的计划就被泄露了，史思明就召集了将佐和那里的官民，向西痛哭说："臣率十三万人投降朝廷，哪里对不起陛下而一定要杀臣！"于是他杀了乌承恩，领兵开始观望犹豫。皇上命令朔方的郭子仪、淮西的鲁炅等七个节度使去讨伐安庆绪，又命令河东的李光弼、泽潞的王思礼两个节度使率所部的兵马去协助他们。皇上认为郭子仪和李光弼都是有大功的人，难以让谁来领导谁，所以没设置主将，只是用宦官鱼朝恩作为观军容使来监察各路军队。郭子仪等人在卫州把安庆绪打得大败，追击到邺城，把邺城包围了起来。安庆绪被逼得走投无路，就向史思明求救，并且答应愿意把自己君主的位子让出来。于是史思明又反叛了，在范阳发兵十三万去救安庆绪。唐朝方面九个节度使的军队，既没有统一的主将，号令也不一致。镇西节度使李嗣业被流箭射中而死。史思明的大军直接到达邺城城下。唐军步兵、骑兵六十万限定日期和史思明决战，还没来得及布阵，史思明领精兵五万就直奔唐军而去。这时大风忽然刮起，吹起沙土，吹倒树木，天地一片昏暗，即使近在咫尺也不相辨识，敌对双方都被惊得溃不成军。郭子仪领朔方军切断河阳桥，为保东京，战马、铠甲、兵器都丢弃了。很快，唐朝各节度使的军队失败，又各自回到原本镇守的地方。史思明杀了安庆绪回到洛阳，在那里坐上了大燕皇帝的宝座。鱼朝恩恨郭子仪,因郭子仪战败,就向皇上说郭子仪的坏话,皇帝于是任用李光弼代替郭子仪做了朔方节度使。史思明率领军队进攻河阳(今河南孟州西),李光弼把短刀插入靴子里对众人说:“战事危急,我是国家的三公之一,不可死在敌人手里。万一战斗不利,诸位抗敌而死,我就自杀,不会让诸位自己死。”于是他率领诸将拼死杀敌,敌军被打得大败,史思明逃走了。史思明残忍、疑心重、好杀人,他的部下稍不如他的意,动不动就灭族,人人不能自保。史思明喜欢小儿子史朝清,打算杀掉长子史朝义,让史朝清作为自己的接班人。史朝义很害怕,就和部将曹将军谋划杀掉史思明。曹将军领兵到了史思明的住处,史思明跳墙逃走,结果被箭射中掉下马来,曹将军把史思明捉住后用绳子勒死了。接着史朝义又派人到范阳杀了史朝清,于是史朝义即了大燕皇帝位。

这时唐朝方面,李辅国、鱼朝恩和张皇后狼狈为奸,皇上管不了。太上皇居住在兴庆宫,父老们路过那里,往往前去看他、拜他、喊他万岁。李辅国对皇上说:“上皇住兴庆宫,天天和外人来往,陈玄礼、高力士为他出谋划策,这样对陛下您很不利,应当让他搬到大内居住。”皇帝李亨没有采纳他的意见。不久,李亨生了病,李辅国假称皇上有话,领着骑马的射手五百名把上皇李隆基接到西内的甘露殿居住,把高力士流放到巫州,并勒令陈玄礼弃官交权。李隆基很不高兴,于是他不吃荤腥、辟谷,渐渐有了病。李亨想用郭子仪令各路兵马去打下范阳,平定黄河以北地区,却被宦官鱼朝恩所阻止,没有行动。李亨被张皇后所挟制,竟不敢到西内去见太上皇。后来李隆基在神龙殿死了,活了七十八岁。皇帝李亨在二月病倒在床上,听说父亲李隆基死了,病情加重,于是他命令太子监国处理国政。不久李亨就病死了,他在皇位七年。当初,张皇后与李辅国相互呼应,后来两人又有了矛盾。张皇后想杀掉李辅国,然后废掉太子再立自己的儿子为太子。李辅国和内射生使(宫中的护卫官职)程元振把张皇后迁到别的宫殿,不久就杀了她和她的两个儿子。李辅国领着太子穿着白色服装和宰相见了面,于是太子即了皇帝位,这就是唐代宗李豫(即广平王李俶)。李辅国仗着有功劳而更加骄横，公开对皇上李豫说："皇上只在宫里待着就行了，外面的事都由老奴我来安排吧！"李豫内心不平，只是因为李辅国掌握着宫禁中的兵，所以他表面上尊敬李辅国，称呼他为"尚父"，事情不论大小都同他商议，并把他封为博陆王。一天夜里，李豫派杀手到李辅国家里，割掉了李辅国的脑袋和一只胳膊跑了。事后李豫假意命令有关官吏抓捕杀手，又派中使（即宦官使者）慰问李辅国的家属。

李豫派中使刘清潭到回纥那里去重修旧好，并且向回纥征兵讨伐史朝义。以前肃宗李亨做主把仆固怀恩的女儿嫁给了回纥的可汗，这时可汗请求和仆固怀恩相见。当时仆固怀恩在凉州，皇上李豫命令他去见可汗。仆固怀恩对可汗说，唐朝廷的恩情和信任不可辜负。可汗非常高兴，派去使者向唐皇帝上表，请求帮助唐王朝讨伐史朝义。皇上李豫命令儿子雍王李适做天下兵马大元帅，仆固怀恩为副元帅，各军从陕州出发。仆固怀恩的军队和回纥军作为先头部队，并和李光弼、李抱玉分成几路一起进军。唐朝的军队到了洛阳北郊，几万敌军早已构筑了防御工事。唐军快速进攻，敌军大败，史朝义率领几百名轻骑兵向东逃去。仆固怀恩打下了东京洛阳，让自己的儿子仆固玚乘胜去追击史朝义。仆固玚的军队追击史朝义一直追到了莫州（今河北任丘），并包围了莫州。敌将田承嗣在莫州投降，把史朝义的母亲及妻子儿女送到了唐军手中。史朝义率领五千精兵从北门突围了出去，奔向范阳。敌将李怀仙在范阳早已向唐军投降，史朝义到了范阳进不去城门，走投无路，于是在林中吊死了。史朝义手下的兵都散了，李怀仙割下了史朝义的人头献给了唐军。战斗结束，仆固怀恩和各路军都回去了，回纥人也回到原地，黄河以北全部平定。安禄山作乱三年，安庆绪两年，史思明两年，史朝义又两年，总共乱了九年。

仆固怀恩怕"安史之乱"一平，皇上就不会像以前那样宠信他了，于是就上奏请求任用史朝义方面投降过来的将领薛嵩为相卫节度使，田承嗣为魏博节度使，李怀仙为卢龙节度使，李宝臣为成德节度使，想用他们作为自己的外援。朝廷也厌烦战事，希望平安，因而答应了他的请求。此后各个镇守一方的将领都招纳安、史的余党，拥有强兵，自己任命文武官员，不再向朝廷交纳赋税，虽然名为臣子，也只是个名称罢了。

吐蕃侵犯唐王朝边境，边将告急，宦官程元振压下了告急文书不让皇帝知道。等到打到奉天（今天陕西乾县）、武功，震动了京城，皇帝诏令雍王李适为关内元帅，郭子仪为副元帅镇守咸阳来抵御敌寇。郭子仪不当武将已经很久了，他的部下都分散了，这时临时招募仅得到了二十个骑兵。到了咸阳看到吐蕃人率领着吐谷浑、党项、氐、羌等族的人有二十多万，漫山遍野几十里。郭子仪派判官王延昌奏请皇上增兵，却被程元振挡住见不到皇帝。皇帝正在研究怎么安排军队的事情时，吐蕃军早已渡过了便桥，皇帝不知所措，跑到了陕州。吐蕃军进入长安，掠夺市里和府库，烧房子，长安城一时被抢空。郭子仪到了商州，一边行军一边招兵，得到了四千人，他哭着对将士们说，要和他们洗刷国耻，夺回长安。将士们受到感动，都一心听从郭子仪的指挥。郭子仪派长孙全绪率领二百骑兵从蓝田出发，白天就敲鼓，打出旗帜；夜里就点上火堆，多处布有疑兵，并放出流言欺骗敌人说："郭令公从商州率领大军，多得无数，已经来到了。"吐蕃军听说后非常害怕，就逃走了。皇帝下诏令任用郭子仪做西京留守。程元振专权，朝臣怕他比怕李辅国还厉害。将领们有大功的，程元振都嫉妒并想加害他们。这次吐蕃进犯，皇上派使者去通知各路兵马出战，李光弼等人都害怕宦官程元振而没有行动。太常博士柳伉上书，请求皇帝斩了程元振来向天下人谢罪。皇帝下诏令削掉了程元振的官爵，放他回家乡了。此后，鱼朝恩又专权，等到他权势太大的时候，皇帝和大臣元载定下计谋，勒死了鱼朝恩，把尸首送回他的家里。此后元载又开始专权受贿了。当初，河东节度使辛云京与仆固怀恩有仇，他上奏皇帝，说仆固怀恩谋反。皇帝打算调解两人的关系，派出使者调仆固怀恩进京，仆固怀恩没去。仆固怀恩自从"安史之乱"以来，为朝廷拼死作战，一家人为皇室而死的就有四十六人。女儿嫁到很远的地方只是为了说服回纥出兵，重新夺回东京洛阳，平定黄河南北广大地区，他的功劳无人可比。这时被人陷害，愤怨很深，他上书诉冤，道出一切。于是他领兵造反，进攻太原。皇上对郭子仪说："怀恩父子太使朕失望了，朕听说朔方的将士思念您，您为朕去镇抚河东汾上的军队吧！"于是任命郭子仪做了副元帅、河中节度使。仆固怀恩的将士听到了这个消息都说："我们跟着怀恩干不义的事，还有什么脸面见汾阳王（指郭子仪）！"仆固玚围了榆次，他的部将焦晖白玉杀了他。仆固怀恩听说儿子被杀，把这事告诉了母亲。他母亲说："我告诉你不要造反，国家待你不薄，如今军心已变，祸事一定会牵连上我，这怎么办？"仆固怀恩没说话就走出去了，他母亲拿着刀追赶他说："我为国家杀了你这个贼，挖出你的心来向三军谢罪！"仆固怀恩赶紧跑，才没被刀砍上，于是他和手下三百骑兵渡过黄河向北走。郭子仪把仆固玚的人头送到皇帝面前，大臣们前去道贺。皇帝很悲伤地说："朕的信用还不够，致使大功臣反叛，深深为此而惭愧，又有什么可道贺的呢？"他命令用辇车把仆固怀恩的老母接到了长安，给她的待遇很优厚。一个多月后老人去世了，皇帝又命令人用完备的礼节埋葬了她，功臣都为此而感叹。郭子仪到了汾州，仆固怀恩的军队几万人归顺了他。仆固怀恩领兵向北走到了回纥人那里，他引诱回纥、吐蕃、吐谷浑、党项、奴剌的军队几十万人一起向唐王朝进攻，仆固怀恩领着朔方的军队紧随其后。郭子仪向皇帝奏请，让各路节度使出兵攻打他们的要害部位，皇帝同意了。然而只有淮西的李忠臣当天就出兵了，其他节度使都按兵不动。仆固怀恩在行军路上得了暴病死了。此时，回纥、吐蕃在争领导地位，不相和睦。郭子仪因为以前自己一向和回纥的君主关系很好，这时他不带一兵一卒去见回纥君主，说服他一起去打吐蕃人。回纥君主同意了，和郭子仪发誓定盟，吐蕃人听说后，趁着夜色逃走了。郭子仪的军队和回纥兵一起去追击，在灵台西园（今甘肃平凉地区）把吐蕃军打得大败，斩杀了上万人。

皇上很尊重郭子仪，常称他为郭大臣而不叫他的名字。郭子仪居住在亲仁里，其中通着长长的深巷。他的儿子、媳妇、侍妾很多，家里有三千人。每天打开一道道房门，直接可见到里边的卧室，人出去进去也不加禁止，所以有丑闻传扬了出去。有人劝告郭子仪应该防着点，郭子仪对他们说："凭着我这家庭，正想让人都能见到都能听到，这样针对我的谗言、邪念就无法存在了。如果一旦禁止出入，那么猜疑就会跟着来了，会生出灭家族的大祸。儿女的事小，不值得介意。”大家这才感叹佩服。郭子仪的儿子郭暧娶了皇帝的女儿升平公主，两人曾经吵架，郭暧说：“你仗着你父亲是天子吗？我父想压制天子就能压制住天子，却没那么做。”公主很生气，坐上车就去报告代宗。皇上李豫说：“这里的事不是你所知道的，他的话是实情。郭家想做天子，天下难道还有你家的吗？”皇上安慰她，劝她回郭家去。郭子仪听说了这事，就绑起了郭暧送到代宗那里听候发落。代宗说：“民间有句谚语说，‘不痴不聋，就做不成家长。’儿女闺房里的话，哪值得一听？”郭子仪回到家里打了郭暧几十板。当时有盗墓贼挖开了郭子仪父亲的墓，没抓住人。有人认为鱼朝恩一向厌恶郭子仪，怀疑是他干的。郭子仪上朝，朝廷害怕他因此事变心，等到他见到皇帝，皇帝李豫谈到了这事，郭子仪流着眼泪说：“臣长期领兵，却禁止不住将士偷挖别人家的坟墓，如今这事是上天的谴责，也可看成不是人为的。”朝廷方面这才放下了心。

皇帝李豫在皇位十七年死了，太子李适即了皇位，这就是唐德宗。肃宗李亨、代宗李豫本来是不算太有才能的皇帝，只因人心依赖唐王朝，又靠大将的能力，能够恢复旧有的统治，不做长远打算，政权能维持一天算一天，节度使由谁来当，军士说了算，那么其他的事就可以知道了。藩镇嚣张，上下失序，唐王朝的法度遭到严重破坏，酿成了大乱的根由，是肃宗、代宗造成的。德宗刚当上皇帝，外国贡献的驯象送到了，德宗说：“养象需要花费又违反生物的自然性，有什么用？”他命令人把象放到了荆山的南面。他又放出宫女几百人。他派中使邵光超赐给李希烈用以奖惩的旌节，李希烈赠给了邵光超仆人、马匹和七百匹细绢。这事让皇帝知道了，打了邵光超的板子，又把他流放了。中使中没回去的人听说了这事，都把自己所得到的礼物偷着扔到了山谷里，即使有人送他们礼物，他们也不敢接受了。于是朝廷内外的人都很高兴。士兵们彼此说：“明主出来了，我们还造反吗？”

第二十五章　朱温起国号叫梁，最终政权归于后唐（五代十国史）

唐德宗李适最初的政事虽然很美，却有美中不足之处。虽说他励精图治，然而他本性猜疑、忌讳又刻薄，听不进忠言正论，反而被专事巴结奉承、巧言谄媚的人所迷惑。他先用杨炎为宰相，杨炎却把心思全用在仇恨报复上了。当年，安史之乱时，全国人口流失了十之八九，府库的财物金钱也空了。唐王朝军队的资费全依靠刘晏操办。刘晏是户部尚书，他有精力，多机智，能够变通有无。唐王朝没灭亡，军队物资没匮乏，全是刘晏的功劳。刘晏和杨炎有矛盾，这时杨炎就把他贬为忠州刺史。荆南节度使庾准按照杨炎的意思诬告刘晏怨恨朝廷，皇上就暗中派中使把刘晏勒死了。天下人都认为刘晏冤屈，朝中大臣也人人心惊胆战。后来皇上也开始讨厌杨炎了，想杀了他，就另外提升卢杞为宰相。卢杞脸色发蓝，面貌很丑，但有口才，阴险狡诈无比。他知道皇上好猜忌，于是就在大臣中搞离间活动，劝皇上用严厉苛刻的手段管理臣下，所以朝廷内外深感失望。

当年，承德节度使李宝臣和淄青节度使李正巳、魏博节度使田承嗣互相结交，期望各自的子孙能够传承各自所占的土地。所以田承嗣死后，李宝臣出力为他向朝廷请求让田悦继承田承嗣的官职。代宗李豫答应了。这时，田悦又多次为李宝臣的儿子李惟岳请求继承袭职的事。皇上要革除旧弊，因此不答应。于是田悦和李正巳各派使者到李惟岳那里谋划领兵抗命，黄河以南的百姓开始骚动。李惟岳造反了，皇上命令张孝忠、朱滔等人前去讨伐他。李惟岳的部将王武俊杀了李惟岳向朝廷投降,成德地区于是平定了。之后,朱滔请求到深州去做官,皇上没答应,王武俊想做节度使,皇上也没答应,两人因此都恨上了德宗李适。田悦知道了这事,就派出使者去说服朱滔和王武俊一起造反。二人都高兴地答应了,于是他们就一起合兵反叛。平卢节度使李正已死了,他的儿子李纳也上朝廷请求承袭职位,皇上还是不答应,于是李纳也造反了。朱滔自称为冀王,田悦自称为魏王,王武俊自称为赵王,李纳自称为齐王。德宗让淮西节度使李希烈兼任平卢节度使去讨伐李纳,李希烈率领他的部队到了许城就和李纳接上了关系,自称为天下都元帅。不久,李希烈攻下了汝州。宰相卢杞一向厌恶颜真卿,想借刀杀了他,就对皇上说:"颜真卿名重海内,让他去劝说李希烈投降吧!"颜真卿到了许城,李希烈想让他归降自己,于是想尽办法为难颜真卿,颜真卿始终不屈服,李希烈就勒死了他,接着李希烈又进犯襄城。当年,皇帝优待体恤出征的士兵,每当军队走出国境,就供给士兵酒肉,另有粮食供应给其家属,比平时要高出三倍,军士得到好处也习以为常了。此时皇上调泾元等地的兵去救襄城。泾原节度使姚令言领兵五千人到达京城,军士们冒着雨,天气很冷,大家都希望有丰厚的赏赐。结果到了京城以后,什么也没得到。队伍到了浐水(水名,北流到今西安市,向东入灞水),皇帝下诏,令京兆尹王翃犒劳军队,结果,所供给的只是粗食、菜饼。士兵们发了怒,踢倒了饭桶扬言说:"我们将要在阵前拼死,现在吃都吃不饱,怎么能拿小命去抵抗刀枪?听说琼林、太盈两个库房金帛装得满满的,不如咱们一起去拿。"于是这支队伍又回到了京城。当年,神策军让白志贞掌握招募禁兵。东征时死的、失踪的人的空缺,白志贞都隐瞒了下来没有上报,只是接受商人、富家子弟的贿赂在神策军中占个空名,拿军饷。这时皇帝招禁兵来抵御泾原兵,竟没有一个人报到。泾原兵到了京城,皇帝和王贵妃、韦淑妃、太子、各个王从苑北门逃出,皇帝身边的人、宦官只有百十来人跟随着他们。翰林学士姜公辅拉住皇帝的马缰绳说:"朱泚曾经做过泾帅,如今罢官住在京城,他心怀不满,如果乱兵尊他为主将那就难办了,请把他召来跟着一起走。"皇帝对他说:"现在来不及了。”姚令言和乱兵们合谋说:“如今咱们这些人没有主事的人,维持不了太久,朱太尉闲住在这里,请让他做主。”众人同意了,于是派出几百骑兵到晋昌里府去接朱泚。朱泚进入皇宫,住含元殿,自称为“六军总管”。皇帝到了咸阳,又去了奉天(今陕西乾县),文武大臣也陆续到了那里,左金吾大将军浑瑊也到了奉天。浑瑊一向有威望,大家依赖他才稍微安下心来。

不久,朱泚又自称为“大秦皇帝”,没多久又改国号为“汉”,大杀在长安的唐朝宗族来断绝人们对唐政权的期望。朱泚率领军队攻打奉天,李晟领兵援救皇帝。朱泚围攻奉天一个月,城中粮草用没了。李怀光又领五万大军救援皇帝,与李晟合兵一处,派人入城奏明皇帝,皇帝大喜,城中欢声雷动。李怀光军在醴泉打败了朱泚军,浑瑊又出城打朱泚,打跑了朱泚军,朱泚逃回长安。大家都认为如果李怀光再三天不到奉天,奉天城就守不住了。李怀光从崤山以东来救难,他多次对人说卢杞、赵赞和宦官白志贞是奸佞之徒,并且说:“我见到皇上,就请求杀了这几个人。”奉天的围困解除后,李怀光自认为有大功,说:“皇上定会用最高礼节接待我。”有人把李怀光的话告诉了卢杞,卢杞害怕了,就对皇上说应该让李怀光乘胜去夺取长安,不必入朝见皇上。皇上认为很对,于是下诏让李怀光直接领兵驻扎便桥和李晟限定日期一起去夺取长安。李怀光从千里外真诚前来救难,打败朱泚解了重围,而今近在咫尺却不能见天子,心里很不痛快。他说:“我现在已被奸臣所排挤,事情已经很清楚了。”于是李怀光领兵离开,到了鲁店停留了两天才继续行军。当初,皇帝在东宫做太子时,听到监察御史陆贽很有名声,于是他即位之后就招陆贽做了翰林学士。这时因乱,皇上多次向陆贽询问时事得失。陆贽对政治时务诚恳直言,皇上也很听他的话,朝廷内外也寄希望于他。李怀光停兵不进,多次上表揭发卢杞等人的罪恶,大臣们也纷纷议论卢杞等人的坏处,皇上这时不得已贬了卢杞、赵赞、白志贞为边远州的司马。皇上下诏令大赦天下,王武俊、田悦、李纳被赦免,都去掉了王号向皇上上表谢罪。只有李希烈自仗着兵强财富,即了皇帝位,国号“大楚”。

李怀光胁迫朝廷赶走了卢杞等人后，心里很不安，于是有了异心。他又讨厌李晟独当一面，恐怕他成功，就上奏请求和李晟合兵。皇上答应了。李怀光驻兵咸阳多日不出兵，秘密地与朱泚通谋，这时已经半公开。李晟多次向皇帝报告，认为李怀光反叛的事已很明显，恐怕一旦发生变故自己的军队被李怀光吞并，就请求把军队向东转移到渭桥。皇上也同意了。皇上又封李怀光为太尉，并赐给他铁券（是帝王颁给功臣授以世代享受某种特权的证明），并派出使者。李怀光把使者递给他的铁券摔在地上，狠狠地说："做臣子的反叛就赐给铁券，我李怀光不反，今天却赐给我铁券，这是逼我造反啊！"李怀光暗中与朱泚通气，他的养子石演芬派人到皇帝那里告发了李怀光。反叛的事情被发觉，李怀光责备石演芬说："我把你当自己的儿子，为什么做出这种对不起我的事？"石演芬说："我石演芬是胡人，只知为一个人服务，如果不让我顶个贼名而死，我死也甘心了。"李怀光让身边的人把石演芬剁成肉块吃了他。石演芬被拉出去后，执刑的人说："这是个义士！"于是只用刀割断石演芬的喉咙就离开了。李怀光派他的部将赵升鸾进兵奉天，浑瑊听到这个消息后，立即请皇帝到梁州去，德宗同意了。德宗拜李晟为河中同绛州节度使，另加平章事官衔。李晟跪拜哭着接受了任命。他对将佐们说："长安是皇帝宗庙的所在地，是天下的根本。我李晟要是不在，谁会是灭敌的人？"于是他挖城壕，修补铠甲、兵器，为收复京城做打算。这时李怀光和朱泚连兵，声势很大，皇帝逃向南边，人心惶惶。李晟凭着孤军夹在两个强敌中间，内无物资和粮食，外无救援的军队，只凭忠义来激励将士，所以他的军队虽然单薄而锐气不衰。

刚开始时，李怀光的军队强盛，所以朱泚很怕他，给他去信时总是称他为李怀光哥哥。等到李怀光反叛朝廷后，把皇帝逼到南边去了，他的部下很多人都背叛了他，于是他的军队逐渐弱了。这时朱泚给李怀光去的不是信，而是朱皇帝的诏书，开始用对待臣子的礼节对待他了，并且还要征调他的军队。李怀光又惭愧又生气，于是烧了营房，向东到河中城去，将士在路上又逃走了不少。李晟的家属和神策军士的家属都住在长安，朱泚待他们很好。军中有人说到家的，李晟流泪说："天子在哪里，还敢谈家吗？"有一天，朱泚派李晟亲近的人拿着家信送给李晟说："您家里人现在生活得很好。"李晟大怒道："你敢为敌人做奸细？"于是立刻杀了送信人。李晟的将士还没穿上春衣，到了盛夏时节仍然穿着皮、棉衣，却始终没有谁变节。浑瑊率领各军驻扎在奉天，与李晟军东西相呼应逼近长安。韩滉在长江以东，派使者提供物资，运米百万斛献给朝廷，又用上百只船运米供给李晟军。李晟部署军队，告诉军中要收复京城。他领兵到通化门外，朱泚的军队也大批赶到，李晟命令军队进击，敌人失败逃走。第二次战斗，李晟军又把姚令言军打得大败，姚令言领着败兵向西而逃。李晟驻兵在含光殿前，让掌书记（官名，为节度使等官员作表、奏、书、檄，凡文辞之事都出自掌书记之手）作捷报送到皇帝那里。朱泚将要投奔吐蕃，他的军队在路上逃跑了不少，走到彭原西城，他的部将梁庭芬等人斩了朱泚并向朝廷投降，把朱泚的头送到了皇帝那里。朱泚反叛总共两年。皇帝到了长安，李晟去见皇帝，先向皇帝祝贺消灭了敌人，后又对长安收复的晚向皇帝表示歉意。德宗任命李晟为凤翔陇右节度使，并给了他平西王的爵位。

那时连年发生旱灾、蝗灾，物资、粮食都缺乏，朝中许多官员都请求赦免李怀光的罪过。李晟却上书说李怀光有五大罪不可赦。马燧也来到朝廷上奏说："李怀光凶恶叛逆最严重，赦免他就无法再号令天下。希望能为我的军队再添一个月的口粮，就一定会给陛下平掉他。"德宗同意了。马燧认为长春宫守备很严，长春宫的敌人不投降就无法对付李怀光，于是他直接来到城下向城上的守将徐庭光呼喊道："你们为国立功四十多年，如今怎么能做出灭掉家族的事来？听我的话不仅能免祸，还可以富贵。反叛是李怀光做的，你们没罪。你们能做到不出兵就可以了。"城上的人都说："我们听你的。"于是打开城门投降了。马燧只派出几个骑兵进城安抚他们，城里的人都大喊："我们又成为朝廷的人啦！"马燧领兵直逼河中，李怀光举火把发信号，他在别处营垒的人都不回应他。河中的军士害怕了，不一会儿都打出了太平字的旗号。李怀光不知如何是好，就上吊死了，于是将士们割下了他的头向马燧军投降了。马燧从发兵到河中平定,总共用了二十七天。当初,李怀光去解救被围困在奉天的皇帝时,皇帝任命李怀光的儿子李璀做了监察御史,等到李怀光在咸阳驻军而不再为皇帝出兵作战,李璀秘密地对德宗说:"臣的父亲一定会辜负陛下,希望皇上早做准备!"皇上吃惊地说:"卿是李大臣的爱子,应当为朕尽力说服你的父亲。"李璀回答说:"臣的父亲不是不爱臣,臣也不是不爱父亲和宗族,只是臣用尽全力也不能使他回心转意啊!"皇上说:"那么卿打算怎么办?"李璀回答说:"臣的父亲兵败时,臣和他一起死,还有什么打算?臣子我卖父求生,陛下怎么还会用我?"等到李怀光死后,李璀当即自杀了。德宗因为李璀的缘故,下诏赦免了李怀光的一个儿子,让他收尸埋葬。李希烈在蔡州,他的军队越来越弱了。赶上他得了病,他的将领陈仙奇让医生陈山甫毒死了他,自己率领部队向唐朝投降了。李希烈造反五年。皇帝下诏让陈仙奇做了淮西节度使,没多久,陈仙奇又被他的部将吴少诚杀死,皇上也立即任命吴少诚做了淮西留后。

吐蕃进犯唐朝边境,李晟派兵打败了入侵者。吐蕃国主尚结赞对人说:"唐国的良将也只有李晟、马燧、浑瑊而已,应当用计除掉他们。"于是他派使者向马燧求和。马燧相信了,就去朝廷请求。李晟说:"吐蕃不会讲信用,不如接着攻打它。"马遂和张延赏都和李晟有仇,坚持说讲和好,于是皇上同意讲和。吐蕃主尚结赞请求让浑瑊做会盟使,并放出话来说:"浑侍中在讲信用方面的名声很大,一定要让他做主盟。"浑瑊从长安出发,李晟告诫他会盟地点要注意戒备。张延赏却对皇上说:"李晟不想让会盟成功,所以告诫浑瑊要有防备。我们有了猜疑吐蕃的行动,那么吐蕃也会对我们有疑虑,这样会盟怎么会成功?"皇上于是召去浑瑊,告诫他要用诚心对待吐蕃,不要猜疑。不久,浑瑊上表说:"吐蕃决定辛未日订盟。"皇上大喜。张延赏召集百官,高兴地向他们宣布辛未日将要订盟约。吐蕃事先就在坛西边埋伏下了几万精兵,浑瑊等人一点也不知道。在浑瑊等人进入帐篷换礼服时,吐蕃人敲了三声鼓,接着吐蕃兵大喊着向帐篷冲去。浑瑊从帐篷后边逃出,碰巧得到一匹马,骑上就跑。唐将士都向东跑,吐蕃兵追击,唐将士有的被杀,有的被擒获。就在这天，皇上和群臣正在庆贺与吐蕃盟誓成功，只有柳浑为这个会盟感到忧虑。李晟说："柳浑也有他的道理。"皇上变了脸色，很不高兴，于是大家不欢而散。这天晚上，韩游瓌上表说吐蕃劫盟，皇上大吃一惊。第二天，他对柳浑说："卿是个书生，竟能预料敌人如此之周密呢！"当初，吐蕃主尚结赞认为李晟、马燧、浑瑊三人是自己图谋唐王朝的绊脚石，于是就离间李晟。因马燧要求和，就想捉住浑瑊来害马燧，让他们一起获罪。本来已准备了兵力直接进犯长安，只是没捉住浑瑊，这个计划才中止了。

皇帝任用李泌做同平章事，李泌有谋略，熟悉军事和国家政事，他为唐代的三个皇帝所使用，做了许多有益的事，并且善于调和皇上与大臣、皇上与其子之间的关系。唐顺宗李诵没被废掉，李泌是出了力的。然而他喜好仙术，不养家室。在动乱的时候，皇帝很能听进李泌和陆贽的话，等到动乱稍微平定了，李泌又死了，于是皇帝罢了陆贽的官而用了裴延龄等人。皇帝李适好猜忌，轻易听信谗言，又好聚敛财物，所以他这个皇帝好坏各占一半。

德宗李适在位二十六年死了，太子李诵继承了皇位，这就是唐顺宗。这时顺宗不能说话，不能决定事情，住在深宫里，只有宦官李忠言、昭容牛氏侍奉他。百官奏事，皇帝在四周围有幕布的帷帐里听奏，这时王伾、王叔文、韩愈、柳宗元、刘禹锡等人权力很大。西川节度使韦皋上表请求让太子监国，代行处理国政，皇帝李诵就把皇位传给了太子李纯，这就是唐宪宗。李诵在皇位仅一年，此后称为太上皇。唐宪宗即位后，立即贬了王伾、王叔文等人的官职。宪宗刚毅、明智，办事果断，能用忠臣的谋略。西川节度使韦皋死了，副使刘辟自己任命自己为留后，向朝廷要求给予代表军政权力的符节与斧钺。皇上因刚刚继位，没有能力讨伐他，所以就答应了。谁知他得寸进尺，又要求兼领三川之地，皇上没答应。于是他发兵造反，包围了东川。朝中大臣都认为那里地势险阻难以取胜，唯独杜黄裳请求宪宗必须讨伐刘辟，又大力推荐高崇文做将领。高崇文长驱直入奔向成都，所向无敌，一举打下了成都，捉住刘辟送到京城杀了。杜黄裳、裴度、李绛先后做了宰相。皇帝曾和宰相在延英殿讨论治国之道，天晚很热，汗水湿透了宪宗的衣服。宰相怕皇帝身体疲倦，就请求告辞。宪宗留他说：“朕在宫中所相处的只有宫女和宦官罢了，所以乐意和卿等人一起谈一会儿治理国家的要领，一点也不疲倦。”

那时皇帝处理政务很是恰当，一些藩镇想作乱的大多畏惧皇帝的威势而不敢作乱。唯独淮西节度使吴少诚死了，吴少诚的干弟弟吴少阳自己做了留后。等到吴少阳死后，吴少阳的儿子吴元济隐瞒了丧事，自己担起了军务。吴元济派兵屠杀舞阳居民，烧毁了叶县，抢掠了鲁山和襄城（都在今河南省）。朝廷得知后，皇帝任命李光颜为淮西节度使，严绶为招抚使，督促各路兵马去讨伐吴元济。各路兵马进攻吴元济很久也没成功，一些人要求停止讨伐。只有裴度说淮西一定会被打下来，并且向皇帝献上了计策，皇帝就任命裴度为宰相，并把出兵的事全都交给了他，于是讨伐吴元济的军事行动更加急速。皇帝任命了李晟的儿子李愬为唐朝邓随节度使，于是李愬谋划袭击蔡州（今河南省汝南县一带）。李愬派马少良领十几个骑兵巡逻，遇上了吴元济的捉生虞候（武官名称）丁世良，与丁世良交战，丁世良被活捉。李愬命令给丁世良松绑，并送给丁世良衣服、器械，暂任丁世良为捉生将（捉生即活捉）。丁世良对李愬说：“吴秀琳有三千兵马驻守在文城的防御工事里，成为吴元济的左臂。唐军不敢向吴秀琳进攻是因为有陈光治做他的谋士。请让我先为您捉住陈光治，那么吴秀琳就会自动投降了。”丁世良活捉了陈光治回去，吴秀琳果然投降了，于是李愬领兵进驻文城。李愬想与吴秀琳谋划夺取蔡州，吴秀琳说：“您想夺取蔡州，得不到李祐不行，像我吴秀琳这样的人是无能为力的。”正赶上李祐领着士兵在张柴村割麦子，李愬派厢虞候史用诚捉住他回去。李愬用对待客人的礼节招待李祐，这使李愬的将士们很不高兴，不久就传出李祐是吴元济的内应的风声。李愬恐怕皇帝听信谣言，就想先向宪宗说明自己的计划，但是已经来不及了。李愬抱住李祐哭着说：“难道上天不想让我消灭吴元济吗？为什么我们两人相知这么深却堵不住众人的嘴呢？”于是就把李祐送到京城，并事先密奏皇上说如果杀了李祐，消灭吴元济的事就没法成功了。于是皇帝又下诏把李祐还给了李愬。李愬见到他非常高兴,握着李祐的手说:“你能保全下来,是社稷的福啊!”各路兵马攻打淮西四年没有取胜,运送军用物资也停了下来,百姓也有驴耕地了。李逢吉等人都说:“军队疲倦了,财力也供不上了,还是罢兵的好。”裴度请求亲自去督战,誓死消灭吴元济,宪宗很高兴,就让裴度以宰相兼任淮西节度使,监督各军讨伐吴元济。

李祐对李愬说:“吴元济为了防忠武节度使李光颜、蔡州的精锐部队都在洄曲(在今河南商水县西南的沙河与澧河汇流处下游一带)和州四境据守,把守州城的兵都是老弱病残。根据这种情况可以直接到那里去,等到把守四境的敌将得到消息,吴元济早被我们擒获了。”李愬同意了他的建议。当时因为正下着大雪,于是就向军中假说去打猎,半夜时雪下得更大了,李愬等人冒雪行军七十里到了州城。城附近有片鹅鸭池,李愬让人把鹅鸭惊起来,用来混淆军队行军的声音。自从李希烈叛乱后,直到吴少诚等人抗命,唐朝官军没到蔡州城下已有三十多年了,所以蔡州城里毫无防备。四更时李愬军到了城下,城里没一人知晓。李祐等人把城刨成坎先登上城去,壮士们紧跟其后,鸡叫时已进入吴元济的别宅。有人告诉吴元济说官军到了,这时吴元济还在躺着。他笑着说:“是俘虏和囚犯跑出去做盗贼罢了,天亮后把他们全杀了。”接着又有人去向他报告说:“城已陷落了!”吴元济起身来到院子,听到李愬军的号令喊道:“常侍传话!”有上万人应声。吴元济害怕了,就领着身边的人登上主将所居之城抵抗。这时,董重质拥有一万多精兵据守在洄曲,李愬说:“吴元济所指望的就是董重质来救他罢了。”于是就去拜访董重质的家属,很好地安抚了其家人,并派董重质的儿子董传道拿着李愬的信去董重质那里说明情况。董重质于是就自己骑着马到李愬那里投降了。吴元济得知董重质投降了,就在城上请罪,从梯子上下来,被关进囚车送到京城。李愬没杀一人,把俘虏都聚集在审讯场地等待裴度到来。裴度进入蔡州城,李愬就穿戴武将的装束去迎接他,在大路的左边向裴度敬礼。裴度想避开,李愬说:“蔡地人很不听话,不知上下级分别已几十年了,希望借您给他们做个示范,让他们知道朝廷的尊贵。”裴度于是接受了李愬的礼节。之后，李愬率部队回到文城。裴度进入蔡州后，皇帝在京城的御门接受了俘虏，斩了吴元济。皇帝赐给李愬凉国公的爵位，任用李祐做了神武将军，赐给裴度晋国公的爵位，让他继续在朝中主持政事。

淮西平定后，成德节度使王承宗听到这个消息吓得要命，请求皇帝让他的两个儿子作为人质，并献出德、棣两个州，向朝廷交纳赋税，希望朝廷派去官吏。宪宗答应了。当初，淄青节度使李师道派人杀宰相武元衡，又打伤了裴度的头，皇帝腾不出人手来讨伐他。这时李师道见吴元济被杀，非常害怕，于是向朝廷上表要送去人质并割地。不久他又后悔了，上表说他军中人不同意交纳人质和割让土地。皇帝发怒了，命令宣武、魏博、成义、武宁、横海各路兵马前去讨伐。李愬、田弘正多次打败李师道的军队。李师道听说唐官军步步紧逼，就征调百姓修郓州城的护城河，准备防守的物资、武器，连妇女都用上了。百姓因此更加害怕，并怨恨他。后来都知兵马使刘悟领兵捉住了李师道和他的两个儿子，杀了他们用盒子装着人头送到田弘正的军营。田弘正大喜，把消息送到朝廷。于是淄青等十二个州都被平定。自从肃宗、代宗以来六十年，藩镇割据专横暴戾、欺上压下，在黄河南北三十多个州，自己任命官吏，不向朝廷供奉赋税，至此都遵守朝廷约束了。

这时天下太平，皇帝李纯逐渐开始骄傲奢侈了。他任用皇甫镈、李吉甫，罢免了裴度的相位，政治开始衰退。皇帝李纯又喜好上了神仙和佛教，任用方士柳泌为台州刺史，让他寻找灵药和长生药，又派中使到凤翔迎接佛骨。刑部侍郎韩愈上书恳切地劝谏，皇帝大怒，打算处死韩愈，因裴度等人的劝说才贬韩愈为潮州刺史。柳泌到了台州就驱使当地的官民去采药，一年都没采到什么，他害怕皇帝治罪而逃入山中。浙东观察使抓到了他，把他送到了京城。皇甫镈、李道古对柳泌加以保护。后来，皇帝服了柳泌的药，一天比一天感到干渴，还烦躁发怒。这样一来，他身边的宦官可遭了罪，还有的被他打死了，这样弄得人人自危。内常侍陈弘志在中和殿用毒药把宪宗皇帝李纯毒死了，陈弘志的同伙为他隐瞒了真相，只说柳泌献的药太厉害，皇帝受不住死了。李纯在皇位十五年。中尉梁守谦、王守澄等人一起立了太子李恒，唐穆宗李恒在太极殿即了皇帝位。穆宗贬了皇甫镈、李道古为边远州的司户（主管民户），柳泌被治罪处死。

翰林学士李德裕是李吉甫的儿子，因牛僧孺、李宗闵曾经参加朝廷举办的考试，文中有对他父亲李吉甫的讥讽言词，因此李德裕就恨上了这两人。李宗闵又和翰林学士元稹争夺地位结了仇，由此李德裕、元稹结成一党；牛僧孺、李宗闵、李逢吉等人为一党；他们号称为“牛李二党”，互相倾轧近四十年。这时，卢龙地方的军队内部发生动乱，囚禁了节度使张弘靖，推选朱克融做了留后；成德地方的兵马使王庭凑杀了节度使田弘正。魏博节度李愬听到了这些事变，哭着向自己的部下发誓要讨伐他们，正赶上他得了病，就没讨伐成。王庭凑在深州包围了深冀节度使牛元翼，唐朝官军前去救援，却毫无结果。朝廷不得已就任命王庭凑为成德节度使，另派韩愈前去安抚。从此唐王朝再一次失掉黄河以北的土地，直到唐朝灭亡。

当年，柳泌被杀后，方士本已销声匿迹了。此时方士又开始活动了，他们通过皇帝身边的人为皇帝献药。穆宗吃了他们送的金石药，得了病死了。穆宗李恒在位四年。李恒的儿子唐敬宗李湛继承了皇帝位，当年十五岁。敬宗糊涂凶暴，荒淫无度，却能稍稍听进裴度的话。裴度任中书令时，有一天他身边的人忽然向他报告说官印不见了，听到这消息的人都大惊失色，裴度却在不紧不慢地饮酒。不一会儿那人又来报告说印在原来存放的地方找到了，裴度听后也没现出喜色。有人问裴度为什么会这样，裴度说：“这一定是下边的官吏把官印拿去印书卷了，查急了印就被扔到水里或火里了，缓着点，印就又回到了原处。”因此，人们都佩服他的见识。李湛这个皇帝喜好游戏，亲近身边的人，他所宠爱的人手中都有权力。他善于打球，又好空手搏击，气量小而性格急躁。宦官有了小的过失，动不动就挨他一顿打，所以大家对他又恨又怕。一天，他夜里打猎回到宫中，和宦官刘克明以及击球军将苏佐明等二十六人在一起喝酒。皇帝酒喝得很畅快，站起来去室内换衣服，大殿上的火忽然灭了，刘克明等人把皇帝杀死在内室中。唐敬宗在位仅两年。这些人假称皇帝有圣旨,让唐宪宗第六个儿子绛王李悟代办军事和国政。知枢密王守澄等人领卫兵讨伐刘克明等人,绛王李悟也被乱兵所害。于是王守澄迎接了敬宗的弟弟江王李昂立为了皇帝,这就是唐文宗。

这时牛僧孺掌权,就打压李德裕,李德裕掌权时又打压牛僧孺。他们各拥有一伙朋党,互相排挤或援助。文宗感叹地说:“消灭黄河北边的贼寇容易,消灭朝廷中的朋党艰难!”文宗皇帝本性简朴,办完政事后,只用书籍来自娱自乐,声乐游猎的事从没有过,并且能虚怀听从忠言。然而他做事优柔寡断,被家臣所挟制。皇帝李昂与李训、郑注谋划杀宦官,杀了王守澄以后,又要谋划杀尽宦官。李训害怕郑注一个人得功,就率金吾卫士提前去杀,事情失败,李训、郑注反而被宦官仇士良杀死。从此天下的事全由内侍省的宦官决定,宰相只是按他们的意思办事罢了。一次,皇帝生了病,坐在思政殿里,召去了当直学士周墀,赐给他酒,问他:“朕可比古时怎样的国主?”周墀回答说:“陛下是唐尧、虞舜一样的国主呀!”文宗说:“朕怎么敢比尧舜啊!所以问卿是不是朕像周赧王、汉献帝啊?”周墀吃惊地说:“他们是亡国之主,怎么可和圣上比?”文宗说:“周赧王、汉献帝是被强大的诸侯所挟制,如今朕却被家奴挟制,这么说来,朕连他们也不如了。”说完泪下湿了衣襟,周墀伏在地上流泪。从此文宗不再管朝政,在皇位十四年死了,年仅三十三岁。

文宗的太子李永死得早,文宗立了敬宗的儿子陈王李成美做了太子。宦官仇士良、鱼弘志因李成美不是他们立的,就假传诏书废了李成美,然后又杀了他。他们又立了文宗的弟弟颍王李瀍为皇太弟,改名叫李炎,即了皇位,这就是唐武宗。武宗有才干,能任用有能力的臣子,他用李德裕做了宰相。泽潞节度使刘从谏死了,他的儿子刘稹隐瞒了死讯,想自己做留后。皇帝为这事和宰相李德裕谋划,李德裕说:“刘稹所依赖的就是河朔(指黄河以北地区)三镇罢了。如果派重臣去向这三个藩镇说明:‘因河朔从艰苦困难时期以来,先前的几个皇帝已允许河朔的藩镇用父传子的方法把职位传袭下去,这和泽潞镇不同。’然后就委托成德镇的王元逵、魏博镇的何宏敬、卢龙镇的张仲武去攻打刘稹，那么刘稹一定会被活捉的。”皇帝同意了他的建议，就派御史中丞李回去说服黄河以北的这三个藩镇。李回既有口才又有胆量，三个藩镇接受了皇帝的诏令，发兵攻打泽路镇，迫使邢、洺、磁三个州投降了。李德裕说：“泽路镇的家底就是这三个州，三个州投降了，那么上党那里用不上几天就会有变化。”武宗说：“郭谊是刘稹的主谋，他一定会拿下刘稹的人头来为自己赎罪的。”李德裕说：“会像您所料想的那样。”不久，郭谊果然杀了刘稹，搜捕刘稹的宗族全部杀了，用盒子装着刘稹的头向朝廷投降了。武宗李炎吃了方士的金丹逐渐得了病，而方士却说这是在脱胎换骨。凡是吃了金丹的人阳具一定会暴举，侍候的女人越多越好，开始时也很觉得壮健有快意，所以即使像武宗这样的君主也不觉悟而服用。当初，宪宗娶了李锜的妾，生下光王李怡。李怡幼小的时候，宫中的人都认为他不聪明。文宗以后，从表面看李怡却变得越来越傻了。这时武宗病重，宦官们在禁宫中谋划，感觉立李怡较为合适，对他们会有利，于是立了李怡为皇太叔，改名叫李忱。太叔面见百官，满面的悲伤，他裁决各项事务都很合理，人们这才知道以前他是装傻。武宗皇帝在位六年死了，活了三十三岁。太叔唐宣宗李忱即位，随后立即罢免了李德裕。当初，武宗没有皇后，在后宫中王才人是他最喜爱的女人，想立她做皇后。李德裕认为她家族寒酸，又没生下儿子，恐怕有失天下人的愿望，就没封她为皇后。武宗病重时对她说：“我死后你怎么办？”王才人回答说：“愿意跟随陛下到地下！”武宗把一条巾交给了她，武宗死时，才人立即上吊自杀。宣宗非常同情她，追赠了她贵妃的名号，并和武宗同葬在端陵。

宣宗能听善断，用法无私，向他劝谏的人很多。他很节俭，很少行官赏，又惠爱民物，所以当时的人称他为“小太宗”。然而以察为明，不再有仁恩，从此唐朝开始衰弱了。宣宗在朝堂上接待群臣就像对待宾客，可是每当宰相奏事时，在他们身旁并无一人，皇帝威严地没人敢抬头直视他。奏事结束，宣宗又忽然愉快地说：“可以说些闲话了。”于是他又问些民间的小事，有时自己谈些宫中游玩、宴会的事，总之无所不谈。一刻工夫，皇帝又板起脸来，告诫一些事情然后散朝。后来宣宗皇帝吃了方士李玄伯等人的药,后背上长了疽。他秘密地把自己第四个儿子夔王李滋托付给王归长等三人,打算自己死后让这三人立李滋为皇帝。宣宗在位十三年死了,活了五十岁。宦官左军中尉王宗实呵斥王归长等人,说他们假传宣宗遗诏,这三人吓坏了,请求饶命。王宗实接宣宗的长子郓王李漼立为太子,又杀了王归长等三人。太子即了皇帝位,这就是唐懿宗。方士李玄伯等人被杀。李漼做了皇帝后,自高自大,又奢侈没限度,整天淫乐,李氏天下的灭亡此时已定下了。

浙东人裘甫发兵攻陷象山(在今浙江宁波地区),在浙东引起骚动,安南的都护王式领兵前去讨伐平定了。桂州守边的士兵又乱了,推举判官庞勋做主帅,人数达到了十万。康承训和朱邪赤心领兵去讨伐,平定了那里。朱邪赤心被皇帝赐给了李姓,又起名叫"国昌",被任命为大同军节度使。这个李国昌就是后来的"后唐"始祖李克用的父亲。懿宗喜好佛教,施与无度。咸通十四年(公元873年)正月,他派使臣去迎接佛骨,大臣中有人说宪宗皇帝迎接佛骨不久就死了,懿宗说:"活着能见到佛骨,死了也没遗憾了。"懿宗李漼的病发展得很快,中尉刘行深、韩文约立了懿宗的小儿子普王李儇做了太子。唐懿宗在位十四年死了,活了三十一岁。太子李儇即位,这就是唐僖宗,当时十二岁。僖宗年龄小,政事全由大臣们办,宰相府和宦官们又互相有矛盾。僖宗还在做普王的时候,对小马坊使(主管御马厩的官)田令孜特别宠爱,等到他做了皇帝就让田令孜主管枢密,承接大臣们表奏的事,后又提拔他为护军中尉(统领神策军,是皇帝的禁军,防守京城)。僖宗十四岁时还是整天玩游戏,政事一概交给田令孜,他呼田令孜为阿父。田令孜任命官员也不再告诉僖宗知道。

从懿宗以来,皇帝奢侈越来越严重,又不断用兵,百姓的赋税负担愈加沉重。关东地区连年闹水、旱灾,州县不把实情向上报告,上下相蒙,百姓逃荒、饿死,没地方控诉,就聚在一起造反。濮州人(今河南濮阳地区范县人)王仙芝在长垣县(在今河南省新乡地区)聚集了几千人。冤句(今山东菏泽西南)人黄巢少年时和王仙芝都以贩卖私盐为职业。黄巢善于骑马射箭，喜欢打抱不平，读过一些书，多次考进士没成功。黄巢和王仙芝都在函谷关以东活动，被赋税压得极端贫困的百姓争着去投奔他们，几个月时间就达到几万人。飞蝗遮天蔽日，所经过的地方变成了空地，所以跟随他们的人越来越多。王仙芝在荆南等地活动，招讨使曾元裕领兵在申州击败了王仙芝的部队，杀了一万多人，迫降一万多人。接着又在黄梅再次打败了王仙芝军，杀了五万多人，捉住王仙芝杀了。王仙芝的部将尚让率领着王仙芝所剩下的人马投奔到黄巢那里，并推举黄巢为王，号称冲天大将军，在函谷关以东、湖广、黄河以南等地继续活动。黄巢到了江南浙东，开辟了山路七百里，向福建进攻，沿途收青壮年人为兵。镇海节度使高骈派将领兵击败了黄巢军，黄巢军于是奔向广南（今广东、广西地区）。黄巢上表请求做广州（即今以广州为中心的一带地区）节度使，朝廷没答应。黄巢于是加紧攻打广州，打了下来。左拾遗（一种谏官名称）侯昌业因关东大乱，而皇帝却专事游戏，赏赐没限度，田令孜专权，国家危亡，就上书极力劝谏。僖宗大怒，把侯昌业召到内书省（即中书省，掌机要文书的机关），令他自杀。黄巢发兵向北，有兵二十多万，兵势强盛。他攻陷了东都洛阳，又打下了潼关，直接进兵到长安。宦官田令孜令神策军五百人带着僖宗皇帝从金光门出去，只有福王、穆王、泽王、寿王和嫔妃几个人跟随。走到凤翔时，凤翔节度使郑畋在路上拜见了皇帝一行人，并请皇帝留在凤翔。僖宗说："朕不想离敌寇太近，想到兴元（今汉中地区）去，在那里征兵再做收复失地的打算。"郑畋刺破手指用血写了表，恳请各路人马讨伐黄巢。黄巢号称"大齐皇帝"，他把在长安的唐宗室的人全杀了，以长安作为根据地。田令孜劝熹宗到成都去，僖宗同意了。

当初，砀山（在今安徽省宿州地区）人朱温的父亲朱诚是在当地教授"五经"的教书先生。朱诚生有三个儿子，长子叫朱全昱，次子叫朱存，三子叫朱温。朱诚死后，这哥们三个陷于贫困，就到刘崇家做工，吃住都在那里。朱全昱没什么才能，为人忠厚老实，朱存和朱温都勇猛而有体力。朱温更加凶悍，刘崇多次鞭打侮辱他。刘崇的母亲却很怜悯朱温,并告诫家里人说:“朱三不是个普通人,你们要善待他!”等到黄巢起兵,朱存和朱温都参加了黄巢的军队。黄巢攻打岭南时,朱存战死了。黄巢攻下了长安,他任用朱温做了东南面行营先锋,让他打下了同州,又任命他做了防御史,把守华、邓各州。长安陷落时,宦官杨复光在长安和周岌一起拉队伍打朱温,把朱温军打败,打下了邓州。朱温把守华州,高骈很怕朱温,他向朝廷假称自己得了手脚麻木的病,就不再出兵了。高骈召驻守在广陵的董昌。钱镠对董昌说:“我看高公无心讨伐,不如离开他。”董昌听了钱镠的话,就领兵占据了杭州,并派钱镠占据越州。董昌迁到越州镇守,并让钱镠主管杭州的事务。后来钱镠占据了浙江等地做了吴越王,详见下章。当时寿州屠户王绪领着众人占据了寿州和光州,任用王潮做了军正,并很信任他。后来王潮据有了福建等地,成立了闽国,详见下章。高骈被投降他的将领秦彦所杀,僖宗皇帝就任命高骈的部将杨行密做了淮南留后。后来杨行密占据有江南等地区做了吴王,后又变为“南唐”国,详见下章。

当初大同军乱了,杀死了防御史段文楚,并推举李克用做留后(非朝廷正式命官)。李克用上表请求正式任命,朝廷不答应,并派李可举领兵讨伐李克用,把他打败了。朝廷又派李琢领兵讨伐李国昌,也把李国昌打败了。李国昌、李克用父子逃到鞑靼那里,李国昌说:“我们得罪了天子,愿意效忠而不能。如今听说黄巢从南边来,一定有好仗可打。一旦天子赦免我们的罪,能够和你们这些人向南共立大功,不是也很痛快嘛!”后来监军陈景思为李国昌、李克用向朝廷求情,皇帝下诏令准许了请求。首相(宰相几人同任,居首位的称为首相)王铎见黄巢军活动频繁,高骈又被方士迷惑无心出兵,就请求召集各路人马进兵长安。唐官军围住了长安,黄巢军处境越来越困难,所发的号令到不了华州。朱温看见黄巢的兵势逐渐衰弱了,知道他将要被消灭,于是就献华州向唐朝军队投降了。皇帝下了诏令任命朱温为招讨副使,并赐给他名字叫“全忠”。这时黄巢的兵势还不算太弱,王铎在河中(今山西永济)很害怕,就用皇帝的亲笔信去召李克用出兵。李克用于是领着沙陀(西突厥的一部)兵一万七千人、雁门兵四万人奔向河中，都穿着黑色衣服，黄巢的兵见着说：“乌鸦兵来了。”李克用军和黄巢军在渭水南边交战，一天打了三仗，李克用全胜。唐官军又大量涌来，黄巢军于是撤退，并焚烧了宫室。李克用当年二十八岁，在众多将领中最年轻，击败了黄巢，夺回长安，军功第一。他的军队也最强，一些将领都怕他。李克用的一只眼睛有点毛病，当时的人称他为独眼龙。皇帝下诏书任命李克用为河西节度使。

当时因黄巢的军势力量还存在，皇帝又加封朱全忠为东北都招讨使。周岌、时溥、朱全忠都向李克用求救兵，李克用率少数民族士兵和汉族兵五万人去救援他们。黄巢围困陈州将近三百天了，赵犨兄弟和黄巢军打了大小几百仗，粮食快吃没了，还在顽抗。李克用会合许、汴、徐、兖州的军队到陈州，在大甫把尚让的军队打败，黄巢听到消息就撤军逃走了。黄巢领兵奔向汴州，李克用等人在中牟追上了黄巢军，把黄巢军击败，尚让率领他的部队向唐军投降了，黄巢率领剩下的人奔向兖州。李克用到了汴州，朱全忠恳请他入城，住在上源驿，朱全忠就在这个驿站摆了酒席。李克用喝了酒就开始意气用事，话语冲撞了朱全忠，朱全忠很生气。天黑时酒席散了，在座的人都喝醉了，宣武将杨彦洪暗中和朱全忠设谋，用车堵住了大道，领兵包围了驿站向里攻打，李克用用绳子顺城墙逃出城外。朱全忠误射了杨彦洪，杀了他。天亮时，李克用想领兵攻打朱全忠，他的妻子刘氏说：“这事应当告到朝廷，如果擅自攻打他，谁能说清谁对谁错？并且被他抓到理了。”李克用听了她的话，就领兵离去了。武宁将领李师悦与尚让领兵追赶黄巢军到瑕邱，击败了黄巢军。黄巢军所剩无几，走到泰山虎狼口时，黄巢的外甥林言杀了黄巢和黄巢的兄弟、妻子、儿女后投降了。黄巢反抗唐朝十年。时溥派使者把黄巢的头颅和黄巢的姬妾送到京城，皇帝在御楼接受了。黄巢的姬妾都是漂亮妇人，僖宗皇帝想把她们收纳到后宫，就问她们道：“你们都是功臣权贵的子女，为什么跟随贼寇？”她们中领头的回答说：“妾等人跟随了贼寇，不过是失身，至于国家凭着百万大军不能抵抗贼寇，使宗庙失守，妾等人即使不想保身，也不过一死罢了，难道还能抵御贼寇吗?”僖宗听到这话大怒,就把这些人全杀了。

王铎击败黄巢军以后,宝物、玩物得到许多,美女成行都艳丽夺目。皇帝让他领义昌节度使之职。他经过魏地时,魏博节度使乐从训杀了他,并夺走了他的所有。事后,乐从训向朝廷报告说王铎路遇强盗而死。宦官田令孜专权蛮干,杀害忠良,限制天子。皇帝忧虑他的专权,有时和自己身边的人道出对田令孜的不满,也只是流泪罢了。李克用上表请求诛杀田令孜,皇帝给李克用下了诏书,要求用和解的办法解决问题,李克用不听,领兵逼近京城。田令孜带着皇帝从奉远门出走,到了凤翔。李克用领兵又回到河中,上表请皇帝回宫,并列举了田令孜的罪状,请求杀了他。田令孜请皇帝到兴元去,皇帝不听。这天夜里,田令孜领兵把皇帝劫持到了宝鸡。朱玫、李昌符领兵追赶皇帝所乘的车,逼跑了皇帝僖宗,打算另立襄王李煴。天下人都愤恨田令孜,这使田令孜内心不安。他就推荐杨复恭做了中尉(统领皇帝禁军的武官),自己做了西川监军,想去依附哥哥川西节度使陈敬瑄。杨复恭赶走了田令孜的党羽,用王建做了西川利州刺史。王建后来占据了蜀地,成为“前蜀”国,详见下章。僖宗下诏削掉了田令孜的官爵,流放到了端州。田令孜想依附陈敬瑄竟然没达到目的。后来两个人都被王建杀了。当时京城长安再次经历了兵火,荆棘长满全城,僖宗皇帝一行人就暂住在凤翔。皇帝的病严重了,观军容使杨复恭立了寿王李晔为皇太弟。唐僖宗在位十五年死了,活了三十七岁,唐昭宗李晔即位。

昭宗有威武的气概,因僖宗时政令不振,朝廷的威权一天天衰弱,他有做唐朝明主的志向,他尊重大臣,渴望贤才。即位之初,天下人对他寄予了很高的期望。他提升朱全忠为东平郡王。当年,李克用向朝廷请求讨伐朱全忠,皇帝下诏让他们和解。这时,朱全忠又请求讨伐李克用。张浚想依靠外部势力来排挤杨复恭,就请求昭宗答应讨伐李克用,皇帝就任命张浚为招讨制置使去会合各路兵马前去讨伐。李克用的养子李存孝体力赛过猛虎,常常率领骑兵作为部队的前锋。他身披沉重的铠甲,背着弓,提着长矛,单枪匹马舞动铁器冲入敌阵。他从前领兵镇压过黄巢起义军,这时凡是河北猛将和他交过手的都被他活捉了过去。葛从周军队、朱全忠军队都兵败退走了，张浚也大败而回。李克用上表诉说冤屈，皇帝下了诏书恢复李克用的官爵，让他回晋阳，贬降了张浚为绣州司户。张浚跑到了朱全忠那里，投靠了他。刘隐领兵平定了广州，皇帝就任命刘隐做了清海军节度使，让他治理广州，后来他为南汉国的建立打下了基础，详见下章。武安节度使刘建锋被他的部下杀死，军中推举马殷做了留后，皇帝任命马殷为湖南节度使，后来他以此为基础成立了楚国，详见下章。宫内宦官杨复恭专权蛮横，昭宗把他撵出宫去，让他做凤翔监军。杨复恭心怀怨恨不肯走，称说自己有病，要求辞掉官职。皇帝答应了。没有多久，杨复恭到了兴元（今陕西汉中）与养子杨守亮一起造反。李茂贞领兵讨伐杀了他们，并得到了杨复恭给杨守亮的信，信中诉说辞掉官职的理由："我在极艰难的条件下立了寿王李晔，才使他得到皇位，他却废了有功的国老，哪有如此没良心的门生天子？"皇帝又晋升李克用的爵位为晋王。李克用回晋阳，皇帝回到京城。李存孝和李存信都是李克用的养子，李克用比较喜欢李存信，李存信妒忌李存孝的战功，就向李克用进谗言杀了李存孝。后来李克用很痛心后悔，为此无精打采了十天。李存孝的部将薛阿檀的勇敢仅次于李存孝，李克用在杀李存孝时连他也给杀了。从此，李克用的兵势逐渐衰弱，而唯独朱全忠军在各军中最强盛了。

崔胤和昭宗密谋想杀掉全部宦官，宦官更加害怕了。昭宗从华州回到京城后很不高兴，大量喝酒、喜怒无常，他身边的人人人自危。于是中尉刘季述、王仲先等人就阴谋废掉昭宗。他们领兵冲进宣化门，刘季述对昭宗说："陛下既然已经厌倦了做皇帝，朝廷内外都愿太子主管国事，那就请陛下保养在东宫吧！"于是就把昭宗皇帝和皇后扶上辇车，嫔妃、侍者仅十几人跟随。到了少阳院，刘季述用银器画地，数落了昭宗几十条罪状，把院门锁上，并熔化了铁塞住门，只在院墙上挖个洞来往里面送饮食。刘季述等人又假传昭宗的圣旨，让太子李裕主管国事，不久又让他即了皇帝位。崔胤暗中派人去对神策军指挥使孙德昭说："如今反叛的只有刘季述、王仲先罢了，您真能杀了这两人，迎接皇上复位，那么今后您就会大富大贵，忠义的名声流传千古了。"孙德昭说:"相爷有令,我不敢惜死。"于是他联合右军都将董彦弼、周承诲捉住了刘季述等人杀了,又迎接上皇昭宗复了皇帝位。昭宗说:"李裕幼小软弱,不是他的罪过。"于是把李裕由太子贬为德王,赐孙德昭等人都姓了李,任命为使相(是节度使加上同平章事官衔的称谓,即将加相名),留下宿卫皇宫,对他们的赏赐几乎倒空了府库,当时人称这三人为"三使相"。这时昭宗把军国大事都交给了崔胤办理,宦官很害怕,崔胤却想把他们全杀掉。昭宗就这事问韩偓,韩偓回答说:"不如挑出他们中最坏的几人杀掉,选择忠良的继续使用,有善就赏,有恶就惩,那么宦官们就都心安了。"昭宗认为他说得很对。此后崔胤又请求除尽宦官,宦官们得到了崔胤密谋的消息,于是日夜想着锄掉崔胤的办法。崔胤知道了自己谋划的事已经泄露,事情变得很危急,就给朱全忠去了一封信,假说是昭宗的意思,命令朱全忠领兵来接皇帝。朱全忠接到信就从大梁(今河南开封)发兵,上表请皇帝到东都去。这一下,造成京城一片慌乱。中尉韩全诲等人在大殿前布满了兵,打算劫持皇帝到凤翔去。昭宗不答应,并拔出剑来登上了乞巧楼。韩全诲等人逼迫皇帝下楼,昭宗不得已只好和皇后、妃嫔以及各个王共一百多人都上了马。韩全诲等人放火烧了皇宫城,带皇帝一行人到了凤翔。朱全忠驻兵在河中。崔胤到了河中哭着请他出兵,于是朱全忠就率五万兵去攻凤翔。武定军节度使、陇西郡王李茂贞出战多次失败,所带的物资、钱财也用没了,皇帝只好把自己的衣服和小儿子的衣服拿到市上卖掉来维持日常开销。昭宗皇帝召李茂贞等人打算商议与朱全忠讲和,李茂贞却独自一人先去见了皇帝,请求杀掉韩全诲等人,再和朱全忠讲和,之后再回京城。昭宗听后很高兴,就抓起韩全诲杀了,并杀掉宦官七十多人。昭宗又回到了长安,仍任用崔胤为同平章事。崔胤上奏,说宦官主管兵事、干涉政事,不斩草除根祸事没完。请求全部撤掉各宦官衙门和各路军队的宦官监军,昭宗同意了。这天,朱全忠领兵驱赶第五可范等几百人到内侍省(专管宫廷内部事务的宦官机构),在那里把他们全部杀掉,冤号之声响彻内外。昭宗又派出使者命令各路军搜捕宦官监军全部杀掉,最后只留下了黄衣幼小软弱的宦者三十人，干些扫地的活。

朱全忠领兵屯居在河中，杀了崔胤、郑元规等人，又派牙将拿着表到朝廷上说："邠岐的李茂贞的兵逼近京城，请皇帝把都城迁到洛阳。"昭宗以皇后刚生下孩子，在路上受不了为由，请求满月后再走。朱全忠不答应。当时昭宗在延喜楼，等他下来时裴枢已催促朝中百官向东走了。裴枢又驱赶迁徙百姓，哭喊声充满道路，百姓都骂道："贼臣崔胤招来朱温，推倒了社稷，使我们如此流离失所。"皇帝从长安出发，朱全忠派人毁了长安的宫室、百官和民间百姓的房舍，长安城从此成了废墟。皇帝走到华州（今陕西华县一带），当地民众夹道呼喊万岁。昭宗哭着说："不要喊万岁了，朕不再是你们的主子了。"昭宗住到了兴德行宫，他对侍臣说："民间有句话，'纥于山头冻杀雀，何不飞去生处乐？'朕如今漂泊，不知会落到什么地方？"于是哭得湿透了衣襟。昭宗派出密使用绢写成诏书向王建、杨行密、李克用等人告急，命令他们召集各路藩镇出兵来恢复旧有的秩序。他在诏书中写道："朕到洛阳是被朱全忠所逼迫，所作所为都是他的主意。"一行人走到新安，朱全忠到了昭宗那里，杀了昭宗身边的人以及宫女几个人。自从崔胤死后，京城中的六军全散了，只剩下内园小儿（在禁苑中种蔬菜、瓜果供奉皇家的人）二百多人跟随昭宗到东边来。朱全忠把这二百多人全杀了，事先选出和这些小儿年龄相似的，穿着原来的衣服代替了他们。昭宗一开始没觉察到，多天后才看出来。从此昭宗身边使唤的人全是朱全忠的人了。李茂贞、王建、李继徽合兵讨伐朱全忠，朱全忠在河中把他们的军队都击退了。这时李克用的军队兵力太弱，他所占有的土地边境也不太平，不能出兵，为此李克用很忧愁。他的儿子李存勖对他说："姓朱的穷凶极恶，如今天怒人怨达到了顶点，大概他也快要完蛋了。我家世代忠贞，大人应当遵时养锐，以等待他的衰亡，为什么轻意为此沮丧呢？"李克用听后，心情好了不少。

朱全忠返回大梁，他害怕昭宗有了主意发生变故，就派朱友恭（本名叫李彦威，是朱全忠的养子）和叔琮把唐昭宗李晔杀死在椒殿。李晔在皇位十六年。朱全忠立了昭宗第九个儿子辉王李柷继承了皇位，当年十三岁，这就是唐昭宣帝（也称哀帝）。昭帝李晔死后，宫中人恐惧不敢出声哭。朱全忠听说后，假装悲哭，哭倒在地，说："奴才辈辜负了我，让我受万代恶名了。"他到了东都洛阳，趴在昭宗的棺材上大哭，然后杀了朱友恭和叔琮。朱友恭临刑前大喊道："卖了我来堵塞天下人的指责，看你怎么去面对鬼神！"朱全忠到他所镇守的军中去，指使蒋元晖邀请德王李裕等九人到九曲池喝酒，在那里把九个人全勒死了，尸体扔在池中。这九个人都是唐昭宗李晔的儿子。朱全忠也杀了和自己不一心的人，他又召集裴枢、独孤损、崔远、陆扆、王溥等三十多人到白马驿集合，一夜间把这些人全都杀死。当年，李振多次想考取进士却没成功，所以对高官、权贵很是嫉妒，他对朱全忠说："这些人常常自称为清流，应当把他们的尸身扔到黄河中去，让他们成为浊流。"朱全忠笑着同意了。唐昭宣帝在虚位三年时，君臣都怕哪一天大祸降到自己头上，就派出使者带着册书和宝玺到大梁把帝位让给了朱全忠。梁王朱全忠改名叫朱晃，称了皇帝，国号叫"梁"，首都设在大梁，这就是"后梁"太祖。他贬废唐昭宣帝李柷为济阴王，不久又杀了他，唐朝灭亡。唐朝从唐高祖李渊戊寅年（公元 618 年）开始到唐昭宣帝李柷丁卯年（公元 907 年）结束，共二十个皇帝，二百九十年。

梁主朱晃篡位后，与宗族、亲戚在宫中饮酒、玩赌博的游戏。他的哥哥朱全昱说道："朱三本是砀山一个平民，先是跟从了黄巢。天子任用你为四个镇的节度使，富贵可说到了极点了，为什么一下子就灭了唐家三百年的社稷？他日能不灭我家族吗？"弄得梁主很不高兴，大家也都散了。这时只有河东晋王李克用、凤州岐王李茂贞、淮南吴王杨行密的儿子杨渥、西川蜀王王建不用梁的年号。梁主用高季昌做了荆南节度使，占据了江陵，后来他成了南平王，详见下章。契丹的耶律阿保机也开始建国，他就是辽太祖，详见第二十八章。梁国派康怀贞领兵攻打晋王的潞州，晋王的将领李嗣昭关闭营门坚守。康怀贞日夜攻打，半个月没打下来。于是他在潞州城下又筑了一个长城，一方面阻止潞州城里人向外突围，另一方面又抗拒了外面来救援潞州城的军队。他把这一长城叫作"夹寨"，周围挖了深沟来守护，但潞州城还是很长时间没拿下来。晋王李克用那时已死，他的儿子李存勖继承为晋王。李克用曾说：“这小子志气远大，必能成就我的事。”李存勖和他的将领们谋划说：“朱温所怕的只是先王罢了。他们听说我刚刚继任，一定会有骄傲松懈之心。我们如果选出精兵加速赶到那里，出其不意打败康怀贞军是肯定的了。”于是他检阅士卒，率领周德威等将领从晋阳出发，进兵直接到达夹寨，擂响战鼓大喊着冲进去，梁兵大败向南退走。逃走的、损失的将校、士卒有上万人，丢掉的物资、粮食、器械堆积如山。潞州之围解了。梁主朱晃听到夹寨失守，大吃一惊，接着感叹说：“生儿子就应当像李亚子（李存勖小字亚子），李克用不会灭亡了！我的儿子嘛，只是猪、犬罢了。”

燕王刘守光自称为皇帝，国号“大燕”。晋王李存勖听后，大笑着说：“等他十年，我将要灭了他。”李存勖领兵多次打败梁国军队。梁主得了大病，他对近臣说：“我经营天下三十年，没想到太原的残余如此强盛，我看他的志向不小，老天又将要我的命。我死后，我的这些儿子都不是他的对手，我没有葬身之地了！”于是哽咽地悲哭，哭得死去活来。当初，张后严厉又智谋多，梁主朱晃又敬她又怕她。张后死了以后，梁主开始放纵自己了，他曾避暑到河南尹张宗奭的家里，和张宗奭家中的妇女乱搞两性关系，几乎让他搞了个遍。梁主的儿子们虽然远在其他地方驻守，梁主却召他们的媳妇进宫侍候他。他的七个儿子都是亲生，只有小儿子朱友文原本姓康，名叫勤，是梁主的养子。朱友文的妻子王氏长得最漂亮，并且会看人主的脸色，朱晃对她很满意。其余七个儿子的妻虽然委屈地顺着他，却有很勉强的脸色。梁主宠爱王氏，王氏请求让朱友文当太子，梁主答应了。这消息一传开，他的其他儿子心里都不平衡。后来梁主病情加重，他命令王氏去召朱友文，想交代后事。他的第七子朱友珪的媳妇张氏知道了这事，就暗中召朱友珪回去。朱友珪与统军韩勍合谋，在夜里打进了朱晃的寝殿，梁主朱晃受惊吓而起来，说：“我本来就疑虑你这个坏东西，遗憾没早杀了你。你竟然敢做出这样的事，上天难道能容你吗？”朱友珪说：“我恨不得砍你这老贼万段！”朱友珪的驾车人冯廷谔刺中了朱晃的肚子,刀尖从后背露出。朱晃死后,冯廷谔用破毡子裹着他的尸体埋在了寝殿。“后梁”太祖朱晃在君位六年,活了六十一岁。朱友珪即了君位。梁国的赵岩作为使者到了大梁,朱晃的第三个儿子朱友贞和他密谋打算杀掉朱友珪。赵岩说:“这事的成败只在招讨使杨令公一人身上,他在禁军中说一句话,我们的事就成功了。”均王朱友贞就派心腹人马慎交到魏州去,马慎交对杨师厚说:“郢王朱友珪篡位,可是人们都希望均王朱友贞做君主。您要是能把这事做成,就是天大的功劳。”杨师厚于是就派他的部将王舜贤到洛阳去暗中和袁象先谋划。袁象先率领禁兵几千人,一早就冲进宫中。朱友珪听到事变,自知已难活命,就命令冯廷谔先杀了他的妻子,再杀了他自己。冯廷谔也自杀了。均王朱友贞在大梁即了皇帝位,先改名叫朱瑝,后改名叫朱瑱,这就是“后梁”末帝。

这时的晋王李存勖赏罚严明,招揽贤能的人,罢免贪污、残暴的人,严治盗贼,重视农业,积存粮食,训练士卒。由张承业辅佐他,境内得到了很好的治理。当年,李克用向唐朝皇帝上表推荐刘仁恭做了卢龙节度使,后来李克用向刘仁恭求救兵来援助唐王朝,刘仁恭却给李克用去了一封信,大骂李克用。李克用大怒,领兵讨伐他,刘仁恭军击败了李克用的军队。刘仁恭的儿子刘守光与刘仁恭的爱妾罗氏通奸,被刘仁恭发现,打了他的板子。事后,刘守光领兵闯入刘仁恭住处,把父亲囚禁了起来,自立为燕王,不久又称了皇帝。晋王李存勖因其父李克用临终时有命令,于是领兵讨伐燕。燕王刘守光派他的部将单廷珪领兵迎战,晋王的将领周德威奋力出击,活捉了单廷珪。晋王把兵马分开来占领燕地,太行山北边的八个州都被攻打下来,接着他又进兵逼近幽州。很快,晋王李存勖督促各军四面攻城,全都打了下来,活捉了刘仁恭、刘守光父子和他们的妻妾,回去献到了太庙。李存勖亲手杀了刘守光,把刘仁恭绑到代州,刺开刘仁恭的心脏,用他的心血祭祀了李克用的墓。

梁国把天雄军(防地在今河北大名一带)分为两镇,魏地人不服就向晋王投降了,并求救援的军队。晋王领兵进入魏州,梁国将领刘鄩以为晋王的兵马都去了魏州，晋阳必定空虚，就偷偷领兵去袭击晋阳。晋王的将领李存审把刘鄩军打败，刘鄩逃走。梁王的臣子王檀上书请求发关西的军队去袭击晋阳，梁国主同意了。兵到了晋阳，夜里紧急攻城，晋阳城多次几乎陷落，晋国将领安金全率领军队夜里出兵把梁国军队打败了。当时契丹人已经归顺梁国，契丹兵围住了晋国的幽州。李嗣源、李存审领兵前后奋力抵御，把契丹军打得大败。幽州解了围，晋国开始走向强盛。后来，晋王李存勖得到了传国的玉玺，于是称了皇帝，改国号叫“唐”，这就是“后唐”庄宗。后唐主派李嗣源袭击梁国的郓州（今山东菏泽地区东北部），打了下来。梁国的臣子敬翔对梁主说：“事情很紧急了，不用王彦章为大将就不能救梁国了！”梁国主听从了他的意见。王彦章领兵攻打后唐，德胜（黄河古渡名）以南的城都被王彦章攻破，接着又攻打杨刘（在今山东东阿，是当时黄河的主要渡口）。当初，王彦章痛恨赵岩和张汉鼎、张汉杰兄弟乱政，并对自己的亲信说：“等我成功回来就杀奸臣，以便向天下人做个交代。”赵岩和张氏兄弟听说了，就害怕他成功，千方百计地加以阻挠。梁国主也怕王彦章成功，怕他以后难以控制，于是就召王彦章回到大梁，让段凝代替了他的职务。这么一来，又引起了梁国老将们的愤怒，梁国右先锋指挥使康延孝于是投奔了后唐国。后唐主问他梁国的事情，他回答说：“梁国土地不狭窄，兵也不少，然而看梁主的所作所为最终必定败亡。最近又听说，他想几路出兵，决定在十月大举进攻。依臣看，梁国兵聚集起来不少，分散开来就不多了。希望陛下养好勇士，蓄积力量来等待他们分兵，让臣子我率领精锐骑兵五千人从郓州直接到达大梁，擒获这个伪主，只要一个月的时间天下就可以平定了。”后唐主听后非常高兴。

后唐主听说梁国要大举进攻，兵分几路，就召集将领们共同商议对策。郭崇韬说：“段凝根本不是当大将的材料，不会当机立断，不值得畏惧。梁国投降过来的人都说大梁无兵，陛下要是留有兵力把守魏州，牢固地保守杨刘，然后亲自率领精兵与郓州的李嗣源军一起长驱直入到汴河，敌城中空虚没有多少兵力，一定会望见我们来了就自行溃散了。如果伪主朱友贞的脑袋被我们拿下,那么敌将们就自然投降了。"后唐主说:"这正合朕的心意,大丈夫得到天下就是君王,失败了就是贼寇。朕已决定了,就这么干!"这一年(公元923年)农历十月,后唐主率领大军渡过河,到达郓州。第一仗就打败了梁国军队,追击到中都(今山东汶上),包围了这座城,城中没有防守。不长时间梁国兵就冲破围困出来了,后唐兵捉住了王彦章。后唐主李存勖想劝王彦章投降,王彦章说:"我本来就是一匹夫,承蒙梁国主恩赐给我,让我做了上将。如今我兵败力竭,死自然是我的本分。"后唐主命令人斩了他。康延孝请求火速攻打大梁。李嗣源也说:"兵贵神速,如今王彦章已被捉,段凝未必能得到消息。这里距离大梁很近,前方没有山等的险阻,率领大军日夜兼程两夜就可到达。段凝还来不及离开黄河一带,我们就能把朱友贞抓住。康延孝的话不错啊,请陛下率领大军走,不要着急,让臣子我领一千骑兵作为先锋先到那里。"后唐主同意了他的意见。军令一下达,各军都踊跃愿意进军。后梁主朱瑱日夜哭泣,不知该怎么办。他把传国宝放在了自己的卧室内,突然不见了,被他身边的人偷走去迎接后唐军了。后梁主对皇甫麟说:"我不能自杀,卿可以砍下我的头。"皇甫麟哭着答应了,于是杀了他,他自己也自杀了。后梁末帝在君位十一年。末帝为人温和恭敬,对自己也俭朴有约束,没做出荒淫的事来。只是他对自己家族的人很猜忌疏远,宠信赵岩以及德妃的兄弟张汉鼎、张汉杰等人。这些人仗势弄权、贩卖官爵,离间老将、老相,政事越来越乱套,以至于灭亡。后唐主毁了后梁国的宗庙,追废朱温、朱友贞为平民,杀了他们全家族的人。"后梁"国灭亡,共出了两帝,统治国家十七年(公元907—923年)。

第二十六章　后晋灭后唐，后汉继后晋，终归郭氏后周

“后唐”庄宗李存勖原本姓朱耶，是西突厥沙陀部人。他祖父名叫朱耶赤心，被唐朝皇帝赐给姓名叫李国昌，父亲李克用打败了黄巢军，因功被封为晋王。李存勖继承了晋王的爵位后，领兵灭掉“后梁”，称了皇帝，把国都迁到洛阳，国号称为“唐”。当年，李克用临终时，把三支箭赐给了李存勖说：“梁国是我的仇敌；燕王是我向朝廷请求他才得到一块地方，如此忘恩负义；契丹人违背盟约投降了梁国。这三个是我的遗恨，给你三支箭，不要忘记你父亲的志向。”到这时，后唐主早已捉住了燕国国主父子俩，如今又用盒子装着“后梁”君臣的首级，契丹人也降服了。李存勖到太庙做了祭祀活动，交回了三支箭。后唐主任用郭崇韬为侍中，郭崇韬管理朝廷内外，治国方法得当，为国竭尽忠心，也向朝廷推荐了一些贤才人物。后唐主李存勖从小就懂音律，有时自己也化了妆和演员们一起在厅堂演戏，为的是娱乐刘夫人。这个后唐主自己起了个艺名叫“李天下”。有一次他自己高兴地喊道：“李天下，李天下！”戏子敬新磨迅速地上前扇了他一个耳光，扇得后唐主大惊失色。敬新磨慢慢地说：“理天下只有一个人，你还喊谁啊？”后唐主一听高兴了，赏给了他许多好东西。李存勖自始至终只宠爱刘夫人。一些歌舞艺人随便进出后宫，还侮辱戏弄当朝的官员，群臣却敢怒不敢言。当时内府钱财堆积如山，却不肯赏赐在边关的军士，而赏赐艺人却没有限度。后唐主又招民间美女三十多人来充实后宫，并让她们学女戏。

前蜀王王衍无道，后唐主与宰相商议讨伐蜀国，他让儿子魏王李继岌做了西川都统，郭崇韬为都招讨使，军事方面的事情都交给

了他。同光三年(公元925年)农历十一月十九日,后唐的大军向西进军进入散关,加速行军,所经过的城镇人们都甘心投降,很快逼近成都。前蜀国主拉着棺材出城投降了。大军进入成都,郭崇韬严禁军士侵犯掠夺百姓,街市依旧。从后唐出兵到攻下蜀国共用了七十天。当时成都虽被打下,但蜀地中的反抗者纷纷起来,布满了山林。郭崇韬怕大军离去后,再无法收拾,所以留下没回去。后唐主派宦官何延嗣前去催促他,郭崇韬用傲慢的态度对待何延嗣。何延嗣回去后说:“郭崇韬专权,恐怕对魏王不利。”后唐主又派马彦珪乘车赶到成都察看郭崇韬的动静。刘皇后却自作主张,下了一道命令给李继岌,让他杀郭崇韬。于是李继岌命令郭崇韬登楼到他那里商量事情,郭崇韬正走上台阶,李继岌的随从李环砸碎了郭崇韬的脑袋,并杀了他的儿子郭廷诲。后唐主任用孟知祥做了西川节度使,后来孟知祥占有了蜀地,详情见后。后唐主李存勖又听信谗言杀了郭崇韬的其他儿子,又杀了功臣李继麟。如此一来,从朝廷到民间人们又是害怕又是惋惜。李嗣源感叹道:“我的心没有对不起天地,是祸是福就看命运的了。”天下人不明白郭崇韬有什么罪,人心惶惶。邺都(今河北临漳西)乱了,后唐主命令李嗣源前去讨伐。李嗣源领兵到了邺都,下令军队明早攻城。这天夜里,军士张破败作乱,率众人大喊着烧宫室。李嗣源呵斥着问他,他回答说:“将士跟随皇上十年,多次作战才有了天下。现在皇上不给恩德,却尽想算计人,我们毫无反叛心,只是怕死罢了。现在我们想和城中的人联合起来,请皇上做黄河以南的皇帝,让您做黄河以北的皇帝。”李嗣源流着眼泪给他讲道理,张破败不听,李嗣源只好率兵到大梁。李绍荣向后唐主上奏说:“李嗣源已经叛变,与贼合在了一起。”李嗣源派人上奏,想把事情说明白,一天多次上奏,奏章都被李绍荣截留了,奏章到不了皇帝手里,李嗣源因此而疑心害怕。石敬瑭说:“事情的成功在于果断,失败在于犹豫,请立刻听从大家的意见。”康义诚也说:“皇上无道,军人和民众都怨恨发怒,您听大家的就能活着,对皇上守忠尽节就是死。”李嗣源于是命令安重诲到各地去散发檄文并招兵买马,军队力量大大增强。李绍荣请后唐主到关东去做安抚工作,后唐主同意了。后唐主到了万胜镇，听说李嗣源已经占有了大梁，许多路的军队都背叛了自己，他神色沮丧，登到高处感叹地说："我要完了！"于是他立即把他所带领的军队带了回去。艺人郭从谦率领着他的军队攻打兴教门，后唐的兵将都逃散了。后唐主领着亲王、卫士守城，被流箭射中。替皇家养鹰的善友把后唐主扶到绛霄殿厢房里，拔掉了后唐主身上的箭。后唐主又渴又疲惫要求喝水。刘皇后没去看望他，只是派宦官拿去了一些乳酪。后唐主不一会儿就死了。后唐主李存勖在皇位三年。善友把一些乐器放在后唐主的尸身上，放火烧了。刘皇后用袋子装了些金银财宝系在马鞍上，与她私下里喜爱的后唐主之弟申王李存渥以及李绍荣逃走了，宫里的人也都各自逃散了。于是各路军队大肆抢掠。这天，李嗣源军到达罂子谷，听到庄宗死亡的消息后大哭，他对他的部将说："主上一向能得人心，只是如今被小人所蒙蔽迷惑才有了这个下场，现在我要跟着谁呢？"于是李嗣源领兵到了洛阳，禁止放火和抢掠，在灰烬里收拾起庄宗李存勖的骨灰埋葬了。后唐监国李嗣源后来抓住了刘皇后和申王，杀了他们，又杀了李绍荣和魏王李继岌等人。同光四年（公元926年）四月，李嗣源凭着庄宗李存勖的远房本家的身份，在庄宗灵柩前即了皇位，这就是后唐明宗。

明宗不识字，各地官员所呈的奏章都是让安重诲来读给他听。有些字安重诲也不认识，有些词也不懂是什么意思，于是安重诲上奏请求选文学之臣。明宗设置了端明殿学士，任用翰林学士冯道、赵凤担任此职。任用郭从谦为景州（在今河北东光一带）刺史。郭从谦到任后，后唐明宗因郭从谦之前领乱兵杀了庄宗李存勖，于是派人杀了郭从谦和他全家。唐朝初年刻板印刷"九经"贩卖，从那时开始，学者得到书容易了。明宗本来是胡人，是李克用的养子，本性不猜疑顾忌，也从不争强好胜，做皇帝时已经六十多岁了。他每天晚上在宫中烧香向天祷告说："我是胡人，因天下大乱被众人推举为皇帝，希望老天爷早些降生圣人来做百姓的主。"天感他的诚意，第二年宋太祖赵匡胤出生。明宗在君位八年，年年庄稼收成都不错，战事也很少发生，这在"五代"时期算是沾了点"小康"社会的边。明宗死后,他的第五个儿子李从厚被立为皇帝,这就是后唐闵帝。他在位不到一年时,后唐的成德节度使潞王李从珂从凤翔领兵进入洛阳,废闵帝李从厚为鄂王,不久后就杀了他。李从珂原本姓王,小字叫“阿三”,是镇州平山(在今河北省)的一个姓魏的寡妇的儿子,被明宗李嗣源抢了去养着当成了自己的儿子,这时他继承明宗自立为皇帝,这就是后唐废帝。

废帝在他生日那天摆下酒席,河东节度使石敬瑭的妻子,也就是后唐明宗李嗣源的女儿长公主李氏向废帝敬酒完毕,告辞要回晋阳去,此时废帝已经醉了,就对她说:“为什么不再待一会儿,快回去想和石郎造反吗?”石敬瑭听他这么一说,吓坏了。后来,废帝又让石敬瑭移到天平镇守,石敬瑭更加害怕了。他和部下说:“我第二次到河东的时候,皇上当面答应让我在河东干一辈子,不会有人替代我。如今突然来了这道命令,是什么意思?”都押衙刘知远说:“您长期领兵,战士们都听你的。如今占据着好地方,兵马精壮强盛,要是出兵在各地发送声讨檄文,您的帝业就可成功了,为什么为了一纸命令文书而自投虎口呢?”掌书记桑维翰也说:“皇上刚即位时,您去见他,他不在那时调走您,而是把河东交给了您,这是天意给您的利器。明宗皇帝很得人心,如今这个皇帝不是明宗的后代,您却是明宗的爱婿。契丹的君主一向和明宗皇帝像兄弟般友好,您真能委屈自己为契丹所用,一呼就到,还怕您的事不成功吗?”石敬瑭于是下了决心,上表说皇帝只是个养子,不应继承皇位,请他传位给许王李从益(明宗之子)。废帝李从珂气得把表撕得粉碎扔在了地上,命令张敬达领兵前去讨伐。石敬瑭命令桑维翰做表向契丹称臣,并且愿意用对待父亲的礼节来侍奉契丹君主,并约定事情成功的那天,把卢龙(今河北唐山、承德一带)一道(唐代分全国为十道)和雁门关(在今山西代县北)以北的各州割给契丹。刘知远劝谏道:“称臣就可以了,像对待父亲一样来侍奉他就太过了。多给他们一些黄金和丝织品就足够让他们出兵的了,不必答应给他们土地。这样,恐怕成了日后中原地区的大患,那时后悔就来不及了。”石敬瑭不听。表送到契丹那里,契丹的君主大喜,答应等到中秋用全国人马去援助石敬瑭。契丹君主耶律德光率领兵马救石敬瑭，用五万骑兵与后唐的将领高行周、符彦卿的军队交战。石敬瑭派刘知远出兵帮助耶律德光的骑兵，后唐的军队大败。后唐主害怕了，要亲自率兵征讨。后唐军队的将士放纵凶狠不听使唤，符彦卿害怕军中有乱，不敢用军法来约束。后唐主李从珂到了河阳，只是日夜喝酒、唱歌。大臣中有人劝他继续行军向北走，他却说："你们不要再说石郎了，让我心胆坠地！"契丹的耶律德光对石敬瑭说："我行军三千里来救你，一定会成功。看你的精神状态及见识，也真是中原的主，我想立你做天子。"石敬瑭推让，他的将领们又劝他，才答应了下来。于是契丹君主做策书，命令石敬瑭做皇帝。石敬瑭割燕云十六州（今河北、山西两省北部地区）给契丹，并且仍旧答应每年给契丹三十万匹丝织品。石敬瑭改国号叫"晋"（后晋）。石敬瑭是西突厥的沙陀人，姓石，这就成了石氏晋国的高祖皇帝。后唐主李从珂与宋审虔等四名将领又往洛阳走，而其他将校已飞快地跑到晋国国主那里去了。后唐主李从珂与曹太后、刘皇后、儿子雍王李重美以及宋审虔等人带着传国玉玺登上玄武楼自焚而死。后唐废帝在君位三年。后唐灭亡，共出了四个皇帝，十四年（公元923—936年）。

这天晚上后晋国主石敬瑭进入洛阳，在洛阳的后唐将士都投降了。石敬瑭命令刘知远部署京城，城中严谨有序。不久，石敬瑭又把国都迁到大梁。他在君位七年，其间招降安抚藩镇，并善于侍奉契丹，中原地区稍有安定。他死前把年幼的儿子石重睿托付给冯道，想让冯道负责辅佐石重睿登上皇位。冯道和景延广商议，因国事艰难险恶，认为选一个年龄较大的国君较为合适，于是让石敬瑭的哥哥石敬儒的儿子齐王石重贵做了皇帝。齐王做了皇帝后，把契丹君主耶律德光当成祖父，把石敬瑭当成父亲，反而把亲生父亲石敬儒当成自己的大臣而直呼其名。大臣们商议上表称臣，向契丹传告哀事。这时契丹改了国号叫"辽"。景延广请求去送信。在信中石重贵称自己为孙子而不称臣。辽国君主大怒，并派使者去责备景延广，景延广又用不恭敬的话答复了他。辽国卢龙节度使赵延寿想代替后晋皇帝统治中原，就多次劝说辽国国主攻打后晋，辽主同意了。辽兵进犯,后晋主命令刘知远在山东会合兵马,结果各路兵马都不到,后晋主怀疑刘知远有别的打算。郭威见刘知远面有愁色,就对刘知远说:“黄河以东山河险阻而牢固,那里的人们风俗崇尚习武,人马很多,太平时就搞好农业生产,战乱时就组织好军队,那地方是做霸主的资本,还有什么忧虑的?”辽国主派大批军队进入中原,桑维翰因国家危在旦夕,要求见皇帝有事要说,后晋主石重贵此时正在苑中挑逗鹰玩,推辞不见。桑维翰又到执政(主持政务的官员)那里去说,执政却不以为意,没当回事。桑维翰回去后,对他亲近的人说:“晋国完了!”辽国军队包围了后晋军的军营,后晋将领杜重威和李守贞、宋彦筠谋划向辽军投降。辽国主骗杜重威说:“赵延寿的威望一向浅薄,恐怕做不了中原的皇帝。你如果真心投降,就让你来做皇帝。”杜重威大喜,于是投降。他命令将士们放下武器,解下铠甲。将士们都大哭,哭声震动了原野。辽国主派兵进入大梁,活捉了后晋主石重贵,带了回去。石重贵在君位四年。辽军杀了桑维翰,囚禁了景延广。后晋国灭亡,共出了两个国主,统治中原十一年(公元936—947年)。辽国君主率兵进入大梁,杀了张彦泽。景延广自杀。辽国主封后晋主为负义侯,把他送到了黄龙府(今吉林省农安)。辽国主放纵他的骑兵到处抢劫,奸淫妇女,中原大地被契丹兵所蹂躏,人人都想把他们赶走。

这时后晋主的臣子刘知远在河东,那里资源丰富,兵力强盛,比其他藩镇要好得多。当他看到后晋主与辽主结怨,知道后晋国必危亡,于是他分兵把守四处边境,以防辽军突袭包抄。当时辽军渡过汴河进入大梁活捉天子石重贵的消息传到那里时,将士们都请刘知远上尊号称皇帝,以便号令四方。刘知远听从了。刘知远姓刘名“暠”,表字叫“知远”,他的祖先是西突厥沙陀人。刘知远还在做平民的时候,成了晋阳一户姓李人家的上门女婿。在后晋国做了官后,因功被封为北平王。后晋国主石重贵被契丹人抓走后,刘知远就在晋阳即了皇帝位。刘知远打算掠夺晋阳百姓的财产来奖赏将士,夫人李氏劝他说:“陛下凭借河东创下大业,没有好处给民众,却要先夺走他们赖以生存的生活资料,这不是新天子用来救民的意图。请把宫中所有的东西拿来慰劳军队，虽说不丰厚，人们不会有怨言。”刘知远听从了，宫廷内外非常喜悦。辽国兵大肆抢掠，百姓受不了，东方的民众纷纷起来反抗。辽国主耶律德光对他身边的人说：“我才知道，中原的民众如此难以制服。”于是他领兵往北回去，把后晋国府库的宝物全部装车带走。耶律德光在回国途中病死，人们剖开他的肚子装了几斗盐把他载回去，后晋人把他称为帝羓（羓是干肉）。刘知远进入大梁，许多藩镇都投靠了他。他仍把大梁作为国都，改国号叫“汉”，这就是“后汉”高祖皇帝。他用自己的弟弟刘崇为太原河东节度使。后来郭威篡夺了后汉政权，刘崇改名叫刘旻，在晋阳即了皇帝位，这就是“北汉”国，详情见后文。后来，后汉主得了重病，他召去苏逢吉、杨邠、史弘肇和郭威进宫接受他的临终遗命。他说：“我儿承祐幼小软弱，后事就托付给你们了。”说完就死了，刘知远在君位两年。皇子刘承祐即了皇帝位，当时十八岁，这就是后汉隐帝。河中的李守贞、永兴的王景崇、凤翔的赵思绾三个藩镇反叛，他们推举李守贞作为盟主。后汉派出许多将领领兵去讨伐，很长时间也没成功。后汉主为此很担心，他任用郭威为招慰使，后汉的各路军队都受他的支配。郭威进攻河中，攻进了外城，李守贞和他的妻子、儿女自焚而死。赵思绾这时已约定向后汉投降，只因收敛财物，三次改变了投降后汉的日期，被郭威捉住杀了。郭威派赵晔领兵加紧攻打永兴，王景崇被迫自杀。平了三个藩镇后，后汉主渐渐变得骄傲放纵起来了。他喜欢身边的人，讨厌受大臣的约束。他身边的人怂恿他杀了枢密使杨邠、侍卫指挥使史弘肇、三司使王章。史弘肇带兵严肃认真，所攻打的地方一定会打下来，后汉能取得天下，他出力最多。这三个人的死，人们都认为是冤枉的。后汉主又派人去邺都杀郭威，郭威于是领兵造反了。他留下养子柴荣镇守邺都，命令郭宗威率骑兵作为先锋，他自己率领大军跟在后面。到了封丘，人们骚乱害怕，后汉主派慕容彦超等人领兵进行抵抗，结果慕容彦超等人被打败逃回。这天，后汉主到军中慰劳军人，被乱兵所杀。刘承祐在君位三年。冯道率领百官去见郭威，郭威向他行了跪拜礼，冯道接受了拜礼，然后慢慢地说道：“侍中此次行程不容易啊。"郭威领着百官奏请李太后，劝她应当早立新国君。太后命令百官商议，大家都认为高祖刘知远的儿子刘承训和刘承勋年纪还小，就立了刘知远的弟弟刘崇的儿子刘赟做了接班人。

这时正赶上辽国主领兵进犯，李太后命令郭威率领大军前去迎击。辛亥年(公元951年)十二月，郭威领兵从大梁出发，走到澶州宿营。二十六日一早将要开拔时，几千个将士忽然大嚷，郭威命令关闭院门和房门，将士们就跳过墙打开房门进去说："天子须要郭侍中自己来做，我们将士已和刘氏结了仇，不可再立姓刘的了。"这时有人撕下黄旗披在了郭威身上，大家一起扶抱着他，呼喊"万岁"声震天动地，并簇拥着郭威向南走。郭威向李太后上了笺书，答应尊奉"后汉"的宗庙，像母亲一样对待李太后。李太后于是下了诏令，废刘赟为湘阴公，让郭威暂时行使处理国政的职权，之后郭威很快就即了皇帝位。郭威是邢州尧山(今河北隆尧县境内)人，改变了国号叫"周"，仍然把大梁作为国都，这就是"后周"(也叫北周)太祖皇帝。他拒绝各地贡献的珍物，并把现有的宝贝、玩物也都毁掉。他下诏令，让百官上封事(密封的奏章)。他又体恤民众、用人得当，在"五代"中是个好君主。郭威没有后代，让皇后的哥哥柴守礼的儿子柴荣做了自己的接班人，把他封为晋王。郭威在皇位三年死了，晋王柴荣即了皇帝位，这就是"后周"世宗。这时北汉国主刘崇听说郭威死了，就亲自领兵三万人和辽国一万多骑兵进犯后周国，后周国主柴荣也亲自领兵进行抵御，在高平(今属山西省)的南边交战。没有几个回合，后周将领樊爱能、何徽就率领骑兵先跑了。后周军右阵脚溃败，步兵一千多人解下铠甲高呼"万岁"，向北汉军投降。后周主柴荣见军队要垮，就领兵亲自冒着箭、石督战。宿卫将赵匡胤对同僚们说："国主冒着生命危险，我们这些人怎能不尽死力?"于是他身先士卒冲入敌阵，战士们也拼死作战，无不以一当百。北汉军大败。樊爱能等听到胜利的消息，又领兵回到阵中。柴荣责备他们说："你们都是前朝老将，不是不能作战，今天一交手就跑，没别的原因，就是想把朕作为奇货卖给刘崇罢了。"于是下令把这几个将领斩了。从此，骄将惰兵开始知道害怕了。柴荣对军政事绝不姑息，他检阅各军，去掉老弱的，留下精壮士兵，还招募壮士来补充兵源。他又命令赵匡胤招募壮士来补充宫廷宿卫。柴荣又下令毁掉铜佛来铸钱。他又召去陈抟，向他询问金银的制作法和成仙的道术。陈抟回答他说："陛下是天子，应当以治天下为务，问这些干什么？"于是柴荣又把陈抟送回山里，命令州县的官员要常去慰问陈抟。柴荣成了郭威的接班人后，人们不敢说他是柴守礼的儿子，他也把柴守礼当大舅对待，但给柴守礼的待遇很高，柴守礼也从不到大梁来。柴守礼曾因小小的怨恨杀了人，有关官员不敢抓他，世宗柴荣知道了这事也不过问。

"南唐"国联合契丹打算攻打后周。后周世宗下诏，亲自率兵征讨南唐。他命令李重进领兵赶赴到正阳，南唐将刘彦贞领兵进行抵抗。李重进的军队把南唐军打得大败，斩了刘彦贞，这使南唐人吓得要命。南唐将领皇甫晖、姚凤打算撤退到清流关（在今安徽滁州西北二十五里）坚守，后周主命令赵匡胤领兵去袭击他。皇甫晖等人率军退入滁州后，想切断桥梁，赵匡胤指挥军队渡水后直达城下。皇甫晖对赵匡胤说："人各为其主，希望允许我军摆好阵势再战。"赵匡胤笑着答应了。皇甫晖整顿好军队出城迎战，赵匡胤拍马率兵冲入敌阵，活捉了皇甫晖和姚凤，平定了滁州。赵匡胤的威名一天比一天响，他每次上战场，一定要用繁缨装饰战马，他身穿的铠甲、手拿的武器也都与众不同，极其鲜明。有人对他说："你这样，恐怕会被敌人认出。"赵匡胤却说："我本来就想让他们认识。"南唐主多次吃了败仗心里害怕了，就派李德明到后周国去游说，说答应削去南唐的帝号，并割让寿、濠、泗、楚、光、海六个州的土地给后周，并每年向后周输送金和丝织品百万，想如此来达到停战的目的。后周主因淮河以南的土地已有一半归了自己，他的将领们每天都在打胜仗，所以就想把长江以北的土地全部拿到手，因此没有答应这一要求。南唐主大怒，他命令自己的弟弟齐王李景达领兵两万赶紧奔向六合（今江苏南京六合区）。赵匡胤军奋力打击，把李景达军打得大败。到此时，南唐的精锐部队全都拼光了。在这场战斗中，后周军中的士兵有不尽力的，赵匡胤假装督促战斗，就用剑砍他们的皮帽子。

第二天,查出几十个皮帽子上有剑痕的人,都被斩了首。从此,他所带的兵,没有谁敢不尽死力作战的。后周主柴荣用赵匡胤做了定国节度使,并兼任殿前都指挥使。柴荣返回国都,命令将领们包围了寿春,一连几年都没打下来。柴荣又亲自领兵攻打南唐,到达寿春城下。南唐寿州监军周廷构献寿春城向后周投降了。后周军又攻打濠、泗两州,两州也投降了,后周军接着又进军打下了楚州。后周主到迎銮镇去,接着又到了长江口,派出水军击败了南唐兵。南唐主害怕了,于是渡江向南跑,取消了皇帝称号,只称为后周的藩臣。他派陈觉拿着表,请求后周主允许他传位给自己的太子李宏翼,让他听从后周国的命令。陈觉到了迎銮镇,看见后周兵力非常强大,就去请后周世宗皇帝柴荣派人渡江去取表,南唐愿献出长江以北的土地,划江为界来求得停战。表中词意非常悲哀,令人同情。后周世宗说:"朕的本意是只取长江以北,现在你们国主能全国归附,朕还求什么呢?"于是他写了封信给南唐主,并加以安慰,告诉他就此停战,他也不必传位给太子。南唐主上表,献出江北十四个州,并每年向后周输送贡物几十万。到此,长江以北全部平定。南唐主李景通改名叫李璟,消去帝号,采用后周的年号。后周世宗因北边还没平定,于是要到沧州去,很快就率领步兵、骑兵几万人直奔到契丹那里。契丹一些州的守将都献城投降,于是函谷关以南地区全部平定。柴荣在行营中宴请将领们,商议进一步攻取幽州(今河北北部及辽宁一带)的事,赶上这时柴荣生病,于是就回去了。

后周世宗柴荣病重,他召范质等人去接受他的诏令。柴荣在君位六年,活了三十九岁而死。世宗总领一方军府时,没显露出什么才能,等到做了皇帝,人们才佩服他的英俊威武。他管理军队号令严明,没有人敢触犯。他攻城面对敌人时,箭、石在旁边飞过,人们都吓得变了脸色,而他却不惊不慌。他适应时机做出的决策总是出人意料,每次军事行动没有不取胜的。他又勤于政事,百官的簿籍过目不忘。在他那里藏不住内奸和邪恶狡诈的人。他闲着的时候,就召集儒生阅读史书,讨论其中的重要意义。他不喜欢歌舞和珍贵的玩赏物品,重视农业,体恤民众,制度严谨,文官武将结合使用,让他们各尽所能，所以才能攻克敌人，开疆拓土，所向无敌。世宗的太子梁王柴宗训继承了皇位，当时年仅七岁，这就是后周恭皇帝。恭帝年幼，朝廷内外心向赵匡胤，暗中有人推举赵匡胤做皇帝。当时镇州和定州传言辽兵和北汉联合进犯，后周主恭帝派归德节度使、殿前督检点（为总领禁军及统帅出征各军的最高指挥官）赵匡胤率领皇帝的亲兵前去抵抗，庚申年（公元960年）正月从汴京（即大梁、开封）出发。这天晚上，赵匡胤所领的军队驻扎在陈桥驿（今河南封丘的陈桥），将士们聚集在驿门前，殿前都指挥使石守信等人互相谋划说："皇帝又年小又软弱，我们出死力杀敌谁会知道？不如先立'点检'（指赵匡胤）做天子，然后再北征。"都押衙（掌节度使的侍卫仪仗，及稽查军法的执行）李处耘把这事的前后经过向赵匡胤的弟弟赵匡义以及归德掌书记赵普说了。正月初四黎明时，将士们披着铠甲，手拿兵器来到赵匡胤的住处，说："我们无主，愿意拥立太尉（指赵匡胤）做天子。"赵匡胤惊醒起身，还没等披上衣服，黄袍已经披在他身上了。众人围绕着赵匡胤下拜，高呼"万岁"，扶着他上马，簇拥迫使他回汴梁。赵匡胤握着马缰绳对将领们说："你们贪图富贵立我做天子，如果能听从我的命令还可以，不然我就不能做你们的主。"大家都下马说："愿意听从命令！"赵匡胤于是说："太后和主上，我还以做臣子的身份来侍奉他们，你们不可以惊吓、触犯他们。和我同殿为臣的公卿大臣们，你们也不可以冒犯。京城的府库和街市也不可以抢劫。听我命令的有重赏，不然的话就全家杀光！"大家都应声说："遵命！"于是大家整理好队伍出发，初五那天到了汴梁，从仁和门进城，一路秋毫无犯。赵匡胤命令将士们回营地，自己来到办公地点。不一会儿，将士们带着范质、王溥等人到了赵匡胤那里。范质用道义责备赵匡胤，赵匡胤流着眼泪说："我受世宗皇帝厚恩，只是被军人所迫，现已至此愧对天地，你看怎么办？"没等范质等人再说话，列校罗彦瑰拔出剑来厉声说："我们这些人无主，今天一定要得到天子！"范质等人互相对视，不知该做什么了。过了一会儿，王溥先走下台阶向赵匡胤跪拜，范质不得已也下阶行了跪拜礼。大家带着赵匡胤上宫殿，召集百官，到了快吃晚饭的时候，大小官员按等级排列已定。翰林承旨陶谷宣读了“后周”恭皇帝柴宗训的退位诏书，宣徽使（负责新皇帝登基的官员）领着赵匡胤到座位上，受众人跪拜，然后扶着他到崇元殿穿上衮服，戴上帝王的礼帽，即了皇帝位。赵匡胤拜后周主柴宗训为郑王，柴宗训在君位半年。柴宗训十一年后死了，赵匡胤穿着白衣为其送葬，并停止上朝十天。后周世宗皇帝柴荣的七个儿子都是寿终正寝，自然死亡。赵匡胤尊奉后周世宗皇帝柴荣的皇后符氏为周太后，把她迁到西宫居住。后周灭亡，共三个国主，统治天下十年（公元951—960年）。“五代”总共存在了五十三年。赵匡胤大赦天下，并改用新年号纪年，国号叫“宋”，赵匡胤成了宋太祖皇帝。石守信、高怀德等人都按等级封了爵位。华山隐士陈抟听说赵匡胤代替了后周皇帝，就说：“天下从此安定了！”宋祖开基说起来很长，留在下章再说。唐朝末年黄河以北的七个藩镇割据势力形同一个个国家，又有唐末到五代的十国，现在逐一叙明。

唐朝末年藩镇中有个卢龙，一开始叫平卢，就是今天的河北省卢龙等县。从唐玄宗任用安禄山做平卢节度使开始到安禄山反叛后，一直到后梁末帝时，刘守光开始自称皇帝，那地方更换了二十七人，二十个姓。晋王李存勖在幽州取得胜利，活捉了刘守光和他的父亲刘仁恭杀掉了。又有魏博藩镇，也叫“天雄”，就是现在的河北省大名县等地。唐朝代宗李豫做皇帝时，田承嗣捉住史朝义的妻儿向唐朝投降，被任命为魏博节度使，总共更换过十九人，九个姓氏；一直到后梁末帝朱瑱做皇帝时，节度使杨师厚死了，当地人向晋王李存勖投降。又有成德藩镇，后来改名叫“武顺”，就是现在的河北正定等地。唐肃宗李亨时，任用“安史”降将李宝臣做了成德节度使，更换过十二人，四姓；到后梁末帝时，节度使王镕被他手下的太保王德明所杀，晋王李存勖讨伐平定了那里。又有泽潞藩镇，也叫“昭义”，就是现在的山西省长治市等地；唐代宗李豫时，任用“安史”降将薛嵩做了泽潞节度使，共更换过三十人，换了二十六姓；到丁会任节度使时，因朱全忠杀了唐昭宗李晔，丁会投靠了晋王李克用。又有淄青藩镇，就是现在的山东省东平等地；唐肃宗时，用侯希逸做了淄青等六个州的节度使，共换过五名节度使，两姓；到李师道做节度使时，唐宪宗李纯派兵讨伐他，李师道被他手下人刘悟斩了头，献给了唐朝。又有淮西藩镇，后来改名为“彰义”，就是现今的河南省汝南等地；唐肃宗时，用来瑱做了那里的节度使，后来换过八任，七个姓；到吴元济时，唐宪宗派李愬领兵平定了那里。又有沧景藩镇，也叫“横海”，就是现今河北省河间市等地。唐德宗时，任用程日华做了横海军节度使，换过二十七人，十五姓；在唐昭宗李晔时，卢彦威在那里任节度使，被刘守光的父亲刘仁恭所占领。又有宣武藩镇，就是现今河南开封市等地。唐德宗时，用刘元佐为宣武节度使，换过十九任，九个姓氏；在唐僖宗李儇时，朱全忠代替了那里的节度使唐实，后来朱全忠篡夺了唐朝政权。这就是唐朝末年以来黄河以北藩镇的大略。

从唐朝末年到“五代”时期，独立于中央政权之外的前后约有十个国家，其中最大的有吴国和南唐。当年合肥人杨行愍做盗贼被抓，当时的刺史郑綮看他的相貌奇特，就把他放走了。后来他当了兵，又当了庐州的牙将，再后来高骈让他担任了庐州刺史，他改了名叫杨行密。当时高骈信神仙，吕用之、张守一、诸葛殷等人被高骈所信任。这些人兴妖作怪，引起了人们的怨恨。华师铎、秦彦发兵对他们进行了讨伐，秦彦杀了高骈以及高骈的兄弟、儿子、外甥和侄子，并把这些人埋在了一个大坑里。杨行密占取了高骈所有的辖地，唐昭宗任命杨行密做了淮南节度使，杨行密据有了长江以南和长江以西等土地。杨行密在攻取濠州时，获得了徐州一个李姓人家的儿子，并把他当成自己的儿子养在家里。杨行密的大儿子杨渥很厌恶这个孩子，杨行密就把这孩子转送给了部将徐温做儿子，取名叫徐知诰。徐知诰勤劳孝顺超过了徐温的其他孩子，徐温特别喜爱他，于是常常对他的儿子们说：“你们侍候我能赶得上知诰吗?”于是，徐温让徐知诰掌管家里的事。杨行密在淮南做了十四年节度使而死，他的大儿子杨渥接了他的班。杨渥骄傲自大、奢侈浪费，并听信谗言，大多因为旧有的怨恨杀人。有时杨渥独自一人骑马出游，他的随从也不知他跑到哪里去了。左右牙指挥使张颢和徐温哭着劝他他也不听，于是两人谋划杀了杨渥。杨渥在位三年。张颢立了杨渥的弟弟杨隆演,徐温暗中派人把张颢杀死在办公地,公布了他杀君的罪行。徐温去镇守润州,留下养子徐知诰在广陵(今江苏扬州东北部)辅佐政事。杨隆演在节度使位十年,又在王位两年而死。徐温来到广陵,有人劝徐温取代杨氏,徐温严肃地说:“我受杨家厚恩,如果杨家没了男子只有女人,也应当立她。再敢胡说的就杀头!”于是徐温立了杨隆演的弟弟丹阳公杨溥。徐温死后,吴王杨溥追认徐温为齐王,并让徐知诰总领各项军务。吴王杨溥在王位六年,又称皇帝十一年,政权被徐知诰篡夺。杨溥号称为让皇,不久就死了,谥号叫作吴睿帝。吴国灭亡,共出了四个君主,统治国家四十六年。

徐知诰称了皇帝,恢复了李姓,改名叫李昪,国号叫“唐”,把金陵(今南京)作为首都,这就是“南唐”国。李昪表字正伦,是唐太宗李世民的儿子吴王李恪的后代。当时李昪家里很穷,他的父亲死得早,李昪作为孤儿流落在濠州、泗州之间(今安徽凤阳、泗县一带),杨行密得到了他,看他相貌奇特把他送给了自己的将领徐温做儿子。李昪长大后身高七尺,宽额头、高鼻梁,喜欢学习,有谋略。他篡夺政权后,追尊徐温为忠武皇帝,庙号为义祖,立了唐国的七代祖庙。他勤俭爱民,兴利除害,在君位六年,因服用方士的灵丹,后背的疽发作而死,李昪的长子李璟即位。李璟性格柔和,好文事,喜欢别人顺从自己,于是他身边讨好奉承的臣子日益增多,政事也越来越混乱了。他攻下了建州,占有了殷国,又攻破了湖南,兼并了楚国,就更加自高自大而放肆,于是有了吞并整个天下的心。他派出使者去说服契丹和北汉,约定一齐进攻中原。后周世宗柴荣领兵讨伐南唐,南唐军大败,南唐主不得已削去帝号,把淮河以南、长江以北的土地全部给了后周,划长江作为界线,上表向后周称臣。南唐主李璟做皇帝十九年,削去帝号成为国主又四年,把首都迁到了豫章(今江西南昌),因失去大片土地而忧虑,最终成病而死,庙号叫元宗。他的儿子李煜当时留在建康,于是即了君主位。李煜对佛法痴迷,拿出宫中的金钱招人做和尚。这样一来,都城的僧人达到了上万人,都靠李煜养活着。李煜和他的后妃都穿僧衣,背诵佛经,因跪拜手脚都磨出了瘊子。宋太祖赵匡胤听说这事，就挑选出能说会道的年轻人扮作和尚，向南渡过江去见南唐主李煜，和他讨论人的本质和命运的学说。李煜以为这是又一真佛出世，非常信服，从此不再考虑治国守边的事了。北宋派曹彬率大军去攻取江南之地，此时，南唐主却每天招和尚、道士在后苑读经，北宋军队已到城下多日，南唐主李煜还不知道。等到他知道后赶紧派人去召都虞候朱令赟领长江上游的兵马救援都城，另外又派吏部尚书徐铉等人拿着进贡的土特产品，向北宋皇帝上表请求北宋退兵。徐铉对北宋皇帝赵匡胤说："李煜无罪，李煜作为小国的国君侍奉大国的国君，就像儿子侍奉父亲，为什么被攻打？"就这样争辩了很久，赵匡胤发怒地说："江南有什么罪？只是天下是一个整体，卧榻之旁怎能允许别人鼾睡？"徐铉一听害怕了，就赶紧回去了。南唐的朱令赟领兵，号称五十万，顺流而下去救援都城金陵，却被曹彬军击败，朱令赟也被活捉。金陵变成了孤城，防守越来越艰难。一天，城即将被攻破，曹彬忽然说自己生病，不管事了。他手下的将领们前去看望他，曹彬却说："我这病不是靠吃药能治好的，只需各位诚心发誓，城打下来后，进城不乱杀一人，我这病自然就好了。"大家同声答应了，并烧了香发誓，曹彬立即说自己的病好了，于是立即进军攻下了升州（辖地相当于今江苏的南京市及江宁、句容、溧水等区县）。南唐主李煜率大臣们到曹彬的军营门前请罪，曹彬用对待宾客的礼节安慰了他们，并请李煜到宫中去准备行装。然后，李煜和他的宰相汤悦等四十五人迁到汴京去了。南唐国主李煜在君位十九年而向北宋投降。南唐国灭亡，出了三个国君，统治国家三十九年（公元937—975年）。

先前被南唐所灭的国家有闽国，也叫殷国。唐僖宗李儇时，寿州有个杀猪的名叫王绪的，他的妹夫刘行全聚集了五百人占领了寿州（今安徽寿县一带），接着又打下了光州（今河南潢川、光山一带），队伍发展到了一万多人。蔡州节度使秦宗权上表朝廷让王绪做了光州刺史。固使县（今河南沈丘）的副长官王潮和弟弟王审邽、王审知都因为有才气而为人所知，王绪任用王潮做了在军中执法的军正官，并且对王潮十分信任。当时黄巢的军队已被消灭，秦宗权向光州刺史王绪要田租赋税，王绪拿不出，秦宗权发怒了于是就派兵去打王绪。王绪害怕了，就率领着光、寿两个州的全部兵马渡过长江，辗转到江、洪、虔州，又打下了汀、漳两州，然而都没站住脚。王绪因漳州（治所在今福建漳州市）道路险阻，粮又少，就命令军中不准携带老人和幼弱的人，只有王潮兄弟几个扶着他们的母亲跟随着。王绪责备他们，王潮等人说："人，都有母亲，没有没母亲的人，将军为什么让人抛弃自己的母亲？"王绪发怒，命令人斩王潮的母亲。王潮等人说："我们侍奉母亲和侍奉将军您一样，既然要杀我们的母亲，还用我们这些人干什么？请让我们死在母亲前头。"将士们也为王潮等人求情，王绪也只好作罢。有个望气的人对王绪说："军中有王者气。"于是王绪看见将士中勇敢、有谋略、体貌雄伟的人都被他杀掉了，连他的妹夫刘行全也被他杀了。如此一来，军中人人害怕。行军到了南安（今福建南安市），王潮说服了先锋将，让他派壮士在篁竹中设下埋伏，在马上活捉了王绪，反绑着王绪的双手在军中示众。先锋将推举王潮为将军，领兵往回朝光州的方向走，所经过的地方秋毫无犯，最后占领了泉州（治所在今福建福州），派出使者向观察使（职位次于节度使）秦岩投降。秦岩上表朝廷，让王潮做了泉州刺史。王潮沉着勇敢又有谋略，招收安抚离散的人，赋税合理，整治军队，官民都高兴地信服他。秦岩病死后，皇帝下诏书让王潮做了观察使，没多久又提升福州为威武军，让王潮做了节度使。王潮在任一年死了，军中又上表朝廷让王潮的弟弟王审知做威武军的留后，朝廷同意而正式任命了他。王审知相貌雄伟，高鼻方嘴，他常骑白马，军中称他为"白马三郎"。后梁篡夺了唐王朝的政权后，让王审知做了闽王。王审知勤俭，对自己有约束。他放宽刑罚，减轻赋税，喜爱贤德的人，尊重读书人，境内平安无事。

王审知在位二十九年死了，他的儿子王延翰即位。王延翰骄淫残暴，自称为大闽国王。他任命弟弟王延钧做了泉州刺史，又任命他的义弟王延禀做了建州刺史。他命令两人在所在地挑选民间美女，两人都对他进行劝谏，于是王延翰与两人有了矛盾。两人合兵袭击了福州，杀了王延翰，王延翰在位一年。众人推举王延钧作为留后，王延钧改了名叫王璘。王璘信神仙，他大造宫殿，费用不够就用薛文杰做国计使。薛文杰很会巧言献媚，暗中寻找有钱人家的罪过，没收他们的财产，还鞭打人，打了前胸再打后背，还拿铜斗烤热了烫，国中人都怨恨他。太后和王璘的长子王继鹏哭着请求王璘杀了薛文杰。王璘的王后陈金凤善淫，曲尽其妙，闵主王璘对她喜欢得不得了。这个王后又与王璘的爱臣归守明、李可殷通奸，国人都厌恶这事。正赶上王璘病重，他的长子王继鹏和皇城使李倣杀了李可殷。王璘勉强支撑着病体上朝查找是谁杀了李可殷。因此李倣非常害怕，就率领手下的兵大张旗鼓地闯入宫中杀了王璘，王继鹏又杀了陈王后。王璘在位九年，又自称皇帝三年而被杀死。他的儿子王继鹏即位，改名叫王昶。王昶骄傲自大，又好聚敛钱财，看重道士，又大建宫殿。他因顾忌而杀同宗族的人，他的叔叔王延义杀了王昶后自己做了国君。王昶在位三年。王延义改名叫王曦。王曦放纵、苛刻又残暴，他每当喝醉了酒就杀人，同宗族的人和有功的旧臣相继被杀。王曦在位六年时，朱文进杀了他而自己做了国君。当时，王审知的儿子王延政已据有了建州（治所在今福建省建瓯，辖境相当于今福建南平市以上的闽江流域，沙溪中上游除外），自称为皇帝，改国号叫“殷”。这时，南唐的大臣查文徽上表给南唐主，请求攻打殷国。南唐主就派查文徽领兵南下。王延政却派人谎告福州的人说：“唐国帮助我们讨伐贼臣，大兵很快就要到了。”福州人非常害怕，就杀了朱文进，投靠了王延政。南唐兵和王延政军相持着不分胜负，南唐将领查文徽请求南唐主增加兵力，南唐主就派将军祖全恩领兵去和查文徽会合。战斗中，殷国王延政军大败，南唐军攻下了镡州，接着又攻下了建州，王延政只好投降。闽国（殷国）灭亡，出了四个国主，统治国家五十年（其中自称皇帝二十年）。

被南唐灭掉的还有一个淮南国，也叫楚国。唐僖宗李儇时，秦宗权与杨行密争夺扬州，马殷、刘建锋等人都是秦宗权的将领孙儒的部下。杨行密攻打孙儒并杀了他后，刘建锋和马殷收集起残兵七千人跑到洪州，推举刘建锋为主帅。这支部队到了长江以西时，已发展到了十万多人。刘建锋杀了武安节度使邓处讷，自称为留后。

刘建锋得志后,整天喝酒不管政事。跟班的士兵陈赡的老婆长得美,刘建锋和她私通。陈赡得知后杀了刘建锋,刘建锋手下的将领们又杀了陈赡。因马殷曾和刘剑锋一起领兵,大家信服他,就推举马殷为留后。唐昭宗李晔任命马殷为湖南节度使,马殷训练好了军队占领了湖南全境。马殷在湖南做节度使三十一年,又建立了楚国。马殷在王位四年死了,死前嘱咐让他的儿子们相继接任他的位子。他的儿子马希声接了位,在位两年死了,他的弟弟马希范又接替了马希声的位子。马希范喜欢乐曲美色,夜深了还在饮酒,在宫内宫外不加区别。他大修、装饰宫室,选美女,并率领子弟、官吏在宫室中吃喝玩乐,他在位十五年死了。马希范的弟弟马希广接了班,在位三年,软弱得什么事也做不了主。他父亲的妾所生的哥哥马希萼和他抢位子,马希广不忍心杀哥哥反被马希萼杀了。马希萼篡位一年,总是想着和谁有旧仇,杀了许多人,还整天喝酒,干荒淫事,却把军政大事委托给弟弟马希崇。马希崇办事不公正,私心很重,使得政令、刑法乱七八糟。这样一来,军人、民众都抱怨。指挥使徐威等人仗着兵权在手,就贬废了马希萼而立了马希崇。当初,马希萼与衡山人彭师晟有仇,马希崇就把马希萼送到衡山关了起来,实际上是想借衡山人的手杀掉他。没想到的是,衡山的彭师晟对待马希萼却十分敬重,衡山(在今湖南省)有民众一万多人,拥立马希萼做了衡山王。而马希崇每天都喝大酒,干荒淫事,他命令妇女裸身侍候她,又为政不公,说大话、胡话,国中人都不拥护他。徐威等人很担心,就秘密向南唐请求其出兵。南唐主就命令边镐领兵攻打楚国,马希崇、马希萼都向南唐军投降了。楚国灭亡,这个政权存在了五十六年,建国称王四十五年。

南唐平定了湖南后,把那里的金银、丝织品、珍玩、美女、粮食、亭馆、花果之类的人和物都运送到金陵,并派郎中杨继勋等人在当地收租赋税,十分苛刻,这使湖南人大失所望。南汉国主刘晟派兵争夺岭南的土地,把南唐军打得大败。原楚国辰州(今湖南沅陵)刺史王逵乘机找到刘言,让刘言做主帅领兵击败了南唐军,恢复了原马氏的岭北的旧有土地,只是郴州(今湖南郴州市)、连州(今广东连州市）被南汉国占领。刘言请求投靠后周，后周国主同意了，于是用刘言做了武平节度使。刘言在任两年时，周行逢、张文表劝王逵取代刘言做节度使。于是王逵就杀了刘言，并向后周主上表要求做节度使。后周主答应了。后来，后周主亲自率兵攻打南唐，下诏命令王逵攻打南唐的鄂州。王逵领兵经过岳州时，团练使（武官名称，也相当于节度使）潘叔嗣很殷勤地用酒肉招待了王逵等人，王逵身边的人却向潘叔嗣无限度地要求财物，于是潘叔嗣率兵偷袭了王逵，王逵被杀死。潘叔嗣迎接周行逢做武平的留后，周行逢诱骗活捉了潘叔嗣，数落他的罪过后杀了他。后周国主让周行逢做了武平节度使。周行逢在任上七年时得了重病，他对儿子周保权说："我一死张文表一定会作乱，万不得已你就率全家族人回朝廷所在地去，不要陷在虎口中。"周行逢死后，张文表果然作乱。周保权向北宋求救兵，宋太祖赵匡胤派出兵马，北宋兵还在路上时，周保权已杀了张文表。周保权的牙将张从富挟制着他来抵抗北宋军队，结果被北宋军打败，张从富被杀，周保权被北宋军带回。北宋皇帝释放了周保权，并让他做了卫将军，不久又提升为羽林将军（统领皇帝卫军的武将），平安地过完了一生。到此，湘江、洞庭湖一带全部平定。这一地区的政权从刘言开始到周保权结束，共十三年。

此外还有个吴越国。唐僖宗李儇时，王郢造反，在浙江、福建等地活动，并攻下了明（今宁波）、台两州。这支队伍被消灭以后，临安（今杭州）人董昌因组织武装乡团镇压造反的王郢军队有功，被补为石镜镇将。临安人钱镠，表字真美，以贩盐为生。钱镠会射箭、挥舞长矛，因矫健勇猛而知名，在董昌军中立有功劳，被提拔为都知兵马使。当时王仙芝与黄巢的部分队伍在长江、淮河及钱塘江一带活动，高骈招董昌和钱镠，想和两人一起打王仙芝和黄巢的队伍。钱镠见高骈并无心出兵打仗，就说服董昌离开了高骈。董昌从石镜领兵占有了杭州，镇海节度使周宝控制不了董昌，就上表朝廷让董昌做了杭州刺史。当时唐将王铎的部将刘汉宏占据着浙江（钱塘江）东部地区，他还想再占有浙江西部（杭州在钱塘江以西）。董昌对钱镠说："你要是能夺取越州，我就把杭州交给你。"钱镠打败了浙东的刘汉宏军,打下了越州(今浙江绍兴一带)。刘汉宏跑到台州(今浙江临海一带),刺史杜雄活捉了刘汉宏送到董昌那里杀了,董昌于是就迁到越州镇守,让钱镠掌管杭州事务。又赶上镇海节度使周宝被自己的手下人刘浩、薛朗等人赶走,钱镠领兵击败了刘浩等人,又打下了常州和润州(今江苏镇江),接着又打下了苏州。唐昭宗李晔用钱镠做了镇海节度使,用董昌为浙东威胜节度使。

董昌向皇帝请求做越王,朝廷不答应。董昌于是就自称为皇帝,国号叫"大越",让他的部下称他为圣人。钱镠给董昌去了一封信说:"与其关上门做天子,使九族、百姓遭殃,哪比得上打开门做节度使,终身富贵呢?现在悔改还来得及。"董昌不听。钱镠领兵到越州城下,董昌战败,坚守着越州城不再出兵。钱镠攻破了城,杀了董昌,把董昌的人头送到京城,朝廷于是让钱镠兼任镇海、威胜两地的节度使。钱镠又打下了淮河以南的松江、无锡、常熟、华亭(今浙江嘉兴市)、湖州等地,紧接着钱镠又打下了严州,取得了金华和衢州。"后梁"的朱温篡位,夺取了唐王朝的天下,让钱镠做了吴越王。钱镠这时开始建国,他的仪仗与卫队的名称大多按天子的制度,只是不改用新年号称皇帝。吴越国与吴国争夺常州,在无锡作战,被吴军击败,吴越国的将领何逢被杀,被杀的将士有一万多人。钱镠见到何逢的战马,悲痛得不得了,将士们见此情景十分感动,都对钱镠很忠诚。钱镠年轻时就在军队里,夜里从没睡过好觉,困急了就枕个原木小枕,睡熟了原木枕就滚走了,便立刻醒过来,他把这种枕头叫"警枕"。他还在卧室内放有粉盘,有要记的事就写在盘中。有时正在熟睡时,外边有报告事情的人,侍女就抖动纸响,他就立即醒来。钱镠很会为天子做事,一开始时与吴国争地,后来又与吴国联合和好,国境内平安。他做节度使三十年,又建立吴越国十年而死。他的次子钱传瓘即位,改名叫钱元瓘。钱元瓘安抚、指挥将帅,爱护兄弟们,国境内很平安。钱元瓘在位九年死了,他的儿子钱弘佐即位。钱弘佐喜欢读书,对读书人也很尊重,又很重视政事,对事情看得很明白,别人欺骗不了他。钱弘佐在位六年死了,他的弟弟钱弘倧即位。钱弘倧本性刚直严格,被大将胡进思所顾忌,于是废掉了他而立了他的弟弟钱弘俶。钱弘俶对胡进思说："你能保全我哥哥，我才敢即位。"胡进思答应了。钱弘俶即位后就派护兵守卫着哥哥。胡进思多次想杀掉钱弘倧都没成功，他又忧虑又害怕就死了。钱弘俶把钱弘倧迁到东府，为他筑造了宫室，建起了园囿，让他快乐地生活，供给也很丰厚。钱弘俶派使者向北宋献贡物，北宋皇帝对他说："江南人（指南唐）倔强，不向我称臣，我要讨伐他。元帅应当帮助我，不要听信别人的话！"并秘密地告诉了他出兵的日期。吴越王钱弘俶率兵五万人攻打常州，打了下来。南唐国主给钱弘俶送去一封信说："今天没了我，明天怎么还会有您呢？一旦天子让你换个地方来答谢有特殊功劳的人，大王您也不过成了大梁的一个平民罢了。"钱弘俶没有给南唐主回信，而是把南唐主的信送给了北宋皇帝看，赵匡胤对钱弘俶大加安慰和赞扬。后来，吴越王钱弘俶听到南唐亡国的消息而感到害怕，北宋皇帝也对吴越王的使者说，愿意和钱弘俶见上一面。于是钱弘俶就和他的妻子孙氏、儿子钱惟濬、孙子钱承祐去了北宋的京城。北宋皇帝赵匡胤赐给他们礼贤宅居住，并亲自宴请招待他们，赏赐给他们许多好东西。赵匡胤允许钱弘俶和晋王赵匡义以兄弟相称，又封钱弘俶之妻孙氏为王妃，留住了两个月才让钱弘俶他们回去。临走时赵匡胤赐给钱弘俶一个黄色的包袱，缝合得很严，并告诫钱弘俶说："你在路上时要打开秘密地看！"等打开后，钱弘俶一看，里面装的全是赵匡胤的大臣们请求留住钱弘俶的奏章。钱弘俶更加感到害怕了，回去后，他更加重视政事，并命令人把他的座位放在偏东的地方，并对他的臣子们说："西北方是神京所在，皇帝离我这么近，我钱弘俶怎么敢再安宁地待着！"此后，每次向北宋王朝献供品，都先把贡物排列在厅堂中，烧香，一拜再拜，然后才派人送去。到宋太宗赵匡义三年（公元 978 年），吴越王钱弘俶到北宋京城开封朝见皇帝，之后要求回国被禁止，钱弘俶的臣子崔行冀说："朝廷的用意可以知道了，大王不赶快交出土地，大祸就要临头了！"于是钱弘俶就把他的十三州、一军镇、八十六县献给了北宋。赵匡义在崇元殿接收了。钱弘俶退朝回去后，他的将佐军官们才知道这事，都大哭说："我王回不去了！"钱弘俶在位三十一年，吴越国灭亡。吴越国亡后的第十年，钱弘俶死了。宋太宗追封钱弘俶为王，钱弘俶的儿孙们也都相继做了显要的官员，七个儿子都很显贵。吴越国存在了八十一年，自己建国称王五十六年(公元923—978年)。

此外还有“前蜀”和“后蜀”。前蜀国是王建建立的，这个人突眼睛，宽额头，个子高大。唐僖宗李儇时，舞阳(在今河南省)人王建年少时以杀牛、盗驴、贩卖私盐为营生，他家乡的人都管他叫“贼王八”。后来他做了宦官田令孜的养子，被任用为卫将军(是统领京城卫兵的武官)。后来因战乱，唐僖宗从凤翔到兴元(今汉中市)，任用王建为清道使，让他携带着皇帝的玉玺跟随着自己。走到大散关(地处今陕西宝鸡市西南的大散岭上)时，凤翔的李昌符焚烧栈道，栈道几乎被烧毁。王建牵着唐僖宗的马冒着烟火从栈道走过，住宿在山坡下，皇帝枕着王建的大腿睡着了。唐僖宗醒来后，流着眼泪解下皇袍赐给了王建。等到田令孜失权倒台后，因为王建是田令孜一派的，就被朝廷赶出京城，到四川壁州(今四川通江)做了刺史。王建矫健勇猛，很会用人，也能听进别人的话，所以人们愿意接受他的差遣。他招募溪洞、山谷间的酋长、豪杰，得到民众八千人，袭击阆州(在今四川北部)，赶走了杨茂实。因为田令孜投奔到陈敬瑄那里，王建又进攻四川节度使陈敬瑄，向朝廷上表数落陈敬瑄的罪过，要求讨伐陈敬瑄来自我赎罪。皇帝下诏削掉了陈敬瑄的官爵，任用王建为节度使。王建攻下了成都，杀了陈敬瑄，后又杀了田令孜，占有了西川的土地。后来，王建又攻下了梓州(治所在今四川三台县)，杀了顾彦晖，兼并了东川之地。他遣使入贡朝廷，并和朱全忠修好。朱全忠篡夺了唐朝政权后，王建到处传送讨朱檄文，打算和岐州(今陕西凤翔)、晋州合兵恢复唐王朝，最终也没人响应。于是王建就在四川建了国家，自称为皇帝了。王建手下有功劳的将领，大多被他找点因由杀掉了。他的太子作乱被卫兵杀死，王建又立了小儿子王衍做了太子。后来，前蜀主王建因多年有病而变得糊涂了。他任节度使十七年，又称皇帝十年而死，他的小儿子王衍即了皇帝位。王衍奢侈放肆没有限度，每天和徐太后、徐太妃到显贵的大臣家里串门，并在那里吃喝玩乐。他还游览附近的名山，所花费的钱财数不清。他还强抢民女纳入后宫，太后和太妃也各自有自己喜欢的臣子。王衍还出售官位，要是求官的人多，那么谁给的钱多就把官位卖给谁。王衍有个宠姬徐氏，别号花蕊夫人，长得很美丽，也以淫乱闻名。王衍还常喜欢微行私访，酒楼、妓女家无所不到。他又把韩昭、潘在迎等人作为玩伴，和宫女混杂在一起，净干些见不得人的事。王承休的妻子严氏很漂亮，王衍与她私通。因为秦州多出美妇人，王衍就封王承休为鲁国公、天雄（在今南郑一带）节度使，让他治理秦州，以便寻找美女。王承休强取民间的美妇，教她们歌舞，并毁掉官员的办公场所，改盖皇帝的行宫，请蜀主王衍到秦州去观看。王衍正打算领兵从成都出发，这时后唐主李存勖派出自己的儿子李继岌和郭崇韬领兵前去讨伐前蜀国。前蜀武兴节度使王承捷派人报告："唐国的大军来了。"王衍因急着和王承休的妻子相会，并且正在看歌舞戏，就没把这事放在心上。因抵挡不住后唐的军队，王承捷所管辖的凤、兴、文、扶四个州向后唐军投降了。王衍到达利州（今四川广元市），遇见了从威武逃回来的兵卒，才相信后唐军真的来了。这时他想去迎击敌人，可是士兵都怨恨愤怒，不肯出战，于是王衍只好投降。前蜀灭亡，共两代国君，三十五年，自称皇帝十七年（公元 909—925 年）。王衍投降后，一家人都被后唐主李存勖杀死。到后唐的大将郭崇韬无罪被杀后，后唐任用董璋做了东川节度使，用孟知祥做了西川节度使。孟知祥后来占据了蜀地，这就是"后蜀"国。

后蜀主孟知祥是邢州龙冈（今河北邢台）人。孟知祥做了节度使后，免除了当地不合理的赋税，招集安抚流散的民众，政令宽大，让民众安居乐业。他暗中已有了占有蜀地之心，查看库中的铠甲有二十万套。他设置了左右衙兵十六个军营。后唐明宗李嗣源时，东川节度使董璋反叛了，孟知祥也跟着造了反。后唐派石敬瑭领兵进行讨伐，石敬瑭攻打剑州没打下来，就退驻在剑门（今四川剑阁县东北）。后因粮草没有运到，就烧了军营往北回去了。董璋召集他的将领们商议袭击西川的成都，出兵后反而被孟知祥军打败。董璋领着军队回梓州，被孟知祥追上，再次击败董璋军，并杀了董璋，孟知祥因而又兼有了东川地。他向朝廷上表谢罪，后唐主李嗣源就任命孟知祥为蜀王，不久后孟知祥又在成都自称为皇帝。孟知祥做了九年节度使，当了一年皇帝而死，他的儿子孟仁赞即位，改名叫“孟昶”。孟昶奢侈、荒淫无道。后来，孟昶用封在蜡丸中的书信秘密地约北汉一起发兵攻打北宋。间谍赵彦韬却把这个蜡书送给了北宋。北宋主得到了这封信后，就用王全斌为大将，刘光义、崔彦进、王仁赡、曹彬等人一起率领步兵和骑兵六万人，分成几路讨伐后蜀国。后蜀军大败，后蜀主孟昶投降。北宋主用吕余庆管理成都府的事务。后蜀国灭亡，共两个国君，四十一年，自称皇帝三十二年（公元934—965年）。当年，徐匡璋把自己的女儿嫁给了孟昶，被封为贵妃，也号“花蕊夫人”，意思是用花来比拟还不够，却像花蕊那样轻盈。她和孟昶极为相爱。北宋军队平定了蜀地，北宋皇帝赵匡胤听到这“花蕊”的名称，就命令一个将领把她护送到京城，纳入后宫为妃。孟昶人长得很漂亮，喜欢打猎，弹弓打得也很好。花蕊夫人被北宋皇帝霸占后，心里常常思念孟昶，整天闷闷不乐，却不敢说。于是她就画了孟昶的画像用来祭祀，并对其他人说：“祭祀这个神能多生孩子。”有一天，宋太祖赵匡胤看见了问她，花蕊夫人也用同样的话回答他，并说那个神人叫“张仙”。从此，求子的人大多祭祀他。

另外还有个“南汉”国。当年，上蔡（在今河南省）人刘安人在南方做买卖，于是就在那里定居了下来。他的儿子刘谦在广州当牙将，后来提升为封州（今广东封开）刺史。刘谦死后，他的儿子刘隐因丧事住在贺江边，当时当地有一百多个民众起来造反，却被刘隐一晚上杀尽了。岭南节度使刘崇龟上表给朝廷，让刘隐做了封州刺史。一些造反的人又被刘隐捉住杀掉了。唐昭宗李晔时，刘隐用重金贿赂朱全忠，朱全忠上奏皇帝让刘隐做了清海军节度使，后又晋爵为南海王。他从节度使到当南海王十一年后死了，他的弟弟刘严接了他的位子。刘严认为中原地区正处在乱世，恐怕顾不上他所管辖的地方，于是他就改称自己为皇帝，并改名叫刘龑。刘龑极为奢侈，他的宫殿都是用黄金、美玉、珠翠作为装饰。他的用刑也很残酷，有灌鼻、割舌、肢解、刳剔（用刀挖肉）、炮炙（用火烧烤）、烹烝等等刑法。有时把一些毒蛇投放在水池中，再把罪人推进池里。他把这个叫作水狱。刘龑在他最后几年中更加猜忌，不信臣下专信宦官，因此宦官的人数在不断增加。刘龑当节度使六年，又自称皇帝二十六年而死，他的儿子刘弘度即位。刘弘度做了皇帝后改名叫刘玢，他放纵奢侈，不管政事，整天喝酒作乐，观看裸男裸女，臣子一不顺他的意就立即处死，所以没有人敢劝他。刘玢在位一年，他的弟弟晋王刘弘熙杀了他而篡位。刘弘熙做了皇帝后，改名叫刘晟。他杀尽了所有的弟弟以及弟弟的儿子们，把他们家的女子全部充入后宫。刘晟在外造离宫一千多间，都用珠宝装饰。他又设置了镬汤（开水锅）、刀山、锯、杵的酷刑，号称为活地狱。他又用宫女卢琼仙、黄琼芝等人做女侍中，穿戴朝服、官帽，参与决定政事。同宗的人和有功的老臣都被他杀尽了，只有宦官林延遇等人手中权力很大。刘晟在位十五年而死，他的儿子刘继兴即了位。刘继兴即位后，改名叫刘鋹，当年十六岁。刘鋹认为大臣们都有家室，只为自己的子孙考虑，不能为他这个皇帝尽忠心，只有宦官可信任，于是国中的大事都由女侍中卢琼仙和宦官龚澄枢等人决定。他决定凡是臣子中有才能的人，以及考中进士中了状元的人，都要先弄到养蚕的暖屋子里进行阉割去势，然后才能入朝做官。有一个状元听说了这事害怕了，就辞官逃走，等到了家门口，要阉他的人已在那里等着他了。状元于是请求先和妻子儿女告别，三昼夜后再动刀，那些人答应了。三天后，就在状元家里给他做了手术。后来，刘鋹发兵攻打北宋。宋太祖赵匡义任命潘美为主将、尹从珂为副将对南汉国进行讨伐。南汉的都统李承渥领兵十多万人驻扎在莲花峰，排列大象为军阵。潘美集中强弩猛射大象，大象于是都往回跑，乘象的人都被抛到地下，大象们踩踏着李承渥的军队，李承渥军于是大败，李承渥死里逃生。北宋军队来到韶州（今广东韶关），打下了英、雄两个州，进兵驻扎在泷头（今广东北江）。南汉主吓坏了。接着北宋军队继续进军，刘鋹烧掉了自己的府库、宫殿，在第二天出城（今广州市）投降，南汉国灭亡。南汉出了四个君主，六十八年，自称皇帝五十五年（公元

917—971年)。

还有个“北汉”国。北汉是由后汉高祖刘知远的同母弟弟刘崇创立的。刘崇是太原人,眉毛、胡子很漂亮,眼睛瞳孔是双的。他年少时就好喝酒、赌博,曾经脸上被刻上黑印充当步兵。刘知远镇守河东时,任命刘崇做了都指挥使。刘知远当了皇帝后,就任命刘崇为太原留后(即代理节度使)。刘知远死后,隐帝刘承祐即位,就任命刘崇为节度使。刘崇就在当地招揽豪杰,让民众登记当兵。郭威杀了后汉隐帝后,刘崇本打算发兵去打郭威,这时郭威立了刘崇的儿子刘赟做了后汉国的国君。刘崇高兴地逢人便说:“我儿子当皇帝啦!”于是放弃了攻打郭威的打算。等到郭威自己当了皇帝,把刘赟贬废为湘阴公时,刘崇派出使者,请求允许刘赟回晋阳(今山西太原)。后周主郭威说:“湘阴公正在宋州,现在就让他回去,一定安全送到,您不必为此担心。”没多久,郭威就把刘赟杀死在宋州(今河南商丘一带)。刘崇于是在晋阳号称为皇帝。北汉所有的土地就是:并、代、宪、隆、忻、岚、汾、沁、辽、蔚、麟、石这十二个州的土地。宰相的工资每月十万文铜钱,节度使两万文铜钱,其他的官吏工钱就更少了。刘崇对他的将领们说:“朕因高祖的基业一下子垮了,今天朕称皇帝是不得已而为之。朕是什么天子,卿等人又是什么样的节度使呢?”刘崇派使者与辽国通好,辽主册命刘崇为“大汉神武皇帝”,刘崇改了名叫刘旻。北汉国土质贫瘠,百姓贫穷,所产物资要内供军队和国家所需,还要送给辽国一些,所以民众的赋税、劳役十分繁重,民不聊生。后来,北汉主刘旻听说后周太祖郭威死了,非常高兴,就去拉契丹一起攻打后周,在高平(在今山西省晋城地区)的南边打了起来,北汉军失败退了回去。后周世宗柴荣又领兵打北汉,也没打胜而退兵。北汉国主刘旻称帝六年而死,他的儿子刘承钧即位,改名叫刘钧。刘钧本性孝顺谨慎,做了国君后很重视政事,他爱民、重视读书人,国境内基本上安定了下来。刘钧上表给契丹,称自己是契丹主的儿子,契丹主也称他为“儿皇帝”。

当年,北汉世祖刘旻的一个女儿嫁给了薛钊,生下儿子薛继恩,后来又嫁给了一个姓何的,生了儿子何继元。两个孩子都幼年成了孤儿，刘旻因刘钧没儿子，就让刘钧养着做儿子。刘钧在位十一年而死，养子继恩即位，也只有两个月就被供奉官侯霸荣杀了。宰相郭无为派人杀了侯霸荣，又立了刘继恩的弟弟继元做了国君。这个何继元性格残忍，北汉世祖刘旻的十多个儿子都被他杀了。宋太祖赵匡胤亲自领兵攻打北汉，围困太原城，却无功而回。当初，赵匡胤曾穿便衣雪夜去赵普家，和赵普研究怎样来打北汉。赵普说："太原是西、北两个方位的屏障，太原打下后，那么西、北两境就得加强防范，这样就不如等到削平其他国家再动它。太原只是个弹丸之地，还怕灭不了它吗?"赵匡胤认为他说得有理，所以连年打仗，打败辽军后，北宋军队来到太原城下也退兵不取城。大概也是因为北汉依靠辽作为援军，宋太祖想让辽军远道而来，等它疲惫了连同北汉一起灭掉。所以赵匡胤不急着灭北汉是个计策，不是军力不足。北宋太宗赵匡义太平兴国四年（公元979年），任命潘美为大将军率领崔彦进、李汉琼等六员将领，太宗也亲自带兵，分几路攻打北汉。北汉向辽国求救，辽主派耶律沙领兵前去救援。在白马岭下两军交战，辽军被打得大败。北宋军围住了太原，攻城攻得很急迫，于是刘继元向北宋军上了降表。北宋主封何继元为彭城郡公，北汉国灭亡，共四个国主，二十九年（公元951—979年）。

北汉国主刘钧有个义子叫刘继业，当年在北汉国做将军，他对北汉君主很忠心，经他领兵杀死的北宋军将士很多。赵匡义让何继元招降了他，并让他恢复了原来的姓氏"杨"，改名叫杨业，号称"杨无敌"。后来，北宋的监军王侁强命杨业领兵攻辽，杨业失败而死。杨业有个儿子杨延昭，杨延昭有儿子杨充、杨广，杨广有儿子杨贵，杨贵后来被调到贵州，于是有了播州的土地（今贵州遵义市），在播州当宣慰使。他的后代子孙继承了职位，直到明朝万历年间才灭亡。

还有个南平国，也叫荆南国。当年，河南的陕州硖石（今河南陕县东南）人高季昌年少时是汴州富人李让的家童。唐昭宗李晔时，朱全忠是宣武节度使，李让在钱财方面资助过朱全忠，因此得幸成为朱全忠的养子，改了姓名叫朱友让。高季昌因朱友让的关系得以进见朱全忠，朱全忠觉得高季昌是块材料，就命令朱友让把高季昌当成儿子养,并让高季昌做了指挥使。到后来,后梁的兵马攻打凤翔,李茂贞却坚守凤翔营垒不出战,高季昌献计引诱去了岐地的兵,这才打败了李茂贞,高季昌因此也出了名。朱全忠篡夺了唐政权后,任用高季昌做了荆南节度使。高季昌到任,见那里城池已残毁,人口也没有多少了。于是高季昌安抚招集流散人员,百姓都安居复业了,他便暗中有了独占荆南(今湖北江陵、公安一带)的打算。他在那里造战船五百艘,深挖护城的壕沟,修补制造作战的器械,招收亡命之徒,结交吴、蜀国。这时,后梁已无法控制他了。不得已,后梁封高季昌为渤海王。后来,高季昌又投靠了后唐,改名叫高季兴,后唐封高季兴为南平王。有一次,后唐的魏王李继岌派人送蜀货四十万顺江而下,高季兴把人杀了,把货夺了。后唐主李存勖追问高季兴,高季兴却说:"你还是回去问问水神吧!"后唐主一气之下派兵讨伐他,因乱没有取胜就回去了。高季兴在任二十二年而死,他的儿子高从诲接了班。高从诲性格很开明,重礼仪,赏识士人,任用梁震帮他主持政事,并把梁震当哥哥看待。他把读经书、史书作为乐事。他还放宽刑罚、减轻赋税,境内得以平安。"荆南"夹在湖南、岭南、福建之间,土地狭小,兵力不强。从高季兴那时起,各地向朝廷进贡,路过荆南时,荆南人常常掠夺人家的钱财。等到各地向荆南进行责备,有的还动用了武力,荆南不得已又把钱财还了回去,从不因此而羞愧。高从诲掌权后,后唐、后晋、契丹、后汉先后占有了中原地区;南汉、闽国、吴国、蜀国也先后都自称了皇帝,而高从诲贪图朝廷所给的利益,一直称自己是臣。各国看不起他,管他叫"高无赖"。高从诲在位二十年死了,他的儿子高保融接了班。高保融在位十二年死了,同母的弟弟高保勖接了班。高保勖在位两年死了,高保融的儿子高继冲又接了班。高继冲在位一年时,宋太祖赵匡胤因湖南周行逢请求朝廷派军队讨伐张文表,军队借道从江陵经过,高继冲用牛肉、酒食犒劳北宋军队,而北宋军趁机偷袭占领了荆南。高继冲于是登记了荆南境内的所有,向北宋投降了。北宋用高继冲做武宁节度使。南平国灭亡,四任君主,共五十七年。此外还有契丹,就是辽国,另见第二十八章,这里不说。

第二十七章　宋太祖统治中原没能一统天下(北宋史)

宋太祖赵匡胤是涿郡(今河北涿州市)人,它的高祖父赵眺在唐代是幽都县(今北京)的县令,曾祖父赵廷在唐代是御史中丞(相当于副丞相),祖父赵敬是涿州刺史,父亲赵弘殷在后周是检校司徒(为监察官职)、岳州防御史。早年,赵弘殷娶妻杜氏,在洛阳夹马营生下赵匡胤。长大后,赵匡胤身材雄壮高大,气度也不凡。赵匡胤多次升官做到殿前都指挥使,掌管军政,又多次立下大功,因此很有名望。等到柴荣死后,恭帝柴宗训即位,赵匡胤又被加官为检校太尉,兼领归德(隋唐时为宋州,治所在今河南商丘,“春秋”时代是宋国地,这是赵匡胤国号的来历)节度使。当时国主年幼,国人对他不抱有信心,朝廷内外暗中拥戴赵匡胤。后来经陈桥兵变,于是赵匡胤代替后周而占有了天下,用火德(因受命于五行的火运)统治天下,在汴京(今开封)建都,立了祖宗七庙,并把他的祖宗也追认为皇帝。增加、修补学宫,雕塑、绘画先圣先贤人物像,赵匡胤还写了“赞”,作诏书放在了孔、孟像的座前。赵匡胤曾对他身边的臣子说:“朕想让武将都读书,以此来知道治国的道理。”于是,普通人也开始知道学习重要了。赵匡胤用范质、王溥、魏仁浦为同平章事(相当于宰相)。范质等人自认为是后周的旧臣,怕宋主赵匡胤有疑虑而不敢乱说话,于是就请求把要说的话写在扎子上,由皇上选取可用的意见,赵匡胤同意了。

后周没有归宋的昭义(占有今河北、山西部分地区)节度使李筠发兵,并会合北汉军队攻打北宋。北宋军击败了他们,李筠放火自己烧死了自己。赵匡胤对赵普说:“天下从唐朝以来几十年间,帝王总共换了八个姓氏十三君,战乱不息,这是什么原因啊?"赵普回答说:"这没别的原因,只是藩镇的权力太大,国君势力弱,臣子势力强而已。应该控制他们的钱财和粮食,收回他们的兵权,那么天下自然安定了。"赵匡胤恍然大悟。一天,因晚上朝见,赵匡胤和石守信等人喝酒,等大家喝得很畅快时,赵匡胤就赶走了侍卫他的人,对石守信等人说:"朕如果没有卿等人就没有今天,然而天子也不好做,不如做节度使那么快乐。天子这位子谁不想做?朕整夜都睡不安稳。"石守信等人忙趴在地下叩头说:"陛下今天怎么说出这话?如今天命已定,谁还敢有异心?"赵匡胤说:"卿等人不会存有异心,这我知道。要是你们的部下想富贵怎么办呢?一旦有件皇帝穿的黄袍子披在了你身上,你虽不想当皇上,这可能吗?"石守信等人流着眼泪谢罪说:"臣等愚昧想不到这些,希望陛下可怜我们,给我们指一条生路。"赵匡胤说:"人的一生很短暂,所以贪图富贵的人,不过只想着多积攒黄金、白银,天天快快乐乐,让子孙不愁吃穿罢了。卿等人就没想过放下兵权,找个好地方,买些好田、好宅院,为子孙立下永久的基业吗?多买些歌女舞女,整天饮酒欢乐,这样过完一生,上下平安,不也很好吗?"石守信等人都谢罪说:"陛下为臣等人考虑得这么周到,正是像人们所说的'让死者再生,让枯骨长肉'啊!"第二天,将领们都称自己年老,有病在身,请求免去领兵的职务。皇帝赵匡胤对这些人的赏赐非常丰厚,只有石守信还兼职和从前一样,实际他手里也没兵权了。对各州的官员,赵匡胤采取了赵普的谋略,有的在他们死后,有的因升官调离原地或辞官回家,赵匡胤都用文臣补上缺位。又命令各州官员、各节度使可以自行上朝奏事,不用通过管辖他们的官员,于是节度使的权力受到了限制。赵匡胤又任用吕余庆参加政事,诏令百官轮次奏事,提时政的得与失。事关紧急的允许随时上奏章让皇帝知道。赵匡胤还下令举荐孝顺父母、尊重兄长、努力耕田、有奇才异能和文武方面可以使用的人。

赵匡胤在大殿上和母亲杜太后相见,大臣们道贺,太后却显得很不高兴,这使身边的人觉得很奇怪。太后说:"我听说做国君不容易,要是治理天下治理得好,那么国君可受到尊重。如果控制不住局面时,就是再想做个普通平民也不可能了。”赵匡胤一再叩头说:“听从您的指教。”后来杜太后得了重病,召赵普进宫接受遗命。她对赵匡胤说:“你知道你得到天下的原因吗?”赵匡胤说:“正是因为老祖宗、已死去的父亲和太后您的福所成就的。”太后说:“不是这样的,是由于周世宗柴荣用个小孩子掌管天下,所以你才能得手。你死后应当把位子传给光义(赵匡义),光义再传光美,光美再传给德昭(赵匡胤第二子),国家有年长的国君是社稷的福气。”赵匡胤哭着说:“我怎敢不遵教导!”杜太后又转脸对赵普说:“你同时记下我的话,不可违背!”赵普立即在床前写好《约誓书》,在纸的末尾签上:“臣普记”三个字,并把这张约誓书放到金柜里,命令谨慎小心的宫人掌管着。杜太后闭上眼睛死了。

皇帝赵匡胤派慕容延钊和李处耘领兵讨伐楚(即湖南),并偷袭了南平,南平的高继冲和楚国的周保权都先后投降了,湘湖一带全部平定。之后,赵匡胤又命令王全斌等人讨伐后蜀国,后蜀国孟昶也投降了。王全斌在蜀地放任部下奸淫掠夺女子,夺取财物,蜀地人苦不堪言,于是进行了反抗。曹彬进行招降、安慰和攻击并用,两川于是平定。这一仗,只有刘廷让所领的部队做的还不过分,曹彬能够管束部下,皇帝对他大加赞扬,并给了他丰厚的赏赐。赵匡胤又命令潘美领兵攻打南汉,打下了广州,南汉主刘鋹投降,两广地区也全部平定了。赵匡胤多次派出使者告诉江南国主(南唐主),让他进京朝见皇帝,他却总是不到,赵匡胤就派曹彬领兵十万进行讨伐。曹彬要动身时,皇帝赵匡胤告诫他说:“江南的事就全交给你了。”还恳切地对曹彬说:“副将以下,不听命令的斩首!”潘美等人听说后,都吓得变了脸色。王全斌平定蜀地杀了许多人,光杀后蜀投降的士兵就有两万七千多人,这使赵匡胤常常感到遗憾。曹彬本性仁爱厚道,所以赵匡胤就把这事交给了他。曹彬打下了江南,带领大部队回去,赵匡胤下诏,封江南主李煜为违命侯。曹彬从江南回去时,船中只有地图、户籍、衣服、被子而已。到京城后,曹斌只是从内阁门口递进一封折子,上面写道:“奉命差往江南,公事干完而回。”当时的人都赞美曹彬从不夸耀自己的作风。各国被平定后,吴越国主吓坏了，派使者去向北宋的宰相赵普行贿。当初，赵匡胤常穿便装到赵普家里和赵普秘密谋划事情。一天，赵匡胤又到赵普家，正赶上吴越国的使臣送信到赵普家，所送的十瓶“海物”正放在屋子地下，信和瓶子还没来得及打开。赵匡胤已进屋，仓促间也来不及遮挡。赵匡胤问赵普那些是什么东西，赵普照实回答了。赵匡胤说：“海物一定会不错。”立即命令赵普打开它，一看，里面装的全是瓜子形的砂金块。赵普十分惶恐，谢罪说：“臣没来得及打开书信，确实不知是这些东西。”赵匡胤说：“你只管接收吧，他们还以为国家的事全由你们这类书生说了算呢！”赵匡胤走后，赵普心里很不安。第二天上朝，赵普要求赵匡胤罢免自己在朝中的职务。不久他又向赵匡胤上表，请求赵匡胤遵守杜太后的遗诏，将来死后传位给晋王赵光义。赵匡胤亲手封起了那张表，藏在宫中。

北宋把东京开封府汴梁作为首都、皇帝居住地，而把洛阳河南府作为西京。一次，皇帝赵匡胤到西京去，把他的父亲宣祖皇帝赵弘殷的墓在安陵重新培土筑坟，并在郊区祭祀了天地。百姓中有老人彼此互相说：“我们少经离乱，想不到今日又见太平天子的仪仗卫队。”还有人流下了眼泪。赵匡胤想留在洛阳，把首都设在洛阳。大臣们都为此而劝谏赵匡胤，赵匡胤仍坚持自己的意见。晋王赵光义对他说：“把首都设在洛阳不合适。”赵匡胤说：“把首都迁到河南府也是暂时的，最终的目的地是长安。”赵光义问为什么，赵匡胤说：“我想向西迁都，占据山河的形胜之地来免除将来的兵乱之灾。”赵光义说：“政权巩固不巩固，在德行不在险境。”于是坚决请求赵匡胤回汴梁，赵匡胤不得已听从了。他叹息说：“用不上百年，天下的民力就会耗尽了。”赵匡胤于是回到了东京。

赵匡胤很疼爱赵光义，多次到他的家里去。赵光义有一次得了病，赵匡胤亲自为他烧烤艾草，赵光义感觉疼痛，赵匡胤也拿艾草自灸来感受他的疼痛。赵匡胤原配妻子贺氏早死，又娶了王氏，之后又娶了宋氏。宋氏想立皇子赵德芳为太子。丙子年（公元976年）农历十月十九日，这天夜里下大雪，赵匡胤召去晋王赵光义，向他嘱托后事，宦官、宫中女官都被赶到别处，常跟随在赵匡胤身边的人也被赶走，人们只是远远地看见灯影下晋王时不时地离开座位，像是谦恭避让的样子。随后赵匡胤把玉斧扔在地上，大声对赵光义说："好自为之吧！"不多时皇帝赵匡胤就死了，他在位十七年，终年五十岁。赵匡胤仁爱兄弟，孝顺父母，心胸开阔，从不装模作样。宫中的苇帘边缘用青布做成，常穿的衣服多次洗过还再穿。他本性严肃、寡言少语，只喜欢看书，即使是在军中也手不离卷。他听说谁有奇书，不吝惜千金也要买到手。他曾读《尚书》中的《尧典》《舜典》，感叹地说："尧舜的时代，四凶（指不服舜控制的四个部族首领）的罪过只是受到流放的刑罚，为什么近代的法网这么密呢？"于是立法：在大殿上不准用鞭打、棍打的刑罚，不准辱骂公卿，做臣子的除了谋反外，不准杀戮。所以做臣下的能够舒心做事，有作为，而忠君爱国的心也油然而生了。赵匡胤死后，他的弟弟晋王赵光义即位，这就是北宋太宗皇帝，改名叫赵炅。

吴越王钱俶来开封见皇帝，赵光义把他扣下不让他回去。钱俶害怕了，献出了自己的全部土地，赵光义封钱俶为淮海国王。赵光义派潘美等人分几路去讨伐北汉国，他又亲自领兵做后续部队。辽国派使者对赵光义说："因什么罪名而打汉国？"赵光义说："河东抗命，理所当然要问罪。如果你们不援助它，从前和你们订立的合约不变。不然的话，只有开战了。"潘美等人领兵屡次击败北汉军队，北汉向辽国求救兵，辽派兵前往，潘美等人率领军队又把辽军打得大败。北宋用全部精锐部队攻打北汉，北汉主何继元出城投降了。赵光义又从太原发兵讨伐辽国，辽将大多率部投降。辽国的耶律学古当时把守着燕京（今北京），他领兵用尽全力抵抗北宋军队，却支持不住了。辽主又派耶律休哥率兵去救援燕京，在高梁河（在今北京西直门外）赵光义与辽将耶律沙展开了一场大战。耶律沙失败将要逃走，恰在这时耶律休哥的军队到达，与耶律斜轸分成左右两翼进行包抄，赵光义军大败，赵光义急忙乘上驴车逃走了。赵匡胤的儿子赵德昭跟随赵光义攻打太原时，一天夜里军中受到惊动，由于找不到皇帝赵光义，有人就谋划想立赵德昭做皇帝。后来赵光义听到这事后，很不高兴。等回到汴梁后，因北征没取得理想的胜利，很长时间也没提太原战役赏赐的事，于是赵德昭为将士们到赵光义那里请求行赏。赵光义大怒说："等你做了皇帝再行赏也不晚！"赵德昭回去后就吓得自杀了。赵光义听到这事后，又吃惊又后悔，到那里抱住赵德昭的尸体大哭说："傻孩子，怎么干这傻事啊！"他下诏追封赵德昭为魏王。北汉地平定后，天下又归于统一，只是契丹占据着河北幽州、蓟州之地，北宋军队多次收复都没成功，因此始终没有达到汉朝、唐朝时的版图。

宋太宗赵光义任命杨业为代州刺史。杨业很会作战，号称为"杨无敌"。皇帝赵光义听到他的大名就召见他，因杨业对边境事务熟悉，就拜他为代州刺史。辽国人很怕杨业，望见杨业的旌旗就赶紧跑掉。杨业原本是北汉的降将，赵光义得到杨业后对他信任不疑，让他安心立功。杨业在雁门（今山西北部地区）击败了辽国军队，杀了辽将萧咄李。这事引起了北宋一些大将的嫉妒，有的悄悄向皇帝递交毁谤书信，赵光义一律不看，把这些信都送到了杨业手里。

赵普做奉朝请这种闲散官职多年，卢多逊对赵普的毁谤越来越厉害，说赵普当年根本没有立赵光义为皇帝的意思，所以赵普在赵光义跟前一直郁郁不得志。一次，曾和赵普一起共事的官员柴禹锡等人告发秦王赵廷美（赵光义的兄弟）太放肆，并有阴谋。赵光义对这事很怀疑，就问赵普。赵普于是说他愿意参与组织有关人员调查此事，并且说："臣子我作为老臣被权臣所诽谤。"于是把他参与听昭宪杜太后临终的诏令，以及前朝向皇帝赵匡胤上表的事都说了。过后，赵光义打开金匮找到了"誓书"，又看了赵普所上的表，就召见赵普，对他说："人谁没有过错？朕还没等到五十岁，就已知四十九年的不是了。"于是他拜赵普为司徒兼任侍中。当初，昭宪太后的遗命是赵匡胤死后传位给赵光义，赵光义死后传位给赵廷美，赵廷美死后再传位给太祖赵匡胤的儿子赵德昭。等到赵德昭不该死而死了，赵德芳也相继而死，赵廷美开始不安了。柴禹锡又向赵光义告发赵廷美将有变，赵光义犹豫不决。赵光义召去赵普，告诉他自己看过太后的遗旨。赵普对他说："太祖已误，陛下怎么能再误！"赵廷美还是被定罪，被强制送回家闲待着。卢多逊因与赵廷美关系好，被免去官职，流放到崖州(今海南三亚)。赵普因此事恢复了丞相职务，赵廷美最终因忧虑而死。赵光义的长子赵元佐小时候很聪明机灵，外貌也像赵光义，赵光义很钟爱他。赵廷美被赶往房州，赵元佐曾坚决不同意把他这个叔叔迁走。等到赵廷美的死讯传来，赵元佐就发狂疯了。赶上重阳节，皇帝召各个王在苑中聚宴习射，因为赵元佐病刚好，就没让他参加。等到王们宴会完毕往回走，晚上有人去探望赵元佐。赵元佐知道了宴射的事，生气地说："你们陪皇帝喝酒，唯独不让我参加，这是要抛弃我啊！"于是他烦闷地喝酒，当天夜里放了一把火烧了宫室。赵光义大怒，把赵元佐废为平民。后来，赵普因病被免去丞相职务，用吕蒙正参知政事。吕蒙正第一次进入朝堂时，有个人指着他说："这小子也参与政事吗？"吕蒙正假装没听见，就走了过去。吕蒙正的同僚感到心中不平，要去打听那人的姓名，吕蒙正立刻拦住他们说："要是一知道他的姓名，那么我终身都不能忘了，不如不知道为好。"当时人们很佩服他的气度不凡。夏州的李继迁作乱，契丹封他做了夏王，后来他所在的地方成了夏国(西夏)。详见下章。

赵光义做了多年皇帝，接班人却没有确立下来，于是他就把寇准召回京城去见他。赵光义说："你看我的那几个儿子谁可以接我的班？"寇准回答说："知子莫若父，只要陛下选一个能符合天下人愿望的就可以了。"赵光义说："寿王可以吗？"寇准说："圣上考虑认为可以，希望马上决定下来。"于是赵光义立了寿王赵元侃为太子，改名叫赵恒。并任用寇准为参知政事(为宰相的副职)，用吕端为同平章事。当初，赵光义想用吕端做丞相，有人说："吕端这个人，有些糊涂。"赵光义说："吕端在小事上糊涂，办大事时不糊涂。"于是，他下决定使用吕端。吕端在相位上很慎重，能识大体，做事清楚简略。后来，皇帝赵光义得了重病，宣政使宦官王继恩忌恨太子英明，他暗中和参知政事李昌龄、殿前都指挥使李济勋等人合谋，想立原太子楚王赵元佐。宰相吕端到宫里去询问皇帝的病，见太子不在旁边，就怀疑有变，便在笏板上写"大渐"(病危)两字，立刻命令亲密使赶快去催太子赵恒前来侍病。赵光义在帝位二十三年而死,活了五十九岁。皇后让王继恩召吕端,商议立新君的事。吕端知道有变,就骗王继恩进入书阁,然后锁上了门,赶紧入宫。皇后对吕端说:“皇上已死,立个年龄大些的更顺理,你看怎么样?”吕端说:“先帝事先立下太子,正是为了今天。现在先帝尸骨未寒,怎么可以立刻违命而有异议呢?”皇后再没说什么。吕端于是就拥立太子赵恒即了皇帝位。太宗赵光义仁爱、宽容、恭敬、有约束。他尊敬读书人,爱护老百姓,没有其他爱好,只喜欢读书。李昉、吕蒙正、张齐贤、吕端、寇准、李沆、向敏中等人相继被任用,堪称是守天下的明主。然而他改变了金匮的盟约,违背母亲,辜负了哥哥,一个弟弟、两个侄子都不是正常死亡,这使后世人对他不能没有遗憾了。太子即位,这就是北宋真宗皇帝。他前面垂着帘子召见群臣,吕端站在殿下不下拜,请求新皇帝卷起帘子,在大殿上,让大家看仔细。确认是新君赵恒后,吕端率领群臣才向他跪拜。后来吕端因病辞去了丞相职务,寇准做了同平章事。

当初,西夏的李继迁搞叛乱,又归顺北宋朝廷。在他投靠朝廷时,被赐给了姓名叫赵保吉。这时赵保吉死了,他的儿子赵德明接了班。曹玮向皇帝上书说:“李继迁占据河北地区二十年,使我们对他总是放心不下。如果现在不趁他国危君弱时立即消灭它,以后再强盛起来就难控制了。希望陛下借给臣子我精兵,打他个措手不及,把赵德明送到您面前,再恢复河西为郡县,现在正是时候。”赵恒想用恩德来感化赵德明,使他归顺。于是下诏,派人去招降安抚他。赵德明却投靠了辽国,辽国册立赵德明做西平王。辽主耶律隆绪派出大兵进攻北宋,边境告急,竟一天晚上五次进犯,朝廷内外被震动,害怕了。寇准还像平时一样,饮酒谈笑自如。皇帝听说后非常害怕,就去问寇准该怎么办。寇准说:“陛下想平息这事,超不过五天,希望陛下亲自到澶州(今河南濮阳地区)去。”赵恒感到很为难,就想回到宫里去,却被寇准留住,请皇帝赶紧做出去澶州的决定。毕士安也竭力劝皇帝按寇准的办法行事。王钦若是临江人(今江西新余),他请皇帝到金陵(今南京)避难。陈尧叟是阆州人(今四川阆中),他邀请皇帝到成都避难。皇帝赵恒再次征求寇准的意见,寇准说:"陛下神明威武,将领和臣下调和融洽,如果陛下大驾亲征,敌人就会自动逃走。就是不逃走,我们就出奇兵打乱敌人的作战计划,或用坚守的战术来拖垮敌人。只要主动权掌握在我们手里,敌人劳累,我们安逸,我们胜算的把握是很大的。为什么要放弃宗庙到别的地方去来向敌人示弱呢?这样就会让人心崩溃,敌人乘势深入,国家还能保住吗?"赵恒于是决心到澶州去,王钦若和陈尧叟因此而怨恨寇准。皇帝赵恒从京城出发,寇准因王钦若馊主意多,怕他再说动皇帝阻碍大事,就派王钦若去掌管天雄军。契丹军到城下,王钦若束手无策,只能关着门吃斋念经而已。皇帝赵恒到达澶州,契丹的大将萧挞凛出营察看地形,北宋威武军的项裴环正把守着床子弩,射出箭射死了萧挞凛。契丹主吓坏了,打算领兵往回走,而北宋军队几十万人正好赶到。皇帝赵恒到澶州南城,望见契丹军势很强盛,一些大臣请皇帝就待在澶州南城不要继续往前走了,只有寇准坚决请求皇帝渡过黄河。大家的议论都带有害怕的语气,寇准极力争辩,赵恒于是渡过了黄河。北宋各路军队的将士们远远望见皇帝的车盖,都欣喜跳跃着山呼万岁,喊声传出了几十里。契丹军因此更加害怕,派出几千骑兵逼近城下,高琼领兵将他们击败,杀死、活捉了一大半,契丹骑兵逃走。契丹人吓坏了,请求讲和。寇准想乘胜继续出击,希望迫使契丹对北宋称臣,并讨回幽州、蓟州的土地。皇帝赵恒讨厌战争,就说:"我不忍心百姓重遭困苦,就姑且听他们讲和就可以了。"寇准还没答应,契丹那边已派使者拿着信来请求订盟了。北宋方面派曹利用到契丹军中去商讨每年要给契丹的货币,赵恒对曹利用说:"万不得已,即使百万也可以。"寇准听说了,就招曹利用到自己的帐幕中对他说:"虽说有皇帝的指令,你答应他们的超过三十万,我就斩了你!"曹利用竟以二十万匹绢、十万两银定下了合议,北宋为兄,契丹为弟,交换契约,各自领兵而回。从此南北停止战争,这是寇准的功劳。

皇帝对待寇准非常好,这使王钦若非常嫉妒。有一天朝会,寇准比别人走得早,皇帝目送着他。王钦若对皇帝说:"陛下敬重寇准,是因为他对国家有功劳吗?”真宗说:“是啊!”王钦若说:“这是城下之盟,这在‘春秋’时代是被看作可耻的事情,在澶州所订的盟约正是这样。陛下听说过赌博吗?赌博的人钱快输没了,就拿出所有的钱压上,这叫‘孤注’,陛下就是寇准的孤注啊。”赵恒听了这话后,对寇准就渐渐冷淡起来了,先由宰相降为刑部尚书,后又让他离开京城到陕州做官,用了王旦为平章事(宰相)。赵恒对澶渊城下之盟深深感到耻辱,常常不高兴。王钦若看出赵恒不愿打仗,就对赵恒说:“陛下派军队夺回幽州、冀州才可雪耻。”赵恒说:“黄河以北的百姓,刚刚避免了战争,朕怎么忍心再这么做。你有没有别的办法?”王钦若说:“除此之外,只有封禅可以镇服四海,向外国夸示。然而古时封禅,是在有上天显示的吉兆才可以。上天显吉兆不大好遇,古时也有靠人力来完成的,只要皇上您深信而崇奉它,并做给天下人看,那么就和天降的吉兆一样了。”赵恒沉思了一会儿说:“王旦该不会同意吧?”王钦若说:“臣子我先把您的意思向他说一下,应该没有问题。”于是王钦若找了个机会,向王旦把这事说了,王旦勉强同意了。一天,赵恒召王旦一起喝酒,高兴得很。赵恒赐给王旦一壶酒说:“这酒很好,卿回去和妻子、孩子一起享用吧!”王旦回去后,打开封盖,见里面装的都是美珠。此后,王旦对封禅的事不敢有异议了。戊申年(公元 1008 年)正月初一,皇帝赵恒对群臣说:“朕在去年十一月二十七日将近夜半时,正要上床睡觉,忽然间室中大放光芒,见一位神人头戴星形帽子,身穿着大红衣,告诉朕说:‘该有三篇天书从天而降。’”恰巧第二天,皇城司(守卫首都的官署名)有人报告说:“承天门那里,有只鸥鹰尾巴上拖着块黄绢,大概就是‘天降之书’吧?”于是王旦等人都道贺。皇帝赵恒徒步来到承天门,派两个内侍到屋上把黄绢拿了下来 。王旦跪着接过黄绢献给了皇帝,皇帝赵恒一拜再拜接受了,又交给陈尧叟打开它,上面所写得很像老子的《道德经》。读完它,放在了金匮里。这样,“天降祥瑞”的事就传扬开了。只有龙图阁侍制孙奭问皇帝赵恒说:“以愚臣所闻,天说什么了,难道有书吗?”皇帝没作声。赵恒下诏,让大臣们商议封禅的事,于是赵恒在泰山的社首山进行了封禅仪式。这一年,皇帝下诏大赦天下,又生了皇太子。太子是后宫的李氏所生。李氏是杭州人,刚入宫时她服侍刘修仪(宫内命妇,皇帝的妾)。李氏庄重寡言,赵恒命她司寝,才有了身孕。一天,她陪着皇帝到望景台,一不小心,玉钗坠地,皇帝私下占卜说:“钗要是没摔坏,应当生个男孩。”他身边的人拾起玉钗拿给他看,玉钗果然完整,赵恒非常高兴。不久,李氏果然生了个男孩,却被刘修仪抱走,当成了自己的儿子。李氏不敢说话,朝廷内外也不知道这件事,皇帝赵恒在很大岁数时才有了这个儿子。赵恒立了刘氏为皇后,皇后也是小户人家出身,但她本性聪明机灵,渐渐地干涉政事了。赵恒立昇王赵受益为太子,赵受益又改名叫赵祯,就是李氏所生的那个孩子。皇帝赵恒宽厚仁慈,有帝王的气量,景德以前(公元998—1008年),先后有吕端、张齐贤、李沆、吕蒙正、毕士安、寇准、王旦几位辅佐他,可以称为贤君。大中祥符以后(公元1008—1022年),王钦若、陈尧叟、冯拯、丁谓、曹利用这些奸臣小人被他任用,于是皇帝迷上了道教,被邪说迷惑,天书、封祀的事就多了起来。赵恒在位二十五年死了,太子赵祯即位,这就是北宋仁宗皇帝,当时十三岁。刘太后和仁宗皇帝每五天去一次承明殿垂帘听政。丁谓想独霸大权,就暗中结好内侍雷允恭,秘密请求太后下一道手书:“皇帝每月的初一、十五召见群臣,有大事就由太后把大臣叫去商讨,由辅佐的大臣决定事情。小事就由雷允恭传话,在宫中筹划就可以了。”于是雷允恭仗势为所欲为。丁谓的权力可撼动朝廷内外,没人敢和他对抗。王曾也是当时朝廷的重要大臣。当初,真宗皇帝临死时说,只有寇准、李迪可以依靠,丁谓因此嫉妒寇准。刘太后又对当初李迪劝真宗不要立她为皇后而产生怨恨。真宗死后,刘太后就诬陷李迪结党营私而罢了他的官。王曾感到自己责任重大,总要说几句。一次,丁谓端详着王曾说:“老房东不要再说了,说也没用。”真宗下葬时,用丁谓为山陵使,用内侍雷允恭为都监判。司天太监邢中和指着所选的地方对雷允恭说:“从现在这个地方,再往上走一百步,按道理应该对子孙有好处。但是,只是怕有石头和水罢了。”雷允恭说:“尽管把墓穴改到上边去,我会对太后说这事的。”当时雷允恭正显贵,人也变得蛮横,没人敢说别的。对移墓的事，太后让雷允恭与丁谓一起商量，但丁谓并不明确表态。不久，挖墓穴遇到石头，后来石头挖尽又冒出水来，这使大家都吓得够呛，墓穴因此报废。内侍毛昌达从墓地回去向刘太后报告了，太后又派王曾再去看。王曾回去后说："丁谓包藏祸心，故意让雷允恭擅自把墓穴改到绝地。"太后大吃一惊，大怒，想把丁谓和雷允恭全都杀掉。冯拯说："新皇帝刚即位，就急着杀大臣，这使天下人惊心。"刘太后于是作罢，杀了雷允恭，降了丁谓的官职。任用王曾为平章事，吕夷简为参知政事。

当年，刘太后把仁宗从李氏那里抢走做了自己的儿子，就和杨太妃一起养护着仁宗。仁宗已是皇帝后，李氏仍然不吭一声，与真宗遗下的嫔妃一起生活，也不显得突出。知情人怕刘太后，也没人敢说什么，因此仁宗皇帝年龄大了，也不知自己是李氏生的儿子。李氏病重时，才按规定进位为宸太妃，她在进位为宸太妃的当天就死了。刘太后想用宫女的葬礼处理掉她，吕夷简当时是首相，就上奏说："理应厚葬。"刘太后就把仁宗拉了起来，让他走开。过了一会儿，太后一人站在帘下说："一个老宫女死了，相公说这话干什么？"吕夷简回答说："臣待罪宰相职位，事没有内外，都应当参与。"刘太后发怒说："相公想离间我们母子吗？"吕夷简说："太后以后就不想保全刘氏族人吗？"刘太后曾下诏，想把宸太妃葬在宫城的矮墙内。吕夷简又对内侍罗崇勋说："宸太妃诞育了皇上，而丧不成礼，日后必有受其罪过的人，可别怪我今天没说话。应当用太后的葬礼，要用水银！"罗崇勋害怕了，骑着快马向刘太后报告。太后允许了。刘太后疼爱仁宗就像自己亲生的，仁宗也很尽孝道，所以两人始终没有一点矛盾。刘太后死后，仁宗又尊奉杨太妃为皇太后，并开始亲政。仁宗和吕夷简合计，因为张耆、夏竦、陈尧佐等人曾经是刘太后那一伙的人，想把这些人都罢官赶走，吕夷简认为应该这么做。仁宗回到后宫时，把这事和郭皇后说了。郭后说："吕夷简难道就没依附太后吗？只是他心思灵活，能随机应变罢了。"就这样，吕夷简也被罢了宰相职务。罢相的命令下达时，吕夷简正在上朝领班，听到喊名吓了一大跳，不知是怎么了。于是他让一向和自己关系不错的内侍阎文应暗中查问,才知道是郭皇后在里边说了坏话,于是他恨透了郭皇后。后来吕夷简又恢复了宰相职务。当时,后宫的尚美人、杨美人都受着仁宗的宠爱,她们多次和皇后郭氏争宠打架。一天,尚氏在仁宗面前说了一些郭后不愿听的话,郭后气坏了就去打尚氏的脸,这时仁宗起来拉架,郭后就误抓在仁宗的脖子上,这使仁宗很生气。内侍阎文应和仁宗商议废掉郭后,并且劝仁宗把抓痕让宰相看。仁宗让吕夷简看了,吕夷简因对郭后有旧怨,于是主张废掉她。仁宗还在犹豫,吕夷简说:“东汉光武帝是个明主,他的郭皇后只因对他有意见,就被废掉了,何况这个郭后还伤了陛下的脖子呢!”仁宗皇帝于是下了决心。中丞(为察举非法官吏的官员)孔道辅率领谏官范仲淹、宋庠等人苦苦地为郭后说情,结果都被贬了官。仁宗终于废掉了郭皇后,封她为净妃玉京冲妙仙师。吕夷简劝仁宗立曹彬的孙女曹氏为皇后。郭后变为净妃以后,就迁到瑶华宫居住。后来,仁宗又秘密派人召她,郭后推辞说:“要想让我回去,必须百官在场册封我才行。”阎文应因曾经说过郭后的坏话,怕他再被立为皇后。不久又赶上郭后有了点小病,仁宗就派阎文应领太医去给郭后看病,几天后传出郭后暴死的消息。仁宗深深地悼念她,追封恢复了郭后的皇后称号。开封府知府范仲淹上奏揭发内侍阎文应的罪过。阎文应被流放到岭南,死在了路上。

荆王赵元俨是太宗赵光义的第八个儿子,本性严厉果断,不可冒犯,被人称为“八大王”。赵元俨对仁宗说:“陛下是李宸妃所生,宸妃也不是正常死亡。”仁宗这才知自己是李宸太妃的儿子,他大哭了多天,下诏自己责备自己,又到洪福寺去,向神宣告要为死去的母亲改换成梓木的棺材。仁宗亲自打开了棺木,看到宸太妃用水银装殓,脸色像活人一样,穿戴和皇后相同。仁宗感叹道:“人说的还是可信啊!”此后,仁宗厚待刘太后家族。

夏州(故城在今陕西榆林市横山区西)的赵元昊反叛,进攻环庆路(治所在今甘肃庆阳市),并很快称皇帝,国号叫“夏”(西夏)。后来,又进攻保安军(治所在今陕西志丹),北宋巡检指挥使狄青领兵把他们击败了。狄青披发,面戴铜面具,出入敌阵中,所向披靡,无人敢挡。狄青打跑了西夏军队后,因功晋升为秦州刺史。后来,赵元昊的军队攻破了北宋边关的许多地方,北宋朝廷任用范仲淹兼管延州(治所在今陕西延安市)。范仲淹到任后,检阅了延州的兵马,得到一万八千人,分给六个将领带领,日夜训练,看敌人出兵多少,再派出兵马抗敌。赵元昊又进攻三川(今陕西洛川县以南)各寨,韩琦派任福等人领兵连夜赶往白豹城,天亮时将西夏军打败,烧掉了敌人的军用物资而撤军回去。辽主乘北宋朝廷有西夏的忧虑,就派出使者要求北宋割给它平阳以西及瓦桥关以南的十县土地。仁宗只答应增加每年的货币,派富弼前去商议。当时是仁宗让吕夷简挑选去辽国的回访使者,吕夷简一向与富弼不合,于是就推荐富弼去。富弼接到任务就立即去见皇帝,叩头说:"皇上忧虑,臣下受辱,臣不敢怕死。"仁宗很受感动,晋升富弼为枢密直学士。富弼推辞说:"国家有急难,理应不怕劳累,何必赐给我官爵呢?"于是他立即出发。富弼两次出使契丹,用苦口婆心的话语使契丹折服,于是只答应每年增加供给银、绢各十万,加上先前的共各五十万,这事就算完结。北宋朝廷任命韩琦、范仲淹为陕西路安抚经略招讨使,两人号令严明,也爱护士兵,使境外敌人不敢侵犯边境。边境上有歌谣说:"军中有一韩,西贼闻之心胆寒;军中有一范,西贼闻之惊破胆。"当时,天下人把两人合称为"韩范"。后来,夏主赵元昊改名叫赵曩霄,向北宋朝廷上书请求和解,不久又上了誓表。仁宗约定每年赐给西夏银、绢、茶二十五万五千,从此边境逐渐安宁了。

范仲淹主管监选官吏,在分发的名册上看到才能低下的就一笔勾掉那人的名字。富弼对他说:"一笔勾,一家哭啊!"范仲淹回应说:"一家哭总比一路(北宋真宗时分全国为十八路)哭好啊!"当时贝州(治所在今河北清河县)的王则起来造反,文彦博领兵去平定了。广南路(包括今广东、广西地区)侬智高造反,狄青领兵平定了。朝廷任命赵抃为御史,检举揭发官吏的过失、罪状,连权贵和皇帝宠幸的人也包括在内,京城人把他看作"铁面御史"。仁宗又任用文彦博、富弼为同平章事。后来文彦博被罢免,又任用韩琦为同平章事,朝野上下都庆贺用人得当。朝廷又任用包拯主管开封府的事务,包拯执政意志坚强,讨厌官吏苛刻,做政务诚朴宽厚,虽然疾恶如仇,也要合情合理,不做过分的事。他从不随便附和别人的意见,一生没有秘密可言,他的熟人有事求他,他都一概不见。他的饮食、穿的、用的都很俭朴,即使显贵了,也像平民时一样。他主持开封府,皇帝的显贵亲戚和官宦都不敢为所欲为,就连妇女、儿童也知道他的大名,把他叫作"包待制(皇帝的顾问官员)"。京城的人说:"有事不行贿,不请托,有阎罗和老包。"人们很难见到包拯面带笑容。朝廷召河南处士邵雍去做官,邵雍却不到任。邵雍这人德行、气节纯粹,深入研究过《易经》的道理。

当年,仁宗的三个儿子早死,这时没儿子,他要了太宗赵光义的孙子汝南郡王赵允让的儿子赵宗实进入宫中,让曹皇后养育着作为儿子,当时只有四岁。后来,赵宗实年龄大了,还没被确定为皇帝的接班人,就让他到宫外居住。当赵宗实在父亲汝南王赵允让的丧期中服丧时,司马光、欧阳修、包拯、吴景初、赵抃、吴奎等人都给仁宗上书,坚决请求仁宗早些确立皇嗣。宰相文彦博、富弼、王尧臣都相继劝仁宗早定大计,却不见仁宗有回信。司马光上书说:"先前,臣建议立太子,如今您却还没考虑这事,这一定是有人说陛下正是年富力强的时候,何必早早地做这不吉利的事。小人没有远虑,他们只想在仓促之时,立他们得意的人选罢了。历史上定策国老、门生天子的祸事能说得完吗?"仁宗看后,非常感动。这时,主管江州事务的吕诲也上书说这事。仁宗召韩琦商议,读了司马光和吕诲的上书,仁宗说:"朕有这个想法已经很久了,你看谁接我的班合适?"韩琦惶恐地说:"这不是我做臣子可议的,应当您自己选择。"仁宗说:"宫中曾养了两个孩子,小的很单纯,好像有点不聪明,大的还可以。"韩琦请仁宗说出他的名字。仁宗说:"是宗实。"韩琦很赞成,于是就决定了下来。仁宗下令召宗实,宗实坚决请求服完丧期再说,仁宗答应了。宗实服完了其父的丧期,仁宗又召他,宗实却坚决推辞。仁宗命令王珪作诏书立赵宗实为皇嗣,宗实又称自己有病,再次推辞。司马光对仁宗说:"宗实说自己资质浅薄,这说明他比普通人更有贤德。不过,以父亲的名义召他他不应,用国君的命令召他,他很快会来。希望您用他作为臣子应有的大义来责备他，他一定会来。”仁宗采纳了这个意见，赵宗实于是接受了命令。将要入宫时，赵宗实告诫他的宾客、兄弟说：“好好看着我的家，等皇上有了亲儿子，我就立刻搬回去。”然后坐上轿子就往仁宗那里去。他的随从不满三十人，行李也很简单，只有几柜子书而已。朝廷内外人们都在庆贺。赵宗实成了皇子后，改名叫赵曙。他为人谨慎不张扬，对人恭敬不多说话，没有鬼心眼，而人们私底下知道他有圣德之心。

仁宗对人恭敬、仁爱、宽恕，从不放纵自己，始终如一，恭敬上天，重视人民。有关官员曾经请求将玉清宫的旧址开辟为苑，仁宗说：“我用着先帝的苑囿还嫌太大，开辟它做什么？”对判死罪有疑点的人，他要求重新审判定罪，仁宗每年使上千人免于冤死。他曾说过：“朕从没有咒人死，更不敢滥用刑啊！”他曾和近臣说：“昨夜因睡不着觉感觉饿了，就想吃烤羊。”近臣说：“您怎么不说一声，要呢？”仁宗说：“我是怕这将成为惯例，我怎能不忍一夜之饥，而开了无穷的杀生啊！”仁宗祭祀后宴请同宗族的人。他常穿多次洗过的衣服，所用的帷帐、被子多用粗绸制成。有人进献给他二十八枚蛤蜊，一个价值一千钱，仁宗说：“我这一下筷，就耗费二十八千钱，享受不起啊！”北使说：“高丽职贡上书，希望再派兵。”仁宗对他说：“这只是王子的罪过，和老百姓没关系。要是增加兵力，未必能杀了王子，遭殃的是百姓。”就没再派兵。仁宗好学，崇尚儒学。为研读“经史”而设了御前讲席，他曾对陪侍的臣子说：“朕在这盛暑也没什么倦意，只是怕卿等太劳累了。”仁宗下诏，让州、县都成立学校，确定太学生员。王尧臣考试被选中，赐给了《中庸》篇；吕臻考试被选中，赐给了《大学》篇。在《礼记》中，仁宗特别强调儒臣要重视以上两篇。这是“四书”之学的开端。其后有程颐加配上了《论语》《孟子》，朱熹完成了《四书章句集注》。在庆历以前，朝中也有小人，但邪不压正；庆历以后，满朝就全是君子了。《大学》中说：“为人君，止于仁。”仁宗皇帝无愧于这六个字。仁宗在位四十三年死了，皇子赵曙即位，这就是北宋英宗皇帝。他尊奉曹皇后为皇太后。仁宗赵祯的死讯传出，即使是居住在深山穷谷中的人，没有不奔走悲号的，就像死了亲爹娘。

英宗赵曙生了病,下诏令请皇太后代理处置军、国重事。太后本性慈善,有约束,读过些"经史"之类的书。这时上朝听政,大多引用经义来决定事情。朝廷内外的奏章,一天要有几十封,全都能记下纲要,不需身边的人和外戚帮忙,宫内和官署中的人为之而恭敬。当初,英宗病情严重,所做的事情有的改变了常规,对待宦者更加不客气。所以他身边的人很不高兴,一起到太后那里说他的不是。这样一来,太后就和英宗有了矛盾,朝廷内外的人为此很是担心。知谏院的吕诲上书劝解,皇帝和太后仍没和解。有一天,韩琦、欧阳修在太后帘前奏事,曹太后呜咽流泪,说了与英宗隔阂的经过。韩琦说:"这是皇上的病造成的,他的病好了就不会这样了。儿子有病,做母亲的能不体谅一些吗?"太后还是生气,欧阳修又进一步劝她说:"太后侍奉先帝几十年,仁德的名声传遍了天下。以前张贵妃深受先帝的宠爱,张贵妃死后,被追册封为温成皇后。太后对温成能宽容对待,如今母子之间反而不能包容了吗?"听到这话,曹太后的气稍微消了些。韩琦又进一步说:"臣等人在宫外,皇上要是得不到调治护理,太后可不能推卸责任!"太后吃惊地说:"这是什么话,我对他的病,心情更急躁呀!"后来,朝中同僚知道了韩琦对太后说了这话,都为他吓得直流汗。几天后,韩琦单独去见英宗,英宗说:"太后对我无恩。"韩琦说:"自古,圣明的帝王不算少了,而唯独称赞舜帝是大孝子,难道说其他人都不孝吗?一般说来,父母慈善而儿子孝顺,这是常理,不值得说。只有父母不慈善而儿子却不失孝道,这才是可称赞的。我这么说只恐怕陛下对太后的孝做得还不够罢了,难道说还有父母不慈善的吗?"听了这番话,英宗深受感动而醒悟。英宗六个月没上大殿,这时登上紫宸殿面见百官,韩琦又趁机请英宗乘车去祈祷下雨,都穿着白衣出去,人们心里才安稳下来。

英宗在迩英阁命令侍臣讲读"经史",翰林侍读学士刘敞读《史记》读到唐尧把天下交给虞舜时,就拱手说道:"舜出身卑贱,尧把帝位让给了他,天地的神灵享受他的祭祀,百姓拥戴他,没有别的原因,只是孝顺和友爱的品德能发扬于上下罢了。"英宗吃了一惊而变了脸色。太后听说了非常高兴,到此,皇帝和太后的矛盾才彻底化解开了。太后立了妃子高氏为英宗的皇后,皇后的母亲曹氏是曹太后的姐姐。高皇后很小的时候就被养育在宫中,她和英宗同年出生,又一起抚养在太后身边。仁宗曾经说过:"将来一定让他们成婚配。"后来高氏和英宗成婚,生了三个儿子,这时册封为皇后。韩琦想让太后撤帘,把政事交还给英宗,就拿十几件事交给英宗裁决,结果件件处理得恰当。韩琦当即又到太后那里禀告,太后对英宗每件事的处理结果也称好。韩琦向太后请求辞去自己的官职,太后说:"相公不可以辞官,我应当到深宫里去了,却每天在这里很不合适。"韩琦当即赞许说:"从前,像马皇后(东汉明帝刘庄的皇后,马援之女)、邓皇后(东汉和帝刘肇的皇后,邓禹的孙女)那么贤良的人也免不了贪恋权势,如今太后能够把政权归还给皇上,这真是马、邓两人所赶不上的。只是不知道太后打算什么时候撤帘?"太后于是起身,韩琦立即严厉地命令鸾仪司的人撤帘,英宗才开始亲自管理政事。当初,内侍任守忠趁英宗生病,就挑拨皇帝与太后的关系,使事态扩大。有一天,韩琦拿出一张空白诏书,欧阳修在上面已签了名,又交给赵概,赵概感到为难。欧阳修对他说:"您只管签上名,韩公一定自有说道。"赵概不敢再说什么了。不一会儿,韩琦坐到政事堂上,召任守忠站在庭下对他说:"按你的罪,应当死!"于是把任守忠贬到了蕲州(今湖北蕲春),在诏书上填写完,交给了任守忠,当天就把任守忠押走了。韩琦以为,再晚几天怕这事再有什么变化。任守忠的党羽史昭锡等人也全都流放到了南方,朝廷内外大快人心。丁未年(公元1067年)正月,英宗又得了重病,韩琦进宫看望皇帝,对英宗说:"陛下很长时间没管理朝政了,希望早些确定下太子,以便使国家安定。"英宗点了点头,立即召去了学士承旨张方平到福宁殿。英宗身靠在小几上,说出的话已听不清了。张方平递给他一支笔,英宗在纸上写了:"立颍王为皇太子。"张方平请英宗写上太子的名字,英宗吃力地快速写上了。张方平退出福宁殿,开始起草皇帝的诏书,立颍王赵顼为皇太子。太子已立,英宗流下了眼泪。文彦博退出宫后,对韩琦说:"看见皇上的脸色了吗?人一生到了这个时候,即使是父子也不能不动情了!”英宗赵曙在位四年死了。他尊重大臣,爱民好士。每当他断定一事,都出乎群臣的意料,堪称良主。只是上天不多给他几年,不能大有所为,是很可惜的。太子赵顼即了皇位,这就是北宋神宗皇帝,他立妃子向氏做了皇后。向氏是前太尉向敏中的曾孙女。

神宗即位的最初几年励精图治,从不游玩、打猎,也不再造宫室,一心忙着干政事,打算攻破辽国,灭掉西夏,但担心财用不足。王安石是翰林学士,他越级进宫找神宗谈话,用富国强兵之术来说服神宗。他说:“从前周王朝设置了泉府官员使天下的钱财得以流通,后世只有桑弘羊、刘晏做过类似的事情。学者不明白先王的法令制度,反而认为人主不应与民争利。现在要理财,就应重提泉府之法,把利益权收回来。”神宗打算采纳他的说法,王安石还怕神宗不会坚决做这事,不能任用他,又说:“人才难得到,也难知道,从前唐尧让众臣一起选择一个人领导治水,还不能没有失败的事情,直到最后才成功。如今想变法,所任用的人如果不合适,怎么能不出一两件败事?应当考虑利害得失的多与少,而不被异论所迷惑,下定决心推行此法,时间一长,自然会收到成效。”神宗认为他说得很对,决定任用王安石,就用王安石做了宰相。唐介对神宗说:“王安石器量狭窄,容不下人,虽好学却拘泥古法,对如今的年代不适用,任用他一定会危害国家。要想找贤能的宰相,就要用吕公著、司马光、韩维这样的人。”神宗没听他的。王安石执政后,士大夫都认为皇上用对了人,只有吕诲不同意这一观点。吕诲要进宫劝说皇帝时,路上遇见了司马光。司马光就神秘地问吕诲今天入宫要说什么事,吕诲说:“我袖里有封检举奏章,揭发新提拔的人。”司马光吃惊地说:“大家都高兴皇上用对了人,你怎么还有另论?”吕诲说:“君实(司马光的表字)你也这么说吗?安石虽然现在很有名气,然而却有偏见,轻信邪恶的小人,喜欢别人谄媚自己,听他说的话很漂亮,干起事来就不是那么回事了,将来误天下百姓的一定是这个人了。”于是吕诲向神宗上书极力劝谏。神宗很反感,就把吕诲调出京城,让他主管邓州去了。吕诲走了以后,王安石更加固执,司马光因此而佩服吕诲的先见，自认为赶不上他。后来青苗法盛行，吕诲请求辞官，再后来吕诲病重，写了封信嘱托司马光为他写篇墓铭。司马光去看望他，来到吕诲的病床前时，吕诲的双眼将要闭上了。司马光大声对他说："你还有嘱咐我的事吗?"吕诲睁开眼说："天下的事还可以做，君实努力吧！"说完，吕诲就死了。

王安石想推行新法，见同僚们排挤他，就用吕惠卿、章惇、曾布、韩绛等奸邪附己的人作为心腹，由此农田法、水利法、青苗法、均输法、保甲法、免役法、市易法、保马法、方田法等相继出笼，号称为新法，在天下推行，而民不聊生了。所谓农田、水利法就是开辟道路，荒废农田，兴修水利而收取水税，并考察官吏的家人，让他们都同样服役，不可以有所偏私。青苗法就是将要播种青苗时，让农民自己估量能有多少产量，先贷给钱，等庄稼成熟了按百分之二十的利息还给官府。均输法就是各州、各郡所应缴纳的公粮，让他们在当地平均粮价，交出土地所产多余的产品，由官府运送到缺乏这种东西的地方卖掉，从中获利。保甲法就是十家为一保，设有保长；五十家作为一个大保，有大保长；十六个大保作为都保，选出民众所佩服的两个人作为正副都保长，听任保丁自己购置刀枪弓箭，让他们学习武艺来抵御敌寇。免役法就是凡是应当出劳役的人家，按等级出钱可免服役。市易法就是用金、帛等各种货物作典当的人，贷给他钱，要求他按期还钱，半年缴纳利息十分之一，到一年增一倍，过期不交纳的，利息外再加罚钱。保马法就是让保甲户为官府养马，养死了就要赔偿。方田法就是按东西南北各一千步作为一方计算测量土地，分成五个等级来定税。各法都害民，而青苗法更加厉害。

这时神宗决心用王安石实行新法，万民忧虑抱怨。这时期富弼、韩琦、司马光、赵抃、张方平、苏轼、苏辙、吕公著、吕公弼、范纯仁、程颢、欧阳修、郑獬、孙觉、李常、张戬、刘庠、范镇、王拱辰、韩维、刘挚、杨绘、唐诇等人先后给皇帝上书，说尽了新法的害处，请求恢复祖宗的旧法，神宗一律听不进去。于是大臣们纷纷相继离开朝廷，有的人被贬官赶走。王安石本性固执，把新法说得天花乱坠，坚持新法更加坚决。正赶上久旱年荒，征收赋税苛刻急迫，东北方的流浪民众每当有风沙、雾霾昏暗的日子,就男女老少扶老携幼塞满道路,他们瘦弱多病、忧愁痛苦,全身没有完整的衣裤。他们有的吃野果、草根,因交不起赋税,直到人身被拘禁,就卖掉房子来偿还官府,这种现象没完没了。看守安上门的郑侠把自己所看到的景象画成了图,并派人骑马把图送到了皇帝所属的银台司,并且说:“旱情是由王安石所引起的,如果罢免王安石再不下雨,就斩了臣子我来正欺君之罪。”图送到神宗手里,他反复琢磨着画图,叹息了很长时间,然后把图藏到了袖子里进入后宫。这一夜,神宗睡不着觉了。第二天他就下令废除青苗、免役等新法。百姓听到这一消息,欢呼着互相庆贺,这一天,果然下了场大雨,远近的土地都得到了滋润。吕惠卿、郑绾骂郑侠是疯子,治他擅自给皇上送画的罪过,郑侠被抓到狱里,后来又流放到英州,而新法又通行无阻了。主持潮州府的苏轼借诗歌来讽刺朝政,针对青苗法他写道:“赢得儿童语音好,一年强半在城中。”针对税收的官员他写道:“读书万卷不读律,致君尧舜终无术。”针对水利法他写道:“东海若知明主意,应教斥卤变桑田。”针对盐禁他写道:“岂是闻韶解忘味,迩来三月食无盐。”因这些诗句被中丞李定、御史舒亶上奏朝廷,于是把苏轼下到监狱里,认为他诽谤朝政,想杀掉他。曹太皇后听到这事就对神宗说了,苏轼才得以免死。

当初,青涧(今陕西清涧县)的守将种谔接受了西夏的臣子嵬名山的投降,于是在绥州(今陕西绥德)修筑城墙。西夏主李谅祚用欺诈的手段要和北宋的将领会面,结果诱杀了杨定等人。这样,北宋和西夏边境又不平静了。当时宋神宗想吞并西夏,多次派兵去打它。西夏人也多次侵犯北宋的边境,双方互有胜败,北宋得到了西夏边寨的六个城堡的土地。后来北宋任用宦者李宪讨伐西夏,在灵州永乐(今宁夏灵武市)的一仗,北宋军被杀死六十多万人,损失的钱、粮、银、绢不可胜数。消息传到京城,神宗皇帝在朝廷上大哭,为这事吃不下饭了,很是后悔。从此神宗就不想和西夏作战了,而西夏人也疲惫不堪了。西夏主李秉常向北宋朝廷上表,请求恢复友好关系,神宗下诏允许了。辽国见中原地区实行新法,怕将来会打它,就派萧禧到北宋,请求北宋割让土地。王安石说:“要想取它,就一定要姑且先给它。”于是割黄河以东的土地,以分水岭为界,东边、西边割去了七百里给了辽国,北宋国势更加衰弱了。在神宗之前,北宋是国家太平安定的时代,神宗之后就变成死丧祸乱的年代了。王安石因儿子王雱死亡而悲伤不堪,请求朝廷解除他的军政方面的机要职务,神宗同意了。没多久,王安石就死了。王安石本性不好新衣美食,对自己也有约束,只是性格上刚愎自用,无人能劝得动他。然而他很有辩论驳斥的口才,所以神宗能不顾众人的议论,而采纳了他的主张。王安石甚至说:“天变不足以畏惧,祖宗不足以效法,人言不足以忧虑。”因此,他不能美名到终身。

北宋第五代皇帝神宗赵顼生了病,他立了第六个儿子延安郡王赵庸为皇太子,并赐给名字叫赵煦,当时年仅十岁。神宗又下诏书让英宗赵曙的宣仁皇后,即太后高氏代替他处理国事。神宗在位十八年而死,当时年龄三十八岁。太子赵煦即位,这就是北宋哲宗皇帝,太皇太后高氏和哲宗一起上朝听政。第二年改元为元祐元年(公元 1086 年),立即废除了十多项新法。任用了司马光、吕公著、文彦博、韩维、范纯仁、苏轼、吕大防、刘挚、程颐、苏辙和范祖禹等人,贬降了吕嘉问、吕惠卿、蔡确、章惇等人的官职,全部罢除了新法。当时,太皇太后临朝听政,司马光掌政,天下得到大治。司马光死后,吕公著又执掌朝政,吕公著死后,又由吕大防、范纯仁掌握国政。这时皇帝哲宗年龄大了些,太皇太后选遍了世代显贵家族的女儿,得到一百多人全都纳入后宫。太皇太后对执政大臣说:“孟元的孙女能守妇道,应当以她为主。”任命吕大防为皇后六礼使,册封孟氏做了皇后。太皇太后又对哲宗说:“你能得到贤内助,不是小事啊!”元祐八年(公元 1093 年)九月太皇太后高氏生了病,吕大防、范纯仁等人进宫看望。太皇太后说:“先帝对自己做过的错事很是后悔,都达到了流泪的程度。这事皇上应该深深地感悟到了。”她又说:“我死后,一定会有许多人挑唆皇上,应加以制止。你们这些人也应早些退出官场,让皇上另用一批人。”于是她传唤身边的人,问他们祭祀土地神所供的饭开饭了没有。她对吕大防、范纯仁等人说:“你们各去吃一匙社饭,明年吃社饭时,思量老身我啊。”九月,太皇太后死了。太皇太后高氏临朝听政时,召用旧老名臣,罢废新法苛政,把边境上有营垒的土地都送给了西夏,于是天下又安定了。辽主也告诫他的臣子,不让他们在边地惹事,他说:“南朝完全推行宋仁宗时的政令了。”高氏当政九年,朝廷政治平稳,华夏大地安定。她努力推行善政,压制杜绝对亲戚家的私恩,人们认为高太皇太后是女中的唐尧和虞舜。

太皇太后死了以后,哲宗皇帝开始亲自主持政事,把当年改为绍圣元年(公元1094年)。这时一些小人极力诽谤太皇太后时的政事,哲宗罢免了吕大防、苏轼、苏辙、范祖禹、范纯仁等人的官职,而任用了章惇、蔡京、吕惠卿、曾布等人。章惇以恢复新法为国事,把司马光看成了奸邪之徒,又安排自己的党羽蔡卞、林希、张商英等人担任重要职务,为皇帝进言,又一起合谋报仇怨,于是“朋党”的议论起来了。哲宗下诏书,告知天下人再次实行新法。按不同程度追贬元祐年间的宰相和执政大臣吕公著、司马光、王岩叟、赵瞻、傅尧俞、韩维、孙固、胡宗愈等人的官职,说吕公著等人带头狼狈为奸,污蔑先帝神宗改变法令制度,罪恶深重。章惇和蔡卞还要求挖开司马光和吕公著的坟墓,劈开棺椁暴露尸骨。哲宗就这事询问许将,许将说:“这不是有盛德的人干的事。”哲宗于是打消了这个念头。哲宗把元祐年间的宰相和执政大臣吕大防、刘挚、苏辙、梁焘、范纯仁安置到岭南,不同程度地降了韩维、刘奉世等以下三十人的官职。章惇、蔡卞又想诽谤宣仁高太皇太后,捏造她常想危害哲宗的事情,并为哲宗写好了诏书,请求追废太皇太后为平民。神宗的皇后向太后听说了这事,大哭着对哲宗说:“从前我侍候过高太后,冲着太阳说话,他们所说的事是从哪来的?皇帝一定要追废高太后,那么把我也废了好了!”哲宗有所感悟,就把章惇、蔡卞所上的奏章烧了。第二天,章惇、蔡卞再次写好了奏章,坚持请求追废高太皇太后。哲宗说:“卿等不想让朕进英宗的庙了吗?”于是把他们的奏章扔在了地上,这事才作罢。当时刘婕妤仗着哲宗对她的宠爱,就对孟皇后很无礼。孟皇后很生气,于是两个人有了仇。章惇暗中依附于刘婕好，以至于哲宗废掉了孟皇后，让她作为仙师出去居住到瑶华宫，而立了刘氏做了皇后。邹浩极力劝谏，哲宗听不进去。哲宗皇帝在位十五年死了。他亲政以后，七年中奸党专权横行，有二蔡二惇的歌谣流传。“二蔡”就是蔡京、蔡卞，“二惇”就是章惇、安惇。哲宗没有儿子，向太后（神宗的皇后）哭着对宰相、大臣们说：“国家不幸，大行皇帝没后代。”章惇高声说：“按礼法讲，应立同母弟简王赵似。”向太后说：“老身我没儿子，其他王都是神宗庶出的儿子，不可以如此分别。哲宗的兄弟中按年龄那么申王赵佖应立为继承者，但赵佖眼睛有毛病，按次序下面就是端王赵佶了。”于是接端王赵佶进宫，这就是北宋徽宗皇帝。

大臣们请向太后以皇帝同样的权力参与处理军队和国家大事。追认恢复司马光、吕公著等人的官职，任用了韩忠彦、范纯仁等人，罢免了蔡卞、章惇、蔡京等人的官职。最初政事略有可观，没多久向太后放弃了政事的参与，徽宗亲自处理政务。右正言任伯雨极力向徽宗论述当时政事的得与失，半年之间上书一百零八件。徽宗不听。曾布开始专权，又逐渐用王安石的新法劝说皇帝，排挤打击元祐年间的一些大臣。徽宗罢免了任伯雨、范纯仁、江公望、陈瓘等人的官职，派内侍童贯到三吴地区访求书画等奇巧的玩物，并在杭州制作皇宫用的御器。童贯在杭州待了一个多月，这期间蔡京找上了他，日夜和他待在一起。回京后，童贯向徽宗推荐了蔡京，于是徽宗又召用了蔡京。蔡京也向徽宗提议用新法，于是再次追贬了司马光等人。徽宗下了诏书，要求登记哲宗元祐年间党人子弟的名字，不允许他们在京城做官。蔡京记下了元祐年间的宰相和执政大臣司马光等人，以及追随者苏轼等人、文臣程颐等人、武将王献可等人、宦官张士良等一百二十人，排列出他们的罪状，称他们为奸党，请徽宗亲手写下来刻在端礼门的石头上。又颁布让各州县也把“元祐奸党”人的名字及所做的事用刻石碑的形式公布出来。长安有个叫安民的石工被指派刻字，他推辞说：“小民是个愚笨人，根本不知立碑的意思。只是像司马相公这样的人，天下人都说他正直，如今把他称为奸邪，小民不忍心刻啊。”府里的官员发怒了，想给他定个罪名，安民石匠哭着说："被迫服役不敢再推辞，请求不要让我把'安民'两个字刻在碑文下面，否则恐怕得罪天下后世的人。"朝廷又贬降任伯雨等十二个人到偏远的州去，又将王安石配享孔庙，位置列在孟子之后。又用蔡京的儿子蔡攸做了学士。皇帝命令蔡京监督铸造的九鼎成功，被安放在九成宫。徽宗到了那里，在为北方宝鼎献酒时，鼎忽然破裂。

徽宗心灵手巧，他大兴土木工程，淫乐做到了极点。他喜欢花石，蔡京就含蓄地把皇上的喜好告诉了朱勔，让他秘密地取浙江一带的珍异观赏玩物献给徽宗。最初送到了三棵黄杨，徽宗很是赞美。后来，年年增加进贡，船只在黄河、汴河里首尾相接地航行，被称为"花石纲"。凡是人家中一石一木稍微值得观赏玩耍的，就领着强壮有力的士兵冲入其家，贴上黄色的封条定为皇帝的东西，让士兵看守着，稍微不小心就被定为大不敬之罪。等到要拿走这些东西时，总是要拆屋挖墙运出去，所以人们不敢再存放稍微有点奇特的东西了。运送花石纲的船上撑船的篙工和舵手仗势贪财，蛮横欺压沿途州县的人，路上行人都远远地避开他们。徽宗喜好道教，寻求招集方士，最初宠信王老志、王仔昔。徽宗用尽国家的财力、物力来营造土木工程，在景龙门做上清宝箓宫，隐秘地连接着皇宫。在宫中、皇城上又做天桥通宝箓宫，以便请道士做斋坛向神祈祷。又给玉皇大帝上了美好的称号。徽宗又下诏书，命令在天下的名山胜景处都修建宫观，塑造神像。有一次，徽宗到上清宝箓宫，让林灵素讲解道经。从此，每当开设隆重的斋戒，都要费去几万贯钱，把这称为"千道会"。道教的组织"道箓院"上表给天神，册封徽宗为教主道君皇帝。徽宗很宠信王黼和蔡攸，两人随时可觐见他。他们曾对徽宗说："皇上赶上了太平年代，正应当及时行乐。一个人能活多大岁数，何必白白地自吃劳苦呢?"徽宗认为他们的话很对，于是他多次穿便衣出行。他让人在园林中仿照浙江地方建起普通民房，就像村居野店一样，里边养上珍禽异兽，常常多得惊人。京城每当刮秋风或静夜的时候，禽兽的叫声响彻四方，就像身处深山、野泽间一样。有见识的人知道，这是不祥之兆。王黼作为少宰(尚书省的副长官),用尽了天下的财力,凡是四方的珍贵奇异之物,全部用苛刻的手段从民众手里搜刮走,进献给徽宗的不到十分之一,剩余的都被他拿回家里了。王黼、蔡攸两人都享受“三公”待遇。蔡攸的权势和他的父亲蔡京相抵触,父子两人各立门户,发展成了仇敌。

建德军所属的清溪民方腊家里有漆树园,造作局对他多次残酷压榨,方腊怨恨但不敢发作。这时吴中地方的人民被朱勔的花石征收所困扰,方腊趁民众忍受不了了,就暗中聚集贫苦的民众,以诛杀朱勔为号召,十天就聚集起来几万人,攻下了建德军所属的睦、婺、歙、衢、杭、庐等州。自从保甲法实行以来,民间武装组织很容易被组织起来。朝廷用童贯为浙江宣抚使领兵十五万去打方腊军队,方腊撤退回清溪帮源洞(在今浙江省淳安县)。方腊的军队当时还有二十万人,和官军竭力作战却失败了。方腊跑到岩洞里,岩洞有多个洞口,没有人知道方腊等人是从哪个洞口进去的。官军的副将韩世忠偷偷地在溪谷间寻找,询问村妇找到了方腊等人所藏岩洞的路径,当即领兵拿着戈进洞杀了几十个人,并活捉方腊出洞,还捉到了方腊的妻儿以及军师方肥等五十二人。方腊军队被杀七万多人,其余的人都逃散了。方腊军总共攻下了六州五十二县。

当时淮河以南的宋江也召集人造反,三十六人称为天罡,七十二人称为地煞,在黄河以北地区活动,转战十个郡,官军不敢和他们作战。主持亳州(今安徽省亳州市)事务的侯蒙向朝廷上书说:“宋江的才能一定有超过普通人之处,不如赦免他,让他讨伐方腊来赎自己的罪。”徽宗命令侯蒙改管东平府事务(境内有梁山泊,是宋江起义军的根据地,在今山东东平、梁山县一带),结果他还没来得及上任就死了。徽宗又命令张叔夜主持海州事务(治所在今江苏灌云县西南),张叔夜派出间谍侦察宋江队伍的行军路线。这天,宋江军队直奔海边,截获了官军大船十多艘,装载战利品。张叔夜得到这一消息后,就招募敢死之士一千人,在城附近设下埋伏,派出轻装部队到海上引诱宋江军队和他们交战,并先隐藏强壮的士兵在海边附近。等到宋江军下船,两军交锋时,张叔夜用火烧船,此时张叔夜的埋伏的士兵出击,捉住了宋江军的副将,宋江等人才投降。

当初,徽宗用内侍童贯监管洮西军,后来又用他加管湟州和洮州(今甘肃临潭)事务。这时他的权力更大了,也更加邪恶。他在西部得到了他所要的,于是他说有力量可以消灭辽国了,而朝中灭辽的议论就是从这时开始的。此时辽国的属国女真族(今满族)的完颜阿骨打背叛了辽国,并多次领兵击败了辽军而自称了皇帝,国号叫“金”。北宋派武义大夫马政走海路出使金国,和金国约定一起攻打辽国,并说明灭辽后北宋只要燕云十六州之地(约为今河北、陕西两省北部地区)。谈判的结果是与北宋夹攻得到燕云之地就归北宋所有,如果金国自己取得了,就不在分割之议。徽宗又派马政到金国,称无论如何坚决要全部收回燕云之地,并且向金国通报了北宋出兵的日期,还答应每年向金国提供货币。后来,金国的粘没喝偷袭了辽主的行营,辽主逃到夹山中。北宋派童贯领兵十五万人来助金军攻打辽军,辽军在白沟河边(在今河北定兴县,为当时北宋和辽国的界河)把童贯军击败,徽宗下令撤回军队。辽国派使者到北宋军中说:“女真人背叛了我们辽国,这行为也是你们南朝所应痛恨的。如今你们追求一时之利而放弃与我们的百年之好,想和金国这样的虎狼之国为邻,种下了以后的祸根,你们认为合适吗?在邻国有难时救一下,体恤一下邻邦,这是自古以来的大道理,希望像你们这样的大国反复考虑一下。”童贯无法回答辽国使者的话。统制种师道提议与辽国讲和,童贯不同意。朝散郎宋昭向皇帝上书,坚持说不可以攻打辽国,也不可和金国结盟,如果以后金国不遵守盟约,就会成为中原的祸患。并请求杀掉王黼、童贯、赵良嗣等人。还说:“宋和辽两国有过誓言,毁盟约的人要灭九族,请陛下还是考虑考虑吧!”徽宗下诏书罢免宋昭的官职,宋昭被押送到海州看管了起来。当年,高丽国王俣得了病,到北宋求医生。这时俣死了,他的儿子楷继承了王位,就派人把医生送回北宋并捎带着奏言说:“辽是兄弟国家,不可以攻打它,保存住辽国,完全可以使宋国边疆平安。”北宋主还是听不进去。辽主耶律淳死了,他的妻子萧氏主持国事。北宋的童贯再次进兵攻打辽国,辽国的涿州留守郭药师献城向北宋投降了。金主领兵攻陷了辽国的燕京,辽国的萧太后从燕京跑到天德

(今内蒙古乌拉特旗一带),辽国宰相左企弓等人出降表向金国投降。

当初,北宋与金国约定,北宋只求“五代”时后晋石敬瑭送给契丹的土地,这时派赵良嗣(原名叫马植)到金国去,并且还要求要回唐朝后期刘仁恭所献给契丹的营、平、滦三个州。金主不答应。这时左企弓向金国献诗说:“君王莫听捐燕议,一寸山河一寸金。”因此金国人想毁掉当初和北宋定的盟约。赵良嗣返回北宋朝廷报告,王黼想尽快达到目的,于是请求皇上再派赵良嗣到金国去,答应除了给金人每年货币四十万之外,每年再加上燕京及代地的税钱一百万贯给金国。金国主大喜,于是让银术可等人拿来“誓书”,答应把燕京和涿、易、檀、顺、景、蓟六个州给北宋,而山后(指太行山北端、军都山以北地区)各州以及西北一带不给。宋徽宗也只好答应了。之后,燕地的金银、丝绸、民众、职官以及有钱的大户都被金人送到东方,那里只剩个空城而已。粘没喝还想阻止割涿、易等州,金国主对他说:“海上的盟约不可忘记,等我死后你再想怎么干就怎么干吧。”于是给了北宋燕京和六州之地。金人驱赶辽国的宰相左企弓以及虞仲文、曹义勇、康公弼等人和燕京大户人家、富民一齐向东迁徙,燕地的民众一路上吃尽了苦头。路过平州时(今河北滦县)有人对张觉说:“左企弓不想法子守住燕地,使我们民众流离到这里。如今您所在的这个地方拥有强兵,如果您对辽国尽忠心就一定能让我们再回到故乡,那时人心也就归向您了。”张觉于是召集将领们商议,大家都说:“听说天祚帝耶律延禧的军队又振作起来了,出没在大漠之南,您要是仗义辅助天祚帝来恢复国家,就先责罚左企弓等人的叛降之罪并杀了他们,再把燕地的民众送回去,让他们恢复生产和生活。现在暂时把平洲之地归宋,就是金国军队来攻打,我们内用平州的军队,在外得到宋人的援助,还怕什么呢?”张觉于是招去左企弓等人,数落了他们的十条罪状,勒死了他们。张觉派使者到燕山向北宋的王安中说明愿用平州来向北宋投降,王安中把这事报告给了朝廷。王黼劝徽宗接纳他们,赵良嗣却说:“我国刚和金国定盟,这样做一定会得罪它,那时后悔可来不及了。”宋徽宗没有听赵良嗣的。这时金国完颜阿骨打死了,他的弟弟完颜吴乞买即位。金国将领斡离不领兵偷袭了平州,张觉跑到了燕山。斡离不派人到燕山,以北宋容纳金国的叛将来责问王安中,接着想派兵攻打燕山。徽宗下诏令给王安中,让他把张觉交给金国。王安中迫不得已勒死了张觉,用盒子装上张觉的脑袋,连同张觉的两个儿子一起交给了金国。郭药师说:"金国人想要张觉的头就立即给了他,要是再想要我药师的头也得给他了。"他竭力向徽宗请求不要做这种事。从此,原来投靠北宋的辽国将士人心离散,而金国人也因此而使自已的军队更加强大了。京城东门外有个卖菜的人,走到宣德门时忽然神智失常,他放下菜担子用食指和中指向大门指点着说:"太祖皇帝、仁宗皇帝让我来说,应赶紧改呀!"他被巡逻的士兵捉住,送到了开封监狱,一夜才清醒过来,不知先前做过什么,他在狱中被杀。金国将领粘没喝和斡离不率领军队分成两路进攻北宋,童贯从太原逃回京城。粘没喝进入朔州,打下了代州,围住了太原,太原知府张孝纯全力死守。斡离不进入檀州,攻陷了蓟州,郭药师在白河(从河北沽源县到北京密云的一段河流)领兵迎击金军,结果吃了败仗。于是他领兵回到燕山府(辖今河北北部和东北部),捉住知府蔡靖向金军投降了,金军全部占领了燕山府的州县。当时金国军队攻打得很紧迫,徽宗下诏书让大臣和平民提供好的策略,号召天下人为皇室尽力。

徽宗想避开战乱向东走,太常少卿李纲对他说:"如今敌人兵势猖獗,不把皇位传给太子就不足以招来天下的豪杰。"于是徽宗传位给皇太子赵桓,这就是北宋钦宗。他尊徽宗为教主道君太上皇帝,徽宗在皇位二十六年。钦宗任命李纲为兵部侍郎,派李邺到金军中,向他们说明宋国已换了皇帝,并且请求和好。斡离不打算答应,郭药师劝他说:"宋国的南方未必有什么准备,不如向那里进军。"金国军队于是向南方进军。北宋的太学生陈东率领一些学生向朝廷上书说:"败坏天下的是蔡京、梁师成、李彦、朱勔、王黼和童贯,请斩了这六个贼来向天下人谢罪。"皇帝非常赞成地采纳了这个建议。他把王黼流放到了永州,王黼在那里被人杀死了。还命令李彦、梁师成自杀,朱勔被罢官回乡。以上这些人都被抄了家,没收了财产,只有蔡京和童贯跟随徽宗一起向东去避难,没被定罪。徽宗一行人向亳州方向走,最后在镇江住了下来。金国军队进入相州和濬州,梁方平率领皇帝的禁军驻扎在黎阳河(在今河南浚县)北岸,金兵突然到来,黎阳河南岸守桥的人望见金军的旗帜,放火烧了桥就跑了。梁方平所领的队伍溃败而回,北宋军队在黎阳河南岸的没有一个人敢抵抗。金军用小船运兵,总共运了五天,骑兵才运完。金军的步兵还没渡河时,骑兵随即渡过河去即走开,不再归到原来的队伍。金国人笑着说:"南朝可以说没人了,如果用一两千人守河,我们能这么快过了河吗?"金兵进军取得了滑州(今河南滑县)。金将斡离不等人过了黄河后,北宋人得到消息吓坏了,宰相和执政大臣们提议请钦宗赶紧到襄州或邓州避一避。吴敏恳切地请皇帝留下来,钦宗不听。李刚哭着跪拜请钦宗留下,并以死来挽留他,钦宗还是想走,李纲又劝谏道:"陛下已经答应过臣子我留下来,现在保卫京城的六军的将士及他们的父母、妻子、儿女也都在京城,他们愿意以死来捍卫京城。再说,万一半路出了意外,那种情况下谁来保卫您呢?现在敌军已经逼近,如果他们知道您的车马没走远,用快马去追您,您怎么办?"钦宗这才想明白了,就打消了出走的念头。京城的六个禁卫军的将士听到这个消息都很振奋。李纲准备防守和作战的器具,用了几天时间就完成了。

金国将领斡离不率领军队进军包围了北宋京城开封。钦宗下令让大臣们共同商议一下该怎么办。李邦彦等人主张割给金人土地来讲和,李纲主张抵抗。钦宗竟然听从了李邦彦的提议,派李棁出使金军。李纲请求和李棁一起去,钦宗不答应。李纲说:"国家的安危就在此一举了,臣怕李棁怯懦,误了国家大事啊!"钦宗还是不同意。这天夜里,金军攻打宣泽门,被李纲领兵击败,斩了金兵一百多人,到天亮时金兵才退走。李棁到了金军大营,斡离不对他说:"今天你们要想讲和,就得给我们送来犒劳军队的东西,黄金五百万两,白银五千万两,牛马一万头,缎子一百万匹,尊奉金国皇帝为伯父,割让中山(今河北定州)、太原、河间(今河北河间)三个镇的土地给金国，还要有宋国的宰相和亲王做人质，送我大军过黄河，我们才退兵。”李棁等人只能是金人说什么是什么，不敢反驳一句，便领着金国使者萧三宝奴、耶律忠等人一起到北宋京城索要财物和人质。金人所要求的这些，都是郭药师教给他们的。李棁等人到了，李邦彦劝钦宗答应金国的要求。钦宗搜求、借用都城国库、富家的金银和歌舞艺人的家财，得到金子二十万两、银子四十万两，而京城中民间再也没有金银可出了。李纲对钦宗说：“金人所要的金币就是搜刮尽全国也不会达到那个数目，何况仅在都城呢？中山、太原、河间三镇是国家的屏障，割给他，国家还怎么生存？至于派人质，宰相应当去，亲王不该去！要是我们坚守几天，援救的兵马从四面八方一来，那么金军是孤军深入，不敢久留，恐怕是赶紧想退兵，到那时和他们定盟约，他们就不敢轻视中原，只有这样的讲和才能久远！”李邦彦等人说：“都城危在旦夕，还说什么三镇？而金币的数目，金人不会太计较。”钦宗没说话，李纲的话钦宗也不听。于是让张邦昌作为计议使和康王赵构到金军中做人质来求得讲和。

金兵攻打开封城的通津、景阳等城门，李纲亲自督战，斩了金军的将校级军官十多人，杀了金军士兵几千人。北宋将领何瓘奋力作战而死。金人答应了康王赵构的请求，把军队撤退到孟阳。种师道、姚平仲各路救兵到了汴京。金人收回流动突袭的骑兵，只是在牟驼冈（在今河南开封市西北）增加防御工事坚守。种师道请求朝廷放缓给金国人的金币，希望等到拖垮金军，在他们往回走过黄河时在黄河边消灭他们。李邦彦坚决不同意。这样，朝廷每天都在给金军送金币，而金人的需求没完没了，还每天放出兵马去杀人抢掠。后来，北宋各地的救兵陆续地来到京城。李纲说：“金人贪得无厌，凶恶蛮横一天比一天厉害，这种情况非用兵不可。况且敌人号称六万，我们已来的军队达到了二十多万人。他们是一支孤军深入到我们重地，如果我们掐住黄河渡口，断绝敌人的粮草，分出部分兵占住各城而用重兵围住敌营，只坚守营垒不和他们作战，等他们粮尽草绝没了力气，然后放他们回去，等到他们过河一半时出兵打他们，这是一定会取得胜利的计策。”钦宗认为很对,约定了日期实施。姚平仲怕功劳全被种师道抢去,于是他说,将士们都想速战速决,请求当夜去劫敌营。李纲答应了。姚平仲率领步兵、骑兵一万人去袭击敌营,他的队伍刚一行动,就被金军负责侦察的官员发现,斡离不派出兵马前去迎击,姚平仲军被打败,他怕回去被杀,就逃走了。金国军队再次围住汴城,李纲率领将领们从封丘门出去,在幕天坡用神臂弓射击敌人,金军才稍微退却了些。

金国将领斡离不招去留在金营的北宋使者,责问北宋朝廷违反誓约出兵的缘故。这时张昌邦吓哭了,康王赵构却没任何反应。一次康王曾和金人比赛射箭,康王连发击中目标,金人认为他是个将家子弟。金军又派王汭去北宋朝廷责问北宋出兵的原因,再招北宋的其他亲王去做人质。王汭到了,李邦彦对他说:“宋国用兵是李纲、姚平仲的擅自行动,不是朝廷的命令。”于是罢免了李纲的官来向金军谢罪。这时,钦宗打算再派出使者去说明劫金军营不是朝廷的意思。大臣们谁都不想去,只有宇文虚中接受了命令,情绪激昂地去了金营。太学生陈东等人以及都城中的民众几万人上书说李纲奋不顾身,担负着国家重任,正是所谓的社稷之臣,罢免了李纲的官就正中了金人的计策,请求恢复李纲的职务而赶走李邦彦等人。登闻鼓被敲坏,呼喊声惊天动地。钦宗怕发生事变,就恢复了李纲的官职,废除元祐年间所形成的党派学术的禁锢,追封了范仲淹、司马光等人。宇文虚中带着金军使者王汭来到了北宋朝廷,用肃王赵枢作为人质换回康王赵构和张邦昌。北宋把太原、中山、河间三镇的土地给了金国。金将斡离不得到了三镇后,知道北宋京城有防备,于是不等北宋的金币给足数,就派使者告诉北宋他们撤军了,肃王赵枢随着金兵也去了北方。北宋京城解除了戒备。御史中丞吕好问对钦宗说:“金国人如今心想事成就会更加轻视中原,秋天或冬天的时候一定会带着全国的军队再来,防御敌人的准备应当赶快谋划。”钦宗却没当回事。

当初,太上皇到南方避难,童贯、高俅等人带兵随从。有人说童贯等人将要搞阴谋,朝廷上议论让聂昌去解决这事,唯独李纲不同意。这时李纲亲自到南京去(今河南商丘)迎接太上皇赵佶,单独和太上皇见了面,说钦宗皇帝很孝顺,很想念太上皇,请求太上皇早点回京城。赵佶很感动,拿出了自己的玉带、金鱼形象牙手板赐给李纲。李纲回到京城后,向钦宗说了太上皇对钦宗的思念与慈爱,钦宗才放下心来。道君太上皇回到京城后,把蔡京流放到儋州。蔡京走到潭州(今湖南长沙)时,死在了潭州,活了八十岁。蔡京的子孙二十三人分别被流放到很远的地方。杀了蔡攸和童贯,把他们的脑袋挂在闹市里示众。那时已经答应把太原送给金国,而太原知府张孝纯仍然坚守太原,金军长时间攻打也没打下来。钦宗又召种师中和姚古领兵去救太原,种师中乘胜收复了寿阳、榆次等县,最后驻守在真定(今河北正定县)。后来许翰派使者催促种师中,让他赶紧作战。种师中不得已当天领兵出发,和金兵在杀熊岭进行了决战,种师中军队被击溃,种师中奋力作战而死。姚平仲的父亲姚古的军队没有作战就溃散了。朝廷用李纲为河南路宣抚使,刘韐为副使,领兵去救太原。李纲正打算召集各路兵马亲自去和敌人作战,这时,又赶上朝廷与金国议和,不许李纲进兵,并且把他召了回去。金国将领粘没喝率兵攻入太原,捉住了知府张孝纯带了回去,释放了他并用他做了官,副都总管王禀在太原保卫战中战死了。金兵再次进攻北宋,朝中大臣谁也想不出办法,只能派使者和金国讲和。金国人假装答应,却仍然放兵攻打北宋。金兵包围了袭庆府(原兖州,治所在今山东金乡西北),吕诲的儿子知府吕由诚率领军民死守。金兵在多处围城攻打,城被攻陷,吕由诚一家四十多口人全都战死。金兵再次渡过黄河,皇帝下诏让康王赵构再到金国军中去。康王走到磁州(今河北磁县)时,磁州守将宗泽迎接了康王,他对康王说:“肃王被金兵带走,一去再没回来。现在敌人又用谎话招大王去,他们的军队已经逼近,去了还有什么意义?我希望大王不要去。”磁州的民众也拦路不让康王走。这时金军的游动骑兵每天都到磁州附近追踪康王,查找他在哪里。主管相州的汪伯彦多次请康王到相州

(今河南安阳市)去,他领兵在漳河边迎接了康王。康王赵构到了相州城后对汪伯彦说:"日后见了皇上,我推荐你做京兆地区的官。"从此,汪伯彦成了康王赵构的知心人。

当初,有相州汤阴县(在今河南省北部)人岳飞,表字鹏举。岳飞的父亲叫岳和,母亲姓姚,他们节省吃的粮食来帮助吃不上饭的人。有家种田人侵占了岳家的部分土地,岳和就把那土地割让给了他。有的人借了岳家的钱财不还,岳家也不要求其偿还。岳飞还很小的时候就有气节,家里贫穷,他却努力学习,尤其喜欢《左氏春秋》和"孙吴兵法"。他有神力,能拉动很硬的弓弩。刘韐做真定宣抚使时,招募敢死战士,岳飞前去报了名,他多次捉到了势力强大的盗贼。这时,岳飞去见康王赵构,赵构任命他为承信郎(从九品武官名称)。

金将斡离不、粘没喝领兵驻扎在汴京城附近。这时,北宋先前救援京城的军队都被唐恪、耿南仲赶回原驻地了,没留下一个兵,京城中只有护卫士兵和弓箭手七万人而已。南道都总管张叔夜领军队来到京城,张叔夜对皇帝说:"敌人强大并来势很猛,希望皇上像唐明皇避安禄山那样出外躲躲,暂时到襄阳去避一避,然后再做打算。"钦宗不同意。钦宗下诏书,任命康王赵构为河北兵马大元帅,让他率领军队到京城来保卫。孙傅让成忠郎(护卫皇帝的武官,正九品)郭京编出"六甲法"来抵御金人。这种方法是用七百七十七人,不问能力怎样,只选择年龄和生日时辰符合六甲的人(甲子、甲戌、甲申、甲午、甲辰、甲寅),并说选个日子出兵,三百人就可活捉金国两将。金兵攻打通津、宣化两门。何㮚催赶郭京出兵,郭京用"六甲法",命令所有防守城墙的人下城去,不可东张西望,自己打开宣化门出兵。金兵分成四组,大喊着冲向前方,郭京的兵见到这阵势,没等迎战就败了,死了许多人,郭京领着剩余的人向南逃走了。金军很快进入城里,汴梁城陷落,钦宗听到这个消息吓得大哭。当时北宋军队人数还很多,金国人怕北宋皇帝逃走,就宣称要议和退兵。钦宗让何㮚到金军中请求停战,粘没喝、斡离不对他说:"自古有南必有北,缺一不可。今天所议的是希望你们再割地而已,请让我们和你们的皇帝当面谈判!”何㮚回去回话,钦宗说:“朕应当亲自去。”钦宗走出城郊来到粘没喝军中,出表请求投降,在金营中住了两宿才回去。钦宗从金营中回去时,京城的不同阶层的民众以及太学生们前去迎接拜见钦宗,钦宗捂着脸大哭说:“宰相误了我们父子!”在场的人,没有不落泪的。金国人派使者来要黄金一千万锭,白银两千万锭,丝绸一千万匹。于是钦宗又大量搜求金银,任命陈过庭等人为割地使,把黄河以北和黄河以东地区割给金人。使者到了两河地区,两河的民众坚守着家园,不听皇帝的诏令。当时金人索要金银非常急迫,并且派使者到汴梁城再次要求皇帝到金营中去。钦宗面有难色,何㮚和吏部侍郎李若水以事出无奈劝钦宗动身。靖康二年(公元1127年)正月,钦宗赵桓与何㮚、李若水等人又去了南青城(在今河南开封市,当时是北宋的祭天斋宫)。他们到了金营后,金人逼迫钦宗改换服装,李若水抱着钦宗哭,并骂金人是狗。金人把李若水拉出门外打他,李若水倒在地上仍骂不绝口而死。刘韐在金营中上吊自杀。钦宗赵桓在皇位两年被掳。金人又要太上皇赵佶、太上皇后到金营中去,并且用玉牒谱籍名册按人名字要北宋各个王和宗室人员到金营中去,接着又要他们的家属到金营中去。金人贬废钦宗和徽宗为平民,并派吴幵、莫俦到京城里去招集北宋百官讨论另立异姓人为皇帝。大家谁也不敢出声。王时雍探听到金人想立张邦昌,就把张邦昌的姓名写在议状上。张叔夜不肯在状纸上签名,并且到金营中请求立钦宗的太子为皇帝,金人把他扣押在军营中。太常寺主簿张浚、开封士曹赵鼎、司门员外郎胡寅等人都逃进太学中不愿签名。御史马坤、吴给、中丞秦桧一起到金营中去,极力劝说除了姓赵的人,不可以立为皇帝,希望恢复钦宗的帝位,以便安抚四方。并且说,张邦昌在太上皇徽宗当政时,害国乱政,以至于使国家陷入险境。金人大怒,把秦桧拉了出去。

这年三月,金人拿着册书和宝玺到了汴梁城,张邦昌向北不断地拱手哈腰,接受了册封,即了皇帝位。阁门舍人吴革率领亲属和管理百工之事的官吏几百人,都先杀自己的妻子儿女,烧掉了所住的房子,然后在金水门外起事。范琼装作和他们同谋,找了个机会领兵偷袭杀了他们。这天大风刮起灰尘,太阳也无光,百官伤心丧气,张邦昌也变了脸色,只有吴幵、莫俦和范琼等人认为对张邦昌有功劳而心中喜悦。张邦昌因金国不给他留下兵马,而宗泽、康王赵构等人的军队很强大,知道自己做不成皇帝了,怕大祸临头,因此在给人封官时都在官员名前加上一个代表临时性的“权”字。金将斡离不带着道君太上皇赵佶以及郑太后、赵佶的儿子二十九人,还有各个亲王、皇孙、驸马、公主、嫔妃、康王赵构的母亲韦贤妃、康王的夫人邢氏等人经由滑州向北而去。张邦昌率领百官在南熏门送别,众人大哭。当年四月,金将粘没喝带着钦宗赵桓以及朱皇后、太子、各嫔妃、宗室人员、各王妃,大臣何㮚、孙傅、张叔夜、司马仆、秦桧等人,还有所有的皇帝用的车马、仪仗队、礼器、祭器、掌管教导女乐的官员、乐器、宝玩、九鼎、朝会祭祀用的圭璧、观测天体位置的浑天仪、计时的铜人刻漏、古器、宫禁中藏书、宫女、宫廷使唤人员、歌舞艺人、有技艺的人员等人和物,经由郑州向北而去,官家的、私人的和府库积存的财物被洗劫一空。唯独哲宗赵煦的元祐太后孟氏,因当年被废居在私宅,才免于被带走。这时康王赵构有兵八万人,驻在济州(今属山东省,州治巨野),因宗泽多次击败金兵,所以金人抓不到康王。金兵从汴梁离去后,吕好问对张邦昌说:“相公是真想当皇帝呢,还是为了搪塞金人再做打算呢?相公也知道中原的人心所向吗?他们只是被女真的威势所迫而已,女真人走后,你能保证他们不变吗?大元帅康王在外,隆祐太后在内,这大概也是天意,你何不赶快归还政权,希望能够转祸为福。现在为你打算,应当接来隆祐太后,让她暂时处理国政,并请康王早登皇位,只有这样,差不多能使你保全。”这时,赶上御史马绅给张邦昌写了信,请求张邦昌赶快去接康王,信中写尽了接不接康王的利害关系。张邦昌读完马绅的信,精神十分沮丧,于是就派谢克家到济州去接康王。康王没答应。吕好问又派人去对康王说:“大王不早点自立为皇帝,恐怕有不应当立的人而做了皇帝了。”于是康王同意了。张邦昌就让康王的舅舅韦渊带去一封信,信中说先让隆祐太后进宫以便垂帘听政,等待康王登上皇帝宝座。宋钦宗渡白沟河时,签书枢密院事(官名,枢密院的佐官)张叔夜为钦宗绝食而死。北宋灭亡,北宋从太祖赵匡胤庚申年(公元 960 年)开始到钦宗赵桓丁未年(公元 1127 年)结束,出了九个皇帝,共一百六十七年。这年五月,康王赵构在应天府(在今河南商丘市南,原为宋州)登基,大赦天下,改了年号。后来在杭州定都,这就是“南宋”。“南宋”的事在后文中再说,下章先把辽、金、西夏的事情叙明白。

第二十八章　西北边辽金夏不断相争(辽、金、西夏史)

徽、钦两个皇帝被抢走,高宗赵构又恢复了宋王朝,不过一个月里的事。这章本应接叙高宗中兴之事,然而灭北宋的是金国,而金国先灭了辽国,辽国实际建国在北宋之前,西夏也建国在北宋的初年,至于元朝灭了金,灭了夏,又在灭南宋之前。因此不便把辽、金、西夏三国搁置,现在先把"南宋"的事搁起,等待下章再叙,这章把辽、金、西夏的事情叙明。

辽国最初的国名叫"契丹",是我国东北部的少数民族,隋唐时称为"奚",是神农氏的后代子孙。他们的祖先被匈奴人打败,跑到鲜卑山坚守。东晋时代的燕国慕容氏时,又跑到了松漠(都督府名,辖境相当于今辽宁省西南部)一带。南北朝时,北魏初年被击败,于是又逃散。经过几十年的逐渐发展,人口也增加了。从北魏到隋,虽然有时侵犯边境,也作为附属国不断向朝廷进贡。唐太宗、高宗时,归属于唐王朝了。到唐中宗李显时开始反叛,后来时叛时服。他们其中八个部落各有大人,按顺序轮流做总负责人,每三年传一次旗鼓交权。到唐哀帝李柷时,耶律阿保机做总负责人,他不肯再交权了,他的部落叫"大迭烈",居住在古汉城一带,土地适合种植五谷,又出产盐。他率部征服了其他七部,又向东攻打室韦女真,向西取得了突厥的旧地,其他少数民族都害怕而服从他了。"五代"后梁太祖朱全忠时,耶律阿保机率众三十万人攻打云州,晋王李克用与他联合,并约定为兄弟关系,一起攻打后梁。有人劝晋王让他把耶律阿保机抓起来,晋王说:"仇敌还没灭掉,而先失掉了信用,这是自取灭亡的道路啊。"于是他给了耶律阿保机许多财物。耶律阿保机回去后就背叛了盟约,投靠了后梁。李克用因此恨他。后来卢龙(辖地相当于今河北省唐山、承德一带)节度使刘守光凶暴地虐待下属,将士们大多投奔到契丹军中。契丹又强抢燕地(今河北北部,辽宁西部)民众,使契丹变得越来越强大。耶律阿保机于是改名叫耶律亿,并自称为皇帝,这就是辽太祖,契丹人号称他为“天皇”。他的妻子述律氏也勇猛有决断,能见机行事,名震其他少数民族,称号为“地后”。刘守光被李存勖攻打,他派使者献出平(今河北卢龙一带)、营(今辽宁朝阳)、滦(今河北滦县一带)三个州的土地来向契丹求援,契丹前去救助,却被李存勖军击败。李存勖灭了刘守光,而三个州的土地归了契丹。当初,刘守光派韩延徽到契丹那里去,韩延徽见契丹主耶律阿保机不行礼,契丹主大怒,罚他牧马。契丹的述律王后看出韩延徽有才能,就劝耶律阿保机应礼貌地对待他并使用他。韩延徽有智谋,能写文章,他开始教契丹人建衙门、开官府,修筑城郭,设立集市和居民组织来安置汉人,使人人有配偶,并开垦种植荒田。由此汉人安居乐业,逃亡的很少。契丹能用威力使一些国家服从它,韩延徽有一定的功劳。耶律阿保机占有了夫余城(今吉林农安),改名为东丹国,命令大儿子耶律突欲镇守,号称为人皇。二儿子耶律德光驻守西楼(在今内蒙古赤峰巴林左旗西南),号称为元帅。耶律阿保机称帝二十年死在了夫余城。述律皇后想立德光接班,她到西楼去,命令德光和突欲一起乘马立在大帐前。她对各酋长说:“这两个儿子我都喜爱,不知立哪个好,你们选个可以接班的,就抓住他的马缰绳吧。”皇后又说:“大家想立德光,我怎么敢违背?”于是立了耶律德光为皇帝,这就是辽太宗。述律皇后让突欲返回东丹去。耶律德光尊述律皇后为太后,国家的事都由太后做决定。耶律德光本性孝顺谨慎,母亲生了病吃不下饭,他也不吃饭。他任用韩延徽掌管政事,把耶律阿保机葬在木叶山(在今辽宁西北部)。太后身边有犯法该查办的人,太后总是对这种人说:“你去为我给先帝捎个话吧。”然后就把那人送到耶律阿保机墓前杀了,前后杀了近百人。后来,平州人赵思温也该送到阿保机那里,可是赵思温说什么也不肯走,太后对他说:“你事奉先帝应当亲近些,为什么不去?”赵思温回答说:“我亲近也不如太后亲近,太后前边走,臣子我也跟着。”太后说:“我不是不想跟先帝到地下啊,只是皇帝年幼,国家无主,不能去罢了。”于是割下了自己的一只手腕,命人放置在阿保机墓中,赵思温也免了死。当时后唐的潞王李从珂对石敬瑭有顾虑,于是让石敬瑭由镇守太原的河东节度使改为镇守天平军。石敬瑭违抗命令,后唐就派军队讨伐他。石敬瑭感到自己的处境危急,就割卢龙一道以及雁门关以北幽蓟十六州给了契丹,以便借兵灭后唐,并答应每年送三十万匹丝织品给契丹。契丹册立石敬瑭为晋帝。此后,契丹在幽州设立燕京,把首都迁到了那里,并改国号叫“辽”。契丹直到石敬瑭死前,一再向石敬瑭要这要那。出帝石重贵即位后,不再向契丹称自己是臣子了,这使契丹主耶律德光很生气,就领兵灭掉了后晋。往回走时,耶律德光死在了杀狐岭,在位二十一年。耶律德光的侄子永康王耶律兀欲在中京(今辽宁凌源市)即位(耶律兀欲是耶律阿保机的长子耶律突欲的儿子)。当初,耶律突欲把国家让给了弟弟耶律德光,后来反而被他猜忌,于是他走海路到了中原。后唐主明宗李嗣源把庄宗李存勖的妃子夏氏嫁给他为妻,并赐给耶律突欲姓李,叫李赞华,又给了他节度使的官职。李赞华喜欢割开妇女的胳膊或大腿的肉来喝她们的血,他的一些姬妾被刺胳膊或腿,他吮后总是非常兴奋。夏氏也多次被他割,因受不了痛苦,就上奏皇帝请求离婚去当尼姑。李赞华后来被潞王李从珂杀死。这时,李赞华的儿子耶律兀欲做了辽国皇帝,就追尊李赞华为义宗,自己改名字叫耶律阮,这就是辽世宗。他在位五年时,被耶律察割所杀。耶律察割自立为国君,各部都不服从,他们就带着太宗耶律德光的儿子寿安王耶律述律攻打并杀死了耶律察割,于是大家就立了耶律述律为皇帝。耶律述律改名叫耶律璟,这就是辽穆宗。穆宗喜好打猎、喝酒,不关心国事,常常夜里喝酒到天亮,白天睡觉,国中的人管他叫“睡王”。后周世宗柴荣领兵攻打辽国,取得了三关中的瀛、莫、易州的土地。穆宗听说后说:“这些都是汉地,现在还给汉人又有什么可惜!”他还喜欢杀人,酒后给人上“烧烤”“铁梳”等奇巧极刑。他在位十八年时,被近侍小哥、花哥、辛古等人杀死。辽世宗耶律兀欲的儿子耶律贤继承了皇位,这就是辽景宗。他用萧思温做尚书令,并娶了萧思温的女儿萧燕燕做了皇后。景宗一向被风瘫病所折磨,国中的事情都由萧燕燕做决定。

辽国和北汉通好,宋太宗赵光义讨伐北汉,辽派兵去救北汉被打得大败而回。北宋灭了北汉后,乘胜讨伐辽国来取得幽燕之地。辽国派耶律休哥领兵与北宋军作战,北宋军也大败而回。辽景宗在位十四年死了,他的儿子耶律隆绪即位,这就是辽圣宗。萧太后专权国政,被她宠爱的人都很有权力。宋太宗派曹彬、潘美等人领兵乘机讨伐辽国以便取得幽燕之地,却被辽将耶律休哥的军队打败。辽国太后萧燕燕也发兵攻打北宋,北宋的骁勇将领杨业战死。宋真宗时,萧太后和辽帝耶律隆绪又出兵大举入侵北宋,北宋的寇准也劝真宗亲自领兵前去抵抗。辽兵围住了澶州并没打下来,与北宋军队作战不利,辽国大将挞凛被北宋军杀死。这时,寇准劝真宗再一直向前渡过黄河,辽军害怕了,请求讲和。从此两国修好,南北停止了战争,边境也逐渐安定下来了。辽圣宗隆绪二十七年时,萧太后死了。萧太后有谋略,善于利用大臣为她出死力。每次攻打北宋时,她都身披铠甲头戴头盔亲自督战。她和大臣韩德让关系不一般,太后死后,不久韩德让也死了,陪葬在太后墓旁。耶律隆绪遭到丧母之痛,瘦得皮包骨。大臣们请求改变年号,隆绪不同意。等到宋真宗死时,耶律隆绪召集蕃汉大臣、后妃及以下的人都为宋真宗办丧事。耶律隆绪说:“我哥哥(指宋真宗赵恒)和我同月生人,年龄比我大两岁,我还能有多长时间的活头呢?”于是落下泪来。他还特别安排了真宗的灵位,设了致福道场,一百天才结束。辽圣宗耶律隆绪病重时,对自己的儿子耶律宗真说:“宋国对誓言讲信用,你也应该做到这一点。”耶律隆绪死了,他在位四十八年,儿子耶律宗真即位,这就是辽兴宗。辽国没有影响生产、生活的事情,人口大增。这时北宋给辽国每年增加岁币——银、绢各十万,加上先前定下的,共各五十万。辽国境内共五个京城:皇都上京(今内蒙古巴林左旗)、中京(今辽宁凌源)、东京(今辽宁辽阳)、西京(今山西大同),燕京也称南京(今北京),六个府,州军城一百五十六个,县二百零九个，六十个属国。向东到大海，向西到沙漠，往北到斡朗改、辖嘎斯，往南到白沟（即今河北省保定地区的白沟河），幅员达到万里。辽兴宗耶律宗真在位二十四年死了，他的儿子道宗皇帝耶律洪基即位。耶律洪基在位四十六年死了，他的太子耶律浚早年被奸臣耶律乙辛害死，就由耶律浚的儿子辽国天祚皇帝耶律延禧继承了君位。耶律延禧喜好打猎、喝酒，不关心国家政事。辽国的属国生女真完颜阿骨打拉起军队背叛了辽国。阿骨打本姓拏，又号称完颜氏。

女真人就是古肃慎人（今满族人），世代居住在混同江之东（今三江平原一带）、长白山、鸭绿江的源头，唐太宗的时候开始被中原人普遍知道。在辽国境内的叫熟女真，在它北方的叫生女真，也一向服从辽国管辖。生女真有官员很晚，到乌古乃做领头人时才有。他部落内原来没铁，邻近的国家有人用铠甲、头盔、铁器等东西去卖给他们，他们总是用高价买下。铁多了后，于是用铁做弓、箭，完备器械，军势渐渐有了发展。乌古乃死后，他的儿子劾里钵接了班。劾里钵做事认真，很有智谋，他的基业开始大了起来。生女真的长官较尊贵的都叫“勃极烈”（即贝勒），百姓没有徭役，男子年壮时就是兵，从五人、十人、百人都有长官。伍长的队伍里有梆子敲，什长有旗，百长有鼓。能领千人的，他的队伍旗帜、金、鼓全有。如果伍长战死，其余四人都要杀头；什长战死，两个伍长要杀头；百长及以上的队伍也这样。一支军队败退，就杀一军的长官。凡是部里的长官就叫“勃堇行”，军队的长官就称为“猛安”“谋克”。猛安就是千夫长，谋克就是百夫长。劾里钵生了十一个儿子，长子叫乌雅束，二儿子叫阿骨打。劾里钵病重时，一天把弟弟盈哥叫到近前对他说：“乌雅束太软弱善良，要想办成功契丹的事，阿骨打可以。”劾里钵死后，弟弟颇剌淑接了他的班；颇剌淑死后，颇剌淑的弟弟盈哥接了班；盈哥死后，劾里钵的儿子乌雅束接了班；乌雅束死后，他的弟弟阿骨打接了班。阿骨打自称为都勃极烈。当时，辽国主好打猎，贪恋女人、撒酒疯，不管国家政事，每年都派人到海边买名鹰“海东青”，路过生女真人的居住地，那些人很贪财，向女真人要这要那，女真人对此很怨恨。女真阿疏部背叛了辽国，阿骨打求之不得，于是起了兵。辽国派出军队讨伐他,阿骨打说:“先下手为强。”于是就和侄子粘没喝、弟弟阇毋以及同宗族的人银术、可娄室等人一起准备抗击辽军,他们传送着木棍起誓,勇气增了百倍,把辽军打得四处奔逃。辽国用司空萧嗣先率领军队讨伐女真人,阿骨打率领众人去抵抗,还没走到混同江(即松花江),天晚人困,他夜里睡觉时,总像有人一再地扶他的头,阿骨打就从床上爬起来说:“这是神明提醒我啊!”于是立即传令敲鼓,打起了火把继续行军。黎明时,部队到达混同江与辽军相遇,这时刮起大风,尘土遮蔽了天空,阿骨打率军奋力猛打,辽军大败而溃,辽军将士基本被消灭,活着的只有十七个人。从此辽军没了斗志,遇到敌人就溃散了。辽国人曾经说过:“女真兵要是达到一万人,就不好打了。”这时正好满了一万人。女真人完颜阿骨打称了皇帝,改名叫完颜旻,国号叫“金”,这就是金太祖。

辽国派出使者向金国求和,阿骨打不答应,辽国国主就动员全国,组成了一百万人的军队,由他亲自领兵征讨金国。金国主去攻打辽国的黄龙府(今吉林农安),部队临时驻扎在混同江边。因没有船用来渡江,于是金主让一个人在江水里探路作为前导,他乘着红花白马跟在那人后面,对身后的大部队说:“你们看我马鞭所指而行!”各军跟随着,水没过了马肚子。大部队过江后,让人探测所过江处的深度,却没探到底。金军攻下了黄龙府。辽国军队到达混同江时,金国主听说辽国主亲自领兵来战,他就召集起众人,用刀劈了自己的脸,大哭说:“当初和你们起兵拉起队伍,都是因为契丹人害苦了我们,想自立一国。现在天祚皇帝(耶律延禧)亲自来,恐怕难以抵挡,不如杀了我一家族,你们向他投降,或许还有一条活路。然而,辽人怨恨我们已经恨到骨髓,天祚皇帝正在骄傲的时候,即使是投降,也一定没有活着的可能。怎么办!怎么办!”所有的人围着他拱手说:“事情已经到了这个地步,我们只有听您的。”金主说:“那么,只有人人拼死作战,才能有出路!”于是他率众前去迎战敌人。金主又对众人说:“他们兵多,我们人少,我们的兵不可分开,看准他实力最强的中军,辽国主一定就在那里。我们击败了他们的中军,就会达到我们的目的。”金主令左右翼军合起来攻打辽军的中军,辽国主被打得逃走了，辽国军队大败溃散，死尸成片，一个挨一个，连接了一百多里，金军获得的器械、宝物和牛马数都数不清。辽国的东京以及东京所属的州县和南路是辽国境内女真人的地盘，这时都向金人投降了。接着，金国拉拢北宋一起攻打辽国。金人攻取了辽国的上京、中京和西京。金国主命令谷神（即完颜希尹）开始创制女真文字。辽国主耶律延禧被金将粘没喝、斜也领兵追赶，什么也没带，光骑着马跑到了夹山（在今内蒙古五原县西北），脱离了原有部队，所以他的命令达不到军中，造成了指挥失灵。这时辽国的秦晋国王耶律淳和参知政事李处温把守着燕京，李处温和都统萧干等人谋划立天祚帝耶律延禧的叔叔、皇族第八代的耶律淳做辽国主，大臣耶律大石、左企弓等人以及蕃、汉百官、各军的父老几万人也劝耶律淳登基。他们又是作揖，又是叩头，又是呼喊口号，给耶律淳加上了尊号叫“天赐皇帝”，军务全交给了耶律大石。耶律大石是辽太祖耶律阿保机的第八代孙子，他通晓契丹文和汉文字，又很会骑马射箭，被举荐为进士，做了翰林学士承旨。辽人把翰林叫作林牙，所以称他为大石林牙。不久，耶律淳死了，萧干等人立了耶律淳的妻子萧氏为皇太后，立了不在他们身边的天祚帝耶律延禧的儿子秦王耶律定为皇帝。李处温想作乱，被萧太后杀了。

金主阿骨打在石辇驿袭击了辽主耶律延禧，他让自己的儿子斡离不为先锋，所领的兵不到一千人，被辽兵重重包围。辽主认为金兵人少一定会吃败仗，于是他和嫔妃们登到高高的土山上观战。斡离不用铁骑兵冲击辽军，这使辽主大吃一惊，就偷偷跑掉了，辽军大败。金主阿骨打分三路攻打燕地，辽国人用强兵把守居庸关（再今北京昌平西北），金兵到达那里时，山上崖石突然崩塌，把关的士兵大多被砸压而死，辽国人没等战斗就崩溃了。金兵过了关向南进入燕京，辽国的将相都向金军投降了。耶律大石逃走，被金军抓获，萧太后跑到了天德（今内蒙古乌拉特旗一带），于是辽国的五个京都被金兵攻占了。辽主耶律延禧跑到西边部族那里，萧太后去见他被他杀了，并追废耶律淳为平民。金主派斡离不、银术可、娄室等人兵分几路袭击辽国主耶律延禧，耶律延禧向应州跑，他的儿子秦王耶律定、许王耶律宁,以及他的嫔妃和跟随他的臣子都被活捉了。辽主耶律延禧向西跑向云中。金太祖完颜阿骨打在位八年死了,他的弟弟吴乞买即位,改名叫完颜晟,这就是金太宗。耶律大石从金国又跑回了辽国。金主击败辽主以后,辽主打算投奔西夏,这时赶上党项人也派人请他到党项那里去,辽主耶律延禧也同意去。他们走到应州(今山西应县)东边时,辽主被金将娄室等人抓获。金主把辽主贬为滨海王,不久又杀了他,并用一万匹马践踏他的尸体。辽主天祚帝耶律延禧在位二十五年被抓,辽国灭亡。辽国从耶律阿保机丁卯年(公元907年)开始称帝,到耶律延禧乙巳年(1125年)终止,共出了九个国主,二百一十九年。

当初,辽主耶律延禧与金人作战时,耶律大石曾劝谏过他,耶律延禧却不听,耶律大石于是率领他的军队跑到北庭都护府自立为王。这时他到辽国西部边地七州十八部动员恢复辽国的事,又获得精兵一万多,设置了官吏,备办了器械。他又派人送书信到回鹘(古时西北部的一个民族),回鹘王毕勒哥把使者接到自己的住所,后来又把使者送出境外。耶律大石领兵走了一万里,归附他的有几个国家。当他走到寻思干,西域各国领兵十万进行抗拒,耶律大石进军对他们进行了攻击,把他们打得大败,尸横战场几十里,回回国王投降。公元1131年,耶律大石又向西走到了起儿漫,大臣们一起立了耶律大石为天祐皇帝,改年号为"延庆",这就是西辽国。后来,西辽主耶律大石又领兵往东走,走了二十多天,得到一块好地方,于是就在那里建了都城,叫作虎思斡耳朵(在今吉尔吉斯斯坦伊塞克湖西边)。金主听说耶律大石在和州(今新疆吐鲁番东南哈拉和卓堡西南),就派兵前去攻打,没打胜就领兵返回了。西辽德宗耶律大石在位二十年死了,他的儿子仁宗耶律夷列年幼,大石临死前命令他的皇后萧塔不烟暂时掌握国事,号称为感天皇后。皇后七年后死了,耶律夷列开始亲政。耶律夷列亲政后十三年死了,他的儿子年幼,临终前他让自己的妹妹耶律普速完暂且掌握国政,号称为承天皇后。承天皇后掌权十四年时,和她的丈夫萧朵鲁不的弟弟萧朴古只沙里私通。她封萧朵鲁不为东平王,赶走了他,不久又杀了他。萧朵鲁不的父亲萧斡里剌领兵前去问罪，杀了耶律普速完和萧朴古只沙里，接耶律夷列的第二个儿子耶律直鲁古登上皇位，改年号为“天禧”。耶律直鲁古在位三十四年时，一次出猎，乃蛮国（古时阿尔泰山一带的游牧民族）的天屈出律埋伏下士兵八千人把耶律直鲁古活捉了。天屈出律做了西辽国的皇帝，他尊耶律直鲁古为太上皇，耶律直鲁古得到了善终。西辽国灭亡，总共出了三个国主，两个掌权的皇后，从公元 1124 年开始，到公元 1211 年结束，共存国八十八年。

金太祖完颜阿骨打背叛辽国后，把辽兵打得大败，夺了辽国的五京之地，把辽国主赶跑。他有十五个儿子都没让他们接自己的班，而是立了自己的弟弟金太宗完颜晟，就是吴乞买。金太宗吴乞买灭了辽国后，又派斡离不、粘没喝领兵去攻打北宋，攻破了汴梁，俘虏了北宋的两个皇帝，夺了北宋国土的一半。又派金太祖完颜阿骨打的第四个儿子兀术以及粘没喝、娄室、银术可、挞懒、斡离不等人多次攻打南宋，又立了刘豫为齐帝来危害南宋，详情见“南宋”一章中。金太宗吴乞买在位十三年死了，他有十四个儿子也都没接他的班，而立了金太祖嫡孙完颜合剌，也就是太祖阿骨打的长子绳果的儿子，改名叫完颜亶，这就是金熙宗。金熙宗完颜合剌不喜欢用兵打仗而好读书，他派挞懒、兀术偷袭捉住了刘豫，和南宋和好。他提倡礼、乐，并在上京（今黑龙江阿城）设立了孔庙，孔子支派的四十九代孙孔璠被他封为衍圣公。元朝时仍沿袭着这个制度，而孔子的嫡系子孙去了南宋，现居住在浙江。

熙宗在位十四年，晚年好喝酒，胡乱杀害大臣。平章事完颜亮也是太祖阿骨打的孙子，是阿骨打第三子辽王完颜宗干的儿子，他阴谋篡夺皇位，暗中招收敢死之士，还和熙宗的妻子裴满皇后有交往。他忌恨金主完颜合剌的弟弟胙王完颜常胜等人，于是就罗织罪名怂恿金主杀了完颜常胜等人。熙宗一向怨恨裴满皇后，于是连她一起杀掉了，召弟弟的媳妇胙王完颜常胜的妻子撒卯入宫做了新皇后。完颜亮的党羽大兴国在皇帝寝殿工作，一次犯错挨了熙宗的板子，于是心生怨气，完颜亮让他做了内应。乙巳年（公元 1149 年）十二月的一天夜里二更时，大兴国打开了宫门，完颜亮和他的妹夫徒单贞以及秉德乌带、李老僧、唐括办等人进入熙宗的寝殿。熙宗熟练用刀,常把佩刀放在床榻上。这天晚上,大兴国把刀偷着扔到了床下,危急中熙宗找不到刀,于是完颜亮到了熙宗近前,杀了熙宗完颜合剌。完颜亮本名叫完颜迪古乃,这就是金废帝。完颜亮看到太宗完颜晟(吴乞买)的儿子们很强盛,于是杀了太宗的子孙七十多人,又杀了粘没喝的子孙三十多人及全国宗室五十多人,太宗吴乞买和粘没喝的后代子孙断绝了。完颜亮又杀了大臣秉德等人,又杀皇宗室撒离喝、孛吉、斡带等人,都是全家族被杀。完颜亮改建燕京的宫室,全都依照北宋时汴梁宫室的样式规格。宫殿大面积贴铺黄金。施工时,金屑在空中下落像下雪,一殿的费用达到亿万钱。建成后又毁掉,要求更加华丽的。后来金国主完颜亮又杀了自己的叔叔曹王完颜阿鲁补,娶了阿鲁补的妻子阿嬾封为昭妃,又娶了同姓大臣的妻子四人到后宫。崇义节度使乌带的妻子定哥从前和完颜亮私通,完颜亮支使她杀掉乌带,并答应让她做皇后。定哥下不了手,完颜亮就威胁她说:“不杀你丈夫,我就灭掉你全家!”定哥听他这一说,非常害怕,就用绳子勒死了乌带。完颜亮接纳她为贵妃。他又让秘书监的完颜文休了自己的妻子石哥,完颜亮把她接入后宫封为丽妃。乙剌补的妻子乂察也是这样被完颜亮接入后宫的,乂察是完颜亮姐姐的女儿。金主完颜亮听说葛王乌禄的妻子乌林答氏长得漂亮,就召她入宫,乌林答氏对乌禄说:“如果我不去皇上一定会杀你。”于是就去了。走到良乡(今北京房山)时,她找个机会就自杀了。完颜亮把葛王乌禄降为了曹国公。完颜亮把首都从上京会宁府(今黑龙江阿城)迁到了燕京,亲选良家女子一百三十人来充实后宫,选出的都是美女。

完颜亮作恶多端,寿宁县主什古、静乐县主蒲剌以及习捻师姑儿、混同县君(县君、县主都是外命妇名称)莎里古贞以及她的妹妹余都,都是完颜亮的叔伯姐妹,郕国夫人重节,完颜亮的侄子张定安的妻子奈剌忽,太后大氏的嫂子蒲卢胡只、石哥的妹妹都是有丈夫的,完颜亮不顾羞耻,都把她们纳入自己的后宫,分属于各妃的位下。莎里古贞最受完颜亮的宠爱,每次召她,她一定会在廊下等待,站久累了就坐在师姑儿的膝上。宫女在外有丈夫的,当初还可分班交替出入宫,后来就把她们的丈夫都遣送走了。完颜亮每临幸一位妇人,一定要奏乐,拉开帷帐。有时让嫔妃排列坐下,让大家一起观看。还常在卧室内铺上地毯,赤裸着追逐作为游戏。金主完颜亮看江南美女多、玉帛多,又听说南宋高宗赵构的妃子刘贵妃美丽妖艳,就想得到她,于是就谋划派大批军队去灭掉南宋。完颜亮的嫡母(是完颜宗干的妻子,完颜亮是宗干的妾大氏所生)太后徒单氏劝谏他,这使完颜亮很恼怒。后来,完颜亮又把都城迁到了汴梁,让太后居住在宁德宫。太后让服侍她的婢女高福娘去问完颜亮的日常生活情况,完颜亮就和她私下通奸,这使太后很不高兴。完颜亮命令点检大怀忠等人去杀太后,当时太后正在与人玩赌博的游戏,大怀忠等人到了,他们命令太后跪下接受诏书,太后感到很吃惊地跪了下来,尚衣局使(掌管皇帝服冕的官员)虎特末从她身后击打她,打趴下又爬起两次,直到打死。完颜亮命令焚烧太后的尸体,把骨头扔到了水里。完颜亮连太后身边的人以及太后的侄子、弟弟也杀掉了。完颜亮又下令大杀宋、辽宗室人员,在金国境内的,一人也没留下。他随即率领大军南征,人数达到了六十万,号称一百万,他的嫔妃也跟随着,南宋人非常惊恐。完颜亮领军走到梁山泊时,因水变浅,先前造的船不能用,就派李通再造小船,扒城中的民房来取得木材,煮人炼油。南宋的总管李宝击败了金军的先头部队。

金主完颜亮大逆不道,人心背离了他,金军中的将士大多逃走回去了。有人边往回走边说:“我们现在去东京立新天子啦!”金主完颜亮披着金制铠甲率领众人渡长江,南宋的虞允文在采石(在今安徽当涂县西北边)率军把金国军队打得大败。金国东京留守曹国公乌禄是金太祖阿骨打的孙子,他本性仁义、孝顺、沉静、通达事理,众人的心倾向他。猛安、福寿等人一起杀了副留守高存禄,立了完颜乌禄为皇帝,改名叫完颜雍,这就是金世宗。世宗下诏书公布了完颜亮的罪恶几十条,并派出军队切断了完颜亮回去的路,还通知完颜亮军中的兵将,让他们回到金国安居就业。完颜亮听说曹国公即了皇帝位,并改年号叫“大定”,他拍着大腿感叹地说:“朕本来想平定了江南也改元为'大定',这难道是天意吗?"于是他召集将领们商议回去,又怕将士们离散,被南宋兵追击后部,就决定分兵渡江,想先向南灭了南宋,然后回去平定内乱。他命令将士们三天渡江完毕,否则把他们都杀掉。军士们感到很害怕,谋划着想逃回去,又听说曹国公乌禄已在辽阳即了皇帝位,于是大家商量想要造反。大家决定由浙西都统制耶律元宜和猛安唐括乌野牵头起事。元宜同意了,于是就率领各将领领兵逼近完颜亮的营帐。一开始,完颜亮怀疑是南宋军队突然到来,等他快速起来穿上衣服拿起箭来一看,吃惊地说:"竟然是我的兵啊!"还没等他去取弓,已经中箭倒在地上,大家上前杀了他,又焚烧了他的尸体。军士们把行营里的应用东西和宝器全都拿走了,赤裸着身子奸淫完颜亮的妃嫔,不愿意的就杀掉。又杀了太子完颜光英和李通等人,并一边派人与南宋议和,一边请求新国主完颜雍赦免他们的罪过。金主完颜雍下令追废完颜亮为平民,通知去江南的军队撤回金国,自己到了燕京。金世宗完颜雍仁义、孝顺又节俭,他崇尚儒教、喜欢文化。他与南宋讲和,双方都得到了休息。他为十七个人审理、判决案件,几乎达到此后无人再敢犯法。因妻子乌林答氏为他守节义而死,他终身没有再立皇后,也算是金国的贤良君主了。完颜雍(乌禄)在位二十九年死了,他的太子允恭死得早,于是太孙金章宗完颜璟继承了皇位。这时李宸妃开始专权,疏远宗族亲人,国势逐渐衰弱。章宗在位十九年死了,李宸妃因世宗完颜雍的第七个儿子卫王完颜永济软弱无能,就立了永济为国君,这就是金国的后废帝。

当时蒙古军队越来越强盛,连年侵犯金国的西北边地。金国要求和解,蒙古人不答应。蒙古军队与金国独吉千家奴等人的军队在灰河进行了战斗,金军吃了败仗,蒙古军夺取了大同府(今山西大同),金国西北的州县全部落入了蒙古人手中。蒙古主又进军与金国的完颜九斤等人的军队在会河堡进行了战斗,金兵再次大败,东京(今辽宁辽阳)守不住了,西京(即山西大同)又陷落。金国的胡沙虎率军出战多次失败,金主完颜永济不能处罚他,反而继续使用他。于是胡沙虎作乱,他领兵进宫自称为监国,逼迫金主出去居住在警卫人员住的房子里,完颜永济在位五年时,胡沙虎派人杀了永济,他到彰德府(治所在今河南安阳市)去迎接世宗完颜雍的孙子,原太子完颜允恭的庶出长子昇王完颜珣做皇帝,到燕京即了位,这就是金宣宗。蒙古兵一天比一天逼得紧,金将高琪战败,胡沙虎想杀了他,高琪害怕被杀,就领兵围住了胡沙虎的住地,杀死了他。高琪到皇帝那里请罪,金主赦免了他。当时蒙古军总共攻破金国九十多个郡,河北、河东及山东千里的人民几乎被杀光,金银、绸绢、女子、牛马羊等家畜都被席卷而去,房屋烧光,城都变成废墟。只有大名(治所在今河北大名县)、真定(今河北正定县),青州、郓城(都在今山东省)以南地区还没被蒙古军攻下。金主向蒙古求和,蒙古主想得到金国的公主,金主完颜珣就将废主完颜永济的女儿和童男童女五百人、三千匹马、金银各万两、丝帛万匹交给了蒙古。成婚后,蒙古主成吉思汗才领兵出居庸关(今北京昌平西北)向北走。金主完颜珣把都城迁到了汴梁,蒙古主听到这一消息,大怒地说:“已经讲和又迁都城,这分明是对我们放心不下呀!”于是又打算向南侵犯金国。蒙古将领木华黎攻打金国的北京(在今辽宁凌源市西)和辽西,各州郡都被攻下。金主派兵去救燕地,和蒙古兵在霸州(在今河北省)相遇,金国军队大败,蒙古军于是进入中都(今北京)。金国的官吏、民众死了不少,宫室被乱兵所焚烧,一个多月还没熄火;金国帝王供奉祖宗的器物都被毁坏和抢走,妃嫔们也都被抢走了。蒙古将领木华黎攻取金国的河北、山东,将要进一步进军汴梁。走到解州(今山西运城市的一部分)时,木华黎病死了。蒙古军攻取陕州(今河南陕县)以西等地,于是进入三关。

金国主宣宗完颜珣在位十二年死了,他的儿子哀宗完颜守绪即位。金人放弃了河北、山东、关陕等地,只是重点守河南、保潼关。从洛阳到邳州(今江苏邳州市),东西两千多里,设立了四个行省,用精兵二十万人守着。蒙古军进入金国的陕西太昌原,金国的平章政事完颜合达用忠孝军的管事人完颜陈和尚为先锋。陈和尚披上铠甲骑上马,率领四百骑兵击败了蒙古军八千士兵,使金军士气增长了百倍。自从金国和蒙古交战二十年来才有了这一次胜仗,因此,陈和尚的名声在金国引起了震动。金主任命他为定远大将军,让他的后代子孙世代继承谋克(金代军政合一的基层政权单位,一谋克管辖三百户)。金国人得胜后,就骄傲起来了。蒙古主窝阔台发怒了,就和自己的弟弟拖雷率领军队进入陕西,攻破金国的防御工事六十多个,打下了凤翔,攻陷了凤州,又攻破了武休关(在今陕西留坝县南),围住了兴元(今陕西汉中),军民逃散,死了几十万人。蒙古军又攻破了饶风关(在今陕西西乡县东北),从金州(今甘肃榆中)向东奔向汴京。走到禹山时,金国军队截住了蒙古军进行了战斗,蒙古兵不久就退走了。第二天,蒙古兵忽然都不见了,原来是他们跑进光化(今湖北老河口市)的汉水北岸的枣林中,白天烧火做饭,夜里在马上睡觉,四天林子外面的金兵都没有发现他们。金兵以为蒙古军已退走了,就松懈下来散开了。四天后,蒙古兵忽然出现,金兵被打得大败。蒙古军进入钧州(治所在今河南禹州),完颜陈和尚躲了起来,等到蒙古军杀掠过后,他才出来,找到蒙古军队对他们说:“我是金国的大将,想见你们最高领导人报告事情。”于是几个蒙古兵夹着他送到了太弟拖雷帐前。蒙古人问他姓名,他说:“我是金国忠孝军总领完颜陈和尚,金国军队在太昌原、卫州倒回谷所打的胜仗,都是我领导的。我死在乱军中,人们会说我对不起我的国家,今天我死个明白,天下人一定会知道我的!”蒙古人想让他投降,直到砍断了他的小腿,用刀从嘴划到了耳根子,他喷血呼喊到死不屈。蒙古将士也有佩服他的,他们把马奶倒到地上祝祷说:“好男子,再托生,应该让我得到你!”

金国的精锐部队全都拼完了,蒙古兵围住汴京城。汴京城粮食吃尽,救援没有,形势越来越危急。金主完颜守绪决定向东走,进入后宫与皇后、妃子告别,痛哭着走了。金主到了归德府(府治在今河南商丘睢阳区)后,就派人到汴京去接后妃,汴京城中的军人怨恨愤怒,后妃们走不了。蒙古将领速不台领兵攻打汴京一天天紧迫,城内外不相通,出不去也进不来,城中米一升要二两银子,人到了人吃人的程度,富贵人家都撤走了炉灶,偷着做饭吃。西面元帅崔立本性淫荡凶暴,趁着百姓动荡不安,就杀了左右两个宰相完颜奴申和习捏阿不,领兵进宫召集百官商议另立君主。崔立说:“卫绍王(完颜永济)的太子完颜从恪,他的妹妹作为公主现在在蒙古做皇后,可以立从恪。”于是就用太后的命令召完颜从恪为梁王监国(代替皇帝处理国事),崔立自己做了太师都元帅,送些吃喝给蒙古军的速不台。喝了送去的酒,速不台很高兴。崔立像对待父亲一样对待速不台。崔立回到城里后,把瞭望敌军的高台全都烧了。他又以给军前随从的官吏找内眷家属为名,召集军民家中的女子到他的衙门里,一天中要淫数人还不满足,又下令禁止民间嫁娶。这样一来,有为一个女人的缘故而造成几人死亡的事。各个王的妃嫔也被他奸淫,有时崔立还到后宫淫金主完颜守绪的妃嫔。他又和妻子一起去见太后和皇后,两宫赐给他的钱财不可胜计。崔立又拐弯抹角地劝太后向蒙古投降,太后同意了。崔立就带着梁王完颜从恪、荆王完颜守纯、太后王氏、皇后徒单氏,以及各妃嫔,用三十七辆车,再加宗室男女五百多人到青城(原北宋祭天斋宫,在汴京城外)去。速不台杀了梁王和荆王以及金国皇族、亲属,把后妃们送到和林(元代旧都,在今蒙古国),路上非常辛苦,比北宋时的徽、钦两个皇帝被押送时更严重。速不台进入汴京城,这时崔立还在城外,蒙古兵先冲进他的家,抢走了他的妻妾和宝玉之类。崔立回家后,一看到这情景,就只有大哭的份了。后来,崔立被原金国汴京都尉李伯渊杀死。

蒙古派遣王檝出使南宋,商议共同讨伐金国;南宋也派出使臣回报,表示谢意。蒙古答应等到成功后,把黄河以南的土地送归南宋。金主完颜守绪听说蔡州城(今河南省汝南)城墙坚固、护城河也深,兵多粮也多,就决定去蔡州。那时下了很长时间的雨,朝中的臣子、侍从、护卫人员徒步在泥水中走,路上摘青枣当粮,人们的脚和小腿都肿胀了。跟随完颜守绪的有二三百人,五十四马,走到亳州(治所在今安徽亳州市)到双沟寺避雨,满目的蓬蒿,一个人也没有。金主感叹地说:“人民全没了!”一时极度悲哀。到了蔡州后,金主任用完颜忽斜虎为尚书右丞,总领官署事务。忽斜虎能文能武,选拔收集人马、制造修补兵器、铠甲,使金兵稍微有些强盛了。当时蒙古兵离蔡州较远,金主在蔡州也很放心。后来,南宋用孟珙为将领,在马磴山把金兵打得大败。蒙古都元帅塔察儿派王檝到襄阳,相约南宋攻打蔡州。南宋军队驻扎在息州(今河南省息县一带)的南部,金兵前去投降的人一天比一天多。金国息州刺史请求金主给他增加兵力,金主派参知政事抹捻兀典率领忠孝军五百人前往。临走时,金主对抹捻兀典说:"北方蒙古,兵强马壮,智勇双全,我们的确很难和他们抗衡。至于南宋人,就不值一提了。朕如果用披甲武士三千人,驰骋在长江淮河一带,还有余力呢。"金主又让完颜阿虎带向南宋讨要粮食,临走时对他说:"宋人太对不起朕了,他们考虑得太简单,蒙古灭了四十个国以及西夏,西夏亡了就轮到了我,我亡一定会接着灭宋,唇亡齿寒是自然之理。如果宋现在和我们联合,保住了我国,也是保住了他们,卿把我的话说给他们听。"

完颜阿虎带到了南宋,南宋不答应给粮。蒙古的塔察儿围住了蔡州,每天都在城下炫耀兵马,旗帜遮住了天空,这使城中人非常害怕。南宋的史嵩之命令孟珙、江海率领军队两万人,运米三十万石去赴先前与蒙古军的约定。塔察儿大喜,和孟珙结为兄弟,两人共饮马奶酒。蒙古军得到了南宋援助后,就加紧制作攻城的器具,砍伐木头的声音传到了城内,城里的人就更加害怕了。金国的忽斜虎每天都用国家的恩泽、君与臣的大义来安抚百姓。军民受到感动,振奋了起来。南宋军和蒙古军用攻城器具逼近城墙,金人用全部登记在册的男子防守城墙,男子不够用又找强壮些的妇女穿戴上男人衣帽守城。南宋的孟珙进军,靠近了柴潭楼。金国人依靠潭来固守。潭外就是汝河,潭所在的地面比河岸地面高出五六丈。相传潭水下面有龙,人不敢靠近潭,而潭边上的城楼又暗藏着巨弩,这使南宋的将士担惊受怕。孟珙召集他的部下喝酒,喝第二杯时,孟珙对他们说:"柴潭楼不是天造地设的,弩也只能射远而不能射近,他们所依靠的就是这潭水罢了。把潭水放出去,潭很快就干了。"于是凿开堤坝,潭水就流到汝河里去了。孟珙命令将士们在潭底垫上柴草,蒙古军也决开了练江。两军一起进军攻破了外城,接着攻近土门,攻打西城,攻了下来。金将忽斜虎率兵全力抵抗。金主对他的侍臣说:"我当国家的重要大臣十年、太子十年、皇帝又十年,自己知道没有大的过错,死了也没遗憾了。所遗憾的是祖宗传下的国家政权到我这儿就断了,和古时荒淫暴乱的国君同样做亡国之君,只有这点我不服气!"从宋理宗九年(公元 1233 年)九月蔡州城被围开始,到第二年正月初一早晨,蒙古兵聚在一起喝酒,欢呼声、吹拉弹唱声,此起彼伏;而城中的人们忍受着饥饿,人人愁眉苦脸。南宋主将孟珙见黑气压城,日色无光,就下令各军人人嘴里含枚,分别搬运云梯攻城。这天晚上,金主完颜守绪把君位传给了东面元帅、宗族的第七代完颜承麟(守绪是第六代),承麟跪拜哭泣不敢接受。金主守绪说:"朕之所以把皇位传给卿,实在是不得已啊!因为朕的身体肥胖沉重,不便于乘马突围,只有一死而已。卿的身体灵巧又有将才,万一能冲出去,金国的帝位、皇族后代就不会灭绝,这就是朕的志向呀!"完颜承麟站起接受了玉玺,第二天即了皇位。南宋将领孟珙率领军队攻打南门,马义先登上了城楼,赵荣紧随其后,万众争着往上上。金国百官向完颜承麟道贺礼毕,就赶紧出去抵抗敌人,这时南城已树立起了宋国的旗帜。金主完颜守绪上吊自杀而死,在位十年。金国将领忽斜虎听说皇帝守绪已死,就说:"我跳汝河,跟我国君去了!"于是他投水而死。参政孛术鲁、小娄宝等人,以及军士五百多人也一起跟着死了。完颜承麟撤退坚守内城,听到守绪已死,就率领众臣去哭丧,给皇帝完颜守绪起了谥号叫"哀宗"。祭奠还没完成,城已被攻破,承麟被乱兵杀死,在皇位仅一天,金国灭亡。金国从宋徽宗乙未年(公元 1115 年)开始到宋理宗甲午年(公元 1234 年)结束,共十个国主,一百二十年。

比金国建国早,也比金国先被蒙古灭掉还有个夏国。唐朝末年宥州(辖境相当于今内蒙古乌审旗西南到长城一带)刺史拓跋思恭本来是党项羌人,他的先人有个叫拓跋赤辞的,唐太宗贞观初年率众来投奔唐王朝,被赐给李姓,安置在静边等州,后来分居到夏州的(今陕西横山)叫平夏部。唐僖宗时,僖宗避黄巢军队到了蜀地,平夏部的李思恭纠集各族士兵去和鄜延节度使李孝昌等人会合,结成了同盟去打黄巢军,皇帝下诏书用李思恭代理夏绥节度使。李思恭死后,他的弟弟李思谏接班;思谏死后,他的儿子李彝昌接班。彝昌被他的部将高宗益杀死,立了他的同宗族的叔父李仁福为节度使,后来他被封为朔方王。仁福死后,他的儿子李彝超接班。彝超死后被追封为夏王,他的儿子李克睿接了班。克睿死后,他的儿子李继筠接了班。继筠死后,他的弟弟李继捧接班。李继捧因为他的长辈和兄弟们对他大多怨恨,就带着银、夏、绥、宥四个州投靠了北宋,他留在北宋京城住下了。宋太祖赐给他许多好东西,并派使臣到夏州去,李继捧手下的一些官员也到北宋京城去朝见皇帝。后来,李继捧同家族的弟弟李继迁叛变后,袭击占据了银州(今在陕西米脂西北),围住了三族岩。宋太宗派将领兵去打李继迁,把李继迁打跑了。李继迁投靠了契丹,契丹主任命他为定难节度使,并把女儿嫁给了他。后来,李继迁对北宋边境侵扰得越来越厉害了,北宋的赵普请皇帝再让李继捧守夏州并赐给了姓名叫赵保忠,担任了定难节度使。赵保忠与李继迁在安庆泽作战,继迁被流箭射伤逃走。后来,李继迁派使者到北宋上表谢罪,北宋皇帝下诏书任命他为银州观察使(为巡查地方的官员,与节度使平级),并赐给姓名叫赵保吉。后来,赵保忠叛变投靠了契丹,契丹主封他为平思王。不久,赵保吉也叛变了,截击了北宋灵州军用粮草四十万,全部都抢走。宋太宗大怒,命令将领从五路领兵去讨伐他,却没取胜而回去了。宋真宗的时候,赵保吉攻陷了清远军镇,接着又打下了灵州(今宁夏灵武市);赵保忠攻陷了西凉府(今甘肃武威市),杀了知府丁惟清。要说明的是赵保忠最终还是归了宋。西蕃藏人潘罗支等人假装向赵保吉(李继迁)投降,保吉也不怀疑他们。潘罗支立即召集各部落的兵马来攻击赵保吉,赵保吉被打得大败,中流箭伤得很重,跑回了灵州。他考虑到自己孤立无援很危险,病得要死时就嘱咐自己的儿子赵德明一定要投归北宋,一表不理就上第二表,即使是上到百表也不要放弃。赵保吉死后,赵德明向北宋上了几表,宋真宗非常称赞他,任命他为定难节度使,并封他为平西王,赏赐了他许多好东西。没多久,契丹主也册封赵德明为夏国王。这样一来,赵德明在本国就自称皇帝,对北宋和契丹就去了帝号而称臣。

宋仁宗十年(公元 1032 年),赵德明死了,他的儿子赵(李)元昊即位。元昊是五月五日出生,圆脸高鼻,性格坚强,有非凡的谋略,很会绘画,并有发明创造。凡是用兵行军时,就让部队长官各自陈述见解,选取好的意见采用。他占有了夏、银、绥、宥、监、胜、甘、凉、灵、会、静各州。又取得了瓜沙肃州,仍然居住在兴州(兴庆口,今宁夏银川)。靠着黄河的险阻,贺兰山的屏障,疆土向西到吐蕃塔(沙州)。吐蕃塔周围纵横万里,李元昊于是改名叫李曩霄,自称为皇帝,改了年号,向北宋上表要求西郊那地方。北宋朝廷削掉了赐给元昊的"赵"姓和官爵,也断了和他所统辖的区域的往来贸易,并招募能取得元昊人头的人,答应授给这人定难军节度使的职务。李元昊于是向北宋进攻,攻打保安,夺取了金明岩,接着又取得了安远、赛门、永平各军寨(营垒),乘胜打到了延州(治所在今陕西延安)城下,把北宋打得大败,赶上了下大雪才撤军。从此以后又多次进犯北宋,北宋军也屡战屡败,使北宋朝廷官员忙得顾不上吃饭。北宋方面也全靠韩琦、范仲淹指挥军队抵御有方,再加上狄青会打仗,所以李元昊军才不能深入到北宋内地。李元昊的大将野利和天都都是骁勇善战的将领,他们领军多次击败北宋军队。北宋的种世衡使用反间计,他派王嵩送信给野利,信中说:野利既然有投奔宋国的志向,就应及早归降。却故意装作误送到李元昊处。元昊对野利产生了怀疑,就杀了野利。种世衡又写了篇祭祀野利的文章在木板上,文中说:悲痛他(野利)和天都都有投靠宋国的志向,却不获成功。他在北宋和西夏的边境上祭祀,看见西夏兵到了,急忙烧板,却未烧毁。西夏兵得到字板,把它献给李元昊,元昊又杀了天都。从此,李元昊的军队渐渐衰弱了,他才请求和北宋讲和。从李元昊开始,到了李乾顺当政,这一百多年西夏时叛时降,不能记得清楚了。李元昊在位十七年死,谥号叫"景宗"。元昊当初娶了野利氏,生下儿子宁令哥作为太子。宁令哥长大后,元昊给他娶了没移氏做妻子,都已经结婚,元昊见没移氏美丽,于是把她据为己有。宁令哥气坏了,就谋划要杀元昊。后来他找了个机会,用刀砍元昊,没砍死,只是砍掉了鼻子。宁令哥躲藏到国舅讹庞家里,被讹庞杀死。李元昊也终因鼻伤太重而死,当年四十六岁,他的小儿子李谅祚即位。谅祚年龄小,讹庞就和三个大将共同治理国事。李谅祚在位十六年死了,谥号叫夏毅宗,他的儿子李秉常接班。秉常在位十九年死了,谥号叫惠宗,他的儿子李乾顺接班。乾顺在位五十四年死了,谥号叫崇宗,他的儿子李仁孝接班。李仁孝开始在西夏国内建学校。仁孝在位五十四年死了,谥号叫仁宗,他的儿子李纯祐接班。他在位十四年时,李乾顺的孙子李安全废掉了李纯祐而自己做了国君。不久,李纯祐就死了,谥号叫作桓宗。

李安全做了国君后,蒙古兵进入灵州,西夏常被蒙古军攻打,就向金国求救。金国不能救它,所以西夏人怨恨金国,就向蒙古称臣,并和金国交战。李安全在位五年死了,谥号为襄宗,他的儿子李遵顼即位。西夏和金国打了大约十年仗,精锐部队全部丧尽,两国也都筋疲力尽,于是西夏派出使者向金国重修旧好,向金只自称为弟而不称为臣,各用本国年号。金国也派出使者回访,两国和好。蒙古军包围了西夏兴州(即兴庆府,为西夏都城,今宁夏银川),夏主李遵顼逃奔到西凉。蒙古军继续攻打西夏,西夏主李遵顼在位十三年时,把君位传给了儿子李德旺,自己称为太上皇,又过了四年死了,谥号为神宗。李德旺即位后,蒙古攻西夏取得了甘州、肃州以及西凉府。蒙古军打进西夏时,西夏的城邑大多投降。西夏主李德旺又忧愁又害怕,在位四年而死,谥号叫献宗。西夏国人立了李德旺的弟弟的儿子李晛。蒙古军打下了西夏国的所有城邑,西夏民众自挖土坑或钻到山洞来躲避流箭和刀枪,躲过劫难的百人中找不出一两个,白骨铺满了田野。夏主李晛被迫出降,被蒙古兵绑走了,在位仅两年。西夏国灭亡。西夏建国从唐僖宗辛丑年(公元 881 年)开始,到宋仁宗戊寅年(公元 1038 年)李元昊称帝,再到南宋理宗丁亥年(公元 1227 年)西夏亡国,共有三十一主,总计三百四十七年;称皇帝的十人,共一百八十六年。本章辽、金、西夏的事已叙述了个大概,下章单将南宋的事叙明白。读者应把第二十九章直接上边的第二十七章,而把本章第二十八章作为多出的一章,那么事情就可接续来看了。

第二十九章　宋康王赵构靠名将偏安半壁江山(南宋史)

接说北宋徽、钦两个皇帝被掠走后,金人立张邦昌做了楚皇帝。张邦昌不敢当皇帝,接去了宋哲宗之妻元祐孟太后入住宫中,垂帘听政,又派人到济州迎接康王赵构。丁未年(公元1127年)五月,康王从济州出发到了应天府(为北宋的南京,今河南商丘)。张邦昌去见他,趴在地上请死。康王安慰了他,命令他在府门左边筑一座坛。坛筑好后,康王赵构登上坛即了皇帝位,赦免或减刑罪人,改了年号,这就是南宋高宗皇帝。高宗大哭,觉得自己没能救父母亲族而对不起他们。这天,元祐皇后在东京(开封)撤帘,结束听政。高宗又遥尊靖康帝(钦宗赵桓)为孝慈渊圣皇帝;遥尊母亲韦氏为宣和皇后,后来又尊为太后;遥立自己的妃子邢氏为皇后。任用黄潜善为中书侍郎,汪伯彦为同知枢密院事。用张邦昌为太保(三公之一,位在太傅之下,无实权)并封为同安郡王。因为张邦昌被金人立过皇帝,几个月后,赵构就令张邦昌自杀了。

赵构当年做康王时,作为人质到了金军军营,因射箭连连射中目标,金国人怀疑他是宋国哪个将军的儿子,于是把他送了回去,要求改换人质。后来得到证实他是宋徽宗的儿子,又后悔地急切要抓他。过了黄河后,高宗赵构任用李纲为宰相,李纲请高宗罢免张邦昌的王爵,于是张邦昌被流放到潭州(治所在今湖南长沙)。接着又流放张邦昌从前任命的臣僚王时雍、吴幵、莫俦、李靓等人各有差别。封赠各路守节义而死的臣子,恢复了元祐党籍人的官爵。派宣议郎傅雱出使金军,问候徽、钦二帝,并且给金将粘没喝带去了一封信。当时朝中商议把首都设在何处好,李纲说:关中最好,襄阳就差一些,建康(今南京)为下。他请高宗先到南阳去,来收复人心,黄潜善和汪伯彦坚决不同意。高宗决定向东去,到了扬州。李纲所说的话恳切直率,高宗当初总是接受他的意见,这时因受黄潜善、汪伯彦言论的迷惑,所以就不再听李纲的话了。李纲于是请求离开朝廷,高宗就罢免了李纲的官职。李纲罢官后,凡是李纲所规划的军民政事全都废止了。先前的太学生陈东上书,请求留下李纲而罢汪伯彦、黄潜善的官,又请高宗到军中亲自征讨敌人来鼓舞将士的士气。也在这时,平民欧阳澈徒步到高宗那里上书,极力痛斥专权的大臣。黄潜善和汪伯彦用话来激怒高宗,他们说:“这种情况要是不杀,他们接着就会鼓动民众造反!”于是高宗下令在闹市中斩了陈东和欧阳澈。

高宗赵构在沿黄河、长江、淮河处设立帅府。任命宗泽为东京留守,主持开封府事务。当时金国骑兵屯居在黄河边,鸣金、战鼓声白天夜里两岸都可互相听见。旧京城开封的瞭望敌情的望敌台都被破坏了,城中兵民又杂居在一起,盗贼很多。宗泽一向有威望,到了开封后就捕杀盗贼、安抚军民,修筑望敌台,又多次出兵挫败金军。有个叫王善的人在黄河以东有兵民七十万人,宗泽独自一人骑马到他的营帐哭着对他说:“朝廷正当危难之时,假如有像您这样的一两个人,哪里还有敌患呢?现在是你立功之时,不可错过了。”王善很受感动,也哭着说:“我怎敢不效力!”于是他向宗泽投降。又有杨进、丁进、王再兴、李贵、王大郎等人也各自拥有几万兵民,在京西、淮南、河南、河北等地活动,宗泽全部把他们招降了。在京城开封的四边各安排人员来领招集的兵,造战车一千二百辆,又在城外根据地理形势设立坚固的营垒二十四所,驻兵几万人。在黄河沿岸排列连珠军寨,连接河北、河东成为山水寨。于是陕西、京东(开封以东)、京西各路人马都愿听从宗泽指挥。宗泽多次上表请高宗回京(开封),而高宗听信黄潜善,决意到东南去。秉义郎(武阶官名,从八品)岳飞犯法,将要对他处以刑罚。宗泽见到岳飞后,觉得他与众不同,对别人说:“这人是将才。”赶上金人攻打汜水(今河南荥阳市一带),宗泽给了岳飞五百骑兵,让他去立功赎罪,岳飞领兵把金人打得大败。回去后，宗泽提升岳飞为统制（南宋时各屯驻大军之下的军一级统兵官），并对岳飞说："你的智勇才能，就是古时的良将也比不上；然而你好打野战，这不是万全之策。"于是就交给了岳飞阵图。岳飞说："摆阵而后才作战，这是兵法的常规，运用的巧妙还要看战场的情况而定。"宗泽认为他说得很对，岳飞也因此而出名。后来岳飞给高宗上书，请赵构亲自率领大军向北渡过黄河恢复中原领土。岳飞因此次越职说事而被罢了官。当时，张所是河北路招抚使，岳飞就去投奔他。张所问岳飞说："你能领多少兵？对付多少敌人？"岳飞回答说："勇不值一提，用兵在于先定下计谋，计谋定下后再作战就没有打不胜的了。"张所吃惊地说："你恐怕不是行伍中人。"他让岳飞补空为武经郎（武官名，秩从七品）。张所派都统制（位在统制之上）王彦率领岳飞等十一个将、部众七千人马渡过黄河到新乡去。新乡那里金兵很强盛，王彦不敢再往前进兵。岳飞就率领自己的那部分人马与金兵激战，夺过来了金军的大旗。其他将领受到了鼓舞，也领兵冲向金军，于是收复了新乡。第二天又在侯兆川作战，岳飞身受十多处伤，他的士兵都拼死作战，又把金兵打败了。赶上粮食吃没了，岳飞到王彦的军营要军粮，王彦不给。岳飞就领兵进一步向北走，到太行山与金兵作战，活捉了敌将拓跋野乌。几天后又与敌军相遇，岳飞独自一人拿着一丈八的铁枪刺死了金将黑风大王，金兵失败逃走了。岳飞知道王彦不喜欢他，就率领所部人马去投奔宗泽了，宗泽又任用岳飞为统制。

金主阿骨打第四子完颜兀术进犯东京汴梁，城中人非常害怕，僚属们走进宗泽的营帐问该怎么办。宗泽当时正在和人下围棋，就笑着说："什么事这么慌张？刘衍等人在外一定能击退敌人。"果然，刘衍用埋伏的士兵夹击，把金兵打得大败。此后，金兵不敢再进犯东京了。宗泽前前后后给高宗赵构上奏二十多次请他回东京汴梁，每次都被黄潜善和汪伯彦所阻拦，因此宗泽忧愤成病，背上长了毒疮。将领们看望宗泽，宗泽对他们说："我因徽、钦二帝被掠走而发愤到这样。你们能歼灭敌人，我死了也无遗憾了。"大家都流着泪说："怎敢不尽力！"送走将领们后，宗泽感叹地说："出师未捷身先死,长使英雄泪满襟。”他对身边的人说了许多话,没有一句涉及自己家里的事,最后连呼:“渡过黄河,渡过黄河去!”宗泽死了,年纪七十岁。汴梁城里的人为他而痛哭。高宗赵构知道后,追封宗泽为观文殿学士,谥号为“忠简”。宗泽的儿子宗颖也在军府做官,一向得人心,汴梁人请求让宗颖继承父任。这时,高宗已任命杜充接替宗泽,没答应宗颖的事。杜充暴虐却没有谋略,他到任后完全改变了宗泽在时的做法。于是,英雄豪杰丧失了信心,许多人都离开了。

张悫推荐刘豫做济南知府,刘豫不愿意去,请求改换让他做东南部一个郡的长官,但朝中执政官不许,刘豫就怨恨地去上任了。金将挞懒领兵围住了济南,刘豫派儿子刘麟领兵去抵抗金兵,把金兵击退了。挞懒又派人用利益收买刘豫,刘豫因先前对朝廷权臣的愤怒,就杀了济南的骁勇将领关胜,带领百姓向金国投降。百姓不愿意,刘豫就用绳子从城上下到城下去投金军。

高宗赵构用黄潜善和汪伯彦做左右相,潜善、伯彦去向高宗道谢,高宗说:“潜善做左相,伯彦做右相,朕还怕什么国事不成功呢。”这时金兵横行,不断进攻南宋,黄、汪两人却不把敌情的事告诉高宗。金将粘没喝围住了徐州,徐州知州王复拼命率兵死守,城外的援兵却不到,城被金兵攻破,王复一家百口人全被杀死。赵构下诏书,命令刘光世领兵到淮河一带去阻挡金兵进犯,光世的军队却被金军击溃跑了回去。金将粘没喝率军攻陷了天长军镇(军区名,在今安徽滁州地区的天长市),消息传到了赵构那里,赵构立即穿戴上甲、胄,骑上马到了瓜州(瓜州镇,在今扬州邗江南),找到了一只小船渡过江,跟随他的只有护圣军的几个兵卒和王渊、张浚等人,太阳落山时到了镇江(在今江苏省)。这时汪伯彦、黄潜善正率领同僚们听和尚克勤说法,有人问起边境战场的消息,他俩仍然用“不值得担心”来回答他们。不一会儿,堂吏去大喊:“皇上已经走了。”汪、黄两人这才惊慌失措,披挂上铠甲骑马向南跑去。扬州城里的居民们听到金兵将要到来的消息后,争相往外跑,衔上踩死了许多人。司农卿黄锷到了长江边,军士们听说来了个姓黄的朝中大员,以为他是黄潜善,就骂他说:“误国误民,都是你的罪过!”黄锷正要和他们解释清楚自己不是黄潜善时，他的脑袋已被砍落在地上了。太常少卿季陵从扬州带着太庙的牌位跑，还没跑出几里地，回头望见城中已是烟火冲天了。金兵追赶季陵，太祖赵匡胤的牌位被金兵得到了。金军烧了扬州才离去。

高宗赵构到了杭州，黄潜善、汪伯彦因罪被免了官职。赵构任用王渊做同知枢密院事(掌机密兼掌军事枢密院的副长官)，扈从统制苗傅觉得自己出身于将门，王渊却一下子官升显要职务，心里很不服气。刘正彦也因招降造反的人，功劳大，赏赐却很微薄，因此怨恨皇帝。这时宫中内侍康履等人作威作福，将领们都很嫉妒他们。中大夫王世修也憎恨内侍们胡作非为，就和将领们合谋埋伏下兵杀了王渊和内侍康履等人，劫持了皇帝赵构，让他传位给皇太子赵旉，并请元祐太后共同听政。孟太后见到王世修等人，对他们说："现在大敌当前，我一个妇人在帘子里抱个三岁儿决定事情，怎么能号令天下?"苗旉等人态度坚决，迫使赵构禅位给赵旉(赵构的儿子，当时三岁)，并改了年号。消息传到平江(今江苏苏州)，平江主官张浚知道朝廷一定发生了兵变，就打算发兵去讨伐。张俊接到文书后，也知其中有事，就领着他的部队到了平江。张浚和张俊议论这事，一边说一边哭。文书传到了江宁(今江苏南京)，吕颐浩说："这一定是政变。"他派人送信给张浚，并且通知在镇江的刘光世。正赶上韩世忠走海路要到高宗赵构那里去。张浚说："韩世忠来了，我们的事就有帮手了。"韩世忠把一杯酒倒在地上说："誓不与奸贼共戴天!"他到达平江见到了张浚，张浚就写了檄文，声讨苗傅、刘正彦的罪过，并和韩世忠、张俊、刘光世、吕颐浩合兵讨伐苗傅、刘正彦等人。苗傅等人为此而担忧恐惧，不知该怎么办。朱胜非劝他们赶快请高宗皇帝回正宫，说只有这样才可以免祸。苗傅等人于是就率领百官到睿圣宫去朝见赵构，赵构对他们加以安慰。苗傅和刘正彦庆幸地说："圣天子竟有如此的度量啊!"于是请赵构恢复了皇帝位。后来，吕颐浩对其他将领们说："现在虽然已反正，但这几人还手握兵权。这事如果不成功，他们一定会把恶名加给我们。"于是在临平击败了苗翊的队伍。苗傅、刘正彦向南逃去，拥护赵构的军队进入北关。

张浚、吕颐浩等人去见赵构,趴在地上痛哭流涕,赵构再三安慰他们,并解下自己的玉带赐给了张浚。赵构下令斩了吴湛、王世修等人,接着又对参与政变的其他人杀的杀,贬官的贬官。赵构到了江宁府,韩世忠追捕到了苗傅和刘正彦送到赵构那里杀了。赵构亲笔在一面旗上写下"忠勇"两个字,赐给了韩世忠。后来,皇太子赵旉死了,赵构没有其他儿子。

金人要渡过长江进犯南宋,赵构下诏书命令张浚在郢、唐、邓等地分别驻扎兵力,命令杜充、韩世忠和刘光世分别在长江以东驻扎兵力,以便防备金军入侵。赵构到了临安府(今杭州)。金兀术攻入建康,守城将领杜充向金军投降了。当时,江浙一带的防守依赖杜充,而杜充却每天专门想着怎样来惩杀部下,并且没有防御敌人的方法。金将金兀术乘着杜充没准备就渡过江去,兵临城下。金兀术派人劝说杜充投降,杜充就投降了。赵构听说杜充已降金,就对吕颐浩说:"事情紧迫了,可怎么办?"吕颐浩劝赵构从海路走,赵构认为可以,于是要到明州(今浙江宁波)去。金兀术又攻陷了临安,并派阿里蒲卢浑领兵追赶往明州去的赵构。赵构又走海路到达定海县(今浙江镇海)。金将阿里蒲卢浑率兵攻陷了越州(今浙江绍兴),紧接着攻打明州。张浚派统制杨沂中在高桥(在今上海)迎击金兵,打了胜仗。金兵攻陷了明州,屠杀明州居民,又到海上追杀皇帝赵构,追了三百多里。海州(今江苏灌云)提领(管官田的主官)张公裕率大船拦击金兵的船,这才把金兵击退,赵构跑到了温州。江淮统制岳飞在广德(今安徽广德县)把金兵打得大败,并六战六胜。韩世忠用前军驻扎在青龙镇(今上海市青浦区),中军驻扎在江湾(在上海市西北),后军驻扎在海口(长江口),想等金兀术的军队往回走时截击他。结果金兀术军从秀州(治所在今浙江嘉兴)跑到了平江(今苏州),韩世忠就把军队转移到镇江(在今江苏省)来等待金兵。金兀术想渡江,韩世忠对将领们说:"这里的地理形势金山(在镇江西北)最高,山上有座龙王庙,敌人一定会登山来侦察我军的虚实。"于是韩世忠派苏德领一百人埋伏到庙里,一百人埋伏在庙下边的江岸边,并告诫他们说:"听到江中的鼓声,岸上的兵先行动,庙里的兵接着出动来合击金兵。”等到敌人到来,果然有五个骑兵奔向龙王庙,庙里的伏兵先出来抓住两个,其余三个骑兵快马加鞭跑掉了。其中一人穿着红袍系着玉带,马跌倒后又跳起来跑了。追问那两个被抓住的人,原来穿红袍扎玉带的就是金兀术。接着两军在江中开战,打了几十合,韩世忠的妻子梁氏亲自擂响战鼓,敌人始终过不了江,宋军还捉住了金兀术的女婿龙虎大王。金兀术害怕了,说愿意用他所抢的全部东西来换取金兵过江权,韩世忠不答应。金兀术束手无策,这时有人对他说:“老鹳河的旧道现在虽已堙塞了,如果凿开可以通向秦淮河。”于是金兀术军开始动工,向建康进军。岳飞在新城率领军队截击金兀术军,金兀术吓坏了,又乘上船往回走。他再次请求韩世忠网开一面,韩世忠说:“你还我掠走的两个皇帝,恢复我们的疆土,就可以保全你。”金兀术看见海船乘风使帆,往来如飞,就对他的部下说:“南军使用船就像使用马,这怎么办?”于是他招募能破海船的人。福建有个姓王的人,他教给了金兵使用船战,又教给他们用“火箭”来射船帆。韩世忠军被打败,金兀术军过了江。韩世忠率领八千人抵挡金兀术的十万兵,坚守了四十八天而败。金兀术过了江后,大肆烧掠,把建康的少壮妇女抢走了不少,从静安镇过江到宣化而去。这期间,岳飞军截击了金兵,把他们打得大败,夺回了他们所抢走的一切。

金主吴乞买把宋徽宗废为昏德公,钦宗废为重昏侯,把他们迁到韩州(今辽宁昌图县),后来又把两人迁到了五国城(有两说:一为今黑龙江依兰,一为宁安)。南宋方面让洪皓从云中(今山西大同)暗中派人带着桃、李、栗子面等东西到五国城献给徽、钦二帝,两人才知道康王赵构已即了皇帝位。庚戌年(公元1130年)九月,宋徽宗正妻太后郑氏死在了五国城;六年后,宋徽宗赵佶死了;又过了四年,宋高宗赵构的正妻邢后也死了。金国主在大名府(今河北大名)立了刘豫为齐皇帝,把黄河以南和陕西的土地划给了他。刘豫约定世代用儿子对待老子的礼节对待金国国主。

当初,秦桧跟随徽、钦二帝到了燕地,金主把秦桧交给了金将挞懒,并让挞懒使用他。金兵侵犯南宋时,秦桧被任命为参军(参谋军务的官职)。秦桧的妻子王氏容貌娇美,心眼也多,她和挞懒私通。就这样,挞懒放秦桧回了南宋,让他做内奸。秦桧和妻子王氏一起回去了,说是杀了金人看守,抢了船才回来的。秦桧走海路,到了越州去求见高宗。赵构对辅佐大臣说:"秦桧的忠诚淳朴超过了一般人,朕得到了秦桧高兴得都睡不着觉了,既得到了父兄和母后的消息,又喜得一位佳士啊!"先前,南宋朝廷虽多次派使者到金国去,却总是一面备战防守,一面讲和。而一门心思与金国化解敌意、不再用兵,是从秦桧回来开始的。金人想占有蜀地,宋将刘子羽、吴玠、吴璘等人在凤翔的险要处大散关东面的和尚原(和尚原在今陕西宝鸡西南)把守。金国军队知道南宋方面有准备,于是撤了军。后来,金兀术不死心,再次领兵攻打和尚原。吴玠和弟弟吴璘在一天夜里埋伏下士兵,把金兀术军打得大败,金兀术被流箭射中,急忙割掉胡须逃跑,才没被捉。蜀地全依赖吴氏兄弟才得以保全。

当年北宋时实行保甲法,民众有武装组织,为聚在一起造反的人创造了条件。北宋末年,东南方拉队伍造反的人很多。这时,张俊、岳飞领兵在楼子庄击败了长江、淮河一带的李成等人的队伍,收复了筠州(治所在今江西高安市)、江州(今江西九江市)。张俊等人又领兵渡江追击李成到蕲州黄梅县(在今湖北省黄冈地区),又把李成的队伍打败。李成向北走,投靠了刘豫。张用率领数万人投靠了岳飞,江淮一带全都平定了。闽地的范汝为领兵进入建州(今福建建瓯市),韩世忠率步兵三万人,水陆并进直达凤凰山,五天攻破了范汝为的队伍,范汝为战死,闽地全部平定。在湖边、海边活动的曹成拥有十几万人,占据着道、贺(今湖南道县和广西贺州)等州,岳飞把他们打败。曹成领兵奔向邵州(在今湖南邵阳),赶上了韩世忠平定了范汝为,率军往回走,和曹成军相遇。曹成看到韩世忠的队伍一直拉长到豫章(今江西南昌),在江滨连营几十里,非常害怕,率领众人向韩世忠投降了。韩世忠获得战士八万人。岳飞在雩都(今江西于都)把彭友的队伍打得大败,赣州、吉安等地全都平定了。岳飞上朝入见皇帝,赵构在一面旗上写了"精忠岳飞"四个字赐给了他。

太湖那里的杨么(又作杨幺)号称"大圣天王"。杨么和刘豫有联系,想顺流而下。皇帝赵构任命岳飞为荆南制置使(为一路或数路地区的统兵大员)。岳飞渡江在江心时,对部下说:“我岳飞不擒获这贼(指杨么),就不到这江中来了。”岳飞击破李成后,又接受命令打杨么。他所率领的部队,兵员都是西北人,不熟悉水战,于是岳飞先派人去招降杨么的队伍。杨么的部将有个叫黄佐的对自己的部下说:“岳节使号令如山,要和他作战不会有活路。”于是他率众投降了。岳飞上表朝廷,授予黄佐为武义大夫。岳飞独自一人骑马去巡视黄佐的部队,拍着黄佐的背说:“你懂得顺从和抵抗的利害关系,果然能立功。我想再派你到太湖一带,看能抓的抓,能降的就招降。”席益认为岳飞轻视敌人,想向皇帝赵构报告。张浚对他说:“岳侯是个忠孝之人,他用兵有精微的道理,却一时不被人理解,怎么可以随便乱说?”席益听后惭愧而止。黄佐偷袭了周伦的兵寨,并杀了周伦,岳飞上表升黄佐为武功大夫。一次,赵构有令,让张浚回到边地去预防秋天的战事,岳飞拦住了他,掏出一张小作战地图给张浚看。张浚的意思等来年再议,岳飞说:“已有了破敌的办法了,都督要能再留八天,我就可破贼。”张浚说:“你的话怎么这么轻巧?”岳飞回答说:“凭着战将攻破敌兵,夺走他们主将的左膀右臂,让他失去心腹人,因此就容易了。”张浚答应了。这时,黄佐又招降了杨么的部将杨钦、全宗、刘诜等人。一天夜又偷袭敌营,使几万人投降。杨么的船是用轮子划水航行的,航行起来就像飞起来一样快;船边设置了撞竿,官军的船碰上就被撞碎了。岳飞让人在水里散放腐木和乱草来阻碍杨么船的轮子划动,于是击败了杨么军队,杨么跳水而死。果然,八天报捷的文书就送到了潭州(在今湖南长沙)。张浚深有感触地说:“岳侯真是神算啊!”当初,杨么凭借着天险,官军从陆地攻打他,他就撤到太湖里去;从水路攻打他,他又上岸。他曾说过:“破我的人,只能是岳飞。”这时有人认为他的话应验了。

湖、湘一带平定后,张浚就到了边境一带防敌去了。张浚向朝廷上奏,让岳飞在荆州的襄阳一带屯兵,以便准备收复中原。这时金军没再攻打南宋,高宗赵构下诏书,要求颁发黄庭坚所写的《戒石铭》到各州县去,其中写有:“你的俸禄、你的钱财都是民脂民膏。下民容易虐待,上天很难欺骗。”他命令把文字刻到石上,放在各州县衙门前。

刘豫把他的都城迁到了汴梁,并派儿子刘麟领着金兵进攻淮河以南地区。皇帝赵构用赵鼎做尚书右仆射兼知枢密事。赵鼎劝赵构御驾亲征,赵构答应了。韩世忠在大仪镇(今江苏省扬州市江都区西)把金兵打得大败。赵构亲自领兵抵御金兵,驻扎在平江(今苏州)。金军和刘齐军队攻打南宋一天比一天紧迫,张浚长驱直入到临江(今江西樟树市),召集刘光世、韩世忠、张俊等人各派军队去抵御金兵。金兵围住了庐州(今安徽合肥),岳飞派部将牛皋领兵去救,金兵失败逃走。当时,金将挞懒在泗州(今江苏宿迁)屯兵,金兀术在竹墩镇驻兵,被韩世忠的军队所牵制,无法进军。赶上下雪,金军的军粮运不进去,田野中又找不到可吃的东西,只好杀战马来吃。金军中的番兵、汉兵都有怨言,于是挞懒和金兀术在当天夜里就撤军了。金兀术等人离去后,刘麟、刘猊不能独自留在那里,也抛弃难带走的军用物资撤走了。在朝廷上,有一次赵构对张浚说:“赵鼎帮助朕重新振兴宋王朝,是个当宰相的人才。”于是任用了赵鼎和张浚做左、右宰相。张浚到长江边会见诸位将领,派张俊到盱眙(在今江苏省)驻扎兵力,韩世忠到楚州(在盱眙东,在今淮安)驻兵,刘光世在庐州驻兵,岳飞驻扎襄阳,杨沂中进军驻扎到泗州,以便来收复中原地区。后来岳飞的母亲死了,他带着母亲的棺木回庐山,多次上表请求服完丧期,赵构不答应。岳飞在襄阳多次战斗都取得了胜利,他派牛皋领兵收复了镇汝军的地盘,杨再兴收复了黄河以南的长水(今河南洛宁)。岳飞与伪齐的将领李成、孔彦舟的军队连续作战,把他们都打败了,一直打到蔡州,攻下了蔡州城。岳飞派王贵领兵在唐州(今河南唐河)再次击败了刘豫的军队。岳飞上书请求进军收复中原地区,皇帝赵构不允许,他就回到了鄂州(今湖北武汉)。伪齐刘豫听到后非常害怕,怕岳飞还要讨伐他,就向金国告急,请金国一边攻打南宋一边救援他。金主完颜亶召集将领们商讨该怎么办。蒲卢虎说:“先帝(指金太宗完颜晟)立刘豫的用意,是想让他开辟疆土保住国境,我们能安民息兵。现在刘豫进军不能取胜,退又不能防守,造成兵连祸结没完没了。要是答应了他的请求,胜了刘豫得利,败了我们遭殃,为什么答应他!”金主于是没有答应刘豫的请求,而是派兀术领兵到黎阳(在今河南浚县东北)去观察刘豫的举动。这时刘豫的全部乡兵三十万人,分三路向南宋进攻。刘麟率领中路兵从寿春(今安徽寿县)出发进攻合肥;刘猊率领东路兵,从紫荆山(在今河北易县)经涡口进攻定远(今在安徽省);孔彦舟率领西路兵从光州(今河南光山县)出发去进犯六安(今在安徽省)。刘猊领兵到了藕塘,宋将杨沂中领兵迎战,把刘猊军打得大败。刘猊对部下说:“刚才见到一个大胡子将军,锐不可当。”随即领着他的精锐骑兵逃走了。刘麟在顺昌(今安徽阜阳)听到刘猊军败,也拔寨离去了。杨沂中和王德乘着胜利之势追击刘麟,到南寿春才回去。齐将孔彦舟部也没取胜,这使金兀术也非常害怕。

金国主听说刘豫失败,就派人到刘豫那里去责问失败的原因,开始有了废刘豫的意思。岳飞知道刘豫通好粘没喝,而金兀术对此很反感,就想用反间计。正赶上军中抓获了一名金兀术的间谍,岳飞就假装斥责他说:“你不是我的军人张斌吗?我先前派你到刘豫那里去约定诱捕四太子(金兀术),你走了就没了音信,我又派人去问刘豫,刘豫已答应我今年冬天用会合攻打长江一带为名把四太子骗到清河(今江苏淮安),你却再不见影了,为什么背叛我?”这个间谍怕死,就假装认了错。岳飞就写了封信,用蜡封好后对那个间谍说:“我今天宽恕你,还派你到刘豫那去,问发兵的准确日期。”岳飞割开间谍的大腿把蜡丸塞了进去,并告诫他千万不能泄露。间谍回到金军营地,把信交给金兀术看。金兀术看后大吃一惊,骑上快马去报告了金主,于是废掉刘豫的想法就更加坚决了。金人袭击了汴梁,捉住了刘豫废了他,在汴梁设立了行台尚书省(是中央派出的行政机构)。韩世忠、岳飞向高宗赵构请求讨伐金国收复中原。却没得到答复。当初,何藓从金国回到南宋,赵构才知道太上皇赵佶和太后已死,于是就让王伦负责去金国要求要回赵佶和太后的棺木。王伦临走时,赵构让王伦去对金将挞懒说:“黄河以南和陕西的土地金国既然不要,与其给了刘豫不如归还我宋国。”等到金国人把刘豫抓了起来,王伦从金军回宋向赵构回话说:“金人允许归还两人的棺材,也同意还回黄河以南和陕西的土地。”赵构于是再派王伦到金军去。

当初,赵鼎和张浚为左右宰相。后来赵鼎被罢相,张浚独自做宰相。再后来张浚也被罢了相,而赵鼎复职独自做宰相。秦桧在政府里只听赵鼎的话,赵鼎也因此深深地信任秦桧。有一次,赵鼎对皇帝赵构说秦桧可担当重任,此后,赵构就任用秦桧做了宰相,而罢免了赵鼎。秦桧专门主张和议,南宋想恢复到北宋时的国势已经不可能了。高宗赵构把国都定在临安(今杭州)。王伦领着金国使者一起来到南宋,商议把黄河以南、陕西的土地归还南宋的事。金国以诏书的形式称南宋为江南,不称国号。礼部侍郎曾开当起草国书,认为这样显得宋国太卑弱了,高宗却不听。朝廷官员晏敦复、尹焞、朱松、李纲等人都极力说金人对大宋的这种称呼,我们不能接受。特别是胡铨,因上书直言被贬官到了广州。秦桧用勾龙、如渊为御史中丞(主要职务是纠弹百官过失),用孙近为参知政事,凡是异己者都被找点毛病赶走了,而大权全归到秦桧手里。

南宋与金军的和议成功,朝廷任用王伦为东京留守。王伦到了汴梁,金人归还了黄河以南、陕西的土地。朝廷又任用方廷实为三京宣谕使。方廷实到了西京洛阳,看到了北宋先帝的陵寝从太祖赵匡胤以下都遭到挖掘,而哲宗赵煦的尸骨暴露在地面,方廷实解下自己穿着的衣服覆盖上了,回去把情况报告给了赵构,秦桧因此而恨方廷实。张寿从金军回到南宋,高宗向他询问那些陵寝的情况,张寿没有正面回答,只是说:万世不可忘记这些贼。高宗没再说什么。这两人成了秦桧的心病,都被找借口贬了官。

金兀术对金主说:“挞懒、蒲卢虎自作主张,把黄河以南和陕西的土地给了宋国,这里一定有阴谋。现在宋国的使者在汴梁,不要让他们走出国境。”王伦听到这个消息后,立即派介具回朝廷报信。这时孟康到了汴梁,王伦就让孟康暂任东京留守,而自己作为使者到金国去议事。这时赶上挞懒以造反的罪名被杀,金人就捉住王伦向他要回黄河以南地区和陕西的土地,王伦坚决拒绝。金人想让王伦投降,王伦不屈服,他穿戴整齐后向南方一拜再拜,大哭说:“我先辈文正公王旦用正道辅佐过大宋的两个皇帝,我怎敢辱没使命。”于是他被处死了。

金兀术、撒离喝分两路进攻南宋,又攻陷了黄河南、陕西各州郡。东京副留守刘琦率领他的队伍四万人赶往东京,走到涡口(涡河入淮河处)正在吃饭时,听说金人弃毁盟约,已向南进军。于是,刘琦和部下放弃了船只,徒步行军,急行到了顺昌(今安徽阜阳)。不久,接到侦察人员回来报告说东京已经沦陷了。顺昌知府陈规问刘琦有什么办法,刘琦说:“城里有粮就能和您共守。”陈规说:“有米几万斛。”刘琦说:“可以了。”当时顺昌城墙太简陋,刘琦就让人拿车轮、车辕埋到城墙上,又拆下民户的门板围着城墙遮挡住,总共用了六天时间才初步完成,金兵很快就围住了城。刘琦在夜里派出一千多人出城攻击金兵,杀了许多敌人。不久,金乌禄领三万兵逼近城墙,刘琦就用“破敌弓”,他的两侧其他将士用“神臂弓”射退了金兵。刘琦又派步兵去截击金兵,金兵落到河里淹死的人不计其数。金兵退却后,金兵移兵寨到了李村。刘琦派阎充招募了五百名壮士,趁着夜色去袭击敌人的营寨。这天晚上要下雨,电闪雷鸣,他们看见有发辫的人就杀。又招募了一百人,用竹子做成哨子由一人发令,人们听到哨声就聚集到一起,乘着雷电的闪光奋勇出击,闪电停止就躲藏起来不动了。敌营大乱,整个夜里都是敌兵自已人在攻击自已人,尸体堆满了田野。后来,金军退驻到老婆湾。金兀术在汴梁听到金军失败的情况,立即率领十万人去救援。金兀术来到顺昌城下,就责备将领们的军败之罪。可是大家都说:“如今南朝军队用兵不比从前了,元帅您和他们一交手,自然就可以见到。”刘琦派耿训去金国军营送战书,金兀术看了战书后,发怒道:“刘琦怎么敢和我作战?凭我的力量破你们的城,只用我靴子尖就可踢倒它。”耿训回话道:“我们太尉不止请太子作战,还说太子你一定不敢过河,我们愿意献出浮桥五所,等你们过了河再大战。”黎明时,刘琦果真放了五座浮桥到颍河上,金兵从桥上过了河。事先,刘琦派人在颍水上游和草中投了毒药,他告诫军士们即使是渴死,也不要喝河水。当时天气非常热,金兵从远地而来非常疲惫,人、马饥渴。吃了草的马,喝了水的人,都病倒了。刘琦军中却很安闲,大家轮班休息,按兵不动。到了下午的时候,金军已经瘫痪了,刘琦才下令出战,用快斧砍杀金兵,金兵大败而逃,死了的有几万人。这天晚上下大雨,平地水深一尺多,金兀术领兵败逃回了汴梁。

韩世忠领兵收复了海州(今江苏灌云),张俊派王德领兵收复了宿州(今在安徽省),王德乘胜进军到了亳州(在安徽省)。岳飞收复了黄河以南的州郡,把大军留在了颍昌府(治所在今河南许昌),命令手下各位将领分几路出战,他自己带着轻骑兵驻扎在郾城(在河南省)。金兀术会合了龙虎大王、盖天大王,以及韩常的兵马逼近郾城。岳飞派自己的儿子岳云率领骑兵直接冲入敌阵,几十合下来金兵的尸体已布满原野。金兀术又用一万五千拐子马(三匹马并排联成一个整体的精锐骑兵部队,又叫"常胜军")向南宋军冲来。岳飞告诫步兵们带上麻扎刀进入阵地,不要向上看,只管砍马腿,因拐子马相连接,一马倒下了,其他马也走不了了。岳飞军奋勇作战,把金兵打得大败。金兀术大哭着说:"我从海边发兵以来,全指望这一仗的胜利了,现在完蛋了!"他气急了,又会合了十二万军队驻扎在临颍。杨再兴带领二百骑兵杀金兵两千多人,自己也战死。金兀术再次进攻颍昌,岳飞让王贵和儿子岳云领兵又把金兵打得大败。金兀术趁夜黑逃走,王贵、岳云又追击他十五里。岳飞派梁兴渡过河去会合太行山的"忠义巡社"武装抗金组织,以及两河(黄河南北)的豪杰人士,在垣曲(在今山西省)击败了金军,在沁水再次将金军击败,收复了怀、卫等州。太行山一带的道路被南宋军堵住了,金军吓坏了。岳飞在朱仙镇(今河南开封县西南)再次把金兀术军打得大败,金兀术的残兵退回到汴梁。岳飞又派使者修治皇帝先人的陵墓。金兀术想放弃汴梁向北回去,有个书生拉住了他的马缰绳说:"太子不要走,岳少保(少保是三公之一太保的副职,低于公,高于卿)将要退兵了。"金兀术说:"岳少保用五百骑兵击败我十万大军,南宋朝廷日夜指望着他,怎么能退兵?"那书生说:"自古就没有权臣在朝中,而大将能在外立功的。岳少保也不能免俗,他还想成功吗?"金兀术悟到了,于是留下不走了。这时,梁兴带领太行忠义巡社的队伍和两河的豪杰归附了岳飞。中原地区的磁、相、泽、潞、晋、汾、隰、卫等州的民众都约定了日期,拉队伍和南宋的官军会合,他们所打的旗帜上都有一个"岳"字。父老百姓们争着拉车、牵牛,载着干粮送给义军,盼望官军到来的人天天充塞着道路。从燕京以南地区,金国的号令行不通了。金兀术还想召集军队来对付岳飞,黄河以北没一人响应。金兀术感叹地说:"我从北方起兵以来,还没有像现在这样遭受挫折呢!"金将乌陵思谋一向被称为骁勇、凶顽而狡诈,这时也管不了他的部下了,只好告诉他们说:"不要轻举妄动,等岳家军来了就投降!"金国将领王镇、崔庆和韩常等人都带着队伍投降了南宋军。岳飞非常高兴,对他的部下说:"我们要一直打到黄龙府(今吉林农安),和诸位痛快地饮上几杯酒!"

当时,金国主完颜亶荒淫无道喝大酒,将士们开始离心离德了。又赶上蒙古开始出兵,国势逐渐衰弱,能领兵打仗的只有金兀术一人,南宋这时收复全部失地是极有可能的。这时,秦桧正想把淮河以北地区划给金国来作为讲和条件,就暗示朝中大臣们上奏,请求让将领们撤军。秦桧知道岳飞意志坚决,不可能回去,就对高宗说:"其他部队撤回了,岳飞的军队成了孤军不可久留,请赶快把他召回来。"于是岳飞一天中接到十二块金字牌。岳飞极度愤怒,掉下泪来,向东方一拜再拜说:"十年之功,废于一旦,很是可惜啊!"于是决定从郾城领兵回去。民众们拦住岳飞的马痛哭,对他说:"我们运送粮草来迎接大宋官军,这是金人都知道的。相公这一离去,我们就没活路了。"哭声响彻田野。岳飞停留了五天来等待百姓迁徙,跟随岳飞向南走的人多得数不清。岳飞紧急上奏,请求用汉水一带六个郡的闲田来安置这些民众。岳飞回去了,岳飞所收复的河南府各州、县再次由金国所拥有。岳飞到了鄂州,极力向上请求恢复兵权,没被允许。不久,岳飞去拜见皇帝,赵构问候他,他只是拜谢而已。秦桧极力主张和议,他怕将领们难以管制,就想全部收回他们的兵权,用韩世忠、张俊为枢密使,岳飞为副使。也罢了刘琦的武职官位,让他做荆南府知府。这时金兀术给秦桧送去一封信说:"你一再请求讲和,而岳飞正在谋划占领黄河以北地区。你一定要杀掉岳飞,只有这样才能和谈。”秦桧也认为岳飞不死就会阻碍和议,自己也一定会惹祸上身,所以他极力谋划杀掉岳飞。秦桧暗示谏议大夫万俟卨等人,让他们给皇帝上奏章,说岳飞奉皇帝的旨意援救淮西时,畏敌逗留。于是岳飞被贬官为万寿观使、朝奉请这类闲职文官。秦桧决心一定要杀掉岳飞,他就和张俊密谋,引诱原岳飞手下能够告倒岳飞的人,答应给以重赏。最终也没找到这样的人。后来,他们听说岳飞军中的统制王俊喜欢揭发人的隐私,号称为“雕儿”,就派人找到他。王俊答应了。秦桧、张俊就捏造了个材料交给了王俊,这个材料胡说副都统制张宪在襄阳谋划让岳飞再握兵权。于是逮捕了张宪押送到镇江,交枢密府审问他。张宪被拷打得身上没一处好地方,始终不认罪。秦桧又假传皇帝的诏书,召岳飞父子去对证张宪案。岳飞笑着说:“皇天后土可表此心。”于是和岳云到了大理狱。秦桧命令中丞何铸、大理卿周三畏来审讯岳飞父子。何铸传唤岳飞到厅堂,责问他为什么谋反,岳飞撕开自己的衣裳把后背亮给何铸看,背上有“尽忠报国”四个大黑字,深入皮里。不久核实,完全找不到岳飞反叛的证据。何铸知道岳飞冤枉,就向秦桧做了说明。秦桧说:“办岳飞是皇上的意思。”何铸说:“强敌还没消灭,无故杀一大将,会使战士们心冷,这不是为国家着想的长久之策。”于是秦桧又改用万俟卨审问岳飞等人。万俟卨一向和岳飞有旧仇,于是他诬陷岳飞命于鹏、孙革给张宪、王贵去信,让他们假报敌情来震动朝廷。又诬陷岳云给张宪去信,让他采取措施,想办法使岳飞能回到军中掌兵权,并且说那封信已经烧掉了。岳飞被关了两个月,没有什么证据证明他有罪,大理卿薛仁辅等人都说岳飞是无辜的。判宗正寺事(官名)、齐安人(今湖北黄冈人)王士褭愿用自家百口人的性命为岳飞担保,也没起作用。韩世忠心里不平,向秦桧要实证,秦桧说:“岳飞的儿子岳云给张宪的信,虽然拿不出实物,但这事莫须有(也许有)。”韩世忠说:“你仅凭‘莫须有’三个字,怎么能说服天下人?”韩世忠向高宗上书说秦桧有欺君误国的罪过,秦桧就暗示负责言论的官员议论韩世忠,于是韩世忠被贬为醴泉观使。韩世忠从此关门谢绝客人,闭口不谈兵事。他时常骑驴携带着酒,由一两个童仆跟随游览西湖来自乐,平时将校们很难见着他。十多年后,韩世忠就死了。韩世忠与秦桧同在政府为官,除见面客气一下外,未曾一起言谈过。他仗义轻财,管理军队严肃有秩序,能和士卒同甘共苦,装备的使用和谋划也是一流的。当时已到年末,岳飞的冤狱还没结果。一天,秦桧亲手写了几行字交给了狱官,随即传出岳飞死亡的消息,岳飞当年三十九岁。岳云和张宪都在闹市被斩首。朝中官员凡是说岳飞冤枉的,不是被免职,就是被害死,能给岳飞加罪名的人都升了官。当时洪皓正在金国出使,他派人暗中给朝廷送去一封用蜡封好的信,信中说:"金国人所怕、也佩服的人只有岳飞。听说岳飞死了,全国将领们都举杯相贺。"岳飞对父母很孝顺,立下志愿一定要收复中原。他很谦虚,凡是想做的事总是召集统制们一起谋划,谋划好了以后再作战,所以没有一仗不取得胜利的。他的部队在突然遇到敌军时绝不后退,所以金军说:"撼山易,撼岳家军难。"张俊曾经向岳飞询问用兵的方法,岳飞说:"仁、智、信、勇、严,缺一不可。"岳飞对有才能的人和读书人很尊重,也读了许多经、史方面的书,行为举止也像一个书生,然而他胸怀强烈的报国之志,刚正不阿,最终因此而身受其祸。

南宋与金国的和议成功,宋高宗任用何铸为签书枢密院事(军事机构枢密院的辅佐官员),由他带着表去向金国称臣,又割让唐、邓、商、秦等州的土地给金国。何铸等人向唐高宗告别时,高宗把他们召到内殿告诉他们说:"朕向北而望父母所在之处,已无泪可洒了。你们见到金主要对他说,我赵构的母亲在贵国只是一个老妇人而已,对宋国来说却关系重大。你们无论如何也要说服他,希望他有所感动。"何铸等人到了金国,第一件事就是向金主要太后。金主说:"这是前朝做成的事,怎么可擅自更改。"副使曹勋再三请求,金主才答应了,让何铸等人回去。金主完颜亶派人用衮衣和冠冕来册封宋高宗,封他为大宋皇帝,并放宋徽宗、徽宗皇后郑氏和高宗皇后邢氏的棺材回南宋。高宗的亲生母亲韦氏从金国回去后居住在慈宁宫。高宗立了贵妃吴氏为皇后。吴皇后是开封人,通晓经史书籍,善于写文章,才能美色俱全。她曾经穿着作战服护卫在高宗身边,高宗非常喜欢她。高宗曾经怜悯邢氏被掠在金国,所以他做了皇帝后,一直空着皇后的位子等着她。这时邢氏已死,才立了吴氏为皇后。从此,南宋向金国称臣并交纳贡品,边境逐渐安宁。秦桧自认为他对太平有莫大的功劳,就专把驱赶朝中的忠良人士作为主要事情了。有一天秦桧上朝,义士施全带着刀等候在路上,拦住了秦桧的轿子就刺,没刺中。施全被捕,秦桧亲自审讯,施全回答说:"全天下的人都想杀敌,只有你不肯,所以我想杀你!"高宗下了诏书,把施全在闹市中切成了几块。秦桧打算一定要杀掉赵鼎、李光、胡铨、张浚等人。还没来得及做这事,赵鼎就死了,这使秦桧遗憾得不得了,于是他把赵鼎的儿子赵汾等人抓到大理狱中,诬陷他和张浚、李光、胡寅、胡铨等五十三人大逆不道,要谋反。等到罪名成立,这时秦桧病得不能写字了,这些人才得以释放出狱。高宗下诏书封秦桧为建康王,这天夜里秦桧死了。秦桧做了十九年宰相,力主讲和误了国事,一时忠臣良将被他清除得基本没有了。他开门接受贿赂,家中富得可和国库相比,外国珍宝他死后还有给他送上门的。他晚年更加残忍,多次铸成大狱。秦桧因妻子有妒忌的毛病,没有生孩子也不能再娶小妾,就把妻子的侄子王熺当作了自己的儿子。秦桧死后,朝廷勒令王熺辞官回家,把秦桧在朝中的亲党都贬退了。秦桧的墓在金陵江宁府(今南京市),墓上的大碑却没刻一字,大概是当时的士大夫看不起他的为人,并怕人们的议论,没有谁敢为他作碑文。秦桧的墓年代一久就荒芜了,到明宪宗(朱见深)二十一年(公元1485年)秋天八月,被盗墓的挖开,挖出了许多财宝。盗墓人被抓住,有关官吏有意开脱了他们的罪名。秦桧和他的妻子王氏都是用的水银灌的棺材,面色像生前一样。官吏暗中让人砍碎了他们的尸体,分别投放到各处厕所中。

金国的完颜亮杀了金主完颜亶而自己做了皇帝,并且想灭了南宋一统天下。他暗中让画工夹在出使南宋的使者中,让他画出临安的山湖图回去。那张图被做成了屏风,图上有吴山绝顶,完颜亮在上面题了一首诗,其中有"万里车书盍混同,江南岂有别疆封。提兵百万西湖上，立马吴山第一峰”之句。于是他派使者去征召各路人马，并把都城迁到了汴梁。宋钦宗（赵桓）在金国死了，钦宗的皇后朱氏在五国城生了皇子赵训。赵训一直在金国，后来就没了消息。金主完颜亮派高景山、王全到南宋求汉水、淮河一带的土地，高宗问他们赵氏皇族在金国的情况，王全说：“赵恒现在已死了。”高宗这才知道钦宗没了。金主完颜亮打算向南宋进犯，太后徒单氏劝他不要做这事，完颜亮就杀了太后，随即发出大兵进犯南宋。军队有六十万人，号称百万，天下震动。南宋的淮南东、西两路失守。完颜亮率领大军在采石（在今安徽当涂县西北）江边誓师，要在第二天过江。南宋的虞允文奉命去芜湖（今在安徽省）接李显忠，要把王权的军队交给他，并且要在采石犒劳军队。虞允文到采石时，王权已抛弃军队离开了，而李显忠却没到来。对岸敌人的骑兵猛如洪水，虎视眈眈，而南宋官军这里却三五成群，零零散散。虞允文说：“如果干等着李显忠来到后再决定事情，就误了国事了。”于是他立即召集众将领，用“为国家应以忠义献身”来鼓励他们，大家也表示誓死作战，争取取得胜利。于是虞允文命令将领们排列阵势。部署刚刚完毕，金军已大喊着乘几百艘船横江而来，到了南岸直逼南宋军队，宋军稍微退却了些。虞允文进入阵中，拍着统制时俊的背说：“你的胆略闻名四方，怎么立阵后就像小孩、女子了呢？”时俊立即亮出双刀，将士们也跟着殊死作战。在江中心，南宋军用海鳅（一种兵船）冲撞敌船，金人的船都渐渐沉没。金兵一半伤亡，一半还在作战，天黑也没退兵。这时赶上有从光州（今河南潢川县）溃散的士兵到来，虞允文给了他们旗帜、战鼓从后山转出来，金军以为南宋的援兵到了，才开始撤退。虞允文又命令强弩射手追击射杀敌人，把金军打得大败，完颜亮于是率领残兵奔向扬州。金国人都怨恨金主完颜亮暴虐，就另立了曹国公完颜乌禄为皇帝，改名叫完颜雍。完颜雍下诏书公布了前金主完颜亮的罪恶几十条，并派兵切断了完颜亮回去的路。完颜亮到了瓜州（今江苏邗江南），召集将领们说要三天内过江，否则就把他们全杀了。军士们很害怕，又听说曹国公乌禄已在辽阳即了皇帝位，于是大家谋划杀掉了完颜亮。金国军队渡过淮河向北往回走,金主完颜雍派出使者在路上招请他们。南宋派起居舍人洪迈出使金国,去祝贺金主完颜雍即了皇帝位,并且向金主要求黄河以南的土地,并要求两国平等相待。完颜雍不答应。

当年,宋徽宗和钦宗被抓去金国的时候,金军用宋皇族谱来追捕皇族宗室人员。当时北宋户部官员邵溥在交族谱名单时偷着抽出了几张,宋太祖赵匡胤的几个后代子孙才得以逃脱,太宗赵匡义方面的子孙,只有高宗赵构没被捉去。高宗只有元懿太子赵旉一个儿子,三岁时就死了。他选了太祖赵匡胤的儿子秦王赵德芳的七代孙赵伯琮为接班人,命张婕妤抚养着。当时赵伯琮已六岁,被封为普安郡王。赵伯琮天生英明,豁达大度,平时生活俭朴,常读经、史方面的书籍来充实自己,骑马射箭、写文章的才能都超出一般人。他三十岁时,宋高宗看他德才兼备,给他改名叫赵瑗,并立他为皇侄。不久,赵瑗又改名叫赵昚,并被立为皇太子。宋高宗在君位三十六年时,传位给皇太子赵昚,自称为太上皇。高宗迁到德寿宫居住,对大臣们说:“找到了合适的接班人,我无忧虑了。”又过了二十五年宋高宗死了,赵昚正式即位,这就是南宋孝宗。他追认恢复了岳飞的官爵位,并以礼为岳飞改葬,还给了岳飞六个孙子官爵。孝宗赵昚专心一意地想要恢复旧有的河山,他用张浚为江淮宣抚使,总领江淮一带的兵马,并在建康开建府署。张浚到京城去见皇帝赵昚,说金人到秋天时一定会制造边境祸患,应当趁他们兵马没准备好时攻打他们。赵昚认为他说得很有道理。史浩进行了阻拦,赵昚没听他的。于是商议出兵,渡过淮河。这时李显忠、邵宏渊献了攻打虹县(今安徽泗县)、灵璧(在今安徽省)的计策,皇帝命令先解决这两城。张浚于是派李显忠领兵通过濠州奔向灵璧,邵宏渊领兵通过泗州奔向虹县。金国都统萧琦用拐子马抵抗,李显忠奋力作战打败了萧琦,攻下了灵璧。李显忠进城后用恩德安抚军民,没杀一人,于是中原地区归附南宋的城镇一个接一个。邵宏渊围住虹县,很长时间没打下来。李显忠就派遣灵璧降将用祸福的道理去开导劝说,虹县的守将才出城投降了。邵宏渊一点功劳也没有,感到很失脸面。有个投降的千户告状说邵宏渊的一个士兵夺他的佩刀,李显忠立即斩了这个士兵，由此两将有了矛盾。李显忠在宿州（今在安徽省）再次击败金将萧琦，并捉到了他，城被攻下。捷报传到京城，皇帝赵昚亲手写道：“近日边报，中外鼓舞，十年来无此克捷。”送给张浚作为慰劳。其后，金将孛撒复率领步兵、骑兵十万人去攻打宿州。李显忠率领部队奋力作战，打退了金军。邵宏渊因先前作战无功而嫉妒李显忠，于是他按兵不动，并对他的部下说：“在这盛夏天气，扇扇子还扇不过来，哪有工夫披甲苦战。”于是军心动摇，没了斗志，将领们偷偷地离开了战场。李显忠知道自己不能孤军作战，也在当天夜里领兵退到符离（今安徽宿州市符离集），部队被打得溃散了，军用物资几乎丧失尽了。张浚回到扬州，上书孝宗请罪。孝宗因符离军败，打算与金国讲和，给了张浚降职处分。张浚走到余干（今在江西省）得了病，几天后死亡。孝宗于是决意讲和。当时金国主完颜雍贤能，知道双方交战不会有结果，派遣使者到南宋进行责备，捎带着督促南宋每年应给金国的货币。孝宗就派魏杞到金国去，要求两国平等相待，把上表改为国书，向金国自称为臣改为自称为侄，减少每年供给金国的货币十万。这事办妥，魏杞这才返回了南宋。于是南北两朝商讨好，都得到了休息。

孝宗皇帝聪明、果敢、杰出，他节约用度、爱护人民，好学又勤于政事，能听进忠言，崇尚儒学、注重道理，疏远排斥宦官，严格整治贪赃枉法的官吏，在他身上放荡、贪欲的事从没有过，是南宋的贤良君主。他任用虞允文、梁克家、陈俊卿等人为相，境内治理得很安定，人民安居乐业。这时期，朱子的《资治通鉴纲目》写成。朱熹，表字元晦，是婺源（今江西省资源县）人。他很小的时候就有学习儒家学说的志向。他的父亲朱松在饶州（今江西上饶地区）做知府，病重时嘱咐朱熹说：“胡宪、刘勉之、刘子翚这三人的学问有根源，是我所敬仰的。我死后，你应去向他们学习。”朱熹于是就去了。胡宪是原太学博士胡安国的侄子。高宗时，禁止程颢、程颐的理学，胡宪和刘勉之寻求得到了程颐的书，偷偷地默读背诵，夜以继日。刘勉之盖了草堂，在里面读书，自己耕地供应自己，恬静地与世无求。刘勉之、胡宪和刘子翚每天互相往来讲学，许多学习的人跟随着他们学习。

刘勉之把女儿嫁给了朱熹。朱熹得到了圣道承继的统系,先是刘勉之教给他的。朱熹又听说延平府(今福建南平市)的李侗是跟罗从彦学的,罗从彦是跟杨时学的,杨时是跟程颢和程颐学的,于是他徒步走到了李侗那里,得到了《大学》《中庸》和《论语》《孟子》的注文解字,就作了《四书集注》,成了后代儒学的宗师。朱熹的弟子蔡沈著有《书经传注》。朱熹还和张栻、吕祖谦等人有交往。张栻表字叫敬夫,是张浚的儿子,世人称他为"南轩先生"。吕祖谦是原御史中丞吕好问的孙子,世人称他为"东莱先生"。吕祖谦的曾祖父吕希哲和程颐交往,以儒学者的身份闻名于世,所以吕氏子孙有中原文献的名声。朱熹一直在京城以外做地方官,这时孝宗用朱熹为兵部郎官。兵部侍郎林栗说:"朱熹到来,带了门生几十人,学着春秋、战国时人的姿态,妄想祈求'孔孟'时,人们乱加走访的风气,这是扰乱社会的祸根。"朱熹因此而辞官回家。

丁未年(公元1187年)十月,太上皇赵构死了。孝宗对赵构关心备至,高宗死的那天,孝宗哀痛思念的非常厉害,决定服丧三年。大臣们多次请求孝宗把三年改为三个月,孝宗不答应。他又下诏书,命令让皇太子参加决定国家的各项政务。孝宗皇帝在位二十七年时,传位给了太子赵惇,这就是南宋光宗。他尊孝宗为寿皇圣帝。孝宗退位后,居住在重华宫。光宗想把宦者们都杀掉,于是他身边的人都很害怕,就谋划离间寿皇孝宗和光宗皇后的关系。光宗心里怀疑,却不知这是怎么回事。一次光宗犯了心病,寿皇孝宗买到了一种好药,想让光宗到他那里去再把药给光宗。宦者们就到李皇后那里说:"太上皇配了一大丸药,等皇上一到就让他吃药,万一有个闪失,国家可怎么办?"李皇后也有了疑虑。不久,宫内宴会,李皇后请求立自己的儿子嘉王赵扩为皇太子,寿皇赵昚不答应。宴会结束后,李皇后就领着嘉王到光宗赵惇那里去哭诉,说寿皇有废掉光宗另立他人的意思。光宗也有了疑惑,于是此后不再去看望寿皇了。李皇后又因光宗太宠爱黄贵妃,就趁着光宗去祭祀太庙住宿在斋宫的机会杀了黄贵妃,告诉光宗说黄贵妃得急病死了。第二天,祭天地时风雨大作,黄坛上的蜡烛被吹灭,祭礼没完成而作罢。光宗听说黄贵妃突然死亡，又赶上了祭祀活动也不成功，他非常害怕，病情加重就不再理朝政了，政事大多由李皇后决定，这使李皇后更加骄傲放肆了。寿皇听说光宗病了，就赶紧去看光宗，并责备李皇后。李后对寿皇孝宗的怨恨就更深了。后来光宗的病有了好转，大臣们请他去重华宫看望寿皇，光宗已经答应了，李皇后却加以阻挠，于是光宗没去成。自从光宗生病不理朝政以来，全靠胡晋臣和留正同心辅佐政事，才使全国安定。寿皇孝宗得了病，光宗和皇后却到玉津园游玩。兵部尚书罗点请他们先去重华宫看望寿皇，光宗却不愿意。后来，起居舍人彭龟年连续三次上书恳切地劝谏光宗，光宗却没做任何回答。大臣们上书请求的一个接着一个，光宗又说自己有病而推辞了。彭龟年、黄裳等人上奏，请让嘉王赵扩到重华宫去探望寿皇的病。光宗答应了。嘉王到了重华宫，寿皇赵昚感动地直哭。寿皇死后，光宗称说自己有病不出面。留正和赵汝愚商议，请寿皇孝宗的义母吴太后垂帘暂时主持孝宗的丧事，尊奉宋高宗的皇后寿圣皇太后吴氏为太皇太后，孝宗的寿成皇太后谢氏为皇太后。叶适对留正说："皇帝有病，不主持孝宗的丧事，将怎么对天下人说？现在嘉王长大了，要是让他参与决定丧事，那么别人也不会说什么了。"留正采纳了这个意见，就率领朝中重要官员到宫中向光宗禀奏："皇子嘉王仁爱孝顺，早已修养成，应当早些立他为太子，以此来安定人心。"光宗没有答复。过了六天，光宗批示说："做皇帝时间太长了，打算退位找个清闲。"留正看后，吓坏了，趁着第二天上朝，假装跌倒在厅堂上，随即走出都城大门，上表告老还乡了。赵汝愚想让太皇太后下旨让光宗退位给嘉王。一次，光宗在朝廷上忽然倒在地上。当时将要举行除去丧服的祭礼，赵汝愚、叶适等人与知阁门事（掌朝会、供奉等事的官员）韩侂胄定下计策。韩侂胄是韩琦的第五代孙，又是吴太皇太后的妹妹的儿子，他把打算请光宗让位的事对太皇太后说了。太皇太后允许了。甲子日举行除掉丧服的祭礼，赵汝愚率朝中大臣上前奏事，从袖里拿出事先起草的稿子说："皇帝因有病，至今没能主持丧事，曾经亲笔批示过想自动退位闲居。皇子嘉王赵扩可即皇帝位，尊皇帝为太上皇。"太后看完说道："很好！"

就命令赵汝愚用她的旨意告诉皇子赵扩即皇帝位。大家陪同皇子到筵席就座,为死去的孝宗摆上祭祀的酒食,皇子痛哭一场后,脱下丧服到重华殿登上了皇帝位。百官们问安完毕,这才举行除去丧服的祭礼。赵汝愚就在这时上奏,请求召留正回来。光宗在皇位五年禅位,又过了六年死了。

嘉王赵扩即位后,就是南宋宁宗,他也不去探望太上皇赵惇。宁宗任用留正和赵汝愚为左右丞相,用朱熹为侍制(以备访问的官职)兼侍讲。嘉王做了皇帝后,韩侂胄想提一提论功行赏的事,赵汝愚说:“我是身为皇族的臣子,你是外戚(韩侂胄是宁宗韩皇后的叔叔),怎么可以提功劳的事?”后来只是把韩侂胄提升为汝州防御史,这使他大失所望,然而由于他能传递皇帝的诏书、圣旨,因此渐渐地被皇帝所重视。他乘机作威作福,使左相留正被罢免,接着他就日夜想方设法再赶走赵汝愚。于是他先把自己的亲信党羽安排在专管监察官员的台谏职务上,罢免了朱熹的官。赵汝愚上书皇帝,要求留下朱熹,宁宗没同意。韩侂胄想弄掉赵汝愚,却找不到理由,他就找京镗问计。京镗说:“他是皇族,就诬陷他打算危害国家,这样就一网打尽了。”韩侂胄听从了。因李沐曾经和赵汝愚有矛盾,他就安排李沐做了右正言,让他上奏宁宗,于是罢了赵汝愚的宰相职务,让赵汝愚到福州主持工作,而大权全归到韩侂胄手里了。李祥、章颖、徐谊、杨简等人都上书请求留下赵汝愚,李沐说他们是赵汝愚的同党,把他们也都赶走了。太府寺丞吕祖俭上书说明赵汝愚的忠诚,并且论到朱熹、彭龟年不应被罢官,韩侂胄就把吕祖俭赶到了吉州(今江西吉安),后来死在任所。韩侂胄怨恨赵汝愚,也看不上朱熹,他说朱熹和他的弟子以及一些知名人士都是伪学。他又把赵汝愚改任到永州,赵汝愚走到衡州时,突然死了。朱熹在家写了给皇帝的“封事”几万言,写尽了奸邪之人蒙蔽皇上的罪恶,想为赵汝愚鸣冤。已经写完,门人和他的学生都劝阻他,认为这一定会惹祸上身。朱熹不听。他的门人蔡元定请求他用占卜算卦来决定是否可上给皇帝“封事”,结果卜文是“遁之同人(和别人一样被流放)”。朱熹不再说什么了,拿起奏稿烧掉了。他后来改号叫“遁翁”。当时对“伪学”的禁锢一天比一天急迫，“六经”“四书”这些书成了社会上的大禁。宁宗下诏书命令管监察的官员、军中将帅、地方上的主官在推荐人做官时，一定在奏牍前声明所推荐的人不是伪学出身。赶到省一级的考试，漕司（官名，即转运使）前期收取应试者的年龄、相貌材料时，一定让他写上“委（确实）不是伪学”五个字。废弃赵汝愚、留正、周必大、王蔺、朱熹等五十九人所写的文章、书籍。婺州处士（不在官位人士）吕祖泰上书要求杀韩侂胄。宁宗下诏令把吕祖泰发配到钦州牢城（牢城是囚禁流配罪犯之所），并给韩侂胄加官为少傅，封为平原郡王。

后来，韩侂胄也厌倦了“伪学”的禁锢，打算稍微更改一下来消除朝廷内外的非议，这才追认恢复了赵汝愚的官职，放松了对“伪学”的禁锢。被贬官赶走的人，也逐渐回到朝廷恢复了原来的官职。当时有人劝韩侂胄，应立下盖世功名来巩固自己的地位。韩侂胄认为有理，于是收复失地的言论又起来了。邱崈劝阻他，他不听。于是他开始制造分层有楼的战船，增设襄阳的骑兵军队，追封岳飞为鄂王。后来的理宗皇帝又赐给岳飞谥号为“武穆王”。为讨伐金国，宁宗昭告四方。用程松为四川（指川陕四路）宣抚使，吴曦为副使。吴曦一向怀有反心，回到了蜀地，又有了兵权，于是他决定反叛，私下里把阶、成、西和凤四个州献给了金国，以便求得金国封他为蜀王。韩侂胄命令分几路出兵：王大节领兵去平定蔡州，没成功；郭倪派郭倬、李汝翼、田俊迈几路军会合一起去收复宿州，也吃了败仗，金人还捉住了田俊迈。后来皇甫斌在唐州战败，李爽在寿州战败。韩侂胄因出兵无功，于是就让邱崈代替邓有龙为两淮宣抚使，驻守在扬州。邱崈到了扬州就部属各将领，把宫廷禁卫军的殿前司、侍卫马军司和侍卫步军司的江上军分守在江淮一带。王大节、李汝翼、皇甫斌和李爽等人都被降职处理，郭倬在镇江被斩了。金人分几路攻打南宋，朝廷用邱崈去监察长江、淮河一带的军队。金人又改打淮河以南地区，并一天比一天紧迫。有人劝邱崈放弃庐州（今安徽合肥）、和州（今安徽和县一带），把兵力放在长江一带。邱崈说：“放弃了淮河一带，就与敌人共有长江之险了。我们应当与淮河共存亡!”于是增兵防守庐、和二州。后来,金军渡过了淮河,进入安丰军原驻地(今安徽寿县),又进军围住了和州,这使长江以南地区大为惊恐。邱崈派出使者到金国军中议和。金人同意了,退兵到下蔡(今安徽寿县北),和州解了围。金国立吴曦为蜀王,吴曦叛宋降了金。四川转运使安丙、兴州(今陕西略阳一带)通判杨巨源、四川总领刘崇之、兴州中军李好义等人起兵讨伐吴曦,恢复了西和(在今甘肃东南部西和县一带)、阶(今甘肃武都、康县等地)、成(在今甘肃东南部成县一带)、凤(今陕西凤县一带)以及大散关等地。南宋派参谋官方信孺到金国讲和。金国答应讲和,却要求南宋把首先主张并挑起这场战争的人绑送给金国。自从开战以来,不管是国家还是民众,已经无力再战了。韩侂胄因金国要杀主战者,就急切地要再战,这使朝廷内外都很害怕。然而大家都怕韩侂胄,没有谁敢说“不”字。史弥远入宫和皇帝对话,他竭力陈述国家危险紧迫的形势,请求杀掉韩侂胄以安定国家。皇后杨氏一向怨恨韩侂胄,也支使皇子荣王赵曮去劝说宁宗,说韩侂胄再起兵将对国家不利。杨皇后也从旁边全力支持赵曮,宁宗这才同意了。第二天,韩侂胄上朝来,史弥远命令殿前司公事(领禁军的武官名)夏震领着三百个士兵把韩侂胄带到了玉津园边杀了,抄了他的家,并杀了他的党羽苏师旦,用韩侂胄和苏师旦的脑袋送给金国请和。宁宗改用了史弥远为丞相。

当时,蒙古奇渥温铁木真(即成吉思汗)在斡难河称为皇帝,他的军队多次打败金军,金国的军事力量也逐渐衰弱了。金国的潍州(今山东潍坊)百姓李全拉起了队伍,定远百姓李先劝他去投归南宋。到南宋理宗时,朝廷派许国为淮东制置使。李全的妻子杨氏到城郊迎接许国,许国却不愿意见她,这使杨氏很尴尬地回去了。之后,许国又百般压抑贬低李全等人。李全领兵偷袭了许国,把他杀了。后来蒙古兵把李全围困在青州(在今山东青州市),李全向蒙古军投降了。之后,李全回到南宋统治区招募士兵用来袭击南宋,宋将赵范和赵葵攻打并杀了他。李全的妻子杨氏又投靠了金国。

南宋宁宗有八个儿子,但都早早死了,于是他立了沂王赵柄的儿子赵贵和为皇子，更名为赵竑。沂王赵柄是孝宗赵昚的孙子，其实他也没有儿子，赵竑实际是赵德芳的九代孙赵希瞿的儿子。宁宗任用赵竑做接班人，而沂王又没了接替他王位的儿子。于是宁宗命令挑选太祖后代十五岁以上的到宫中接受教育，按照高宗时选择普安王的旧例。史弥远想借为沂王找接班人为名，暗中选择皇室中可立的人，以备从中选择皇子。这时他的门客余天锡请假回乡，史弥远偷偷地跟他说："如今沂王没后代，你看皇室中有贤能忠厚的人，希望你回来时一齐把他们带回来。"余天锡渡江，船到了越州（今浙江绍兴）西门。他到全保长家里避雨，保长知道他是宰相家里的食客，就恭恭敬敬地为他准备了饭菜。不一会儿，有两个小子站到了他的跟前，保长介绍说："这是我的外孙赵与莒和赵与芮，他们是太祖的长子赵德昭的九代孙赵希垆的儿子。"余天锡想起了史弥远嘱托他的话，等回到了临安，余天锡向史弥远作了报告，史弥远就召见了赵与莒和赵与芮。史弥远留下了赵与莒，并为他改了名叫赵贵诚，把他立为沂王的接班人，并补充为秉义郎（武阶官名称，从八品），当年他十七岁。赵贵诚庄重少言，纯洁美好，喜欢学习，在他跟前的人没有敢嬉皮笑脸的，史弥远更加认为他与众不同。史弥远让国子学录（贵族学校的学官）郑清之教他，因此赵贵诚的学问一天比一天有长进。这时，史弥远掌大权已很久了，权重逼人，皇子赵竑心里不平衡，他曾在小桌上写道："史弥远，应当决定把他发配到八千里外。"又常常把史弥远叫作"新恩"，这是想以后把他流放到新州（今广东新兴县）或是恩州（今广东恩平）。史弥远知道后非常害怕。后来宁宗得了病，史弥远就假传圣旨，立了沂王的接班人赵贵诚（赵与莒）为皇子，并改名叫赵昀。宁宗在位三十年而死。史弥远支使杨皇后哥哥的儿子杨谷石去向杨皇后商量废赵竑立赵昀的事。杨皇后不同意。杨谷石等人一夜之间往返杨皇后宫七趟，跪拜哭着说："朝廷内外、军中、民众的心都向着他，如果不立他为君，恐怕祸事政变就免不了了，我们姓杨的就不用活了。"杨皇后沉默了很久才说："这个人在哪里？"史弥远立即在宫中派人赶快去召赵昀，告诉那些人说："现在让你们去叫的是沂靖惠王府里的皇子，不是'万岁巷'

里的皇子。如果弄错了,我就把你们全都杀掉!”赵昀入宫见了杨皇后,杨皇后拍着他的后背说:“你现在就是我儿子了。”史弥远领着赵昀到宁宗的灵柩前完成了哀悼仪式,然后又召赵竑。史弥远也领赵竑到灵柩前哀悼,结束后就派殿帅夏震把他看了起来。史弥远接着召集百官听宁宗的“遗诏”,把赵竑安排在大臣的行列里。赵竑很吃惊地说:“今天这事,我怎么可以站在这里?”夏震就骗他说:“没宣读先皇遗命前就应当在这里,宣读后才可以即位呢。”赵竑相信了。不一会儿,他远远看见大殿上的烛影里像是有人坐在御座上,这时赵昀已经即了皇帝位了。赵竑不肯下拜,夏震就按着他的背强迫他下拜。“遗诏”中说,封赵竑为济阳郡王。不久,又以赵昀的诏令封赵竑为济王,让赵竑迁出京城到湖州去居住。赵昀即位,这就是南宋理宗。理宗年幼在家时,和伙伴们一起玩耍,他常常登到高处坐下来自称为“大王”,并命令伙伴们拜他。伙伴们称他为“赵大王”,这时果真即皇帝位了。理宗追封已去世的亲生父亲赵希垆为荣王,母亲全氏为国夫人,并让兄弟赵与芮继承了荣王封爵,负责祭祀先人。史弥远想让众人对他有好的期望,就召用了真德秀、魏了翁等人。湖州人潘任拉起了队伍,谋划立济王赵竑为皇帝,他的党羽不过是太湖渔民几十人而已,济王也知道事情不会成功。史弥远听到这消息后,立即领兵击败了潘任的队伍,随后就在湖州杀了济王赵竑。魏了翁、真德秀都说济王死得冤枉,史弥远为此很担心,他就任用梁成大为监察御史,把真德秀等人都找了点毛病赶走了。梁成大和莫泽、李知孝都是史弥远的鹰犬,当时在朝廷上凡是对史弥远有意见的人,梁成大等三人一定对他们打击、排挤,当时的人都把这三人看作“三凶。”

当初,孟宗政主持枣阳军(在今湖北枣阳市)的工作,他领兵多次打败金兵,他的军队被号称为“忠顺军”。孟宗政死后,朝廷派江海代替,将士们不服从。不得已,朝廷用孟宗政的儿子孟珙代替了江海,将士们这才顺从了。蒙古派王檝到南宋商议共同攻打金国,荆湖制置使史嵩之上奏理宗,理宗答应了。理宗派邹伸之去蒙古答谢,蒙古答应等灭金成功就把黄河以南的土地划归给南宋。金主完颜守绪跑到蔡州，派人向南宋祈求粮食，南宋不答应。史嵩之派孟珙等人领兵攻打金军，孟珙率领军队进入蔡州，蒙古军也跟着到了蔡州。金军战败，金主完颜守绪上吊自杀，金国灭亡。

史弥远独占相位二十六年，权力大得压倒朝廷内外。当初，他想一反韩侂胄的所作所为，所以招收了一些贤才、年高有德的人到朝廷中做事。等到济王被杀，朝廷内外议论纷纷，于是他开始专找谄媚卑鄙的人做御史和谏官。一时，朝中的君子都被贬官赶走了。理宗感激史弥远立了自己做皇帝，所以史弥远说什么就是什么，史弥远始终受理宗的宠信。史弥远死后，理宗开始亲自掌握政事。他励精图治，郑清之也激昂地把天下事作为自己的责任。赵范、赵葵请朝廷趁此机会安抚平定中原地区，收复三京（东京开封、西京洛阳、南京商丘）。郑清之坚决支持赵范、赵葵的主张，可是朝中大臣们都认为敌人现在还很强盛，恐怕一有行动蒙古必然动兵。史嵩之、杜杲也认为二赵的主张不行，理宗却听不进去。理宗命令赵范去镇守黄州（今湖北黄冈），限定日期出兵，又召全子才去会合淮西一万兵马向汴京进发。这时汴京都尉李伯渊等人被崔立所欺负，正想杀了崔立，听到全子才的军队到了，李伯渊就杀了崔立，献汴梁向全子才投降了。赵葵率领军队到了汴京来会合全子才，派徐敏子领兵进入洛阳。这时蒙古军得知南宋来争黄河以南的土地，就回军向南，把黄河寸金淀（在今河南开封县北）挖掘开，用水灌淹南宋军，南宋军将士大多淹死。史嵩之不运送军粮，南宋军队的粮食断顿，所收复的州郡大致都是空城，将士们没吃的东西，全子才感到很为难。范葵督促进兵更加急迫，就用征召文书命令范用吉等人领兵，命令徐敏子为监军，接着又命令杨谊领兵紧随其后，各军发给五天的军粮进军洛阳。徐敏子进入洛阳的第二天军粮就吃尽了，于是就采集蒿子和面做成饼吃。杨谊的军队在洛阳东边三十里的地方正散坐在席子上吃饭，而蒙古事先埋伏在蒿草里的士兵突然出现，杨谊军仓促没防备，被打得溃散了。蒙古兵到洛阳城下，徐敏子军与他们作战，打了个平手。南宋军缺粮就杀战马吃。徐敏子等人不能长留在那里，这才领军往回走。赵葵、全子才也都率领军队向南撤军。

理宗因出兵不成功，按不同程度降了将领们的官级。理宗因民众的愿望，召回了真德秀和魏了翁二人。真德秀把自己所写的《大学衍义》送给皇帝看。真、魏两人各陈述了自己对时政的看法，理宗采纳了他们的意见。朝廷让孟珙领兵驻守襄阳来防备蒙古军队。从此以后，淮河、汉水之间就没有安宁的日子了。

蒙古太宗窝阔台的太子阔端领兵打算打下蜀地。主管天水军的曹友闻把他们打败了，然后领兵到仙人关（在今陕西凤县南），把守住了那里。等到曹友闻战死后，蒙古兵长驱直入进入蜀地，在成都大肆屠杀，城中堆积的尸骨达一百四十万具，城外的还不算在内。这时南宋军多次被蒙古军击败，襄阳、汉水、长江、淮河一带，每天都在打仗，南宋的守将为节义而死的、力量用尽叛变投降的，一个接着一个。理宗很是后悔，下令免了郑清之的宰相职务，赵葵也被免了官。蒙古军攻占各州县一天都不空闲，南宋靠着孟珙、杜杲的多次作战，才把蒙古兵击退了。朝廷任用孟珙为荆湖制置使，主持岳州（治所在今湖南岳阳）事务，并命令他收复荆襄等地。孟珙派兵先收复了郢州（治所在今湖北钟祥）和荆门，史嵩之收复了光州。孟珙收复了樊城和襄阳。孟珙上奏朝廷说："襄阳和樊城是朝廷的根本，现在经过战斗得到了，没有十万兵马就不够分别把守的。"于是增设了先头部队。孟珙又派军队在蜀地入口打击蒙古军队，收复了夔州（治所为重庆奉节）。孟珙收复了蜀地后，用大兴屯田的办法来守护它。朝廷任命余玠为四川制置使。播州（今贵州遵义）的冉琎、冉璞兄弟俩请余玠在钓鱼山（在今重庆合州）另筑合州城来守卫蜀地，余玠非常高兴地同意了。城筑成后，蜀地才开始可以把守了。朝廷用孟珙兼管江陵府（今湖北江陵）事务。原来的沮漳河水是从城西进入长江的，孟珙动用人工堵住河水，使它向东流，让它绕过城北进入汉水，这样三水相通，水从高处流向低处，变为水渠、池塘，三百里之间都成了水域。所用的土木工人一百七十万筑成了江陵天险。孟珙的曾祖父孟安，当年跟随岳飞行军作战，所以他的父亲孟宗政也会用兵，孟氏保卫南宋政权而立下了大功。朝廷追封周敦颐、张载、程颢、程颐、朱熹爵位，并跟随孔子作为陪祭，免了王安石的陪祭。

皇帝下诏书寻求周敦颐等人遗失的书籍,后来又封了张栻、吕祖谦的爵位,也陪祭孔子。

这时阎妃依仗着理宗皇帝的宠爱,丁大全、马天骥当权。有个无名氏在朝门上写了八个字:“阎马丁当,国势将亡。”蒙古主亲自领兵攻打蜀地,皇太弟忽必烈率领蒙古各军渡过长江进军围住了鄂州(今在湖北省),这使南宋朝廷大受震惊。理宗下令各路兵马去抵御蒙古军,并拿出内府的大量银币犒劳军队。当初,理宗用贾贵妃的弟弟贾似道做籍田令(掌管皇帝田,耕耨出纳之事),贾似道仗着皇帝的宠爱,生活不检点,每日到各妓家游玩,到夜里就去湖边游玩、宴饮不回家。理宗有一次到高处观望,看见西湖边灯火异常,就对身边的人说:“这一定是似道了。”第二天询问他,果然是。理宗让京尹史岩之去告诫贾似道,史岩之对理宗说:“似道虽有不良风气,然而他的才能可以大用。”到这时,理宗就用贾似道为右丞相,让他领兵去援救鄂州。蒙古兵攻城非常急迫,贾似道很害怕,就暗中派宋京到元军中,请求向蒙古称臣,并按时交纳货币。忽必烈不答应。不久,赶上元宪宗蒙哥死在了合州城下。听到消息后,蒙哥的另一个弟弟阿里不哥想继承皇位,郝经请忽必烈议和撤军,赶紧去争夺皇位。贾似道也再次派宋京到元军中,忽必烈才答应了,并且约定了每年货币的数额,这才撤走了军队。贾似道派夏贵等人在新生矶杀了些元军中落在队伍后头的士兵,隐瞒了他与蒙古议和、称臣以及纳币的事,用所杀的元军掉队士兵,谎称各路大军都取得了胜利,上报到朝廷。理宗以为贾似道有扭转危局的能力,就让他独自一人做了宰相,还封为卫国公。蒙古派翰林学士郝经到南宋访问表示友好,贾似道这时正在夸耀自己在鄂州的功劳,害怕奸谋暴露,命令人把郝经拘禁在真州忠勇军营里,让驿吏看着他。郝经多次给理宗上书,都无法送到。郝经说:“看这天时人事,宋国的政权恐怕不会长久了。”主持泸州事务的刘整是南宋的勇猛战将,贾似道杀蒙古落队的士兵,刘整出力最多。这时,贾似道想杀刘整来封他的嘴。刘整得到消息后投降了蒙古。湖南制置使向士壁多次击败蒙古兵,贾似道因他眼里没有自己,战事从不向自己禀告,而对向士壁怀恨在心。

于是贾似道建议派官员去查将领们的守边境的费用情况,赵葵、史岩之等人都被安了个侵吞公款的罪名,免了官还要赔偿。向士壁要赔得更多,贾似道把他送到潭州看管。向士壁死在了那里。贾似道又拘禁了向士壁的妻子索要赔偿。潭州人听说这事后,都纷纷落泪。贾似道又实行土地分界排推法,使每一寸土地都有税,这使农户更加困难了。贾似道又以国用不足,在浙西六郡买公田。开始时,只有整田二百亩之外的才买,后来一百亩之外的也都买,付给银、绢作为价钱。有的卖主是僧、尼、道士出身,有的人有委任官职的官方文书,所以,他们的土地不交税,卖价也便宜,总共买了三百五十多万亩。由于买地时只求数量,不管土地好坏。等到收粮的时候,有的田亩产量低,租田种地的人交不够租子也要赔偿,于是六郡的农民没有不倾家荡产的。接着又在平江诸路增设了公田官所。这时蜀郡已丧失,南宋所依靠的险要地方只有襄、樊一带了。刘整对蒙古人说:"南宋人只依仗着吕文德而已,不过可以用利益来引诱他。请派去使者给他条玉带,向他要求在襄阳城外设置一个征收专卖税的交易场所。"蒙古人按照他的意思行动了。到了鄂州向吕文德请求,吕文德答应了。有人对吕文德说:"这个交易所办成,对我们有利,还不得罪蒙古人。"吕文德才向朝廷作了报告,于是把这个场子开在樊城外,与襄阳隔水相望。蒙古人在鹿门山(在襄阳)修筑土墙,这样外通互市,内筑堡垒。不久,蒙古人又在白鹤修筑了堡垒。从此蒙古人有了防守地,以此来阻拦南宋军队的南北之援了。蒙古不时有兵在襄、樊城外进行抢掠,兵患越来越厉害。吕文德的弟弟吕文焕知道被蒙古人所骗,写信给吕文德劝他停止这种做法。吕文德也开始有所醒悟了,但已经来不及了。吕文德非常后悔,常说:"误国家的是我呀!"后来他因背上的毒疮发作而死。

理宗没有儿子,就把亲生父亲荣王赵希垆的孙子、自己的同母兄弟赵与芮的儿子赵孜作为了自己接班的儿子,理宗赐给他名字叫赵禥,立为皇太子。理宗在位四十年而死,太子赵禥即了皇帝位,这就是南宋度宗。他尊理宗的皇后谢氏为皇太后。谢氏是天台人(今在浙江省),有贤德,她在南宋灭亡后七年才逝世。度宗还在当太子时也认为贾似道有功，即位后每次见到贾似道就一定要回拜，尊称贾似道为“师臣”，而不直呼其名，对朝中的臣子都称为“周公”。理宗的丧事办完后，贾似道马上放弃官职，返回越州（绍兴），暗中却令吕文德谎报蒙古军攻打下陀非常急迫。朝廷里听说后，人人都很害怕，度宗和太后亲自写了诏书召贾似道，贾似道才到来。贾似道是用“离开”来要挟皇帝。度宗对着贾似道一把鼻涕一把泪，行礼作揖挽留他。江万里用身体挡住度宗，夹在两人中间说：“自古以来没有这样的君臣礼，陛下不可行礼，似道不可再说‘离去’的话。”这样一来，贾似道不知如何是好了，就走下殿去假装向江万里道谢，而心里已经恨透了他。后来他把江万里从朝中赶走，到潭州去了。度宗任命贾似道为太师，可商量处理军队、国家重大事情，三天上朝一次。后来，贾似道又上书请求回去养老。度宗命令大臣、侍从官传他的旨意，恳切地挽留他，又派宦官给他送赏赐，一天中到那十几趟，夜里这些人就睡在贾似道门外守着他。后来，度宗赐给他西湖北边葛岭上的住宅，让他养在那里。贾似道于是五天乘一次湖船去上朝。贾似道不去官署办公时，官吏们就抱着文书到他家里签署。朝廷上的大小事一切都取决于贾似道的食客廖莹中、中书省官吏翁应龙，而宰相、执政官只有虚名而无实权。朝廷上的正人君子基本都被罢官赶走，几乎没有了。一些官吏争着给贾似道送贿赂，来谋求当军中主将、监察官员、郡太守的人不可胜数。南宋在这种情况下，军队在战场上吃败仗，民间百姓受贫困，并没有人敢说什么。蒙古将领史天泽让人筑起长围把襄阳城围了起来，阿术领兵包围了樊城。南宋将领张世杰、夏贵、范文虎领兵去救襄阳，都失败了。襄、樊的围困一天比一天危急时，贾似道每日待在葛岭，他盖起了楼台、亭、榭，还盖了半闲草堂，请道士塑了他的像放在里面。他娶了宫女叶氏以及娼妓、尼姑有美色的做小妾，天天淫乐。他曾经和小妾们蹲在地上斗蟋蟀，他的一个玩伴对他说：“这就是军国大事吗？”他还广收奇器、异物，酷爱宝玩，修建了多宝阁，一天去一次。从此，贾似道几个月都不上朝一次，有向他说起战场上的事的人，都被他降了官职赶走了。一天，度宗问他说：“元兵围困襄阳已经三年了，怎么办？”贾似道回答说:“元兵已经撤走了,陛下这话是从哪儿听到的?”度宗说:“刚才有个女官说的。”过后,贾似道就责问那个女官,找个借口就让她自杀了。从此,战事虽然一天比一天紧急,却再也没有谁敢告诉度宗了。

蒙古的张弘范对史天泽说:“现在谋划取襄阳,把它团团围住而不着急进攻,是打算活活困死城里的人。然而,南宋将领夏贵趁着江水上涨给城里送去了棉衣和粮食,我们没有拦截。另外,从江陵回陕县(今河南省陕县)的旅客和休假的兵卒路经襄阳南边接连不断,难道还有时候能困死他们吗?要是在襄阳城西边堆起一些阻断路的土丘,再在灌子滩立上栅栏来断绝它通向东边的路,那么差不多就能困死他们了。”史天泽听从了张弘范的意见,从此通向襄阳城的所有道路都断了。这时蒙古改国号称为“元”。襄阳已被围五年,南宋的援兵还是没有到达那里,城里的南宋兵在吕文焕的指挥下全力抵抗。后来,李庭芝派统制张顺、张贵去救襄阳,一百艘船乘风破浪,冲破元军的一道道防线,到达襄阳城下。等到收兵后,发现张顺不见了。过了几天人们发现一具浮尸逆流而上,身披着铠甲,手中还握着弓和箭,直冲到桥梁那里。走近一看,原来是张顺,他身上中了四枪六箭。当时正是盛夏时节,张顺样子怒气勃勃,就像活着。军人们很吃惊,以为他是神,就把他埋葬了。张贵进入襄阳城,吕文焕一定要张贵留下来共同守卫襄阳。张贵仗着自己勇猛,就打算去郢州(治所在今湖北钟祥)求援。于是他招募了两个能潜伏在水里几天不吃东西的人,带着蜡书到郢州求援,竟然真的到了郢州。两人回来报告说:“郢州方面答应发兵五千,驻在龙尾洲来夹击元军,已经限定了日期。”不久,这事被元军知道了。张贵率兵,擂响战鼓,大喊着进军,逐渐接近龙尾洲时,远远望见军船的旗帜,张贵的兵以为是郢州来的军队,等走近了才发现来兵全是元兵,郢州兵前一天已经退走了。张贵身中十枪,力量用尽被捉住,送到了元将阿术那里。阿术想劝他投降,张贵不屈服,于是阿术就杀了张贵。元兵把张贵的尸体扔到了襄阳城下,守城的人看见了都痛哭,城中一时意志颓丧。吕文焕把张贵葬在张顺的墓旁,立了双庙祭祀两人。

当樊城被围四年的时候，樊城守将张汉英、范天顺、牛富奋力作战不投降。元将张弘范进攻被流箭射中了胳膊，他包起伤口去见阿术说："襄阳在江南，樊城在江北，我在陆地上带兵攻樊城，襄阳方面就用水军去救。攻打襄阳也是这样，最终我们都不成功。如果截住江道，切断他们的救兵，我们水陆夹攻樊城，樊城就一定会攻下来，襄阳也好打啦！"阿术听从了他的意见，于是派兵截江，而派出精锐部队逼近樊城。樊城被攻下，南宋将领张汉英战死。范天顺仰天感叹道："我生为大宋臣，死为大宋鬼！"就在他所把守的地方吊死了。元兵进入樊城，牛富率领敢死之士一百人与元军进行巷战，元军兵士死伤不可胜数。牛富等人渴了喝血水转战前进，遇有民居就放火烧，用来阻断街道。牛富身负重伤，一头撞在柱子上落在火里烧死了。他的副将王富感叹地说："将军为国家而死，我岂能一人活着。"说完也跳进火堆里死了。樊城被元军攻破后，襄阳城势力孤单，吕文焕每次巡视城楼，向南望都是痛哭而下。他向朝廷告急，贾似道不督促将领们前去救援，而是一边上书给度宗请求让自己去巡行边境，一边又暗示朝中官员劝皇帝留下自己，说贾似道出去到襄阳就顾不了淮河一带了，要到淮河一带就又顾不了襄阳了，不如就在朝中来掌握全面。于是度宗对贾似道说："师相怎么可以一天离开我呢？"后来，阿术又增加了兵力攻打襄阳，吕文焕怕自己的兵力支持不住，又赶上元世祖忽必烈招降他，吕文焕于是就投降了。襄阳失掉后，南宋的东南方就守不住了。这时贾似道因为死了母亲而离开了朝廷，之后度宗又下了诏令再次任用他为宰相。太学博士陈著率领太学生们上书恳切地劝谏度宗不要再用贾似道，度宗根本听不进去。

度宗还在当太子时，就因贪恋女色而闻名。即位后，更是沉溺于酒色，他在宫里时妇女从不离怀。嫔妾侍奉他，清早到阁门处谢恩，写上某月某日，有时一天多达三十多人。度宗在位十年，一切政务全交给了贾似道，不巡视边境，也不发救兵，导致襄阳被攻破。原本三分天下，南宋有其中一分，襄阳这个屏障没了，南宋的国势也就丢了，政权随之而亡。度宗三十五岁时死了，皇子赵显即位，当时年仅四岁。先帝理宗的皇后谢太后行使皇帝权力,她封皇帝的哥哥赵昰和弟弟赵昺为王。贾似道率朝廷大臣尊称谢太后为太皇太后,先帝度宗的皇后全氏为皇太后。元国命令平章军国重事史天泽和左丞相伯颜率领军队二十万进攻南宋。吕文焕与伯颜从襄阳奔向郢州,刘整与嗦都从枣阳(今在湖北省)奔赴淮河、泗河一带,旌旗达几百里,由水路、陆路一齐进军。元将阿术从青山矶(在今安徽当涂)率兵渡过长江。伯颜进攻阳逻堡(在今湖北黄冈西),南宋将领夏贵守不住,丢下军队跑到了庐州,南宋军被打得溃散了。伯颜率军入堡,在那里渡过江去会合阿术军,奔向鄂州,主持汉阳军事务的王仪向元军投降了。吕文焕攻打鄂州,鄂州守将程鹏飞投降。伯颜于是率领军队沿着长江向东而下,谋划拿下南宋的荆湖路(今湖南和湖北一带)。鄂州被攻破以后,南宋朝廷吓坏了。太学生们和群臣上书,认为只有师相贾似道亲自领兵出征才能解决问题。贾似道不得已,开始在临安开设军府。这时元将史天泽死了,伯颜、阿术领兵顺流东下,用吕文焕做向导。沿江的南宋将领们以前都是吕文焕的部下,元军所到之处都向元军投降了。贾似道的女婿范文虎在安庆(今在安徽省)叛变投靠了元军。贾似道率领军队驻扎在芜湖(今安徽省),他怕刘整,不敢再继续进兵。后来听说刘整死了,他高兴地说:“天助我也。”这才上了“出师表”,抽调各路精兵,总共十三万而行,装载着金银、丝绸和军用物资的船只头尾相接有一百多里。贾似道又派宋京到元军中,请求向元国称臣,向元国交纳岁币,按以前的约定。伯颜不答应。贾似道把精锐部队的七万人交给了孙虎臣,驻扎在池州(今在安徽省)下游的丁家洲。宋将夏贵把两千五百艘战舰连接在江中,贾似道要把后军作为镇抚军。夏贵曾经在鄂州失败过,怕军府贾似道功成,又嫉妒孙虎臣刚刚被提拔,虽然他列阵面向敌军,却少有斗志。元将阿术挺身登舰,擂响了战鼓,并派出人去抢夺南宋的船只,高喊道:“宋军败了。”孙虎臣的前锋将姜才正要迎敌,孙虎臣的船快速地超过了他的妾所乘的船,人们看见了喊:“跟着主将逃啦!”于是南宋军大乱,夏贵不战而逃。贾似道惊慌失措,赶紧敲钟收兵。元将阿术、伯颜从水上和陆地上一齐夹攻,南宋军被杀、被淹死的人都数不清了。贾似道仓皇中招夏贵商议该怎么办,夏贵说:“咱们的军队已经吓破了胆了,还怎么战? 师相您只有到扬州去招逃散的兵,到海边去接皇帝,我们誓死守住淮河以西而已。”夏贵于是开船离去了。贾似道就和孙虎臣单独乘着大船奔向扬州。第二天,有大批逃散的南宋士兵沿着江边而来,贾似道让人登岸扬着旗召唤他们,却没有一个士兵到贾似道那里去,还有人出口大骂贾似道的。贾似道传送文书到各郡,要他们到海边去迎接皇帝。姜才收兵到了扬州,元军于是乘胜向东进军了。赵晋放弃了建康城而逃走,一些知府也扔下城逃走了。有向元军投降的人,也有战死或不屈服元军而死的人。元军到了池州,池州通判赵昂发当时代理主持池州事务,他和妻子雍氏相约共同为守节义而死。元军逼近池州城,赵昂发一早起来在小桌上写道:“国不可背,城不可降,夫妇同死,节义成双。”赵昂发和他的妻子雍氏在从容堂一起上吊死了。元军到了饶州(大致在今江西上饶地区),知州唐震、原宰相江万里不肯投降而死。江万里在芝山后的院子里挖了个水池,并在池边亭子上挂了块匾,写有“止水”两字,没谁知道这两个字的含义。饶州城将要被攻破的时候,江万里跳进止水死了。当初,汪立信向贾似道献了“守边”和“讲和”两个计策,贾似道不用,这时他也让人掐住自己的喉咙而死。

朝廷下令号召各地保卫赵宋王室,李庭芝派出军队去了,张世杰率领军队也去了。命令传到了赣州,江西提刑(司法官员)、赣州知州文天祥掉下泪来。文天祥生活奢侈,很有钱财,家里有许多声妓、姬妾。这时他把家里的钱财全部用来做了军费,发动郡里的豪杰,并联合溪洞山蛮,有了一万人,也去保卫赵宋王室。他的朋友劝他说:“现在敌军分多路进攻,已经攻到了都城附近,您带着这乌合之众一万多人前往,和赶着一群羊去与猛虎搏斗有什么区别?”文天祥回答说:“国家有急难,征调天下的军队,没有一人一骑前往,这使我深感遗憾,所以才不自量力想以身殉国。希望天下的忠臣义士也像我一样,听到消息也前往。”湖南提刑李芾本性刚直,因得罪了贾似道被贬官在家待了很长时间,这时他派出壮士三千人,让将领领着前去救援南宋王朝。陈宜中当年依附贾似道,很快就做了高官。翁应龙从军中回去了,陈宜中向他打听贾似道在什么地方,翁应龙说不知道,陈宜中怀疑贾似道已死,立即上书请求杀贾似道。太后不想杀贾似道,只是把他贬为了醴泉观使。凡是贾似道不体恤民情的政策全部废除,公田还给田主。当时有两颗星斗在空中,一颗星坠落,这使朝廷中包括执政官员在内的几千人离职逃走,太皇太后下诏书劝留也没留住。元主派礼部侍郎廉希贤、工部侍郎严忠范拿着国书来到建康。廉希贤请求派兵保护自己,伯颜对他说:“外交官员用的是语言不是用兵,兵多了反而引起怀疑。”廉希贤一再请求,伯颜就派了五百兵送他们。廉希贤等人走到独松关(在今浙江余杭西北),那里的宋守将张濡部队的士兵不知他们是元国使者,袭击杀了严忠范,伤了廉希贤,把廉希贤送往临安,廉希贤因伤口发作而死。太后下诏,令张世杰等人四路出兵来抵抗元军。张世杰与刘师勇、孙虎臣等人出动兵船一万多艘停泊在焦山(在今江苏镇江东北,屹立在江中,一向是江防要塞)。命令每十艘并排连在一起,并在江心抛锚固定住,没有号令不准起锚,以此来表示拼死作战的决心。元将阿术到了那里,用带火的箭攻打南宋船只,船帆和桅杆都起了火,烟火遮住了整个江面,南宋军大乱,没人敢起锚发船,跳江死的有近万人。元将张弘范、董文芮又用精锐部队冲击南宋军。此时宋将张世杰不能再指挥军队作战了,他逃奔到圌山(在今江苏镇江),刘师勇回到常州,孙虎臣回到真州(今江苏仪征)。

太学学生们和朝中的御史、谏官、侍从官都上书请求杀掉贾似道,太皇太后谢氏还是不答应。王爚再次对贾似道进行了评论,太皇太后这才下了诏书,没收贾似道的家财,要把他发配到循州(辖境包括今广东惠州等地)看管起来。会稽郡郡尉郑虎臣因父亲曾被贾似道发配流放过,就请求做流放贾似道的监押官。当时贾似道住在建宁(今在福建省)的开元寺,服侍他的小妾还有几十人。郑虎臣到了那里,把小妾们都赶走了,夺去了贾似道宝玉之类的东西,撤掉了贾似道所乘轿子的轿盖,让他在秋日中晒着,又让抬轿子的人唱杭州歌来耍笑他。走到漳州城(今在福建省)的木棉庵,郑虎臣暗示令贾似道自杀,贾似道不愿死。郑虎臣对他说:“我要为天下人杀了你贾似道,即使我获罪而死,又有什么遗憾?”就在厕所里杀了贾似道,放手时贾似道半身坠入厕坑中,于是把他埋在了厕所中。

元将阿术领兵围住了扬州。李庭芝牢固地守卫着扬州城,元军攻不下来。伯颜和阿术商议打算进一步深入到南宋内地,于是就越过扬州,渡过江去分兵东进。元军打下了独松关,独松关附近城邑的人听说独松关已被攻破,都吓跑了,其他关口的将士也都溃散了。南宋朝廷知道后吓坏了,于是派柳岳到元军中去请求讲和,伯颜不答应。他说:“你们宋国杀了我们的外交官,所以我才发兵打你们。你们宋国皇帝当年是从小孩子手里抢的天下,如今你们的皇帝也是小孩子,也该失去天下了,还说什么?”元将伯颜率领军队驻扎在皋亭山(在今浙江杭州市)。文天祥、张世杰请求先把皇帝和太后们转移到海边去从海上走,然后率领众人依靠临安城与元军打一仗。陈宜中反对这么做,太后派监察御史杨应奎拿着传国玺向元军投降,伯颜接受了。太后又派人去召陈宜中商议投降后的事,陈宜中放弃了官职出走,逃到温州的清澳。张世杰、苏刘义、刘师勇没经过战斗就撤走了,各领自己的队伍离开临安到海边去了。杨应奎从皋亭元军中回去说,伯颜要求和宋国执政大臣面谈,太后就用文天祥为右丞相与吴坚一起去了。文天祥见到伯颜后,请求元军退到嘉兴(今浙江嘉兴市)来等待和解,他不屈不挠地争辩。伯颜大怒,他的手下人也一起呵斥文天祥。文天祥的态度更加坚决。于是伯颜拘留了文天祥,放吴坚回去。后来,伯颜让人说服文天祥,想让他投降,文天祥流着眼泪拒绝了。驸马都尉杨镇领着益王赵昰、广王赵昺往婺州(在今浙江金华)跑,元将伯颜派范文虎去追,捉住了杨镇回到临安。度宗的妃子杨淑妃和她的弟弟杨亮节领着益王和广王接着跑往温州。太后亲自写了诏书,命令各郡县全部向元军投降。伯颜军队临时驻扎到湖州市,他派张惠、阿剌罕等人进入临安府封了南宋的府库,没收史馆的地图和户口册、书籍以及百官的符、印章、委任官员的命令状。这时元军分驻在钱塘江沙上,当地人庆幸潮汐三天没来。丙子年(公元 1276 年)三月,伯彦领兵进入临安,把皇帝赵显、太皇太后谢氏、太后全氏、福王赵与芮以及众官、三学的太学学生、内侍官等人一起带走向北方而去。南宋恭帝赵显在位两年,这年他才六岁。后来赵显当了和尚,他有儿子。太皇太后谢氏在这不久就死了,全太后后来做了尼姑。

元人带着文天祥向北走,文天祥到了镇江时,和他的门客杜浒等十二人在一天夜里出逃到了真州。真州守将苗再成给李庭芝去了信,又派人到各地招集兵马、订约。当初,文天祥还没到真州时,有被元军俘获的南宋扬州士兵后来又脱逃回来的,说元人正秘密派文丞相到真州去劝降。李庭芝信以为真,这时认为文天祥是去说降的,就让苗再成赶快杀掉文天祥。苗再成没杀文天祥,却把他关在了城门外。文天祥于是往扬州走。他将要进城时,听说制置使李庭芝下令抓捕他,很紧急。文天祥就改名换姓,经由通州走海路到了温州会合了一些兵。杨亮节听说陈宜中在清澳,就派人去招他。陈宜中去见了杨亮节,共同商议了重建宋王朝的事情,就尊奉益王和广王为都帅,进入闽地,到了福州。接着传送文书,召各路忠义将领,军事力量稍微有了起色。丙子年五月,陈宜中、张世杰等人在福州尊益王赵昰为皇帝,这就是南宋的端宗。他遥尊恭帝赵显为孝恭懿圣皇帝,尊母亲、度宗的淑妃杨氏为皇太后,与她共同听政。文天祥也从温州到了福州,端宗用他为右丞相。文天祥在南剑州(在今福建南平)设立府署,筹划治理江西,恢复邵武军(驻地在今福建邵武市)。

当时,元将阿术围攻扬州久攻不下,李庭芝更加努力地坚守着。临安沦陷后,元人带着宋恭帝向北走,李庭芝和姜才带四万人在夜里去瓜洲(在今江苏邗江南),想夺回恭帝,却没成功而返回。元将阿术用南宋太皇太后的诏书劝降,李庭芝登上城对元军的使者说:“只有尊奉诏书守城的,没听说有用诏书通知投降的。”不久,福州的使者到了,李庭芝就命令制置使朱焕领兵守着扬州城,自己和姜才领着七千兵往泰州(在今江苏省)去。李庭芝等人走后,朱焕就向元军投降了。阿术领兵追赶李庭芝等人,这时他们已进了泰州城。正赶上姜才背上毒疮发作不能作战,泰州守将孙贵、胡惟孝打开城门放进了元兵。李庭芝跳进莲池想自杀，水浅没死成，于是和姜才一起被活捉。阿术想让李庭芝投降，李庭芝与姜才不屈服，一起被杀。扬州的民众听到这个消息，没有不落泪的。东莞平民熊飞拉起了队伍，他会合赵溍部收复了韶、广两州。文天祥率领军队临时驻扎在汀州（今福建长汀）。他派赵时赏、张日中等人领一支军队去赣州夺取宁都（今在江西省），派吴浚领另一支队伍去夺取雩都（今江西于都）。刘洙等人都在江西拉起队伍去与他们会合。元军围住了韶州（今广东韶关），韶州守将刘自立向元军投降了。在韶州城里，熊飞率领士兵与元军进行巷战，战败投水而死。秀王赵与檡与元军在温州作战，战败而死。南宋端宗的船停在泉州港，招抚使蒲寿庚作乱，端宗奔向潮州，蒲寿庚在泉州向元军投降。文天祥收复了海州（治所在今江苏灌云西南）。兴化军（驻址在今福建莆田市）的知军事陈文龙死后，他的儿子陈瓒拉起了队伍，恢复了兴化军。文天祥从梅州（今在广东省）走出到了江西，收复了会昌县，张日中、赵时赏率领着队伍去和他会师。张世杰收复了潮州。文天祥在雩都击败元兵，临时驻扎在兴国县。文天祥派赵时赏、张日中等人领兵去收复吉州（今江西吉安）、赣州各县，于是包围了赣州。宋端宗的船迁到了潮州的浅湾。张世杰在泉州与其他队伍会师，一起讨伐蒲寿庚，蒲寿庚紧闭城门自守。张世杰传递文书到各路，终于恢复了邵武军。这时，南宋军队逐渐强盛了起来。

元主下诏书命令塔出、李恒、吕师夔等人领着步兵进入海岸附近的山岭，走岸路；命令忙兀台、唆都、蒲寿庚、刘深等人率领水兵下海，从水路来追端宗赵昰和广王赵昺。李恒派出部分兵去援助赣州的元军，自己领部分兵去攻击文天祥军。文天祥没想到李恒会突然到来，就领兵走到方石岭，在那里被李恒军追上，巩信和张日中领兵进行了抵抗而战死，军队被打散。文天祥的妻子欧阳氏，儿子文佛生、文环生以及两个女儿都被捉住。当时，赵时赏坐着轿子走在后头，元兵问他是谁，他回答说："我姓文。"元兵以为他就是文天祥，把他抓了起来，文天祥因此能和大儿子文道生以及杜浒、邹沨骑马逃走。文天祥等人奔向循州（治所在今广东龙川），走散的兵也到了一些。赵时赏被抓,大骂元人不屈服而死。文天祥的妻子、儿女被送往燕京,两个儿子死在了路上。元将唆都进入兴化,陈瓒紧闭城门坚守,唆都到城墙前劝降,箭和石头像雨点一样飞向了他。唆都大怒,制造了云梯、炮石把城攻破了,陈瓒坚持巷战一整天被捉,元人用车裂的酷刑杀了他,又屠杀民众,街上流淌的血水发出了声响。元将刘深用兵船袭击了浅湾,宋端宗的船迁到了秀山(今广东东莞西南海中)。陈宜中逃到占城(在今越南中南部),再没回去,后来死在了暹罗(今泰国)。宋端宗的船又迁到井澳(今澳门南边的大海中),在那里遇上了刮飓风,端宗得了病。刘深又去袭击井澳,端宗的船又迁到了谢女峡。南宋都统凌震收复广州后,宋端宗又迁到了碙洲。戊寅年(公元 1278 年)夏季四月,宋端宗病死,在位两年,年仅十一岁。端宗的弟弟赵昺(也称帝昺)在碙洲即了皇帝位,当年八岁,与太后杨氏一同听政。这时恰巧有黄龙在海中出现,于是把这一年改为祥兴元年(公元 1278 年),提升碙洲为翔龙县(在今广东湛江硇洲岛)。杨太后垂帘和群臣说话还自称为"奴家"。陆秀夫和张世杰共同掌政,陆秀夫对外谋划军事,对内负责土木建筑事务。这期间凡有著作问世,都是出于他的手笔,虽然是在匆忙的流转离散中,还每天抄写《大学》《中庸》来鼓励别人研究这些文章。后来张世杰认为碙洲不适合居住,而厓山(在今广东台山与斗门之间的海中)有两山相对,地势相当宽广,里边有一港,敞开的口子像门,可以藏船。张世杰认为那里是形势之地,于是让帝昺移驻到那里去了。张世杰又派人上山伐树,制造军屋上千间,所造的行宫正殿叫"慈元殿",由杨太后居住。又提升广州为降龙府。这时,官吏、民众和士兵还有二十多万人,大多住在船上,资财、粮草都由广州西部各郡提供。又招工匠造船,制作器物、兵器,民众被使役得受不了了,开始产生了背叛心。

文天祥听到了赵昺即了皇帝位后,请求到朝廷见皇帝,没被允许,只是给文天祥加官为少保,封为信国公。这时赶上文天祥军中发生瘟疫,将士们大多病死,文天祥的儿子文道生也死了,文天祥的家属在军中已无一人。文天祥在潮阳(今属广东省)屯兵,邹沨、刘子俊都带着队伍去和他会合。小偷陈懿领着张弘范的军队坐船来到潮阳，文天祥的军队抵抗不住，就带着队伍撤往海丰（今属广东省），元将张弘正领着兵前去追击他们。文天祥的队伍正在五坡岭（属海丰县）吃饭，张弘正的兵突然到来，文天祥的士兵来不及作战，都趴在草莽中。文天祥仓皇中赶紧跑，元军的千户王惟义抓住了他。文天祥吞玛瑙没死成，邹沨割脖子自杀死了。刘子俊骗元军说，自己是文天祥，希望文天祥能逃出去。等到押文天祥到来，两人都说自己是文天祥。辨别出谁是文天祥后，元人就活活煮死了刘子俊，而把文天祥押送到潮阳去见张弘范。押送人命令文天祥跪拜，文天祥不屈服。张弘范走到文天祥身边，解开了绑着的绳子，用客礼待文天祥。文天祥坚决请求杀了自己，张弘范不答应，并找到了被俘的文天祥同宗族的亲属，都交给了文天祥，让他们和他坐同一条船。

张弘范从潮阳港乘船到海里，捉到了南宋负责侦察的头领，才知道赵昺在哪里。曾经有人对张世杰说："假如北兵用兵船堵住这里的出海口，那么我们就会进不能进，退也不能退了。这样就不如先占据出海口，有幸能胜是国家的福气，不胜还可以向西跑。"张世杰怕长期待在海里士兵们会变心，就说："连年海里航行，什么时候是个头呢？"于是就把一千多条大船连接在一起作"一字"阵固定在海里，串上大绳，四周围建起楼型栅栏，就像城楼上的女儿墙，用来防御元兵进攻，并让赵昺住在其中，做不成功就死在里边的计划，人们都对此感到担心。厓山作为出海门口的两峰相对立着，北边水浅不能行船。元人的船从山的东边转向南边，进入大洋，这时和张世杰的兵船相遇。逼近后，元军派陆地上的骑兵切断了南宋军取淡水的路。南宋的船很坚固攻打不动，元人就用船载来茅草浇上油脂，乘着风放火烧南宋的兵船。南宋的船身都涂着泥，并绑有长木用来挡火，安然无恙，这使张弘范没了办法。张弘范要招降张世杰，张世杰不答应。张弘范就派水兵占据了内河通海的地方，南宋军打柴、取水的路被断绝。南宋士兵渴坏了就喝海水，海水咸，喝完就又呕吐又腹泻，南宋军疲乏极了。张世杰率领苏刘义、方兴等人领兵从早到晚地大战。张弘范把自己的军队分成四部分，自己领一部分，这四部分相隔一里左右。他命令说："你们听见我船上的乐声响起就出击！"并命令李恒趁着早潮退去，先攻打南宋军的北面，张世杰的将士拼死作战。到中午潮水上涨，元军中的军船响起乐声，南宋兵因稍微有所松懈，张弘范用兵船攻打南宋船的南边，元军的四个部分一起进攻。张世杰军前后遭受敌船的攻击，宋兵都疲倦了，无力再作战了，很快有一只南宋军船的桅杆上的旗帜倒了，接着各船桅杆上的旗帜都倒下了。张世杰知道大势已去，就下令抽调精兵到中军来，这时南宋各军都乱了套。元军逼近南宋中军，这时赶上天黑了，再加上风雨有雾，近在眼前不可辨识，张世杰就和苏刘义切断了系船的大绳子，使十六只船冲出了港口。陆秀夫跑到赵昺的船里，皇帝的船大，并且许多船围着这条大船并拴在这条大船上，陆秀夫估计走不脱了，就先赶自己的妻子儿女跳进海里，随即背着赵昺也跳进了海里。皇帝赵昺在位两年，当时只有九岁。后宫的人和大臣们一起死的很多。南宋所余下的船还有八百艘，全部被元军所得。七天后，海面上漂浮的尸体达十多万具，还找到了赵昺的尸身以及诏书等东西。

张世杰又回到厓山去召集兵马，在那里遇上了杨太后，他想凭借杨太后来寻找赵氏皇室的后代再立个皇帝。杨太后这时才知道赵昺没了，她垂着胸膛大哭说："我不想死去，艰难地走到这里，正是为了赵氏的一块肉啊，现在没指望了！"她说完就跳进大海里了。张世杰把她埋葬在了海边。张世杰打算到安南去(在今广西苍梧)，当走到平章山下时，遭遇到飓风，划船的人想停船靠岸。张世杰对他们说："没什么办法了，给我拿瓣香(表示对帝王敬仰)来。"张世杰拿到瓣香后，就仰天大呼说："我为赵氏也已尽到力了。一个国君死了，我又立一个国君，现在又死了。我不想死的原因是想或许能把敌兵击退，另立个姓赵的皇帝来维持国统罢了。如今这个样子，难道是天意吗？老天要是不想让我再保存姓赵的，那么大风就掀翻我的船吧！"船很快被掀翻了，张世杰等人都淹死了。赵宋灭亡。

以上是南宋历史，从高宗赵构丁未年(公元 1127 年)开始到最后一个皇帝赵昺己卯年(公元1279年)结束,南宋共出了九个国主,统治国家一百五十三年。北宋、南宋共出了十八个国主,统治国家三百二十年。

元将张弘范把南宋的原丞相文天祥送到燕京,关在狱中。元主把文天祥叫去想任用他,文天祥坚决推辞。元主又用杀头来威胁他,文天祥更加不屈服,元主也没杀他。文天祥留在燕京三年,坐卧在一座小楼里,脚不沾地。元主忽必烈和大臣们商议打算放文天祥回家,作为有事可以请教的顾问来用。这期间,有个中山狂人自称是宋主,并有几千人的队伍,打算去抢走文天祥。元主于是召文天祥去见他,对文天祥说:“你愿意怎么样?”文天祥说:“我愿一死。”于是元主在燕都的柴市(北京宣武门外菜市口)杀了文天祥。文天祥临刑时很从容,对狱卒说:“我的事完了。”面向南面一拜、再拜而死,终年四十七岁。在他的衣带中找到一篇“赞”,里面有:“孔曰‘成仁’,孟曰‘取义’,惟其义尽,所以仁至。读圣贤书,所学何事?而今而后,庶几无愧。”南方人、北方人听到文天祥死了后,都为他流泪。文天祥的妻子欧阳氏收尸埋葬了他,他的面色像活人一样。后来有个叫张毅甫的人背着文天祥的骸骨埋葬在了他的老家吉州。文天祥的儿子都没了,他有遗言用弟弟文璧的儿子为自己的后代。又有信州(治所在今江西上饶)知州谢枋得,当初与元军作战失败。谢枋得因为有九十三岁的老母亲,就改名换姓跑到了建宁府(今福建建瓯)的磨石山去养老母,他的妻子李氏和两个儿子一个女儿死在那里。等他的老母亲死后,元主听说他德才兼备想任用他,谢枋得不屈服,被送到燕都,最后绝食而死。谢枋得的儿子谢定之护送他的骸骨到信州安葬了。以上是南宋事,已经大略叙完。元朝的事怎么样?由下章开始。

第三十章　元世祖忽必烈统一中国(元史)

元朝最初叫蒙古,在女真的北边。唐朝时称为蒙兀部,也叫蒙骨斯。蒙古人勇猛强悍,善于打仗,他们用鲛鱼皮制作铠甲,可以抵御乱飞的流箭。元朝皇族的祖先叫孛端义儿,孛端义儿沉默寡言,人们称他为痴皇帝。到了第十代也速该做主时,他并吞了各个部落,势力愈加强大了。也速该攻打塔塔儿部,捉住了部落长铁木真,回去后他的妻子生下儿子,于是就用"铁木真"给这孩子起了名。也速该死后,铁木真接了班。铁木真善于安抚他的民众,深刻沉着,有大的谋略,用兵如神。他的同族人泰赤乌部土地宽广,人口众多,却没有纲纪法规。泰赤乌的民众合谋说:"铁木真把自己的衣服送给别人穿,把自己的马送给别人骑,他真是我们的主啊!"于是那里的人都归附到铁木真麾下了。不久,塔塔儿部背叛了金国,铁木真从斡难河(今名叫鄂嫩河)一带率领兵众会合金军灭掉了它,金主任用铁木真为"察兀秃鲁"(察兀秃鲁相当于汉民的招讨使,掌握招抚和讨伐事务)。铁木真认为乃蛮部很强盛,所以他对待乃蛮部很是小心,不料乃蛮反而抢掠铁木真的民众。铁木真率兵攻打乃蛮部,把乃蛮部打得大败。从此,铁木真部的力量就更大了,各部落都慕名去投靠他。于是铁木真在斡难河的源头大会各部落,树立了天子大旗——九斿白旗,群臣给铁木真上了尊号叫成吉思皇帝。之后,铁木真灭了乃蛮国(在阿尔泰山与杭爱山之间),又灭了西域四十国。灭回回国时,回回国主逃走死在了外面。蒙古主铁木真率领军队继续进军,临时驻扎在铁门关(在今乌兹别克斯坦南部杰尔宾特西边约十三公里处)。铁木真率领军队往回走,路过忻都大肆掠夺,终于灭了西夏国。

从前,金主派卫王完颜永济到靖州去接受蒙古铁木真的贡品。完颜永济觉得铁木真的容貌很奇特,回去后就对金主完颜璟说了,劝他找借口把铁木真除掉。金主没答应。后来,铁木真知道了这事,对完颜永济极为不满。等到完颜永济做了金主,铁木真就派出大批军队去讨伐金国,把金国打得大败,夺了金国一半的土地。铁木真所用的臣子木华黎有勇有谋,他和博尔木、博儿忽、赤老温都忠勇善战,在蒙古被称为“四杰”。然而打下中原的功劳,木华黎是第一位的。蒙古太祖铁木真攻打金国死在了六盘山(在今宁夏固原市西南)。他在位二十二年,终年六十六岁。铁木真死后,他的小儿子拖雷代替他处理国政。铁木真临死时,对他身边的人说:“金国的精兵在潼关,潼关南边有许多山,北面凭借着一些大河,很难一下子攻下来。如果向宋国借道,因宋金两国世代为仇,一定能答应我们。我们把兵发到唐州(今河南唐河)、邓州(今在河南省),直接攻打大梁,金国着了急,一定会从潼关调兵,走千里路前去救援,人疲马乏,到了也不能作战,击败他们是一定的了。”说完这些话他就死了。

铁木真的第三个儿子窝阔台从霍博之地去奔太祖铁木真的丧事。耶律楚材凭借着太祖的遗诏,召集各王见面后,就请监理国事的拖雷宣布窝阔台即皇帝位,这就是元太宗。窝阔台宽宏大量,信任贤臣耶律楚材,从不做过头的事。他做国主的一段时间,中原华夏物资丰富,百姓安居乐业,来往的旅客也用不着自己携带干粮,国家太平安定。后来,窝阔台联合南宋灭掉了金国,国势更加强盛了。窝阔台在位十三年死了。死前他有诏书,让孙子失列门接他的班,但他的第六皇后乃马真氏在他死后要行使皇帝权力。耶律楚材劝她要遵守先帝的遗诏,她不听。受宠幸的臣子奥都剌合蛮这时专权,耶律楚材因忧虑愤怒,得了病死了。乃马真氏掌政四年时,她召集各个王和百官商议,立太子窝阔台的长子贵由做皇帝。贵由是乃马真氏的亲生儿子。贵由于是在汪吉宿灭秃里之地即了皇帝位,这就是元定宗,朝政还是乃马真氏把持。当时国内大旱,民众无法生活。各个王各个部都派出人去到处寻求财货宝物,车马不断,这使得百姓更加困苦。元定宗贵由在位两年死了。定宗的皇后斡兀立海迷失抱着太宗窝阔台的孙子、阔出的儿子失列门临朝听政,行使皇帝权力共三年,各个王爷、大臣都不服。王爷末哥和大将兀良合台等人一起推举拖雷的长子蒙哥即了皇帝位,这就是元宪宗。宪宗追封父亲拖雷为睿宗皇帝。失列门不服气,宪宗就抓住了为失列门出谋划策为首的人杀了,事态这才安定下来。

自从定宗贵由做皇帝以来,群臣独断专行,谁都想说了算。到了宪宗掌政,凡是诏令都是自己亲自写,但是不着急的兵役、劳役都放下了,严整军律以安民生,政令开始统一了。他命令弟弟忽必烈全权治理汉民族居住区的民户事务,在金莲川开建府署,设置僚属。忽必烈派赵璧去招姚枢,姚枢到达后,见太弟忽必烈很有才能,就为忽必烈向皇帝上书达几千字。从此两人互相投合,总是相互征求意见。姚枢请求任用杨惟中、史天泽等人负责粮食收成,积攒下来作为军饷,并且大练兵、守险境,国家治理得更加强盛了。任用廉希宪为京兆宣抚使。廉希宪抑强扶弱,一些明的暗的不合法的事都逃不出他的眼睛,因此境内治理得很安定。忽必烈派人去招僧人海云,海云又去找僧人刘秉忠,等到两人一起去见忽必烈,经谈话很合忽必烈的心意,这使忽必烈非常喜欢他们,凡是要谋划什么和作战的事,都找他们咨询。元宪宗九年时,大举进攻南宋。宪宗蒙哥派太弟忽必烈攻打江南路(相当于今江苏、安徽两省),蒙哥亲自领兵攻打蜀路(今四川),围困南宋的合州城。不久蒙哥死在了合州城下,蒙古军这才撤离往北回去。忽必烈当时正在攻打鄂州,听说皇帝蒙哥死了,也想领兵回去,这时南宋的贾似道请求向蒙古称臣,并每年交纳货币来讲和。忽必烈答应了,于是领兵往回走。贾似道派出兵杀蒙古军掉队、落后的士兵来充功。

忽必烈回去后即了皇帝位,这就是元世祖,这时改国号叫"元"。忽必烈死后的谥号为"圣德神功文武皇帝"。忽必烈做了皇帝后,派伯颜等人领兵二十万灭了南宋,统一了中国,事见前章。后来他又灭了高丽、交趾(汉代置交趾郡,是五岭以南一带地方)、南诏(治所在今云南大理,五代后晋时,被段氏所有,称大理国)、占城等地。自古以来，幅员的广阔都不如元代。只是在攻打日本、爪哇（南洋群岛的爪哇岛）、八百媳妇（土司名称，所据故地在今缅甸掸邦东部，从西到萨尔温江，从东到湄公河一带）的时候竟攻不下来。忽必烈知人善任，信用儒教，爱护百姓。每当遇到灾年，就免租赈饥还怕来不及。他任用文臣许衡、姚枢、刘秉忠、史天泽这类人在朝中谋划；任用武将伯颜、阿里、海涯、张弘范、董文炳等人来攻城略地。他制礼作乐，民众安乐、物资丰富，国家治理得强盛，古今所稀有。只是遗憾他把天下人分成了十等，诸如：七等为匠人，八等为娼妓，九等是读书人，十等是乞丐。又放纵西方来的和尚杨琏真迦挖掘宋朝皇家以及宦官、大臣们的坟墓，放任他到处奸淫妇女，又放任宰相阿合马专权，祸国殃民。千户王著因民众怨恨阿合马，就假传皇帝的命令杀了他。忽必烈斩了王著，这才知道了阿合马所干的坏事，就又杀了阿合马的子孙，没收了他的家财。桑哥做了宰相后，又听任桑哥败坏朝政，诬杀劝谏的大臣，祸国害民。前后四年，这才经奉御官彻里揭发桑哥所干的坏事，忽必烈于是没收了桑哥的家财，桑哥的财宝竟达到了皇家内库的一半。忽必烈放纵各个王、公主、驸马的军队任意扰害居民，奸淫妇女。又取民间美女进宫供他使用，有关的官吏到民间挑选，成了民间的一大祸事。他又在每年正月初一、元宵节的日子里不禁止奸淫，军队、民间成了习俗，还有人与别人交换妻子的。至于兄弟收哥哥的媳妇为妻，做儿子的娶父亲的小妾，这在当时上下已成风气，不是怪事了。

忽必烈初年，一般走海路运输粮食，运粮船常被风浪打沉。后来郭守敬开凿了通惠河（在北京与通州区之间）来运粮。在忽必烈做皇帝之前，孔子同宗的子孙有的跟随宋高宗到了南宋。这时，原来南宋的衍圣公孔洙住在衢州（今在浙江省）。有人对忽必烈说孔洙是孔子代代传下来的嫡长子，于是忽必烈把他召了去，实际孔洙不如居住在曲阜的那一分支。忽必烈说："宁可不考虑有名声的，而要考虑亲缘关系，孔洙是圣人的真正的后代。"于是任命孔洙为国子祭酒（学官，掌领太学、国子学或国子监所属各学）。当年，忽必烈的皇后弘吉剌氏德才兼备，时时对忽必烈有所劝谏，可惜死得早，忽必烈后来又立了皇后的妹妹为皇后。因忽必烈年纪已老,这个皇后也参与朝政。忽必烈在位十九年时灭了南宋,又过了十六年才寿终,前后做了三十五年皇帝,活了八十岁,甲午年(公元1294年)正月死在紫檀殿。

忽必烈的太子真金仁义、孝顺、不放纵。他优待尊重大臣,喜欢读书,做了些好事,只是死得早。皇孙铁穆耳当时正在北方边界安抚军队,接到忽必烈的死讯后从军中前去奔丧,到了上都(今内蒙古多伦县)即了皇帝位,这就是元成宗。他追尊父亲真金为裕宗皇帝。这时的成宗可以不用发号施令,天下也治理得很好,可以说他是个善于守成的皇帝。他把事情都委托给大臣办理,有些社会风波也是随起随落。元成宗在位十三年死了,他的太子德寿死得早,安西王阿难答和左丞相阿忽台等人暗中谋划让成宗的皇后行使皇帝权力,再由自己来辅佐她。右丞相哈剌哈孙说自己有病,守宿在宫中的旁门。和他说了这事后,他假装同意,当夜派人秘密地对爱育黎拔力八达说:"怀宁王离得太远,不能很快到来,恐怕发生不测,应当抢先动手。"爱育黎拔力八达立即对太后说了,于是率领卫士进入宫殿杀了左丞相阿忽台等人,捉住了叔叔安西王阿难答,并派人去北部边境接哥哥怀宁王海山。海山是世祖忽必烈的太子真金的孙子。海山到了上都,废了成宗的皇后伯岳吾·卜鲁罕,让她搬到东安州(今河北廊坊),在那里杀了她。海山即了皇帝位,这就是元武宗。他追尊已去世的父亲答剌麻八剌为顺宗皇帝,尊母亲弘吉剌氏为皇太后,并让同母弟爱育黎拔力八达做了太弟,又加封孔子为大成至圣文宣王。海山当了皇帝后,他想改变以往皇帝的做法,给人封的爵位、官位太多太滥,赏赐规格也太高、太滥。他的政令太宽松,百姓吃不上饭,盗贼横行。有一天,居住在上都的西方和尚强行收买一个百姓的柴火,柴火的主人到官吏李璧那里去告状,李璧正询问因由,和尚已率领他的同伙拿着棍棒冲进公府,隔着桌子抓住了李璧的头发,按到地上一顿棒打,打完把李璧拉走关在一间空室中,很久才得以脱身。李璧告到朝廷,僧人竟没受任何处分。没多久,这和尚的同伙龚柯等人和王爷合儿八剌的妃子争道,竟把王妃拉下了车殴打,并骂了皇帝。事情传到皇帝那里,结果也不了了之。这时元人最重视佛教,放纵僧人害民,甚至公然与后、妃、公主以及大臣的妻女交欢,说成是“舍身大布施”。有的和尚公开娶公主,还被封为王。和尚们到处乱跑,借住在民舍,赶跑了男主人,奸淫妇女,往返没有限度。又时常做佛事,每次做佛事,皇帝都下赦令。这样一来,凡是杀人大盗总是随犯随赦。有一次,做佛事持续了一整年,供给僧人食物所花的钱很多。这时期,元朝建造了千百万座寺院。凡是奴仆杀了他的主人,妻妾杀了她的丈夫的都可向和尚求救而得到赦免。犯罪的人被发觉,只要赶紧跑进佛寺里抱住佛脚,就可免罪不问,佛寺里的人很快将这人变成和尚。很多富民用钱财求得护持玺书,又靠护持玺书来欺压贫民、侵占民田、强奸民妇,贫民却无处控诉。又有,当时当官的人没有固定的俸禄,名义上是取自公田,公田却不存在,完全由小民来负担。在当时,凶恶者能够横行霸道,善良者只能坐着等死。这样下去民众受不了了,以至于后来英雄并起,元朝灭亡。

武宗海山在位五年死了,他的弟弟爱育黎拔力八达即了皇帝位,这就是元仁宗。他因脱虎脱等人变乱旧有的规章制度祸害百姓,奸邪误国,就查找出带头的人杀了,并罢官赶走了他们的党羽。仁宗慈善、孝顺、谦逊有礼,能够约束自己。他通晓儒教的学说,爱护保养民力,一贯遵守世祖忽必烈所定下的法令制度。他是元代有盛德能守成的好主,在位十年而死。皇太子硕德八剌即位,这就是元英宗。英宗天性有孝心,仁宗病重时,他焚香祷告上天,哭泣着说,愿意把父亲的病转移到自己身上。即位后他到大安阁,看见太祖、世祖遗留下的衣物都是普通丝绵制品,并有打补丁,感叹了很久。他对侍臣说:“祖宗创业艰难,如此节俭,朕怎敢顷刻忘记!”英宗一开始时,任用铁木迭儿为宰相。铁木迭儿怀有私心,很怕失去皇帝对他的宠信,却一有机会就干坏事。英宗觉察到了他的邪恶,就让拜住代替了他。拜住为人很正直,凡是知道的事没有不说的。铁木迭儿死后,他的罪恶一天天显露了出来。英宗这才命令追削铁木迭儿的官爵,没收了他的家财。御使大夫铁失等人因为自己是铁木迭儿奸党的成员,心里很不安定,于是有了阴谋。英宗三年的时候,这年秋天八月,英宗从上都(今内蒙古多伦)往南走,驻扎在南坡。这天晚上,铁失与知枢密院事也先铁木儿、王爷按梯不花等人准备起事,用铁失所领的安速的卫兵作为外应。铁失和前平章赤斤铁木儿杀了拜住,然后,铁失直接冲进英宗所在的帐幕中杀了英宗。之后,铁失等人到北部接裕宗真金的孙子、英宗的叔叔晋王也孙铁木儿到龙居河即了皇帝位,这就是元泰定帝。泰定帝即位后,在燕都立即杀了铁失、也先铁木儿,以及赤斤铁木儿等人,还杀了他们的子孙,没收了他们的家产,并流放王爷按梯不花等人到海岛去。泰定帝遵守祖宗传下的法令制度,天下无事。他在位五年,死在了上都。太子阿速吉八接替了君位。

当初,武宗海山答应自己死后把君位传给弟弟仁宗爱育黎拔力八达,约定仁宗之后要把皇位传给武宗的长子和世瑓。等到仁宗做了皇帝后,丞相铁木迭儿想要稳固皇帝对自己的宠信,就立了仁宗的儿子英宗硕德八剌。接着他又和太后宠幸的臣子失列门排挤和世瑓。和世瑓被封为周王,出京城去云南(今云南省祥云)镇守。走到金山西北时,一些王听说他到来,就领着众人归附他。赶到泰定帝在上都死了,皇后、皇太子就派人到燕都去收官员所用的印章。当时,签枢密院事燕帖木儿大会群臣,所跟随的士兵都带着刀,他下令说:“武皇有两个儿子,是正统所在,要立皇帝也得立他们,不听话者死!”因周王远在沙漠,不能很快到来,周王的弟弟怀王图帖木儿当时在江陵,燕帖木儿就把怀王接到了燕都。怀王坚决推让说:“大哥在北边,凭年龄德行,他应当做皇帝。”燕帖木儿对他说:“这是人心倾向或背离的时候,不容错过,一旦失去后悔不及!”怀王说:“不得已,应当向大家说明白我的意思,向朝廷内外宣告才可以。”怀王登上了皇帝位,这就是元文宗,改当年为“天历”元年,明确地告诉朝廷内外自己是代理皇帝。这时,倒剌沙在上都已经立了泰定帝的儿子阿速吉八做了皇帝,年号“天顺”,又派兵分几路攻打燕都,结果吃了败仗。齐王月鲁帖木儿等人领兵围住了上都,倒剌沙拿着皇帝的玉玺出城投降。泰定帝的儿子阿速吉八这个短暂的皇帝,不知他后来怎么样了,没了消息。泰定帝的皇后后来成了丞相燕帖木儿的夫人。文宗派出人到蒙古高原大沙漠以北去接周王和世㻋,周王往回走到和宁之北(今蒙古乌拉巴托西南),在那里称了皇帝,这就是元明宗。他派人立弟弟怀王图帖木儿为皇太子(应是太弟)。文宗从京城出发往北走去迎接明宗。这时是戊辰年(公元1328年)九月十八日,明朝太祖朱元璋出生。明宗临时驻扎在旺忽察都,文宗去见他,明宗在行殿设宴招待文宗以及诸王、大臣。不料,明宗在当天突然死亡。文宗图帖木儿在上都再次做了皇帝。明宗的皇后八不沙背后对明宗的死有所议论,被人告发而遇害。文宗在位五年而死,丞相燕帖木儿请求立文宗的儿子燕帖古思。文宗的皇后弘吉剌·不答失里说文宗有遗命,于是传位给了明宗的嫡子懿璘质班(其母是八不沙),这就是元宁宗,当年七岁,百官的政务全由文宗的皇后说了算。宁宗在位两个月而死,燕帖木儿再次请求立文宗的儿子燕帖古思,文宗皇后又说:“我儿子还年幼,明宗的庶出长子妥懽帖睦尔现在广西,今年十三岁了,按理应立他。”于是她命令人到静江(今广西桂林)去接妥懽帖睦尔。妥懽帖睦尔即了皇帝位,这就是元顺帝。文宗皇后说:“万岁后,他的皇位传给燕帖古思。”有人说:“顺帝名义上是明宗的庶子,其实是原来南宋恭帝、瀛国公赵显的儿子。”赵显在北方做了和尚,他和一个姓罕禄鲁、名叫迈来迪的娼妇要好,而生了妥懽帖睦尔。明宗在北方巡查,一天见到了迈来迪长得很美,就把她连孩子一起拉走了,并把迈来迪的儿子当作了自己的儿子,就是这个顺帝。

第三十一章　元朝九十年,群雄并起

却说宁宗驾崩后,丞相燕帖木儿议论要立文宗的儿子,文宗的皇后不答应,这才接来了顺帝。当时顺帝走到静江的时候,丞相燕帖木儿在那里见到了顺帝,他和顺帝骑马并行时,向顺帝说明了来意。当时顺帝年幼,并且很怕他,所以没有答话,这使燕帖木儿产生了疑虑。所以顺帝到了京城后,很长时间没被立为皇帝。燕帖木儿认为大权已拿在了自己手中,他酷爱女色,家里美女很多,又常抢他人的美妇,奸淫三天再归还。燕帖木儿天天淫乱,他的女人善淫者,他给赏钱,不善淫者,就挨鞭子。众妇聚在一起与他淫乱,使他体弱尿血而死。文宗皇后这才和大臣们立了顺帝。顺帝任用后伯颜为太师右丞相,任用燕帖木儿的兄弟撒敦为太傅左丞相。撒敦死后,用撒敦的儿子唐其势代替了撒敦的职务。唐其势的妹妹是顺帝的皇后。太师右丞相伯颜独揽大权,这使唐其势很不服气,就预谋另立个对自己亲近的人做皇帝。事情被发觉,伯颜领兵围捕抓到了唐其势。唐其势的弟弟塔剌海跑到皇后的座下藏了起来,皇后用衣服遮蔽着他。伯颜的士兵拉出塔剌海当场杀了他,血溅了皇后一身。伯颜让人按住了皇后,皇后向顺帝呼救说:"陛下救我!"顺帝说:"你兄弟干叛逆的事,我怎么能救?"于是皇后被牵出宫,在开平的一间民房杀了她。顺帝封伯颜为秦王。

伯颜打掉了唐其势一伙后,独掌国政更为专权,虐害天下百姓,并逐渐有了奸谋。元顺帝为此很担心,伯颜的侄子脱脱也为此担忧,就暗中和父亲马札儿台商量说:"伯父骄傲放纵得太厉害,万一天子震怒,我们宗族的人就一个剩不下了!不如现在就想个办法。"他父亲认为说得对,可不久又犹豫了,很久没决定下来。脱脱就去请教他的老师吴直方，吴直方对他说："'书传'上有句话叫作'大义灭亲'，大丈夫只知忠于国事，其他的就不值得顾虑了。"脱脱就找了个机会去和顺帝说了，顺帝于是和他定下计谋。不久，伯颜邀请顺帝一同出去打猎，顺帝就命令太子（这里应是太弟，是文宗的太子）燕帖古思同去，到了柳林（今北京通州南），脱脱用所领的兵和宿卫士控制住伯颜，当天夜里领着顺帝到了玉德殿。顺帝在玉德殿下了诏书，数落伯颜的罪恶。诏书送到柳林，把伯颜贬到河南行省（行省为最高地方行政区名）。伯颜请求当面向顺帝辞行，没被答应，于是他就启程走了，没多久就死了。顺帝因父亲明宗暴死，死得不明白，下诏书撤掉文宗庙的牌位。并把文宗的皇后、太皇太后（仁宗皇后，阿速吉八之祖母）迁到东安州，不久死在了那里。顺帝又把文宗的太子燕帖古思流放到高丽，在途中杀了他。顺帝任用脱脱为丞相，脱脱一改伯颜的做法，使天下安定，被称为贤相。无奈，顺帝本性优柔寡断，法度失去了约束作用，国家治理得很乱。湖广（元代的"湖广"，就是今天的两湖、两广）、河南发生大旱，从三月到八月没下过一滴雨。浙江从开春就没下过雨，民众一点儿吃的东西都没有了。上都下雹子，大得像拳头那么大。汀州（治所在今福建福州长汀）发大水，平地水深三丈，淹没了民房八百多家。常州发生山洪，冲坏了许多民房。彰德路（治所在今河南安阳）一次刮起红色的风暴，从西北开始乱起，白天黑得如同夜晚。京城发生大饥荒，百姓父子相食。山东、河东（即今山西黄河以东）、河南、关中等地飞起的蝗虫遮蔽了天空，落到地上，堵塞得人马都不能行走，百姓饿得相互残杀，人吃人。

顺帝不思自省修德，所有的时间都用来安闲玩乐，不管朝政，又加上水、旱、虫灾，于是百姓凄惨，抢劫的人多了起来。一些人掐住运河，抢劫商业、旅客运船三百艘，官府中没谁能抓获他们。又有人盗窃太庙的牌位，因牌位是金子制的，人没抓着。黄河岸一带也出现了抢东西的人，有关官员禁不住。广东的朱光卿拉起了队伍，自称为大金皇帝，不久灭亡了。台州黄岩（今在浙江省）百姓方国珍世代以贩卖盐为职业，他的仇家姓陈的到官府告他勾结海盗，方国珍就杀了这个姓陈的人。官府的捕快到了，方国珍又拒捕杀了捕快，于是就和哥哥方国璋、弟弟方国瑛、方国珉等六个人一起乘船到海里，聚众几千人造了反。顺帝命令浙江参政朵儿只班领兵去攻打他们，方国珍知道事情危急，烧掉船要走，没想到元兵忽然自相受惊，乱得溃不成军，朵儿只班反倒被方国珍抓获。当地官府招降方国珍等人，朝廷同意授给方国珍兄弟官做。方国珍等人没去做官，用财物贿赂了掌权人，使他们不讨伐自己。方国珍等人把大海作为根据地，占据了台州（今浙江临海）、温州、宁波、衢州这些地方，有时叛有时降，势力越来越大。天下人听说了，就出现了越来越多的人起来造反。方国珍占有浙东二十多年，元朝封他为太尉、衢国公。后来，明太祖攻打方国珍，他投降了明朝。

有一天，黄河决堤，脱脱召集群臣在朝廷上商议，漕运使贾鲁认为一定要堵住黄河北边河道，疏通南边河道，让河水走原来的河道。如果不动用大量的劳力，危害就不会停止。于是就派成遵等人去视察黄河。成遵坚决反对堵北疏南的方案，他说："山东连年庄稼歉收，如果聚集二十万人到那里，恐怕要有麻烦。"脱脱发怒说："你是说百姓将要造反吗？"于是没有听成遵的。脱脱命令贾鲁以工部尚书的身份担任河防使，调动黄河南北士兵和民众十七万人治理黄河，干了五个月，堤坝修成，河水走了原道。在这之前，黄河南北沿岸一带就传有童谣说："石人一只眼，挑动黄河天下反。"等到贾鲁治河时，果然在黄陵岗（在今山东曹县西南废黄河北岸）得到一个石人，只有一只眼睛。颍州（辖境相当于今安徽的阜阳地区）人刘福通拉起了队伍，以红巾军为称号，攻下了颍州。栾城（今在河北省）人韩山童，其祖父搞过白莲会的活动。这时韩山童倡导天下人造反，他自称是弥勒佛的化身，黄河以南以及长江、淮河一带的民众都相信他。刘福通等人又诈说韩山童实际是宋徽宗的八代孙，应该做中原的主，想联合韩山童一起造反。这事被发觉，韩山童被捉住，他的妻子杨氏和儿子韩林儿逃到了武安（今属河北省）。刘福通攻下颍州后，占据朱皋（在今河南固始北部），攻下了罗山、信阳（今都在河南省），接着攻打舞阳、叶县等地。刘福通攻下了汝宁府（原治所在今河南汝南），以及息州（今河南息县）、光州（今河南潢川），他的兵众达到了十万人。刘福通等人把韩林儿接了去立为皇帝，另称小明王，在亳州（今在安徽省）建立了首都，国号叫“宋”，把韩林儿当作宋徽宗的九世孙，改当年为“龙凤”元年。宋将毛贵领兵攻破济南路，元朝河南行省的董抟霄与毛贵作战被毛贵杀死。这天，董抟霄的弟弟董昂霄把守淮南也战死了。后来，刘福通打下了汴梁，把韩林儿接到了那里，都城也改在了那里。宋将关先生攻打保定路（治所在今河北保定），没成功，于是领兵翻过太行山，焚烧上党，又攻破辽、晋、冀、云中、雁门、代郡，烽火数千里。又转战大同，攻破上都，焚烧了宫殿，并攻打塞外许多郡而回。

这时，沈丘（今属河南省）人察罕帖木儿与罗山的李思齐一同起兵，攻打刘福通等宋军，消息传到了元朝廷，朝廷正式任用了两人。察罕帖木儿等人屡战得胜。宋将李武、崔德领兵攻进了商州（治所在今陕西商洛），接着攻打武关（在今陕西商南县西北），直奔长安，并分兵到了同州（今陕西大荔）、华州（今陕西华县）等一些州。元朝的豫王吓坏了，御史王思成请求向察罕帖木儿求援。察罕帖木儿得到求援信，就和李思齐领五千轻装的士兵去了，一路上屡屡得手，李武、崔德的军队被打溃散了。元朝廷论功，就让察罕帖木儿和李思齐镇守陕西。察罕帖木儿打算收复汴梁，就大量调动秦晋军队从几路一起进军，攻下了汴梁，刘福通领着宋主韩林儿跑到安丰（在今安徽寿县）。察罕帖木儿进兵收复山东，宋将田丰和王士诚用东平和济宁向察罕帖木儿投降。察罕帖木儿继续进兵围住了益都城（今山东青州）。田丰与王士诚合计刺杀察罕帖木儿，于是田丰请察罕帖木儿视察自己的营垒，他到了田丰的军营后，就被王士诚杀了。田丰和王士诚进入益都城。察罕帖木儿死亡的消息传到了朝廷，元顺帝震惊哀悼，追封察罕帖木儿为忠襄王，让他的儿子扩廓帖木儿继承了父职。扩廓帖木儿攻打益都城很急迫，最终打下了益都城。他捉住了田丰和王士诚，挖出两人的心祭祀了他的父亲，其他人也几乎都被杀尽了。韩林儿称皇帝十二年时，被吴王张士诚的将领吕珍击败。吕珍进军安丰杀了刘福通，宋主韩林儿跑到滁州（今在安徽省），投奔了明军，明军的将领们想尊奉他为王，被刘基制止了。韩林儿三年后死了。宋将关先生领着兵马想再攻上都城，元将孛罗帖木儿把关先生击败，关先生投降了。和刘福通同时起兵的还有蕲州罗田县（今在湖北省）人徐真，他还有个名字叫寿辉，是个卖布的商人。有一天他在盐塘洗澡，麻城（今在湖北省）人邹普胜在洞庭湖和湘江一带传播弥勒佛教，遇见了徐真，说他有异光，于是就和黄陂（今在湖北省）渔人倪文俊等人一起推举徐寿辉（徐真）为主，聚集众人造反，也以红巾军为号。他们攻下了蕲水（今湖北浠水），以及黄州、饶州、信州（饶州、信州都在今江西上饶地区）等处，把蕲水作为国都，国号叫"天完"，徐寿辉称为皇帝，把当年改为"治平"原年。天完军又攻下了汉阳、兴国（今湖北阳新）、武昌各郡，元朝安陆府（辖今湖北的钟祥、京山、天门、潜江等）知府丑驴战败而死。又攻打江州（今江西九江），江州总管李黼领兵出战，暂时击退了天完军。后来，由于元朝各路援救江州的将领都偷着领兵跑了，最后城被攻破，李黼领兵打巷战而死。天完军又攻下了南康路治所（今江西庐山市），分出兵马攻破袁州（今江西宜春）、瑞州（治所在今江西高安）、岳州（今湖南岳阳）、房州（治所在今湖北房县）、归州（辖秭归、巴东）等处。

当时有个沔阳（今湖北仙桃）渔夫的儿子陈友谅，原本姓谢，因他的祖父谢千一做了姓陈人家的上门女婿，就随了陈家的姓氏。陈友谅的父亲叫陈普才。陈友谅天生有力气，武艺高强，曾经做过狱中小官，他觉得没意思，就去投奔徐寿辉，当了倪文俊的文书，不久就领兵当了元帅。倪文俊攻破沔阳、汉阳、襄阳、荆州、常德（今在湖北省）、衡州（今在湖北省）、澧州（今湖南澧县）各路，在汉阳（今武汉市）建造宫室作为首都，把徐寿辉接了过去。徐寿辉才能平庸，到了汉阳后，大权都掌握在倪文俊手中。后来，倪文俊谋杀徐寿辉没成功，跑到了黄州。陈友谅偷袭杀了倪文俊，自称为平章事，住在江州。陈友谅攻破安庆（今在安徽省），元朝守将淮南行省余阙战败而死。陈友谅又攻破龙兴（今江西南昌），并攻下了江西各路。天完主徐寿辉听说陈友谅攻打下了龙兴，就想把那里作为首都。陈友谅忌讳他，就假装出去迎接，用事先埋伏下的士兵杀掉了徐寿辉带去的所有的人，只留下徐寿辉一人。陈友谅把江州作为都城，把徐寿辉安置在那里。此时陈友谅掌握大权，徐寿辉只是个摆设而已。第二年五月，陈友谅杀了徐寿辉，自称为皇帝，把当年改为“大义”元年，国号叫“汉”。徐寿辉总共称帝十年而死。陈友谅的政权存在了五年，被明太祖朱元璋所灭，详见下章。

当年，随州（今属湖北省）人明玉珍，家里世代务农。明玉珍身高八尺，眼有双瞳，凭着诚信和情义使同乡人佩服。徐寿辉拉队伍的时候，明玉珍在青山召集同乡的人为兵去投奔徐寿辉，被分配到倪文俊那里镇守沔阳。明玉珍领兵攻下重庆，夺取了成都，蜀中的郡县都归附了他。当明玉珍听说陈友谅杀了徐寿辉，于是就占据蜀地称了皇帝，国号叫“夏”，四年后君位传给了儿子明昇。又过了六年明太祖讨伐明昇，他向明朝投降，被封为归义侯，详见下一章。和徐寿辉同时起兵的还有萧县（今在安徽省）的李二、彭早住和赵均用，他们共同起兵，攻破了徐州。李二号称芝麻李，也是用烧香聚众拉起的队伍。

濠州定远（今在安徽省）人郭子兴，拉起队伍占据了濠州（今安徽凤阳），自称为元帅。元朝将领彻里不花领兵想收复濠州，因害怕不敢进兵，只是每天抢掠良民，当作抓获的敌兵到朝廷去求赏。因此，百姓更加不安，大多数人都进城投奔郭子兴来自保。当时，明太祖朱元璋在黄觉寺当和尚，心也活了，就去投奔了郭子兴，几乎被斩首，获得释放后被收为步兵，两个多月后做了郭子兴随身护卫的士兵。朱元璋作战勇敢，战无不胜，郭子兴把养女马氏许配给了他，两人一天天更加亲爱。当时元朝丞相脱脱看见天下大乱，就请求亲自领兵出征，到了徐州攻破了芝麻李军，击败了赵均用、彭早住军。这时朝廷下了诏书，让脱脱撤军回朝廷。赵均用、彭早住从徐州跑到了濠州，郭子兴非常尊重两人。没想到郭子兴后来反倒被两人所控制，两人地位在郭子兴之上，在濠州称了王。朱元璋当时在濠州，对此很不服气，就率乡里壮士徐达等二十四人往南走到了定远横涧山，攻破了义兵营（是镇压农民起义的武装），得到了两万多人，开到滁河北岸驻守。当时郭子兴被赵均用、彭早住所挟制,在东边泗州(今江苏宿迁)屯兵。朱元璋派人给赵均用、彭早住赠送了财物,把郭子兴接到滁州称为滁阳王。不久,彭早住死了,赵均用更加专权。后来赵均用偷袭杀了宋将毛贵,毛贵的部将续继祖从滁河北进入益都(今山东青州市),捉住赵均用杀了,赵均用的同伙散了。郭子兴进入滁州称王不久就死了,朱元璋继承了郭子兴的兵马,他开始强盛了起来。当时还有个泰州(今在江苏省)白驹场亭民张士诚和弟弟张士义、张士德、张士信,都以贩卖盐为职业。张士诚有体力,不喜欢说笑,轻财好施,却被盐场中以介绍买卖为业的人和乡里人所欺负。有个叫弓兵丘义的人欺负他欺负得特别厉害,张世成就和他的弟弟们以及壮士李伯昇等人杀了弓兵丘义和一向凌辱他们的人,烧了他们的房子。于是张士诚趁机拉起队伍攻下了泰州,接着又打下了兴化(今在江苏省),占据了高邮,张士诚自称为诚王,国号叫"大周",不久又改国号叫"吴"。元朝淮南行省派知府李齐去招降他们,张士诚命令李齐跪下说话,李齐不肯,为此而死。张士诚攻打扬州,又打下了盱眙和泗州。赶到元朝丞相脱脱领兵攻打张士诚,张士诚军被打得大败,几乎全军覆没。不久,脱脱因有人向皇帝进谗言而被罢官。张士诚的军队又振作了起来,进军占据了平江(今江苏苏州),又分兵到了湖州(今在浙江省)、松江(今上海市松江)、常州,攻下了杭州。后来,张士诚军多次被明军击败,于是他请求向元朝投降,元朝赐给他御酒、龙衣,让他负责从东南地方向京城运粮。张士诚运送米十万石到京城。这时方国珍也投降了元朝。张士诚所占的土地南到绍兴,北到济宁(今山东济宁),后被明朝所灭,详见下章。此外,一时起兵拉队伍的有一百多处,他们兴起又覆灭就没法算了。

各处的官兵都不敢直接对抗农民武装队伍,有的杀平民作为战果来邀功请赏,还淫掠民女。元丞相脱脱再次请求领兵攻打农民军,他出兵后,打了一些胜仗。这时,元顺帝不顾政事,整天游玩吃喝。由于脱脱在外领兵,就召用哈麻做了右丞相。哈麻和他的妹夫秃噜帖木儿等暗中招去了西番僧,行"房中运气之术",又招进僧人伽璘真做“秘密法”,元顺帝都欣慰地接受了。顺帝用西番僧做了司徒,伽璘真做了国师,给他们各配良家美女三四人来伺候他们,被称作供养。这两个和尚曾经对顺帝说:“陛下尊贵富有超不过百年。人生能有多久？应当接受这种‘秘密大喜乐禅定’,广泛地采取女精就能长生不死。”于是顺帝每天都从事和尚教给他的方法,广取妇女,不做别的,只做淫戏。顺帝的兄弟、宠臣都得在顺帝面前演习淫法,男女裸处,互相亲近。他把所处之室叫作“皆即兀该”,就像汉语所说的“事事无碍”。群僧出入宫禁中,明着与妃嫔、宫女性交。群臣公开淫乱,丑秽之声传到了社会民间。顺帝又用十六个宫女头戴象牙镶金冠,身披大红金环连缀的饰物跳“天魔舞”;又用十一个宫女拿着龙笛、头管(乐器名,又叫“觱篥”)、小鼓、筝箫、琵琶、胡琴、响板,每当宫中念佛经中有歌颂佛的词语时,就让这十一个宫女奏乐。顺帝又在内苑中造龙舟,从头到尾长一百二十尺,宽二十尺,船上有五座宫殿,龙身和宫殿内外都是五彩金装,用水手二十四人,都穿着紫色衣服带着金玉符。从后宫到前殿,舟在山下海子内往来游戏,航行时,龙头、眼睛、爪子、尾巴都能动。又自制宫漏,为木柜形状,高六七尺,里面有壶,由上往下转动运水;柜上设有西方三圣殿,柜的腰部设有玉制女人像,捧着时刻簿,时间一到就浮出水面;柜的左右站着两个金甲神人像,有一个悬钟,一个悬钲(是带长柄的钟,口朝上,可敲击),夜里“神人”能按更次敲击。

脱脱在外作战多次得胜,先进军高邮(在今江苏省),后又分兵平定了六合(在今江苏南京),这使张士诚处境非常困难。右丞相哈麻与脱脱有仇,他暗示监察御史袁赛、困不花等人向顺帝奏本说:“脱脱出兵三个月了,一点军功也没有,他拿着国家的钱财来为自己使用,让一半朝廷的官员只听他的号令。”于是元顺帝下了诏书,罢了脱脱的官爵,遣送到淮安,而用雪雪代替他指挥军队。脱脱和将领们告别时,副使哈剌答说:“丞相这一走,我们这些人一定会死在他人手里。我今天宁愿死在丞相之前。”于是他拔出刀来自杀而死。不久,哈麻假传顺帝的圣旨,派人用毒酒赐给脱脱,让他自杀了。从此,农民军强盛了起来,元朝的守将有的战死,有的投降,有的逃跑,元朝也将要灭亡了，而元顺帝却每天都过着荒淫的生活。哈麻也认为以前为顺帝介绍西番僧是可耻的事，就和父亲说："我兄弟几个做宰相，应往正道上引导人主。现在秃噜帖木儿专门让皇帝亲近女色来讨好皇帝，天下的士大夫一定会讥笑我。况且皇上越来越糊涂愚昧，还怎么治理天下？皇太子年龄已大，并且聪明，不如立他为皇帝，让皇上做太上皇。"哈麻的妹妹听说了这事，回去就告诉了她的丈夫秃噜帖木儿。秃噜帖木儿立即向顺帝说了，却没敢说他勾引皇帝亲近女色的事，只是说："哈麻说陛下年老了。"顺帝大吃一惊说："我头发没白，牙齿没掉，竟然认为我老了吗？"于是顺帝下命令把哈麻和他的弟弟雪雪一起用刑杖活活打死了。

顺帝不顾政事，导致天下大乱，就命令太子代理他处理国政。阳翟王阿鲁辉帖木儿拥有几十万兵将要攻入京城，他派使者到顺帝那里说："祖宗把天下交给了你，你已经使它失去了一半。你把国玺给我，我来做国主。"顺帝派使臣去回答他说："天神的意旨还倾向元国，你要做就给你。"顺帝命令知枢密院事秃坚帖木儿等人领兵去攻打阿鲁辉帖木儿，没打胜，军队崩溃散乱了，秃坚帖木儿跑到了上都，阿鲁辉帖木儿又用兵逼近上都。这时太子向顺帝建议用丞相太平做上都留守。太平是中原汉人，太子讨厌他，让他去做上都留守实际上是想让他去送死。刚巧，阿鲁辉帖木儿的一个部将叫脱驩的是太平的儿子，又是也先忽都的旧将，他领兵把阿鲁辉帖木儿绑了起来送到太平的军营前。太平却不把这事作为自己的功劳，命令人把阿鲁辉帖木儿送到顺帝那里杀了。顺帝又想用太平做宰相，太子让人诬陷太平，逼太平自杀了。太子任用搠思监为右丞相，搠思监按照太子的旨意，诬陷老的沙和宣政院使也先忽都图谋不轨，抓捕了他们及其党羽，罗织罪名，造成冤狱。搠思监和大太监朴不花与太子亲近，决意一定要把这事做到底，于是捉拿没完没了。也先忽都等人都死了，老的沙逃走藏到了孛罗帖木儿那里。太子下令削掉孛罗帖木儿的官爵，并要夺他的兵权。孛罗帖木儿不接受命令，让秃坚帖木儿领兵攻打京城。太子派兵进行抵抗，却遭到失败，于是太子率领侍卫兵从古北口（在今北京密云东北）出去向东走了。秃坚帖木儿的军队到了清河(源出北京昌平,东南流向,入大运河),这使京城受到很大的震动,朝廷派达达到秃坚帖木儿军中询问,秃坚说一定要得到搠思监和朴不花。于是顺帝下令绑起了两人交给了秃坚帖木儿,又下诏书,恢复了孛罗帖木儿的官爵,并加给了太保官职,让他仍然驻守大同。秃坚帖木儿的军队从健德门进入京城,在延春阁见到了顺帝,向他大哭请罪。顺帝设宴招待并赏赐了秃坚帖木儿,任命他为平章事,让他领兵回大同。孛罗帖木儿留在朝廷辅佐政事,每天和老的沙等人畅快饮酒,荒淫无度。顺帝秘密命令威顺王和尚,让他暗中结交勇士上都的马金那海伯达儿,来刺杀孛罗帖木儿等人。一天,孛罗帖木儿上朝,马金那海伯达儿从人群里跳出来砍中了孛罗帖木儿的胸膛,杀死了他。老的沙和孛罗帖木儿的母亲、妻子以及孩子向北偷偷逃走了。顺帝派使者用匣子装上孛罗帖木儿的人头去冀宁(今山西太原)召太子回京城。老的沙和秃坚帖木儿不久也被杀害了。

朱元璋把郭子兴接到滁州,让他称为滁阳王。不久,滁阳王郭子兴病死了,朱元璋就合并了郭子兴的军队,渡过长江夺取了金陵等地,明军变得越来越强盛了。后来,朱元璋先灭了陈友谅,接着又灭了张士诚,他又命令大将徐达、副将常遇春等人向北平定中原。徐达等人从淮河流域进入黄河流域,攻下了沂州(今山东临沂)、峄州(今山东枣庄的峄城区),夺取了益都路(治所在今山东青州)。元朝平章(为中央和地方的高级官员)保保投降,宣慰使普颜不花、总管胡濬、知院张浚等人都战死了。普颜不花的妻子阿鲁真抱着儿子投到房舍北边的井中淹死了,普颜不花的女儿以及小妾也随着跳井而死了。明军将领徐达的军队到了东平路(治所在今山东东平),夺取了莱州、济宁。元朝兖州以东的郡县相继投降,最后山东全部平定。徐达军又到了河南,军队走到哪里,哪里就投降。明军到了德州(今山东德州、平原一带),元军望风而逃,元朝京城大为惊恐。明军到了通州(今北京通州区),元朝的五十八个国公(地位在郡王之下)率领敢死之士一万多人出战,明将郭英事先设下了伏兵,把他们击败了。当时京城的守卫士兵很弱,元主接到报告后吓坏了,他召集皇后、妃子、太子商议往北逃走，想躲避一下。黎明，又召集大臣们召开会议，左丞相迭列门、知枢密院事黑厮、太监赵伯、颜不花等人都劝皇帝坚守京城。元主徘徊叹息着说："今天难道可以做当年宋徽宗、钦宗两个皇帝被掳走的事吗?"于是他下定了决心向北去。他命令淮王帖木儿不花、丞相庆童等人留守大都，半夜时打开了健德门，路经居庸关向北而去。元顺帝在位三十六年。明军平定了大都，捉住了元朝淮王帖木儿不花、丞相庆童等人杀掉了。封存了元朝的府库、地图、户籍，元朝留下来的宫人、妃子、公主由元朝的太监们看护，以等待命令。元朝灭亡。元从成吉思汗(铁木真)丙寅年(公元 1206 年)开始到顺帝妥欢帖木儿戊申年(公元 1368 年)结束，出了十三个国主，共一百六十二年。从元世祖忽必烈己卯年(公元 1279 年)灭了南宋到元顺帝戊申年，共九个国主，共八十九年。元顺帝逃归沙漠，又过了两年后死在了应昌(今内蒙古克什克腾旗西北)。后来，明朝左将军李文忠等人出征到沙漠，来到应昌府抓获了元朝皇孙买的里八剌和皇后、妃嫔、宫人、省院的官员和一些王，并缴获了宋、元玉玺，金宝等物，使其军民四五万人投降，只有元顺帝的太子爱猷识理达腊率领几十个骑兵逃走了。李文忠等人回去后，朝廷封买的里八剌为崇礼侯。至于明太祖如何起兵，怎样统一天下，请看下章。

第三十二章　壬辰年(公元1352年)明太祖起兵(明史)

明太祖高皇帝朱元璋表字叫国瑞,是濠州人。父亲朱世珍迁到了钟离(在今安徽凤阳东部)的太平乡。朱元璋的母亲陈氏生有四个儿子,朱元璋是老四。朱元璋生在元文宗图贴木儿戊辰年(公元1328年)九月十八日。朱元璋出生后第三天,为他洗身(旧习俗),他父亲出门打水时,有块红色轻软的丝织品漂到身前,于是他就用这块布为朱元璋做了衣裳,所以他的住处被叫作“红罗障”。朱元璋小的时候常有病,他父亲就想让他剃度当和尚,这是因为元朝很重视僧人。甲申年(公元1344年),泗州(今安徽泗县)发生大瘟疫,朱元璋的父母、哥哥及幼弟死了。因为家里穷,买不起棺材,只能草草埋葬。不久,朱元璋的二哥又死了,朱元璋当年十七岁,就进黄觉寺当了和尚。他在庙里住了一个月后,庙里没吃的了,朱元璋就到长江、淮河一带乞讨。这样的日子过了三年,他又回到黄觉寺。

当时,元朝政治混乱,四面八方都有人拉起队伍。壬辰年(公元1352年)定远人郭子兴在濠州起兵。朱元璋一开始想躲避战乱,就到庙神那里做“杯珓”(用抛物看正反面来测定吉凶)。问神:“逃避而去?”结果是“不吉”;问:“不走行吗?”结果也是“不吉”;于是他就祷告说:“难道让我倡导正义吗?”结果是“大吉”。朱元璋于是就在当年的闰三月初一的一早到了濠州,见到了郭子兴。郭子兴觉得朱元璋很不一般,就把养女马氏嫁给了他,就是后来的承天顺圣高皇后马氏。朱元璋作为郭子兴的女婿,有拯救天下、安抚百姓的志向,这才集结联合正义军队,威名一天比一天大,豪杰们都去投奔他,徐达、汤和等人率先归附了他。这时其他的农民军的头目彭早住、赵均用跑到了濠州,郭子兴委屈自己,接纳并高看这两人,随后反被这两人所挟制。彭、赵两人对部下暴虐,郭子兴又软弱,朱元璋就把自己所领的兵交给了其他将领,只和徐达、汤和、吴良、吴祯、费聚、花云、陈德、顾时、耿再成、耿炳文、唐胜宗、陆仲亨、华云龙、郑遇春、郭英、郭兴、胡海、张龙、陈桓、谢成、李新材、张赫、周铨、周德兴二十四人向南去夺定远。定远县的张家堡有民兵,号称"驴牌寨者",朱元璋用引诱的方法捉住了他们的头领,于是营兵烧掉了营房和工事,全部投降了朱元璋,朱元璋得到了壮士三千人。后朱元璋又招降了秦把头的八百多人。定远的缪大亨有义兵(指镇压农民起义的武装)两万人屯守在横涧山,朱元璋命令花云领兵在夜里袭击他们,缪大亨率众人投降了,这使朱元璋声势大振。定远人冯国用和弟弟冯国胜也率众归附了朱元璋,朱元璋觉得冯国用与众不同,于是向他询问大计。冯国用对朱元璋说:"金陵是龙盘虎踞之地,是帝王之都城。希望您先拿下金陵作为根据地,然后扫除群寇,救百姓于水火之中。不要贪恋美女、玉帛,以提倡'仁义'来收人心,天下就不难平定了。"听了这番话,朱元璋非常高兴,把他作为"智囊"使用。朱元璋哥哥的儿子朱文正,姐姐的儿子李文忠也去投奔了他。李文忠当年十二岁,朱元璋让妻子马氏养着他作为儿子,又养了定远人沐英作为儿子。朱元璋打下滁州后,接去了郭子兴立为滁阳王。郭子兴的两个儿子嫉妒朱元璋的名声太大,就暗中在酒里下了毒,邀请朱元璋前去喝酒。朱元璋有所察觉,姑且答应了和他们一同前往,看到朱元璋中了计,两人心里很高兴。走到半路,朱元璋使马急速跃起,仰天像看见了什么,不一会儿立即调转马头骂两人说:"我哪里对不起你们?刚才空中的神人对我说了,你们用毒酒想害我!"两人吓得腿发抖,道歉而去,从此不敢再生害朱元璋的心了。当时有个叫铁冠道人张中的人,去见朱元璋说:"明公长着龙瞳仁、凤眼睛,天地朝向您。您说话声音洪亮,贵不可言,成事应在千日以内。"后来果然如此。胡大海、邓愈、常遇春、李善长等人也投奔到朱元璋这里来了,朱元璋军势力更加强大了。朱元璋打下和阳(今安徽巢湖地区和县)时,有许多将领抢走了人家的妇女,朱元璋命令把她们放回去，百姓们非常高兴，很佩服朱元璋的义举。滁阳王郭子兴死后，朱元璋接管了滁阳王的军队。滁阳王郭子兴从壬辰年（公元1352年）开始到乙未年（公元1355年）三月结束，共四年。

朱元璋在和阳驻扎了很长时间，想向东渡过长江去夺取金陵，只是发愁没有船只使用。恰巧有巢县（今安徽巢湖市）人廖永安和弟弟廖永忠，以及俞斑玉和儿子俞通海、俞通源、俞通渊等人各领一帮人在巢湖使船，连接成水寨来抵御寇盗，听到朱元璋的名声就率领船队去投了朱元璋。朱元璋听到后非常高兴，亲自到巢湖去慰问他们。朱元璋率领将领们渡江，当时刮着北风，船只举帆航行很顺风，顷刻间就到达了牛渚山（在今安徽当涂西北，其山脚突入长江部分叫采石矶）。元军在采石布阵，常遇春手拿武器率先跳下船，元军被击败逃走，明军占领了采石。明军乘胜直接攻取了太平路（即今安徽当涂、芜湖等地），朱元璋又率众人进军攻取金陵。元朝将领陈野先一开始投降，不久又叛变，被杀死。陈野先的儿子陈兆先战败被捉，他招自己的部队投降了，朱元璋把他当作自己的将领使用。打金陵时，元朝的御使大夫福寿战败而死。朱元璋进入金陵城，告诉父老们说："我来是为民除乱的，凡是现有的政令，有不便利的都要废除。"百姓喜悦佩服。朱元璋发兵攻取镇江，打了下来，又命令邓愈等人攻取广德路（今安徽广德县一带）。明军将领们尊奉朱元璋为吴国公。明军打下宁国（今在安徽省），活捉了元朝将领朱亮祖。朱亮祖矫健勇猛，开始投降，后又叛变，再次又投降后，朱元璋还像从前一样任用他。朱元璋派将领们攻取江阴（今在江苏省）、徽州（今安徽徽州、歙县一带地方）、池州（今在安徽省），都打了下来。朱元璋又攻取了扬州，任用康茂才为营田使，并告诫他说："理财之道农业是根本，农田蓄水泄水要适当，才能多收粮食。如果所到之处侵扰民众，那就辜负了我对你的信任了。"朱元璋又设立了"领民兵万户府"，方法是精选民间有武艺、勇敢的人编排成队伍，农时就种地，闲时就军事训练，有事就把他们派上战场。事情结束后，有功的人升职得赏，无功的人还让他做百姓。朱元璋派兵打下了婺州（在今浙江金华），召儒士到他那里讲解经书，还兴办了学校。朱元璋打算顺利地打下浙江东部各郡,他召去将领们对他们说:"军队的行动,其势头就像烈火一样。领兵的人能够不乱杀人,这不仅是国家的利益,对你们自己也有好处。"朱元璋派徐达等人多次击败张士诚的军队。方国珍带着温州、台州、庆元(三地都在今浙江省)三地向明军投降了,朱元璋还让他据守着这些地方。在攻取处州(治所在今浙江丽水)时,朱元璋派使者去征召青田县的刘基,浦江的宋濂,龙泉县的章溢,丽水的叶琛。这四人到了后,朱元璋高兴地说:"我为打天下,委屈了你们四位先生。"之后,朱元璋向他们咨询时事,并以优厚的礼节对待他们。这时,刘基向朱元璋陈述了针对时务的十八条策略,朱元璋高兴地采纳了。

陈友谅攻下了太平府(今安徽当涂县),知府许瑗战死,守备花云被捉住捆绑了起来。花云猛地跳了起来,绑绳断了,他夺了看守人的刀,连杀五六人,最后被陈友谅的兵射死。花云的妻子郜氏也跳水而死。丫鬟孙氏抱着花云三岁的儿子逃出,路上遇到陈友谅的兵夺了她的船,把她和孩子都推到江里去了。在江中孙氏和孩子抓住了一根断木,两人被冲入有芦苇的小洲中,小洲里有莲藕,孙氏用莲子喂孩子。过了七天,孙氏忽然间遇上了一个姓雷的老头,于是就和雷老头一起走,到了朱元璋那里。孙氏抱着孩子哭着下拜,朱元璋也跟着哭。朱元璋接过小孩放在膝上说:"这孩子是将军的种子。"朱元璋命令赐给雷老衣服,忽然雷老不见了,大家一时惊奇,认为是神异的事。陈友谅夺了他的主人徐寿辉的政权之后,自称为皇帝,国号叫"汉"。他大张旗鼓地叫嚷要东进,建康(即金陵)受到惊动。朱元璋的部将有的人主张投降,有的人主张到钟山据守,唯独刘基主张用兵对抗,朱元璋对他的想法表示赞同。这时,陈友谅派人去约张士诚一起攻打建康,朱元璋害怕两人联合,自己对付不了,就想让陈友谅单独快速到来。他找来康茂才对他说:"你和陈友谅是老相识,希望你给他写封诈降信,招他快来。"康茂才按照朱元璋的计策写了信,陈友谅果然相信了,马上进军。朱元璋事先已设下了伏兵,把陈友谅军打得大败。朱元璋于是乘胜打下了江州(治所在今江西九江,为历代兵家必争之地,也是陈友谅的根据地),以及蕲州(今湖北蕲春)、黄州等地,陈友谅跑到了武昌。方国珍将金玉装饰的马鞍献给朱元璋,朱元璋对他说:“我所需要的是文武人才,所用的是布、绸、粮食。至于宝贝玩物,不是我所喜好的。”于是推辞了没接受。陈汉江西行省的胡廷瑞把守着南昌,他派人约定向朱元璋投降,并提出不要分散他的军队等一些要求,朱元璋一开始显露出不同意的意思,刘基从后边踹了一下朱元璋所坐的交椅,朱元璋才醒悟过来,答应了。胡廷瑞于是投降了。

朱元璋命令朱文正把守南昌。陈友谅因为他所辖的疆域不断缩小而愤怒,就制作了大战舰,集合了他所有的兵马号称六十万,乘着江水上涨直达南昌,包围了南昌城。朱文正、邓愈一面督促士兵死守,一面派千户张子明到建康去告急。朱元璋亲自率领水兵二十万,进兵到湖口(在今江西省,鄱阳湖之口)。陈友谅听说了,立即撤围向东而去,与朱元璋的军队在鄱阳湖的康郎山相遇。陈友谅把他的战船连接起来进行战斗,远远望去就像一座山。朱元璋的军船太小,无法对抗,往往退缩。郭兴说:“他们的战船如此之大,我们无法打赢,非得用火攻不可。”朱元璋认为他说得很对。第二天刮起了东北风,朱元璋立刻命令将领们趁风放火,烧毁了陈友谅的战船几百艘,陈友谅的弟弟陈友仁、陈友贵以及平章陈普略都被烧死了。第二天,陈友谅又把船连接起来大战,再次被打得大败。陈友谅把船都聚集起来作为自守,不敢再战了。这样相持了三天,陈友谅没了主意,冒死突围要往武昌跑。朱元璋指挥将领们去截击陈友谅军,陈友谅被流箭射中,贯穿眼睛和头颅骨而死。他的部将张定边趁着黑夜用小船载着陈友谅的尸体和陈友谅的儿子陈理一直跑到了武昌,又立了陈理为皇帝。当初,鄱阳湖之战,朱元璋也多次遇到危险。一天,朱元璋被陈友谅军包围,指挥韩成换上了朱元璋所穿的袍子和所戴的帽子,面对着陈友谅的兵众跳到水里,包围圈才逐渐解开,救兵到来才免了一劫。又有一天,朱元璋和陈友谅激战,刘基忽然跳起来大喊:“难星过来了,快换船!”朱元璋急忙上了别的船,很快他原来所乘的船被陈友谅军的炮击碎了。

甲辰年(公元1364年)正月,朱元璋即了吴王位,他命令有关官员先立了祖宗神庙和土地庙、谷神庙,制定文武科取士的办法。又命令有关官员访求古今书籍,以备阅读。陈理回到武昌后,朱元璋又进军包围了武昌,派已投降明军的原陈友谅的部将罗复仁进武昌城劝陈理投降。陈理于是口衔璧玉,光着上身,率领张定边等人出降。朱元璋很怜悯陈理,又安慰了陈友谅的父母,凡是府库现存的东西让陈理随便拿,陈理妻子、孩子的财物和行装也都由他们自己随身携带管理,并封了陈理为归德侯。武昌城中百姓在挨饿,朱元璋命令供给粮食。此时湖南、湖北、江西等地全部平定。

当时,张士诚在平江(今江苏苏州)自立为吴王,治理宫室,设立官吏,并把政事委托给了弟弟张士信。张士信只顾酒色,干荒淫的事,又把政事推给了黄敬夫、蔡彦夫和叶德新三个人。这三个人都是奸邪之徒,只会蒙蔽君主。当时,那里民间有歌谣说:"丞相做事业,专用黄蔡叶,一朝西风起,干瘪。"朱元璋用徐达为大将,常遇春为副将,率领二十万人的军队去讨伐张士诚的吴国。在军队将要出发时,朱元璋问将领们说:"这次出兵先打哪里?"常遇春回答说:"只有直接攻打姑苏城了(即今苏州市)。"朱元璋说:"不对,张士诚是盐贩出身,他与张天骐、潘原明等人有手足之情。如果张士诚被打急了,向他们求救,张天骐从湖州出兵,潘原明从杭州出兵,我们内外受夹攻,怎么取胜?这样就不如先攻打湖州,使他们疲惫不堪。张士诚的羽翼剪除后,再移兵到姑苏,这才差不多是个万全之策。"将领们听后,恭敬佩服。朱元璋的军队到了湖州,张士诚发兵去救援,徐达等人率兵把他们打得大败,湖州守将李伯昇、张天骐献城投降。明将李文忠的军队到了浙江,杭州守将潘原明派使者到李文忠军营表示愿意投降。徐达会合将领们进军逼近姑苏,张士诚领兵去抵抗,在尹山桥大战,把张士诚军打得大败。不久,徐达又在鲇鱼口把张士诚军击败,于是徐达等人进军围住了姑苏城。徐达筑起长围来围困他,城中人吓坏了。张士诚被围久了,就想突围出去,因城东被围得很严,不敢从那突围,就转到磐门,想从常遇春所守的地方突围出去。常遇春先命令部将王弼率领铁骑兵去打击他们,敌人稍微退却了些。常遇春率领大部队紧跟其后出击,敌人大败,淹死在沙盆潭的人很多。张士诚的马受惊，连人带马掉到水里几乎淹死，被身边的人救了起来抬到了城里。过了三天，张士信正在城楼上监督作战，忽然飞炮打来击碎了他的脑袋而死。徐达督促将士们攻破葑门，常遇春领兵攻破阊门。快吃晚饭的时候，张士诚军被打得溃散，明军将领们率领士兵像蚂蚁一样在城墙上爬行。张士诚对自己的妻子刘氏说："我战败将要死了，你们可怎么办？"刘氏对他说："君不要担心，妾一定不会对不起您。"于是她让人在齐云楼下堆起柴草，把张士诚的小妾和侍女们都赶到了楼上，放火烧了齐云楼，刘氏这才上吊而死。太阳落山时，张士诚也关上门自杀了。张士诚从前的将领李伯昇砸开门，把他的尸体解下来，用破旧的盾牌抬着尸体送到船上，运到了建康。朱元璋本想保全张士诚的性命，可张士诚竟然自缢而死。朱元璋下令，把平江改为苏州府。浙江以西地区都平定了。朱元璋又派大将军徐达、副将军常遇春率兵二十五万向北平定中原地区；又命令胡廷瑞为征南将军，何文辉为副将，从江西南边攻取闽地；又命令杨璟为主帅，周德兴等为副帅，率领湖北和湖南部分地区的军队去攻取广西。朱元璋命令汤和等人率领军队讨伐方国珍，方国珍偷偷跑到海岛上，朱元璋又命令廖永忠领兵从海道讨伐他。方国珍很害怕，终于和弟弟方国珉等人率领家属投降了。浙江东部全部平定。接着，朱元璋又命令汤和、廖永忠等人协助胡廷瑞、何文辉攻取闽地。

李善长等人拿着表，劝朱元璋登皇帝位，朱元璋说恐怕自己德薄，担不起尊位。李善长等人极力请求，朱元璋才同意了。洪武元年(公元 1368 年)即戊申年正月，朱元璋即了皇帝位，国号叫"大明"。朱元璋追尊前四代祖宗考妣都为皇帝、皇后，立了吴王妃马氏为皇后。朱元璋最初渡过长江时，马氏对他说："如今豪杰一起争天下，虽然还不知道最后谁能得到天下，然而以妾来看，只有不乱杀人作为根本，天下的人心才能归向你，这就是'天命'之所在。"朱元璋对她的说法表示认同。马皇后曾在紧急仓促中跟随着朱元璋，宁可自己忍饥挨饿，也要把怀里揣的干粮留给朱元璋吃。朱元璋曾经被郭子兴父子猜疑，马皇后从中进行说和消除了郭氏的猜疑，使朱元璋幸免于难,这使朱元璋很看重她。朱元璋立了世子朱标作为皇太子,任用李善长为左丞相,徐达为右丞相。朱元璋从壬辰年投军到此时戊申年即了皇帝位,共十七年,帝业形成了。朱元璋下令规定法律、政令,颁布了戊申年历。朱元璋所住的新宫,开建时他命令要朴素,不要华丽,并让人在墙壁上写上可用来效法、可作为警戒的古人文章,又命令人在两侧廊坊的墙上写《大学衍义》。朱元璋又下诏书命令衣裳、帽子全都按唐代样式制定,并要稍加更改。又规定了郊、社、稷、宗庙的祭礼;制定了官军的编制卫所以及将率领兵的方法:凡是有事出征,由皇帝下诏令,总兵官佩戴将印领兵,完事后交回将印,官兵各回本卫,大将军本人回家。朱元璋还禁止宦官参与政事、掌管军事,也不准他们读书识字。

却说汤和与廖永忠等人协助胡廷瑞等人攻取闽地,进兵到了延平(府治在今福建南平),派出使者去劝元朝平章陈有定投降。陈有定不肯降,汤和等人就进军攻打福州。元朝参政文殊海牙献城投降,活捉了陈友定戴上手铐、脚镣送到了明朝京城。胡廷瑞等人进兵打下了兴化(在今福建莆田),元朝汀州路(治所在今福建长汀县)守将陈国珍向明军投降,于是闽地郡县相继投降归附明朝,福建全部平定。朱元璋又命令廖永忠为征南将军,朱亮祖为副将军,从海路来取广东。广东平定后,又把军队开往广西,协助其他部队攻打取得了广西。战斗中,斩了元朝尚书普颜帖木儿等人。一些州县相继投降,明军继续进军攻打平乐府(府治为广西平乐县)。杨璟等人攻下了全州(今在广西区),又领兵攻打静江(今广西桂林市临桂区),元朝的平章也儿吉尼监督着将士们坚守城池。明将朱亮祖等人也从平乐领兵前去助战,攻城更加紧迫,也儿吉尼招架不住了仓皇出逃,明军追上捉住了他。廖永忠等人的队伍开到了南宁驻扎下来,元朝的千户宋真抓起了南宁守将平章咬住等人向明军投降了。广西全部平定。徐达等人出兵北伐,平定了山东、河南后,又率领军队到了通州,元主妥欢帖木儿偷偷向北逃走。元朝的首都平定后,徐达、常遇春等人又进军攻取山西路(太行山以西)。这时汤和、杨璟等人南征回来,朱元璋任命汤和与杨璟作为偏将军,领兵帮助徐达等人进攻夺取山西,又征调副将军冯胜率兵从河南进攻山西。明军所路过的郡县,大多都向明军投降了。这时,扩廓帖木儿按照元主的命令从太原出兵,路经保安(今河北涿鹿),再从居庸关进攻北平。徐达等人乘虚进兵,直接取得了太原。扩廓帖木儿听到这一消息,急忙回兵来救,来势很凶猛。明将傅友德、薛显率领敢死将士击退了他们,元军在太原城西扎下营寨。郭英、常遇春向主将请求在夜里袭击元军,正巧,扩廓帖木儿的部将豁鼻马暗中派人向明军约定投降,请求让自己作为内应。徐达大喜,于是和来人定了日期,乘着夜色袭击了元军,内外夹攻,元军大乱。扩廓帖木儿知道自己内部有变,慌忙中只穿着一只鞋从帐后带领十八个骑兵逃走了。太原平定了。元朝的猗氏(今山西临猗)、平阳(今山西临汾)等地都向明军投降。徐达打下河中府(治所在今山西永济)后,就会合将领们进军攻取陕西,造浮桥攻打西安府,元朝的平章王武率领部下、军人和民众投降了。徐达接着又派冯胜进军攻取凤翔(今在陕西);元将李思齐率领自己的军队逃到了临洮(今在甘肃省);徐达率军进入陇州(今陕西陇县)、秦州(今甘肃天水西南)和巩昌(今甘肃陇西),于是派冯胜率领一支军队逼近临洮。李思齐走投无路,只好献城投降。明朝大军围住了庆阳(今在甘肃省庆城),元朝将领王保保(即扩廓帖木儿)率兵去救援,被明军堵住了去路。庆阳城被攻破,元守将张良臣跳到井里,被拉出来斩了。庆阳平定后,明军又到了平凉(今在甘肃省),元将王保保、贺宗哲都向北逃去,陕西全部平定,徐达等人率领军队回到了京城。

朱元璋封自己的九个儿子为王,又按功劳大小、等级高低封功臣为公、侯,已死的功臣,对其肖像进行了祭祀。设置了六个部的官来分别治理国家的各种政务,释放了元朝的宫人,广求有各种特长的人才。朱元璋又诏令建大学堂,让人拿古今图书放在大学堂里,请有儒学的臣子教授太子和其他王。朱元璋让孔希学继承了衍圣公的爵位,并任命孔希大做了曲阜县知县。朱元璋还亲自耕作奉祀宗庙的田地,先是轮换着免除天下各处的田租,不久又全面免除了天下的田租。命令皇后亲自养蚕。命令翰林学士写文章不要文辞轻浮、华而不实,禁止使用四字句、六字句两两相对的骈体文章。朱元璋还下诏书,令天下的郡县都建立学校。群臣中家里父母年老的,允许回乡为父母养老。这时天下已经大定,只有夏主明昇还占据着巴、蜀之地。明朝洪武四年(公元1371年)正月,朱元璋命令汤和为征西将军,与杨璟、廖永忠、周德兴、曹良臣等人一起率兵船从荆江、湘江出发,通过瞿塘峡(在今重庆奉节东部)直奔重庆。任命傅友德为征虏将军,与顾时、陈德、汪兴祖等人率领步兵、骑兵从陕西由秦州、陇州奔向成都。朱元璋在军队出发前秘密地对傅友德说:"蜀地人听到我们向西讨伐,一定会用全部精锐部队向东把守瞿塘,向北在金牛道(从陕西勉县向西南到四川剑阁县的剑门关口)设阻击部队。要是出其不意,直捣阶州(今甘肃武都)、文州(今甘肃文县),他们的门户垮了,军心自然动摇。"傅友德磕头接受了命令。傅友德进军扬言走金牛道,却直接到了阶州、文州。经过接连作战,打下了阶州、文州、绵州(今四川绵阳)、汉州(今四川广汉)四个州。廖永忠与汤和分两路一起进军,约定在重庆府会师。廖永忠的军队所到的沿江州、县全都投降了,乘胜到达了重庆。夏国的明昇君臣都吓坏了,大臣刘仁劝明昇往成都跑,明昇的母亲彭氏对明昇说:"形势已经如此,即使到了成都,也不过是延长一会儿性命,有什么用?不如投降吧。"于是明昇让人把自己两手绑在身后,口中含璧,上表投降了。蜀地全部平定。明昇被送到京城,朱元璋封他为归义侯。朱元璋派使者祭祀历代帝王的陵寝。又设置通政使,禁止直接上书奏事,必须禀报中书省。释放了皇家园林中的禽兽,只是把老虎绑送到光禄寺(管皇室祭品、膳食及招待酒宴的机构)。禁止僧人、道士闲游,没有官府发给凭证的不许越境。每县只许存在一所寺院、一座道观,每月都由官署登记。男人女人年龄不超过四十岁的不准当和尚、尼姑。还定下了大明律法。

朱元璋想让胡惟庸做丞相,刘基极力反对。朱元璋不听,还是让胡惟庸做了丞相。胡惟庸在朱元璋面前说了刘基许多坏话,于是朱元璋剥夺了刘基的俸给,刘基就留在了京城。胡惟庸想要谋反,因顾忌刘基,就用毒酒把他毒死了(一说,刘基因担忧愤怒而死)。

洪武十三年，丞相胡惟庸准备夺君位了，他骗朱元璋说他所住的院井里出了甜美的泉水，并邀请朱元璋前去参观。朱元璋乘上车将要去时，内侍云奇知道胡惟庸的阴谋，拉住了朱元璋的马车打算告知朱元璋，因气愤说话颠三倒四说不清。朱元璋大怒，命令身边的人对云奇一阵乱打。云奇临死前，手还指着胡惟庸的宅院，不因为疼痛而缩回。朱元璋这才有点醒悟，登上城楼察看胡惟庸的宅院，发现胡惟庸家里埋伏了许多武士。朱元璋赶紧返回去，派兵包围了胡惟庸的住宅，参与政变的人全都被杀。朱元璋想召云奇，云奇已死了，朱元璋深深地悼念他，追封云奇为右少监，赐给他葬在钟山。胡惟庸的口供牵连到了李善长，朱元璋赦免了他。宋濂的孙子宋慎也因胡惟庸事件被处刑，抄了家，宋濂也被押送到京城。朱元璋发怒想杀了宋濂，皇后劝他道："宋濂手把手教太子及诸王们读书写字，怎可不考虑这些？何况宋濂辞官早已回乡，也一定不知这事。"朱元璋于是把宋濂发配到茂州（今四川茂县），宋濂走到夔州（在今重庆奉节）时死在了那里。胡惟庸死后，朱元璋才想起了刘基，封了刘基的一个孙子为诚意伯。

这时天下已定，只有元朝时的梁王把匝剌瓦尔密占据着云南，杀了明朝的信使。洪武十四年（公元 1381 年）九月，朱元璋命令颍川侯傅友德为镇南将军，永昌侯蓝玉、西平侯沐英为副将军，率领军队三十万征讨云南。朱元璋在龙江（一称西溪，在今福建南部）用酒食为将领们送行，当面授给他们已定的计划，大军的旌旗遮蔽着江面向前行进。傅友德到了湖广（指湖南、湖北两湖地区）派都督郭英等人率五万兵由四川奔向乌撒（治所在今贵州威宁）。傅友德等人率大军由辰沅（湖南西部的沅江、辰水一带地方）奔向贵州。傅友德等人的军队到达普安（今贵州盘州市），元朝梁王把匝剌瓦尔密已派平章达里麻率精兵十多万人将要屯住到曲靖（今在云南省）来抵抗明军。达里麻的军队将要到达时，傅友德军加快了行军的速度，出其不意直接到了曲靖。这时，忽然大雾弥漫，傅友德军顶着大雾行军到达白石江边。不久雾散了，达里麻见到傅友德军突然出现后大吃一惊。傅友德想过江，被沐英劝住了。于是明军只是做出要渡江的样子,却在暗中派了一百八十人从下游渡江到了敌军后方,并在山谷间鸣金、敲鼓,立了许多旗帜作为疑军。达里麻立即分兵去抵御,沐英这才拔出宝剑来指挥军队渡江。元军动乱了,明军奋力出击,把元军打得大败,活捉了达里麻,曲靖平定了。傅友德分别派蓝玉和沐英率领军队奔赴云南,自己率几万人奔往乌撒,为郭英等人声援。把匝剌瓦尔密听到达里麻兵败,于是弃城而走,把自己的妻子、儿女赶到滇池里淹死了。蓝玉、沐英等人的军队到了云南(今云南昆明),元朝右丞(为监察百官的官员)观音保出城投降,云南平定。明朝从出兵到平定云南,仅用了一百多天。朱元璋召傅友德领兵回去,沐英留下镇守云南。沐英是安徽定远人,朱元璋刚起兵时,把他当作儿子来养,所以命令他留守。此后,沐英的子孙继续镇守云南。

朱元璋命令各地有资格面见皇帝的官员,都要各自推举一名自己所熟悉的能人。又派人出去寻找经学深湛、品行端正之士。江夏(在今湖北武汉)优秀人士曾泰有学问和操行,朱元璋让他做了户部尚书。洪武十五年(公元 1382 年),马皇后死了。马皇后本性谦恭,对自己有约束,对人宽厚仁爱,她常劝朱元璋积德,不可屈杀好人,朱元璋非常尊重她。马皇后死后,朱元璋终身没有再另立皇后。朱元璋下诏书,挑选高僧分别给诸王作为陪侍。有个僧人叫道衍,本姓姚,名叫广孝,是苏州人。他年幼时就出家了,改名叫道衍,表字斯道,喜好读书,会写诗作文。有一次姚广孝到燕王家里,对燕王朱棣说:“殿下如果能用臣子我,我能让殿下坐上皇位。”这时,燕王朱棣向皇帝朱元璋要姚广孝,朱元璋答应了。朱元璋派遣御史到各省讯察囚犯并决定可否宽恕。发布实行科举已定的形式。定秀才帽子、衣服的样式时,朱元璋亲自观看,要求一定要典雅,共改了三次,最后定下了用上下衣相连的襴衫。朱元璋又下诏书让有公侯爵位的人回乡,按等级赏赐了他们。当时皇帝朱元璋大杀京城中怨恨他的百姓,李善长有几个亲戚也在其中,于是他向朱元璋请求赦免这几个人。朱元璋大怒,就令李善长自杀了。朱元璋命令大将军蓝玉领兵到北部沙漠地带,去攻打元朝的残余势力。蓝玉到了捕鱼儿海

(今内蒙古的贝尔湖),侦察得知元主的军营在东八十里处,于是乘着风沙到了元主军营附近,元主受惊吓而跑掉了,蓝玉追赶了一千多里,没追上而回军。蓝玉军抓获了元主妥欢帖木儿的第二个儿子地保奴以及后、妃、公主等一百三十多人,还抓获了吴王朵儿只等将、相、官、校三十人,男人、女人七万,马、骆驼五万匹。朱元璋非常高兴,下了盖有印玺的文书,对蓝玉进行了表扬。蓝玉奸淫了元主的妃子,秋天七月时,蓝玉率军回到了京城,朱元璋听说了这事,对蓝玉进行了深切地斥责。

洪武二十五年(公元1392年),皇太子朱标死了,谥号叫"懿文太子"。朱标很有德行,他死后朱元璋立他的儿子朱允炆做了皇太孙。凉国公蓝玉仗着有功劳而横行暴虐,又因朱元璋多次对他进行压制,他就聚集武士、家奴,打算找机会作乱。这事被发现,朱元璋令人在闹市把蓝玉砍成了几块,并杀了蓝玉全家族。一时,公侯、大官僚以及将佐、家兵等,因这一事件被处死的有两万多人。加上前期胡惟庸案,前后所杀共四万多人。又有一次,元宵节观灯,朱元璋发现有一个灯谜画有一妇人怀抱西瓜乘马,而马的后脚画得很大,朱元璋说:"这是在耍笑马皇后啊,是说淮河西边出生的妇女马皇后脚大啊。"于是就下令大杀京城不守本分的民众。又一次朱元璋便装出行,遇到个老太太管他叫"老头儿",于是再次大杀京城中怨恨他的民众。这两次所杀的又有几万人。此外,因有怀疑而被杀的人也很多。

朱元璋聪明、明智,他收揽天下的英雄,平定了四方。他能广泛地听取别人的意见,求贤若渴。他重视农业、养蚕业,提倡礼乐,赞扬有节义的人,崇尚教化,所定制度都很适当,这是近古以来没有的。然而他本性严厉,杀人从不犹豫,一时间开国元勋少有善终的,这是他的短处。朱元璋在位三十一年,戊寅年(公元1398年)闰五月间,朱元璋死了,活了七十一岁。皇太孙朱允炆即了皇帝位,这就是明朝建文皇帝。朱允炆凭着朱元璋临死前的诏书,派出使者前去通知,禁止其他王进入京城。他给朱元璋的谥号叫"钦明启运峻德成功统天大孝高皇帝",庙号叫"太祖"。他尊母亲吕氏为皇太后,追尊父亲懿文太子朱标为兴宗孝康皇帝。朱允炆下了诏书,执行三年丧期,而政事照常进行。卓敬秘密上奏,请求削弱那些受过分封的皇族权力,朱允炆没表态。此时,燕、周、齐、湘、代、岷各王互相鼓动,对朱允炆的皇位造成了威胁。齐泰、黄子澄又提出削夺诸王权力的建议。齐泰想先削燕王朱棣,黄子澄请求先削掉朱棣的党羽。于是命令李景隆领兵到河南,抓住了周王朱橚和他的世子、嫔妃送到了京城,削掉了爵位变成平民,又把他们迁到了云南。燕王看见周王被抓,于是挑选壮士作为护卫,以截留逃兵为名招收异人术士。道衍(姚广孝)曾经游览嵩山佛寺,遇到了袁珙,袁珙对他说:"你这个胖和尚呀,长着三角眼,翻着白眼珠,整个像只病虎,本性一定喜欢杀人,往后会是个元代能臣刘秉忠式的人物。"道衍听后大喜。这时,他就把袁珙推荐给了燕王朱棣。

燕王上朝,走只有皇帝车马才可走的皇道进入朝中,登上了大殿台阶,见到皇帝朱允炆也不下拜。监察御史曾凤韶说:"燕王不守做臣子的本分,对皇帝不敬。"建文帝说:"他是最亲的亲人,不要再追究了。"户部侍郎卓敬秘密上奏说:"燕王的智慧超过常人,酷似先帝。北平这地方是用武之地,金朝、元朝就是从那里兴起的。应该把燕王迁到南昌,以此来断掉祸根。"建文帝还是不听。燕王回去后就称说有病了,过了很长时间又说病情严重了。朱元璋死后一周年的祭礼到了,燕王派世子朱高炽,以及朱高炽的弟弟朱高煦、朱高燧前往京城参加祭祀活动。齐泰、徐辉祖请求皇上扣留这三个人,徐增寿却力保他们。建文帝让朱高炽等人回去了,燕王大喜说:"这真是天助我也。"建文帝又派使者去抓湘王朱柏,朱柏大怒,烧掉了自己的宫室,烧死美人,自己乘着马、手拿弓箭跳到火中烧死了。建文帝又下令废掉岷王朱楩、齐王朱榑、代王朱桂的王爵,使他们变为平民。燕王的护卫百户(为统兵一百一十二人的军官)倪亮向朝廷报告说,燕王的官吏于谅、周铎等人暗中正在谋划造反。于是朝廷派人把这些人抓到京城杀了。建文帝的诏书中对燕王也有所指责,燕王于是就装疯称病,走到闹市中夺人的酒食,还胡言乱语。有时躺在泥土里一动不动,整日不醒。朝廷所派的官吏张昺、谢贵到燕王府问病，发现燕王正当盛夏时节还蹲在火炉旁，两腿发抖大叫寒冷，在家里也拄着拐杖行走。这样，朝廷稍微对燕王放松了警惕。燕王府的长史（王府的辅佐官吏）葛诚秘密地告诉张昺和谢贵说："殿下根本没病，你们不要放松警惕，恐怕会有不测事件发生。"于是谢贵等人更加急于谋划对付燕王的办法。朝中大臣齐泰上奏，请求派遣皇帝身边的人去逮捕燕王府所属的官吏，又秘密地命令北平都指挥使张信，让他亲手捉住燕王。张信接到命令后很害怕，就找母亲商量。他母亲说："这不行，你父亲曾经说王气在燕地，做王的不会死，不是你所能捉的。"张信于是就前往燕王的官邸，请求见燕王。燕王召他进去了，张信就跪拜在燕王的床下。燕王又假装中了风不能说话。张信说："殿下不要如此有顾忌，有事应当如实告诉臣。"燕王仍然坚持装病。张信又说："大王果真没有想法吗？臣子我已接到密令，让我亲手抓您。"燕王这才把事情告诉了张信。燕王急召和尚道衍到府里谋划，这时房檐的瓦片掉落到地上摔碎了，这使燕王很不高兴。道衍说："这是上天想让殿下换成黄瓦罢了。"燕王这才高兴了起来，于是两人定下了计谋。

这时，谢贵等人召集起军队围住了燕王城，又用木栅隔断了端礼门。燕王急忙叫护卫指挥张玉、朱能等人率领八百人守卫王府。燕王说："他们的军队满城都是，而我的兵却很少，怎么办？"朱能说："先捉住谢贵、张昺，其余的人就无能为力了。"燕王说："这应当用计捉他们，如今奸臣派了皇宫内的官来捕我王府的官吏，按罪名收押。那么就让他们召谢贵和张昺进来绑人，谢、张两人一定会来，来了就把两人绑起来。"第二天，燕王说自己的病好了，坐在东殿，殿的左右两侧藏有伏兵。谢贵和张昺没多考虑，果然进入，被燕王的武士所绑。于是两侧厢房的伏兵全部出来了，揪着葛诚走下大殿。燕王丢下拐杖站起来说："我有什么病？只是被你们这帮奸臣逼的罢了。"于是让人把谢贵、张昺和葛诚拉出去斩首了。围城的士兵惊恐地互相传说谢、张二人已被捉，就这样，谢贵、张昺的军队都溃散了。于是燕王朱棣占有了整个北平，他拿出太祖朱元璋的祖训："朝内有奸臣，允许藩王起兵来清除国君身边的恶人。"于是就以杀齐泰、黄子澄为名,消去了建文帝的年号,仍然称洪武三十二年。燕王打着清除奸臣平定变乱的旗号,设置了官署,用张玉、朱能、邱福为都指挥佥事(武官名称,品级为正三品)。燕王朱棣上书皇帝,请求杀了奸臣齐泰、黄子澄。建文帝下了诏书,把燕王从家族的名册中除了名。燕王派张玉去劝说,使通州(今属北京市)的守将投降了,接着又攻破了蓟州(今天津蓟州区等地)。燕王的军队攻陷怀来(今在河北省)后,开平卫(治所在独石口,即今河北沽源县南)、龙门(在今河北赤城县的云州堡的东北处)、上谷(治所在今河北易县)、云中(今山西大同市)的守将也跟着投降归附了燕王。

这时建文帝正专心地想用"文治"的方法治理天下,每天都和方孝孺等人讨论《尚书》中"周官"的法令制度,认为燕王的军队没什么可怕的。黄子澄提醒建文帝说:"燕王军一向强盛,如果不早做抵御,恐怕河北就保不住了。"于是建文帝就命令耿炳文佩戴大将军印,用李坚、宁忠为左右副将,领兵三十六万前去讨伐。又命令安陆侯吴杰、江阴侯吴高等人率领军队也一起前往,又提拔程济为军师,统辖将领们北进。所有出征的军队号称百万大军,分成几路进军,直捣北平。朝廷又传下文书到山东、河南、山西三个省,让三省负责供应所到的军队的军饷。在出发前,建文帝告诫将领们说:"都是一家人,动用了军队是极不仁义的事。你们这些将士要务必理解我的意思,不要让朕担个杀叔父的罪名。"耿炳文军到了真定(今河北正定),把军队分别驻扎到滹沱河南北两岸。徐凯率领军队十万驻扎在河间,潘中驻扎在莫州(治所在今河北任丘),杨松率领先头部队九千人占据了雄县(今在河北省)。燕王趁杨松军中秋节没防备,就亲自率领军队攻破了雄县,杨松和他所领的九千兵都战死了。燕王估计潘中在莫州听到消息后一定会领兵前来救援杨松,就在桥边、水中埋伏下了士兵。不久,潘中等人果然到来,燕王出兵迎击,埋伏的士兵也都出来,潘中军腹背遭到敌人的攻击,上不了桥,潘中被活捉。燕王于是率领军队直奔真定,耿秉文的部将张保投降。张保对燕王说:"耿秉文的军队有三十万,先到了十三万驻扎在滹河南、北。"燕王认为要是率领军队逼近北岸,那么南岸的军队渡过河来一起攻打自己，恐怕自己就很难取胜。于是燕王厚待张保，让他回去告诉耿秉文雄县军和莫州军的败状，好让耿秉文合兵滹河两岸的队伍。张保回去后，谎说自己兵败被抓，是找机会偷了匹马逃回来的。又说，燕王的军队很快就会到来，要是把滹河南岸的兵调到北岸，就有希望可以合力抗敌。耿秉文于是听了张保的话，把南岸的兵也调到了北岸。燕王派张玉、谭渊、马云、朱能等人领兵奋力攻击，燕王用奇兵绕到耿炳文军的背后，沿着城夹击。耿炳文军大败，跑进了真定城。耿秉文军战死的将士将近五万人，淹死的没有准确数字。耿秉文一向被称为老将，懂得用兵，这回却大败。建文帝发愁了，召群臣询问计策。黄子澄说："胜败是兵家常事，区区一地之败怎么能影响全国的力量。希望能调兵五十万，从四面围去，燕王寡不敌众，必定会被活捉。"建文帝问："谁可担任将领？"黄子澄说："李景隆是位文武全才的人物。"于是建文帝答应用他。建文帝亲自在长江边为李景隆饯行，并召耿秉文回京城。李景隆乘坐传车到了德州（今山东德州、平原一带），收集耿秉文所剩下的败散将士，并调各路兵马五十万进驻到河间。燕王听到这一消息，叫着李景隆的小名说："李九江只是个富贵人家的小子罢了，没谋略还骄傲，从没学习过军事。把五十万人交给他，是自己坑害自己啊。"于是燕王打算引诱李景隆。

当年，太祖朱元璋的儿子中，燕王朱棣善于作战，宁王朱权善于谋划。朱元璋怕宁王与燕王联合起来作乱，就下了诏令，削减了宁王的三个护卫队。燕王听到这一消息后，高兴地说："将来夺取大宁（辖境相当于今河北平泉、辽宁朝阳及内蒙古赤峰之间地区）是一定的了。"这时他给宁王去了封信，向宁王诉说自己现在处境困难，让宁王给想想办法，而暗中率领军队到大宁，藏在城外。燕王单独一个人骑着马进城去会见宁王，握着宁王的手痛哭，说："北平很快将被攻破，我的兄弟你不上表奏请皇上宽恕我，我就只有一死了。"宁王于是为燕王写表，请求朝廷赦免燕王的罪过。这样燕王在大宁住了几天，和宁王的感情越来越"亲近"。燕王告辞要回去，宁王送燕王，为燕王在郊外饯行。正喝着酒时，燕王埋伏的士兵出现了，捉住了宁王以及宁王的妻妾、世子,并抢了宁王的宝物运到了北平。李景隆听到燕王的军队攻下了大宁,于是就率领军队攻打北平。都督瞿能奋勇当先,和他的两个儿子率领精锐骑兵一千多人杀入张掖门。北平城几乎被攻破时,李景隆嫉妒瞿能有功,就派人去阻止瞿能等人继续攻城,于是城中的防守更加坚固了。燕王用打下大宁的军队对李景隆的军队进行还击,城中的兵也出城攻击李景隆军。这样内外夹击,李景隆军支持不住了,被燕王打败,跑到了德州。黄子澄等人隐瞒了李景隆兵败的消息,只是对建文帝说:"天气寒冷,暂时屯守德州,等到明年春天再大举攻打燕王。"建文二年(公元1400年)四月,李景隆又从德州出兵,路过河间,与郭英、吴杰等人合兵共六十万,号称百万人,临时驻扎在白沟河(为拒马河的一条支流,在今河北定兴县新城乡的东面,从北向南的白沟河)。接着就和燕王的军队开了战,都督平安和瞿能父子率领军队奋力出击,箭和石块像雨线般向燕王军打去,燕王军许多人死伤。燕王的马三次被击伤,又换了三次马。燕王的马向后退却,被河堤挡住,几乎被瞿能追上。燕王赶紧跑上河堤,假装挥马鞭像是在招呼在后面的队伍。李景隆怀疑燕王有埋伏,不敢上堤。这时正赶上旋风忽然刮了起来,吹断了他的大将旗,李景隆军立刻大乱,瞿能父子奋力作战而死。燕王于是命令乘风放火烧李景隆各处的军营,郭英等人溃败向西逃去,李景隆向西逃走,被杀死、淹死的将士有二十多万人。燕王军进入德州。燕王率领军队围住了济南,山东参政铁铉、统兵盛庸等人全力防御,使燕王军大大受挫。燕王攻城不下,于是命令士兵挖开河堤用水来灌济南城,城中人吓坏了。铁铉对大家说:"不要害怕。"他假装让军民出城投降,请燕王带少量兵进城。燕王听说后大喜,于是停止灌城。铁铉定下计谋,埋伏下勇士,打开了城门等候燕王进入。铁铉事先在城门口上悬了块铁板,准备等燕王入城后放下去,结果铁板放早了,砸中了燕王的马头,燕王吓了一跳,换了匹马逃了回去。燕王大怒,就用炮攻城,城将被攻破,铁铉做了个太祖朱元璋的灵位牌悬挂在城上,燕王军不敢再用炮轰了。燕王围济南三个月都没打下来,于是就撤围走了。铁铉、盛庸等人趁机收复了德州,军事力量稍微增强了些。建文帝把李景隆召了回去,任命铁铉为兵部尚书,盛庸为平燕将军,以此来抵御燕王军。燕王率领军队到了汶水流域,在济宁抢劫。盛庸、铁铉率领军队跟踪在燕王军后面,在东昌(今山东聊城)扎下营寨。燕王军奔向东昌时,盛庸和铁铉等人背靠着城门列开军阵,准备了火器、毒弩等待着燕王军的到来。燕王军一到东昌就击鼓进攻,兵士大多被火器所伤。不久,平安也领兵到达,和盛庸的军队合兵一处,于是盛庸指挥军队和燕王军大战。燕王领精锐骑兵冲击盛庸军的左翼,进入了盛庸所在的地方,盛庸的军队把燕王团团围了起来。朱能率领少数民族骑兵冲入阵中奋力死战,终于保护燕王逃了出去。燕王的将领张玉不知燕王已经逃出阵了,就冲入阵中想救燕王,结果战死在阵中。盛庸军乘着胜利活捉、杀死燕王兵一万多人。燕王军大败,于是向北而逃,盛庸督促军队追赶,又击杀燕王兵无数。后来燕王身后仅存一个骑兵了,而追他的有几百人,只因建文帝下过诏令,所以没有谁敢伤害燕王。这时燕王的儿子朱高煦领华聚等人赶到,击退了盛庸的兵,燕王这才脱险。燕王的老巢北平受到很大震动,僧人道衍对燕王说:“我先前本来已经说了,出兵一定会取胜,只是费两日罢了。两‘日’摞在一起就是‘昌’字,从此就会全胜了。”道衍与朱能竭尽全力劝说燕王再次起兵进军。燕王亲自写了悼念文章来祭祀阵亡的将士张玉等人,他泪流满面,脱下身穿的袍子烧了,象征为死亡者穿上了他的袍子。燕王又领兵进军,与盛庸的军队在夹河(在今河北武邑县南)展开了大战。这时忽然刮起了东北风,尘埃弥漫了天空,盛庸军中昏暗,不到一尺的距离就看不清东西了。燕王的兵大喊着,乘着风杀了过去,这使盛庸的军队大败,士兵在混乱中踩踏死亡的无数,盛庸领兵跑回了德州。燕王派都指挥使李远去烧朝廷供应盛庸军的军用物资,李远等人到了济宁烧掉了粮船几万艘,粮食几百万石,军资器械也烧了无数。这样,德州军队的粮饷供应造成了困难,京城也受到很大震动,人们都吓坏了。

燕王朱棣从北平发兵,决定直奔金陵,他领兵南下,攻下了山东东阿,进军到了江苏沛县。平安等人的军队与燕王军在淝河(即今安徽肥水)展开战斗,燕王事先设下埋伏,击败了平安等人的军队。平安的骁勇将领火耳灰和哈三帖木儿都被活捉,平安军撤退坚守宿州(今在安徽省)。燕王兵攻陷了萧县。总兵何福、都督平安等人的军队屯驻到灵璧。皇帝朱允炆命令徐辉祖领兵去会合何福等人,与燕王军在齐眉山进行了大战。何福的军队击败了燕王的军队,斩了燕王的将领陈文。平安率军转战向前,在齐眉山北坡遇上了燕王。燕王惊慌间差点被平安追上,不料,平安的马忽然跌倒,这时燕王的少数民族骑兵指挥王骐领兵赶到,救燕王脱了险。朝廷军队士气百倍,朝廷中一时传言说燕王兵败,已向北回去了。有的朝廷大臣说:"燕王的军队向北回去了,京城不可以无兵把守。"于是召徐辉祖回京。这样一来,何福孤立无援,燕王又派出轻装骑兵截获了朝廷军的粮食。何福于是下令把军队开到灵璧,吃那里的粮食。燕王兵截粮时,平安等人带兵去救,反被燕王的伏兵所败。何福、平安等人在灵璧坚守,被燕王兵包围。这天夜里何福传令,约定明日大家听到三声炮响就立即突围出去,到淮河一带找粮食。第二天天还没亮,燕王军就开始攻打灵璧的军营,燕王率领将领们首先爬登城墙,燕王兵像蚂蚁一样爬墙而上。这时燕王军放了三炮,何福的军队误认为是自己的炮响,急忙往城门跑,大门塞住了出不去,于是营中乱了套。燕王兵急忙猛攻,击破了何福军的各个军营,何福偷偷地逃走了,平安被抓住。

驸马都尉梅殷娶了朱元璋的妹妹,这时正镇守淮安(今在江苏省),很小心地防守着。燕王去借道,被梅殷坚决地拒绝了,燕王这才渡泗水前去攻打盛庸的军队。盛庸率领步兵、骑兵几十万人,战舰几千艘,布置在泗水南岸。燕王命令船上和渡水筏子上的士兵挥舞旗帜,敲响战鼓,大喊着做出要强渡泗水的样子。却暗中派邱福、朱能、狗儿等人领兵向西走了二十里,用小船偷偷渡过了泗水,绕到盛庸军的后边,接近盛庸军的军营连开了几炮,盛庸军的将士吓得乱跑。盛庸两腿战栗上不了马,于是乘坐一条大船逃走了。燕王军得到了盛庸军的全部战舰,渡过淮河驻扎到南岸,朝廷的淮河守将樊士信战死。燕王兵又攻陷了盱眙、天长(在今安徽省),继续进军到了扬州，扬州守将崇刚、监察御史王彬战死。燕王军到了高邮，接着打下了仪真（今江苏仪征）。这时朝廷通告全国，让天下人保卫皇帝。仪真被攻破以后，燕王的船在长江上来来往往，旌旗遮蔽了天空。燕王在江北驻军，这时，朝廷中的大臣们多为自己打算，要求出去守其他的城，都城因此而空虚了。他们以保卫皇帝为号召，向四面八方派出使者征调兵马。

方孝孺建议建文帝由吕太后下令，派庆成郡主（庆成郡主是燕王的叔伯姐姐）到燕王军中议和，把北方的土地割给燕王作为条件。燕王见到郡主后哭了，郡主也跟着哭，燕王问郡主："周王（朱橚）、齐王（朱榑）现在在哪里？"郡主回答说："周王召回去还没恢复爵位，齐王仍旧在押。"燕王听后，悲痛得不得了。两人交谈中，郡主慢慢地把话题扯到了朝廷打算割地议和上了，燕王说："你来的目的是为了奸臣罢了。已死的父亲分给我的土地尚且保不住，我还奢望得到割地吗？你为我谢谢天子，我和皇上是最亲的人。我没别的意思，只是让我得到奸臣之后就去祭祀孝陵（朱元璋墓），去朝见天子，要求恢复旧有的典章制度，免去诸位王的罪，我立即回北平，为国家守护那块土地。再为我告诉弟弟、妹妹们，我几乎丧命，只是靠着宗庙神灵。往后再相见吧。"郡主回去后，把燕王的话都对建文帝说了。建文帝走出皇宫去和方孝孺研究这事，方孝孺说："长江是天险，只要烧尽燕王的船，燕王的军队难道能飞渡过来吗？"燕王的军队到了浦子口（即今江苏南京浦口，与南京市下关区隔江相望），盛庸和将领们一起迎战，击败了燕王的军队。燕王的次子朱高煦领着骑兵到来，燕王高兴地拍着他的背说："你努力吧，世子（指朱高炽）身体多病，事情成功了我让你做太子。"听了这话后，朱高煦拼命作战。燕王率领精锐的骑兵径直冲击盛庸的军阵，盛庸的军队稍微退后了些。建文帝派遣都督佥事（武官名，秩正二品）陈瑄率领兵船去援助盛庸军，陈瑄竟然投靠了燕王。陈瑄把全部船只开到长江上来迎接燕王，燕王这才宣誓渡江。盛庸所拥有的大兵船排列在沿江，上下二百里，这使燕王的军队看到后感到震惊。燕王的兵船离南岸越来越近了，盛庸军准备抵御。燕王指挥他的将领们领兵击鼓大喊着首先登岸,用几百名精锐骑兵冲击盛庸的军队,盛庸的军队崩溃了,被燕王的军队追赶了几十里,盛庸独自一人骑马跑了,剩余的将士都向燕王军投降了。那一带地方安定下来后,燕王继续进军。方孝孺劝建文帝让在京的王们分别领兵把守城门。建文帝会见群臣时痛哭。有的臣子劝建文帝暂且先到浙江一带躲一躲,有的臣子说不如到洞庭湖和湘江一带更好。方孝孺请求建文帝坚守京城来等待援兵,万一不利就到蜀地去,在那里收集人马,为卷土重来做打算。齐泰和黄子澄见势不好,都逃跑了。齐泰跑到了广德州(今安徽省广德县),黄子澄跑到了苏州。建文帝长叹说:“削王的主意是你们两人出的,而今都丢下我跑了啊!”燕王调整了一下军队继续进军,屯驻到金川门。当时谷王朱橞和李景隆把守金川门,他们打开城门向燕王投降了。魏国公徐辉祖率兵迎战,被打败。京城被攻破,朝中的文武官员都投降了。徐增寿是燕王的小舅子,与燕王有勾结,对建文帝的失败他起到了一定的作用,因此建文帝非常恨他。建文帝命令身边的人把徐增寿拉到了他那里,痛骂了他一顿后,亲手杀了他。建文帝接着急忙命令用火烧皇宫,皇后马氏跳到火里烧死了。建文帝想自杀,翰林院编修(掌管编修国史、编纂文献,秩正七品)成济对他说:“不如逃出去。”少监(掌管皇帝家里衣物、器物等的官员)王钺跪着对建文帝说:“从前高皇帝临去世时留有一只小箱子,说遇到大难临头时可打开它。这箱子谨慎地存放在奉先殿的左侧。”群臣们异口同声地说:“赶紧去拿!”不一会儿抬来一只红色的箱子,箱子的边缘由铁包着,上有两把锁,锁眼也灌了铁。建文帝见了痛哭,程济急忙砸碎了箱子,箱里有三张和尚身份的凭证:一张上面写着名字“应文”,一张上面写着“应能”,还有一张是“应贤”。袈裟、僧帽、僧鞋、剃刀这些东西箱里都有,此外还有十锭白金,并有一件用红笔写的字条:“应文从鬼门出去,其他人从水关御沟走,傍晚时在神乐观的西房会合。”建文帝说:“看来,天意如此。”程济立即为建文帝削掉了头发,吴王朱允熥的老师杨应龙也愿意削掉头发跟着建文帝出逃。监察御史叶希贤说:“臣的名字有贤字,应该是‘应贤’无疑了。”于是也削掉了头发。他们各自换了衣服,拿了身份证明。发誓愿意跟着建文帝走的有五六十人,建文帝说:“人多了就会有闪失,应当各自从便。”九个人跟着建文帝到了“鬼门”(指道路偏僻的门)而出,见一只船靠在岸边,从船上下来的是神乐观的道士王昇,他看见建文帝就叩头喊“万岁”。于是大家坐上船到了太平门。王昇把建文帝一行人领到观里时,已经是傍晚了。不一会儿,杨应龙、叶希贤等十三人也一同到了,这样共是二十四人。建文帝对他们说:“今后只以师弟称呼我,不必拘于主臣的礼节。”约定建文帝身边一步不离的要有三人。杨应龙、叶希贤被称为比丘(即和尚),程济被称为道人。供应运送衣、食的有六人,即冯漼、郭节、宋和、赵天泰、王之臣和牛景先,其余的人为外围,作为应援。黎明时,取道溧阳(在今江苏省)而离去。建文帝在位四年,他孝敬父母、宽和待人,生活节俭并能尊贤礼士,天下一时风俗醇厚,受天下人所爱戴。可惜的是,他拘泥于古礼,擅自更改祖制,平庸固执,没有驾驭天下的雄才,这才遭了难。

当初,建文帝在宫中要出走时,兵部侍郎廖平向建文帝请求,暗中带走了建文帝的长子朱文奎,寄养在黎平(今在贵州省)土司(少数民族首领的世袭官爵)曾长官家里,于是朱文奎姓了曾。廖平把自己的小妹妹嫁给了文奎,后来又恢复了“朱”姓,至今后代很多。建文帝逃出后,先到了蜀地,过了不久到了云南。曾往来于浙东、天台(今属浙江省)、广西、云贵各寺中。明朝第六个皇帝英宗(朱祁镇)正统五年(公元1440年),建文帝出现在广西南部,他对寺里的和尚说:“我是建文皇帝。”庙里的和尚听后非常害怕,于是报告了思恩州(治所在今广西环江)的州官,把建文帝转送到潘司堂。他面南趺坐下,报了自己的原姓名。于是思恩州的官员又把他们送到了京城,朝廷命令当年宫中的太监吴亮前去辨认。建文帝一见吴亮就说:“你不是吴亮吗?”吴亮说:“我不是。”建文帝又说:“以前我在别殿吃小鹅肉,赐给你肉,你手正端着酒壶,我就把鹅肉丢在了地上,你趴在地上像狗一样舔那块肉,还说不是吗?”这时吴亮趴在地上哭。建文帝左脚趾有块黑痣,吴亮抱起建文帝的左脚又看,看后又哭,哭得抬不起头了。吴亮从建文帝那里离开后,就上吊自杀了。

建文帝被安置在尊贵的宫室里居住,宫中人都称他为老佛。程济听到了这一消息后,就不知去向了。建文帝二十六岁时出逃,回京城时已六十四岁了。他死后葬在西山,既没堆土筑坟也没栽树,这是后话。

当时南京城被攻破后,王们以及文武大臣都劝燕王进城,燕王命令先去拜孝陵然后再进城。壬午年(公元1402年)七月初一清晨,燕王在南郊大规模地祭祀了天地,然后到奉天殿即了皇帝位,这就是明太宗(成祖)文皇帝。他下了诏书,把当年称为"洪武"三十五年,把第二年作为"永乐"元年。恢复了周王朱橚、齐王朱榑的官爵,清除宫殿三天,宫人、女官、近侍臣僚、太监大多被处死,只有得罪过建文帝的才可以活命。皇上朱棣追问宫人和内侍建文帝的去向,大家都指认马皇后的尸体作答。于是朱棣命人从灰烬中抬出尸体,朱棣哭着说:"小子无知,竟做出这样的事来。"然后找来翰林侍读王景,问他说:"葬礼应当怎么办?"王景回答说:"应当用葬天子的礼节。"朱棣答应了。朱棣把懿文太子之妻吕太后迁到了懿文陵居住,把懿文太子的儿子朱允熥、朱允熞、朱允熙都由王爵降为郡王,不久又都降为平民,这几人后来都死得不明不白。朱棣把建文帝的小儿子禁闭在广安宫,后来就没了消息。朱棣公布了奸臣齐泰、黄子澄等一百多人的名单,并出了赏格抓捕他们。从此因告发并捉拿到人而得到官职的人非常多,乘机报复、威胁人的也到处都有。文皇朱棣召去徐辉祖,拿了一些人承认罪状的供词,徐辉祖在上面写道:"这些人父辈有开国的功劳,子孙免死。"文皇看后大怒,强制徐辉祖(朱棣徐皇后的哥哥)回家,革掉了他的薪俸。

当初,道衍推荐了方孝孺,想让文皇用他。这时,文皇把方孝孺找了去,方孝孺穿了一身孝服在大殿下大哭。文皇想让方孝孺起草即位诏书,方孝孺写道:"死就死,诏不可草。"写完把笔扔到地上,又是哭又是骂。文皇大怒,命令杀了方孝孺全家。一时,因方孝孺族党被杀的有八百七十多人。建文帝的兵部尚书铁铉被押送到京城,文皇见他时,他用后背对着文皇,并且大骂不止。于是文皇命人一刀一刀地割死了铁铉,又命令人抬去了一口大锅,锅里倒上油,加火烧锅，把铁铉的尸体扔了进去，顷刻间尸身成了炭。文皇命令人使铁铉尸体前胸朝上，内侍用十几根铁棒夹着尸身使他面朝向北。文皇笑着说："你现在也朝拜我了吗？"话音未落，锅里的油沸腾了，崩起一丈多高。内侍们手被烫烂，扔了铁棒躲开了，铁铉的尸身仍然反背着。文皇大惊，命人把他的尸身埋葬了。原建文帝的大臣户部侍郎卓敬、礼部侍郎陈迪、刑部尚书暴昭、右副都御史练子宁、礼部侍郎黄观、大理寺丞（大理寺是掌司法、主管复核、平反冤狱的机构，丞专管助理寺事）邹瑾、佥都御史司中、大理寺少卿（大理寺的副主管）胡闰、刑部尚书侯泰、监察御史高翔、宗人府经历（宗人府掌理皇室宗族事务，经历是掌管文件经历司的长官）宋征等人都不屈服，全都惨遭杀害，并被杀掉了全家族。黄子澄、齐泰被抓捕到京城杀死，并被杀了全族。一时，旧大臣的妻女没有勇气自杀的，有的被分配给了象奴，有的发送到教坊做了歌妓，有的被送到军营中成为娼妓，死了的就裸暴其尸。此外，有的大臣与妻子儿女全家自尽，有的痛哭后自尽，有的不屈被杀，有的偷偷逃走而躲过一劫，各种情况都有，不可胜数。佥都御史景清知道建文帝出逃了，想恢复建文帝的皇位，就假装归附文皇朱棣。八月十五日早朝，景清穿了一身红衣服入朝，这使大家很惊疑。朝见皇帝完毕，景清冲上前去要对文皇动手，文帝赶紧命令身边的人控制住了景清，从他衣服里搜出了短佩剑。景清知道这事不会成功了，就大骂文皇。文皇命令掰掉景清的牙齿，他满嘴是血喷了文皇一身。文皇命令剥下景清的皮，皮里装满草，系在长安门上，并将景清的骨头和肉剁碎。不久后的一天，文皇白天睡觉梦见景清拿着剑围着皇帝宝座追杀他。醒后他说："景清还是厉鬼呢！"于是命令杀光景清的族人，把景清出生的村子变成了废墟。文皇朱棣大封有功的臣子，邱福、朱能、张武、郑亨、顾成、王聪、陈珪、孟善、郭亮、王忠、张信、李远、张辅、谭忠等人都按功劳的大小被封赏。文皇立了王妃徐氏为皇后。

第三十三章　明王朝二百八十年,一十七帝

明太宗(成祖)文皇帝朱棣年号永乐,篡夺皇位后,下了诏书,以北平为北京。又恢复了代王朱桂、岷王朱楩的爵位。文皇召集大臣商议立皇位继承人,武将都请求立朱高煦,说他有在皇帝身边鞍前马后侍候的功劳。只有文臣金忠、解缙、黄淮说:“立长子继承国统是万世正法。”解缙又说:“朱高炽有出众的儿子。”于是文皇帝这才立了朱高炽为太子,封朱高煦为汉王,朱高燧为赵王。文皇任用姚广孝做了太子少师(辅佐太子的官员),并让他赈济苏州、湖州一带。一天姚广孝去见自己的姐姐,他姐姐拒绝见他,说:“你是富贵人,用不着到我这贫穷人家来!”不接待他。姚广孝于是改穿僧服再次去姐姐家,他姐姐还是坚决不肯露面见他。经家人劝说,他姐姐不得已来到正屋,姚广孝立即接连下拜。他姐姐说:“我哪里用得着你这么多拜呢?”于是回自己房中不再见他。李景隆制作了帝王受天命、占验的书,说十八子(指李姓人)应当据有天下。李景隆被捉住,处以了死刑。

安南国王陈日焜被他的臣子黎季犛所杀,黎季犛改名换姓,上表谎称陈氏的后代已经断绝了,要求暂时代理安南国事,文皇同意了。过了一年,原安南国王的孙子陈天平上京诉冤,文皇派人去安南斥责黎季犛。黎季犛用恭敬谦虚的言辞上表,请陈天平回安南,于是文皇命令广西都督黄中率兵护送陈天平回去。不料,黎季犛在路上埋伏下士兵,杀了陈天平,黄中等人只好领兵回去了。文皇听说这事后,大怒说:“跳梁小丑,罪恶滔天,朕诚心包容,反被他所欺,这样的人不杀,要军队还有什么用?”于是命令朱能、张辅率领军队

分道进军讨伐。进军途中,朱能生病留在了龙州(治所在今广西龙州北),不久就病死了。张辅等人继续进入安南。黎季犛守备得非常严密,张辅率兵袭击,攻破了西城,又用披着狮子图案的马和精妙的火枪攻破了黎季犛的象阵,打下了东都。黎季犛逃到海上,张辅军追上击败了黎季犛,活捉了黎季犛和他的儿子黎澄,黎季犛的部下全部投降,安南平定。

山东蒲台县(在今山东博兴县北)妇女唐赛儿起兵造反。当年她丈夫林三死了,她去上坟获得了书和剑,于是削掉了头发当了尼姑。后来她又蓄起头发,占据了益都(今山东青州)等地。多次的战斗,官军死伤很多,唐赛儿的军队也越来越强盛。文皇派安远侯柳升对唐赛儿军进行围剿,没抓到她。文皇的命令抓捕她很急迫,这使许多妇女被误抓。一天,唐赛儿突然前去自首,被绑到刑场仍然面带笑容,毫无惧色。用刑时,刀、枪、剑、火枪都伤害不了她。不久,她就偷偷跑掉了。

永乐九年(公元 1411 年),文皇命人疏通了会通河(从山东东平到临清的一段河流)。文皇命令皇太子朱高炽坚守京城(指今南京),自已去巡视北京。后来又命令皇长孙留守在北京,文皇率军北征。大军到了清水源(黄河上流的支流,源出六盘山北麓),这地方的水又咸又苦不能喝,这时人、马都渴了。忽然在军营西北有清泉涌出,于是文皇赐给它名字叫“神应泉”。文皇大军到了长清塞,夜间文皇南望北斗,领军前行。文皇的军队到了斡难河(今名鄂嫩河,就是元太祖成吉思汗即皇位和发兵处),鞑靼本雅失里率领军队迎战,朱棣的军队一仗就击溃了本雅失里的军队。本雅失里率残兵逃到了很远的地方,朱棣这才率军队回去。第二年,瓦剌(在鞑靼西部)顺宁王马哈木不向明王朝朝贡,并想侵犯明朝边境。朱棣再次亲征,击败了瓦剌顺宁王的军队。马哈木向北逃走,朱棣于是率军回去了。朱棣决定把首都建在北京,以原京城为南京。朱棣把朱高煦封到云南,朱高煦嫌远不肯去。朱棣又把朱高煦改封到青州,他又不肯去,却在秘密地制造兵器,豢养敢死之士。朱棣大怒,想杀了朱高煦。太子出面求情,朱棣就把朱高煦封到了乐安州(今山东惠民县)，说："如果他作乱，早晨发现了，晚上就可活捉了他。"

阿鲁台(当时的蒙古东部鞑靼将领)侵犯明朝边境，杀了兴利(治所在今河北宣化)守将王焕。朱棣于是亲自率兵征讨。大军到了鸡鸣山(在今河北张家口东南)，阿鲁台听到消息后，当天夜里就领兵逃走了。不久，阿鲁台杀了他的主人本雅失里，自称为可汗，再次侵犯明朝边境。朱棣再次亲征，到了上庄堡，鞑靼王子也先士干率领众人前去投靠朱棣，朱棣于是率领军队回去了。第二年，阿鲁台再次进攻大同，朱棣命令皇太子代替他处理国政，自己再次率大军前去征战，大学士杨荣、金幼孜跟随在军中。大军临时驻扎在清水源时，阿鲁台听到消息跑远了。朱棣于是决定撤军。军队临时驻扎在仓崖时，朱棣得了病。七月十七日，军队临时驻扎在榆木川(今内蒙古多伦县西北)，朱棣病危。他召去张辅接受他的临终命令，把皇位传给太子朱高炽，第二天朱棣就死了。杨荣等人在军中封锁了朱棣的死讯，却把死讯秘密地传到了京城。皇太子派皇太孙到开平迎接棺材，军中才公开了朱棣的死讯。朱棣能文能武，治国宽严并用，知人善任，谗言在他那里行不通。他用兵应变机智如神。郡县有了自然灾害，他总是免除当地的田租，并送去救济粮。他能接受直言，并保全功臣。他封了三十多个附属国，也显示了当时王朝的强盛。只是对建文帝的忠臣及家属，男的杀害，女的使她们成为娼妓，这不能不说是使人遗憾的了。他在君位二十二年，活了六十五岁。朱棣的棺材运到了京城，太子朱高炽即了皇帝位，这就是明仁宗昭皇帝。他把第二年(乙巳年，公元1425年)改为弘熙元年，立妃子张氏为皇后，任用蹇义、杨士奇、杨荣、夏原吉、金幼孜、黄淮、杨溥等人为官，天下治理得很好。朱高炽赦免了建文帝时的"奸党"家属，并放他们回家，被发送到教坊的妇女让她们从良，都还给田产。当时有个人从南京来到了北京，朱高炽问他所经过的地区情况怎么样，那人回答说："淮河一带、徐州一带和山东百姓大多缺少粮食，而有关的官吏征税却很急迫。"朱高炽没让有关治理事务的官员商议讨论，而是召去了杨士奇替他写了诏书，全部免除了这些地方的租税，然后才让户部和工部知道。朱高炽有了病，他自知将不久于人世,就召来蹇义和杨士奇等人,对他们说:“我的天命快完结了。”他叹息说:“我代行处理国政二十年,被恶人谗言所陷害,心里也很害怕,这一点我们三人是深有体验的。靠着父亲英明,我才得以保全。我去世后,还有谁知道我们三人的心呢?”说完流下泪来。蹇义和杨士奇也跟着流泪。乙巳年(公元 1425 年)五月,朱高炽病危,他召蹇义、杨士奇、黄淮、杨荣到思善门,命令他们写下他的嘱咐,用快车到南京去召皇太子,第二天朱高炽就死了。朱高炽天资明智,孝敬父母,爱护兄弟,并能从善改过,奉行简朴,爱护百姓,堪称好主。他在君位仅一年,活了四十八岁。

当时,皇太子朱瞻基还没到达北京,群臣请郑王朱瞻俊、襄王朱瞻墡暂时管理国政。乙巳年六月,太子朱瞻基从南京到达,于是即了皇帝位,这就是明宣宗章皇帝。他把第二年改为宣德元年,立妃子胡氏为皇后。汉王朱高煦在乐安,没有一天不想着自己做皇帝的,朱瞻基即位后,他的决心更大了。他招收亡命之徒,又派人去和英国公张辅等人密约,让他们做内应。张辅当场绑了朱高煦派去的人,向皇帝朱瞻基作了报告。这时朱高煦又上书说夏原吉等人是奸臣,应当杀掉。朱瞻基说:“朱高煦果然要造反。”于是夜里召集辅佐大臣进宫商议。杨荣首先劝皇帝亲自去征讨,朱瞻基感到很为难。夏原吉说:“兵贵神速。”杨荣也赞同夏原吉的意见,朱瞻基于是下了决心。第二天通知百官他要亲自出征,立即调动了军队,和蹇义、夏原吉、杨士奇、杨荣、杨溥从京城出发,命令郑王和襄王在京留守。大军到了乐安,汉王朱高煦吓坏了。朱瞻基给朱高煦去了一封信,让他交出为他出谋划策的人,说只有归顺朝廷可保原有的地位。朱瞻基又写了份命令书,系在箭上射到城中,命令城中人抓住并献出朱高煦,城中人也大多想献出朱高煦。朱瞻基驻扎到乐安城北外,放精致的火枪,声音震动像打雷,城中人吓坏了。城中的朱高煦狼狈地没了主意,于是就偷偷地跑出城去向朱瞻基磕头谢罪。朱瞻基命令绑了汉王朱高煦父子,就领着军队回去了。大臣们建议连赵王朱高燧也一起收拾掉,只有杨士奇和杨溥不同意,朱瞻基于是收集起大臣们的奏章,派使者把奏章交到了赵王手里,让他自己处理。

赵王得到奏章后，高兴地说："我安全啦！"他立即献出了自己的护卫队伍，并上表谢恩。此后，议论要搞掉赵王的大臣也无话可说了。朱瞻基回到京城后，把汉王朱高煦废为平民，并锁在皇宫中的逍遥城。有一天，朱瞻基去看朱高煦，朱高煦出其不意伸出一条腿把朱瞻基勾倒，朱瞻基身边的人急忙把他扶了起来。皇帝朱瞻基大怒，命令力士抬去一口铜缸扣住了朱高煦。铜缸重达三百斤，朱高煦有力，把缸顶了起来。于是朱瞻基又命令在缸上堆炭点火，过了一阵，朱高煦就被烤死了。朱高煦的儿子也都被杀死了。

安南的黎利造反，多次击败官军。黎利向朝廷请求，让陈氏的后人做安南国王，朱瞻基认为兴师动众远征没有什么利益，于是就答应了，册封陈暠做了安南国王。后来，黎利篡夺了陈暠的王位，自己做了国王，并派使者进贡谢罪，请求正式封王。群臣请求讨伐他，朱瞻基不允许，就又封了黎利做了安南国王。朱瞻基打算立贵妃孙氏为皇后，就向胡皇后说了自己的意思，让她以生病为由让出皇后位，于是朱瞻基废了胡皇后立了孙氏为皇后。胡氏住到了别的宫里，饮食待遇还和做皇后时一样。每当宴会，朱瞻基都让胡氏坐在孙皇后的右边（古时以右为尊）。朱瞻基认为，到了秋天马吃得肥壮，恐怕胡地的骑兵要进犯边境，于是整顿兵马驻扎到喜峰口（长城要口之一，在今河北迁西县）来等待着。一天，守将奏报，兀良哈率领一万骑兵前来进攻。朱瞻基挑选了三千精锐骑兵，快速到达了那里，敌军望见以为是戍边的军队，就全军来战。朱瞻基命令把骑兵分为两队，从左右两翼来夹击敌人。朱瞻基亲自射箭，射死了敌军先头部队的三个人，两翼骑兵的箭像雨线一样射向了敌人，敌军不能前进一步。紧接着火枪密集发射，敌军人马死了一大半，其余的都逃走了。朱瞻基带着几百骑兵径直向前去，敌人望见了黄龙旗，才知道是皇帝亲自率兵征讨，于是全都下马围着朱瞻基跪拜请求投降，明军就把他们都捆绑了起来，带了回去。乙卯年（公元 1435 年）正月，皇帝朱瞻基得了病。文武百官到文华殿去朝见皇太子朱祁镇，第二天，皇帝朱瞻基就死了。朱瞻基在位十年，活了三十七岁。朱瞻基天生杰出通达，尊敬优待大臣，同情民间困苦，谨慎用人，严惩贪官污吏。如果有人向他告发臣下的过失,他就密加详查,确实有罪就治罪,如果是诬告就重惩告状的人。当时有张辅、夏原吉、蹇义、杨士奇、杨荣、杨溥、金幼孜、吕震、胡濙等人同心辅佐政事,天下被称为太平安定之世。

朱瞻基死时,太子朱祁镇刚九岁,朝廷中人普遍都希望立个年龄大些的国君。英国公张辅和杨士奇、杨荣等人到朱瞻基灵前哭完后,请求见皇太子,见面后就跪地磕头呼喊“万岁”,议论要立年长国君的事才算平息。太子朱祁镇即了皇帝位,这就是明英宗睿皇帝,他把第二年改为“正统”元年。太监王振是山西大同人,当初是在东宫侍候朱祁镇的。朱祁镇即了皇帝位后,就命令王振掌控司礼监(为明代宦官机构的领导机关,还负责宫廷礼仪和内外奏章),对他倍加宠信,呼王振为“先生”而不直呼其名。王振于是开始专政,作威作福。张太皇太后(朱高炽之妻)在休息的别殿中召见英国公张辅,大学士杨士奇、杨荣、杨溥,尚书胡濙等人,皇帝朱祁镇在东边站着。太皇太后回头对朱祁镇说:“这五个人是先皇选拔出来留给皇上你的,凡是要做什么事一定要和他们商议。”接着,太皇太后又命令召王振到场。这时太皇太后的脸色大变,要杀王振,朱祁镇忙跪地求情,才没杀他。张太皇太后死后,王振就更为肆无忌惮了。侍讲(为皇帝讲学的官)刘球揭发王振的罪状,反被王振抓进监狱。王振又派了个小校进入狱中,割下刘球的头跑了。王振忌恨大理少卿薛瑄,把薛瑄关进了监狱,还要杀了他,大臣们求情才得以免死,放归家乡。后来“三杨”(杨士奇、杨荣、杨溥)都死了,王振变得更加蛮横了。福建平民郑茂七造反,自称为闵王,手下有几十万人,一时震动了朝廷。御史张楷领兵前去杀了郑茂七,宁阳侯陈懋领兵击败了郑茂七的队伍。

正统十四年(公元 1449 年),当时的北方蒙古瓦剌首领也先派使者两千多人送马匹到京,报称是三千人。王振因此发怒,降低了马价。使者回去报告了也先,也先翻了脸,于是发兵进犯明朝边境。侍讲徐理是苏州人,他说:“大祸很快就来了。”他赶紧命令妻子、孩子们往南去回老家。家人不愿意走,徐理生气地说:“你想做鞑子妇吗？”也先派出大批军队进犯，明朝驻守在大同的军队失利，边塞的城堡大多陷落，形势很紧急。王振没有和朝中大臣们商议，就挟天子领兵亲征。大臣们趴在地上上奏章，恳请皇帝留下。英宗不听。七月十七日开始出发，命令太监金英辅佐郕王朱祁钰留守京城。文武大臣都匆匆忙忙跟着走，官军及私属人员共五十多万人。路经居庸关、怀来（今在河北省）到宣府，连日来不是刮风就是下雨，人心惶惶，前方的消息越来越坏，守边将领井原等人的失败报告接连到来。跟随皇帝出征的文武官员联名上奏章，请求皇帝不要再往前走了。王振大怒，命令大臣们前去巡视部队。还没到大同，军中已缺粮，饿死的士兵塞满了道路。到了大同，王振急着想进军，向北行军更加急迫。成国公朱勇跪着行走听从命令，户部尚书王佐整天跪趴在草地上，只有钦天监正（掌观察天文气象、编制历书机构的主官）彭德清斥责王振说：“皇上如果有意外谁来负责？”王振发怒说：“就是有不测也是天命该着！”先头部队西宁侯朱瑛、武进伯朱冕都全军覆没了，王振这才有了往回走的想法，决定第二天回去。大同副总御郭登提议皇上应走紫荆关（在今河北易县西），说那条路有把握。王振不同意。走过鸡鸣山，敌军追赶到了，于是派朱勇领兵五万进行抵御。敌军在山下分成两翼进行了夹攻，一场战斗朱勇的军队没剩下几个。兵部尚书邝野请皇帝的车马快入关，用精兵跟在后面掩护。王振发怒说：“迂腐的儒生懂得什么军事？”第二天到了土木堡（在今河北怀来县西），天还不晚，那里离怀来城有二十里路，原打算进怀来坚守，王振所携带的东西有一千多辆车，在后头没到，所以大军在土木堡停留等待。敌军见明军不再前行，就假装退走了，并派了使者拿着信来讲和。英宗就召去曹鼐写了诏书和他们讲和，并派了两个会说蒙古话的人与使者一同去了。王振紧急传令大军向南走，还没走出三四里路，敌军已四面追来。将士们争先奔跑逃命，军中大乱。敌军骑兵冲入明军中大喊：“脱掉铠甲放下武器的不杀！”结果脱甲扔了武器的人一个也没留下，死尸布满了田野，堵住了河沟。皇帝朱祁镇乘着马突围，没冲出去。朱祁镇下了马，盘腿面向南坐下。有一名敌将想向朱祁镇要衣服、铠甲，朱祁镇不给他，那个敌将就想杀了他。这时,那敌将的哥哥走到跟前说:“这不是一般人。”于是两人带着朱祁镇去见也先的弟弟赛刊王。朱祁镇向赛刊王说:“你是也先吗?还是伯颜帖木儿、赛刊王、大同王呢?”赛刊王听朱祁镇这么一说,大吃一惊。他去见也先说:“部下抓了一个人,很与众不同,该不是大明天子吧?”也先于是招来两个曾经出使中原,见过朱祁镇的人前去辨识,其中有一人一见面就吃惊地说:“这就是大明皇帝。”也先高兴地说:“我曾经向天祷告,请求让大元再次一统天下。明朝天子今天竟落入我手,你们看怎么处理这事?”大家都想杀了朱祁镇,伯颜帖木儿却说:“不行,大明天子在云端里坐,不知老天是什么意思?我们这么想,明军死伤惨重,可他却连点小伤都没负。我知道天意了,我们这些人曾经受过他的赏赐,不如让他回去,让他们派使者来接。一旦他再登宝座,我们岂不有万代之美名了吗?”大家都表示赞同。于是也先把朱祁镇送到了伯颜帖木儿(也先的弟弟)的军营中,令伯颜帖木儿看住了他。

皇帝朱祁镇在皇位十四年时亲自北征,百官随从,英国公张辅、尚书邝野、王佐,学士曹鼐、张益等人都战死了。护卫将军樊忠当时跟随在皇帝身边,他用木棍打死了王振,于是护着皇帝突围,击杀了几十个敌人而战死。战败的消息传到了京城,朝廷、民间都受到很大的震动。皇太后派出使者带着贵重的宝物、纹彩秀丽的绫罗绸缎,皇后钱氏也拿出其宫中所有,送到也先营中,请求放还皇帝朱祁镇,却没了音讯。大臣们愤恨极了,请求杀了王振全家。郕王的命令还没下达,锦衣卫指挥马顺呵斥官吏们赶紧走开。大家说:“马顺是王振的同伙。”于是争着上前来殴打马顺,连打带踢,不一会就把马顺打死了。杀了马顺后,大家又去寻找王振的亲信跟班,姓毛的和姓王的两个太监也被打死了。大家呼喊着,朝堂上乱哄哄。都御史陈镒奉了郕王的命令,抄了王振的家,并在闹市把王振的侄子王山剐成了肉酱。王振家族无论长幼,全都被杀掉了,大家这才安定下来。王振家在京城内外有好几处,房屋从华丽和数量上都比得上帝王的居处。器物与祭服的精美,皇帝的也比不上他的。还有直径达一尺的玉盘十个,珊瑚树高达六七尺,金银六十多库,财物珠宝多得数不过来。

皇太后任用于谦为兵部尚书。也先带着英宗到了大同，向明王朝索要金币，约定金币送到，立即放英宗回去。广宁伯刘安等人搜求公家和私人的金银一万多两去接英宗，等到金银送上后，也先等人又带着英宗离去了。都督郭登打算把英宗夺回来，却没成功。英宗到了塞外，开始在也先营中。也先一开始想加害英宗，还没等动手，一天打雷吓死了也先所骑的青色骟马，因而使他停止了杀害英宗的想法。不久，也先又派人在雪夜里行刺，行刺的人看见一条大蟒蛇缠绕在英宗所在的账外，行刺者因害怕而离去。此后，也先开始敬重英宗了。袁彬、哈铭和卫沙狐狸三个人伺候英宗，为他提供生活需要的东西，这三个人伺候英宗劳苦而周到。明朝方面，皇太后传旨："皇太子年纪太小，不能登基做皇帝。郕王年长，应早登上皇位，以此来安定国家。"于是文武百官纷纷上表，劝郕王朱祁钰登基，终于定下日期举行仪式。己巳年（公元1449年）九月，郕王朱祁钰即了皇帝位，这就是明代宗景皇帝。他遥尊朱祁镇为太上皇，下了诏书大赦天下，把第二年作为景泰元年；尊奉皇太后孙氏为"上圣皇太后"，尊亲生母亲吴氏为皇太后，立王妃汪氏为皇后。也先又派使者给明朝廷送去书信，信中词语非常傲慢。兵部尚书于谦见到代宗流着泪说："寇贼无道，需派将领领兵长驱深入。这样，就应该派有关官员到各地招募士兵，加强训练来弥补先前战死的人数。通州和霸上（今陕西长安东）的仓粮，应当赶紧为官吏们按月支付粮米，以免贼寇占有了而久留。"代宗采纳了他的意见。当初，杨洪、石亨把守宣府，因坐视不救英宗而被抓进监狱。这时于谦为他们求情，赦免他们出狱。代宗命令杨洪仍然把守宣府，石亨统领京城的兵马，让他们立功赎罪。

太监喜宁是鞑靼人，明军在土木堡吃了败仗时，喜宁投靠了也先，把中原的实情都告诉了也先。他为也先做向导，带着英宗向明朝进攻。己巳年十月七日，也先到了大同城下，郭登说："靠着天地祖宗的神灵，国家有了君主。"也先知道大同城的明军有防备，没打就离开了。九日，也先领兵到了广昌（今河北涞源），攻破了紫荆关，朝廷和民间因此人心惶惶。侍讲徐珵当时很有名气,太监金英找来徐珵问计,徐珵说:“看星象天命已去,请皇上把首都改在南京吧!”金英斥责了他,让人把徐珵带了出去。第二天,于谦向代宗上书直言:“京城是天下的根本,宗庙、社稷(指土地庙、谷神庙)、已逝皇帝的陵寝、百官万姓、库藏的物资、金银财宝都在这里。如果一动,大势就去了,北宋向南搬迁的事可以作为借鉴。徐珵胡说,应当斩首。”于是朝廷出榜向人们表明,将要固守北京城。于谦听说敌寇已逼近关口,考虑到各处的粮草非常多,恐怕被敌人占有,于是决定坚壁清野,赶紧派人烧掉,然后上奏给皇帝。也先率军来到京城西北的关外,于谦身披铠甲,身先士卒,把军营扎在德胜门外。他流着泪用“忠义”的道理告诫三军,这使人人振奋,都想出战杀敌。不久,宣府方面的杨洪也领着援兵到了,明军的声势使敌人震惊。当时明朝各军有二十二万人分布在京城周围,敌军见明军强盛威严,不敢轻易进犯。石亨从安定门出去和他的侄子石彪拿着大斧冲进敌人中心部位,所向披靡,敌人向西退却。石亨追战到城西,敌人又向南退却。神机营的都督范广命令人用飞枪、火箭攻敌,杀死杀伤很多敌人。于谦派出侦探消息的人,得知英宗朱祁镇不在敌军阵中,于是他命令石亨等人当天夜里抬去大炮轰击敌营,这使敌军死了上万人,也先带着英宗向北逃去。鞑靼主脱脱不花听到这一消息就没敢入关,逃跑了。京城解除戒严状态,杨洪等人领着军队回到了京城。代宗封杨洪为昌平侯,石亨被封为武清侯,于谦也加官为少保,让他总管监督军务。

也先挟持英宗向北而去,到了小黄河苏武庙,伯颜帖木儿的妻子阿挞剌·阿哈剌让侍女设立帐篷迎接英宗,杀了羊用酒食款待他。不久,英宗朱祁镇过生日,也先为他祝寿,送给他莽皮衣、貂皮衣,设筵款待。哈铭、袁彬常常和英宗住在一起,冬天天气太寒冷,每天夜里英宗都让袁彬用胳肢窝给他温脚。一天,英宗让哈铭去找伯颜帖木儿的妻子,让她劝伯颜帖木儿把他送回明朝。哈铭常常安慰英宗不要忧虑,忧虑会得疾病。太监喜宁怂恿也先骚扰明朝边境,并且不愿意让英宗回去,英宗恨透了他。喜宁还忌恨袁彬,他诱骗袁彬出营，将要杀了袁彬，英宗得了消息，赶紧去救，袁彬才免了祸。于是，英宗和袁彬谋划锄掉喜宁，定下了一计，派喜宁到京城传达命令，要所需要的春衣，让军士高磐和他一起去。英宗写了封密信系在高磐的大腿上，路经宣府，好让总兵等官员用计擒获他。喜宁来到宣府，宣府参将杨俊出面招待喜宁，在城下喝酒。高磐突然抱住喜宁大喊，并拿出绑在大腿上的密信。杨俊于是让人绑起喜宁，送到京城杀掉了。也先听说明朝廷杀了喜宁，就和赛刊王等人分几路向明朝边境进攻。大同的参将许贡请朝廷派使者与瓦刺（也先所在的蒙古部落名）重归于好。兵部尚书于谦说："不论从道理还是从形势来讲，都一定不能和他讲和。"代宗认为于谦的意见很对，于是各边境的将领们都准备作战守城。由于作战没取胜，也先觉得再挟持着英宗不会进一步得到好处了，这才开始打算把英宗送回明朝。也先派他的参政完者脱欢等人带着书信到明朝廷请求讲和，代宗下了诏书，用礼科给侍中（给侍中为内廷的七品官员）李实为礼部右侍郎，充当正使，罗绮为大理寺少卿，充当副使。让他们携带着盖有皇帝玺印的文书到也先那里。玺书中只谈到了停战讲和的事，没说英宗的事。李实等人到了也先的大营，见到也先，宣读玺书完毕，就由人领着去见英宗。英宗住在伯颜帖木儿营，所住的是毡子帐篷，吃喝是牛羊肉和乳酪，有一辆为了迁移营地用的牛车，身边只有袁彬和哈铭。李实等人见了英宗哭了，英宗也哭泣。英宗说："朕不是为了游玩、打猎出来的，所以弄到这种地步，都是王振害的。"英宗询问了太后、代宗和皇后的情况，又问了几个大臣。英宗又说："也先想放我回去，卿等回去报告朝廷，把这事办好。"天晚的时候，李实等人回到也先的营地住宿，也先招待李实等人喝酒。李实等人向也先说明了打算接英宗回去的意思，也先说："南朝派你们来是慰问的，不是让你们接走英宗的。如果愿意让他回去，就赶紧派够格的大臣来。"李实等人于是告辞了。瓦刺这时又派出使者议和，朝廷又派了右都御史杨善、中书舍人（类似于内阁的机要秘书，可参决政事）赵荣前去回访，在半路上遇到了将要回去的李实等人，李实把情况作了报告。杨善说："这事好办了，即使代宗的信里没写，也可以灵活办成这事。”杨善等人到了也先的大营，也先非常高兴，杨善于是向也先提出请求，要求放英宗回京城，说了千言万语。最后，也先高兴地答应了。也先的平章昂克问杨善：“接走英宗你们带了什么礼物？”杨善回答说：“要是拿了财物来，后人都会认为你们是贪图钱财。如今我们什么东西也没拿就接走英宗，把这事写进史书里，后世的人都会称赞你们。”也先认为杨善说得对。第二天，也先设宴为英宗送行，也先的妻妾一个接一个的为英宗敬酒。这天过去，也先又宴请明朝廷使臣。这一天又过去了，伯颜帖木儿又设宴为英宗送行。这一天过去后，伯颜帖木儿也宴请了明朝使臣。第二天，英宗开始动身，也先率领头目们围着英宗跪拜告别。伯颜帖木儿送英宗到野狐岭（今在河北张家口市万全区西北），伯颜帖木儿痛哭了很长时间才依依不舍告别离去，并且命令部将率领五百骑兵护送英宗到京城。庚午年（公元 1450 年）八月，英宗进入塞内。礼部商议迎接英宗按什么礼节，最终也没定下来。英宗先派出使者通知，避免群臣前去迎接他。百官来到安定门等候，迎接英宗。英宗从东安门进入京城，代宗前去迎接，并向英宗敬礼，英宗也还了礼。两人各自说了今后对皇位的想法，谦逊地推让了很久。代宗送英宗回南宫，群臣去见了英宗后都离开了。之后，代宗下诏，大赦天下。景泰二年（公元 1451 年）正月，百官请求去拜见英宗，代宗不允许。代宗命令靖远伯王骥领兵防守南宫。北边的敌对武装派人到明朝廷讲和，请求用所掠走的男人、妇女来换米，每个人换一石。广州的造反人黄萧养瞎了一只眼，却很有心计。他在狱中所睡的竹床忽然间长了竹芽，大家认为这是吉兆，都去亲附他。黄萧养于是越狱造反，多次击败官军，占据广州称王达几个月。都督董兴等人领兵把黄萧养的队伍击败了。代宗把英宗的太子朱见深贬为沂王，立了自己的儿子朱见济为皇太子。代宗又废了皇后汪氏，立了妃子杭氏为皇后（杭皇后是朱见济的生母）。没多久，皇太子朱见济死了。南京大理寺少卿廖庄上书，请代宗时常去看望英宗，以便加深两人的感情。御史钟同、礼部仪制司郎中（郎中是部里司这个部门的主官）章纶都请代宗去看望英宗，并要求恢复朱见深的太子地位，结果都被抓进监狱。

御史高平对代宗说南宫南城树太多，恐怕以后会出事。于是代宗下令把那里的树都砍伐掉了。当时正是盛夏时节，英宗常倚着树休息，树被伐掉，英宗知道了原因后，使他非常害怕。这时，少保于谦因生病请了假，代宗派太监兴安和舒良去看望他，见于谦的生活很俭朴，两人深有感触，回去向代宗反映了情况。代宗决定，于谦缺啥少啥，都由国家供给。

天顺元年（即代宗景泰八年，公元1457年）正月，代宗生了病，因继承皇位的人还没定下来，使朝廷和民间都很担心。兵部尚书于谦每天都和朝中大臣上书，请求赶快立太子。石亨知道代宗这一病一定不会再起来了，考虑到请求立太子不如请英宗再登皇位，这样就可以得到功劳和赏赐。于是他和都督张軏、太监曹吉祥谋划让英宗复辟，又找了太常卿（管陵庙祭祀、礼乐、天文等部门的主官）许彬商量，许彬又请他们找徐元玉（元玉是徐有贞的表字，徐有贞是前文提到的侍讲徐理改名后的名字）商量。石亨和张軏在正月十四日夜里到了徐有贞家，徐有贞说："你们合计的这事，英宗也知道吗？"石亨和张軏说："昨天已秘密地告诉了英宗，但还没答复。"徐有贞说："需要等到英宗的回复才可以。"于是石亨和张軏告辞出了门。到了十六日晚上，两人又去找徐有贞说："英宗答应了。您看这事怎么办好？"徐有贞于是上到房顶看了看天象，就赶快下了房说："事情的机会就在今天晚上，不可错过！"这一时期，赶上边疆的官吏报警，说有北方的敌人要进攻京城。徐有贞、石亨、张軏、张輗与王骥、杨善、陈汝言等人借着防备北方敌人为名，暗中联合了太监曹吉祥、蒋冕等人告知孙太后，收起各门的钥匙。夜里四更，开了长安门，放进了一千士兵，宿卫的人都很吃惊，不知这是干什么。石亨等人率众到了南宫拆墙，砸坏门进去，一起簇拥着英宗上了车，进入大内。把门的人拦住了他们，英宗说："我是太上皇。"把门的人一听，不敢拦了。到了奉天殿，英宗登上了皇帝宝座，鸣钟、敲鼓，召集群臣，打开了所有的门。这天众官上朝，等候代宗到来商议立太子的事。徐有贞对众人说："太上皇已复位了。"众官们一听，大吃一惊，随即当场表示祝贺。代宗听到了钟鼓声也大惊，后又听说是为太上皇，就连声说：

“完了,完了!”第二天英宗到朝,下了诏书把“景泰”八年改为“天顺”元年,把少保于谦和王文关进监狱。英宗因于谦有功,不忍心杀了他,可是石亨、徐有贞和于谦有仇,一定要杀他。于是于谦与王文、范广,以及太监舒良、王诚、张玉、王勤一同在闹市斩首,妻子儿女都被发配到边地。英宗接着又封赏功臣,封石亨、张軏、张輗、杨善等人为公、侯、伯等。因陪护的功劳,提升哈铭和袁彬两人一起做了锦衣卫指挥佥事。英宗又恢复了廖庄、钟同等人的官职,并照顾他们的一个儿子进入太学学习。英宗恢复了原太子朱见深的皇太子地位,又贬代宗仍然为郕王,代宗的皇后降为王妃,让代宗迁到西内居住。代宗不久就死了。代宗朱祁钰在位七年,死后埋葬用的是亲王的葬礼。景帝代宗了解人,也会使用人,在外倚靠于谦,在内信任兴安,他不动声色使明朝天下由危转安,可以说是个英明的君主。只是他本性中也有不足之处,这才使奸臣给他造成了这场灾祸,实在可惜。

曹吉祥和石亨两人对徐有贞不满,把徐有贞贬到了云南。徐有贞离开后,曹吉祥和石亨更加蛮横了。后来,曹、石两人败落,徐有贞才得以放回京城。英宗也知道石亨等人骄傲、放肆,在没有其他人在场时,他和大学士李贤谈起了这事。李贤对英宗说:“权力不可下放,只有独断才可以。”英宗说石亨等人有夺门的功劳,李贤回答说:“景帝已经卧床不起,群臣就应当上表请陛下复位,哪里用得着夺门?这些人只是靠着陛下图富贵罢了!假如当时的事情泄露,这些人本不足惜,就不知陛下会怎么样了。”英宗听了李贤的这番话后,就逐渐疏远了石亨等人。后来,忠国公石亨和定远侯石彪合谋造反,事情被发现,两人被抓进监狱,在监狱里死了,他们的同党也被抓起来杀了。大太监曹吉祥和他的侄子昭武伯曹钦也打算谋反,事情败露,英宗在宫内抓起了曹吉祥。曹钦领着人与官军在东华门大战,曹钦被打得大败,投井自杀了。曹吉祥被绑到闹市用磔刑杀死,同谋的人也都被处死,曹家被抄。当时有河套(今内蒙古和宁夏境内贺兰山以东,狼山和大青山以南的黄河沿岸地区)空地三千里,没有人守卫,北方人突然占据了这块地方,于是成了中原地区的大患。英宗生了病，不久就病危了，重新做了八年皇帝后死了。英宗前后共在君位二十二年，活了三十八岁。英宗先是宠信王振，后来又宠信曹吉祥和石亨，政治方面不足称道。晚年任用李贤，听其言，纳其谏，对人亲善，不放纵，爱百姓，美事善事还很多。

太子朱见深即了皇帝位，这就是明宪宗纯皇帝。他把第二年改为成化元年（公元 1465 年），给英宗的皇后钱氏上了尊号叫慈懿皇太后，尊亲生母亲周贵妃为皇太后。钱皇后没儿子，本性认真，不妒忌。英宗被掠到北方后，钱后每夜悲痛拜天，疲倦了就躺在地上，因而废了一条腿，因哭泣太多，又瞎了一只眼。当时她拿出宫中所有财物，作为换回英宗的费用。英宗再次登上皇位后，她对待代宗的皇后更加以礼相待。宪宗立了吴氏为皇后，不久又废掉了她，转而立了王氏为皇后。后来纪妃生了皇太子朱佑樘，由于已废的皇后吴氏谨慎地保护，才避开了万贵妃的毒手。后来万贵妃的儿子朱祐极死了，这才立了朱佑樘为太子。一天，纪妃突然死亡。宪宗下诏书，恢复于谦的名誉、官职，并派出使臣去祭祀了于谦的墓，又任用于谦的儿子于冕为代代相继承的千户，于谦的女婿朱骥等人也各自得到了被没收的家产。刘千斤在荆州、襄阳一带率众造反，人数达到了四五万人，被抚宁伯朱永等人领兵镇压了。又有陕西周原（今陕西凤翔岐山南）的土司满四占据了石城造反，被右副都御使项忠镇压了。襄阳李胡子造反，也被项忠领兵镇压了。

宪宗刚开始的最初几年，任用李贤、彭时、商辂等人，天下得到了治理。随后宪宗宠爱上了万贵妃，万贵妃认了万安为兄弟，于是安插万安到内阁这种政务机构做事。罢谁的官，升谁的职都由他说了算。宪宗又设置了“西厂”，命令太监汪直做提督，专门刺探外面的事情。汪直于是开始给人虚构罪名，陷害无辜。汪直把提督陈钺、威宁伯王越作为自己的帮手，亲近自己的人就加以任用，否则就排挤走，权势非常大，天下人都怕他。宪宗命令汪直掌管京城禁军中的精锐部队，汪直还想在外立功，在边境上闹事。当时有个叫阿丑的朝廷官员，为人风趣，常常为宪宗皇帝演戏，大有汉武帝时代东方朔委婉规劝君主之风。有一天，阿丑扮演醉人酗酒：一个人骗他说,某一大官来了。阿丑像没听见似的,仍耍酒疯。过一会儿那人又说:“皇帝驾到。”阿丑也像没听见似的,还在撒酒疯。不一会儿那人又来说:“汪太监来了。”这时扮醉酒的阿丑立即规矩了起来。旁边有个人问他:“天子驾到你不害怕,却怕汪太监,为什么?”他回答说:“我只知道有汪太监,不知道有天子。”从此,汪直在宪宗面前渐渐失宠。当时王越、陈钺讨好汪直,三人结为死党。有一天,阿丑又扮演汪直,手拿双斧,步伐有节奏地走着。一人问他为什么这样,他回答说:“我使用兵器,只仗这两钺(钺就是一种斧)罢了。”那人又问:“你的钺叫什么名字?”阿丑回答说:“一个叫王越,一个叫陈钺。”宪宗听后,微微一笑。于是,御史徐镛等人揭发汪直欺骗蒙蔽皇上,乱用权力,擅自在边境地区惹是生非,于是宪宗就赶走了汪直和他的同伙。为此,中央和地方的人无人不称大快人心。宪宗沉迷于房中术,宠信妖僧继晓,为此赐给了继晓十多个美女以及无数金银财宝。刑部员外郎(相当于今天的副司级干部)林俊对宪宗进行劝谏,宪宗大怒,把林俊投进监狱。经历(官名,掌出纳公文)张黻议论要营救林俊,于是张黻也被投进了监狱,各打了他们几十大板,还想杀了他们。当时有个太监叫怀思,皇上让他执行这事,怀思常以忠直的态度给宪宗办事,叩头争辩说:“自古从来没有哪朝哪代杀劝谏官员的,臣子我不敢遵旨。”宪宗大怒,拿起御砚扔向怀思,林俊两人的冤狱这才得以解脱。宪宗又因道家用来治病的所谓神水而宠信江西人李孜省,提升他为礼部侍郎,掌管通政司(为朝廷喉舌之司,掌受事、封驳和引进)的事务。主事(职位在员外郎之下)张吉、舍人(明代舍人的工作仅是缮写文书)丁玑等人上书劝谏,都被赶出京城,到别处任职去了。当时有个东宫太监叫覃吉,总是用正道辅导太子,他说:“我老了,哪里还想望富贵?只要天下有贤主就够了。”宪宗朱见深还算英明,使天下无事,可惜的是喜欢宠用奸邪小人。宪宗在君位二十三年,活了四十一岁而死。

太子朱佑樘即了皇帝位,这就是明孝宗敬皇帝。他把即位的第二年改为弘治元年,尊奉宪宗的太后为太皇太后,皇后为太后,立了自己的妃子张氏为皇后,不久又追尊亲生母亲纪氏为太后。因养育的功劳，孝宗对前朝所废的吴氏用太后的礼节相待。李孜省、僧继晓被处决。一天，孝宗在宫中发现一个小箱子，打开一看里面全是“房中术”的用品，上面写着“臣安进”三个字。孝宗派内监怀思拿着这个箱子来到万安所在的衙门，拿给万安说：“这可是你干的吗？”万安惭愧得直流汗，一句话也说不出来。怀思摘掉了万安所挂的进出宫门的牙牌说：“请出去吧！”万安这才惊惶地跑回家去。孝宗谨慎、英明、仁慈，奉行简朴的生活，节欲爱民，尊重贤能的人，能听进别人的劝谏，即位的当初，任用徐溥、刘健进入内阁，王恕进入吏部。从此，李东阳、谢迁、邱浚、马文升、刘大夏、戴珊、王鏊、杨廷和、林俊、杨一清等众贤人都进入了朝廷工作，大家同心协力辅佐孝宗，天下安宁，几乎达到了无人犯法的程度。孝宗死后，从中央到地方，人人悲哀。孝宗病重时，召刘健、李东阳、谢迁等人接受临终遗命。刘健等人跪在御榻下叩头，孝宗说：“张皇后所生的皇太子年龄十五岁了，本性聪明，只是好玩乐。先生们须多请他读些书，辅佐他做个好人。”刘健等人磕着头说：“臣等岂敢不尽力！”乙丑年（公元 1505 年）五月，孝宗朱佑樘死了。他在君位十八年，活了三十六岁。

太子朱厚照即了皇帝位，这就是明武宗毅皇帝。他改第二年为“正德”元年，尊宪宗的皇后为太皇太后，尊孝宗的皇后为太后，立了妃子夏氏为皇后。武宗命令刘瑾掌管司礼监，监管京城的精锐部队。刘瑾是陕西兴平人，原本姓淡，在代宗景泰年间，自己请人做了阉割手术，刘太监收留了他，于是继承了刘太监的姓。武宗在东宫做太子时，刘瑾因给武宗演戏演得好，被武宗所喜爱。武宗即位后，刘瑾日夜和同伙八个人扮演狗、马、鹰等，并用歌舞、角斗戏来娱乐皇上，武宗很亲近他们和他们游戏无限度。大学士刘健、谢迁、李东阳等人上书进行恳切地劝谏，武宗听不进去。户部尚书韩文也联合大臣们上书劝谏。太监王岳也是武宗做太子时的旧人，他本性一向刚直，和太监范亨、徐智等人打算协助外廷的大臣们除掉刘瑾等人。刘瑾知道了这事后，向武宗告了状，于是把王岳等人赶到南京去，在半路上派人杀了他们。刘健、刘大夏、谢迁因此各自上书，辞去官职回乡了。武宗罢了韩文的官，又把劝谏他的臣子吴翀、戴铣、薄彦徽等人抓进监狱,并削职为民。兵部主事王守仁对武宗直言相谏,被打了五十大板后贬到贵州龙场(在今修文县境内)做了驿丞(管驿站的官)。刘瑾总是在武宗看戏听曲的时候多上外廷的奏章来让武宗批复,武宗这个时候总是说:“我哪里用得着你干这事,总来烦朕!”几次之后,刘瑾就对奏章自作主张了。刘瑾假传皇帝的诏书,在朝堂上公布了“奸党”名单,其中有刘健、谢迁、韩文、李梦阳、王守仁等五十五人。并追夺去刘健、谢迁、马文升等六百七十五人受封时的命令书,把他们贬退为民,送去充军。正德五年(公元1510年)二月,皇族安化(今甘肃庆城)王朱寘镭(朱元璋之子朱栴的重孙,属皇族第五代,武宗朱厚照为第八代)以讨伐刘瑾为名,在宁夏一带起兵造反。武宗起用都御史杨一清,同时命令太监张永和他一起领兵去讨伐朱寘镭。八月的时候,朱寘镭被捉,杨一清于是秘密说服张永,让他请皇上杀刘瑾,并教给张永说:“公公领兵回京城后,请求和皇上你们两人密谈宁夏的事,皇上一定会问公公,公公就在这时交上朱寘镭的文书,趁机说刘瑾扰乱国政,图谋不轨。皇上英明,一定会醒悟。只是这事要快办,要是稍微迟缓而机密泄露,大祸很快就会临头了。”张永爽快地答应了。回到京城后,杨一清向武宗献上俘虏,武宗在东华门迎接了他们,接着又设宴招待他们,刘瑾先离开了。张永掏出怀里的文书,对武宗说是刘瑾激发了宁夏事变,刘瑾图谋不轨。张永的同伙张雄、张锐也都指责刘瑾。武宗有所醒悟,准了张永等人的上奏,当天夜里就命令禁军逮捕刘瑾。当时是三更天,刘瑾睡得正香,禁军撞开了刘瑾的房门,刘瑾穿上衣服赶紧往门外跑,结果当场被捉住,关进了监狱。第二天,武宗下了诏书,命令刘瑾到凤阳闲住。武宗开始并不想杀他,等到抄刘瑾家时,得到黄金二十四万锭,另有五万七千八百多两;银元宝五百万锭,另有一百五十八万三千六百多两;宝石二斗,又有金甲、玉带、蟒衣(供内阁大臣所穿的袍子)、衮袍(帝王及公侯的礼服)、盔甲、弓弩等物,非常多。武宗大怒说:“刘瑾果然要造反!”于是下令凌迟处死了刘瑾,他的亲属也全被斩首,刘瑾的同党吏部尚书张彩死在狱中。武宗又罢免了大学士刘宇、曹元、焦芳等人的官,并在官籍中除名,变成了普通百姓，天下为之大快人心。

当年，霸州文安县（今在河北省）的张茂家里有楼房，房里有夹墙，还挖了许多深窖。刘六、刘七、齐彦名、杨虎等人都去投奔他。张茂与宫中的太监有交情，曾经进入豹房观看武宗踢球，郡县的官吏都拿他没办法。至此，御史宁果趁张茂没防备时逮捕了他，并折断了他的大腿。刘六、刘七等人劫狱救出了被捕的齐彦名等人，一起造了反。一时，贫苦百姓都纷纷响应，队伍达到了几千人，占据了霸州文安县。文安县有个秀才叫赵鐩，外号赵风子。他藏在河水中准备袭击刘六等人，刘六等人到达时，他杀伤两人，被刘六等人抓获。于是他和他的弟弟赵镭、赵镐一起投了刘六，并召集起亲朋好友一起参加。这支队伍在京城辖区内的州县活动，并向北进军，京城开始戒严。不久，赵风子和刘六等人分兵进攻河南和山东的州县，又攻打徐州、淮西，官军屡次遭到失败。武宗命令太监谷大用总管军务，调动宣府、大同地区的边防兵加以攻打。大同的游击（军营将官）江彬是宣府人，他骁勇、狡猾、阴险，专门杀掠百姓来邀功请赏。刘六等人乘船到了南通州狼山附近（今江苏南通长江北岸），遇上了飓风，船被掀翻，船上的人大多被淹死了，没被淹死的人也都被官军所擒杀。江彬领着军队回京，他贿赂了太监钱林，才被钱林领到豹房见到了武宗。江彬机警，善于迎合皇帝的心意，武宗很高兴，把他留在了身边，提升他为左都督（武官，秩正一品）；江彬又冒充国姓朱姓，被武宗认了义子。江彬还引诱武宗便装出行，武宗玩老虎，被老虎咬伤，卧床达几个月。江彬对武宗说宣府有令人欢快的场所，引诱武宗出了居庸关。到了宣府以后，江彬为武宗造了镇国府第，把豹房里的珍玩、宫中服侍皇上的女官也带了去。武宗常常夜里出门，见了高门大户，就进去宣淫其妇女。江彬也加紧寻找民间美妇来献给武宗。武宗快活地不再想京城，把宣府叫作“家里”。后来武宗回到了北京，不久又想往北走。武宗竟然自称为“威武大将军”，假冒太师镇国公朱寿去巡视边境，命令内阁的杨廷和、梁储等人起草皇帝诏书。梁储等人说国君不可以叫“大将军”，不肯为他写诏，武宗于是只好自己称自己为“大将军”了。武宗到了宣府，又到了大同，最后到达陕西的榆林才返回去。武宗认为南方多美妇，于是又下命令南巡。

当年，宁王朱宸濠(即前面所提到的大宁王朱权的后代)通过行贿手段得到了护卫队伍和屯田获得军粮的机会，就常想着造反夺权，朝廷大臣们对此很担忧，于是起用王守仁为佥都御史(都察院的佐官)，去巡视安抚南赣、汀州、漳州等地方。王守仁又请求担任提督一职来管军务，朝廷也答应了。这时武宗要南巡，致使朝廷内外人心惶惶。正赶上御史萧淮揭发宁王不法的事，宁王朱宸濠得到消息后，就和他所亲近的乡宦李士实、举人刘养正举兵造反了。宁王的娄妃流着眼泪规劝他，宁王根本听不进去。宁王等人用计杀了守臣孙燧、许逵等人，占据了南昌。宁王又派闵念四、吴十三等人夺取兵船，顺流去攻打南康(治所今江西星子)、九江，都打了下来。朱宸濠亲自率兵攻打安庆(在今安徽省)，安庆知府张文锦等人率领众人死守。提督南赣军务都御史王守仁和吉安知府伍文定等人领兵讨伐朱宸濠，他们带着队伍直接去袭击南昌，朱宸濠于是丢下安庆去救南昌。在鄱阳湖一带，王守仁领兵与朱宸濠军队作战，把朱宸濠军打得大败。王守仁活捉了朱宸濠，装进了囚车，他的娄妃跳水而死。朱宸濠后悔地说："从前商纣王听了妇人的话而死，我今天没听妇人的话而死，后悔哪来得及!"这时，王守仁得胜的消息还没传到京城，武宗想到南方游玩，于是他下诏要亲自去征讨朱宸濠。军队驻扎到良乡(今在北京房山)时，王守仁的捷报才到。武宗命令传捷报的人回去，等他到了南京再报告。梁储、蒋冕竭力请武宗回京，武宗不听。王守仁从南昌出发，将要向皇帝献俘，太监张忠、朱泰等人对王守仁说："应当把俘虏放回鄱阳湖一带，等待皇上亲自和他们决战，然后奏响胜利凯歌，论功请赏。"王守仁不再听他们乱说，乘夜过了玉山(今在江西省)，张永已在杭州等候他了。张永对王守仁说："我到这里来，只因皇上身边有一群小人，因此想调和保护您，并暗中辅佐皇上。我不是为了功劳而来的，只要皇上能顺我意而行，还可以挽回一点，不然的话，白白激怒小人，那就一点用处都没有了。"王守仁对张永的话深信不疑，就把朱宸濠等人交给了他。后来，张忠、朱泰多次假传皇帝的命令召王守仁，王守仁都没去。于是他们就向武宗进谗言说："王守仁一定会造反，不信就试着召他，他一定不会来。"张永听说了，就秘密派人赶紧给王守仁报信，结果武宗一招呼，王守仁很快就到了。张永又从中调和维护王守仁，武宗说："王守仁是个道学中人。"于是仍命令王守仁回江西。

武宗在南京待的时间一长，又有了游览苏州、杭州、在江浙坐船游玩，观绍兴、游览洞庭湖、湘江，登上武当山的念头了。杨廷和、毛纪请求武宗回京，梁储、蒋冕等人也流着眼泪请求武宗回京，坚持跪着不起来。武宗不得已听从了。张永请王守仁重新向武宗报捷，朱宸濠和他的同伙都被斩首了。后来，世宗朱厚熜嘉靖元年，重提平定朱宸濠的功劳封了王守仁为新建伯。正德十六年（公元 1521 年）正月，武宗回到京城。江彬开始向武宗进献淫药，武宗吃了后，一天要和十几个女子发生关系。三月间，武宗得了病，不久就病危了，死在了豹房。武宗在位十六年，活了三十一岁。太监陈敬、苏进跑去报告慈寿太后，把武宗的灵柩移到了大内。太后下了懿旨，在闹市把江彬五马分尸。在抄没江彬家时，搜出黄金七十柜，每柜一千五百两，白银两千二百柜，其余的珠宝、首饰、宝玩之物就无法数得清了。武宗没留下后代，太后召去大学士杨廷和等人商议，传下武宗遗旨，立了武宗的叔叔兴献王朱祐杬的大儿子朱厚熜作为接班人。夏季四月，朱厚熜来到京城即了皇帝位，这就是明世宗肃皇帝。他下了诏令把第二年作为嘉靖元年，又命令礼部准备高规格的祭祀兴献王的祭礼。杨廷和等人请求世宗以去世的孝宗作为父皇，兴献王及其王妃作为皇叔、皇婶。世宗说："父母可如此互换吗？还是再议吧！"这样，历时三年，世宗坚决用兴献王作为皇考，而以孝宗为皇伯父。观政进士张璁、南京主事（掌文牍、杂物，从六品）桂萼都迎合世宗的意思，上书说兴献王应该用先皇的大礼祭祀，这使世宗非常满意，把两人很快提升为学士。大学士杨廷和、蒋冕等人力争无效，于是辞官回家了。毛纪、石瑶、丰熙、马理等人竭力劝谏，世宗根本听不进去。何孟春、王元正、杨慎等二百二十多人都跪趴在左顺门，高呼太祖皇帝、孝宗皇帝，声音响彻大殿内。世宗派司礼太监赶他们走，没有人服从。杨慎、王元正摇动奉天门大哭，群臣也跟着哭，哭声震动朝廷。世宗大怒，命令把为首的发送到边地充军，四品以上官员剥夺薪俸，五品以下的还要挨板子。于是祭祀兴献王朱祐杬的大礼定下了，用孝宗为皇伯考，昭圣太后张氏为皇伯母。世宗追尊父亲兴献王为"恭穆兴献皇帝"，称为皇考，现封母亲蒋氏为章圣太后，祖母宪宗的贵妃邵氏为寿安皇太后，立了妃子陈氏为皇后。陈皇后七年后死了，世宗又立了妃子张氏为皇后，后来又废了张皇后，另立了德妃方氏为皇后。有一次，世宗到曹妃宫里就寝，睡着后，宫中婢女杨金英等人想杀了世宗，用丝带勒住了世宗的脖子。有个宫中婢女叫张金莲的赶紧去报告了太后，太后派人去救，世宗才没被勒死。事后，连曹妃也一起用磔刑处死了，世宗总是认为冤枉了曹妃。

田州（治所在今广西田东）土司岑猛造反，两广总督姚镆对其进行了镇压，杀了岑猛。不久，岑猛的同伙芦苏、王受又起来造反，世宗命令王守仁做两广总督，把造反者镇压下去了。嘉靖十四年（公元1535年）开澳门葡萄牙通商地，每年葡方付租地银两万两，三十二年（公元1553年）又扩展了澳门租地。世宗最初任用张敬孚（张敬孚是张璁改名后的名字）、桂萼等人，这些人奸邪谄媚，玩弄权术。后来世宗用夏言为大学士，夏言忠诚为国，可他没多久就罢免了夏言，任用了严嵩为大学士。严嵩窃弄威权，朝廷内外的官员如果要向皇上陈述意见，一定得先让严嵩知道内容，严嵩答应后才能上奏给皇帝。于是带有副本的奏折和打包向他行贿的财物，从四面八方不断地送往严嵩家里。御史叶经揭发严嵩的罪状，严嵩却使叶经激怒了世宗，使世宗杀了叶经。严嵩的儿子严世蕃也专权收受贿赂，世宗暗中听到了点儿严氏父子不法的事，就再次起用了夏言，职位在严嵩之上。这样一来，严嵩恨透了夏言。都御史曾铣在一天夜里打进了北方敌人的巢穴，打了个大胜仗。曾铣又主张收复河套地区，夏言非常赞同。恰在这时北方敌人进犯，大肆掠夺。仇鸾攻击曾铣说，是他挑起了边境事端。严嵩说祸是曾铣惹的，又有夏言的支持。法司议定曾铣为失陷城池罪，夏言为通敌罪，都被判处斩首，妻子、儿女流放到三千里外。天下人都为他们鸣不平。仇鸾用重金贿赂严世蕃，做了宣大（宣府、大同）总兵。北方敌对势力俺答进犯宣府地区，先从蓟州（包括今天津的蓟州区，河北的三河、玉田和丰润）进入古北口（在北京密云区东北，为长城隘口之一），转而抢掠怀柔、顺义，于是逼近通州，又向西渡过北运河直接逼近北京，大肆抢掠金银、丝绸和百姓后回去了。仇鸾一开始谎称把敌人击败并赶出了境外，后来事情败露，严嵩把罪责推给了兵部尚书丁汝夔，把他杀了。两年后，俺答又领兵进犯大同和蓟州。徐阶上奏告仇鸾通敌误国，后来把已死的仇鸾从坟墓里挖了出来，把尸体砍成了碎块，抄了他的家，全家人都在闹市被斩首。倭寇进犯浙江。"倭"就是日本国，其国有五畿、七道、三岛，分为五百七十三郡；名字虽说叫"郡"，实际不过像中国的一个村镇罢了。鄞县（在今浙江宁波）人宋素卿早年跑到了日本，教日本人侵掠中国。当时又有个徽州（今安徽歙县）人因犯事逃命到海上，受到了倭寇的喜爱和佩服。倭寇有勇，并有些刚直而蠢，不怎么怕死，每次作战都光着身子，提着三尺刀挥舞上前，善于以少击众，无人能抵挡得了。领头的都是浙江、福建人，他们奸淫掳掠，饮酒时观看裸身妇女，百姓大受其害。工部侍郎赵文华请求朝廷祈祷海神，以便杀贼，于是把他派到了浙江。他一到浙江就欺压当地官吏，搜刮财物，官府、民间都大受其苦。总督张经在嘉兴（今在浙江省）把倭寇打得大败，几乎消灭干净了。赵文华因为张经不是自己人，反而向皇帝告他轻视敌寇，祸国殃民，因此杀了张经。倭寇抢掠浙江、江南福建、广东、山东等地区，没完没了。后来靠总兵戚继光、俞大猷等人领兵奋力作战，在福建的平海卫（今福建泉州）把倭寇全部歼灭了，沿海地区才太平了。

当时大学士严嵩和他的儿子太常卿（掌宗庙礼仪的长官）严世蕃，家中仆人严年、门客罗龙文、牛信以及严嵩的弟子门生赵文华、鄢懋卿、万寀等人揽权纳贿，中伤好人，颠倒是非。厉汝进、徐学诗、王宗茂、杨继盛、沈链、吴时来、张翀、董传策等人前后上书揭发这些人的罪恶，结果有的被降职，有的被害死，有的被发配到边境充军。于是朝廷中官员都害怕严嵩，不敢说他的不是。内阁大臣吕本也投靠了严嵩,专权达二十多年。后来皇帝朱厚熜对严嵩等人也有了怀疑,逐渐开始亲近徐阶。御史邹应龙上书揭发严世蕃内外勾结、收取贿赂等许多不法之事,以及严嵩扶植自己的党羽,有德有才的贤人得不到任用,溺爱恶行的儿子等事情。世宗看后,心里有所触动,于是他命令严嵩辞去官职,把严世蕃投进监狱,把鄢懋卿等人交给了法司,只有赵文华在这之前因得罪了严嵩而离职,所以没在抓捕之列。严世蕃因贪污受贿被发配到雷州(即今广东的雷州半岛)去守边,严氏的爪牙罗龙文、严年等人也都被列入发配名单。严世蕃等人都没有到边地去,竟然回到家乡聚集工匠大盖房屋。推官(专管一府的刑狱)郭谏臣因公事路过严嵩家乡时发现了这一情况,于是向御史林润作了报告。林润于是向皇帝上书说:“臣巡视上江,发现江洋盗贼大多都在逃避戍边的罗龙文家里。罗龙文经过占卜,在深山里搞建筑。他乘坐漂亮的车子,穿蟒袍,暗藏反叛之心,还推举严世蕃做首领。近来以盖房为名聚集众人达四千人,道路喧闹,都说将要变乱。”林润的书上达后,世宗立即命令林润去抓捕。林润抓获了严世蕃、罗龙文等人送到了京城,送到法司进行审讯。徐阶大致问了一下,没等他们认罪,就向皇帝作了报告,说:“这事已经调查清楚,这些人勾结倭寇,阴谋反叛,请求依法处置。”世宗同意了。于是下令把严世蕃、罗文龙在闹市斩首,查抄他们的家,从他们家中搜出的金银珍宝成堆,几乎可以和国库相比。万寀、鄢懋卿都被发配到远方充军。严嵩住在别人家里也死了。朱厚熜自从即了皇帝位后,喜欢道术。一次,宫中出现“黑青”妖。方士陶仲文治它很有效果,世宗非常尊重宠信他,几次给他升官到吏部尚书,还封他为恭诚伯。陶钟文死后,世宗又宠信方士王金、陶仿、刘文彬、申世文、高守中、陶世恩等人。晚年斋居西苑,专门研究道教的东西,然而不偏废政事,批决奏章不间断,所以国家没出大的毛病。世宗又喜好祥瑞的事,不愿听“死亡”两字。户部主事海瑞罗列了世宗许多过失,上书极力劝谏。世宗大怒,命令人把海瑞关进了镇抚司监狱。世宗服用方士的药,渐渐上火发病,嘉靖四十五年(公元1566年)十二月病情加重,从西苑回到乾清宫,死在了那里。世宗嘉靖皇帝对手下官吏很严格，治民却很宽松，可称为好主。然而他任用严嵩，杀忠臣和劝谏的大臣，又好道教，宠信方士，这就不对了。世宗在君位四十五年，活了六十岁。

大学士徐阶等人宣布了世宗的遗诏，请世宗的第三个儿子裕王朱载垕即了皇帝位，这就是明穆宗庄皇帝。他把丁卯年(公元1567年)改为了隆庆元年，立了妃子陈氏为皇后。穆宗恢复了前朝已死的忠臣、谏臣杨继盛、沈链等人的名誉，并给他们的子孙以赏赐，公开祭祀他们；又恢复了海瑞的官职，追赠已去世的王守仁为新建侯，谥号为"文成"，方士们都被处决。穆宗任用张居正为大学士，用高拱为内阁大学士。北方鞑靼酋长俺答的孙子把汉那吉是俺答的妻子所钟爱的人，他因为和俺答争夺一女人，就率领自己的仆人阿力哥等人到明朝来归顺。总督王崇古接纳了他，这使边地官吏议论纷纷，认为不可以。王崇古不听别人的意见，把这事上报到朝廷。朝廷大臣们也认为这样做不行，尤其是御史叶梦熊极力反对接纳把汉那吉等人。穆宗说："他们仰慕道义前来投奔，应当加以奖励。"于是封把汉那吉为指挥使，阿力哥为五千户，各赐官衣一套。俺答的妻子怕中原人杀了她的孙子，就日夜埋怨俺答，俺答也后悔了，就率十万兵逼近明朝边境。王崇古让人告诉俺答，明朝对把汉那吉很优待，并且邀请俺答把明朝给他报假信的叛徒绑去对证。俺答夫妇又感动又惭愧地说："汉人竟肯保全我的孙子，我将咬臂为盟，世世服属明朝。对于那叛徒又有什么舍不得的呢?"于是俺答和明朝定下盟约，按期给明朝天子贡献礼品，并卖马给明朝。俺答绑了明朝的叛徒赵全等人交给了明朝官吏，王崇古也放了把汉那吉回去。穆宗下了诏书，封俺答为顺义王。因功提升王崇古为兵部尚书，并可世代继承"锦衣千户"的官职。隆庆六年(公元1572年)五月，穆宗得了病，不久就病危了。他召内阁高拱、张居正、高仪到乾清宫接受他的临终遗命。第二天，穆宗就去世了。穆宗在君位六年，活了三十六岁。穆宗皇帝宽容大度，勤俭爱民，留心边地的事，处理政事都很适宜，可称为良主。穆宗死后，太子朱翊钧即了皇帝位，当年十岁，这就是明神宗显皇帝。他把第二年(公元1573年)作为万历元年。

当时太监冯保在宫中很有势力，张居正就拉拢冯保以便巩固自己的地位。首相高拱谋划赶走冯保，反被冯保赶走了。不久，高仪病死了，张居正就理所当然地做了第一大臣。一次神宗上早朝，走出乾清宫时看见一个没胡子的男人，装作宦官的样子，袖子里却藏着刀，慌里慌张地走得很急。皇帝身边的人捉住了他，冯保很快对他进行了审问。那人回答说："我是南边的兵，名叫王大臣，是从总兵戚继光那来的。"张居正于是秘密地对冯保说："可借他除掉姓高的。"于是冯保教他说："高相君（指高拱）心怀不满，派我来行刺，愿意先自首来免罪。"群臣对此都愤愤不平。赶到会审时，对王大臣动用了各种刑具，王大臣受不了了。冯保对他说："是谁主使你来的？"王大臣说："你教我说高相公主使的。"冯保害怕了，于是停止了审问。不久，王大臣中了毒，哑了嗓子不能说话，于是就处斩了他。从此，张居正的威望越来越大了。张居正虽然讨好冯保来巩固自己的地位，然而他本性深沉，思维敏捷智谋多，善于判断，也不怎么贪财，却能辅佐皇帝走正道。他请神宗万历皇帝每天参加研读经史的御前讲席，又献上《帝鉴图说》《讲章疏》《宝训》《实录》等书籍来辅导神宗有君德。张居正又奖功罚过，知人善任，救济饥荒，免除拖欠的租税。张居正灭了岭东蓝一清的反抗队伍，又有钱塘江以南和以北的兵民造反，他命令张佳允去察看那里的官军，于是不动声色地平息了事端。在治河方面，张居正任用了潘季驯；在治兵方面，张居正任用了李成梁、戚继光等人，天下得到了大治。这期间，御史刘台等人到皇帝那里告张居正专权。后来，张居正因死了父亲打算辞官，神宗亲自写了诏书对张居正安慰留任。吴中行、赵用贤、艾穆、沈思孝、邹元标等人都上书，说张居正忘了亲人的丧事而贪恋官位，这使张居正非常气愤。所有上书的人都挨了神宗的板子，并贬了官职。张居正在服丧之所，凡是内阁中的事都让官吏携带上奏皇帝，然后考虑处理方案。神宗亲自写了诏书，称张居正为"元辅""太师""先生"。万历六年（公元 1578 年）三月神宗立了自己的妃子王氏为皇后，五月神宗满十六岁举行了表示自己成人的冠礼。万历十年六月，大学士张居正死了。神宗非常震惊悲痛，为此而罢朝。他派司礼太监张诚监护张居正的丧事，赐给张居正家属的财物很丰厚，两宫太后和皇后也都赐给了金币。神宗派官员前去致祭分设了十六坛，赠给张居正上柱国的官号，谥号为“文忠”。没多久，神宗废了司礼监冯保，让他到南京闲住。冯保常常压制显贵的侍从宦官，不让他们参与朝政，所以内侍太监大多怨恨他。他还总是规劝神宗走正道，神宗也恨他，所以被贬走了。

后来，潞王朱翊镠的婚礼所需的珠宝没备齐，太后对神宗说了，神宗说：“办这个不难，近年来朝廷大臣无耻，净给张（张居正）、冯（冯保）两家送礼了。”这时御史杨可立议论已死的张居正的“罪恶”，一时攻击张居正的大有人在，锐不可当。于是神宗下诏，剥夺封给张居正的官号和谥号，并抄收了他的家。张居正的家财不太丰厚，财产不及严嵩的二十分之一。此案株连的人相当多，在张居正的家乡湖北江陵引起了骚动。张居正的大儿子张敬修熬不住肉刑，上吊而死。张居正的弟弟张居易、二儿子张嗣修以及张顺、张书等人都被发配到有烟瘴的地方充军。刑部尚书潘季驯对神宗说：“张居正的家产已奉旨抄没，国法已正，众愤已平。只是他的八十岁老母衣食接不上，她的子孙相继死亡，倒有点罪人断子绝孙的意思了。”神宗也觉得不忍，就命令有关官吏对张居正老母给予照顾。从此大臣没有敢诚心做事的了。神宗用申时行、王锡爵进入内阁工作，天下也得到了治理。后来，张位掌握国政，狡诈的史锦、王君锡等人请求朝廷开矿。万历二十四年（公元 1596 年）的冬天，张位认为天地自然的资源对国家有好处，对百姓无害处，开采也便利，于是神宗派遣太监张忠到山西去；曹金到浙江、江苏；赵钦到陕西；鲁坤到河南，一时间派出许多内官四处开矿。内官安排有钱的平民做矿头，而大多数矿里炼不出银来，却强制民间百姓缴纳银两来代替税，交不出的就让他家破人亡。神宗又派遣内监到四川、贵州、湖南、湖北、广东、广西地区采集木料，又派内监到各地开设皇家店铺，又命令内监到光州采集珍珠，兼征中外商船的贸易税。他又在福建设立对外贸易的税收点，又命令人到云南采大理石。内监们到处肆虐，百姓无法忍受。临清（今在山东省）的民众起来反抗，税使马堂几乎被打死。税监陈奉强迫居民缴纳黄金，拷打时连妇女也不放过，并把知县邹尧弼也抓了起来，这使那一带地方引起了很大震动。武昌百姓起来反抗，追打陈奉，陈奉藏到了当地官署中，众人捉住了陈奉手下的六个人扔到了江里。朝廷下旨把当地的知府、知县削去官职降为平民。太监孙隆在浙江收税，住在苏州，激怒了当地市民，在饥饿的民众的倡议下，杀了他手下的小官吏七人。巡抚、巡按在追究这事时，有一个叫葛成的人独自承担了责任，被送进监狱处死了。云南矿务太监杨荣作威作福，打板子打死了几千人，并且还鞭打指挥樊高明等人。指挥贺世勋、韩光大带领众人杀了杨荣，并烧了杨荣的官署，结果官署里连人带物都化成了灰烬。这事传到了神宗那里，神宗气得吃不下饭，说："杨荣不值得可惜，为什么如此坏了法度？"于是，贺世勋被关进监狱，死在了里面，韩光大被发送到边地戍边。御史况上进、王立贤，给事中（侍从、规谏皇帝，稽查六部的弊误的官员）杨应文、包见捷、田大益，刑部侍郎吕坤，礼部侍郎冯琦、郭正域，户部尚书赵世卿，辅臣朱赓等人都上奏章说了矿使对社会的危害。神宗却听不进去。凤阳巡抚李三才上书说："矿税繁重，万民失业，上千里的地区中使（宫中的使臣，宦官）布满四面八方，再加上无赖亡命之徒投靠他们做帮凶，沿途挖墓，得到财物才罢休。他们奸淫女子，欺负当地官吏，虐待百姓。这样圣上的心能不能安呢？试着看，朝廷有如此的政令，天下有如此的景象，能不乱吗？"奏章送上后，没了回音。

历来朝鲜国与辽东接壤，这时朝鲜国王李昖沉迷于喝酒而不管政事，这事让日本酋长、关白（即宰相）丰臣秀吉知道了。丰臣秀吉原来本是人家的奴隶，后来领着军队统一了整个日本的六十六州。丰臣秀吉听到朝鲜国防松弛，就趁机攻下了朝鲜。李昖跑到了辽东求救，神宗因为他进贡从来不马虎，就派总兵祖承训领兵渡过鸭绿江前去救援，进攻平壤没取胜。神宗又派宋应昌为经略使、李如松为大将去支援，于是在平壤击败了日本兵，而明朝军队中的精锐部队也大多丧尽。日军首领派出使者到明朝请求朝贡，朝廷大臣们都议论赶紧罢兵，于是明朝把军队撤回去了。朝廷委派李宗城为正使，杨方亨为副使，去封日本的丰臣秀吉为王。李宗城一路上到处索要财物，一行人到了对马岛。太守义智不断地调换着美女往李宗城所在的营帐里送，李宗城感到很安适。后来，李宗城听说义智的妻子长得漂亮，就想和她发生关系。义智大怒，就欺骗李宗城的随从说："日本将领改变主意了。"李宗城非常害怕，就丢下盖有皇帝封印的玺书逃了回去。神宗知道后，把李宗城关进了监狱，改用杨方亨为正使，沈惟敬为副使。日军这时又攻下了朝鲜，神宗又任命邢玠为经略使，杨镐为经理，任用麻贵、刘綎为将军前去讨伐。经过三年，丰臣秀吉死了，日军陆续撤退。麻贵、刘綎等人分成几路进兵追击，击败了日军，活捉了平秀、政平、正成等人，这年是万历二十六年（公元1598年）。

万历二十七年，播州（即今贵州遵义）宣慰司长官杨应龙（是北宋前期明将杨业的后代）占据关口险地，劫掠州县，奸淫苗女。又用团头箭射中妇女的阴部为乐，或把活蛇插入妇女阴部，然后用火烧蛇，使她号叫跳起，人、蛇一起死掉。蜀中的官吏把这事报告了朝廷，神宗命令将军刘綎等人出兵进行讨伐。刘綎告诫将士们，表示了决心，然后分成几路一起进军，杨应龙的儿子杨朝栋率领苗兵进行抵抗。官军夹攻，把杨朝栋军打得大败。杨朝栋退守到关口险要的地方，刘綎军从小道进行攀缘，直入娄山关（在今贵州遵义市北）。刘綎军营的火光照亮夜空，杨应龙看到后非常害怕，就同他的两个爱妾关起房门吊死在了家里。刘綎捉住了杨应龙的妻子和孩子押送到了神宗那里。朝廷把播州分成了遵义和平越（即今贵州福泉等地）两府。当时有个凤阳人刘天叙，他和同伙抬着个小佛像在乡村到处募捐化缘，胡说有法术，能指天天开，画地地陷，并且能知一个人三辈子的事。他们引诱愚昧的男女为徒，专选美妇少女，说是去传道，而是带去行淫。后来，他们的徒众达到了一万多人，于是开始谋反，将要占据城池称王。官府捉住了他们，朝廷下令，对为首的用车裂之刑处死，从犯斩首。

当初，申时行做宰相，他的性格宽厚平和，被他斥退的官吏也会很快再加提拔任用。这时是沈一贯做宰相，他认为自己很有才，没人能比得了。文选司的郎中顾宪成因言论被贬回家乡，在无锡东门外东林书院讲学。孙丕扬、邹元标、赵南星等人把自己的忠直敢言作为处事的准则，常常和政府对立，这时他们都依附赞同顾宪成，顾宪成的讲学也得天下人的心。顾宪成一伙人团结了淮河巡抚李三才来遥控朝政，号称为东林党。而沈一贯仗着手中有权总想占上风，在政府各衙门也有他的人，号称为浙党。其后，两党互相排斥长达五十年。神宗晚年因脚有病，居住在深宫里只宠爱郑贵妃一人，把国家大事放在一边不再治理，大臣的奏本一律留在宫中，不再批复。朝中大臣由意见不合引起的争论，找神宗评判，等候不到神宗的圣旨，也只好作罢。于是尚书台等中央衙门的弊端不能改变，官员们按籍贯形成了齐、楚、浙三方对立的局面。大臣们结党相攻，奏章一天比一天繁多，神宗一概不理，甚至有的请求告老还乡，表章也不签发，他们就不再等了，自己回去了。各个司里人员缺了也都不再补充。镇抚司（明世宗中叶以后，皇帝交办的案件，大多下到镇抚司）缺少理刑官，天长日久犯人无人过问断案，监犯在狱中关得太久，有的竟死在了狱中，死者家属大多一百多人聚集在长安门痛哭。宰相不论好坏，全被谏议之官斥责走了，这样在职的做事只好模棱两可，当老好人。群臣只为一己之私，不再为国家着想了，南北衙门的官员也互相攻击毁谤。户部库银当时只存有八万两，国家遭到严重破坏，明王朝奄奄一息了。

万历四十四年（公元 1616 年）努尔哈赤在建州（在今辽宁沈阳东部）称帝，国号“金”（史称后金）。其子皇太极在崇祯九年（公元 1636 年）改国号叫“清”。后金兵攻入抚顺，把明朝军队打得大败。明朝廷任用杨镐为兵部右侍郎，去治理辽东。明神宗怕军队疲倦、资金不足，于是就让廷臣议论想想办法。大学士方从哲、兵部尚书黄嘉善、兵科赵兴邦等人主张发去红旗催促杨镐赶快进军，杨镐接到进军命令后，不得已分成四路出兵，共有十多万人。他命令马林从北路进攻，杜松从西路进攻，李如柏从南路进攻，刘綎监督朝鲜兵从东路进攻。万历四十七年（公元 1619 年）正月十九日出兵时，正赶上下大雪，军队无法前行，明军出兵的期限被泄露。杜松想立头功，就越过五岭关先到达浑河（在今辽宁省东部）。渡过河后，就遭到了后金军的埋伏，杜松浴血奋战，拼尽力气而死，所带部队全部拼光。马林从三岔堡到达二道关，在那里听到了杜松军队失败的消息后，就扎下营寨进行防守。后金兵乘胜对马林军进行了攻击，马林的军队战败，游击（军营将官）麻岩战死。刘綎独自领兵从马家寨口深入三百多里，攻下了十多个敌寨。有一队后金兵冒充杜松的军队给他们做向导，把他们引诱到后金军的重重包围之中，刘綎的军队被击败，刘綎也战死了。只有清河一路李如柏的军队因经略使杨镐命令他撤回，才得以保全。有人说，李如柏军是因游击李永芳在这之前已经投降了后金，由于李永芳做牵线人从中活动，所以李如柏军没有受损失。这场仗，明朝军死了四五万人，后金军乘势攻下了辽东各城邑的卫所。消息传到了京城，京城人受到很大的震动。明朝廷起用前御史熊廷弼主管辽东事务，逮捕了杨镐、李如柏进京接受查问，结果都被判处斩刑。

当年，神宗自从即位以来，立了王氏为皇后，她没生下儿子。王恭妃生了皇长子朱常洛，郑妃生了皇三子朱常洵。神宗宠爱郑妃，进封她为贵妃。给事中姜应鳞、主事孙如法等人向神宗反映，认为王恭妃生了皇长子却五年没有进封，而郑妃一生下儿子就立即册封了贵妃，天下人对此不能不有所疑心。神宗听后大怒，把他们都贬为典史（副县级官吏）。此后，沈鲤、申时行、许国、王锡爵、王家屏等九卿各衙门长官，连续不断地上书请求立太子，神宗对此很烦，更加置之不理。等到皇子朱常洛十三岁时，辅臣王锡爵坚决请求，这才开始命令朱常洛和皇三子一同研究学问、读书。河南遭受了重大饥荒，出现了人吃人的现象。神宗与郑贵妃看完奏表后，感到悲痛。郑贵妃请求拿出自己私蓄的五千金用来赈灾，神宗很高兴，也拿出了五千金。河南靠着这些钱度过了荒年。后来，大臣们每天都请求立太子。万历二十九年，这才立了长子朱常洛为太子。朱常洛当年已经二十二岁了，开始举行成人礼。神宗的其他几个儿子福王朱常洵、瑞王朱常浩、惠王朱常润、桂王朱常瀛也都先后举行了成人礼。不久，在京城一夜间从宫门到四通八达的大街小巷的墙上都贴上了匿名信,信中大意是说郑贵妃要危害太子。信的题目叫“续忧危竑议”,“竑”就是南宋宁宗赵扩所定下的接班人赵竑。宋宁宗打算立赵竑,等到宁宗死后,史弥远假传宁宗有遗诏,杀了赵竑而立了理宗赵昀。神宗知道后大怒。宫廷内外的人把这事说得很严重,很快就传播开了。朝廷下令抓捕写“妖书”的人很急,甚至大街上无人敢两人相对私语。吴江人沈令誉因受到怀疑被抓捕,并捉到高僧达观,在闹市中斩首了,被株连的人很凄惨。最后抓了顺天府(即今北京)被开除的太学生皦生光,皦生光受不住肉刑,就认了罪。侍郎李廷机、尚书赵世卿、劝谏大臣沈一贯、朱赓都说这案子可以了结了。皦生光于是被定了罪,在闹市受了碎尸万段的磔刑,妻子、孩子被发送到边地。然而,那信实际不是皦生光写的。后来,中书舍人赵士征在病中临死前坦白了这事。万历四十一年,大臣们纷纷上书,请求让福王朱常洵到他的封国去。武将王日乾揭发孔学与郑贵妃宫中的姜内相歃血为盟,并请妖人王三诏到他家里诅咒太子。神宗大怒,不知如何是好,甚至掀翻了御案。辅臣叶向高上奏说:“王日乾、孔学等人都是京城光棍,这事很像那年的妖书,但妖书上没有写上名字,没法追究。现在告状的人与被告的都在,只要一审,实情立刻就可知道。”神宗没说话,脸上的怒气消了,于是不再问这事。叶向高乘机请求赶快让福王到自己的封地去。神宗听从了他的意见,让福王到河南他的封国去了。

万历四十三年五月间的一天,突然有一个男子闯入东宫,用棍子击倒了一名守门内侍,众人一起上前捉住了他。皇太子亲自上奏,把那人送到了有关部门进行了审讯。御史刘廷元上书说:“那人的举止像疯子,面目表情很狡猾。”刑部郎中吴士相等人认定那个人是疯癫。提牢官王之寀用重刑加以审问,这个名叫张差的犯人招供出有个叫马三道的把他诱骗到庞、刘两个太监处,教他如何行事,供词涉及郑贵妃的弟弟郑国泰。衙门中的臣子何士晋上书要求彻查这件事,于是群臣都纷纷上奏揭发,没完没了。神宗大怒,传下圣旨,命令只将本案犯张差一人凌迟处死,不许牵扯上其他人。不久,又把太监庞保、刘成在内庭处死了,这事才算平息。万历四十八年

(公元1620年)夏季四月，王皇后死了。五月神宗得了病，七月神宗病危，他召来内阁大臣方从哲，向他托付完后事就死了。太子朱常洛即了皇帝位，这就是明光宗贞皇帝。他下了诏书，把第二年作为“泰昌”元年。他下令停止矿税，并撤回各地的内监，把已废掉的官吏选择补充到各个部门，并发放国库银一百万两来救济北方的九处镇守的军队。天下人欢呼，互相道贺。当年八月光宗得了病，宫内医生崔文昇给他下了泻药，光宗一昼夜上了三十四回厕所。光宗在病中封元妃郭氏、才人王氏为皇后，他又说：“选侍(宫女)李氏服侍朕勤劳，可封为贵妃。”后来，鸿胪寺丞李可灼进献红铅丸，光宗吃了后病情稍微好了点，李可灼又进献一丸，光宗吃了后在九月初一病死。光宗在君位仅一个月，活了三十九岁。有人说是郑贵妃主使用泻药害死了光宗。宫内紧急召集大臣们，大臣们急忙入宫，给事中杨涟说：“李选侍不是可以托付给少主的人，应赶紧请见接班的皇帝，呼‘万岁’来安定人心。随即再护拥着出宫，移住到慈庆宫才妥当。”大臣们也都认为应当如此。大学士方从哲率领群臣哭光宗完毕，就请叩见皇长子。皇长子朱由校很长时间没有出现，群臣坚决请求见他，朱由校才露了面。群臣于是护拥着朱由校到了文华殿，在那里行了五拜三叩头的礼，高呼“万岁”。群臣请求他尽快登基，定下初六即皇帝位，群臣又护拥着朱由校进住到慈庆宫。朱由校是李选侍从小带大的，这时怕她日后专权，所以内阁大臣刘一璟上奏说：“现在乾清宫不净，请殿下暂住在这里。”当时李选侍仍住在乾清宫，御史左光斗、给事中杨涟请李选侍立刻移居别处，李选侍不得已，才移住到仁寿殿。九月初六皇长子朱由校即了皇帝位，这就是明熹宗哲皇帝。他下了诏书，把第二年作为“天启”元年，立了妃子张氏为皇后。当初，光宗服用了李可灼的药，病情见好，方从哲替光宗写了圣旨，赏给李可灼白银五十两。至此，群臣纷纷上书，说崔文昇、李可灼有杀君大罪。熹宗把两人交到法司追查审问，结果两人都被遣送到边地戍边去了。

当时，经略使熊廷弼在辽东修筑城池，训练士兵，搞活了当地的经济。他聚集粮饷，竭力支撑局面，才得到两年无事。这时，御史冯三元、顾慥、科臣(一个部门的官吏)姚宗文等人因和熊廷弼有私怨，就诬陷熊廷弼无谋。他们欺骗熹宗，说："如果熊廷弼不离开辽东，那么辽东是存是亡就不一定了。"又唆使他们的同伙魏应嘉、郭巩、张修德、魏应科等人前后上书，揭发熊廷弼。熹宗下诏，召熊廷弼回京听候查问。兵科杨涟上书为熊廷弼辩解，熹宗根本听不进去。熹宗下了诏书，把熊廷弼革职赶回了家，任用袁应泰做辽东的经略使。后金军攻下了沈阳，明军大败，总兵贺世贤、尤世功、陈策、童仲揆、石柱(在今重庆市)土官秦邦屏等人都战死了。接着后金兵攻下了辽东，明军又被打得大败，经略使袁应泰、巡按御史张铨、守道(督查州县的官员)何廷魁、监军崔儒秀等人也都战死。消息传到京城，京城受到很大的震惊。当初，辽东巡抚薛国用因病辞掉了官职，这时任用参议王化贞做了辽东巡抚。御史张秉谦上书陈述熊廷弼的冤屈，说熊廷弼要是在那里，绝不会使辽东的事败坏到这种程度。熹宗这才下诏书召熊廷弼回京，又任命他为辽东经略使。这时辽西还没失守，熊廷弼在辽东以西屯守。熊廷弼认为刚刚失败，没有兵力可战，坚守比较合适。王化贞却错误地指望西部人的援兵，坚持要求进军作战来恢复辽东。朝廷上议论主张进军，于是催促赶紧作战，命令总兵刘渠把军队开到振武，而原驻地广宁(今辽宁北镇)就空无一兵了。后金兵到了振武，把明军打得大败，斩了刘渠，王化贞吓得两腿发抖，没战就逃走了，跟随他的有几十人。走到闾阳(在今辽宁北镇市西南)时，正赶上经略使熊廷弼领兵也走到那里，王化贞对着熊廷弼大哭。熊廷弼说："您不招募敌人的骑兵，不撤走广宁的军队到振武，应当没有今天这种被动局面。现在也只有护送百万生灵入关，不要让他们资助敌人就够了。"于是动员民众向西走，进入山海关。明朝又失掉了辽西，于是严守山海关。朝廷下令逮捕了王化贞、熊廷弼等候审查。朝廷有些大臣因私仇要杀熊廷弼，经过议论定下把熊廷弼与王化贞一起斩首，把熊廷弼的脑袋传到九处边塞重镇示众。于是忠良大臣都灰了心，明朝的事只能向坏的方向发展了。

当时，辽东的战事非常紧急时，朝廷在各地征兵。四川永宁(今四川叙永）宣抚使（明朝任用当地人为此职，处理地方军政大事，可以父死子继）奢崇明和他的儿子奢寅一向有反叛朝廷的心，这时请求提兵三万去援助辽东。他们派出将领樊龙、樊虎领兵到了重庆，四川巡抚许可求检查核实人数，淘汰了年老体弱的兵。发军饷时，军饷不足，樊龙等人于是鼓动众人造反，杀了许可求，紧接着领兵逼近了成都，左布政使（官位在府、州以上，掌一省行政，秩从二品，职权在巡抚之下）朱燮元全力抵抗。石柱土司秦邦屏在辽东战死，他的妹妹秦良玉掌了他的兵印，这时领兵去救援成都，她和朱燮元一起在成都城下把奢崇明父子的军队打得大败。奢崇明父子拔营而逃，又回到了重庆。这事传到了朝廷，朝廷任用朱燮元为四川巡抚。奢崇明失败后，就引诱他的同伙贵州水西（今贵州黔西，地域在乌江上游鸭池河以西）土官安邦彦一起造反。安邦彦占据着平彝（今云南省富源）、龙里（今在贵州省）等地区，他攻破了乌撒府（辖地境相当于今贵州的威宁、赫章两县地），进军围住了贵州（即今贵阳），用假投降的计策杀了巡抚王三善。奢崇明、安邦彦等人的兵力很强盛，约定三路进军，一路攻打云南，一路攻打遵义，而奢寅专攻永宁（今四川叙永）。奢寅本性凶残、好色，遇到部下的妻女有姿色的，他一定要弄到手；家里有点钱的，他就进行勒索，不顺从的就别想活了。他部下苗老虎、阿引对他恨之入骨，在一次趁他喝醉卧床时杀了他之后，就逃走投降了朝廷。奢崇明和安邦彦作乱了很长时间，直到崇祯年间才由总督朱燮元领兵讨伐平定了。还有山东的徐鸿儒，在万历末年传播白莲教，聚众几千人。深州（今在河北省）人王森是闻香教的首领，他的儿子王好贤与景州于宏志联合徐鸿儒一起造反，攻破了郓县（今山东郓城）、邹县、藤县、巨野。攻打长镇时，获得粮船四十多艘，士兵达到十多万人。于是据有了山东兖州、济南等地，士气很旺盛，从熹宗天启二年（公元 1622 年）五月到九月被巡抚赵彦领兵所镇压。

导致明王朝衰败的还有两个人，一个是客氏，另一个是魏忠贤。客氏是定兴（今在河北省）百姓侯二的妻子，生下儿子侯国兴后，当年十八岁就进入皇宫给皇太孙（即熹宗朱由校）喂奶。又过了两年，侯二死了，于是她就留在了宫中伺候太孙。魏忠贤原名叫“进忠”，是肃宁县（今在河北省）人，小的时候就聪明而狡猾。他目不识丁，好喝酒，善于骑马射箭，有胆有力。他因一次赌博输了钱就当了太监，当时归在司礼太监孙暹名下。他的任务是领着太孙游玩、吃喝，很得太孙的欢心。他一有机会就去找客氏，喜欢和客氏待在一起。当时宫中的另一个太监魏朝也和客氏有私情，一天晚上，魏朝与魏忠贤在乾清宫暖阁争夺客氏，叫嚷声传到了熹宗的寝室。当时熹宗已睡下，被吵醒，一会儿三个人都被带到了御榻前，听熹宗的训斥。客氏讨厌魏朝而喜欢魏忠贤，就跟熹宗说了，于是熹宗下令赶走了魏朝。魏忠贤假传熹宗的旨意，打发魏朝到凤阳去，在半路上派人勒死了他。司礼太监王安一向刚正，立熹宗为皇帝前，他和大臣们一起接受过光宗临终前的遗命，这时见魏忠贤侵权，就打算重重地惩罚他。魏忠贤就唆使给事中霍继华在皇帝面前说王安的坏话，客氏也乘机火上浇油，于是又假传熹宗的旨意革掉了王安的官职，后来又谋杀了王安。客、魏二人串通一气，尽干坏事。御史王一心、倪思慧，衙门中的臣子侯震旸等人相继上书揭发二人的罪状，结果都被降职赶走了。魏忠贤在大内建立了一万人的内操队伍，人人戴盔穿甲出入宫门，钲鼓之声传遍了宫禁。内监王进上前试用火枪，不料火枪爆炸，炸伤了王进的手，几乎炸到熹宗。御史刘之凤、季应升、黄尊素、宋师襄纷纷上书议论指责魏忠贤，魏忠贤假传皇帝的旨意，严词斥责了他们。光宗的选侍赵氏与客、魏二人不和，二人也假冒皇帝的旨意赐她死了。裕妃张氏正在怀孕，这使客氏非常妒忌，就在熹宗面前说裕妃的坏话，结果裕妃被停止供给吃喝，被关闭在用作驱邪除恶法事的通道中活活饿死了。冯贵人曾经劝说熹宗解散魏忠贤的内操队伍，因此得罪了客氏和魏忠贤，二人又假传圣旨赐冯贵人死了。李成妃在皇帝面前说实话，于是客、魏二人又假冒圣旨革去了成妃的封号，断绝了她的饮食。成妃从裕妃身上得到了经验，就在墙壁间密藏了饮食，多少天也没饿死，这时二人的怒气也消了些，就把她贬为了宫女。皇后张氏一向精明，客、魏二人都怕她。张皇后怀了孕，腰疼，客氏就秘密吩咐心腹宫女弄掉了胎儿。

一次，二人又乘着熹宗祭祀天神的机会，偷偷地杀害了胡贵人，以她得急病而死向熹宗作了报告。庇护亲近客氏的儿子和魏忠贤的弟、侄的人，就赐给田地、官爵。都御史杨涟上书揭发魏忠贤二十四大罪状，熹宗就下旨严厉斥责了杨涟。这大概是因熹宗大字不识，魏忠贤也不识字，是魏忠贤的同伙李永贞、李实、李明道、崔文升等人迎合魏忠贤的意思做的。群臣见到这种情况，没有不愤怒激动的。于是南北衙门的官员魏大中、周宗建、左光斗、赵南星等人，在杨涟之后上书的不下百余书，无不言辞犀利。无奈皇帝不识字，怎能知道这些？诏书下达：削掉都御史杨涟、左光斗的官籍，罢免了尚书赵南星、都给事魏大中等人的官职。一时，朝中没有正人君子了。大学士魏广微等人依附魏忠贤来巩固自己的地位，崔呈秀、阮大铖、倪文焕、田尔耕、许显纯等人都用邪媚手段而被朝廷任用。

天启四年（公元 1624 年）三月，刑科的傅櫆诬陷左光斗、魏大中，并牵扯到了原内臣王安以及中书汪文言。于是抓起了汪文言，对他用刑并革掉了官职，使他变成了平民。十二月时，御史梁梦环又提起了这事，大理寺丞徐大化再次诬陷杨涟、左光斗。工部主事曹钦程又揭发赵南星、周宗建、张慎言、李应升、高攀龙、魏大中等人接受过熊廷弼的贿赂，并说汪文言知道这事。又下了诏书，再次逮捕汪文言，并命令锦衣卫指挥许显纯调查审问，又牵连到了赵南星、杨涟、左光斗、魏大中、缪昌期、袁化中、王之寀、施天德、周朝瑞、黄光龙、顾大章等人。经过两个多月的罗织罪名，汪文言始终不屈服。最后许显纯严加审讯、动用酷刑，汪文言承受不了了，他仰视着许显纯说："你安给我什么罪名我都承认好了。"许显纯教他诬陷魏大中、周宗建等人接受了熊廷弼的贿赂，汪文言一听，急忙站起来说："天啊，冤啊！用这样的罪名污蔑清廉士人，就是死，我也不会干这事！"于是又把杨涟、左光斗、周朝瑞、顾大章、袁化中等人投到北镇抚司（这个司专办皇帝交代给的案件）的监狱里，每天杖刑拷打相当残酷，几人都被打死在狱里。熹宗让魏忠贤总管监督东厂，并进封他爵位为上公，加赐庄田千顷，又赐给他一枚印章，刻的是"顾命元臣"。又赐给客氏一枚印，刻的是"钦赐奉圣夫人"。当时魏大中被逮捕押解时路过吴县,苏州吴县里已经辞职回家的吏部主事周顺昌正在家里。周顺昌招待了魏大中,魏大中在他家里一连住了许多天,周顺昌把自己的女儿许配给了魏大中的孙子。这时锦衣卫校尉督促魏大中赶紧上路,骂语连带上了周顺昌。周顺昌瞪大眼睛呵斥他说:“你不知道世上有不怕死的男子汉吗?你们回去告诉魏忠贤,我就是原吏部郎官周顺昌。”魏大中被关进监狱后,御史倪文焕就拿魏、周两家结亲的事控告周顺昌。魏忠贤假传圣旨,下令逮捕周顺昌。天启六年(公元1626年)三月,锦衣卫来到了吴县,逮捕了周顺昌。吴县沸腾了,吴县民众一向尊重周顺昌,听说他被捕,大家都很气愤。周顺昌穿着囚服走出门,民众几千人护送。大家都恳请巡抚毛一鹭上书救救周顺昌,毛一鹭满脸流汗,竟没说出一句话。锦衣卫官员厉声说:“东厂抓人,你们鼠辈怎敢多嘴!”于是百姓颜佩韦上前问道:“圣旨出在朝廷,竟然是东厂吗?”那个锦衣卫官员说:“圣旨不出在东厂,还出在哪里?”众人愤怒了,呼喊着逼上前去群殴锦衣卫,当场打死一人。周顺昌写信告别亲戚朋友,私自到了京城,被关进镇抚司监狱。许显纯对他严刑拷打,最终他死在了狱里。毛一鹭上奏朝廷说,当地民众发生了动乱。魏忠贤下令,秘密抓捕了颜佩韦等五人杀掉了。

这年(公元1626年)八月,后金太祖努尔哈赤死了。九月,太宗文皇帝皇太极即了位,他下诏书以第二年为“天聪”元年。明熹宗的谄媚臣子、浙江巡抚潘汝祯请求建魏忠贤的生祠(即给活人盖的庙),又请求赐给牌匾。诏书下达:“准许。”于是在西湖边的山脚下给魏忠贤建了生祠。祠盖得相当壮丽,所赐的匾题字为“普德”。于是各地纷纷学样,请求盖庙,都曲意逢迎,专在雄伟华丽上下功夫。有的人像是用沉香木做的,眼耳口鼻和手脚做得跟活人一样。天启七年(公元1627年)八月,熹宗得了病,他没有子女,召兄弟信王朱由检入宫。诏书中有希望朱由检做个“尧舜”样的君主,以及请他善待皇后,委托、任用魏忠贤等词语。信王出发时,熹宗死了。他在君位七年,活了二十三岁。魏忠贤本想篡位夺了明朝江山,却不敢,于是亲自去迎信王入宫。信王很怕遭到毒手,暗藏了食物入了宫,一夜没敢睡觉。第二天，信王朱由检在中极殿即了皇帝位，接受了百官的朝贺，忽然间天响有声。他决定改第二年为“崇祯”元年（崇祯的意思是充满吉祥）。魏忠贤请求辞去职位，朱由检不准许。朱由检命令“奉圣夫人”客氏搬出皇宫。御史杨维垣第一个检举崔呈秀，并涉及魏忠贤。吏部主事钱元悫上书揭发魏忠贤的罪恶，嘉兴县（今在浙江省）贡生（学位在秀才之上，举人之下）钱嘉征上书，揭发魏忠贤十大罪状。十一月，崇祯皇帝罚魏忠贤去安徽凤阳守皇陵，并抄了他的家。魏忠贤出发后，跟随他的人很多。崇祯知道后大怒，命令锦衣卫把他抓回去治罪。这时，魏忠贤走到了阜城（今在河北省），知道免不了一死，于是在上清宫上吊自杀了。之后查出宫中宫女有身孕的八个人，都是客氏的儿子和魏忠贤侄子的小妾，因为怀了孕，就把她们安排在宫中，将来生的孩子作为皇家子女。崇祯皇帝大怒，立刻令人把她们和客氏一起带到浣衣局（明代宦官二十四衙门之一，凡宫人年老、退废者，都送此局居住）打死，并抄了客氏的家。客氏的儿子锦衣卫指挥使侯国兴与魏忠贤的侄子宁国公魏良卿等人都被处死，魏忠贤和客氏都被处以死后碎尸的刑罚。崇祯又命令斩了崔呈秀、许显纯、田尔耕，其他一些同伙按罪恶大小分成七等罪。天下人心大快。无奈明朝元气丧尽，天又大旱，又有蝗虫灾害，人们纷纷起来造反，明朝于是灭亡。

第三十四章　李自成进北京，明王朝灭亡

明朝末年，自然灾害很严重。睢宁（今在江苏省）下大雨，冲垮了河坝；万载县（今在江西省）有巨石从天而降；凤翔（今在陕西省）大鼠成群，吃牛和人，咬破人的肚子钻进去，吃得最后只剩骨架才算完；泰州（今在江苏省）突然间两座大山合而为一，在两山间居住的民众都没了踪影。京城也发生了大瘟疫。

崇祯杀了魏忠贤后，天下人都希望国家安定，得到治理。无奈，崇祯虽英明勤俭，爱民图治，但他的本性却刚愎自用，对任何事都按规矩，不知道变通。这样，他反而被奸臣所蒙蔽，而且他在钱粮支出和赏赐方面也很吝啬，既不知人也不懂兵，毫无治理国家、救助民众的才能。他身边的几个文臣都是死读书的腐儒，没一点儿用，只知结党营私，为自己打算，心里根本没有天下国家之大计。几个武臣又以为无人造反，天下太平无事，就一定会被文臣所欺凌，也有依靠造反的人来提高自己身份的意思。崇祯刚即位时，任用袁崇焕为兵部尚书兼任右副都御使（为都察院的佐官，秩正三品），总管监督蓟州（今天津蓟县一带）、辽、登州（治所在今山东蓬莱）、莱州（在今山东省）和天津的军务。袁崇焕因私怨杀了左都督毛文龙。在这之前，作为游击将军的毛文龙奉辽东巡抚王化贞的命令在猪岛、广鹿岛等处做安抚工作，并领二百人占据铁山皮岛（鸭绿江口海中），招集亡命之徒，人数达十多万，针对辽东，牵制着清军。毛文龙在崇祯二年（公元1629年）四月被杀，而明朝的灭亡就不可逆转了。

崇祯元年，陕西延安饥荒严重，府谷（今在陕西省）百姓王嘉胤带头号召人们造反。又有叫“不沾泥”“杨六郎”的一些人也同时起

来造反,延安人张献忠也跟着造反。张献忠很有智谋,被称为“八大王”。又有白水(今在陕西)人王二兵拉起了队伍响应王嘉胤,人数达到五六千人,在延安、蒲县(今陕西省蒲城县)、韩城等地活动。米脂人李自成也前去投奔王嘉胤。李自成家里很贫困,他本性聪明,善于行走,能骑马射箭。不久,参政洪承畴领兵打击造反的队伍,造反的队伍遭到失败,不沾泥、杨六郎相继被俘,李自成跑到延安地区的山泽间才得以脱身。崇祯二年,官军围剿平定了汉水以南的农民起义军。张献忠据有米脂的十八个军寨,他向陕西巡抚杨鹤请求投降。之后,杨鹤派人招收安抚了农民军领导人黄虎、小红狼、一丈青、龙江水、掠地虎、郝小泉等人,并给了这些人“免死牌”。但起义队伍的活动并没有停止。

己巳年(公元1629年)冬季十月,清太宗皇太极亲自领兵南下,来到明朝京城附近,才领兵回去。明朝廷逮捕了蓟辽总督袁崇焕,在闹市处以了磔刑。于是京城告急,朝廷下达命令,号召天下人保卫京城。山西巡抚耿如杞领兵进京援助,他所领的都是边地强悍的兵卒。正赶上京城解除了戒严令,兵部多次调动他的士兵没完没了,又不给军粮,于是其军在涿州(今在河北省)哗变,抢了良乡(今北京房山)。朝廷逮捕了耿如杞判了死罪,他的兵跑到了山东与李自成的队伍合并,人数达到了一万多人。众人一起推举高迎祥为闯王,李自成为闯将,在山西、河南等地活动。崇祯三年,陕西大旱,粮食价格昂贵,朝廷的军饷不足,士兵没饭吃,往往逃命到山谷间。这时东部的军事很紧急,朝廷研究核实军饷,各处边地镇守的军队人数一共淘汰达到几十万人。被裁下的士兵流亡到各地,倡导饥民造反。给事中刘懋请求裁减驿站,说如此一年可省金钱几十万。崇祯皇帝同意了。河北游民一向凭借着驿站的粮食吃饭,这样一来他们没了吃的,于是也起来造反。给事中吴执御请求停止“加派”“捐助”“搜括”三项税收,以便缓解民众的贫困。朝廷没采纳他的意见。他又请求在边地各城选择好的地方官,用本地的钱粮训练当地的兵丁,让他们各自为守使敌无法抢掠,然后再发兵讨伐。意见也没被采纳。

崇祯四年六月，曹文诏在阳城击败并杀了王嘉胤。王嘉胤队伍里又选举王自用作为首领，外号叫“紫金梁”。起义的农民军中有许多头目有外号，如：老回回、八金刚、闯王、闯将、八大王、扫地王、闯塌天、破甲锥、邢红狼、乱世王、混天王、显道人、乡里人、活地草、革里狼、蝎子块、一字王、射塌天、混十万、可天飞、点灯子、王老虎、金翅鹏、满天星、混天猴、上天龙、马老虎、独头虎、撞天王、翻山鹞、整齐王、紫微星、托天王、十反王、小秦王、混世王、上天王、一连莺、一盏灯、钻天哨、开山斧、一座城、通天柱、爬天王、抓地虎、滚地狼，等等。他们或一人领一营，或二至五人合领一营，共分为三十六营。张献忠等人也都叛离了朝廷，分别在陕西、山西、山东、河南、四川、湖广、江西等地活动。而官军也到处淫掠，于是民不聊生。

八月，朝廷命令洪承畴总管监督边地事务。洪承畴、曹文诏领兵攻打赵四儿的队伍，赵四儿被活捉，它就是外号叫“点灯子”的人。崇祯五年，陕西造反者进入山西，山西的巡按罗世锦埋怨陕西巡抚，说他是“以邻为壑”。朝廷中给事裴君锡是山西人，他上书请求让陕西巡抚负责把人撵回陕西去，然后再议是围剿还是安抚。洪承畴、曹文诏在西澳击败起义队伍，又在铁角城再次击败他们，斩了可天飞、独行狼等人。后来，曹文诏战败力竭，在娑罗寨自杀了。崇祯六年，皇帝朱由检命令朝廷中的臣僚们巡视各地的军营，而这些人以高官自居，于是军事方面的指挥就更加乱套了。张道濬捉住了“满天星”，总兵张应昌捉住了“一盏灯”，延西巡抚陈奇瑜击败起义军，杀了“钻天哨”“开山斧”和“一座城”。陕西、山西庄稼歉收，人饿得到了人吃人的地步，民众投奔起义队伍的越来越多。崇祯七年，总督陈奇瑜在车厢峡（在今陕西华阴西南）包围了李自成的队伍，赶上连下了四十天的雨，李自成的队伍里断了粮食，不得已向陈奇瑜诈降。陈奇瑜接受了投降，而李自成军却乘机走出栈道，顺利地转移了。李自成的先锋高杰（即翻山鹞）因和李自成的妻子邢氏通奸，带着她投降了明总兵贺人龙。山西巡抚戴君恩用诱骗的手段杀了起义军的头领“通天柱”。山西陕西因闹饥荒，造反的人越来越多，朝廷因此削掉了总督陈奇瑜的官职，让他听候查问。洪承畴上奏说：

“贼兵猖獗，常达几十万人，而官军不过一两万人。贼兵大多是精锐骑兵，常常一人有两马。而官军骑兵占百分之三十，步兵百分之七十，不能追击。贼兵到处攻打城堡，可以得到食物，而官军必须等待粮草转运。如果不大发军饷，怎么能战胜敌人？河南发生大旱，造反的人越发多了起来。”

崇祯八年，陕西造反者几十万人出关，分别进入山西、河南、湖南、湖北和四川。河南的造反队伍进入江南，奔向六安（今在安徽省），攻陷了安徽凤阳，火烧皇陵，杀了守陵太监六十多人，跳过高墙惩罚了皇帝的同宗族一百多人。这事传到了京城，崇祯换上白色衣服，离开大殿，亲自上太庙祭告。蓟黄村民捉住并杀了“爬天王”。爬天王父子每天吃人肉，吃得两眼发红。崇祯九年，武举人陈启新上书说：“科举没用，考上的人只知道剥削百姓虐待人民来养肥自己，民众怎么会不穷，怎么会不造反呢？皇上的天下都给弄章句的腐儒断送了。”崇祯觉得这人不一般，就提拔他为吏科给事中（从七品，为皇帝的顾问官员，并可稽查吏部弊误）。然而，陈启新并无奇才异能可为皇帝效力。崇祯十四年时，陈启新因长辈亲人的丧事，而没有离职的事被人揭发，要把他送到巡抚那里审查询问，他偷偷跑掉了。总督卢象升在谷城（在今河南洛阳西北）击败了起义军，杀了首领黑煞神和飞山虎。

崇祯九年（公元1636年）四月，后金太宗皇太极建国号叫“清”，改“天聪”十年为“崇德”元年。七月，明朝陕西巡抚孙传庭在周至设伏，擒获了闯王高迎祥以及刘哲等人，送到了京城处以磔刑。之后，起义者推举李自成做了闯王。明朝副将祖大乐在永城（今在河南省）击败了一支起义队伍，领导人混天王被杀。紫金梁、扫地王等一些起义队伍都投奔到了闯王那里。崇祯十年正月，老回回等人奔往桐城（今在安徽省），明总兵秦翼明在麻城（今在湖北省）打散了这支农民军，老回回所部的整齐王和八大王的九营被分成四股：一支走罗田（今属湖北省），一支走团风（今属湖北省），一支走蕲水（今湖北浠水），一支向歧亭（今属湖北麻城）。闯塌天等又分两路至长江以北：一支由桐城进攻庐江、舒城（都在今安徽省）；一支从光州（今光山）、固使县（都在今河南省）越过霍山、六安（都在今安徽省）向东进军，又分成几十股在长江以北活动。当时，混天星在突袭商洛（今在陕西省），李自成的队伍在西安一带活动，过天星占据着湃陇，独行狼的队伍在汉水以南活动，蝎子块在黄河以西活动，起义军的势力很强盛。

明军将领左良玉在舒城、六安一带击败了起义军，并三战连胜。明将秦翼明在细石岭击败了闯塌天的队伍，捉住一条葱和新来虎，起义军中的其他人都跑到了大山中。右佥都御史张国维召左良玉进山搜捕起义军，左良玉害怕进山，他的将士却每天以抢夺来的几千名美女为乐。张国维三次送去征召的文书，左良玉的军队才从舒城进军，这时起义军已经转移了。崇祯下达诏令，革去了左良玉的官职，让他立功赎罪。崇祯命令陕西巡抚孙传庭兼管河南的事务，任命熊文灿为兵部尚书，统管、治理河北、山东、山西、陕西、四川、湖南、湖北的军务，监督围剿起义军。

崇祯十一年正月，左良玉、陈洪范在郧西（今在湖北省）击败了起义军，张献忠再次向陈洪范投降。八月，"曹操"联合革里眼、过天星、托天王、十反王、整齐王、小秦王、混世王、整十万等人的队伍在陕州（即今河南陕县）准备进攻湖北襄阳。熊文灿的军队驻扎到了襄阳，他派副将龙在田在双沟截击了革里眼和射塌天的起义军。起义军遭到失败，老回回奔到枣阳（今在湖北省），其他起义军也四处跑了。"曹操"罗汝才的一支队伍留在内浙山中感到势单力孤，于是向明朝提督太监李维政请求投降。李维政把这事对熊文灿说了，熊文灿下令让自己的各军停战，罗汝才的九个营都被安抚，罗汝才被授给了游击将军的军衔。罗汝才说自己不愿意当官，愿意做百姓种田，于是熊文灿把罗汝才的人安置到了房县、竹山、郧县、均县（今湖北丹江口，其他三县也都在湖北省），与当地民众混杂在一起居住。当时，张献忠在谷城与罗汝才遥相呼应。李自成攻下了泸溪（今在湖南省）。明军的洪承畴、孙传庭部在襄阳击败了起义军。李自成军暂时被困在了潼关（今在陕西省，是陕西、山西和河南三省的要冲之地）。

李自成小时候的名字叫“黄来儿”，自幼为本地的艾姓大地主放羊。大些的时候，又到银川驿站当了驿卒。李自成会骑马射箭。他的原妻韩氏与县里的公务人员盖君禄通奸，李自成杀了他们，就带着侄子李过逃到了甘州（今在甘肃省，州城在张掖）。李自成再娶的妻子邢氏又和高杰私通，高杰带着她投降了明军。在潼关失败，李自成另娶的妻子及女儿被官军抓获，他只领着十八个骑兵到谷城去投靠了张献忠。张献忠和李自成喝酒，酒喝到一半时，张献忠拍着他的背说：“李兄，何不也像我一样投降，反倒如此风尘仆仆地奔走？”李自成仰天叹了口气说：“不行啊！”张献忠于是资助李自成物资和马匹，李自成又投奔到老回回马守应那里了。李自成卧病半年之后，老回回给了他几百人，让他经过阶州（今甘肃武都）、文州（即甘肃文县）奔向陕西。明将左良玉击败了起义军，射塌天向明军投降。射塌天真名叫李万庆，他投降后帮助明军打起义军，官一直做到明朝的副将，把守襄城（今在河南省）。后来，李自成军攻破了襄城，把李万庆杀了。

崇祯十二年，张献忠在谷城再次反叛明王朝。当时蝗虫遮天蔽日，田里的庄稼都被吃光了。挨饿的老百姓一起来投靠张献忠，罗汝才的九营也响应张献忠。七月，张献忠和罗汝才在房县（今在湖北省）会合了。明将左良玉赶上了他们，却被打得大败而回。消息传到了朝廷，崇祯命令抓起了熊文灿，在闹市砍了他的头。崇祯任命大学士杨嗣昌（杨嗣昌是主张用安抚手段对待起义者的原兵部侍郎杨鹤的儿子）监督各军攻打起义军。罗汝才、过天星等七支部队进入蜀地攻打夔州（在今重庆奉节县），石柱（在今重庆）女头人秦良玉领兵截击了他们，杀了起义军将领东山虎。秦良玉去见邵巡抚，公然带着美貌男妾十几人。这时李自成向陕西进军，军势又振兴了起来。九月时，秦良玉的兵在函谷关击败了李自成军，李自成的军队几乎拼光了。秦良玉的兵在北边截着李自成，左良玉军在南边，李自成所剩的人马突围不出去，吃的东西也快没了。李自成几次想自杀，都被养子李双喜发现救起。明军围得很密，督军杨嗣昌说：“围敌一定要留缺口，不如空出武关方向的一条路，等他们从那跑的时候活捉他们。”李自成于是率五十个骑兵突围向南走,明军抵挡不住,李自成一伙人就从武关跑到了郧阳,在大山中休息。当时河南饥荒很严重,百姓投李自成军的有几万人,李自成的军势又重新振作了起来。

崇祯十三年,秦良玉的兵又在崤山、函谷关一带(今陕西潼关到河南新安县一带)击败了李自成等起义军,杀了战士几千人,蝎子块也被杀了。而“整十万”“扫地王”“小秦王”“金翅鹏”“托天王”“过天星”“关索”“满天星”“张妙子”“邢家米”“大天王”“镇天王”“一条龙”“小红狼”“九梁星”等人先后投降。李自成突围后,奔往河南。当时,南京和北京、山东、河南、山西、陕西和浙江大旱,又招了蝗虫,人相食,草木全被吃光、烧光,于是投奔起义军的人越来越多了。又有开州(今贵州省开阳)人袁时中聚集众人攻打开州,十天左右的时间,人数达到了几十万。当时官军不敢对抗起义军,反而每天奸淫妇女、掠夺百姓,杀遭难的男女来请赏。百姓家里稍微富有点的人,府县里的官员就给他安上个通贼的罪名,把人杀掉,家财没收,如果家里有美貌妇女就收为婢妾。民众没有活路,于是被迫造反,造反的人数越来越多,而明朝灭亡的日子也就越来越近了。

崇祯十四年年初,河南、山东的起义者全都加入李自成军中了。李自成率领大军攻下了河南府(洛阳),杀了福王(明神宗朱翊钧的爱子朱常洵)。福王的后宫珍宝堆积如山,李自成打开了福王的粮仓,里面有米数万石,金钱几十万,全都赈济了饥饿的灾民。李自成又领兵包围了开封,周王朱恭枵(朱恭枵是朱元璋的儿子朱橚的后人,皇族第十二代,与崇祯帝同辈)拿出了五十万两黄金买米买面,招募士兵进行抵抗。张献忠袭击了襄阳,焚烧了襄王王府,捉住了襄王朱常澄(朱常澄是仁宗朱高炽的第五子朱瞻墡的后人,皇族第十一代)。张献忠与襄王对坐,推给襄王一杯酒,说:“我想砍下杨嗣昌的脑袋,可是杨嗣昌远在蜀地。现在应当借大王的头,使杨嗣昌蹲大狱,让他伏法。”于是杀了襄王。襄王的军资器械堆积如山,全都归了张献忠。崇祯十四年三月,督军杨嗣昌在军中上吊自杀。

李自成攻下了归德府(在今河南省商丘市睢阳),贡士(等同于举人）牛金星也参加了起义军，李自成娶了牛金星的女儿。牛金星向李自成推荐了占卜人宋献策，宋献策身高不到三尺，却精通河图、洛书之类的东西。宋献策见了李自成就献上图谶说："十八子当主神器。""十八子"就是"李"字，"神器"就是皇帝位。李自成听后非常高兴，拜他为军师。当时闯王李自成的人马已有五十万，罗汝才所领的军队也与闯王合作，军力更加强大了。这时明朝赦免了原兵部尚书傅宗龙的抗旨罪，出狱后让他做了陕西总督。李自成军攻打项城（今在河南省），傅宗龙领兵去救，起义军击败了傅宗龙的军队，并杀了他。起义军打下了项城后，分兵攻下了商水、扶沟（在今河南周口地区），接着又合兵攻下了叶县（今在河南平顶山地区），明将刘国能战死（刘国能就是从起义军投靠明军的降将"闯塌天"）。当时有部分独立的起义军归到了李自成的军中，只有老回回、革里眼、左金王、曹操、八大王和袁时中还存在。老回回真名叫马守殷，革里眼叫贺一龙，八大王就是张献忠。老回回、革里眼、左金王攻下了宿松（在今安徽安庆地区）、英山（在今湖北黄冈地区）、潜山（在今安徽省安庆地区）等地。张献忠攻下了郧西（今在湖北省十堰地区），军队发展到了几十万人，张献忠在攻打信阳（今在河南省）时，被明将左良玉击败，于是他跑到了李自成那里。李自成要杀他，张献忠于是向东走，与老回回、革里眼会合。后来，老回回、革里眼、左金王和张献忠与闯王李自成在河南会师，人数超过了百万，攻下了襄城（在今河南省许昌地区）。陕西巡抚汪乔年和陕北米脂县令边大绶先后挖了李自成的祖坟。汪乔年领兵去救襄城时，兵败被杀。起义军攻下了南阳，杀了明朝的唐王。李自成和罗汝才合兵攻下了禹州（在今河南许昌地区），杀了明朝的徽王，接着又包围了开封。明朝的周王朱恭枵与巡抚高名衡、总兵陈永福率兵竭力抵抗，陈永福射中了李自成的左眼，李自成军退守到朱仙镇（在今河南省开封市西南）。

崇祯十五年正月，李自成攻打开封城更加急迫，他使用洞车靠近城墙凿下城砖，总共凿了宽、高各一丈多的几十个窟窿，然后用了几万斤火药装满了这些窟窿，在窟窿的外面又堆上土和碎石，形成一座座小山作为对城外的遮蔽，准备城墙一倒就一拥而上。万没想到，墙里的土实，而新堆的土和碎石虚，火药一爆炸，砖石崩起全向外射，这使李自成在外围城的人马死伤了不少，李自成不得不撤围离去。老回回、革里眼、左金王、闯王、曹操率领起义军八十万攻下了陈州（在今河南周口地区的淮阳）、睢州（今河南商丘地区的睢县）、太康、归德（今河南商丘）、宁陵、考城（今河南开封地区的兰考县）等处地方。明朝的总兵贺人龙是陕西米脂人，学生出身，崇祯皇帝怀疑他和起义军有来往私通，就秘密命令孙传庭杀了他。起义军听说贺人龙死了，都摆酒相庆贺，说："贺风子已死，今后夺取关中地区就如同拾根草芥一样容易啦。"百姓挨饿，人吃人，没饿死的人都去参加了起义军，这使起义军的队伍空前壮大。老回回、革里眼、左金王、曹操、闯王、张献忠等人三次领兵围攻开封，开封守将向朝廷告急。总兵许定国带领山西军队渡过黄河去救开封，起义军很强盛，许定国的兵都很害怕，在覃怀（今河南焦作地区）的武陟县被起义军击散。明督军丁启睿和前去救援的各军将领杨文岳、左良玉、虎大威、杨德政、方国安等人所领的军队都被起义军击溃在黄河边上。山东总兵刘泽清去救援开封，把营寨扎在朱家寨，起义军去攻打了三天，没有其他援兵去帮他，使刘泽清军成了孤军，于是刘泽清也撤军离开了。开封长期被围困，城里吃的东西没有了，开始了人吃人。开封城北靠近黄河，巡抚高名衡等人就引去黄河水环绕着开封城来作为防线，起义军就掘开河坝用水灌城，城里的水一下子达到了两丈深，兵、民淹死了几十万人，起义军也死了一万多人，城中还有几万民众。高名衡、陈永福和周王等人都乘着小船到城西，上山逃走了。张献忠再次攻下了六安，总兵黄得功、刘良佐领兵想夺回六安，却惨遭失败。张献忠于是谋划渡过长江到南京做皇帝去。张献忠向南进军，黄得功领兵在潜山（在今安徽安庆地区）击败了张献忠军，刘良佐又在安庆府再次击败张献忠的军队。崇祯十五年十月，张献忠领兵向西走，到了蕲水（即今湖北省黄冈地区的浠水县）。李闯王联合其他起义军先攻下了汝宁府（在今河南驻马店地区的汝南县一带），不久又打下了襄阳（今湖北襄樊地区），抓走了明朝的崇王朱由樻以及他的世子、王妃等人。起义军又攻下了武冈（在今湖南邵阳地区），杀了明朝的岷王。

崇祯十六年正月，李自成军攻下了承天府（在今湖北荆门地区的钟祥市），明朝的巡抚宋一鹤与钟祥知县萧汉战死。此时，李自成已有兵百万，其他起义军也大都听他的号令，推举李自成为“奉天倡义文武大元帅”。李自成占有了襄阳，给它改了名叫“襄京”，其余所打下的郡县也都改了名称。修襄王宫殿作为宫室，并设立了官职。老回回归附了李自成，革里眼、左金王虽与闯王合兵，却仗着自己的人马多，有些不听李闯王的话。崇祯十六年三月间，李自成摆酒宴请左金王和革里眼，在酒席上杀了两人，兼并了两人的军队。闯王命令罗汝才攻打郧阳，很长时间也没打下来，所率领的部队战死了许多人。由于黄州人陈生挑拨说罗汝才通敌，四月时李自成率领几十个骑兵冲入罗汝才军营，在帐中斩了罗汝才。军中乱了套，七天才安定下来。袁时中打算向明朝廷投降，五月间，闯王攻打并杀了袁时中。此后，只有李闯王和张献忠两支起义军队伍了。

崇祯十五年十月，张献忠向西进军到了蕲水。在崇祯十六年正月的一天夜里，张献忠领兵袭击了蕲州城（今湖北省黄冈地区蕲春县），杀了当地的官吏。三月时，又从蕲水急行军到达黄州（今湖北黄冈），乘着大雾攻城，黎明时城被打了下来，副使樊维城被活捉。樊维城很顽固，被杀掉了。张献忠军又沿着长江往上游去，用全军之力攻破了汉阳（即今湖北武汉的一部分），从煤炭洲渡过江，直达武昌城下。当时城里的楚王手里有上百万两积攒的白银，长史徐学颜请楚王发几十万两白银来供给军队，楚王舍不得银子，不同意，却另外招募士兵来帮助守城。张献忠军攻城时，城中的参将崔文荣领兵进行了抵御，而楚王府新招的士兵大多是张献忠的人，做了内应。武昌城被攻破，崔文荣与前大学士贺逢圣以及楚王府的长史徐学颜都战死了。张献忠的兵活捉了楚王，把他扔进了西湖。张献忠占据了楚王府，把武昌改称为京城，并设立了六个郡、五个府，铸了“西王”印，开设科举取士制度，选拔郡县官吏。李自成听到这个消息后，非常生气，他派人去威胁张献忠说：“老回回投靠了我，曹操、革里眼和左金王都被我杀了，你也快了。”张献忠因此对李自成又怕又恨。

崇祯十六年七月，方国安会合左营副将徐懋德、马士秀率领步兵和骑兵两万人在夜里偷袭了起义军，起义军失败。明朝左镇的各军一起进军，张献忠让他的部将把守武昌，自己领兵到岳州（今湖南省岳阳）。官军夺去了武昌，接着又拿下了汉阳和各附属县。张献忠攻下了岳州，接着又打下了长沙，于是把桂王宫殿的建筑材料拆走移到长沙，在长沙建造宫殿，又把长沙作为了京城。张献忠又派兵夺取江西，攻下了瑞州（今江西宜春地区的高安市）、临江（宜春地区的樟树市）、新喻（今江西新余）、分宜、袁州（治所在今江西宜春）、吉安（今江西吉安）。十一月，明朝九江将领吕大器领兵夺取吉安。左良玉移兵镇守武昌，他命令马士秀等人领兵奔往长沙进行攻打，并命令马吉忠等人领兵奔往袁州、吉安进行攻打。明朝的各路军得胜，又夺回了岳州和袁州，张献忠所封的官吏被明军杀了不少。张献忠在崇祯十七年（公元 1644 年）正月放弃了长沙，率领步兵、骑兵几十万人开进夔州。六月，张献忠的军队攻下了涪州、泸州（今四川泸州），明朝蜀王于是向江南告急。张献忠又攻下了重庆，瑞王全家被俘。八月，张献忠的军队又攻下了成都，蜀王全家被杀。张献忠自称为西王，把当年改为“大顺”元年。他搜查全蜀地的官吏送到成都，然后全部杀掉了。两年后的丙戌年（公元 1646 年），清兵攻入蜀地，七月，张献忠放弃成都往西充（在今四川南充）撤退，明将杨展追击他到汉州（今四川广汉）没追上，因而领兵回去了。清朝豪格的军队进入南部县（在今四川南充地区），十二月的时候攻入西充，张献忠出战，被皇太极的长子豪格射死。张献忠的部将李定国、孙可望、白文选等人向四川南部撤退，清兵追赶他们，攻下了重庆。

李自成自从崇祯十六年五月合并了袁时中的军队后，在荆州、襄阳一带大造战舰，打算在荆州做王。他派出亲信、大帅二十九人分别领兵把守各处郡县要害的地方。他任用刘宗敏统管步兵事务，白旺统领骑兵事务。任用牛金星作为谋主，每当有事也聚集众人谋划，李自成并不表态，事后却总是采用年纪大的人的意见，人们大多猜不透他的心思。李自成本性淡薄，在饮食上从不吃两种以上的菜肴。他没有儿子，把李双喜作为养子。

崇祯下令，催促督军孙传庭要迅速剿灭起义军。崇祯十六年八月，孙传庭的军队临时驻扎在阌乡（在今河南三门峡地区灵宝一带），后来攻下了宝丰（在今河南平顶山地区），杀了起义军选出的汝州牧陈可新，又进军到唐县（今河南唐河），杀掉了在那里的全部起义军家属。孙传庭在攻取郏县（在今河南平顶山地区）时，李自成领兵迎战却遭失败。以前，孙传庭的先头部队的人马全是左金王、革里眼原来所属的投降过去的人马，这时都死光了，而高杰所领的原起义军投降的将领都知道其中的底细。李自成又派他的侄子李过领兵迎战，战了三场，三场都战败。李自成于是领兵奔往襄城，明军紧追不舍，李自成就筑土墙来坚守。不久，李自成军中断了粮草，李自成就和部下研究往后的打法问题。牛金星建议应先取黄河以北地区，然后直捣京城；杨承裕的意见是先占据黄河以南地区。唯独顾君恩说："不行，不行！先据有留都（南京）势必处在下风，很难成大事，这一策失在太过缓慢。至于直捣京城，万一不胜就没了退路，这一策失在太过急躁。这样就不如先占取关中地区，那里是大帅的故乡。秦地山河险固，足够建国立业。然后向周边发展，来补充自己的物资和兵力，攻取山西，最后进军京城，这样进退有余才是全策。"李自成采纳了他的计策。李自成的军队正要攻取关中时，却赶上了大雨一连下了十多天。孙传庭的军中断了粮饷，他的士兵在汝州喧闹叫骂。先前投降孙传庭的原起义军人员李际遇暗中把这一消息通知了李自成军。由于起义军派出了大批骑兵，官军与起义军作战，中了埋伏而大败，孙传庭和高杰率兵往黄河以北跑。李自成领兵向潼关进军，孙传庭也整顿好队伍向潼关开来，他的人马还有四万人。一只虎李过攻下了阌乡后，抓紧向潼关进发，他的士兵缴获了督军的一面大军旗，起义军就把这面大旗拿给守关的人看，于是起义军冲进关中，官军被打得溃散了。起义军入关后向西走，李过攻下了华阴（在今陕西渭南地区），孙传庭军退驻渭南。崇祯十六年冬季十月，起义军几十万人攻下了渭南，孙传庭兵败被杀。渭南知县杨暄被活捉，因不投降被杀死。李自成军又攻下了商州（今陕西商洛），明朝分守商洛的右参议黄世清顽固不投降，也被杀。李自成军又攻下了西安，明陕西巡抚冯师孔、按察使黄炯、长安知县吴从义、指挥崔尔达、秦王府的长史章世炯等人都战死了。起义军拿下了秦王府，俘虏了秦王，没收了他的千万资财。于是，起义军分成几路兵攻打各郡县，都攻了下来。李自成把西安府改叫“长安”，逼迫豪门贵族交纳钱粮作为军饷。十一月，李自成军攻下了延安，接着又打下了凤翔。明总兵高杰领兵跑到了山西，高杰就是原起义军的“翻山鹞”，后来他率兵进入了江南。李自成军攻下榆林（今陕西省榆林市）时，明副使都任上吊而死，总兵尤世威和其他明将也都死了。起义军攻宁夏（即今宁夏银川）时，驻守在宁夏的官军投降了。后来又攻下了庆阳府（在今山西临汾），捉住了明朝的韩王。李自成军在攻打平阳府时，杀了河西王等几百人，山西各县纷纷归附。

甲申年（公元1644年）是清世祖章皇帝爱新觉罗·福临“顺治”元年，也是明朝崇祯十七年。这年正月，李自成在西安称王，国号叫“顺”，并把这一年改为“永昌”元年。他任用牛金星做了丞相，定下政府六个部的尚书等官员。起义军向黄河以东进军，河津（在今山西运城地区）一路往下全部被攻破。李自成给明朝兵部送去了战书，说三月十五日兵临京城。崇祯皇帝发了愁，大学士李建泰说：“主上如此忧虑，臣怎敢不尽力？我愿用家财助军，领兵西去剿寇立功！”崇祯听后高兴地说：“卿要是去，朕就应当仿着古时，对你行推轮礼！”于是命令大学士李建泰领兵，崇祯帝用整头牛祭祀了祖庙，告知祖先。并在朝廷上授予了李建泰符节和宝剑，然后在正阳门设宴奏乐，亲自斟了一杯酒递给李建泰说：“先生去，就像朕亲自去一样。”李建泰叩头起身，崇祯目送他出发。这天刮大风，扬沙尘，李建泰的轿子还没走出几步，轿杆就断了。李建泰出了都城，听说山西战争打得很激烈，这时家也没了，这使他前进也不是，后退也不是。他暂时驻扎到了涿州，不久就被起义军捉住了。二月初一崇祯上早朝时，忽然接到起义军送去的一封信，信的结尾说：“限三月十五日到顺天会同馆举行投降仪式。”（顺天府是当时的京城政区，即今丰台。会同馆是京城的邮传机关，属于兵部）满朝文武一时间你看着我，我看着你，全都大惊失色。退朝后，没人敢再提起这事。李自成的先头部队到了太原，太原没有明朝的重兵把守。太原巡抚蔡懋德派将领牛勇、朱孔训领兵出战，朱孔训被炮所伤，牛勇战死，一军全被消灭。李自成军到处散发檄文，其中说："国君不是太愚昧，只是孤立受奸臣蒙蔽太久。做臣子的尽行私情、互相勾结，而为公的忠臣很少，朝廷的威望没有了。好处都让皇亲国戚和高官拿走了，穷人的一点点财产都被搜刮干净。"还有："公侯皆食肉纨绔，而倚为心腹；宦官皆吃糠犬豚，而借其耳目。狱囚累累，士无报礼之心；征敛重重，民有偕亡之恨。"人们读着，很是痛心。

守太原的蔡懋德知道自己不会支撑多久，就写了遗表让监记贾士璋从小路走，送到朝廷。起义军攻下了太原，捉住了晋王，巡抚蔡懋德、中军盛应时等人都战败而死。李自成的军队赶往正定（在今河北省石家庄地区），正定知府邱茂华向起义军投降。这里离京城只有三百里了。吏科都给事中吴麟征请求崇祯放弃山海关，调吴三桂的军队进京保京城。大臣们都认为放弃土地的办法不行，没听他的。李自成的军队逼近了宁武关（在今山西忻州地区），明朝总兵周遇吉全力抵抗，大炮轰死起义军一万多人。后来火药用尽了，有人对周遇吉说："贼兵的攻势太强，可以先向他们表示顺从。"周遇吉说："打了三天仗，杀敌万人，我们怎么胆怯了呢？能打胜他们，那么全军都是'忠义'之士。万一打不胜，你们把我绑起来献出去，你们可以平安无事。"于是打开了城门出击，明军的衣服、旗帜都改的和起义军的相同，而自己做了记号加以区别。起义军大乱，被杀了几千人。起义军准备撤退时，有人想出了办法，说："我们人多，敌人人少，请把帽子摘掉作为标识，见戴帽子的就杀，可以歼灭他们。"于是起义军又接着战斗，都光着脑袋，明军被打得大败。周遇吉的家人点着了房子把自己关在屋里烧死了。周遇吉挥着短刀搏斗，被活捉杀死。李自成感叹地说："假如守臣都像周将军，我怎么会来到这里？"李自成军又攻下了大同，杀了明朝的代王，总兵朱三乐、巡抚卫景瑗等人战死。崇祯因为李自成军一天天逼近了，就向大臣们询问作战守城的策略，群臣却没有一人吭声。崇祯帝感叹地说："朕还不是亡国之君，诸位大臣倒净是亡国之臣了。”李自成的军队攻下了保定府（今河北保定），御史金毓峒以及其妻王氏与侄子金振孙等人战死，起义军捉住了督军李建泰。李自成军长驱直奔宣府（在今河北张家口市宣化区），宣府的监视太监杜勋已经和众人约定好了，起义军一到就投降。巡抚朱之冯独自一人巡视城楼，看见了大炮，命令众人点燃它，众人不答应，朱之冯就亲自去点火，兵、民一起摁住了他，朱之冯竟然夺了士兵的刀自杀了。宣府军民一起向起义军投降了。

当时崇祯皇帝有内库存银，但不肯发饷，饷银都是由户部来发。户部的银子用光了，就要求有功劳的皇族亲戚和大太监拿出珠宝金饰来助饷。崇祯派太监徐高去告诉嘉定伯周奎，想让他带个头。周奎推辞说没钱，后来不得已捐了一万两银。太监王之心最富有，崇祯当面提醒他，他也仅献出一万两银，其余的人各自献多献少不等，只有太康伯张国纪拿出了两万两银。后来起义军从王之心那得到现银十五万两，其他的金银器玩也差不多值这个价。从周奎那里抄出现银五十二万两，珍宝财物又值几十万两。起义军队伍离京城更加近了，有人劝崇祯往南方避一避，崇祯发怒说：“卿等平日专管门户，今日应死守，还说什么？”京城各城门都安置了大炮，给九个城门守门人每人一百钱。崇祯下了诏书，让前太监曹化淳负责守城。起义军从柳沟直接到达居庸关，把文书送到了京城，文书中说：“十八日到幽州会同馆办理移权手续。”朝廷震惊，崇祯下了诏书，命令三大营集中到齐化门外。起义军攻下了昌平州，总兵李守锛被俘，拒不投降而死。起义军焚烧了明朝皇帝坟墓十二陵中的享殿（供祭品的殿）。消息传到京城，崇祯这才采用先前吴麟征的意见，派人快速去调吴三桂的军队入援。然而，这时已根本没用了，太晚了。起义军的骑兵路过昌平，守昌平的太监高起潜放弃了关口，跑到西山去了，义军又分兵占领了通州粮仓。

崇祯十七年的三月十六日，崇祯正在大殿中召见考试选中的臣子回答问题（即“对策”），滋阳（今山东济宁地区的兖州）知县黄国琦的回答很令崇祯满意，于是任命他为给事中。其余的人依次对策，还没到一半，外面密封的文书递到了崇祯手中，他看后脸色立变，站起身进入内宫。各位臣子站着等了很长时间，后来来了人让他们回去，大家才知道昌平失守了。这天夜里，起义军攻打平则门。京城内的外城堞（即城楼上带豁口的矮墙）总共十五万四千多，当时在城上守城的只有体弱者五六万人和内宫的阉人几千人，又没有做饭的炊具，只能买饭吃。饷钱很久前就已经短缺，这时每人只给一百钱，无人愿意干。在这之前，起义军中派人用车拉着金钱，装作大商人在城门前做买卖，还派了一些人带着钱财，装作衙门中的官吏来刺探朝廷中的秘事，朝廷中一有什么谋议，起义军中就是远隔几千里也会很快知道，并详知细节。三月十七日崇祯早朝时，面对着大臣们落了泪。不久就听到起义军大批到来，正在卢沟桥那儿，很快就又听说已经在攻打平则、彰义等城门了。城外的明军三大营都溃败向起义军投降了，火车（一种战车）、大炮都被起义军所得。起义军用炮轰城，响声震天动地。朝中大臣们正在大殿上，襄阳伯李国桢汗流浃背地骑马来到大殿下，宫内的侍者喊住了他。李国桢说："这都什么时候了？君臣就是求相见，恐怕以后也不可能了。"内臣问他为什么，李国桢说："守军不卖命呀，用鞭子打起一人，另一人又躺下了。"崇祯召李国桢进去，知道了外边的情况，于是命令内侍全都出去守城，总共有几千人。这些人嚷嚷说："那些个文臣武将是干什么的？"崇祯在皇宫内外寻找银子共得到二十万两，用来犒赏军队。这一天，京城内有的穷苦百姓在痛哭，因为他们仅有的一点活命钱都给了锦衣卫千户。三月十八日，起义军攻城，炮声响个不停，飞箭就像雨点那么密集。起义军中有人仰面对城上的守兵说："快开城门，否则杀了你们。"守城的人害怕了，抬去了没装铅弹、只装着火药的空炮对准城外，在放炮时还挥手示意，让人退走避开。

李自成对着彰义门设座，明朝的晋王朱求桂和秦王朱存枢在他左右坐在地上，太监杜勋陪在他们旁边。杜勋向城上喊道："城上的人不要射箭，我是杜勋，你们可放下一个人说话。"守城的一个人说："我们留下一人在下面做人质，请公公上来！"杜勋说："我杜勋无所畏惧，还要什么人质？"提督太监王承恩命令人把杜勋拉上了城去，就一同去见了崇祯帝。杜勋说:“贼兵军势很强,皇上可以为自己想个办法。”守陵太监申芝秀在昌平战役时投降了起义军,这时也被拉上了城去见了崇祯,他请崇祯皇帝退位,崇祯怒声呵斥了他。宫中的内臣请求杜勋留下来,杜勋说:“有秦、晋两个王爷在那里做人质,我不返回去对二王不利。”于是放他出去,仍然用绳把他放到城下。当初,京城里误传杜勋殉难了,所以他被追赠为司礼监太监,他的一个亲戚也因他而得到了锦衣卫指挥令使的职位(为锦衣卫衙门的主吏),并给杜勋立了祠,直到这时才知道他早已投降了起义军。

崇祯下了诏书,要亲自征讨。他召来驸马都尉巩永固,打算让他的家丁护送太子往南边去。巩永固回答崇祯说:“臣怎么敢私养家丁,即使有几个,能抵挡得了贼吗?”于是作罢。申刻(现在的下午三点到五点钟),彰义城门被打开,大概是太监曹化淳献城开了门,李自成率大队人马迅速进入。大学士蒋德璟住在会馆受了伤。崇祯赶紧召集内阁大臣入宫,说:“卿等知道外城被攻破了吗?”大家说:“不知道。”崇祯说:“事情很紧急了,你们有什么好办法?”大家都说:“陛下是有福之人,自然应当无虑。如果战事向不利的方向发展,臣等人就打街垒战,誓不辜负国家。”崇祯命令他们退下。这天夜里,崇祯睡不着觉了。不久,内城被攻破,一个太监奔跑过来告诉了崇祯。崇祯说:“大营的兵在哪里?李国桢在哪里?”那个太监回答说:“大营的兵已经散了,皇上应当赶紧走。”说完那个人立即出去了,崇祯再叫他,已无人答应了。崇祯马上同太监王承恩到南宫去,登上了“万岁山”,望见了烽火照耀着天空,在那里徘徊了很长时间。崇祯回到乾清宫后,就用朱笔给内阁大臣写了一道命令:“任命成国公朱纯臣为提督(武将中的高职)主管中央及地方的所有军事。要辅佐好东宫太子。”内臣把这道命令拿到了内阁办公的地方。崇祯命人拿酒来,一连喝了几杯。崇祯打算把太子和永王、定王分别送到外戚周氏和田氏那里去。他对皇后说:“大势去了!”皇后磕着头说:“妾侍奉陛下十八年了,终不听我一句话,才有了今天。”说完,搂着太子和两个王哭,哭得很厉害。崇祯让她出去,皇后出去后就上吊了。崇祯又把公主叫到跟前,公主这年十五岁。崇祯感叹地说:

“你为什么生到我家来！”他用左手的袖子遮住了脸，右手挥刀砍断了公主的左臂，因为手发抖没把公主杀死，这才作罢。崇祯又命令袁贵妃上吊自杀，上吊的绳子断了，过了一些时候，袁贵妃又苏醒过来了，崇祯拔剑砍了她的肩膀，又杀嫔妃几人。然后，崇祯召来王承恩喝酒。过了一会儿，崇祯换了靴子来到中南门，手拿着三眼枪，领着宫中小臣几十人都骑着马、手持斧头来到东华门。宦官守城，怀疑宫内有变，就用箭和石块抛射他们。当时成国公朱纯臣领兵把守齐化门，崇祯于是就到他家里去。朱纯臣家里看门的人不让崇祯进去，他只好叹着气离开了。崇祯来到安定门，安定门关得太严打不开，这时天也快亮了。三月十九日鸡叫时，崇祯在前殿敲钟来召集百官，竟然没有一人到来。崇祯仍然回到南宫，登上了“万岁山”的寿皇亭就上吊自杀了，太监王承恩也在崇祯不远处上吊死了。这亭子刚盖好没多久，是检阅宫中内操火枪手的地方。崇祯披散着头发，身穿着蓝色衣服，左脚光着，右脚穿着红鞋，衣服前写着：“朕自从登基以来十七年，逆贼直逼京城。虽说朕德薄，也不相貌堂堂，冒犯了上天，惹得天帝发怒，然而都是各大臣误了朕啊！朕死了没脸面去见地下的祖宗，自己去掉冠冕，用发遮面，任贼分裂朕尸。”又写了一行：“百官都去东宫那里。”崇祯死前认为，内阁大臣已得到了他的朱谕了。原来内臣拿着朱谕到了阁臣办公的地方，阁臣却早已经各自回家去了，内臣把朱谕放到桌上就回去了，所以文武大臣没一人知道。

这时正是天没全明之时，天忽然下了雨，不一会儿又变成了下雪。没多久，内城也被攻破，起义军的骑兵充满了大街小巷，扔出箭让人拿回去，说是关门闭户不出门就可免死，于是家家户户大门上都写着“顺民”两个字。太子到周奎（周奎是太子朱慈烺的姥爷）家里去，周奎正在睡觉，敲门没人应，于是他就到内宫外舍去了。当初，崇祯到了南宫时，曾派人到熹宗朱由校的皇后懿安张皇后住的地方劝她自杀，仓促之间那人没到达那里。宫中乱了以后，懿安皇后用青衣蒙着头，步行走到成国公朱纯臣家里。尚衣监的何新进入宫中，看见长平公主断了臂膀倒在地上，就和宫人救她苏醒过来，把她背了出去。光宗朱常洛的女儿乐安公主和其丈夫巩永固及子女五人自焚而死。

李自成头戴着毡子笠帽,身穿淡青色的衣服,乘着一匹黑花马进入承天门,丞相牛金星,尚书宋企郊、喻上猷,侍郎黎志升、张嶙然五人骑马跟随着他。李自成先派人清理皇宫,然后进入皇宫问崇祯皇帝在哪里,接着到处找也没找到。于是他下令:献出皇帝的人,就赏给他一万两银子,并封为伯爵,藏匿皇帝的人要灭族。牛金星发出公文,召集原明朝的百官,限期三月二十一日都到朝中集合。第二天的中午,明朝的大臣们才知道崇祯已吊死在煤山。李自成让人用两块门板把崇祯和皇后的尸体抬到东华门的一侧,用柳木棺材装殓,并用蓬蒿盖了间棚屋。宫中的内臣献出了太子朱慈烺,李自成把他留在了西宫,封他为宋王。三月二十三日,李自成用梓木棺材改殡崇祯及皇后等人。起义军打开了城中的监狱,放走了被明朝所囚禁的人。

明朝灭亡,共出了十六个皇帝,统治国家二百七十七年(公元1368—1644年)。